사법권의 이론과 제도

이 헌 환

유원북스

머 리 말

이 책은 필자가 학자의 길로 들어서면서 천착해왔던 사법권과 사법제도에 관한 연구논문들을 한 권으로 모은 것이다. 1996년에 「정치과정에 있어서의 사법권에 관한 연구」라는 제목으로 박사학위를 취득한 이후, 약 20년간 사법권과 사법제도에 관한 다양한 주제들을 연구·발표하였으나, 수록문헌이 산재되어 있고 시간이 오래 되어 쉽게 접할 수 없게 되어, 한 권으로 묶어서 일목요연하게 읽을 수 있도록 하는 것이 필자 자신뿐만 아니라 독자들에게도 필요하리라 생각하였다.

수록된 각 논문들은 그 말미에 출전을 밝혀두었으므로 필요하다면 원문을 찾아볼 수도 있다. 그러나, 가능한 한 원문을 그대로 싣고자 하였으므로, 따로 원문을 찾을 필요는 없다. 다만, 원문에서 잘못된 표현이나 각주인용에서 표현상의 차이를 교정한 부분은 있지만, 전체적으로는 원문과 거의 같다고 하여도 무방하다.

사법권과 사법제도에 관한 기본이론부터 구체적 제도화에 이르기까지 망라하여 논하고는 있으나, 내용이 중복된 부분이 있고 또한 모든 주제와 다양한 방법론을 모두 포섭하지는 못하였으므로, 독자에 따라서는 만족스럽지 않을 수도 있을 것이며, 또한 필자와 다른 견해를 가질 수도 있다. 부족한 점이 있다면 가차없는 질정과 비판을 통해 이 책을 더욱 보완하고 충실하게 만드는 계기를 만들어 주시기를 기원드린다.

2016년 11월 초순 현재, 나라는 온통 대통령 비선실세의 국정농단 사건으로 온 국민의 분노가 하늘을 찌를 듯이 터져 나오고 있다. 동서고금에 권력비선실세의 국정농단은 드물지 않은 일이었지만, 오늘날과 같은 민주주의·법치주의 국가에서 버젓이 자행되었다는 점에서 경악을 금치 못할 참담한 지경이다. 현 정권이 헌법이 예정한 과정과 절차를 거치지 않고 종말을 고한다면, 이는 단순히 하나의 정권이 마감되는 것만이 아니라, 지난 20세기 동안 우리 사회에 누적되었던 제반 모순과 적폐를 해소하고 새로운 시대를 여는 계기가 될 것으로 생각한다.

현행헌법을 포함하여 역대 헌법상의 사법제도는 제헌헌법의 규정에서 거의 벗어나지 못한 낙후된 구조를 가지고 있다. 그동안 우리나라의 헌법개정의 과정에서는 주로 행정부수반인 대통령의 권력에만 집중되어 왔음은 주지의 사실인 바, 장래에 헌법이 개정된다면 검찰을 포함한 사법제도를 개선하는 데에 좀 더 관심을 기울여야 할 것으로 생각된다.

새로운 헌법의 구상과 실천에 이 책이 조금이라도 기여할 수 있다면, 더 큰 영광이 없을 것이다.

2016년 11월
용산의 우거에서
저 자

차 례

1. 우리나라 사법사의 상징적 날들

Ⅰ. 서 론

우리나라는 오랜 역사를 거치면서 다양한 공동체 구성원리, 즉 풍류적 선도(仙道)국가(고조선, 삼국시대), 대승적 불교국가(남북국(신라·발해), 고려), 성리학적 유교국가(조선) 등을 경험하였고, 19세기 말에는 서세동점의 인류사적 흐름에 직면하여 서구적 입헌민주국가 내지 법치국가의 세례를 받기에 이르렀다. 국민주권주의에 기초한 입헌민주국가의 핵심적 원리로서의 권력분립원칙은 입법·행정·사법의 세 국가권력이 서로 독립적이고 자주적인 권력으로 정립하고 그 상호간의 견제와 균형의 작용을 통해 개인의 권리를 보장하고, 국가권력의 행사를 개인이나 집단의 자의적 판단이 아니라 국민대표기관인 의회의 의사에 따른 법률의 형식에 따르게 한다는 점에 특징이 있다. 이는 곧 법치주의를 의미하는 것이며, 이 법치주의를 구현하는 기제로서 사법권과 사법제도의 확립은 입헌민주국가 내지 법치국가 확립의 필수적 요소이었다.

성리학적 유교국가로서 도학정치와 인륜정치를 표방하였던 조선은 낯선 서구사상과 제국주의적 침탈에 맞서 독자적이고 자주적인 개혁을 추구하려 하였으나, 대원군과 명성황후로 상징되는 정치권력의 분열로 말미암아 종국에는 20세기 초에 국토를 참절당하는 지경에 이르렀다.

이러한 과정에서도 서구적인 사법제도를 수용하기 위한 노력이 부단히 이어졌다. 그러나 20세기 100년간의 우리나라 사법사는 20세기 전반기의 식민지 상황과 국토분단으로부터 야기된 후반기의 억압적 정치권력의 경험으로 인해 자주적이고 주체적으로 발전하지 못하고, 근대적 사법권의 우선적 목표이었던 시민의 권리와 자유의 보호보다는 억압적 식민통치와 그에 이은 억압적 권력의 통치수단으로 악용되고 오·남용되었다. 21세기에 우리에게 주어진 과제로서 입헌민주적 규범국가를 성취하는 것은 입법·행정·사법의 각 국가권력을 민주적이고 합리적인 방법으로 구성하여 그 권력행사의 범위와 한계를 명확히 하여야 한다.

이하에서는 구한말 이후 현재까지의 약 120여 년 동안의 우리나라 사법의 역사를 각 시대의 상징적인 날들을 중심으로 하여 되새겨 본다.

Ⅱ. 1895년 4월 19일: 재판소구성법(법률 제1호) 및 법관양성소규정(칙령 제49호) 공포일

2016년 현재로부터 120여 년 전인 1895년 4월 19일(음력 3월 25일)은 조선에서 최초로 재판소구성법이 법률 제1호로 공포된 날이다(동년 4월 25일(음력 4월 1일)에 시행). 같은 날에 법관양성소 규정도 공포되었다(칙령 제49호).

1876년, 명성황후를 중심으로 한 민씨 정권이 문호를 개방한 후, 관제(통리기무아문)와 군제(2영과 별기군)를 개혁하며, 조사시찰단(朝士視察團)을 일본에, 영선사(領選使)를 청국에 파견하여 적극적으로 개화정책을 단행하였다. 이어서 임오군변(1882년), 갑신정변(1884년)의 과정에서 청과 일본 사이에서 우왕좌왕하던 민씨 정권은 갑오농민전쟁(1894년)과 청·일전쟁(1894년)을 거치면서 한반도 근대화의 중요기점이 된 갑오개혁을 단행하였다. 청·일전쟁의 혼란기에 구성된 김홍집 내각은 2차에 걸쳐, 군국기무처를 중심으로 총 208건의 개혁안을 반포하였는데, 이 중 사법제도에 관한 것으로, 최고사법기관이던 국왕의 재판권을 폐지하고, 연좌제와 노비제 폐지 등의 신분질서 재편에 따른 형사재판제도의 전반을 개혁하는 내용이 들어 있었다.

1895년 1월(음력 1894년 12월), 고종은 독립서고문(獨立誓告文)과 홍범14조(洪範14條)를 반포하여 조선이 자주독립국임을 선언하고 제반 제도의 근대적 개혁을 천명하였다. 홍범14조 제13조는 「민법과 형법을 엄명하게 제정하고, 감금과 징벌을 남행하지 않음으로써, 인민의 생명과 재산을 보전한다(民法·刑法嚴明制定, 不可濫行監禁懲罰, 以保全人民生命及財産)」고 규정하였다. 같은 해 4월에는 칙령으로 법무아문을 법부(法部)로 개칭하였다.

1895년 4월 19일에 법률 제1호로 「재판소구성법」이 반포되었고, 동년 4월 25일에 시행되면서, 근대적인 사법제도가 조선에 최초로 도입되었다. 법시행 이후 최초로 내려진 사형판결이 동학농민군의 전봉준장군에 대한 것이었다. 재판소는 지방재판소, 한성 및 인천 기타 개항장재판소, 순회재판소, 고등재판소, 특별법원의 5종이 있었는데, 실제로 설치된 것은 고등재판소와 한성재판소(1895년 5월 9일)이었다. 개항장재판소와 지방재판소는 1895년 칙령 제114호에 의하여 전국 22개 부에 순차로 설치되었고, 1897년에 함흥재판소가 추가설치됨으로써 전국에 23개의 재판소가 설치되었다.

1895년 4월 19일은 근대적 재판소제도를 규정한 재판소구성법이 반포되었다는 점에서 우리나라 사법사에서 매우 상징적인 날이라 할 수 있다.

Ⅲ. 1907년 7월 24일(음력 6월 15일): 정미 7조약 – 대한제국 사법권이 박탈된 날

러일전쟁(1904. 2. 8.~1905. 9. 5.)이 일어나자 일제는 1904년 2월 23일 한일의정서를 강제로 체결하고, 이어서 같은 해 8월 22일에는 제1차 한일협약(한일외국인고문용빙에 관한 협정서)을 체결하여, 재정·외교의 실권을 박탈하고 대한제국의 국정 전반을 좌지우지하게 되었다. 일본은 대한제국을 보호국가로 삼기 위하여 대한제국과 외교관계를 맺고 있는 열강의 묵인이 필요하였으므로, 열강의 승인을 받는 데 총력을 집중하였다. 먼저 1905년 7월 27일 미국과 태프트·가쓰라밀약을 체결하여 사전 묵인을 받았으며, 8월 12일에는 영국과 제2차 영일동맹을 체결하여 양해를 받았다. 이어서 러일전쟁을 승리로 이끈 뒤 9월 5일 미국의 포츠머스에서 맺은 러시아와의 강화조약에서 어떤 방법과 수단으로든 한국정부의 동의만 얻으면 한국의 주권을 침해할 수 있다는 보장을 받게 되었다.

1904년 11월 17일, 무장한 군인과 경찰, 헌병들이 공포분위기를 조성한 가운데, 이토 히로부미는 고종이 참석하지 않은 밤 늦은 어전회의에서 강압적으로 을사늑약을 승인하게 하였다. 박제순·이지용·이근택·이완용·권중현의 5명이 조약체결에 찬성한 대신들로서, 이들은 '을사오적(乙巳五賊)'이라 불린다.

을사늑약으로 외교권을 박탈당한 대한제국은 고종이 늑약의 무효를 주장하고, 장지연이 황성신문에 시일야방성대곡을 발표하여 조약에 찬성한 대신들을 공박하여 전국적으로 조약반대투쟁이 전개되었다.

1907년 7월의 헤이그특사사건을 계기로 고종을 강제 퇴위시킨 일제는 법령제정권·관리임명권·행정권 및 일본관리의 임명 등을 내용으로 한 7개항의 조약안을 제시, 아무런 장애도 없이 1907년 7월 24일 이완용과 이토 히로부미의 명의로 체결·조인하고(한일신협약, 정미 7조약), 그 부속각서에서 한일 양국인으로 구성된 재판소(대심원, 공소원, 지방재판소, 구재판소)를 신설하고, 간수장 이하 반수를 일본인으로 하는 감옥을 설치할 것을 약속받아 본격적으로 사법권 장악을 위한 준비를 시작했다.

1907년 12월, 일제는 법률 제8호 재판소구성법, 제9호 동(同)시행법, 제10호 재판소설치법 공포로 일본과 같은 3심제를 채택했다. 그리고 대심원 1개소(서울), 공소원 3개소(서울·평양·대구), 지방재판소 8개소(서울·공주·함흥·평양·해주·대구·진주·광주), 구(區)재판소 113개소를 설치하고, 전옥(典獄)을 일본인으로 하는 감옥도 설치하기로 결정했다. 그러나 재정상의 이유로 한꺼번에 모든 재판소를 신설하는 것은 무리라 판단하고 1차로 1908년 1월 대심원, 공소원과 서울 외 7개 지방재판소,

서울 외 15개 구재판소를 개청하고, 1909년 1월에는 2차로 인천 외 7개소 지방재판소 지부와 개성 외 23개 구재판소를 개청했다.

뿐만 아니라 1908년 3월부터 대심원장, 검사총장, 한성 공소원장, 한성 공소원 검사장, 한성 지방재판소장 및 검사장, 서기 6인에 일본인을 고용한 것을 시작으로 이후 다수의 일본인 법관을 임명함으로써, 경찰권과 함께 통치권을 보장하는 가장 중요한 국가기구인 사법기관을 완전히 장악하게 되었다.

또한 장차 병합 이후 한국에 대한 법률적 지배에 대비하여 구래의 한국 법에 대한 조사와 그 개정 작업도 시작했다. 1908년 1월부터 형법, 민사소송법, 형사소송법 및 기타 부속법령의 입안 및 그 자료 조사에 착수했고, 5월 말부터는 민법 편찬 자료 모집을 위해 각지의 관습에 대한 조사가 이루어졌다. 그 결과 1908년 7월 형법대전을 개정하고, 민·형사 소송규칙 및 기타 제 법률에 대한 개정과 신설 법령이 발표되었다.

이처럼 대한제국의 사법권을 장악하는 데 필요한 모든 기초 준비를 마친 일제는 마지막 단계로 1909년 7월 12일 대한제국의 사법 및 감옥 사무를 모두 일본 정부에 위탁한다는 소위 「기유각서」의 체결을 강요했다. 5조로 이루어진 각서의 내용에 따라, 10월 대한제국 법부가 폐지되고 그 사무는 신설된 통감부 사법청으로 이관되었다.

경찰권과 함께 가장 중요한 국가 공권력인 사법권을 일본이 장악하게 되었으므로, 이제 일본에 저항하는 한국인은 일본 순사에 의해 체포되고 일본인 판사의 재판을 받은 뒤 일본인 간수가 감독하는 감옥에 갇히게 되었다. 대한제국이 한 나라로 운영되는 데 필수적인 행정권에 이어 감옥과 재판소까지 일본이 장악하게 되었으니, 사실상 대한제국의 공권력은 해체된 것이나 마찬가지였다.

대한제국의 사법권이 박탈된 1907년 7월 24일은 우리나라 사법부의 또다른 상징적인 날이 아닐 수 없다.

Ⅳ. 1945년 8월 15일: 해방일 – 조선변호사시험 2일째 날 – 대한민국 법조형성의 왜곡

주지하다시피, 1945년 8월 15일은 일왕의 항복선언으로 말미암아 우리나라가 식민지로부터 해방된 날이다. 그런데 같은 날 조선변호사시험이 이틀째 시행되고 있었다. 정오에 일왕의 항복선언이 있은 후, 오후 시험이 무기한 연기되었다.

대한제국의 변호사제도는 1905년에 공포된 변호사법(광무변호사법: 법률 제5호)에 의하여 처음 규정되었다. 변호사시험이 처음 치러진 것은 2년 후인 1907년(광무11년) 6월 24일이었다.이후 일제강점기에는 1910년 조선총독부 변호사규칙을 공포하고(1910년 12월 제령(制令) 12호), 1911년 조선인변호사시험규칙을 공포하였다. 1919년에는 소송대리업자에 대한 변호사자격부여에 관한 건을 공포하였으며, 1921년에 조선변호사시험규칙을 개정하여, 1922년부터 매년 1회 시행하게 되었다. 1936년에는 기존의 조선총독부 변호사규칙을 폐지하고 조선변호사령을 공포하였다.

조선변호사시험에는 1922년 이래 1942년까지 총 5,267명이 출원하여 181명이 합격하였다. 1945년 8월 15일은 조선변호사시험 2일째 되는 날이었는데, 이 시험에는 200여명이 응시하였다. 8월 15일 정오에 일왕의 항복선언이 있은 후, 시험이 무기연기되었다.

한편, 1945년 9월 7일, 태평양미육군총사령부 포고 제1호를 통해 38선을 경계로 하여 분할점령하여 성립된 미군정은, 사법제도를 명칭만 바꾸어 그대로 유지하였는데, 이때 조선고등법원을 영어로 Supreme Court로, 복심법원을 Court of Appeal로 표기하였던 것을 우리말로 번역하면서 대법원 및 공소원으로 하였던 바, 현재의 대법원이라는 명칭이 쓰이게 된 계기이다. 아울러 사법제도의 인적 구성에 있어서도 적지 않은 혼란이 있었는데, 시험이 없이 법원 혹은 검사국의 서기로 재직한 자들을 법원장 또는 검사장이 추천하고 군정청의 서류심사만 거쳐 임용되기도 하고, 만주고등문관시험 출신이 사법관시보로 임용되기도 하였으며, 판검사특임시험으로 임용되기도 하는 등, 정규의 임용절차가 마련되지 못하였다.

상황이 이러한 가운데, 1945년 8월 15일에 조선변호사시험에 응시한 응시생들은 '의법회(懿法會)'(혹은 이법회(以法會)라고도 함)라는 단체를 결성하고 시험중단의 책임이 응시생 자신들에 있지 않음을 이유로 하여 응시자 전원에게 합격증을 교부할 것을 미군정에 요구하였다. 미군정은 시험을 전부 치르지 않았기 때문에 합격증교부에 난색을 표하였으나, 1946년에 응시생 중 106인에게 합격증을 교부하였다. 합격증을 교부받지 못한 응시생들 중에는 1947년 조선변호사시험령 공포 후, 필기시험을 면제받고 면접시험만 응시하고서 합격증을 교부받았다.

일제강점기에 조선인 사법관 내지 변호사들은 고등문관시험 사법과 합격자를 포함하여 어림잡아 200여 명 정도이었으나, 해방 3년간 200여 명 가까운 수의 변호사들이 등장함으로써 대한민국 정부수립 초기에 우리나라 법조의 대부분이 일제강점기의 법률에 따른 법조인들로 채워졌던 것이다. 이는 결국 우리나라 법조의 형성을 왜곡하는 결과를 가져왔음을 부인하기 어렵다.

Ⅴ. 1961년 5월 16일: 5·16 쿠데타 – 대법원장 및 대법관 선거를 위한 예비선거일(17일) 전날

이승만 정권 후반기에 김병로 대법원장의 정년퇴임 후 야기되었던 대법원장 임명파동과 법관연임제에 관한 논란을 잠재우기 위하여 4·19혁명 후의 제3차 개헌에서는 대법원장 및 대법관선거제가 도입되었다. 대법관선거제는 1953년부터 논의되기 시작하여 대법관의 법무장관 임명 등으로 초래된 대법관의 결원 등의 문제를 해결하기 위하여 1957년 김병로 대법원장이 퇴임 후에 대법원장 및 대법관 그리고 검찰총장 등의 선거제 등이 주장되기도 하였다.

제2공화국 헌법 제78조 제2항의 대법원장 및 대법관 선거에 관하여 제정된 법률이 「대법원장 및 대법관 선거법(1961. 4. 26. 법률 제604호)」이다. 이 법에서는 대법원장 및 대법관의 선거인은, 법관의 자격이 있는 자로서, 법관의 자격이 있는 선거인에 의한 예비선거에서 선출된 자로 하여(동법 제2조), 이들 선거인이 대법원장 및 대법관을 간접선거 방식으로 선출하게 하였다. 선거인의 수는 100명으로 하고, 현직 법관 중에서 50인, 기타의 자 중에서 50인으로 하였다(동법 제4조). 대법원장과 대법관의 후보자는 동법 제7조에서 정한 후보자추천인단에 의하여 선출하여 추천하되, 후보자의 수는 피선될 자의 정수의 3배로 하였다(동법 제7조 1, 3항). 대법관 중 5인은 선거당시 법관으로 재직 중인 자를, 3인은 기타의 자 중에서 선출하도록 하였고, 이들이 각 결원시에는, 결원된 자가 선거당시 법관이었던 자이면 현직 법관 중에서, 기타의 자이면 기타의 자 중에서 선출하도록 하였다(동법 제8조). 대법원장은 선거인단의 과반수출석과 3분의 2 이상의 득표로, 대법관은 과반수출석과 과반수 득표로 당선되며(동법 제12조 1항), 당선이 결정되면 법원행정처장은 즉시 이를 선포하고 대통령에게 확인을 요구하며, 대통령은 요구가 있은 후부터 2일 이내에 이를 확인하고 공고하도록 하였다(동법 제15조). 의원내각제 하의 대통령은 형식적 권한만을 가지므로, 「임명」이 아니라 「확인」이라는 것은 당연한 것이었다. 그 외에 동법은 선거운동의 금지와 선거소송, 그리고 당선무효 등에 관하여 규정을 두었다.

대법원장과 대법관의 선거를 위하여 법원행정처에 선거사무부가 설치되었고, 1961년 5월 1일 선거일이 공고되었다. 공고에서는 선거인단 구성을 위한 선거인선출 예비선거는 1961년 5월 17일에, 대법원장과 대법관 선거는 5월 25일에 시행하기로 하였다. 1961년 5월 8일 선거인후보자 등록이 마감되었고, 대법원장후보자 9명과 대법관후보자 40명이 등록을 마쳤다.

그러나 4월 위기설, 남북학생회담 제안, 각종 시위와 노사쟁의 등으로 정국이

어수선한 가운데, 1961년 5월 16일 군부쿠데타가 발발하여 군사혁명위원회가 설치되자, 다음날로 예정되었던 예비선거는 실시되지 못한 채 무산되고 말았다. 우리 헌정사상 처음으로 시도되었던 대법원장 및 대법관 선거제는 제대로 시행되지도 못한 채 사장되고 말았고, 이 후 사법부는 군부권위주의 정권에 의하여 철저히 유린당하는 수난기로 접어들게 되었다.

최소한 본선거까지 행해져서 대법원장과 대법관이 선출되기라도 하였다면, 비록 쿠데타로 인해 사실상 임명장을 받지 못하여 직무를 수행하지 못하였다 하더라도, 우리 사법사에 선거에 의한 대법원장 및 대법관의 임명이라는 선명한 기억이 각인될 수 있었을 것이다.

Ⅵ. 1971년 6월 22일: 국가배상법 제2조 1항 단서 및 법원조직법 제59조 1항 단서 위헌판결 – 수난기 사법부의 마지막 몸부림

1963년에 출범한 박정희 정부는 1969년의 3선 개헌을 거쳐 대통령 박정희의 장기집권을 획책하고 있었다. 1962년에 개정된 제3공화국 헌법은 제2공화국 헌법의 대법원장 및 대법관 선거제를 폐지하고 대법관을 대법원판사로 개칭하여, 법관추천회의에 의한 대법원판사 임명과 국회의 동의에 의한 대통령의 대법원장 임명 방식으로 규정하고 있었다. 대법원판사는 원래 제1공화국 당시인 1959년 1월에 대법관의 업무경감을 위하여 법원조직법에서, 대법원에 소속하면서 자신의 이름으로 대법원 판결에 참여하였던 법관을 일컫는 것이었다. 제3공화국에서는 대법관의 명칭을 대법원판사로 격하시키고 그 임명방법도 법관추천회의를 거치게 하였던 것이다. 뒤에서 보는 유신헌법에서 대법원판사를 대법원장 제청으로 대통령이 임명하게 하는 것에 비하면 훨씬 합리적인 제도라고 할 수 있으나, 제2공화국 당시의 선거제에 비하면 크게 후퇴한 선출방식이었으며, 쿠데타로 집권한 정치권력이 사법부를 어떻게 인식하였던가를 적절히 보여주는 예이었다.

제3공화국 성립 후 무장군인의 법원난입사건, 인혁당 사건(1차), 민비연내란음모사건, 동백림사건, 동양통신 필화사건, '다리'지 필화사건 등등, 국가권력이 민간사회를 억압하는 사건들이 많아지고, 사법부정풍운동이 전개되기도 하였다.

한편, 제3공화국 헌법에 따라 위헌법률심사권을 가졌던 대법원은 하급심에 의하여 위헌으로 판결된 많은 사건을 합헌으로 판결하였고, 위헌으로 판결한 사건은 국가배상법 제2조 1항 단서와 법원조직법 제59조 1항 단서에 관한 것뿐이었다.

공무원의 직무상 불법행위로 인한 국가배상에 관한 법률은 1951년 제정·공포되었다(법률 제231호). 그런데 이 국가배상법에 따른 국가의 손해배상은 채권자가 직접 금전적 업무를 담당하는 국가기관이나 국가재산을 상대로 집행하는 것이 인정되었기 때문에 국가기관의 재정적 혼란이 야기되는 경우가 많았다. 그리고 군 차량이나 총기사고로 인하여 국가가 배상한 금액도 상당하였으나, 국방비에는 이러한 배상액이 전혀 계상되지 않았다. 그리하여 만들어진 법률이 「국가배상금청구에 관한 절차법」(1962. 12. 24. 법률 제1223호)이었는데, 이 법에서는 청구권자는 행정절차(법무부내에 설치된 배상심의회에 직접 배상을 청구하는 방법) 또는 사법절차(법원에 제소함으로써 청구하는 방법) 중 택일할 수 있게 되었다. 이에 앞서 정부는 「민사소송에 관한 임시조치법」(1961. 6. 21. 법률 제628호)을 제정하여 재판기일의 연장·변경을 제한하는 한편, 재산상의 청구를 내용으로 하는 각심의 판결에는 '가집행의 선언'을 붙여야 하기로 함으로써 금전청구권의 보호를 강화한 바 있었다. 그런데 이 두 법률에 따른 국가배상액이 점차 증대하고 그럼에도 국가의 예산에는 반영이 되지 않은 채 국가기관이 직접 집행당하는 경우가 많았다.

이에 국회는 1968년 3월 3일 국가배상법을 전면개정하여 법률 제1899호로 공포하고 이전의 국가배상법과 「국가배상청구에 관한 절차법」을 폐지하였다. 또 「민사소송에 관한 임시조치법」도 개정하여, 국가를 상대로 하는 재산권의 청구에 관해서는 제2심판결에 한하여 가집행의 선고를 할 수 있는 것으로 정하였다. 개정된 국가배상법의 주요 내용은 제2조 제1항 단서에서 이중배상을 금지하고, 제3조에서 배상액의 기준을 정하며, 제9조에서 배상심의회의 결정전치주의를 규정하고 있었다.

한편 1970년 8월 7일, 국가배상법과는 별도로 대법원의 위헌결정정족수에 관한 법원조직법 제59조 제1항 단서의 개정도 이루어져, 대법원판사 전원의 3분의 2의 출석과 출석 대법원판사의 과반수로 위헌결정을 할 수 있게 하였던 규정을 고쳐, 대법원판사 전원의 3분의 2의 출석과 출석 대법원판사의 3분의 2로 위헌결정을 할 수 있도록 위헌결정의 정족수를 강화하였다. 이것은 국회라는 정치권력이 사법부의 권한행사의 기준을 변경·강화시켜 그 권한행사의 범위를 축소시키고자 하는 시도이었다.

위의 국가배상법규정들에 대하여 서울민사지법에서는 재판부마다 서로 다른 판단을 내리는 양상을 보였다. 하급심판결의 혼란을 정리하기 위하여 대법원은 1970년 1월 29일 국가배상법 제3조가 헌법에 위반되지는 않으나 법원을 구속하지는 않는다는 전원합의체의 판결(69다1203)과 함께, 민사소송에 관한 임시조치법 제3조가 합헌이라는 판결(68다1280)을 내렸다. 그러나 제2심판결에 가집행선고를 할 수 있다는 규정 때문에 여전히 국고금의 압류가 문제되자 국가를 상대로 하는 재산권의 청구에 있어서는 가집행선고를 할 수 없다는 민사소송에 관한 임시조치법의 개정안이 국회에 상정되어 1970년 8월 7일 동법이 개정되었다.

한편 국가배상법 제2조 1항 단서의 이중배상금지규정은 하급심에서 빈번히 위헌이라는 판결이 제시되고 있었기 때문에 대법원은 이에 대한 최종적 판단을 할 필요가 있었다. 그런데 1970년 8월 7일의 법원조직법 개정으로 위헌결정정족수가 강화되어 있었기 때문에 국가배상법의 규정을 위헌으로 하기 위해서는 법원조직법의 규정에 대한 위헌 여부의 판단도 필요한 상태이었다.

대법원은 1971년 6월 22일 국가배상법 제2조 1항 단서의 이중배상금지규정이 위헌이라는 판단을 내리고(9 대 7), 아울러 위헌결정의 정족수를 강화한 법원조직법 제59조 1항 단서도 위헌이라고 함으로써(11 대 5) 국회의 법개정에 정면으로 반발하였다.

국가배상법 제2조 1항 단서와 법원조직법 제59조 1항 단서에 대한 대법원의 위헌판결은 제3공화국을 통틀어 사법권의 권한행사가 가장 정상적으로 이루어진 것이라 할 수 있다. 그것은 이 판결이 내려지는 과정에서도 잘 나타나 있듯이, 정치과정에서의 첨예한 이해대립, 특히 국가와 개인 사이의 이해대립에 관하여 명확히 개인의 편에 서서 국가의 기본권침해를 지적하고, 국가의 의도를 무산시켰다는 점에서 3권분립의 존재의의를 분명히 하였다고 할 수 있는 것이다. 특히 법원조직법 제59조 1항 단서에 대한 위헌판결은 국가배상법에 대한 위헌여부가 한창 문제되는 시점에서, 법률안을 여당 단독으로 강행 통과시켜 위헌결정 정족수를 강화함으로써 대법원의 위헌결정을 되도록이면 막으려는 것을 과감히 거부하였다는 점에서, 대법원 자신의 권한을 스스로 방어하여 정치권력의 의도를 차단하고 스스로 정치과정에서의 적극적인 참여를 하였다는 것을 의미하기 때문에, 국가배상법에 대한 위헌판결만큼이나 큰 의미를 갖는 것이라고 할 것이다. 물론 논리적으로 보아 국가배상법규정을 위헌으로 하기 위해서는 법원조직법의 규정을 위헌으로 하여야 할 필요가 있었기 때문에 법원조직법 규정을 위헌으로 한 것인지는 모르나, 어쨌든 사법권의 수난기에 있어서 이 법원조직법 및 국가배상법 위헌판결은 사법권행사의 백미라 할 수 있을 것이다. 대법원판결 직전에 3선 개헌 후 치러진 대통령 선거에서 박정희 후보와 김대중 후보가 경쟁하여 근소한 차이로 박정희 후보가 당선되었던 정치과정이 있었던 점도 대법원의 판결에 적지 않은 영향을 미친 것으로 생각된다.

Ⅶ. 1975년 4월 8일: 2차 인혁당 사건 – 저항권의 실정권화

대통령 박정희의 임기 2년차인 1964년, 3 · 24 학생시위, 군인법원난입사건, 6 · 3 사태 등으로 정국이 어수선한 가운데, 같은 해 8월 14일, 중앙정보부는, 북괴의 지령을 받아 대규모적인 지하조직으로 국가를 변란하려던 인민혁명당을 적발, 도예종 등 일당 57명 중 41명을 구속했다고 발표하였다. 8월 17일 중정에서 검찰로 사건이 송치되고 20여 일간의 수사를 벌였으나, 서울지검 공안부의 담당검사들(이용훈 부장검사, 김병리, 장원찬, 최대현 검사)은 이 사건이 기소할 가치가 없다는 결론을 내리고 관련피의자들에 대한 불기소의견을 내세웠다. 그들의 의견은「관련자들이 북괴의 지령을 받고 그러한 불온단체를 조직했다는 혐의는 하나도 찾아 볼 수가 없었으며, 따라서 양심상 도저히 기소할 수 없고 공소유지를 할 자신이 없다」는 것이었다. 그러나 검찰고위층은 담당검사들의 불기소의견을 묵살하고 기소를 강력히 지시했고, 담당검사들은 기소장에 서명을 거부하면서 전원 사표를 제출하였다. 검찰내부에서도 공안부의견에 동조하는 견해가 제시되기도 하였으나, 당시 법무부장관이었던 민복기는 상명하복의 검찰기강을 내세우며 공소장에의 서명을 거부한 검사들에 대한 조치를 취하겠다는 강경한 태도를 보였다. 결국 공소장은 구속만기일인 9월 5일 사건을 전혀 담당하지 않았던 숙직검사(정명래)에 의하여 서명되었고, 사건관련자 26명에 대하여 국가보안법위반혐의로 기소하였다. 그러나 검찰은 이 중 14명에 대하여 공소를 취하하고, 추가 구속된 1명(양춘우)을 포함하여 13인에 대하여 국가보안법위반을 반공법위반으로 공소장변경을 하여 1심 재판으로 들어갔다. 공소장변경을 한 것은 재수사 후 국가보안법 상의 반국가단체구성으로 공소를 유지하기 어렵게 되자 반공법상의 반국가단체를 이롭게 하는 단체의 구성 및 가입조항을 적용하였기 때문이었다.

재판과정에서 사실인정에 관한 논란을 거듭한 끝에 검찰은 재차 공소장변경을 하여 반공법 제4조 제5항의 예비음모를 적용하였고, 1965년 1월 20일에 있은 선고공판에서 서울형사지법 합의2부(재판장 김창규 부장판사, 판사 하경철, 현순철)는 도예종, 양춘우 등 2명에 대해서만 각 징역 3년과 2년을 선고하고 나머지 피고인 11명에 대해서는 전원 무죄를 선고하였다.

그러나 1969년 5월 25일 서울고등법원 형사부(재판장 정태원 판사, 박승호, 김동정 판사)는 제1심판결을 파기하고 제1심에서 무죄선고를 받았던 피고인 11명에 대하여 반국가단체를 이롭게 할 단체의 구성을 예비하였다는 이유로 전원 유죄판결을 내렸다. 그리고 대법원은 9월 21일 피고인들의 상고를 기각함으로써 원심판결을 확정지었다.

이 사건은 담당검사들의 공소장서명거부파동에서도 나타난 것처럼 공소사실 자체에 많은 문제점이 있었고, 공소제기과정과 재판과정에서도 몇 차례의 공소장변경이 있는 등, 의도된 수사와 기소라는 의혹이 짙은 것이었다. 그러나 그 과정이야 어쨌든, 최종적으로는 법원의 사실관계 포섭과 증거인정 여부에 따라 결론지어지게 되는 사건이었다. 그런 점에서 제1심의 판결이 오히려 정당한 판결이었다고 볼 것이며, 고등법원과 대법원의 판결은 정권의 의도에 따라 사건관계자들을 처벌하는 데에 이르렀다는 점에서 사법권의 왜곡을 가져오는 결과가 된 것이다.

이 사건이 있은 후, 10년이 지난 후에, 유신헌법 상의 긴급조치를 통해 강압적 통치를 자행하고 있던 박정희 정부는, 긴급조치 제4호가 선포된 후 약 3주 후인 1974년 4월 25일 중앙정보부장(신직수)을 통해 긴급조치 제4호의 규제대상이었던 민청학련에 관한 수사상황을 발표하였다. 「이 철, 유인태 등 평소부터 공산주의사상을 가지고 있던 학생들이 1974년 3월 경 민청학련을 조직하고 도예종 전 인민혁명당(인혁당) 당수 등 공산·용공주의자들의 배후조종을 받아 대한민국정부를 전복하고 공산계열의 노선에 따르는 노농정권을 수립하기 위하여 반정부연합전선을 형성한 후 폭력혁명으로 일거에 정부를 전복하고 임시과도의 연립정부를 거쳐 궁극적으로는 공산정권을 수립하려 했다는 국가변란기도사건」이라고 밝혔다. 그리고 이 학생들 외에도 윤보선, 박형규, 김동길, 김찬국 등이 배후에서 조종하였다는 혐의로 구속되어 비상보통군법회의에 기소되었다. 이 사건에 연루되어 조사를 받은 사람의 수는 1,024명이나 되었고, 그중 234명이 비상군법회의에 회부되었다. 이 사건이 이른바 제2차 '인혁당' 사건이다.

5월 27일에 있은 비상보통군법회의에서 14명이 사형을 구형받았고, 나머지는 5년에서 20년의 징역형을 구형받았다. 7월 13일 사건관련 32인 중 이 철, 유인태 외 5인에 대하여 사형이 선고되었고, 정부는 7월 20일 이들에 대하여 무기징역으로 감형하였다.

1974년 8월 13일에 있었던 비상고등군법회의에서는 민청사건에 연루된 36인에게 무기에서 단기 5년까지의 징역이 선고되었다.

1975년 4월 8일에 있었던 대법원의 상고심에서는, 긴급조치가 사법심사의 대상이 되지 아니하고, 무영장 구속을 할 수 있으며, 진술의 임의성의 판단은 심판관의 경험법칙에 위배되지 아니하고 합리적인 자유심증에 의하여 판단하며, 다수의견으로서 국가보안법상의 「국가를 변란할 목적」을 「폭력으로써 정부를 전복할 것을 기도하는 동시에 정부 전복 후의 새로운 정부의 수립을 구체적으로 구상함을 요한다고 해석하여야 할 것」이라고 하고, 저항권에 관하여는, 「그 저항권 자체의 개념이 막연할 뿐만 아니라 … 실존하는 실정법적 질서를 무시한 초실정법적인 자연법질서 내에서의 권리 주장이며 이러한 전제하에서의 권리로써 실존적 법질서를 무시한 행위를 정당화하려는 것으로 해석하는 바 실존하는 헌법적 질서를 전제로 한 실정법의 범주 내에서 국가의 법적 질서의 유지를 그 사명으로 하는 사법기능을 담당하는 재판권 행사에 대해서는 실존하는 헌법적 질서를 무시하고 초법규적인 권리개념으로써 현행 실정법에 위배된 행위의 정당화를 주장하는 것은 그 자체만으로서도 이를 받아들일 수 없는 것」이라고 하여, 피고인들의 상고를 모두 기각하였다.

이 사건은 먼저, 민청학련 사건 자체가 벌써 10년 전에 종결된「인혁당」사건과 연계되어 있었다고 주장하는 공소사실에서 보듯이, 공소사실 자체가 명확하지 않았고, 따라서 폭압적 정권이 성장하는 민간사회를 억압하고 독재권력을 지속하려는 의도에서 조작된 사건이었다. 그럼에도 불구하고 대법원은 정치권력의 이러한 의도를 제어하지 못하였고, 또 판결의 이유도 명확하지 않았던 것이다. 특히 대법원판결은, 저항권이라는 자연법적 권리 자체의 존재를 부정하는지 혹은 저항권의 존재 자체는 인정하되 그것을 재판규범으로 적용할 수 없다는 취지인지가 불분명할 뿐만 아니라, 당시 대법원의 지극히 법실증주의적인 사고를 보여주는 대표적 판결이라고 할 수 있을 것이다. 또한 정치권력에 의하여 억압된 정치과정 속에서 정치권력의 행위를 정당화시키기 위하여 사법부가 이미 낡은 법이론을 가지고 판결할 수밖에 없었던 것은 당시의 사법부의 위상을 잘 보여주는 것이며, 사법부 스스로를 정치권력에 철저히 예속시킨 사례라 할 것이다. 사실 이 판결은 법의 이름을 빌린 권력의 횡포이었으며, 더욱이 대법원의 최종 판결이 있은 다음날, 인혁당 관계자 8인은 전격적으로 사형이 집행되었는데, 이러한 정치권력의 폭압성에 대하여 국내외의 여론은 큰 충격을 받았다.

이 사건은 유신헌법 시대의 사법부에 의한 살인, 즉 '사법살인'으로 지칭되면서, 사법부의 대표적인 폭압적 판결이자 수치스러운 판결로 기록되었다.

Ⅷ. 1981년 4월 15일: 이영섭 대법원장 퇴임일 – 해방 후 36년째 되는 해

유신시대가 한창 그 종말로 치닫고 있던 1978년 12월 21일, 민복기 대법원장이 정년에 이르러 퇴직하게 되자 그 후임에 관하여 법조계를 비롯한 국민의 관심이 집중되었다. 재조에서는 선임 대법원판사로서 당시 대법원장 권한대행을 맡고 있었던 이영섭 대법원판사를 추대하는 움직임이 있었으나, 대통령 박정희의 반응은 냉담하였다. 1979년 3월 14일에 이르러서야 이영섭 대법원판사를 제7대 대법원장으로 임명동의할 것을 국회에 요청하였다. 1979년 3월 21일 국회 본회의는 재석 210명, 가 191, 부 13, 기권 5, 무효 1표로 임명동의안을 가결시켰고, 동 3월 23일 대법원장 취임식이 있었다.

한편, 1979년 10월 26일 대통령시해사건이 있은 후, 12·12쿠데타로 정권을 장악한 전두환 신군부 세력은 대법원이 10·26 시해사건을 정당한 것으로 판단할 경우, 12·12쿠데타가 명분을 잃게 될 것을 우려하여 시해사건의 주모자와 가담자들에 대한 대법원의 판결에 깊은 관심을 가지고 적극적으로 대법원판결과정에 영향을 미치고자 하였다. 대법원에 무장군인을 배치하고 강압적 분위기를 조성하는 와중에, 8

대 6으로 시해사건을 내란죄에 의율하게 하였다(1980년 5월 20일).

이 과정에서 내란죄에 소수의견을 낸 6인의 대법원판사들은 신군부의 입장에서는 결코 용납할 수 없는 사람들이었다. 신군부는 이들 6인에 대하여 사퇴의 압력을 가하고, 7월 20일에는 소수의견에서 가장 강경하였던 양병호 대법원판사의 사표를 받으라는 통보를 이영섭 대법원장에게 하였다. 그 이유는 양 대법원판사에 대한 투서가 국보위에 들어 왔는데, 그 내용이 여자관계여서 조사를 하면 치부가 드러날 것이므로 자진사퇴시키라는 압력이었다. 양 대법원판사는 이를 거부하여 사표에 불응하였으나, 일주일 후 정체불명의 남자에게 연행되어 수일간 그 행적이 묘연하였다. 8월 9일 양 대법원판사는 소수의견을 냈던 다른 4인의 대법원판사들과 함께 의원면직되었다.

제5공화국의 헌법이 반동적 쿠데타에 의하여 성립된 후 제5공화국의 사법부도 강제적으로 재구성되게 되었다. 개정헌법 부칙 제8조는 제1항에서 「이 헌법에 의하여 선거방법이나 임명권자가 변경된 공무원과 대법원장 · 대법원판사 · 감사원장 · 감사위원 · 헌법위원회 위원은 이 헌법에 의하여 후임자가 선임될 때까지 그 직무를 행하며, 이 경우 전임자인 공무원의 임기는 후임자가 선임되는 전일까지로 한다」고 규정하여 유신헌법의 부칙 규정과 같은 취지의 규정을 두고, 제2항에서 「이 헌법 중 공무원의 임기 또는 중임제한에 관한 규정은 이 헌법에 의하여 그 공무원이 최초로 선출 또는 임명된 때로부터 적용한다」고 규정하여 임기만료로 인한 재임명 혹은 중임 여부의 경우에 유신헌법과 같은 규정불비로 인한 해석상의 논란여지를 봉쇄하였다. 헌법에 따라 법원조직법 부칙 제3조에서는 1981년 9월 1일까지 법관을 임명하도록 하였고, 새로 임명받지 않은 법관은 후임자의 임명이 있은 날의 전날까지 직을 가진다고 규정하였다.

1981년 4월 10일 제5공화국의 출범 약 한 달여 지난 후, 대통령 전두환은 유태흥 대법원판사를 제8대 대법원장으로 임명하기로 하여 국회에 임명동의를 요청하였고, 국회는 재석 264인 중 가 234로 가결하였다(1981년 4월 16일).

유태흥 대법원장 후보에 대한 국회의 가결이 있기 전날인 4월 15일에 이영섭 대법원장의 퇴임식이 있었다. 이영섭 대법원장은 경성제대 법문학부 졸업 후 1943년 경성지법 사법관시보로 출발하여 광복 후 지법 및 고법 판사를 역임하고, 이화여대 법정대학에서 교수 및 법정대 학장을 지냈으며, 1961년 대법원판사가 되어 19년 7개월 동안 대법원판사 및 대법원장을 역임하여 우리나라의 대법원판사 중 가장 오랜 기간 동안 재임하였다.

이영섭 대법원장의 퇴임은 우리나라 재조 사법부에서 강점기에 법조인 자격을 얻은 사람이 마지막으로 퇴임하였다는 점에 의미가 있다. 뿐만 아니라 그 퇴임의 시점이 1945년 해방 이후 정확히 36년이 되는 해라는 점에서도 적지 않은 의미가 있다. 즉, 일제가 대한제국을 강점한 해가 1910년이고 햇수로 36년을 사실상 지배하였는데, 해방 후에도 다시금 강점기에 의해 형성된 법과 제도에 의해 36년간의 지배를 받았다는 점에서 강점기의 부정적 영향이 얼마나 컸는가를 보여주는 것이다.

Ⅸ. 1988년 9월 1일: 헌법재판소 개소일 – 실질적 입헌주의의 출발

주지하듯이, 우리나라의 헌법재판제도는 제헌헌법에서 헌법위원회와 탄핵심판위원회를 두었고, 제2공화국 헌법은 헌법재판소제도를 채택하였으며, 제3공화국 헌법은 대법원이 이를 담당하였으며, 제4·5공화국 헌법은 헌법위원회를 두었다. 제도적으로는 현대적 입헌주의의 필수요소로서의 헌법재판제도를 채택하고 있었으나, 실제적으로 헌법재판이 행해지는 경우는 손꼽을 수 있을 정도로 적었으며, 헌법재판기관을 포함한 사법부도 헌법재판에 적극적이지 않았다. 우리나라에서의 헌법재판기능이 활성화되기까지는 민주화의 긴 여정과 더불어 제도적으로 실질적인 헌법재판이 가능한 여건이 조성되어야 하였다. 이러한 여건은 1987년의 헌법개정을 통해 참으로 우연적으로 나타나게 되었다.

1987년 6·10 민주화혁명으로 이끌어낸 6·29 선언이라는 항복문서에 따라 4·13 호헌조치로 중단되었던 여·야 간의 개헌협상이 국회에서 재개되었다. 개헌작업은 1987년 7월에 설치된 국회 개헌특위에서 여야 8인 정치회담에 의해 주도되었다. 8인 정치회담에서는 대통령직선제의 통치구조의 문제에 논란의 초점이 있었고, 새 헌법상의 사법권에 관하여는 상대적으로 논란이 많지 않았다. 국회개헌특위의 논의 초기에는 위헌법률심사권을 대법원에 주는 데에 여당과 야당이 모두 동의하였지만, 위헌법률심사권 이외의 정당해산심판권, 탄핵심판권, 권한쟁의심판권 등을 대법원에 부여하는 것에 대하여 여·야 간의 의견대립이 있었다. 여당은 정치적인 문제에 대하여 대법원이 개입하는 것이 바람직하지 못하므로, 헌법위원회를 설치하여 위의 권한들을 담당하게 하자고 한 데에 대하여, 야당은 위의 권한들을 모두 대법원에 부여하자고 주장하였다. 이에 야당은 여당의 안과 타협하여 헌법위원회의 명칭을 헌법재판소로 바꾸고, 헌법소원제도를 도입한다면 헌법재판소제도를 받아들이겠다고 하고, 여당은 위헌법률심사권을 포함한 헌법재판사항을 헌법재판소에 부여하도록 하여, 우연적인 정치적 타협의 결과로 헌법재판소가 설치되게 된 것이다. 이에 따라 새 헌법상의 사법제도는 헌법재판소와 대법원의 양자로 구성되어, 제5장에 법원을, 제6장에 헌법재판소를 두게 되었다.

새 헌법상의 헌법재판소가 실질적으로 기능하기 위해서는 헌법하위의 헌법재판소법이 명실상부하게 규정될 필요가 있었다. 헌법재판소법이 허술하게 규정되는 경우에는 헌법상의 헌법재판소 규정을 형해화할 우려가 있었기 때문이다. 이에 따라 헌법재판소법의 제정과정에서도 많은 논란이 제기되었다. 특히 상임재판관의 수와 헌법소원심판권의 구체적 내용을 어떻게 정하느냐 하는 것은 재조 법조와 재야 법조 그리고 학계 사이에 많은 논쟁을 불러일으켰다. 헌법소원과 관련한 논의의 초점은 법원의 판결을 헌법소원에 포함시키느냐 않느냐의 문제이었다.

학계와 실무계인 법원 그리고 재야 법조계의 찬반의 논란 속에서 흥미로운 것은 헌법소원의 대상에 법원의 재판을 포함시킬 것인가의 여부를 논의하면서, 위헌법률심판제청신청에 대한 법원의 기각결정에 대하여 이를 헌법소원의 대상으로 하자는 견해가 제시되었다는 점이다. 이 견해는 헌법재판소법의 제정에서 제68조 2항의 헌법소원으로 규정되었는데, 이는 법원의 재판을 헌법소원의 대상으로 하고 있지 않은 현재의 헌법소원제도에서 다른 나라에서는 유례를 찾기 힘든 절묘한 규정이다. 물론, 이 규정에 대하여 법원의 재판에 대해 헌법소원을 인정하는 것이 아니라, 위헌신청의 대상이 된 법률에 대하여 직접 헌법소원을 하라는 취지이기 때문에 재판관련 헌법소원의 맥락에서 이해해서는 안된다는 입장이 있었지만, 헌법소원의 맥락이 아니라 위헌법률심판의 맥락에서 보면, 소송당사자의 위헌법률심판청구권을 실질적으로 보장하는 장치로 이해된다.

정부 내 헌법재판소법 제정의 주무부처이었던 법무부는 1988년 1월 15일 공청회를 거쳐 동 5월 초에 법안 초안을 완성한 후 관계기관의 의견을 조회하여 일부수정을 거친 다음, 동년 7월 4일에 국회에 제출하였다. 국회에서는 야권 3당이 제출한 안과 법무부안을 통합한 단일안을 만들어 국민의 기본권을 실질적으로 보장하는 방향으로 헌법재판소법(1988. 8. 5. 공포 법률 제4017호)을 제정하였다.

1991년 11월에는 비상임재판관을 없애고 재판관 전원을 상임으로 하는 법률개정이 이루어졌는데(법률 제4408호), 이 또한 헌법재판소의 권한을 실질화하는 것으로서 매우 중요한 의미를 가진 것이었다.

1988년 9월 1일에 헌법재판소법이 발효한 후, 조직과 인적 구성이 완료되기 전임에도 불구하고, 최초의 헌법소원사건으로 '사법서사법시행규칙'에 관한 헌법소원사건(88헌마1)과, 최초의 위헌법률심판사건으로 사회보호법 제5조 위헌심판제청(88헌가1)이 접수되었다. 최초의 위헌결정사건은 1990년 1월 15일, 국가에 대한 가집행선고금지를 규정한 '소송촉진등에관한특례법' 제6조 제1항 단서 위헌심판사건(88헌가7)이었으며, 이 후 헌법재판소는 2015년 5월 31일 현재까지 위헌성(헌법불합치, 한정위헌, 헌법소원사건 포함)결정으로 총 805건의 결정이 있었다. 이 중 법률에 대한 위헌성 결정사건은 헌법재판소법 제68조 2항 사건을 포함하여 자그마치 635건이나 될 정도로 엄청난 숫자이다.

출범 후 초기의 약 10여 년간 좌충우돌하면서도 헌법재판소는 정치권력과 시민사회, 기존의 국가기관, 즉 국회, 대법원, 행정부와의 사이에서 헌법기관으로서의 실질적 지위를 확립하고 헌법재판기관에 기대되는 역할과 기능을 충실히 다하였다. 현실의 정치권력을 민주화하고 순치시키며 사실적 힘에 의한 지배를 입헌주의 및 법치주의에 의한 지배로 바꾸는 데에 크게 기여하였다. 기본적 인권분야에 대한 헌법재판소의 역할은 가히 눈부시다고 할 만큼 다양하고도 전반적인 특징을 보여주고 있다. 인간으로서의 존엄과 가치·행복추구권, 일반적 평등권, 신체의 자유 및 형사절차, 청구권적 기본권, 정신적 자유권, 경제적 자유권, 사회적 기본권 등 현대사회의 인권 전반에 걸쳐 풍부한 헌법이론과 논증을 통하여 기본적 인권의 보장을 위한 헌법적 요구를 담아내고 있으며, 정치·경제·사회·문화의 제 영역에 걸쳐 강한 영향을 끼치고 있는 점에서 헌법재판소 자체의 존재의의를 명확히 보여주고 있다.

국가권력구조와 관련한 헌법재판소의 결정들은 과거 권위주의적 정권시대와 비교하면 괄목상대한 발전을 보여주었다고 할 수 있다. 규범적으로 혹은 사실상 행정부 수장인 대통령이 국가권력을 장악하여 입법부와 사법부를 마음대로 쥐락펴락하고 국정을 농단하던 시대에 비한다면, 국회와 대통령 및 행정부, 그리고 사법부에 대한 헌법재판소의 제 결정들은 실질적 의미의 삼권분립을 확립하고 조성하는 데에 크게 기여하였다고 할 것이다.

X. 맺 음 말

글머리에 언급하였다시피, 우리나라는 역사적으로 국가공동체 구성의 다양한 원리를 경험하여 왔다. 과거의 역사적 경험이, 지역적으로 한정되고 인간과 자연에 관한 인식범주가 제한되어 있었던 시기의 그것이었다면, 오늘날에는 전지구적 범주에서 인류공통의 가치와 이념을 지향하는 시기에 걸맞는 국가공동체를 구성할 것이 요구되고 있다.

특히 식민지경험과 국토분단이라는 20세기적 질곡을 극복하고 21세기의 새로운 국가공동체를 형성해야 하는 중차대한 과제를 안고 있는 우리나라는, 비록 서구유럽에 의하여 발전되고 성숙하게 된 이념과 가치라 하더라도 이를 적극적으로 수용하여 세계사의 흐름에 동참하여야 함은 두말할 필요가 없다.

국가권력 영역의 세 부분으로서 입법권과 행정권 및 사법권은 어느 하나라도 취약하거나 부실하다면, 국가공동체의 목표를 달성할 수 없다. 입법권이 취약하다면 국민 전체의 이익이 아니라 권력을 가진 소수의 이익에 기여하게 될 것이며, 행정권이 취약하다면 아무리 입법권이 그 행위기준으로서의 법률을 정치하게 만든다 하더라도 현실에서 왜곡될 수밖에 없을 것이다. 또한 사법권이 취약하다면 입법권과 행정권의 행사에 대응하여 그 규범적 일치 여부를 판단할 수 없게 될 것이다. 따라서 국가권력으로서 입법권과 행정권 및 사법권은 상호간에 견제와 균형을 도모할 수 있을 만큼 실질적인 권력으로 기능할 수 있어야 한다. 그런 의미에서 입법권의 장으로서 국회와, 행정권의 담당자로서의 정부, 그리고 규범적 권력으로서의 사법부는 어느 한 권력도 다른 권력에 의해 장악되지 않도록 하는 것이 중요하다.

본고에서는 지난 20세기를 포함한 100여 년간 우리나라의 사법부가, 식민지상황 그리고 분단상황에 따른 독재권력으로 말미암아 취약하고 부실할 수밖에 없었음을 상징적인 날들을 통하여 보여주고자 하였다. 매우 개괄적이고 논자에 따라서는 이견이 있을 수도 있겠지만, 우리나라 사법부의 현재를 이해하기 위한 기초자료로서의 의미를 가지는 것으로 보아 틀리지 않을 것이다.

작금에 벌어지고 있는 전지구적 상황을 고려하면, 21세기의 현실은 어쩌면 지난 20세기보다도 훨씬 더 격렬하고도 투쟁적인 세기일지도 모른다. 엄혹한 국제관계 속에서 독립적이고 주체적인 국가공동체를 유지하기 위해서는 입헌민주적 규범국가로서의 위상을 공고히 하는 것이 필수적이다. 이를 위해서는 지난 100여 년간의 질곡을 타파하고 국가권력의 세 영역, 특히 사법부의 위상을 바로 세우는 것이 무엇보다도 시급하다 할 것이다.

■ 참고문헌(단행본만 수록)

고재호, 법조반백년, 박영사, 1985.
국사편찬위원회 편, 청일전쟁과 갑오개혁, 2013.
국사편찬위원회 편, 갑오개혁 이후의 사회·경제적 변동, 2013.
국사편찬위원회 편, 대한제국, 2013.
국회사무처 편, 국회회의록(1948-).
김병화, 한국사법사(현세편), 일조각, 1992(중판).
김효전, 법관양성소와 근대한국, 소명출판, 2014.
대한변호사협회, 한국변호사사, 1979.
문준영, 법원과 검찰의 탄생 - 사법의 역사로 읽는 대한민국, 역사비평사, 2010.
민족문화사 편, 군정청법령집, 민족문화, 1989.
법원행정처 편, 한국법관사, 1976.
법원행정처 편, 법원사, 1995.
법원행정처 편, 법원사 자료집, 1995.

서영희, 일제침략과 대한제국의 종말, 역사문제연구소, 역사비평사, 2012.
서중석, 이승만과 제1공화국, 역사문제연구소, 역사비평사, 2007.
전병무, 조선총독부 조선인사법관, 역사공간, 2012.
천주교인권위원회 엮음, 사법살인, 학민사, 2001.

2. 국가기능으로서의 「사법기능」

Ⅰ. 사법기능의 분리와 제도화의 역사

역사적으로 볼 때, 국가기능[1] 내지 작용에 대하여 처음으로 이론적으로 분류한 사람은 Aristoteles이다. 그는 국가권력의 세 구성요소를 심의권(Deliberate Assembly, Die beratende Gewalt), 집행권(Executive, Die Verwaltung), 사법권(Courts of Law, Die Rechtspflege)으로 나누고, 이들 각각의 기관에 대하여 어떠한 방법으로 관직을 분배할 것인가에 대하여 상세히 기술하고 있었다.[2] 오늘날의 의미로 말하면, 그는 이미 국가의 기능과 국가기관을 구별하여 인식하고 있었던 것이다.[3]

주지하는 바와 같이, 오늘날 보편적으로 인식되고 있는 권력분립의 이론은 18세기에 이르러 Montesquieu에 의하여 확립되었다. Montesquieu의 권력분립론은 17세기의 영국의 헌정상의 경험을 프랑스적으로 추상화하여 이론화한 것으로서,[4] 국가기능의 분화과정, 특히 사법기능의 분화과정을 파악하기 위해서는 영국의 헌정사를 살펴보는 것이 필요하다.

1. 영국헌정에 있어서의 사법기능의 분화과정

중세 영국의 통치는 관습에 의하여 이루어졌고, 모든 관습 중에서 가장 중요한

---

1) 사실 모든 국가는 그 나름의 통치규범을 가지고 있다. 이 통치규범의 실현과정을 가장 폭넓은 의미에서 사법(재판)이라고 할 수 있을 것이다. 사실 이러한 의미에서 본다면, 사법(재판)을 정치나 행정과 구별하는 것은 어려울 것이다. 뿐만 아니라, 사법(재판)권력은 곧바로 정치권력이라고 하여도 무방할 것이다. 佐藤幸治, 現代國家と司法權(東京: 有斐閣, 1988), 36-37쪽 참조. 이와 같이 통시대적으로 사법을 이해할 때에, 이러한 사법작용을 개념화하는 것은 매우 어려울 뿐만 아니라, 현실의 제도의 기능을 파악하는 데에도 크게 도움이 되지 아니한다. 또한 역사상의 각 시대별로 그때그때의 시대와 상황에 따라 그것이 어떠한 방법으로 실현되는가 하는 점은 가치관련적 판단을 배제한 순수한 법제사적 고찰의 대상이 될 것이다.

2) Aristoteles, *Politics* Ⅳ, cap. 4, 1298a(천병희, 김완수 공역, 아리스토텔레스, 세계의 대사상(서울: 휘문출판사, 1977), 311쪽 이하 참조).

3) Klaus Stern, *Das Staatsrecht der Bundesrepublik Deutschland*, Bd. Ⅱ(München: C. H. Beck, 1984), 514쪽.

4) 井上茂, 司法權の理論(東京: 有斐閣, 1960), 207쪽.

것은, 국왕의 법정(curia regis)에서 채택되는 관습이었다. 이 관습은 사법조직을 통하여 선언되고 확인되는 것이었다고 할 수 있다. 그리고 국왕은 그의 권리이자 의무로서 「법」을 공포하는 기능을 가지고 있었으며, 법을 만드는 것이 아니었다. 그러므로 국왕의 신성성은 그 기초를 이러한 의미에서의 사법적 권능에 두었던 것이다.[5] 이 관습의 선택 · 적용을 통하여 확립된 common law는 중세 영국에 있어서 기본법 내지 고차법으로서 기능하고 있었다. 이와 같은 common law를 확인하고 선언하는 것이 초기의 parliament이었다. 따라서 parliament는 원래 국가의 최고법정으로 간주되었던 것이었다.

17세기 후반에서 18세기에 걸친 의회주권의 확립과정은, 또 common law 법원의 독립과정이기도 하였다. 1628년의 권리청원과 1660년 이후의 크롬웰의 집정기를 거쳐 1688년의 명예혁명이 성취되는 과정에서 parliament는 상설의 기관이 되었고, 확실한 입법기능을 행하게 되었다. 이에 따라 법원은 순수히 사법기능을 행하게 되었고, 정치적 목적에 이용되는 것을 꺼려 하게 되었다.

17세기 후반에 들어서, Charles 2세 치하의 내란의 시대에 common law 법원의 법관을 역임한 Matthew Hale은 〈법의 3중의 효력〉론을 전개하여,[6] 중세 이래의 통

5) 13세기 영국의 법조를 대표하는 Henry de Bracton(1210-1268)은 그의 법이론 가운데에서 「법의 우위」의 사상을 이론적으로 인식하여 'gubernaculum'(통치)와 'juridictio'(법=권리)를 준별하고 있는데, C H. McIlwain은 17세기의 영국 입헌투쟁 직전, 즉 16세기 말의 영국의 국가제도를 'juridictio-gubernaculum'의 이론에 따라 파악하여, 국왕은 어떠한 자 아래에도 서지 않지만, 법 아래에는 있고, 사적인 권리는 법에 의하여 정해지고 실현되며, 법원=의회의 관할하에 있다. 이와 달리 국사와 나라의 변혁에 관련하는 사항은, 법원 · 의회가 언급할 수 없는, 국왕의 대권에 속하는 것으로, 이 분야에서는 국왕의 권력은 「절대적」이다. 즉 16세기 말에 있어서 영국은 'juridictio'와 'gubernaculum'과의, 즉 「법=사적 권리」와 「통치=대권」과의 균형을 얻는 제도를 보여주고 있었다는 것이다. C. H. McIlwain, *Constitutionalism: Ancient and Modern*(Cornell Univ., 1947), 67-92쪽, 특히 81쪽 참조(김준환 역, 헌법과 정치-立憲理論의 史的 展開-(서울: 법문사, 1973), 136-176쪽 참조).

6) Hale은 법의 3중의 효력을 다음과 같이 전개한다. 즉 ① Potestas Coerciva — 이것은 국왕의 전 신민에게 미치는 것이지만, 국왕에게는 미치지 않는다. 국왕은 법의 강제력 하에 있지 않다. ② Potestas Directiva — 이것은 국왕을 의무지우는 것으로, 국왕이 대관식에서 행하는 엄숙한 서약, 대헌장에 관한 반복적 확인, 신민의 제 특권에 관한 법과 제정법 등이 그것을 입증하는 것이다. ③ Potestas Irritans — 많은 경우 법은 국왕을 구속하는 것이고, 그 행위가 법에 반하면 무효로 된다. Hale의 견해에 따르면, 국왕은 법의 강제력에 복종하는 것은 아니지만, 법에는 그에 반하는 행위를 무효로서 취소하는 힘이 내재한다. 이것은 법의 강제력은 국왕의 인격에 있어서 신성성과 존엄성에는 미치지 않는다는 원칙과, 불법한 행위에 대하여서는 구제가 이루어지지 않으면 안된다는 현실의 요청과의 조정을 법의 효력의 차별로부터 이끌어내려는 입장이다. Hale의 법의 효력론은 「합법화」된 악에 대한 구제가 초법적 수단에 호소하는 정치적 제재로서가 아니라, 법의 틀 내에서 문제가 해결되어야 한다는 방향을 시사하는 것으로 해석할 수 있을 것이다. 또 그것은 「국왕은 악을 행할 수 없다」라든가, 「국왕이 행하는 바는 악이 될 수 없다」라든가, 「국왕은 그 행위에 관해서의 책임을 지지 않는다」는 등의 격언과 구체적 사실

치의 분야에 있어서 국왕의 책임을 인정하는 이론을 전개하고, juridictio의 분야의 특질이었던「법의 지배」를 gubernaculum의 분야에까지 확대하였다. 이것은 개인의 권리를 보장하기 위한 것으로서, 이를 실질적으로 제도화하고 확립하기 위해서는 법관의 지위가 국왕으로부터 독립하고, 또 독립한 법원을 제도적으로 확립하는 것이 통치권력에 대한 법적 제약에 실효성을 주는 불가결한 조건이었다.

이와 같은 영국의 정치과정을 이론화하여 권력론을 전개한 John Locke는 1690년의「정부 2 론(*Two Treatises of Government*)」의 제 2 논문에서, 사회계약에 기초하여 입법권(the Legislative Power)을 최고의 권력으로 하고 다른 권력으로 집행권(the Executive Power)과 동맹권(the Federative Power)을 인정하여[7] 이 집행권과 동맹권을 하나의 기관에 의하여 행사되는 것으로 하고 있다.[8] 말하자면 Locke에 있어서 사법기능은 집행권의 일부분으로 생각되고 있는 것이다. Locke는 사법기능을 행사하는 권능을 그 자체로서 정면으로 특별히 취급하지는 않고,[9] 당시의 현실에 따라서(이 논문을 썼을 때는, 왕위계승법은 제정되지 않았다), 집행권의 일부라고 하고 있다. 그러나 Locke는 통치기구에 앞서는 개인의 제권리를 명백히 하고, 나아가 최고권력으로서의 입법권에 내재하는 한계를 제시함으로써, 개인의 권리와 그 제도적인 보장을 위한「사법」의 기본적 의의 및 기능을 명확히 하는 기반을 구축하였던 것이라고 말할 수 있다. 즉 Locke는 입법권이 가진 한계를 다음과 같이 기술하고 있다.[10] 첫째로, 모든 형태의 정부는 공포되어 성립된 법률에 의하여 통치하여야 한다. 그 법률은 특정 사건의 경우에 달라지는 것이어서는 안되고, 또한 사회의 모든 계층에게 동일한 규준의 것이어야 한다. 둘째로, 이들 법률은 또 인민의 복지 외에 궁극적으로는 어떠한 목적을 위하여서도 정립되어서는 안된다. 셋째로, 입법부는 인민 자신이 부여하거나 그의 대표가 부여하는 동의 없이는, 인민의 재산에 대하여 세를 부과해서는 안된다. 넷째로, 입법부는 입법의 기능을 다른 어떠한 것에도 이양해서는 안되며, 또 그러한 것은 할 수 없다. 즉 입법부는 입법권을 인민이 정한 바 이외에는 위임해서는 안되는 것이고, 위임할 수 없는 것이다.

한편, 명예혁명의 결과로 권리장전(1689)이 만들어졌음에도 불구하고, 국왕의

과의 조정이 필요할 때에, 불법한 행위에 관하여는 직접적인 행위자가 강제에 복종해야 한다(실현된 사항은 국왕의 행위가 아니라 각료 내지 실현기관의 행위이다)고 하는 견해이다. 井上茂, 앞(주 4)의 책, 152-154쪽 참조.

7) J. Locke, *Two Treatises of Government*, ed. by Peter Laslett(New York: Cambridge Univ. Press, 1992), Chap. XI-XII, §§134-148(355-366쪽) 참조.

8) J. Locke, 앞(주 7)의 책, §148(366쪽).

9) 따라서 Locke의 논문에서는 재판권 혹은 사법권이라는 용어가 쓰이고 있지 않다.

10) J. Locke, 앞(주 7)의 책, §142(363쪽).

대권은 여전히 인정되고 있었는데, 이 국왕의 권한 속에는 법관을 파면할 수 있는 권한도 포함되어 있었다. 법관의 독립은 혁명에 있어서 목표로 된 원리의 하나이었지만, 권리장전에는 규정되지 않았다. 따라서 왕위계승법(1701)에 의하여 법관의 독립조항이 규정되기 전까지는 법관을 파면하는 권한은 국왕에게 속해 있었다. 그리고 법원의 독립을 해칠 우려가 있는 또 하나의 요소는 바로 귀족원(House of Lords)으로부터의 위협이었다. 말하자면 영국에 있어서 사법의 독립에 관한 위협은, 국왕으로부터의 그것과 함께 귀족원으로부터의 그것이 중대한 것이었다. 귀족원으로터의 위협에 대해서는 1692년에 이르러, 그때까지 국왕 하에 있던 법원과 귀족원과의 사이의 관계에 관한 중요한 두 개의 원칙을 확립하여, 그 관계를 일응 명확히 하였다. 즉, 첫째로, 법관은 그 판결이유를 양원의 어느 곳에 대하여도 설명 내지 석명할 의무를 지지 않는다는 것, 둘째로, 귀족원은 최고법정으로서 기능하지만, 그 기능의 범위는 상고에 의하여 제출된 사건에 한정된다고 한 것이다.[11)]

1701년의 왕위계승법(Act of Settlement)은, 영국의 왕위를 신교도인 국왕 내지 여왕에게 계승시키기 위하여 제정되었지만,[12)] 그 제3조의 말미에서 「…법관의 임명은 죄과가 없는 한(during good behavior) 계속하는 것이며, 그들의 봉급은 확정되고 확립된다. 그러나 의회의 양원의 요구가 있는 때, 법관을 파면하는 것은 합법이다(…judge's commissions be made *quamdiu se bene gesserit*,[13)] and their salaries ascertained and established; but upon the address of both houses of Parliament it may be lawful to remove them.)」고 규정하였다. 이 규정에서 비로소 법관의 신분이 국왕과 귀족원으로부터 독립하는 것으로 보장된 것이었다.

집행권으로부터 사법기능을 분리하는 것은 혁명 후에는 당연한 것으로 받아들여졌지만, 이 경우의 분리는 사법과 집행과의 기능적 이질성이 인식되어서가 아니라, 국왕과 의회와의 관계 및 집행권의 행사에 있어서 법관에 대하여 인적으로 특별히 고려함으로써, 집행권을 해체하여 사법기능을 분화시킨 것이다.[14)]

결국 18세기 초까지의 영국의 헌정사에서 국가의 사법기능은 그 자체 독자적인 권력의 기반을 가지고 있었다기보다는 국왕과 귀족 사이의 권력의 균형 사이에서, 다시 말하면 국왕과 귀족의 권력분점에 대한 반사적 효과로서 사법기능의 독립성이 확보되었던 것이다. 이와 같은 영국의 헌정사는 뒤이어 Montesquieu의 권력분립이론에

---

11) 井上茂, 앞(주 4)의 책, 156-157쪽 참조.

12) Carl Stephenson and Frederick G. Marcham, *The English Constitutional History*(New York: Harper & Row, 1972), 610-12쪽 참조.

13) C. Stephenson and F. G. Marcham, 앞(주 12)의 책, 612쪽에서는 다음과 같이 주를 달고 있다. 「That is to say, they shall be appointed to hold office during good behavior.」

14) 井上茂, 앞(주 4)의 책, 157쪽.

지대한 영향을 미쳤으며, 특히 사법권의 독립성 내지 독자성에 대한 Montesquieu의 사법관에 그대로 반영되는 결과가 되었다.

2. Montesquieu의 사법권에 대한 이해

17·8세기의 계몽기 유럽사상의 전개과정에서, 법과 자유 그리고 권력의 제약에 관하여 긴 역사적 배경을 가진 유럽국가의 경험적 사실을, 18세기의 사회적 요청에 대응하여 재확인하여 이론적으로 정리한 사람이 Montesquieu이다. 그는 당시의 사상적 주류이었던, 추상적 개인주의 및 주관적 합리주의의 입장에 서서,[15] 프랑스 사회가 가진 문제점을 지적하고, 이를 극복하려는 노력을 기울였다.

Montesquieu는 17세기 영국에 있어서 현실적인 경험의 구체성을 18세기의 프랑스 사회에 도입하면서 프랑스적으로 추상화시켰다. 그것은 두 사회에 있어서 다른 법경험에 기초한 것이었다. 그러므로 이 프랑스적인 추상화·사변화는 영국과는 다른 프랑스의 전통과 제도 중에서는 부득이한 것이었고, 당연한 과정이기도 하였다. 즉 프랑스에서는 영국의 parliament와 같이 최고법정이면서 대표적 성격을 가진 것으로 발전한「의회」가 존재하고 있지 않았던 것이다.

Montesquieu는 정치와 법이 그 구조와 기능에 관하여, 사람들이 생활하고 있는 환경 여하에 의존하는 것임을 보여주고, 정치 및 법에 관한 사회학적 이론을 구성하려고 하였다. 이와 함께 Montesquieu는 절대주의의 통치가 자유를 질식시켜버린다는 강한 신념을 바탕으로 정치와 법의 존재방식을 고찰하여, 개인의 자유의 실현을 위한 헌법적 제조건을 추구하였다. 프랑스의 전제정치는, 프랑스의 전통적인 헌법을 파괴하여 버렸지만, 저 프랑스인의 전통적인 자유를 부활하기 위해서는 어떠한 방법이 있는가? 이것이 Montesquieu에 있어서 가장 중대한 과제이었던 것이다.

개인의 자유와 통치의 구조를 결부시켜 자유를 보전하기 위한 헌법적 조건을 분석하여, 법과 권력(권리와 실력)과의 관계에 관한 문제의 소재와, 그 해명의 관건을 명확히 하는 점에, Montesquieu의 학설은 이전의 다른 사상가들에 비해 두드러진 점이 있었다. 통치권력의 집행부문과 입법부문으로부터 사법부문을 분리시킬 필요를 이론적으로 해명한 것이다. 이것은 앞서 영국에 있어서 실현되고 있었던 것이기는 하다. 그러나 그의 권력분립론은 집행부를 군주의 것으로 보고, 양원제의 입법부를

15) 계몽기의 사유법은 인간에게 존재하는 인식의 근원으로서 이성을 모든 정신작용의 핵심에 두고, 이 이성을 보편타당한 인식수단으로 하여 세계를 경험가능한 영역 내에서 명확히 하고, 실천적 목적에 쓸 수 있는 생활을 합리적으로 질서지우려는 것이다. 이것은 불변의 진리를 영속적으로 담지하는 자를 이성을 가진 개인으로 생각하는 것으로, 추상적 개인주의 및 주관적 합리주의의 입장에 서는 것이다. 井上茂, 앞(주 4)의 책, 200-201쪽 참조.

귀족 및 평민의 것으로 보아, 재판권은[16] 이 도식에 포함시키지 않았기 때문에, 재판권을 「말하자면 무(無)인 것」으로 보았다.[17] Montesquieu는 사회적 세력을 이와 같이 배치함으로써, 국가권력의 3기능의 분리에 의하여 사회에 있어서 정치적 제세력을 균형지우려고 한 것이다.

Montesquieu에 있어서 권력론은 먼저 그가 가진 인간상에서 생기는 문제에서 출발하여 전개된다.

> 「모든 권력을 가지는 자는 그것을 남용하기 쉽다. 그는 극한까지 그의 권력을 행사한다. 이것은 끊임없는 경험이 알려주고 있는 바이다. 참으로 덕성 자체조차 한계를 지을 필요가 있다.」[18]

Hobbes, Spinoza, Locke 등과는 달리, Montesquieu에 있어서는, 인간이 사회를 형성하는 것은 전투상태의 시작이다. 즉,

> 「인간은 사회에 들어오자마자 그들이 무력하다는 감정을 상실한다. 그들 사이에 존재하던 평등은 소멸하고 전쟁상태가 시작된다.」[19]

고 한다. 이 생각은 자연법사상의 특색이 짙다. Montesquieu는 인간에 있어서 권력의 추구와 남용과의 문제를 다음의 방향으로 해결하고 있다.

> 「권력의 남용을 하지 못하도록 하기 위해서는, 권력이 권력을 억제하도록 사물을 조작할 필요가 있다. 어떤 사람도 법이 명하지 않는 것을 행하도록 강요당하지 않고 또 법이 허용하는 것을 행하지 못하도록 강제당하는 일이 없도록 헌법이 만들어질 수 있는 것이다.」[20]

그러나 Montesquieu의 권력분립론은 과학적 기준에 의하여 이루어진 국가권력의 기능적 분화에 기초한 3권분립은 아니었다. 정치적 관점에 서서, 사회적 고려에 기초하여 배분된 국가기능의 권한을 나눌 뿐이었다. 그에 있어서는 국가생활 전체에 관한 통일적인 관점에 서서, 사회의 제세력을 대표하는 국가권력의 담당자를 고려하여 권력의 조직화를 추구하는 것이다.

Montesquieu의 이론을 특색지우는 「균형화」는 국가의 기본적인 3기능의 의미

---

16) 이때의 재판권은 재판기능을 의미하는 것이다.
17) Montesquieu, *De L'Esprit des Lois*, L. XI. ch. 6(신상초 역, 법의 정신(서울: 을유문화사, 1987), 제11편 제6장; 이하 '법의 정신'으로 표기).
18) 법의 정신, 제11편 제4장, 160쪽.
19) 법의 정신, 제1편 제3장, 40쪽.
20) 법의 정신, 제11편 제4장, 160쪽.

에 있어서 권력 사이의 그것이 아니라, 이들 권력이 배당되는 구체적인 사회적 세력에 관련되는 것이다.「힘의 균형」의 대상으로서 구체적인 주체적 요소에 Montesquieu의 관심이 있었기 때문에, 단순한 국가기능으로서의 각각의 권능은 그 대상이 되지 않았다. 이것은 재판권을 일정한 사회집단에 연결시키지 않고「눈에 보이지 않는 무인 것」으로 표현하여「말하자면 없는 것」이라고 하는 점에서 명확하다. 즉 재판권은「무」인 것으로서, 균형화되어야 할 권력으로서의 의미를 갖지 않았던 것이다. 그러나 이것은 재판권이 균형에 관계가 없다는 것을 의미하지는 않는다. 오히려 재판권의 존재방식이「균형화」에 중대한 관계를 갖는 것이다. 즉 재판권은 본질상 어떠한 정치사회적 힘에도 위임되지 않고 소유될 수 없는 것이라고 하여, 입법권과 집행권은 군주, 귀족, 평민의 3세력에 분산 소유되는 것이라고 하고, 그럼으로써 그들 사회세력간의 상호억제가 행해지고, 자유의 보장이 이루어진다는 것이다. 재판권을 포함한 3권의 상호억제와 균형이 문제가 아니라, 입법권에 관여하는 두 개의 사회세력과, 집행권을 가진 국왕과의 사이의 균형이 Montesquieu의 주된 관심이었던 것이다. 이것이 힘에 의한 힘의 억제이고, 균형을 목표로 한 힘의 존재방식이다. 즉 말하자면, 주체적인 권력분립이 확립되기 위한, 객체적인 권력분립 - 상호간에 독립한 3개의 기관에 3개의 국가기능의 분화 - 이 논의되는 것이다.

Montesquieu에 있어서 각 권력을 행사하는 기관이 동시에 각각 다른 사회집단에 속할 때에 비로소 권력분립은 실현되는 것이다. 사회적인 힘의 균형을 만들어내는 것이야말로 Montesquieu의 권력분립론의 핵심이자 목적이었다.

이와 같이 Montesquieu에 있어서는, 힘의 균형이라는 기조 가운데에서 입법부에 의한 집행부의 통제가 요청되고, 그것이 그의 권력분립론의 체계를 일관하고 있는 것이다.

권력분립론은 하나의 이론적인 원리이다. 그것은 Montesquieu 시대의 영국의 제도는 결코 아니었으며, 어떠한 시대에도 그것은 존재하지 않는다고 해도 좋다. 무릇 인간사회에 있어서 그와 같은 것이 기능할 수 있는지는 의심스러운 것이다. 결국 권력의 분립은 불가능한 것이고, 국가의 여러 기관 사이의 기능적 분화로서 Montesquieu의 방식이 생각될 수 있을 것이다.

Montesquieu의 권력분립론이 가지는 특색은 그가 전개한 재판권에 관한 이해방식이다. 재판권에 관한 Montesquieu의 생각은 입법권 및 집행권의 존재방식에 각각의 한계를 부여한 것으로서 근대적인 통치제도에 있어서 사법권의 존재방식에 하나의 중요한 포석을 이루는 것이었다.

Montesquieu에 있어서 재판권이 입법권 및 집행권에서 분리되어야 하는 이유는 무엇인가? Montesquieu의 의미에 있어서의 재판기능의 독립은 어째서 필요한 것인가? 그는 '시민의 정치적 자유를 확보하기 위하여'라고 응답한다. 입법권과 집행권이 동일인(혹은 단체)에게 귀속되는 경우에 자유는 있을 수 없으며, 재판권의 경우도 마찬가지이다.

「시민에 있어서 정치적 자유란 각자가 자기의 안전에 관하여 가지는 의견에서 생겨나는 정신의 안정이다. 그래서 사람이 이 자유를 갖기 위해서는 한 시민이 다른 시민을 두려워할 이유가 없도록 정치조직을 만들 필요가 있다.」[21)]

「재판권이 입법권 및 집행권에서 분리되어 있지 않으면, 이 또한 자유는 존재하지 않는다. 만약 재판권이 입법권과 결합하게 된다면, 시민의 생명 및 자유에 대한 권력은 자의적으로 될 것이다. 왜냐하면 법관이 입법자로 되는 것이기 때문이다. 만약 재판권이 집행권과 결합하게 된다면, 법관은 압제자의 힘을 가질 수 있을 것이다.」[22)]

Montesquieu는 시민의 정치적 자유라는 관점에서 한 시민이 다른 시민을 두려워하지 않으면 안되는 것과 같은 사태가 무엇보다도 먼저, 재판권의 보유자에 의하여 생기는 것을 강조하고 있는 것이다.

「인간의 사이에서 그렇게도 두려워해야 할 재판권이, 어떠한 특정의 신분에게도, 어떠한 특정의 직업에게도 속하지 않게 하는 까닭으로 그것은 말하자면 사람 눈에 보이지 않는 무가 된다. 사람은 부단히 법관을 눈앞에 보지 못하게 된다. 그래서 사람들은 관직은 무서워하지만 관리는 무서워하지 않는다.」[23)]

여기서는 법관의 비인격화가 강조되고 있는 것이고, 입법권 내지 집행권의 보유자로부터 법관을 분리함으로써, 비로소 재판기능은 적법성을 가질 수 있다고 생각되고 있는 것이다. 영국에 있어서의 경험적 사실은 사법기능이 집행기능과는 질적으로 다른 것이라는 점에서보다도, 오히려 인적인 특별한 고려에서(국왕이 좌우할 수 있는 법관에서, 지위가 제도적으로 보장된 법관에로) 집행기능이 해체되고 분화된 것이었다. Montesquieu의 이론구성에서는 사법기능의 분화는 사법기능의 적법성이 그로부터 이끌어내어지는 근거로서 필요한 것이라고 하여 정당화되는 것이다.

여기서 입법권 및 집행권의 보유자로부터 분리된 재판권의 행사에 대해서는, Montesquieu에 있어서 지극히 합리적인 요구가 보이고 있다. 즉 재판권의 자의적인 행사의 위험을 방지할 필요에서 입법권 내지 집행권으로부터 분리되어야 하고, 이것

21) 법의 정신, 제11편 제6장, 161쪽.
22) 법의 정신, 같은 쪽.
23) 법의 정신, 제11편 제6장, 162쪽.

은 나아가 법관의 존재방식에의 경고가 된다.

「재판소가 고정적이어서는 안된다고 하지만 판결은 항상 그것이 법의 正文이어야 하는 정도로 고정적이어야 한다. 만약 판결이 법관의 개인적 의견이라면, 사람은 그 부담하는 의무를 정확히 모르면서 사회에 살고 있는 셈이 되고 말 것이다.」[24)]

즉 누구도 그 행위 내지 부작위에 관하여 법규에 반하여 판결을 내리는 것이 있어서는 안되는 것이고, 사람은 그와 같은 보장을 가지고 있어야 한다. 이를 위하여는 법규에 충실한 판결을 내리는 법관의 존재방식이 명확히 되어야 한다고 Montesquieu는 생각한다.

「국민의 법관은 법의 말을 하는 입에 불과한 것이고, 법의 힘과 엄정함을 부드럽게 할 수 없는 무생물에 불과하다.」[25)]

따라서 법관이 단순히 그 입에 불과한 바의 법률은 Montesquieu에 있어서는, 스스로 말하고 스스로 강제하는 것으로 생각되고 있다. 바꿔 말하면, 법관 나아가서는 법정은「일종의 확성기」[26)]인 것이다.「재판기능은 정책의 수행에 한정되고, 정책의 결정과 통제에까지 미치는 것이 있어서는 안된다. 이것이 Montesquieu의 본래의 생각이다」고 Löwenstein은 말하고 있다.[27)]

Montesquieu에 있어서 재판권은 입법, 집행 양권에 복종하는 것이고, 법의 집행기능으로서, 집행부의 일부문이다. 다만, 재판은 별개의 기관 내지 인원에 의하여 행해져야 하는 것이라는「한정된 의미에서만, 분리된 '권력'」[28)]이다. Montesquieu에 있어서 법관이 행해야 하고 추구해야 하는 것은, 법의 적용으로 끝난다. 법관에게 주어지고 있는 그대로의 법률을, 법관이 드러내는 그대로의 법률을 법정에서의 개개의 사안에 적용할 뿐이다.

이와 같이 재판권은 Montesquieu에 있어서는「인간에 대한 인간의 지배」라는 의미에서의 권력은 아니다. 기능적으로는「법의 말을 하는 입」이다. 즉「말하자면 무인 것」이라는 것은, 제도화된 권력구조에서 법을 선언하는 기능을 해방하여, 법의 선언으로서 재판에 국가적 권력=사회적 권력으로서의 성격을 갖게 한다는 생각이

24) 법의 정신, 제11편 제6장, 162-163쪽.
25) 법의 정신, 제11편 제6장, 167쪽.
26) Edward S. Corwin, *Court Over Constitution*(New York: Peter Smith, 1950), 6쪽.
27) Karl Löwenstein, *Political Power and the Governmental Process*(Chicago: University of Chicago Press, 1957), 238쪽.
28) K. Löwenstein, 앞(주 27)의 책, 239쪽.

다. 「법관은 … 입이다」라고 하는 것은 재판권의 그와 같은 비인격적인 객관성을 강조하는 것에 지나지 않는다.

재판권이 「사람 눈에 보이지 않는 무인 것」으로서 생각되고 있는 것은 또 그것이 권력으로서 균형화되어야 할 의미를 갖지 않는 것을 의미하고 있다. 그러나 재판권은 「권력의 균형」에 무관계한 것은 아니고, 오히려 그 존재방식이 균형화의 성취여부에 결정적인 관계를 가지고 있다. 입법권과 집행권 사이의 균형 혹은 입법부 내에 있어서 사회적 세력 사이의 균형을 달성한 후에, 재판권은 「무」라고 함으로써 결정적인 역할을 행하고 있다. 그것은 바로 균형화의 요인이다. 이 점에서 보면, Montesquieu의 이론에 있어서, 재판권을 입법권 및 집행권과 나란히 하는 표현의 방법에 문제가 있다. 무엇보다도 현대에 있어서도 사법권의 특성상 그러한 경향이 있지만, Montesquieu에 있어서 재판권은 존재적 성격보다도 기능적 성격이 강조되고 있고, 그 작용에 의하여 존재가 인식되는 특수한 권력으로서 파악되고 있다.[29] 그것은, 입법권과 집행권이 사회적 세력(귀족, 평민대표, 국왕 등)으로서의 실력적 존재로서, 말하자면 「사람 눈에 보이는 것」으로서 파악되는 것과는 다른 의미이고, 이들 국가권력과는 이질적인 특수한 존재방식을 취하고 있는 권능으로서 강조되고 있는 것이다.

요컨대 Montesquieu에 있어서는, 권력의 존재방식 및 성질이 정태적으로 고찰되고 있고, 그와 같은 정태적 권력구조 중에서 재판권은 그 자체로서는 「힘」은 아니고 「무」인 것이라고 하고, 그럼에도 불구하고 그 존재방식 여부가 「힘」관계에 중대한 영향을 미치는 것이라는, 특이한 기능적 권능으로서 파악되고 있다. 이 특이한 기능에 재판권 독립의 필요가 인정되고 있는 것이다.

되풀이 말하지만, Montesquieu의 이론에 있어서는, 사법권을 입법, 집행의 양권과 같은 지위에 서게 하여, 이들 3권이 균형을 이루어 통치가 행해져야 한다고 하고 있지는 않다. 그의 이론에 있어서 직접 강조하고 있는 것은, 집행권을 보유하고 「저지하는 권리」에 의하여 입법에 참여하는 국왕과, 입법부 사이의 권력의 균형이고, 나아가 입법부 내에 있어서 양원을 각각 구성하는 두 사회계층 사이의 균형이다. 동시에 그것은, 군주제 하에 있어서 법관의 지위의 안정의 필요성을 주장하는 것이다. 집행권은 국왕의, 입법권은 양원에 있어서의 귀족과 부르주아의, 각각의 사회적 이익을 대표하고 있다. 재판권은 이 균형을 깨뜨리는 것이어서는 안된다는 의

---

29) 「재판권은 무」라는 표현에 대하여 C. Schmitt는 「사법권은 그것이 완전히 규범성 속에서만 행동하기 때문에 그 자체만으로서는 하등 고유한 정치적 실존을 갖지 못한다는 것을 의미한 것」이라고 하고 있다. Carl Schmitt, *Verfassungslehre*(Berlin: Duncker & Humblot, 1928), 185쪽 하단 주 1) 참조.

미에서, 사회적 권력 및 사회적 이익으로서도 「무」이지 않으면 안된다. 그것은 위에 언급한 사회적 권력 사이의 균형의 보유에 중요한 역할을 행하는 것이다.

따라서 재판권이 권력구조로부터 떼내어진 것은 그 도식상으로는 재판권이라는 형태를 취하더라도, 그 의미는 오히려 사회적 권력 간의 균형에 지탱되기 위한 존재방식밖에 안되는 것이다. 사회적 제권력의 균형을 꾀한다는 사회학적 원리에 기초된 여러 사회세력의 여러 국가기관에의 배려(국왕=집행권, 귀족=상원, 부르주아=하원)에 의한 구도를 무너뜨리지 않기 위한 수단으로서의 재판권을 독립(분리)시킨다. 아니 오히려 고립시키는 것이다. Montesquieu의 이론에 있어서는, 이와 같이 재판권이 국왕의 집행권에서 분리되지 않으면 안되는 필요가 있었던 군주제의 구조에서, 사법의 독립이 의미를 갖는 것이었다. 그는 말한다.

> 「우리들이 문제로 삼고 있는 정체의 기초적 헌법은 즉 다음과 같다. 거기서는 입법부가 2부로 되어 있는 까닭에 그 상호적인 저지의 권능에 의하여 하나는 다른 것을 견제할 것이다. 양자는 집행권에 의해서 제약되고 후자는 또한 입법권에 의하여 제약될 것이다.
>
> 이들 3권은 바로 정지 또는 부동의 상태를 형성하게 된 것이다. 그러나 사물의 필연적인 운동에 의하여 그것들은 부득이 진행할 것이므로, 그들은 일치해서 진행하지 않을 수 없는 것이다.」[30]

사법권을 「무」인 것으로서 힘의 세계 밖에 둠으로써, 권력의 틀 내에 있어서 「힘의 자연적 조화」가 확신되고 있는 것이다. 요컨대 Montesquieu에 있어서 사법의 독립은, 군주제의 통치기구에 있어서 입법부의 내부적 균형을 창조하고 유지하기 위하여 필요한 조건으로서 도출된 것이다. 이와 같은 동기와 구성을 갖는 Montesquieu의 소위 「권력분립론」이 머지않아 그 설계의 기반인 군주제의 구도로부터 떼내어져서, 입법, 집행, 사법이라는 3권의 균형이라는 사고방법으로 발전한다. 그리고 국가기능으로서의 3권을 어떻게 조직화하고, 조직된 기관들에 어떠한 권한을 부여하는가 하는 것은 개별국가의 역사적 전통과 정치상황에 따라 다르게 전개되었다. 그것은 사법권이 Montesquieu의 이론과는 다르게, 입법권 및 집행권과 나란한 「제3의 권력」으로 고양되는 것을 의미한다.

3. 미국의 권력조직화와 사법권의 확립

미국 식민지인의 영국에 대한 항쟁은 지극히 법적인 색채를 띠고 있었다. 항쟁의 중심에 있었던 것이 미국의 법조이었다.[31] 항쟁의 논거는 그들도 영국인이라는

30) 법의 정신, 제11편 제6장, 167-168쪽.

입장에서의 common law 상의 권리이었다. 특히 마그나 카르타 제39조가 말하는 「국법(lex terrae=the law of the land)」이 그들이 의거하고 있는 것이었다. 나아가 유럽의 자연법사상의 영향에 의한 자연권의 관념이 그들에게 저항과 독립의 도의적 원리를 부여하였다. 식민지의 법적 성격과 본국과의 법적 관계가 불명료하였기 때문에 본국과의 법적 분쟁이 발생할 때에는 그들은 영국인으로서의 common law 상의 권리를 가진다고 생각하여, 영국인으로서의 자유의 증서인 common law - 마그나 카르타, 인신보호율, 권리장전, 왕위계승법 등 - 의 성격에 호소한다는 생각이 강하였다.[32] 다만 본국 및 식민통치기구와의 충돌에 있어서는 국왕의 특허장(royal charter)이 그들의 권리보장의 문서적 증거이었고, 찰스 1세의 매사추세츠의 특허장(1628/9)은 중요한 의의를 갖고 있었다.

그러나 이들 증서들은 그대로 활용되지 않고, 특히 마그나 카르타 제39조의 규정에서 말하는 「국법」은 식민지의회에서 제정된 법인 것이라는 주장이 대두되었다. 영국 본국에서 제정된 제정법도 식민지의회에서 채택되지 않는 한, 여기서는 「국법」이 아니라고 하였다. 이 견해는 영국 국왕의 거부권에 의하여 저지되었으나, 식민지인들은 앞서 말한 「국법」에 관한 해석으로 대항하였다.[33]

미국의 혁명과 독립으로 이끈 논쟁의 포구를 넓힌 것은 1761년 James Otis의 팸플릿(Writs of Assistance Case, 1761)이었다고 한다.[34] 거기서의 문제는 다음의 점이었다.「의회 제정법에 관하여. 헌법에 반하는 제정법은 무효이다. 자연적 형평에 반하는 제정법은 무효이다. 나아가 의회 제정법이 청원의 형태로 만들어지게 된다면, 그것은 무효일 것이다. 식민지의 법원은 이와 같은 제정법을 폐기하지 않으면 안 된다.」 이 소론을 가지고 Corwin은「여기서 미국 헌법은 생겼다. 왜냐하면 Otis의 주장은 Coke의 그것을 훨씬 넘어서는 것이기 때문이다. 통상의 한 법원이 특별히 정립된 의회의 의지를 부인하게 되는 것이고, 그 부인의 판결이 최종적인 것이기 때문이다」[35]라고 하고 있다. Otis는 Coke의 이론을 넘어서 한 지방의 법원이 「영국인의 제권리」를 옹호하기 위하여 헌법 및 형평을 침해하는 의회에 대항할 수 있는 것이라는 점을 시사한 것이다.

---

31) 당시의 미국식민지의 법관들은 식민지에 따라 다양하게 그 권한을 행사하고 있었는데, 주로 식민지행정부와 지방공동체 사이의 중재역과 지방공동체에서의 주도세력의 역할을 하였다. 식민지사법의 독립성은 법관이 단지 법을 발견할 뿐이라는 전제로 인해 제한되었다. G. Edward White, *The American Judicial Tradition*(New York: Oxford University Press, 1988), 7-8쪽.

32) Page Smith, *The Constitution: A Documentary and Narrative History*(New York: Morrow Quill, 1980), 41쪽.

33) E. S. Corwin, 앞(주 26)의 책, 73쪽.

34) E. S. Corwin, 앞(주 26)의 책, 77쪽.

35) E. S. Corwin, 앞(주 26)의 책, 77쪽.

Otis는 명확히 「사법심사」의 관념을 주장하는 것이고, 사실 그것은 초기의 미국 제헌법에 사법심사의 원리를 도입하는 중요한 시사로 되었다. Otis를 지지하는 사람들은 이 입장에서 1765년의 인지조례에 반대하여 성공하였다. Otis는 식민지인이 본국의 영국인과 같은 권리를 가진다는 것과 이들 권리와 특허장에 기초한 특권이 무시되어도, 인간으로서의, 그리고 시민으로서의, 자연적인 고유하고 불가양의 권리는 존재한다고 서술하고 있다.[36] 혁명에 이르기까지의 식민지에 있어서는, 이와 같이 영국인으로서의 권리에 관한 법이론과 인간에 고유한 자연권에 관한 철학이 본국에 대한 저항의 논거로서 활용된 것이다.

미국의 혁명 및 독립은 권리와 자유를 위한 투쟁임과 동시에 자주입법을 위한 투쟁이고, 이 두 동기는 상보적인 관계에 있었다. 개인의 권리의 보장을 위해서는 영국정부 및 의회, 그 식민통치기관에 대항하여 식민지 입법부의 자주성을 확립할 필요가 있었다. 이것은 식민지에 있어서 정치적 체험에서 논리적으로도 나오고 있는 것이었다. 식민지 입법부의 자주성을 확립하려고 하는 요청은, 그들의 「헌법」 내지 「통치의 조직」으로 되었다. 그것은 식민지의 제조건과 그 풍토에서 생긴 제도적 전개의 표현이었다. 1776년의 「독립선언」은, 미국 식민지인의 역사적인 정치적 체험에서 나온 것으로, 개인의 권리를 적극적으로 확립하려고 하는 것이었다. 그것은 「기본법」의 기능을 소극적인 그것에서 적극적인 그것으로 전환시키는 것이었다. 고차법으로서의 「기본법」의 관념이 영국에 있어서 작용한 것은 주로 정치권력을 제약한다는 소극적인 기능에 있어서이었다. 그러나 미국식민지에서 이와 같은 관념이 추구되는 것은 인민으로서 그의 권리를 확보하고 발전시키기 위하여 새롭게 보장되는 조직을 창설하는 적극적인 기능으로 작용한 것이었다.

식민지에 있어서 성문법이 채택된 것은 식민지의 현실의 제조건에서 생긴 관념과 제도를 실정법적으로 확립할 필요가 있었기 때문이었다. 전제에 대한 제약을 강한 국민적 전통으로 하고 있었던 영국에서는, 기본적인 헌법원리를 변경하여 형식적인 법전으로 하지 않으면 안될 필요도 이유도 없었던 것이지만, 본국에 대한 식민지의 혁명과 독립은 영국 고유의 법의 연속성을 단절한 것이고, 이 사회적인 구조변화를 문서상의 선언에 의하여 명시하여, 그 기본원리를 성문의 법전으로 할 필요가 있었다. 따라서 미국에서의 헌법은 통치기구의 법이 아니라, 통치기구를 만드는 인민의 법이었고, 따라서 헌법은 헌법에 의하여 설치된 통치기구의 법령보다 우위에 있는 것이다. 우위에 있다는 것은 헌법이 정부에 시간적으로 선행하기 때문은 아니다. 헌법의 시간적 선행은, 미국의 현실의 경험에서 그러한 것이고, 일정한 시기에 인민

36) James Otis, *The Rights of the British Colonies Asserted and Proved*, 1764(P. Smith, 앞(주 32)의 책, 42쪽 재인용).

에 의하여 의식적으로 작성된 헌법 - 성문헌법 - 이라는 점에서 인정된다. 그러나 미국의 제헌법에 있어서 인간의 고유한 권리가 선언되고, 그 확보를 위하여 통치기구는 설립된다. 그것은 인민의 헌법제정권에 의하여 「창조」된 것이다. 헌법의 구체화로서, 인민이 만드는 통치기구의 형태와 한계가 제도화된다. 이것은 헌법이 통치기구에 시간적으로 선행한다고 하기보다도, 헌법이 통치기구의 법령에 대하여 성질상 우위에 있기 때문이다. 헌법의 아래에 있어서 통치기구가 한계를 가진다는 것은, 헌법에 기본적인 사항이다. 이것은 통상의 법절차에서는 변경할 수 없다는 의미에 있어서 「기본적」인 것이다.

미국에 있어서 소위 권력분립론의 원천으로서는, 먼저 Montesquieu에 이르기까지의 유럽의 정치 및 법이론, 특히 「선한 정치」의 원리를 추구하는 노력의 성과를 들 수 있다. 다음에 영국에 있어서 헌법의 존재방식에 관한 지식과 경험을 들 수 있다. 나아가서는 무엇보다도, 가까운 경험으로서 George 3세 및 그 관료집단과의 사이에 가졌던 식민지인으로서의 심각한 체험을 들 수 있다.

근대헌법의 체계가 권력분립원칙 위에 서있는 것은 사실이고, 추상적으로는 그러하지만, 구체적으로는 이 원칙을 구체화하고 있는 특수한 내용과 이 원칙을 체현하고 구체화하는 여러 통치부문이 기능하는 역사적 사회적 제조건이 그 헌법체계를 결정하는 것이다. 따라서 미국헌법의 경우에, 본래 주의 헌법이든, 연방 헌법이든 그들의 헌법의 조직원리로서의 권력분립의 원칙과, 19세기에 이르러서부터 연방대법원에 의하여 해석되고 적용된 권력분립의 원칙과의 관계는, 추상적 원칙의 특수한 구체화로서, 또 역사적·사회적 제조건에 제약된 실질적 전개로서 취해져야 한다. 해석에 의하여 헌법을 「변용한다」는 Hamilton의 방법은, 사법심사의 법률적 개념을 전개하는 것이고, 사법권의 기능은 역사적인 제권력의 균형조정자로서의 그것으로부터, 실제적인 역사적·사회적 제조건 중에서 현실적인 사회철학과 결부되어 작용하게 되었다. 미국에 있어서 사법권의 존재방식은 통치의 제부문 사이의 권력균형의 유지 및 주와 연방과의 사이의 권력균형의 유지라는 관할권적 기능에서, 주 및 연방에 있어서 입법행위 내지 행정행위에 대한 감사라는 방향을 취하고 있었다. 헌법기초 당시에 있어서 Montesquieu의 권력분립론이 고려되고 있었던 것은 현실의 통치작용에 실제적 영향은 거의 주지 않았다. 3권은 자유로이 교착하여 입법부는 최종적 발언을 주는 법정으로서의 역할을 하고 있었다. 즉 권력분립이라는 것이, 통치부문의 하나의 전 권력을 가진 것이 타부문의 전 권력도 가지지는 않는다는 의미에서 해석되고 있기 때문에, 그 후 일반적으로 언급되는 권력분립과는 개념이 다른 것이다.

미국 헌법에 관한 가장 권위적인 주석서로 인정되고 있는 *The Federalist*[37]는 미

37) Hamilton · Madison · Jay, *The Federalist Papers,* ed. by Clinton Rossiter(Mentor, 1961), vii쪽.

국 헌법상의 사법권에 관하여 다음과 같이 말하고 있다.

먼저 연방제도(Union)가 갖는 이점이 파벌의 폭력을 방지하고 이것을 억제하는 데에 있음을 지적하고,[38] 공화정(The Republic)이 곧 이 파벌의 효과를 교정하는 데에 중요한 방안이라고 하고 있다.[39] 그리고 이 공화정을 구성하는 정부의 3부문의 구성 원리로서 각 부문이 각각 자기 자신의 의지를 가지지 않으면 안되며, 따라서 각 부문의 구성원은 다른 부문의 구성원의 임명에는 될 수 있는 한 관여하지 않도록 해야 하고, 만약 이 원칙에 강하게 집착한다면, 행정, 입법, 사법 각 부문의 최고 담당자의 임명은 동등한 권위의 원천인 인민에 의하여 서로 아무런 교섭이 없는 수단을 통하여 행해지지 않으면 안된다고 하였다.[40] 그러나 사법부를 구성하는 원리는 이 원칙을 약간 벗어나는 것이 필요한데 그것은 첫째로, 구성원들이 특수한 자격을 갖는 것이 필수적이기 때문에, 이러한 자격을 가지는 자를 가장 잘 확보할 수 있는 선택의 방법을 생각해내어야 하고, 둘째로, 사법부의 구성원이 갖는 종신의 임기는 임명권자에 대한 의존을 상실하게 하기 때문이다.[41] 이러한 전제에 서서 사법부의 기능과 법관의 임기에 관하여 Hamilton은 정부기구 중의 사법부문에 대한 검토를 하고 있다. 특히 Hamilton은 다른 부서에 대한 사법부의 특성에 대하여,

> 「사법부는 칼이나 돈지갑에는 인연이 없고 사회의 힘과 부도 이것을 좌우할 수는 없으며, 어떠한 실체적인 결정도 내릴 수가 없는 것이다. 사법부는 요컨대 힘도 의사도 가지지 않고 다만 판단하는 데에 지나지 않는다고 해서 잘못이 없을 것이다.」[42]

고 하고 있다. 그러면서도,

> 「헌법의 명백한 취지에 반하는 일체의 입법행위를 무효로 선언하는 것은 법원의 고유한 임무인 것이다.」[43]

고 하여 입법행위를 무효로 선언하는 법원의 권한을 인정하고, 그 근거로,

> 「위탁된 권리에 근거하는 어떠한 행위도 그 권한이 행사되는 근거로 되어 있는 위임자의 취지에 반하는 한 무효」

라는 견해를 들고 있다.[44] 즉,

---

38) Madison, *The Federalist*, No. 10, 앞(주 37)의 책, 77쪽.
39) 앞(주 37)의 책, 81쪽.
40) Madison, *The Federalist*, No. 51, 앞(주 37)의 책, 321쪽.
41) 앞(주 37)의 책, 같은 쪽.
42) Hamilton, *The Federalist*, No. 78, 앞(주 37)의 책, 465쪽.
43) 앞(주 37)의 책, 466쪽.
44) 앞(주 37)의 책, 467쪽.

「제정법의 형식으로 표명된 입법부의 의사가 헌법의 형식으로 표명된 인민의 의사에 위배할 때에는 법관은 제정법에 의해서가 아니라 헌법에 의해서 지배되어야 할 것이라는 점을 의미한다.」[45)]

고 하는 것이다. 혁명이 성취되어 헌법이 제정된 후에도, 미국의 사법제도는 1801년 John Marshall이 대법원장으로 취임하기 전까지는 크게 달라지지 않았다.[46)] 1790-1801년까지 연방대법원은 단 55건만을 판결하였다. 정치과정으로 되돌아가는 것이 아니라, 법률과정에서 그리고 협의의 그것으로서의 사법과정에서 처리하여 헌법의 적응성을 실현하려고 하는 것이 다음에 서술하는 Marshall의 판결이론의 의의이다. 그에 의하여 헌법의 적응성은 법률의 힘에 의한 유효성을 수반하는 것이 가능하기 때문이다. 물론 이것에도 흠결은 여러 가지 있는 것이지만, 어쨌든 협의의 법률과정에 있어서 헌법의 적응성을 만들고 있는 방식을 확립한 의의는 크다.

Marshall은 연방대법원의 장으로서 1801-35년까지 재직하면서, 그 판결을 통하여 헌법의 해석과 이론에, 따라서 소위 헌법적 법률의 형성에 중요한 기여를 하고 있다. 그의 판결 가운데 특히 유명한 것의 하나가 바로 1803년의 Marbury v. Madison 사건에 대한 판결이다.

1801년 3월 대통령 Adams는 퇴직이 가까워지자, Washington D.C.(미국정부소재지. 헌법 제8조 17항에 의하면, 연방의회의 직할 하에서 이 지역에 대하여 어떠한 사항에 관해서도 전속적 입법권을 행사할 수 있는)의 치안판사들(justices of the peace)을 지명하였다. 그들의 지명은 상원(연방주의자가 다수를 차지하고 있었다)에 의하여 확인되었고, 임명장도 서명이 되었으며, 국무장관(당시는 Marshall)에 의하여 날인증서도 그것에 덧붙여졌다. William Marbury도 이 임명을 받은 판사 중 한 사람이었다. 그렇지만 Marbury의 경우는, 이 임명장이 전달되지 않은 사이에(Marshall 국무장관의 과실로 전해지고 있다), Adams는 대통령의 직을 떠났다. 그래서 새 대통령 Jefferson 하에서의 신임 국무장관 Madison은 이 사령장을 교부하는 것을 거부하였다. 전 장관 Marshall 혹은 그 직무관계의 누군가의 과실이 이 사령장 불교부의 직접원인이었다는 것도 이 문제를 미묘한 것으로 만들었다. Marbury를 포함한 임명을 받은 4명의 관계자는 Madison장관으로 하여금 임명장을 교부하도록 연방대법원에서의 직무집행영장(writ

45) 앞(주 37)의 책, 468쪽.

46) 1789-1801년의 시기의 미국 사법에 대하여 Goebel은 세 가지 현상으로 특징짓고 있다. 즉 첫째로, 법원업무의 최소화, 둘째로, 법원 자체의 무질서와 불통일 – 가장 유명한 것으로 의회의 입법을 합헌으로 승인하는 그의 권위의 문제에 관한 것, 셋째로, 법원이 점차로 정파정치에 물드는 것 등을 지적하고 있다. Goebel, *History of the Supreme Court of the United States: Antecedents and Beginnings to 1801*, 662-793(1971)(G. E. White, 앞(주 31)의 책, 8쪽에서 재인용).

of mandamus)을 연방대법원에 직접(즉 연방대법원을 제1심으로 하여) 요구하였다. 이 사건은 연방주의자의 관점에서 본다면, 명확히 중대한 난점을 포함한 것이었다. 법원이 이 영장을 발한다고 하여도, 행정부가 이것을 무시하는 것은 거의 확실하고, 법원이 이 영장에 행정부를 따르게 할 수 없다고 스스로 확인하게 된다면, 법원의 위엄은 손상받게 되기 때문이다. 그러나 Marshall은 이 딜레마를 극복하는 방도를 찾아냄과 함께, 연방의회의 제정법을 무효로 하는 기회도 포착하였던 것이다. 이것은, 원고 Marbury의 주장의 논거에 연방의회 제정의 법원법(The Judiciary Act; 1789)의 제13조가 있었기 때문이다. 그 규정에 의하면, 연방대법원은 「미합중국의 권위 하에(under the authority of the United States) 임명된 어떠한 법원에 대하여도, 이 권위 하에 관직을 보유하는 어떠한 자에 대하여도, 법률의 원칙과 관례에 따라서 인정되고 있는 경우에 있어서, '직무집행영장'을 발할 수 있는 권한도 가지고 있다」고 하고 있다. Marshall은 원고 Marbury가 주장하는 임명장요구의 권리를 시인함과 동시에, 그것을 실현하지 않은 정부당국을 비난한다. 그러나 법원이 정부에 직무를 행하게 하는 영장을 낼 수는 없다고 주장한다. 왜냐하면 이 법원법 제13조는 위헌이기 때문이라는 것이다. 그런데 이 법원법은, 연방헌법회의에 참여하였고 나중에 연방대법원에서 Marshall의 전임자로 된 O. Ellsworth가 위원장이었던 상원특별사법위원회를 거친 것이고, 연방헌법의 제정에 참여한 다수의 사람들이 포함된 연방의회에 의하여 승인되어(J. Madison 포함 18인의 헌법회의의 멤버를 포함한다), 헌법회의를 주재한 대통령 Washington의 서명을 받은 것이다. 따라서 연방대법원에 직무집행영장을 발하는 권한을 부여하는 것이 위헌이라고는 생각되지 않았다.

말하자면, 헌법의 기초자들 자신이 만든 것이라고 할 수 있는 법원법이 헌법에 저촉한다고 하기에 이른 것이었다. 이 수수께끼를 이해하는 관건은 Hamilton과 같은 사고방식을 가진 사람들과 Jefferson을 지지하는 사람들과의 권력투쟁에서 찾아볼 수 있는 것이다. 즉 인민은 정열을 가지고 있어서 이러한 정열에 의하여 동물과 같이 된다는 사고방식을 가진 Hamilton과 보통의 인민의 상식이 지상에 있어서 가장 위대하여 건전한 힘이라고 생각하는 Jefferson과의 대립이다. 물론 이 추상적인 표현에 의한 대립의 배후에, 통상과 농업 그 외의 것에 관한 경제적·사회적인 견해의 대립이 있다.

연방헌법은 순수히 법적인 의미에 있어서 새로운 국민국가를 창조하였지만, 그것이 유기체로 되는가, 문서상의 관념에 그치는가는 당시의 정치가에 있어서 최대의 문제이었다. Hamilton 및 그에 이은 연방주의자들의 사고방식은 한마디로 말하면, 미국을 중심으로 하는 중상주의정책이고, 프랑스 혁명 후에는 친영반불의 외교정책을 취하는 것이었다. 그러나 영국의 중상주의가 반대파를 가졌던 것과 같이, 연방주의자들의 경우도 소농을 비롯하여 전인구의 90%를 구성하는 사람들에게 용인되지 않았다. 그들은 그 대변자를 Jefferson으로 정하였다. Jefferson파의 공화주의자들은 프랑스 혁명에 자극을 받고, 또 영국의 새로운 경제적 역공인 자유방임주의의 사고방식에 자극받아서, 미국의 혁명은 아직 완성되어 있지 않다고 하여, 「투표에 의한 혁명」을 부르짖었다. 거기서는 연방주의자들의 중앙집권주의, 국가주의, 중상주의에 대항하여, 주권의 존중, 농업주의, 민주주의가 강조되었다. 연방주의자들에게는 일대 위기이었다. 이러한 상황에서 그들은 - Jefferson의 표현에 의하면 - 연방통치부문에 있어서, 'nonelective branch'로서의 사법부의 특수한 가치를 발견하여, 이것을 근거로 하여 공화주의자들의 공세를 저지하려고 하였다. 1800년 11월의 선거에서 연방주의자는 패하였지만, 수정 제12조가 아직 존재하지 않았던 당시에 있어서, 그들은 여전히 4개월 동안 정권을 유지하고 있었다. 그 사이 1801년의 법원법이 채택되고, 연방법원의 관할권의 확대와 연방법관의 증원이 실현되었다(선거에 패한 후 임기가 아직 있는 사이에 만들어졌던 것이기 때문에, The lame duck Judiciary Act라고도 부른다. 1802년의 the Repeal Act에서 폐지되었다). 연방주의의 지지자가 임명받는 것은 당연하였다. 이 동기 중에서 포함되고 있었던 것은, 오랫동안 막연하였던 사법심사의 관념과 권능을 현실화한다는 생각이었다. 통치기구의 정치적 부문을 억제하는 법원의 권능으로서의 사법심사권이 Marshall을 장으로 하는 연방대법원에서 Marbury v. Madison 사건에서 확립되는 단계로 된 것이다.[47]

Marbury는 연방대법원에 직접, 즉 제1심으로 하여 소를 제기하였다. 그러나 연방헌법 제3조 2절에 규정되고 있는 연방대법원의 제1심 관할권에 포함되는 사건에는, Marbury 사건은 명확히 해당하지 않았다. 따라서 연방대법원으로서는 관할권에 포함되지 않는 것으로서 각하하여 하급심법원에 제소하게 하는 것이 당연하였다. 그렇지만, 그는 연방주의자의 정치적 입장이어서 불리하였다. 그럼에도 소를 받아들인다면 앞서 말한 딜레마에 연방대법원은 직면한다. Marshall과 그의 연방대법원은 이 딜레마를 회피하여, 연방주의자의 목표인 사법심사를 수립하였다. 먼저 Marshall은 Marbury가 임명장을 받을 권리를 갖는 것, 그 권리를 위한 구제가 직무집행영장이라는 것을 명확히 한다. 그러나 연방대법원은 헌법에 의하여 규정되고 있는 연방대법원의 제1심 관할권에 해당하지 않는 사건을 재판할 권한은 갖고 있지 않다. 그런데도, 법원법 제13조는 Marshall의 해석에 의하면, 연방대법원의 상소심의 재판관할권에 포함되는 사건을 연방대법원의 제1심 관할권으로 부여하고 있고, 따라서 위헌이라고 하게 된다.

47) P. Smith, 앞(주 32)의 책, 315쪽.

Marshall은 연방대법원의 관할권에 관하여 헌법 제3조 2절 2항을 일부 인용하고 있다. 즉 연방대법원은「연방의회가 정하는 예외의 경우를 제외하고, 또 그것이 정하는 규칙에 따른 법률 및 사실에 관하여」상소심의 재판관할을 갖는다고 헌법에 규정되어 있다. 그러나 Marshall은 이 예외라는 것을, 재판관할권의 축소로 변경되는 경우에만 해당하는 것으로 생각하고, 관할권의 확대로 변경되는 경우에는 해당하지 않는다고 생각하고 있었던 것이다. 법원법 제13조는 법원이 관할권을 가진 경우에만 영장을 발하는 권한을 부여하고 있는 것이라고 해석할 수 있었기 때문이다. Marshall은 이 의회제정법인 법원법을 무효로 선언하는 것으로부터 연방대법원의 권한을 강화하는 기회를 포착하려고 한 것이다.

결국 미국에서 연방대법원의 위헌심사권은 곧 정치적 권력투쟁의 과정에서 반대세력에 대한 정치적 견제의 수단으로 확립된 것이다. 물론 이 정치적 견제의 수단은 사실적인 힘의 논리가 아닌 헌법의 해석·적용이라는 규범적 논리에 따라 행해진 것이고, 또 이러한 연방대법원의 판결이 수용된 것은 정치적인 힘의 균형에 따른 보장이 있었기에 가능한 것이었다.

Marshall이 그의 헌법에 관한 신조를 가장 체계적으로 전개할 기회를 가졌던 것은 McCulloch v. Maryland 사건에 대한 판결이었다고 말해진다. 주가 연방통치기구가 설정한 기관에 과세할 수 있는가의 문제이지만, Marshall은 이 기관이 제1조 제8절 제18항의「필요하고 적당한(necessary and proper)」에 해당하는 헌법상 유효한 기관으로 보고, 적당한 수단, 목적에 명확히 적응하는 수단, 헌법의 명문 및 정신에 일치하는 수단 등은 합헌적이라고 하였다. 또 그것은 헌법의 최고법규조항의 귀결이기도 하였다. 최고성의 본질을 이루는 것은, 그 자체의 권능분야에 있어서 그 행위를 방해하는 모든 것을 제거하여, 그 기능이 그 아래에 위치하는 통치기구가 가진 모든 권능으로부터 영향을 받지 않도록 이들을 수정하는 것에 있다고 하였다.

Marbury 사건 이후 Marshall이 행한 판결들을 통하여 나타나고 있는 Marshall의 헌법에 관한 신조를 요약하면,[48] 1) 헌법은, 미국인민으로부터 생긴 것이기 때문에, 헌법의 해석은 그 여러 규정이 부여한 이점을 완전히 인민을 위하여 확보한다는 관점하에서만 행해져야 한다. 이것은 제1조 제8절 제18항에 의하여 강조되고 있다. 2) 주의 권능은 연방의 권능의 구성요소는 아니다. 또 후자에 대하여 독자적인 제약을 과하는 것도 아니다. 이것은 최고법규조항(The Supremacy Clause; 헌법 제6조 2항)에 의하여 명확한 사실이다. 3) 연방대법원의 주된 역할은 연방의 우위의 최종적 발언기관이라는 것이다. 미합중국의 헌법 및 법률에 관한 이 해석은 어떠한 사실에서

48) McCulloch v. Maryland, 4 Wheaton 316(1819); Gibbons v. Ogden 9 Wheaton 1(1824); Dartmouth College v. Woodward, 4 Wheaton 518(1819) 등의 판결 참조.

든 모두 해당하고, 모든 주를 구속한다. 4) 헌법은 장래의 시대에 걸쳐서 지속되는 것으로 의도되고 있었다. 따라서 이로부터 논리적으로, 헌법을 해석하는 연방대법원의 기능은 인간사에서의 여러 국면에 이 헌법을 적응시킨다는 책임을 포함한다.

그렇지만, Marshall의 사후 후임자인 Roger B. Taney 대법원장의 연방대법원은 수차례의 구성원의 변화가 있었고,[49)] 새로운 헌법인식이 연방대법원을 지배하였다.[50)] 그것은, 1) 헌법은 먼저 제 주의 인민 사이의 계약이다. 부차적으로만 각 주의 법률의 일부임에 그친다. 2) 연방통치기구의 특유한 영역은, 대외관계의 그것이다. 주의 특유의 영역은 대내통치의 그것이다. 후자의 영역에 있어서 국가의 우위의 원리(national supremacy)는 타당하지 않다.[51)] 3) 연방대법원은 그러므로 최고의 국가기관은 아니지만, 대등한 권력의 두 자리, 즉 주의 통치기구와 국가의 통치기구 사이의 불편부당한 심판관이다. 4) 헌법은 고정적이지만, 그 기초자들에 의해 만들어진 때와 항상 같은 말로 말하는 것은 아니고, 같은 의미와 의도를 가지고 말하고 있는 것이다.

즉 이 헌법인식에 있어서는 연방적 균형의 관념이 핵심을 이루고 있다. 말하자면 어느 특정한 시기에 존재한 연방의 통치기구와 주의 그것 사이의 권능의 분배가 항구적으로 지속되어야 하는 것으로서 채택될 것이 요청되고 있다. 따라서 거기서 사법심사를 필요로 하는 이유는 이 지속성을 보장하는 것에 있었다. 이 의미에서 이와 같은 사법심사의 기능을 행하는 것으로서의 대법원의 역할이 높이 평가된 것이다. 따라서 연방입법부의 권능은 제약하면서 대법원의 역할은 강조된 것이다. 국가의 통치기구의 최고성이라는 것은 실은 이 의미에서 대법원의 최고성으로 되는 것이다.

그러나 이러한 헌법인식은 Melville W. Fuller(1888-1910 재임) 대법원장 시기에 다시 극복되었으며, Edward D. White(1910-1921), William H. Taft(1921-1930) 대법원장 시기를 지난 후, Charles E. Hughes(1930-1941) 대법원장 재임시에는 Roosevelt 대통령의 New Deal 정책관련 입법을 무효화함으로써 행정부의 정책을 저지하기도 하였으며, 이에 Roosevelt 대통령은 대법원의 구성을 자기 마음에 드는 사람으로 하

---

49) 1863년에 9명에서 10명으로, 1866년에 10명에서 7명으로, 1869년에 다시 7명에서 9명으로 변경되었다. 이 시기는 남북전쟁기였고, 대통령 Lincoln이 집권한 시기이다.

50) Roger B. Taney(1835-1865), Salmon P. Chase(1865-1874), Morrison R. Waite(1874-1888) 등의 대법원장 시기이다. 특히 1871년 Grant 대통령기에는 대통령의 "마음에 드는 사람들로써 대법원이 구성되었다(packed)"고 한다.

51) Corwin은 이 시기의 연방우위의 부정을 극단적으로 보인 판결로서 Dred Scott v. Sandford, 19 Howard 393(1857), Kentucky v. Dennison, 65 U.S.(24 Howard) 66(1861); Ableman v. Booth, 21 Howard 506(1859)의 셋을 들고 있다. E. S. Corwin, 앞(주 26)의 책, 103쪽 이하 참조.

려는(packing) 시도를 하기도 하였으나, 실패하였다. Roosevelt의 시도는 1941년에 비로소 성공하여, 과거의 법원(Old Court)을 완전히 자신의 의사에 맞는 사람들로 구성할 수 있게 되었다(New Court). 그러나 비록 Roosevelt 대통령에 의해 대법관 전원이 임명되기는 했어도, 대법원의 분위기는 자유주의적 적극주의자(libertarian activists)들이 지배하였고, 이 시기는 1940년대 말까지 지속되었다.

4. 대륙법계 국가의 사법권의 확립과정

18세기부터 19세기의 근대법의 시대에 프랑스, 독일 등의 대륙법계 국가에서는 사법의 의미를 압도적으로 법의 적용의 측면에만 중점을 두고 있었다.

1789년의 프랑스 혁명을 거쳐 성립한 1791년의 프랑스 헌법은 사법을 법률의 기계적 적용에 엄격히 한정하였다.[52] 즉 사법은 Montesquieu 사상의 강한 영향 하에 입법·집행 양권으로부터 기관으로서의 독립적 지위를 부여받아, 「국민에 의하여 정기적으로 선거된 법관에 위임된다」(1791년 헌법 3장 5조)는 것이었지만, 작용으로서는 독립이라고는 말하기 어려운 한정된 것밖에 인정되지 않았다. 사법은 법률의 단순한 적용이라고 이해되고, 더욱이 적용이라 함은 해석을 포함하지 않는 문자 그대로의 기계적인 적용을 의미하였다. Montesquieu의 「법의 정신」에서 「공화정체에 있어서는, 헌법의 성질상 법관은 법의 문자를 준수하여야 한다. 어떠한 시민에 대해서도 그 재산, 명예 또는 생각이 문제될 때, 법을 해석하는 것은 허용되지 않는다」고[53] 하는 사상이, 당시의 지배적인 생각이었고, 그것이 법제도에도 구체화된 것이다. Vile은 Montesquieu의 위의 주장에 관하여, 그것이 그 후의 사법의 관념에 대하여 지극히 중요한 의미를 가졌다고 하면서, 다음과 같이 기술하고 있다.

> 「영국에서는 중세에 있어서, 법관은 법을 '해석하는' 것이라는 것을 잘 자각하고 있었다. 또 '해석'을 통하여 법을 형성한다고 하는 것도 때에 따라서 자각하고 있었다. 법관의 법형성의 역할은 17세기에 있어서도 인정되었다. 그러나 Montesquieu는, 법관에게 재량의 행사를 허용하는 것은 법관의 개인적 의견으로 인해 법을 불확실한 것으로 하여, 국민이 자기 의무의 성격을 정확히 알지 못하는 사회에서 생활하게 된다는 위험에 스스로를 드러내는 것이라고 주장한다. 법관은 '법의 말을 하는 입에 지나지 않고, 법의 힘 또는 엄정함을 적절히 억제할 수 없는, 단순한 수동적인 존재'이지 않으면 안된다.」[54]

52) 이 점에 대해서는, 刑部莊, 破毁裁判所の任務と性質, 杉山教授還曆祝賀論文集(東京: 1942), 875頁 이하 및 神谷昭, フランス行政法成立史(一), 北大法學論集 12卷 2號, 237頁 참조.
53) 법의 정신, 제6편 제3장, 98쪽.
54) M. J. C. Vile, *Constitutionalism and the Separation of Powers*(Oxford: Clarendon Press,

그러나 이상과 같이 사법을 기계적인 법적용작용에 한정하는 사상이 제도를 지배한 것은, 비교적 짧은 기간에 불과하였다. 법률의 해석을 사법작용으로부터 제외한 입법은 폐지되고, 머지않아 법관은 법률의 해석자로 되고, 나아가 소송관계자에만 그치기는 하지만 법을 창설할 수 있게 되어, 혁명 당시의 사상은 현저히 붕괴하게 되었다.[55] 이 전환은, 사회학적 법학과 자유법론의 융성과 함께 크게 진전되었지만,[56] 제3공화국 시대는 법실증주의의 사고방식이 지배적이고, 나아가 사법에 대한 전통적인 불신이 강하게 깔려 있었던 것으로, 프랑스에서는 사법이 입법·행정 양권과 같은 「권력」이 아니었고, 또 미국법에서와 같이 광범위한 법창조기능이 인정되지 않는 것이 일반적이었다.

이와 같이 사법을 법적용작용으로 좁게 이해하는 프랑스적 관념은, 역사적인 경험을 달리하는 독일, 오스트리아, 이탈리아 등 다른 대륙제국의 모델로 되었다. 예를 들면 독일에서는, Bachof에 의하면, 18세기부터 19세기에 걸쳐,

> 「법관이 엄밀한 논리적 사고과정에 기초하여 법률의 집행적인 적용에 스스로를 한정하여, 모든 자기의 의사결정을 억제하지 않으면 안되는 것, 또 법관이 시간을 초월한 정의의 힘에만 구속되며, 자기의 사회적 힘을 보이거나 행사하거나 해서는 안되는 것은, 법학상의 신앙선언이라 해도 좋았다.」[57]

고 한다.

확실히 19세기 후반에 법질서의 무흠결의 도그마가 극복되면서부터 특히 Bülow, Rümelin, Reichel 등의 저명한 연구를 통하여, 법관은 실제로는 결코 단순한 「법의 말을 하는 입」이 아닌, 즉 법관은 법실증주의가 지배하는 하에 있어서도 항상 적지 않게 법창조에 관여하여온 것이 명확하게 되었다.[58] 그러나 19세기에 있어서 사법은, 긴 기간 동안 「집행권의 영향 하에 두어져서」, C. Rotteck과 같이, 단순한 사고기능이라고 하여 판결에 국가권력의 특성을 인정하지 않는 설이 유력하였다. 그래서 20세기에 이르러서도, 사법은 법적용권능, 보조적 권력이라고 일반적으로 생각되어 왔다.[59] 이것은 독일 입헌군주정의 제 헌법이 권력분립에 관하여 철저하지 못하여, 사법을 입법·집행 양권에 나란한 제3의 국가작용으로서 명확하게 자리매김하여 구성하지 않았던 것과도 밀접하게 관련되지만, 위와 같은 사법의 성질에 관한 기

1967), 89쪽.

55) 刑部莊, 앞(주 52)의 논문, 31-43쪽 참조.

56) E. Ehrlich, F. Geny, H. Gmelin, G. Kiss 등.

57) Otto Bachof, *Grundgesetz und Richtermacht*(Tübingen: J. C. B. Mohr, 1959), 7쪽.

58) Rudolf Wassermann, *Die richterliche Gewalt*(Heidelberg: C. F. Müller, 1985), 4쪽 이하 참조.

59) K. Stern, 앞(주 3)의 책, 890쪽.

본적인 사고방식은, Weimar 헌법(제102조 이하 「사법(Rechtspflege)의 장」 참조)하에서도 본질적으로 변화하고 있지 않다. 확실히 「사법」의 장에는 민사·형사의 통상의 재판만이 아닌, 군사재판소·행정재판소·국사재판소에 관한 규정이 있고, 또 헌법의 자유주의·민주주의적 성격, 법원의 법해석에 관한 유력설과 그에 따른 소수의 판례의 존재 등, 사법을 둘러싼 상황도 크게 변화하였다. 그러나 지배적인 법사상은 여전히 법실증주의이었으며, 사법은 입법자의 의사를 존중하고 문리에 충실히 법을 해석하여 그것을 구체적 사건에 적용하는 것이 추구되었다.[60]

전후의 기본법에서 비로소 헌법재판권을 포함한 모든 사건·쟁송에 최종적인 심판을 내리는 권력이, 입법·집행 양권과 동격의 국가작용으로서, 새로운 재판권(Die rechtsprechende Gewalt)이라는 이름으로 포괄적으로 이해되어, 법관은 단순한 기능만이 아닌 권력보유자(Macht- od. Gewaltinhaber)로 자리잡게 되고,[61] 이 사실은 시민들에게 의심없이 받아들여지게 되었다.[62] 이는 사법이 광범위한 법창조·정책형성의 기능을 영위하게 되었다는 것과, 특히 판결이 법률적 효력을 갖기에 이른 헌법재판권이 「권력성」을 갖게 되었음을 의미하는 것이었다.

Ⅱ. 현대사회와 사법기능의 확대

앞에서 본 바와 같이 전통적인 의미에서의 국가의 사법기능은, Montesquieu가 말하는(법의 해석작용까지도 부인하는) 「법의 말을 하는 입」이라거나, 단순한 법적용작용으로만 이해되고 있었다. 그것은 사법의 기능을 단순히 분쟁해결기능에 한정하여, 서로 대립하는 당사자 간의 법적 권리·의무와 책임을 둘러싼 구체적 분쟁을, 기존의 법규범의 적용에 의하여 개별적·사후적으로 해결하는 것에 있는 것으로만 이해한 때문이었다. 그러나 오늘날의 상황의 전개는 사법기능을 단순히 법적용작용에 머무르게 하고 있지 않다. 즉 현대사회의 정치적·사회적 구조변화는 전통적인 사법기능의 변화를 요구하고 있는 것이다. 현대사회는 공권력에 의한 시민의 사회경제생활에의 배려와 개입이 한층 광범하게 되고 확충되고 있다. 또한 사회경제적 관계의 집단화·조직화가 진전되고, 그리고 그 양식이 복잡해지고 있는 상황 하에서, 개개인의 사적 이익·권리와 집단적 내지 공공적 이익과의 융합·교작이 심화되고 있고, 개

60) Donald Kommers, *Judicial Politics in West Germany: A Study of Federal Constitutional Court*(Beverly Hills: Sage, 1976), 35-45쪽 참조.

61) 이 점에 관한 상세히는, Karl August Bettermann, Die rechtsprechende Gewalt, in *HbdStR*, Bd. Ⅲ(Heidelberg: C. F. Müller, 1988), Rdnr. 1(776쪽) 이하 참조.

62) K. A. Bettermann, 앞(주 61)의 글, Rdnr. 1.

개인의 사적 이익·권리를 집단적 내지 공공적인 이익으로부터 명확히 분리하여 주장하거나 실현하는 것이 곤란하게 되고 있다. 이와 함께 사회의 전반적인 정치화가 진전되어, 시민의 정치적 참여의 채널이 다양하게 되고 있음에도 불구하고, 집단적·공공적 이익 중에는 입법·행정 차원에서의 정책형성과정이라든가 각종의 사적 분쟁 해결과정에서 공정한 배려를 받기 어려운 것이 있고, 그 결과 그러한 집단적·공공적 이익이 억압되거나 침해되기 쉬운 것이 있다. 이러한 이익들은 특히 정책결정과정에서 배제되거나 소외되는 소수자나 약자의 이익과 관련되는 것이 많다.

이와 같은 상황 하에서는, 개개인의 사적인 이익·권리를 실효적으로 확보하고 실현하기 위하여는 동시에 불특정다수의 집단적·공공적 이익을 주장하고 옹호하지 않으면 안되는 것이 많다. 그리고 이 집단적·공공적 이익을 가장 실효적으로 주장하고 옹호할 수 있는 것은, 대개의 경우 입법·행정 차원에서의 정책형성과정에서이다. 그럼에도 불구하고, 그것이 불가능 내지 현저히 곤란하기 때문에 할 수 없이 우회적이기는 하지만, 최후의 보루로서 재판에 의한 사법적인 보호와 구제가 추구되는 것이다. 그러나 전통적인 의미에서의 사법기능에 초점을 맞추어 구성되어 있는 사법제도로는 이러한 종류의 요구와 기대에 충분히 대응하기 어렵다. 우선은 재판에 의한 심리의 대상으로 되기 어려울 뿐 아니라, 비록 심리의 대상이 되더라도 사법적 보호·구제의 정당화를 위하여 적절한 법적 근거를 제시하는 것이 용이하지 않은 것이 많은 것이다. 그래서 이와 같은 전통적인 사법기능의 한계를 타개하기 위하여 다양한 이론상·실무상의 노력이 추구되고 있는 것이다 .

전통적인 사법기능이 이처럼 확대되고 있는 것은, 20세기에 들어와 활성화되기 시작한 헌법재판제도의 확립과 함께 제도적으로도 보장되어가는 과정에 있다. 미국의 경우에는 19세기 초에 헌법재판의 하나로 위헌법률심사제도가 확립된 이래, 정책형성기관으로서의 입법부의 권한행사에 사법부가 적극적으로 개입해오고 있는 것은 주지의 사실이다. 또한 서독의 경우에도, 1919년의 바이마르헌법에서는 사법을 「Die Rechtspflege」(WRV 제102조 이하)라고 하고 있었으나, 1949년의 Bonn 기본법에서는 그 제9장의 제목을 「Die Rechtsprechung」이라고 하고, 제92조 본문에서는 「Die rechtsprechende Gewalt」라고 하여, 사법의 기본원리와 본질적인 조직구조, 법관의 지위 및 시민에 대한 재판권의 관계 등을 비로소 헌법적 규율의 대상으로 하고 있다.[63] 이로써 사법권은 입법 및 행정과 헌법구조적으로 대등하게 자리잡게 되었으며,[64] 이 사법권의 내용으로서 헌법재판권(제93조), 일반 민·형사 및 행정, 재정, 노

63) K. Stern, 앞(주 3)의 책, 890쪽; K. A. Bettermann, 앞(주 61)의 글, Rdnr. 28 이하 참조.
64) R. Herzog, Art .92, in Maunz-Dürig-Herzog-Scholz, *Grundgesetz Kommentar*(München: C. H. Beck), Rdnr. 20 이하.

동 그리고 사회재판권을 규정(제95조)하여, 광범위한 법창조 내지 법형성기능을 행하는 것으로 하고 있다.

이와 같이 오늘날의 사법기능의 확대 현상은 사법권의 적극적인 법형성 내지 법창조기능으로 나타나고, 이것은 곧 사법권의 권력성을 실질적으로 확보한 것을 의미하는 것이다. 즉 정치권력에 의하여 수동적으로 설정되는 제도 내지 기능이 아니라 적극적으로 자신을 규정하고 정책결정과정에서 독자적인 역할을 행함으로써 하나의 권력으로서 기능하게 된 것이다. 이러한 결과는 전통적인 의미에서의 권력분립이론을 단순한 국가권력의 분립이 아니라 새로운 의미의 것으로 이해할 것을 요청하고 있으며, 그에 따라 고전적인 권력분립이론을 국가기능의 분리라는 새로운 관점에 따라 이해하여, 정책형성, 정책집행, 정책통제 등으로 파악하거나,[65] 기능의 분리와 분배에 따른 기관의 분리를 통하여 권력의 억제와 균형 및 통제를 행하는 기능적 조정원리로 이해하는 견해가 등장하고 있는 것이다.[66] 이러한 사법권의 지위변화는 사법권을 진정한 의미에서의 제3의 국가권력보유자로 만들었을 뿐만 아니라, 정치과정에서 입법권 및 집행권의 대등한 파트너로서의 지위를 가지게 하는 것이다.[67]

(이헌환, 정치과정에 있어서의 사법권에 관한 연구,
서울대학교 박사학위논문, 1996. 2, 21-55쪽)

65) K. Löwenstein, 앞(주 27)의 책, 42쪽 이하 참조.
66) K. Stern, 앞(주 3)의 책, 536쪽.
67) K. Löwenstein, 앞(주 27)의 책, 47쪽 참조.

3. 국가권력으로서의 「사법권력」

Ⅰ. 사법권과 정치과정

1. 법과 권력의 관계

법은 여러 사회규범 중의 하나이지만, 그 실효성을 담보하는 것이 국가권력이라는 점이 다른 규범과 다르다. 어느 국가에 있어서도 법을 만들고, 이를 유지하는 실력이 존재한다. 법이 없는 국가를 상상하는 것은 불가능하고, 법을 유지하는 실력이 존재하지 않는 국가도 있을 수 없다. 여기서 말하는 실력은 사람을 지배하고 복종을 요구하는 힘으로, 일단 이것을 권력이라 할 수 있을 것이며, 이것은 국가의 행위로서 중요정책을 결정하는 힘으로 나타난다.

그러면 법과 권력과는 도대체 어떠한 관계에 있는 것인가? 양자의 관련을 명확히 하지 않으면, 살아있는 법의 실상을 파악할 수 없다. 만약, 법규범의 문자만에 주목한다고 한다면, 격동하는 사회적·경제적·정치적 제조건 하에서, 법이 생성하고, 발전하며, 변화하고 있는 동태를 알 수 없을 것이다. 또 있는 그대로의 실력의 세계만에 주목하게 된다면, 법이 이에 미치는 작용을 무시한다는 비난을 면할 수 없을 것이다. 현실의 사회에는 여러 이익이 대립하고, 각각의 이익을 대표하는 실력들이 서로 투쟁하는 가운데에서, 권력은 법을 만들고, 법은 인간을 규제한다. 아울러 현실에서 새로이 나타나는 모순을 해결하기 위하여 법은 변천하여 왔으며, 법을 만들고 법을 변화시켜온 권력도 또한 그 법에 기속되게 된다.

법과 권력 사이의 관계를 단적으로 말하면, 법과 권력의 어느 쪽도 단독으로는 존재할 수 없다는 것이다. 법은 권력에 의하여 유지된다. 모든 국가법은 그 배후에 권력의 뒷받침이 있어서, 비로소 그 존재를 주장할 수 있다. 권력의 뒷받침이 없는 법문은 단순한 문자에 불과하다. 그리고 법을 뒷받침하는 권력은, 있는 그대로의 실력은 아니다. 국가에 있어서 법을 지탱하는 실력은 법으로 뒷받침된 실력이다.

위와 같이 법과 권력은 어느 것도 단독으로는 존재하지 못하고, 양자는 상호간에 목적과 수단의 관계에 서 있다고 할 수 있다. 즉, 권력은 그 목적을 달성하기 위한 수단으로서 법을 유지하고, 법은 그 목적을 달성하기 위한 수단으로서 권력에 의

존하고 있다.[1)]

요컨대, 권력과 법은 상호의존하는, 사회적 행위의 규율원리인 것이다. 말하자면, 법이 없는 권력은 일시적인 것이고, 권력 없는 법은 환상이다(Macht ohne Recht wäre ephemär, Recht ohne Macht wäre illusionär).[2)] 법과 권력의 관계를 이와 같이 상호의존적으로 파악할 때에는, 법규범을 구체화하고 현실화하는 국가제도가 권력적인 기초를 갖지 않는다면, 하나의 환상에 불과하다는 결론에 이르게 된다. 따라서 국가제도로서의 사법제도도 또한 그 권력적 기초를 갖지 못한다면 쓸모없는 기관이 되고 말 것이다. 문제는 기초가 되는 권력이 어떠한 성격을 갖는가 하는 점이다. 이것은 통시대적으로 일률적으로 말할 수는 없다. 그때그때의 시대와 상황, 그리고 이데올로기에 따른 권력의 성격에 따라 법을 뒷받침하는 권력의 성격이 정해질 것이기 때문이다.

2. 정치제도로서의 사법제도

사법제도는 정치제도의 한 부분이다. 그것은 다른 정치제도와 상호작용을 통하여 제도의 존재목적을 달성하고자 한다. Robert Dahl은 「정치제도로서 법원은 매우 비일상적이다. 그것이 정치제도이고 그것을 부인할 수 없다는 것을 받아들이기를 꺼려한다는 때문만은 아니다」[3)]고 하여, 사법제도로서의 법원이 정치제도임을 받아들이기는 쉽지는 않지만, 부인할 수 없음을 지적하고 있다. 이와 같이 정치제도로서의 사법제도를 인정하는 것은 법과 정치 사이를 서로 배척하는 것이 아니라 법과 정치 사이의 상호관계 그리고 그 통합을 인정하는 것이다.[4)] 따라서 사법제도로서의 법원은 정치적 방식과 법적 방식 사이의 연속체로서 기능하며,[5)] 또한 피할 수 없이 양자

---

1) 橋本公亘 교수는 법과 권력의 관계에 관하여 다음과 같이 간략히 말하고 있다. 「권력은 법을 만들고, 법을 지탱하며, 법을 바꾸고, 법을 변화시키며, 또 때로는 법을 깨뜨린다. 권력은 법이 법으로서 행해지기 위한 실력적 기초이다. 타면, 법은 권력을 규제하고, 권력을 유지하며, 때로 권력을 깨뜨린다. 법은 권력을 있는 그대로의 실력과 구별하여 법적인 국가권력으로 높이는 기반이 된다. 법은 어떤 때에는 권력의 도구로 되고, 어떤 때에는 피치자의 이익을 지키는 보루로 된다」. 橋本公亘, 現代における法と國家權力, 和田英夫 編, 岩波講座 現代法 2(東京: 岩波書店, 1965), 6쪽.

2) Alexander Demandt(Hrsg.), *Macht und Recht*(2 Aufl.)(München, C. H. Beck, 1991), 275쪽. Demandt는 위 책에서 권력과 법의 문제를 역사적 문제로 파악하고, 역사적으로 나타난 다양한 재판을 통해 권력과 법의 문제를 다루고 있다.

3) Robert A. Dahl, Decision-Making in a Democracy: The Supreme Court as National Policy-Maker, 6 *Journal of Public Law* (1967), 279쪽.

4) J. B. Grossman & Richard S. Wells, *Constitutional Law and Judicial Policy-Making*, 2 ed.(New York: John Wiley and Sons, 1980), 4-5쪽.

5) Philip Kurland, *Politics, The Constitution and the Warren Court*(Chicago: University of Chicago Press, 1970), 2쪽.

를 염두에 두고 작용하게 된다.[6] 이로부터 귀결하는 것은 모든 사법은 사람들이 인정하든 인정하지 않든 정치적이라는 점이다.[7]

이와 같이 정치제도로서의 사법제도를 인정하는 것은 전통적인 법학방법론에서는 수긍하기 어려운 점이었다. 그러나 오늘날의 법학방법론에서는 이미 극복된 것이며,[8] 적극적으로 정치제도로서의 사법제도를 긍정함으로써 사법제도의 정치적 의미를 분명히 할 수 있다. Grossman은 이와 같은 관점을 채택하는 이유로 세 가지를 들고 있다.[9]

첫째, 그것은 중요정책결정에서의 법원의 기여를 정의하는 데에 도움이 된다. 개인의 권리를 정의하고 정부의 권력행사에 제한을 두는 것을 특별히 강조함으로써, 공공정책문제에 관하여 폭넓게 사건을 판결한다. 그 판결은 사회구성원들의 행동규범을 정하고, 희소한 자원의 할당과 재분배에 기여하며, 그리고 정치적·사회적 분쟁의 타협과 해결에, 그리고 민주사회에서 가치의 권위적인 분배에 기여한다.

둘째로, 그것은 다른 정부제도와 사법제도와의 관계를 좀 더 정확하게 파악하는 것을 가능하게 해준다.

셋째로, 그것은 법관의 임명을 서술하고 이해하는 데에 도움이 된다는 점이다. 법관의 임명은 복잡하고 매우 정치적인 과정이다. 특히 사법제도의 최고기구의 구성원을 임명하는 데에는 당파성과 이데올로기 그리고 애국심 등을 포함하는 정치적 요소들이 강조되는 것을 부인하기 어렵다.[10]

정치제도로서의 사법제도는 또한 정치적 결정에 관하여 적극적인 역할을 하는 경우가 있다. 단순히 정치과정에서의 결정에 관하여 소극적으로 수용하는 것이 아니라 정치적 결정을 번복하기도 하고 때로는 적극적으로 정치적 결정을 행하기도 하는 것이다.[11] 또 사법권의 권한행사가 정치개혁의 수단으로 되기도 한다.[12]

---

6) J .B. Grossman & R. S. Wells, 앞(주 4)의 책, 5쪽.
7) Rudolf Wassermann, *Der Politische Richter*(München: Piper Verlag, 1972), 17쪽.
8) Rudolf Wassermann, *Die richterliche Gewalt*(Heidelberg: R. v. Decker & C. F. Müller, 1985), 4쪽 이하; Otwin Massing, Recht als Korrelat der Macht?, P. Häberle(Hg.), *Verfassungsgerichtsbarkeit*(Darmstadt: Wissenschaftliche Buchgesellschaft, 1976), 411쪽 이하 참조.
9) J. B. Grossman & R. S. Wells, 앞(주 4)의 책, 6-7쪽.
10) 미국의 연방대법원의 대법관 임명에 대하여는, J. B. Grossman and S. L. Wasby, The Senate and Supreme Court Nominations: Some Reflections, 1972, *Duke Law Journal*, 557-591쪽 참조.
11) 이와 관련하여 흥미있는 것으로, 1995년 10월 13일 대만의 대법관회의는 1995년 12월로 예정된 입법원 선거 후 행정원의 모든 장관들이 총사퇴해야 한다는 결정을 내렸다. 대법관회의는 지난 2년간 논란이 되어온 헌법 제57조「행정원은 입법원에 대해 책임을 져야 한다」는 조문의 헌법해석에서, 이는 민의정치와 책임정치를 구현하기 위해 마련되었으며 따라서 새 입법원이 구성되면 내각도 총사퇴하여 여론에 따라 새로 구성해야 한다고 최종결정을 내린 것이다. 대만의 헌법구조에 대한 이해가 전제되어야 하겠지만, 사법권의 헌법해석권한과 정치과정에서의

사법제도를 정치제도의 한 부분으로 인정한다고 하더라도 정치과정 속에서 어떠한 정치적 역할을 할 것인가의 문제는 단순한 이론상의 문제는 아니다. 오히려 이것은 지극히 경험적인 문제인 것이다. 여기서 정치과정 속에서의 사법권의 역할에 대한 논의가 이론적으로보다 경험적으로 고찰될 필요가 있는 것이다.

Ⅱ. 사법권의 권력성

1. 서 론

후술하는 바와 같이, Montesquieu가 파악하고 있는 근대적인 의미에서의 사법권은 국가권력의 하나라고 하고는 있으나, 실질적으로는 그 자체 권력으로서의 성격을 띠고 있지 않았다.[13] 국가기능 중에서 사법기능을 담당하는 기관에 권력성을 부여하게 된 것은 제2차 세계대전 이후에 비로소 명확하게 확립되었다. 특히 헌법재판의 확립으로 인하여, 헌법재판소가 현대국가의 중심이 되고,[14] 오늘날 어떤 나라도 더 이상 헌법재판이 없는 국가는 없다고 할[15] 정도로 헌법규범의 실효성에 대한 요구가 증대하는 상황에서는 헌법재판을 담당하는 사법제도의 정치적인 역할에 대한 기대가 커지고 있는 것이다. 물론 각 국가마다 그 제도적 형상은 조금씩 다르기는 하지만, 기능적 의미에서의 헌법재판은 현대국가의 중심적인 과제로 되고 있는 것은 사실이다. 말하자면, 헌법재판을 어떤 기관이 담당하고 있는가라는 제도론적 관점이 아닌, (법창조 내지 정책형성기능을 포함하는) 기능으로서의 헌법재판을 담당하는 제도가 정치과정 속에서 어떠한 역할을 할 것인가가 중심적인 과제로 되는 것이다. 이러한 현상은 곧 사법주의(Judicialism)의 보편화 내지 사법국가(Justizstaat)화를 의미한다. 이러한 사법주의의 보편화 내지 사법국가화의 경향은 입법권과 행정권의 분립이 정당국가화에 따라 무의미하게 된 현대사회에서 권력통제를 위한 가장 중요한 방법으로 인정되고 있는 것이다.[16] 현대사회에서의 사법주의의 보편화 내지 사법국가화는 제도적으로 두 가지 유형으로 나타나고 있다. 그 하나는 헌법재판에 관한 미국형의 사법심사제도와 그 둘은 헌법재판에 관한 독일 내지 오스트리아형(대륙형)으로 나타

사법권의 역할에 대한 좋은 사례로 될 것이다. 동아일보, 1995. 10. 15.자 참조.

12) 미국의 경우, Paul Kens, *Judicial Power and Reform Politics: The Anatomy of Lochner v. New York*(Univ. Press of Kansas, 1990); Barbara Yarnold, *Politics and the Courts*(New York: Praeger, 1992) 등 참조.

13) 후술 참조.

14) René Marcic, *Verfassung und Verfassungsgericht*(Wien, 1963), 207쪽.

15) R. Marcic, 앞(주 14)의 책, 85쪽.

16) 김철수, 입법국가에서 사법국가에로, 월간조선 38, 1983. 5, 86쪽 이하.

나고 있는 것이다.

2. 사법심사권의 권력성 - 미국형

주지하다시피, 미국의 사법권은 헌법으로부터의 명확한 규정에 의하여 성립하였다기보다는, 역사적 · 경험적으로 확립되어온 것이다. 미국연방대법원의 부수적 위헌심사권은 구체적인 법률상의 쟁송에 대한 재판이라는 전통적인 사법의 관념을 전제로 하고 있는 것으로, 제도적으로 보면 독일의 헌법재판권보다도 한계가 있는 것은 사실이다. 그러나 오늘날의 미국법에서 그 실태를 보면, 그 법창조 · 정책형성기능은 지극히 넓고, 정치과정에 미치는 영향력도 대륙형의 헌법재판권에 뒤지지 않는다. 미국의 사법심사권이 강한 권력성을 가지고, 이와 같이 커다란 역할을 행하고 있음에도 국민의 승인과 지지를 획득하고 있는 이유는, 역사와 전통에 근거한 여러 가지가 있지만, 그 가장 중요한 특징으로서 사법심사권이 전통적인 「사권보호모델(private rights model)」로부터 「특수기능모델(special function model)」[17]로 그 성격이 크게 변하고 있는 점이다.[18]

이 변천은, 전후 유럽에 있어서 「사법주의」와 대응하여, 기본적으로는 동일한 입헌민주주의의 사상에 의해 지탱되고 추진되어 왔다. 그 결과, 전통적인 사법심사권 하에서 생각되어 왔던 원칙에도 커다란 변화가 있게 된다. 당사자적격(standing)의 요건이 완화된 것, 부수적 위헌심사의 논리적 귀결이라고도 해야 할 엄격한 필요성(strict necessity)의 원칙이 법원의 고도의 재량판단에 의하여 엄격히 적용되지 않는 경우가 있게 된 것, 표현의 자유의 우월적 지위의 이론과 관련하여, 법률을 문면상 무효(void on its face)로 하는 막연성(vagueness) 내지 과도한 광범성(overbreath)을 이유로 한 무효의 이론이 판례상 넓게 쓰여지게 된 것 등이 지적되고 있다.[19]

미국 연방대법원이 의회 및 정부(정치권력)의 행위의 「부인」(negating)이라는 수동적인 기능으로부터, 정치권력의 정책의 「재구성」(restructuring)이라는 능동적인 기능으로 이행된 것은 1950년대부터 60년대에 걸친 시기이다. 이 시기는 사회복지정책의 진전으로 행정권이 비대화하고 있는 가운데, 동서냉전이라는 국제정세에 크게 영향받아서 정신적 자유권을 제약하는 입법이 증대하는 시기이었다. 이 시기의 Warren 법원은 의회 및 정부의 정책에 대하여 엄한 견제를 하여, 그것을 위헌이라고 하여 제한한 사법적극주의를 표방한 점에 현저한 특색을 갖는다. 이 적극주의는

17) 芦部信喜 교수는 이를 「헌법보장형」으로 부른다. 同, 憲法訴訟の現代的展開(東京: 有斐閣, 1981), 6쪽 참조.

18) Henry P. Monaghan, Constitutional Adjudication: The Who and When, 82 *Yale L. J.* 1365, 1368(1973).

19) 芦部信喜, 앞(주 17)의 글, 236쪽 참조.

「할 수 없다」(cannot do)라는 형태로 정치권력을 제한한 것이 아니라, 평등원칙이 적용되는 사건을 중심으로 하여, 법원 스스로가 적극적으로 일정한 정책을 「해야 한다」(must do)고 하는 형태로 명령하는, 종래와 다른 새로운 적극주의로 발전하여 왔던 것이다. Archibald Cox 교수는 그 점을 다음과 같이 기술하고 있다.

> 「미국의 역사를 전반적으로 통해 볼 때, 연방대법원은 소극적인 형태로써 공공의 정책에 기여하여 왔다. … Warren법원의 가장 중요한 판결 중에는, 정부의 다른 부문이 당시 행해온 활동에 대해서 개혁을 명하는 것이 있었다. 개혁은 때때로 적극적 행위를 필요로 한다. 이와 같은 적극적 행위는, … 이제까지 그 작용이 사법처리에 적합하지 않다고 생각되었던, 전형적으로 행정적, 집행적 및 입법적이기도 한 성격을 가지는 계획에 착수하는 법원에 의하여 비로소 가능한 것이었다. 이 헌법재판의 새로운 국면은 미국의 정치에 있어서 연방대법원의 적절한 역할은 무엇인가 하는 과거의 경험이나 연구가 거의 초점을 맞춘 일이 없었던 문제를 제기하는 것이다.」[20]

이 must do 판결로 불리는 사법적극주의는, 특히 학교교육에 있어서 인종차별 철폐, 의원정수재배분 및 주의 교도소·병원의 운영에 관한 사건에 있어서 전형적인 형태로 전개되었다. 앞에서 언급한, 공공소송(public law litigation)이라든가 제도적 소송 내지 제도개혁소송(institutional reform litigation) 등이[21] 그에 해당한다.

이 소송은, Brown v. Board of Education(349 U.S. 294(1955))에서 발단하여, 쟁점이 사인 간의 분쟁이 아니라 공공정책의 운영에 관한 고충이고, 그것이 다수의 당사자, 소송참가인, 조언자(amici)에 의하여 다투어져서, 법관이 실체적인 권리침해를 인정하여 구제수단(remedy)을 논리적으로 도출하는 중립적인 조정자라고 하기보다도 구제수단의 논의에 적극적으로 참가하는 역할을 행하고,[22] 판결이 내려진 후에도 그 집행을 위하여 계속하여 관여하는 것을 요하는 것으로, 형평법의 전통을 기초로 한 Class Action의 발달과 연방제 등과도 관련하여 과거 20년간에 급속히 발전하여 온 것이다.

이 사법권의 정책형성기능에 바탕하여 논의되는 소송의 형태를 「현대형소송」이라 하여 전통적인 소송형태와 구별되어 사용되고 있다.[23] 이 「현대형소송」의 공통의

---

20) Archibald Cox, *The Role of the Supreme Court in American Government*(Oxford University Press, 1976)(양승두, 최양수 공역, 미국의 법원과 정치(서울: 학연사, 1983), 103-104쪽).

21) 大澤秀介, 公共訴訟をめぐる若干の考察, 法學研究 제53권 제7호(1980), 28쪽; A. Cox, 앞(주 20)의 책, 제4장 참조.

22) 그 의미에서는 권력브로커(power broker)라고도 말해진다. Colin S. Diver, The Judge as Political Powerbroker: Superintending Structural Change in Public Institutions, 65 *Va. L. Rev.* 43(1979).

23) 일본에서는 전통적인 소송을 「분쟁지향형소송」 또는 「쟁송지향형소송」으로, 현대형소송을 「정

특징으로 다음과 같은 점이 지적되고 있다. 즉 대체로, 소송의 직접당사자가 다수이거나 밀접한 이해관계를 가진 상당한 다수의 제3자가 있고, 재판의 직접적인 대상인 법적 쟁점이 일반적 정책문제와 불가분적으로 관련하고 있거나, 혹은 적용되어야 할 법적 규준에 관하여 의견의 대립이 있거나 하여, 분쟁해결기능에 초점을 맞추는 현행 재판의 제도적 구조와 절차의 제약을 다소 완화하지 않고는 재판에 기대되고 있는 기능을 적절히 행하기 어렵다는 것이다.[24] 현대형소송을 이와 같이 이해하게 된다면, 민사상의 손해배상과 금지가 청구되는, 새로운 유형의 다수당사자의 공해·환경소송과 소비자소송 등, 대부분의 헌법소송과 다수의 행정소송도 현대형소송에 해당하는 것으로 볼 수 있을 것이다.[25]

미국의 이론전개는 1970년대에 들어와 이 현대형소송에 대한 논의가 활발해지고 있다. Archibald Cox는 1976년에 발표한 논문에서 다음과 같이 지적하고 있다.

「이 20년간에 있어서 헌법재판(constitutional adjudication)의 하나의 신국면은 계속성의 수단(an instrument of continuity)에서 개혁의 무기(a weapon of reform)로 전환하였다는 것이었다. 진보를 믿고, 정치과정에서 적절히 대표되지 않은 가치와 집단에 대하여 사법으로서의 특별한 책무를 신뢰하는 법관은, 스스로 국민적 이상 및 그 자신이 신뢰하는 것과 부합하지 않는 과거의 법과 고정적인 정부관행의 개혁을 추구하는 것을, 비록 의무는 아닐지라도 당연한 것으로 여길 것이다. 그 결과로, 과거의 적극주의적 판결이 입법부가 결정한 것을 저지하는 것에 그치는 것에 대하여, 1950년대 및 60년대의 판결은 확립된 법질서에 변화를 강제하였다.」[26]

「헌법재판은 소송을 해결한다는 본질적인 사법적 업무에 부수하는 것이라는 견해

책지향형소송」으로 구분하여 부르는 것이 일반적으로 되고 있다. 平井宜雄, 現代法律學の課題, 同人 編著, 社會科學への招待 — 法律學(1979), 7-40쪽; 藤倉皓一郎, アメリカに公共訴訟の一原型 — 人種別學解消訴訟における救濟の範圍 —, 法學協會百周年記念論文集 第2卷(1982), 260쪽 등 참조.

24) 田中成明, 現代における裁判の機能の擴大 — その現況と正統性に關する一考察 —, 日本公法學會 編, 公法硏究 第46號(東京: 有斐閣, 1984), 91쪽.

25) 우리나라의 경우에는 아직까지 공공소송에 대한 논의가 강하지 않으며, 이제 시작되고 있는 단계이다. 대법원은 과거에는 산림훼손허가처분이나(대판 91. 12. 13. 90누10360), 문화재향유이익(대판 92. 9. 22, 91누13212), 건축물의 준공처분에 대한 인접주민의 준공처분무효확인(대판 93. 11. 19. 93누13988) 등의 사건에서 인근 주민의 당사자적격을 부인하여 법률상 이익을 인정하지 않았으나, 1995. 9. 26. 시의 공설화장장설치계획에 대하여 인근주민들이 받게 되는 생활환경침해를 구제하기 위하여 인근주민들이 제기한 소송에서, 당사자적격을 확대하는 방법으로 인근 지역주민들이 소송을 제기할 적격을 가진다고 하여 고등법원의 판결을 파기환송하고 법원의 심판대상으로 인정하였다. 법률신문 1995. 10. 5. 제2444호 1쪽 참조.

26) Archibald Cox, The New Dimensions of Constitutional Adjudication, 51 *Wash. L. Rev.* 802(1976).

가, 미국연방대법원의 주요 기능은 자유와 평등을 위한 그의 특별한 책임을 지켜서, 정부의 다른 기관으로 하여금 헌법상의 한계들을 준수하게 하도록 하는 것이라는 관념에 길을 양보한 것은 명확하다.」[27)]

Cox는 이러한「헌법재판의 신차원」을 보다 구체적으로 헌법재판의「절차면」에 있어서 변화로서 고찰하여, 선언적 판결(declaratory judgments)의 넓은 활용,[28)] 소의 적격성(standing to sue)의 확대,[29)] 헌법문제를 제기하는 적격성의 확대,[30)] 문면상 위헌의 방법의 채택,[31)] class action의 증대를 지적하고,[32)] 또 헌법재판의「실체면」에 있어서 변화로서 고찰하여 판결이 정부의 타 부문의 행위에 관하여 위헌무효인가 아닌가를 판단한다는 정도에 그치지 아니하고, 타 부문에 대하여「적극적 평등실현조치(affirmative action)」를[33)] 명하는 것을 내용으로 하기에 이르렀다는 점을 지적하였다.[34)]

Cox의 지적에 이어서, Abram Chayes는 같은 해에 보다 철저한「공공소송모델(public law litigation model)」을 제창하기에 이르렀다.[35)] 이 글에서 Chayes는 전통적인 소송모델과 현대형 소송모델을 각각「전통적 사적소송 모델(traditional model of civil adjudication)」및「공공소송 모델」로 구별하고,「전통적 사적소송 모델」은 다음과 같은 특징을 갖는 것이라 한다.[36)]

① 소송은 양극적(bipolar)이어서, 승자측이 전부를 취한다는 전제에서 판결한다.

② 소송은 과거지향적(retrospective)이어서, 어떤 사건이 있었던가, 있었다면 당사자의 법적 관계에 어떠한 결과가 있는가가 문제된다.

③ 권리와 구제방법과는 상호의존적(interdependent)이고, 구제방법은 피고의 실체적 침해행위로부터 논리적으로 도출된다.

④ 소송은 하나의 자기완결적인 에피소드(self-contained episode)이어서, 판결의

---

27) A. Cox, 앞(주 26)의 글, 805쪽. 이러한 관념에 관한 가장 강한 서술은 Flast v. Cohen. 392 U.S. 83, 111(1968) 판결의 Douglas 대법관의 견해에서 드러난다.

28) 1970년에 연방법률로 성립하였다. Declaratory Judgment Act, 28 U.S.C. §§2201-2202(1970).

29) U.S. v. SCRAP, 412 U.S. 669(1973).

30) Eisenstadt v. Baird, 405 U.S. 438(1972).

31) Gooding v. Wilson, 405 U.S. 518(1972).

32) A. Cox, 앞(주 26)의 글, 809-813쪽 참조.

33) 가장 대표적인 사례로, 학교교육에 있어서의 인종차별철폐를 위한 Morgan v. Hennigan, 379 F. Supp. 410(1974)와 Milliken v. Bradley, 418 U.S. 717(1974)를 들 수 있다. Affirmative Action에 대해서는 Michel Rosenfeld, *Affirmative Action and Justice*(New Haven: Yale Univ. Press, 1991) 참조.

34) A. Cox, 앞(주 26)의 글, 813쪽.

35) Abram Chayes, The Role of the Judge in Public Law Litigation, 89 *Harv. L. Rev.* 1281(1976).

36) A. Chayes, 앞(주 35)의 글, 1282-1283쪽.

영향은 당사자에게 한정된다.

⑤ 소송과정은 당사자 주도적(party-initiated)이자 당사자 지배적(party-controlled)이고, 법관은 그들의 상호작용에 관해서 중립적인 심판자이다.

그리고 이와 같은 특징을 갖는 「전통적 사적소송 모델」에 대하여, 「공공소송모델」은 다음과 같은 특징을 갖는다고 한다.[37)]

① 소송의 범위는 외부적 요인에 의하여 정해지는 것이 아니라, 주로 법원과 당사자에 의하여 형성된다.

② 당사자구조는 엄격히 좌우대칭적(bilateral)이 아니라, 불규칙하게 뻗어나고(sprawling) 무정형적(amorphous)이다.

③ 사실심리는 역사적, 사법적이 아니라 장래지향적(predictive), 입법적(legislative)이다.

④ 구제수단은 실체상의 책임으로부터 논리적으로 이끌어내어지는 형태에서의, 과거의 권리침해에 대한 보상으로 받아들여지지 않고, 그 영향에 있어서 직접의 당사자에게만 한정되지 않는다.

⑤ 구제는 일방적으로 명령된다기보다도 협의에 의하여 결정된다(negotiated).

⑥ 판결은 사건에서 사법적 관여를 종결하는 것이 아니어서, 그 실시를 위하여 계속적인 법원의 관여가 요청된다.

⑦ 법관은 중립적인 심판자로서 수동적인 존재가 아니라 구제의 협의에 적극적으로(active) 관여한다.

⑧ 소송의 대상은 사적 개인 간의 분쟁이 아니라 공공정책의 운영에 관한 고충(grievance)이다.

Chayes는 또 6년 후에 발표한 논문에서 기술하고 있는 바에 의하면, 1976년의 논문에서 법관의 역할의 변천에 주목하여 새로운 종류의 소송을 약간의 망설임을 느끼면서도 「공공소송」이라고 불렀지만, 거기서 의도한 것은, 이와 같은 사건에 있어서 연방대법원은 벌써 개인 간의 사적 분쟁을 사법의 원리에 의하여 해결하도록 하는 것이 아니라, 공공적 내지 준공공적 프로그램의 운영에 관한 불복을 처리하여, 적용된 법령 내지 헌법조항에 구현된 공공정책을 옹호하도록 하는 점을 강조하였기 때문이었다고 한다.[38)] 그래서 1970년대 후반에 역류현상이 보이는 것을 인정하면서

37) A. Chayes, 앞(주 35)의 글, 1302쪽.

38) Abram Chayes, The Supreme Court, 1981 Term-Forward: Public Law Litigation and the Burger Court, 96 *Harv. L. Rev.* 4(1982).

도, 「공공소송」적 방향은 보다 큰 사회적, 문화적 환경변화에 관련된 현대의 「법의식」에 근거하는 것이었고, 그 방향을 저지하는 것은 불가능하다고 기술하고 있다.[39] 그리고 이러한 「공공소송」에 있어서 법원이 부담해야 할 새로운 역할은 「복잡한 현대사회의 관료주의적 특징(bureaucracies)을 통제하는」 것에 있고, 「공공소송」론의 새로운 점은 「주 및 연방의 행정기관 및 대규모의 사적 조직의 행동에 대한 도전과 통제를 하기 위하여 법원을 폭넓게 이용하는 것」이라고 하고 있다.[40] 따라서 법원은 관료주의적 행동에 의하여 영향을 받는 개인 및 이익과 집단에 대신하여 감독적 기능을 행사하는 제도로서 생각되는 것이다.[41]

이 점에 관하여 Owen M. Fiss도 이와 유사하게 주장하고 있다. 즉 그는 전통형소송모델과 현대형소송모델을 「분쟁해결모델(dispute-resolution model)」 및 「구조개혁모델(structural reform model)」로 구별하고, 양자를 다음과 같이 대비시키고 있다.[42]

① 「분쟁해결모델」에서는, 일련의 규범 아래에서 개인의 권리, 의무관계가 정연히 규율되고 있는 본질적으로 조화적인 세계가 상정되어, 소송은 그러한 조화를 깨뜨리는 특정의 사건(위법한 침해행위)에 초점을 맞추어 조화를 회복하는 것인 데 대하여, 「구조개혁모델」에서는, 특정의 사건이라기보다도 일정한 사회생활상황 자체, 그리고 그러한 상황을 낳도록 한 대규모 조직의 존재 자체가 문제되고, 당사자개념을 구성하는 요소들(원고에 있어서는, 희생자, 대표자, 구제의 이익향유자, 피고에 있어서는 대표자, 침해자, 명의인(구제의 이익제공자))이 통일되어 있고(예를 들면, 희생자는 구제의 이익향유자이자 동시에 가장 적당한 대표자이다), 따라서 소송은 양극적인 것에 대하여, 「구조개혁모델」에서는, 이들 요소들을 분해하여, 개인에 대신하여 사회집단과 제도적 대변자(법무부나 NAACP 등)가 등장하고 있다.

② 「분쟁해결모델」에서는, 당사자주도적이고, 법관은 수동적인 역할을 부담하는 것에 대하여, 「구조개혁모델」에서는, 문제의 각 측면이 적정하게 소송의 장에 제출되도록 법관은 적극적 역할을 행하지 않으면 안된다(예를 들면, 당해 소송에서 대표되고 있다고 여겨지는 자에게 통지를 하여 소송을 설명하고, 대표의 충분성·적정성을 다투는 기회를 주거나, 일정한 조직과 기관에 대하여 「법정조언자(amicus curie: 법정의 친구)」와 당사자로서 소송에 참가하도록 촉구하거나, 혹은 특별보조재판관(special master)과 같은 자신의 독자의 기관을 만들어 대표의 불충분

39) A. Chayes, 앞(주 38)의 글, 7-8쪽.
40) A. Chayes, 앞(주 38)의 글, 60쪽.
41) A. Chayes, 앞(주 38)의 글, 60쪽.
42) Owen M. Fiss, The Supreme Court 1978 Term-Forward: The Forms of Justice, 93 *Harv. L. Rev.* 18-28(1979).

한 바를 보충하거나 하는 방법).

③「분쟁해결모델」에서는, 그 초점은 개별적인 사건에 있고, 구제도 어쩌다 일어나는(episodic) 것이어서, 당해 사건이 발생한 잘못을 고치거나 혹은 당해 사건의 발생을 저지하는 것이지만,「구조개혁모델」에서는 구제단계는 결코 에피소드적이지 않고, 법관과 문제의 제도와의 사이에 긴 지속적인 관계이어서, 그 과제는 무엇이 올바르고 무엇이 잘못되고 있는가를 선언하는 것에서도, 헌법적 가치를 위협하는 상황을 제거하는 것이고, 법원의 관할권은 그 위협이 계속하는 한 존재한다.

이와 같은 현대형소송의 주장에 대하여 미국에서는 이에 대해 소극적으로 받아들이는 견해도 있고,[43] 또 80년대에 들어와서 약간 움츠려드는 경향이 있었던 것도 사실이지만, 오늘날에는 하나의 현실이 되고 있음을 간과할 수 없는 것이다.

일찌기 Cox는 이러한「전형적인 입법행위」에 관여하는 사법의 존재방식을 긍정한 후에,「어려운 것은 정도의 문제」라고 하였지만,[44] 최근의 엄격한 비판론에서도,「제도개혁소송에 있어서 사실심법원의 구제책에 관한 재량(사법재량)은 불가피하게 정치적인 성질의 것이기 때문에, 정당하지 않은 것으로 추정되지 않으면 안된다」고 하면서도,「정치부문의 태만이 지극히 심하게, 법원의 개입 이외에 실제적인 대체수단이 없을 정도로 헌법상의 권리의 보장에 대한 요구가 강한 때에는, 사법재량은 정치재량에 대신할 필요가 있고 또 정당한 것이라」고[45] 하고, 절차상 논의해야 할 문제는 있더라도, 제도개혁소송 자체가 사법의 관념에 모순된다고 하는 입장은 채택하지 않는다. 바로 이 점에서 현대 미국사법의 권력성을 엿볼 수 있는 것으로 생각된다.

3, 헌법재판권의 권력성 - 대륙형

사법의 법형성기능 내지 정책형성기능에 관한 독일에서의 논의는 이론적으로 발전되어 인정되고 있다. Rudolf Wassermann은 현대사회에서 정치는 사법에 강요되는 운명이라 하여, 현대의 사법이 정치적 결정을 행하도록 짐지워지고 있다고 하

43) Nathan Glazer, Towards an Imperial Judiciary?, *Public Interest*(Fall 1975) 104쪽 이하; Nathan Glazer, The Judiciary and Social Policy, in Leonard J. Theberge, ed., *The Judiciary in a Democratic Society*(1979); Donald Horowitz, *The Courts and Social Policy*(1977); Colin S. Diver, 앞(주 22)의 글 등.

44) A. Cox, 앞(주 20)의 책, 133쪽.

45) William A. Fletcher, The Discretionary Constitution: Institutional Remedies and Judicial Legitimacy, 91 *Yale L. J.* 635(1982).

고 있다.[46] 그는 정치적인 것의 의미를 좁게 파악하여 임의성과 재량성을 그 특징적 내용으로 한다고 하고, 정치적 행위는 많은 가능성 사이의 선택의 기회가 주어지는 것이라고 하고 있다.[47] 전통적인 독일의 법학방법론은 법적 결정을 하나의 수학적 계산으로 이해하여 법관의 법형성기능을 부인하였지만, 19세기 초기의 역사법학파(Die Historische Rechtsschule)와 Eugen Ehrlich를 대표로 하는 19세기 말의 자유법운동(Die Freirechtsbewegung)을 거치면서 법관의 법형성기능이 인정되기 시작하였다.[48] 이러한 법관의 법창조 내지 정책형성기능은 헌법재판뿐만 아니라, 전체 사법, 즉 행정재판이나 민사재판에도 관련된다.[49]

독일에 있어서 사법의 권력성은 다음의 두 가지 점에서 미국의 그것과 기본적으로 다른 특색을 갖는다.

첫째로, 사법의 권력성이 헌법재판권의 권력성이라는 문제로 집약되고 있는 것이다. 물론 행정재판소에 의한 통제도 커다란 정치적 힘을 행사한다. 또 구체적 규범통제는, 통상의 법원이 「재판에 있어서 그 효력이 문제되는 법률을 위헌이라고 생각할 때」 스스로의 재량으로 헌법문제를 헌법재판소에 이송하는 절차이기 때문에, 그 한도에서 통상의 소송사건에서 위헌심사가 행해지는 것도 있다.[50] 그러나 부수적 위헌심사제와 달리 헌법소송이 헌법재판소에 제도상 집중하고 있기 때문에, 사법권의 권력성의 문제는 헌법재판권의 권력성의 문제라고 하여도 과언이 아니다.

둘째는, 헌법재판권이 입법·집행 양권과 병존하는 진정한 제3권으로서 규정된 재판권(GG 제1조 제3항, 제20조 제2항·제3항, 제92조)의 하나로서, 전통적인 권력분립론에서 말하는 사법과 다른 새로운 의미의 「사법」을 구성하는 요소로 되고 있는 것이다.[51]

이와 같이 헌법재판소는, 입법·행정이라는 정치권력을 통제하여 국가에 있어서 가장 강력한 기관으로서 나타나지만, 정치권력의 보유자들이 재판을 자발적으로 존중하지 않는 한, 통제의 실효성은 궁극적으로는 확보되지 않는 것이다. 말하자면 이와 같은 통제의 실효성의 문제는 이론적인 측면이 아닌, 역사적·경험적 사실에 의하여 확보될 수 있는 것이다.

요컨대 헌법재판소는, 제도상으로는 최대한의 사법적극주의를 인정하고 있는 것으로 「정치의 사법화」를 가능하게 하는 반면, 「사법의 정치화」를 초래할 위험성도

46) R. Wassermann, 앞(주 8)의 책, 1쪽.
47) R. Wassermann, 앞(주 8)의 책, 3-4쪽.
48) R. Wassermann, 앞(주 8)의 책, 6-7쪽.
49) R. Wassermann, 앞(주 8)의 책, 7쪽.
50) GG 제100조 제1항.
51) 후술 참조.

커서, 그 결과 재판의 권위를 지켜 정치권력의 통제기능을 잘 행하기 위해서는, 헌법재판소의 권한행사를 통상의 사법권의 권한행사방법의 틀 중에 받아들이려고 하고, 나아가 그 틀을 넘어선 부분에 관해서는 자기억제(self-restraint)에 의하여 스스로의 권한행사를 한계지워야 할 것을 요청받는 것이다.[52)]

그러나 헌법재판소는 위와 같은 한계를 준수하면서, 기본법해석의 최고의 기관으로서 시대에 따라 사건의 성질에 따라 동요하면서도 체계적·목적론적 해석방법을 취하여, 민주주의, 연방주의 및 법치주의와 같은, 기본법 전체로부터 도출되고 다른 헌법규정이 그것에 복종하지 않으면 안되는 기본원리와 정당국가원칙, 비례원칙 등 일정한 「불문의 원칙」의 존재를 인정하여,[53)] 이를 통하여, 인권의 보호, 사회적·경제적 기회의 평등화 추진, 연방제의 중재, 정당민주제의 옹호, 나아가 정부의 정책의 정당화 등 다양한 면에서 광범위하게 법창조·정책형성을 행하여 왔으며, 그 정치적인 영향은 지극히 크다.

물론 개개의 판결은 많은 논의를 야기하고, 「누가 수호자를 수호하는가?(Quis custodiet custodes?)」라는, 헌법재판에 대하여 오래전부터 따라다니는 문제를 제기하여, 「헌법재판관의 지배(Herrschaft der Verfassungsrichter)」라는 비판도 있기는 하다.[54)] 그러나 Kommers 교수에 의하면 거의 1968년 이후로부터 헌법재판소는 실용적인 이익형량의 방법을 광범하게 도입하여, 정부의 정책을 정당화하는 기능을 자주 행하게 되고, 일반적으로도 높은 평가를 받고 있다고 한다.[55)] 특히 주목되는 것은, 법률에 대한 위헌판결이 「일반적 법률」의 효력을 갖기 때문에, 모든 공무원에 대하여 구속력을 갖는 것이고, 입법부가 판결에 곧바로 따르는 비율이 높다는 점이다. 그중에서도 추상적 규범통제(GG 제93조 1항 2호)의 절차에서 행해지는 고도로 정치적인 사건에 관한 판결의 경우는, 사건과 절차 자체의 성질상, 의회가 판결의 취지를 존중하고 그것에 복종하는 경우는 현저하다.[56)]

---

52) Jürgen Seifert, Verfassungsgerichtliche Selbstbeschränkung, in *Verfassung, Verfassungsgerichtsbarkeit und Politik*, Mehdi Tohidipur(Hrsg.)(Frankfurt am Main: Suhrkamp Verlag, 1976), 116쪽 이하.

53) *BVerfGE* 1, 14; 1, 208; 10, 89.

54) Heinz Laufer, Politische Kontrolle durch Richtermacht, in *Verfassung, Verfassungsgerichtsbarkeit und Politik*, Mehdi Tohidipur(Hrsg.)(Frankfurt am Main: Suhrkamp Verlag, 1976), 103쪽.

55) Donald. Kommers, *Judicial Politics in West Germany: A Study of Federal Constitutional Court*(Beberly Hills: Sage, 1976), 212쪽 및 264-268쪽 참조.

56) 그 한 예로 정당의 활동에 대한 보조금 지급에 관한 판결을 들 수 있다. 헌법재판소는 1966년 판결(*BVerfGE* 20, 56)에서, 「적절한 선거활동의 필요경비」의 원조는 합헌이지만, 정당의 모든 활동에 대하여 포괄적으로 보조금을 지출하는 계획은 위헌이라고 하였다. 연방의회는 그에 따라, 1967년 성립한 정당법에 있어서 적절한 선거활동경비를 유권자 1인당 2.5마르크의 비율로

이와 같이 독일의 헌법재판권은 정치권력에 대한 강력한 통제를 가능하게 하는 특색을 가진 제도로서, 미국의 부수적 심사의 경우보다도 법창조 내지 정책형성을 행하는 권력성을 더욱 강하게 띠고 있는 것이다.

4. 사법권의 권력성의 이론적 정당화

사법권이 국가의 실질적인 제3권으로서의 성격을 가지는 데에 대하여는 민주주의 이념에 기초한 비판이 강하게 제기된다. 이러한 비판은 사법권의 권력성의 실현수단이라 할 헌법재판에 대한 강한 비판으로 나타난다. 이 비판은 세 가지 기본입장으로 축약할 수 있다.[57)]

첫째는, 헌법재판을 담당하는 법관들의 선출 혹은 임명방법과 그들의 판단의 불가변경성과 관련된다. 즉 법관의 선출 혹은 임명방법은 민주적 정당성을 구비하지 못하여 정치적 책임성이 미약하다는 비판과 함께, 그들의 행위에 대한 정치적 통제수단이 결여되어 있다는 비판이 더해진다. 이 비판은 주로 미국에서 주장되는 견해이다.[58)]

둘째는, 민주주의 이념에 근거한 다수결의 원리로부터 나오는 비판이 있다. 즉 입법부의 다수결에 의하여 성립한 법률을 무효화하거나 민주적으로 정당화되는 다른 고권행위의 무효화는 곧 다수의 의사를 무시하게 된다는 것이다. 이 비판은 특히 스위스에서 강하다.[59)]

셋째는, 권력분립원리로부터 나오는 비판이다. 헌법재판을 행하는 사법권이 다른 기관의 권한을 침해한다는 비판이다. 이러한 비판은 독일에서 헌법재판에 대한 비판의 논거로 자주 인용된다.[60)]

총괄한 액으로 하여, 그것을 득표율 2.5% 이상의 정당에 배분하는 뜻을 정하였다. 그렇지만, 1969년 판결(*BVerfGE* 24, 300)에 따라서, 이 2.5% 조항은 소정당에 특별한 불이익을 과하는 것으로, 평등원칙에 위반한다고 하였다. 이에 의회는 0.5%라면 아마도 합헌으로 될 수 있다는 뜻을 시사한 판지에 동조하는 법개정을 곧바로 행하였다. 의회의 압도적 다수로 가결된 정당법의 위 조항을 위헌이라고 한 판결에 의회가 법개정이라는 형태로 곧바로 따른 이 사례는, 헌법재판권이 서독 정치과정에 있어서 어떠한 역할을 하는가에 대한 한 단면을 엿보게 해준다.

57) Walter Kälin, *Verfassungsgerichtsbarkeit in der Demokratie*(Bern: Verl. Stämpli & Cie AG, 1987), 77쪽.

58) Michael Perry, *The Constitution, the Court, and Human Rights*(New Haven: Yale University Press, 1982), 9쪽; Alexander Bickel, *The Least Dangerous Branch*(New Haven: Yale University Press, 1986), 16쪽; John Hart Ely, *Democracy and Distrust*(Cambridge: Harvard University Press, 1980), 4쪽 등.

59) W. Kälin, 앞(주 57)의 책, 78쪽.

60) Klaus Schlaich, Die Verfassungsgerichtsbarkeit im Gefüge der Staatsfunktion, *VVDStRL* 39(1981); Konrad Hesse, Funktionelle Grenzen der Verfassungsgerichtsbarkeit, in Peter Häberle/Alexander Hollerbach(Hrsg.), *Ausgewälte Schriften*(Heidelberg: C. F. Müller, 1984)

이와 같은 비판들에 대해 민주주의에 있어서 헌법재판을 행하는 사법권의 정당성과 한계에 대하여 학설상으로 네 가지의 기본입장이 구별될 수 있다.

먼저, 해석지향적 입장에서는 기능적 권력분립이라는 의미에서, 헌법재판을 행하는 사법기관에 허용될 수 있는 유일한 행위가 헌법의 해석에 있고, 모든 법형성이 그것에 복종된다는 것을 주장한다. 이러한 입장은 법원이 실제로 성문규범의 단순한 해석과 적용으로 제한될 수 있다는 전제에 기인한다. 이 해석지향적 학설은 미국에서 강하게 주장된 이론이다.[61]

둘째로, 사법자제 지향적 입장은 법해석과 법형성, 헌법해석과 헌법형성 및 법과 정치 사이의 유동적인 넘나듦을 인정한다. 이 입장에서 헌법재판기능은 헌법에서 보장된 기본가치의 수호자로서 그리고 민주적인 결정과정이 예외적으로 허용하지 않는 경우에 대한 교정기구로서 작용한다고 본다. 또한 이 입장은 헌법재판과 민주주의 사이의 관계를 긴장상태로 보기 때문에, 이 이론은 원칙적인 사법자제를 주장한다. 따라서 법관은 가능한 한 입법자의 의사를 존중하고, 다만 헌법이 기본권의 침해에 대한 보호를 명하는 곳에서는, 법관은 행동할 필요가 있고 행동해야 한다. 이 입장은 또 정치과정에서 대량적인 간섭을 하는 것을 반대하고 동시에 개인의 보호에 있어서 과도한 자제의 위험을 배제하도록 하는 상세한 규율을 개발하려 한다.[62]

셋째로, 절차지향적 입장은 자제지향적 입장과 같이 권력분립관념으로부터 나오며, 마찬가지로 정당한 헌법재판을 담당하는 법관의 행위의 기능적·법적 한계를 주장한다. 그러나 그것은 민주적 과정의 절차에 관련하는 헌법적인 사건들과, 정치적 영역 이외에서 개인적 이익을 보호하는 권리가 관련된 사건들 사이에 원칙적인 구별을 인정한다. 이러한 이론은, 권력보유자들이 그들의 정치적 적들을 민주적 결

등 참조.

61) 소위 엄격한 해석주의자들은 대법원이 문언의 제한에 의하여 혹은 헌법기초자들의 의사에 의하여 기속된다고 주장한다(Black 대법관: Philip Bobbit, *Constitutional Fate*(New York: Oxford University Press, 1982), 27-38쪽 참조). 헌법적 사건의 판단에 유일하게 허용되는 기준으로서 「기초자의 원래의 의도(the Framer's Original Intent)」는 Raoul Berger에 의해 강조되고 있다. 그는 사법적극주의가 헌법의 자유수호기능을 파괴한다고 한다. Raoul Berger, *Goverment by Judiciary*(Cambridge: Harvard University Press), 364쪽. 또 Robert Bork도 이와 유사하다. Robert Bork, Neutral Principles and Some First Amendment Problems, 47 *Indiana L. Rev.* 1(1971).

62) 이러한 입장은 미국에서 50-60년대에 지배적이었지만(대표적으로는 A. Bickel, 앞(주 58)의 책, 16쪽 및 Herbert Wechsler, Toward Neutral Principles of Constitutional Law, 73 *Harvard Law Review* 1(1959) 참조), 오늘날에는 오히려 독일에서 지배적 이론으로 되고 있다. Klaus Schlaich, 앞(주 60)의 글; K. Hesse, 앞(주 60)의 글; Martin Kriele, Recht und Politik in der Verfassungsrechtsprechung, Zum Problem des judicial self-restraint, *NJW*(5. Mai, 1976, Heft 18) 등 참조.

정과정에 참여하게 하지 않기 때문에 그 결정이 왜곡될 수 있다는 것, 따라서 법률이 경우에 따라서는 정치적 소수의 정당한 이익을 경시한다는 것을 알고 있다. 그것은 따라서 법원이 먼저 공개적이고 공정한 정치적 과정을 배려해야 하고, 정치적이고 추상적인 기본권의 영역 및 소수자의 보호의 영역에서 이러한 목적을 위하여 헌법을 창조적으로 더욱 발전시키며, 필요한 경우에는 입법자에 반하여 법원의 의사가 관철될 수도 있다는 것을 주장한다.[63)]

넷째로, 실체법지향적 입장은 마찬가지로 정치과정이 헌법상 허용되지 않을 수 있고 그 정치과정의 결과가 헌법재판에 의한 통제에 복종되어야 한다는 것으로부터 나온다. 그러나 그것은 민주적 입법절차를 개선하기보다는, 인간의 기본적 수요와 이익을 출발점으로 채택한다. 이 입장은 정치과정과 헌법재판을 이러한 개인적인 수요를 정당화하는 사회를 형성하고 유지하기 위한 수단으로 보고 있으며, 따라서 입법자가 이러한 과제를 이행하지 않는다면 항상 사법적극주의를 긍정한다. 헌법재판은 이러한 관점에서 공정한 정치과정으로서뿐만 아니라 실질적으로 정당한 국가 및 사회질서의 옹호자로서 나타난다.[64)]

(이헌환, 정치과정에 있어서의 사법권에 관한 연구,
서울대학교 박사학위논문, 1996. 2, 56-71쪽)

---

63) 이러한 입장의 대표적인 학자는 J. H. Ely이다. J. H. Ely, 앞(주 58)의 책, 135쪽 이하 참조.

64) 이 입장은 미국에서는 Laurence H. Tribe, Michael Perry를 들 수 있다. Laurence H. Tribe, *American Constitutional Law*(New York: The Foundation Press, 1988), 47쪽 이하; Michael Perry, 앞(주 58)의 책, 9쪽.

4. 현대 사법제도의 경향과 특징
– 세계국가들의 헌법규정을 참고로

Ⅰ. 서론 – 법치주의의 확대와 그 경향

1. 현대 세계의 변화양상과 법치주의

역사학자 에릭 홉스봄은 20세기를 극단의 시대로, 21세기를 폭력의 시대로 명명하였다.[1] 역사학자로서 홉스봄의 지적은 사실로서의 역사를 평가한 표현이지만, 규범과학으로서의 법학, 특히 헌법분야의 발전은 홉스봄의 지적을 넘어 새롭게 평가될 필요가 있다. 명확한 것은 17-8세기의 혁명기를 넘어, 19세기의 의회중심(정치)의 시대에서 20세기 사법부중심(법치)의 시대로, 나아가 21세기 헌법중심(헌정주의)의 시대로 변화·발전되었다는 점이다.

근대사회의 확립과 자본주의질서의 제 모순의 등장, 그리고 그 극복을 위한 방안으로 등장한 사회주의라는 거대한 실험, 자본주의와 사회주의의 대립의 양상으로서의 1·2차 세계대전의 경험과 냉전체제의 전개, 소위 소동파(소련과 동구의 붕괴)로 일컬어지는 사회주의권의 붕괴와 그 후속의 다극주의적 신국제질서(미국, 중국, 유럽연합, 러시아, 제3세계)의 전개 등은, 국제관계에서의 사실적 힘의 대결의 양상을 보여주는 것이지만, 또 다른 면으로는 법치주의가 직면한 현실의 난관들을 적나라하게 보여주는 것이기도 하다.

이러한 상황 하에서 인류의 공동체지배질서원리로서의 법치주의는 일면 도전을 받기도 하고 타면 그 역할기능을 확대하는 양상을 보여주기도 한다. 이는 현실의 힘의 대결이라는 현상에 대한 규범적 통제의 필요성에 대한 요구가 그만큼 커지고 있음을 반증하는 것이기도 하다.

1) 에릭 홉스봄, 이용우 옮김, 극단의 시대: 20세기의 역사(상, 하), 까치, 2008(12쇄) 및 동, 이원기 역, 폭력의 시대, 민음사, 2008 참조,

2. 법치주의의 발전방향 – 거시적 및 미시적 관점

현대사회에서의 법치주의는 두 가지 측면에서 구체화되고 있다. 그 하나는, 헌법의 규범성의 확립을 통한 사법의 법창조 내지 법(정책)형성기능의 확보의 측면이며,[2] 다른 하나는, 국민주권주의와 법치주의의 실질화에 따른 법치주의의 생활화와 그로 인한 법치주의적 생활양식의 보편화의 측면이다.[3] 전자는 거시적 측면에서, 국가권력적 측면에서의 사법기능의 확대로서 권력분립원칙의 실질화이자 사법의 정치성의 확대라면, 후자는 미시적 측면에서, 개인의 생활영역에서의 사법기능의 확대라고 할 수 있다. 전자는 사법이 단순히 「법의 말을 하는 입」에 그치지 아니하고 법형성 및 국가의 중요정책을 결정하는 기능에까지 역할기능을 확대하여, 정치과정에서 하나의 독자적인 역할을 담당하게 되었음을 의미하고, 후자는 법치주의의 실현도구로서의 사법이 단순히 국가의 통치수단으로서만 인식되는 것이 아니라 국민 개개인의 인권보장을 위한 도구이자 생활양식으로서 인식됨으로써 국민의 생활 깊숙이 법이 자리잡게 되었음을 의미한다. 특히 후자의 경우, 개인의 삶의 과정에서 나타나는 거의 모든 문제들이 법치주의적 방식으로 해결될 것을 요청하고 있고, 그에 따라 분쟁의 성격이나 소송물의 크기, 사건해결의 용이성 등에 따라 다양한 형태의 사법기능의 제도화를 필요로 하고 있다. 예컨대, 오늘날 활발하게 논의가 진행되고 있는 소송외적 분쟁해결제도(ADR: Alternative Dispute Resolution)는,[4] 법적 판단이 단순히 적법·위법에 관한 일도양단적 판단으로 어느 일방의 전면적 승리에 그치지 아니하고, 사적 자치의 영역에서의 이해관계의 조정이나 중재에까지 그 역할범위를 확대하여 당사자간에 win-win으로 분쟁을 해결할 수 있음을 보여준다. 이것은 사법기능이 단순히 정의의 실현으로서의 시비(是非)의 문제만이 아니라 양립가능한 선택(選擇)의 문제에까지 확장되고 있다는 것을 방증하는 것이다.

아울러 현대사회에서 개인의 생활의 복잡성과 상호관련성이 증대하고 있어서, 경미한 사건에 관하여 신속하고 경제적으로 해결하도록 하여 당사자가 신속히 정상적인 사회생활로 복귀할 수 있도록 할 것을 요구하고 있다. 단순하고 경미한 사건에

---

2) 졸고, 정치과정에 있어서의 사법권에 관한 연구, 서울대학교 박사학위 논문, 1996, 44쪽 이하 참조.

3) 졸저, 법과 정치, 박영사, 2007, 13쪽 이하 참조.

4) 조정(mediation), 중재(arbitration), 미니재판(minitrial), 간이배심재판(summary jury trial), 조기중립적 평가(early neutral evaluation) 등의 소송외적(대안적) 분쟁해결수단(ADR)은 1990년대 이후 그 형태를 일률적으로 규정짓기 어려울 만큼 다양하게 발전하고 있다. ADR의 발전사에 관해서는, Jerome T. Barrett, *A History of Alternative Dispute Resolution : The Story of a Political, Cultural, and Social Movement*, Jossey-Bass, 2004 참조.

대하여 정규의 사법절차를 모두 거치게 한다면 시간과 비용의 양 측면에서 모두 비효율적이고 사회구성원들의 규범인식에도 부정적인 영향을 미칠 것으로 판단된다. 우리나라의 경우에도 민사소액사건과 같이 경미한 사건이나 형사사법에서의 경죄사건이 급증하는 추세에 있다.[5]

또한 생활의 전 영역에 대하여 법치주의가 적용되는 결과, 매우 전문적인 영역에서도 법적 판단을 요하는 경우가 증대하고 있다.

3. 논의의 전개

사법제도는 헌법제도의 하부제도이므로, 헌법제도의 경향과 특징에 따라 사법제도의 그것도 결정된다.

Ⅱ.에서는 세계 사법제도의 경향에 관하여 50여 개 국가의 헌법제도 속에 구체화되어 있는 사법제도의 경향을 약술하고, 오늘날의 신국제질서에 따른 세계 사법제도의 경향을 검토한다. 이어서 Ⅲ.에서는 사법제도구성의 기본원리라는 관점에서 현대사법제도의 특징을 서술한다. Ⅳ.에서는 세계 사법제도의 변화와 발전을 참고로 하여 우리나라의 사법제도의 발전방향을 헌법개정이라는 방법론적 관점에서 접근해 보고자 한다.

Ⅱ. 세계 사법제도의 경향

1. 헌법의 계보와 사법제도

법의 계보는 80년대까지만 하더라도, 크게 나누어 로마-게르만 법계(Romano-Germanic Family)와 보통법계(Common Law Family: 영미법계), 사회주의법계(Family of Socialist Laws)와 기타 법계(이슬람, 인디아, 극동, 아프리카)로 나누는 것이 통상적이었다.[6] 그러나 오늘날에는 사회주의법계가 거의 사라져가고 있고, 이슬람계 국가들도 서구적 헌법제도를 채택하는 나라들이 늘어나는 상황에 있어서, 법계도 또한 크게 변화되고 있는 양상을 보여주고 있다. 특히 20세기에 들어와 보편화되기 시작한 헌

5) 법치주의가 제대로 확립되지 못한 사회에서는, 비법적 분쟁해결방식이 상존하여 법적 분쟁해결방식에 대한 국민의 접근가능성이 현저히 낮고, 따라서 소송건수도 적을 수밖에 없다. 우리나라의 경우, 1990년대 이래 지속적인 사건수의 증가를 보여주고 있다. 1997년의 IMF 사태처럼 특수한 원인이 있었던 해도 있으나, 전반적으로 사건수가 증가하고 있는 상황이다. 특히 소액사건수의 증가는 일상생활에서의 사소한 사안까지도 법원의 소송을 통하여 해결되고 있음을 보여주는 예이다. 법원행정처 편, 2007년 사법연감, 596쪽, 671쪽, 676쪽 참조.

6) R. David/J. C. Brierley, *Major Legal Systems in the World Today*, London, Stevens & Sons, 1985, 17쪽 이하 참조.

법재판제도는 20세기 후반의 신생국들의 헌법에도 거의 예외없이 도입되고 있으며,[7] 새로이 헌법재판제도를 도입하는 경우에는, 그 국가의 역사적 경험에 따라 헌법재판제도를 채택하는 경우가 많다. 즉, 과거 식민지의 경험이나 혹은 강하게 영향을 받은 국가의 제도가 헌법제도로 구성되는 것이 일반적이라고 할 수 있다.

오늘날에는 과거의 로마-게르만 법계, 보통법계, 사회주의 법계, 기타 법계라는 분류보다는 언어적 공통성에 따라, 영어권(Anglophone) 법계, 불어권(Francophone) 법계, 독일어권(Germanophone) 법계, 포르투갈어권(Lusophone) 법계, 스페인어권(Hispanophone) 법계, 아랍어권 법계, 기타 법계로 나누는 것이 좀더 정확할 것으로 판단된다. 이렇게 분류하는 이유는, 그 역사적 관련성이 어떠하든 간에, 동일한 언어권에 속하는 나라들끼리는 그 헌법제도의 측면에서도 유사성이 발견되고 있고, 각 언어에 내재된 특성을 공유하고 있어서 제도에 대한 이해방식도 유사성을 보여주기 때문이다. 물론, 개별 국가의 역사적 전통에 따라 특정 언어권의 영향을 받아 그 언어권의 법계로 포섭될 수 있는 경우는 예외이다.[8] 아울러 비록 이와 같이 언어권에 따라 법계를 분류하더라도 전지구적인 관점에서 법치주의가 보편화되고 있음을 감안하면 각 법계는 상당한 정도로 유사성이 강화되고 있음을 간과해서는 안된다.

2.「사법」 및「사법권」 관념의 변화

오늘날 현대사회에서 법치주의의 발전에 가장 크게 영향을 미친 것은「사법」 및「사법권」의 관념이 새롭게 변화하였다는 점이다. 특히 헌법재판제도의 발전과 확대는 기존의 사법의 관념을 재구성할 것을 강하게 요청하고 있고, 그에 따라「사법」 및「사법권」의 관념을 재구성하려는 이론적 작업이 다양하게 전개되고 있다.

우리나라의 대부분의 학자들이 따르고 있는 전통적인 권력분립이론에서는 국가권력을 입법·행정·사법의 세 권력으로 나누고 이들 세 개념을 실질적 의미에서의 개념과 형식적 의미에서의 개념으로 나누어 설명한다. 실질적 의미에서 사법작용을 파악해 보면,「법 아래에서 실재의 구체적인 쟁송사건에 대하여 법을 적용하고 선언하는 것에 의하여 이를 재정하는 국가작용」이라고 하거나,[9]「구체적인 법적 분쟁이 발생한 경우에, 당사자로부터의 쟁송의 제기를 기다려, 독립적 지위를 가진 기관이 제3자적인 입장에서, 무엇이 법인가를 판단하고 선언함으로써 법질서를 유지하기 위

7) 전 세계 200여 개 국가 중 150여 개의 국가가 헌법재판제도를 채택하고 있다.
8) 예컨대, 우리나라의 경우에는 통상 독일어권 법계로 이해되는 바, 이는 일본을 통해 독일법이 계수된 역사적 경험에 기인한 것이다. 그러나 우리나라의 법계가 전적으로 독일어권에 속하는가에 대해서는 의심의 여지가 많다. 최근 이라크도 헌법을 제정하였는데(2005년) 전적으로 미국법의 영향을 받고 있다.
9) 김철수, 헌법학(下), 박영사, 2008, 1958쪽.

한 작용」이라고 하거나,[10] 「구체적인 쟁송을 전제로 헌법과 법률에 의하여 신분이 독립된 법관에 의하여 무엇이 법인가를 선언하는 작용」이라고 하거나,[11] 「구체적인 쟁송을 전제로 해서 신분이 독립한 법관의 재판을 통해 법을 선언함으로써 법질서의 유지와 법적 평화에 기여하는 비정치적인 법인식기능」이라고 하거나,[12] 「국가와 국민 간 또는 국민 상호간에 발생한 법적인 권리·의무에 관한 분쟁을 해결하거나 국가의 형벌권을 실행하기 위하여 해당사건에 대하여 유권적으로 재판하는 국가의 권력적 권한」이라고 하고[13] 있다.

그런데 이와 같은 사법관념에 대한 전통적 인식은 앞에서 본 바와 같은 사법기능의 확대현상을 정확히 포섭하지 못하는 난점을 가지고 있어서, 새로운 사법관념을 필요로 하고 있다. 즉, 사법관념에 대한 전통적인 이해방식에서는 「실질적」 의미 및 「형식적」 의미로 구분하여 논의하고 있으나, 「형식적」 및 「실질적」이라는 형용사도 하나의 관점의 차이를 표현하기 위하여 사용되는 것일 뿐, 사법의 관념을 재구성함에 있어서 달리 이해할 가능성을 충분히 가지고 있다.[14] 새로운 기준에 따라 사법의 관념을 재구성하려는 견해들을 보면, 「적법한 제소를 기다려, 헌법의 해석, 적용에 관한 다툼을 적절한 절차 아래에서 종국적으로 재정하는 작용」[15]이라고 하거나, 「사법은 직접 참여하지 않는 자 즉 법관에 의하여 유효한 법을 적용하여, 특별히 규율되는 절차에서 최종적 구속력이 있는 결정으로 되는, 사태에 관한 법적 판단」이라고 하거나,[16] 「권리에 관한 다툼이 있거나 또는 권리가 침해된 경우에 특별한 절차에 따라 유권적으로 그리고 그와 함께 구속적이고 자주적인 결정을 내리는 직무」에 있다고 하고 있다.[17] 이들 견해에 따라 현대적인 의미의 사법의 개념을 정리해보면, 「공정성을 가진 제3자로서의 법관이 헌법 및 법률의 해석·적용에 관한 다툼이 있을 때, 당사자의 제소를 기다려, 특별한 절차에서 행하는 최종적 구속력을 가진 법적 판단」이라고 정의할 수 있을 것이다. 말하자면 근대적 의미의 사법권이 필수적인 요

10) 권영성, 헌법학원론, 법문사, 2010, 832쪽.

11) 성낙인, 헌법학, 법문사, 2009, 1136쪽.

12) 허 영, 한국헌법론, 박영사, 2007, 986쪽. 사법작용의 특징에 관하여 비정치성을 드는 견해가 있으나(허 영, 헌법론, 987쪽), 오늘날의 사법작용이 결코 비정치적인 작용이 아닌 점은 사법권의 법창조기능이 인정되고 있는 점에 비추어 보면 쉽게 이해할 수 있다. Vgl. Wassermann, *Der politische Richter*, München, Piper Verl., 1972, 17쪽.

13) 정종섭, 헌법학원론, 박영사, 2008, 1210쪽.

14) 자세한 사항은 졸고, 앞의 주(3)의 책, 22쪽 이하 참조.

15) 高橋和之, 司法の観念, 樋口陽一 編, 講座憲法學 6 權力分立(2)(日本評論社, 1995), 26쪽.

16) K. Stern, *Das Staatsrecht der Bundesrepublik Deutschland*, Bd. Ⅱ, München, C. H. Beck, 1984, 898쪽.

17) K. Hesse, *Grundzüge des Verfassungsrechts der BRD*, 20. Aufl., Heidelberg, C. F. Müller, 1995, 235쪽.

소로 하고 있는 구체적 사건성의 요건은 현대적인 의미의 사법의 관념에는 포함되지 않는 것으로 되며, 헌법에 대한 해석·적용에 관한 다툼도 사법관념에 포섭될 수 있는 것이다. 물론, 이러한 새로운 「사법」관념이 모든 국가에 동일하게 적용될 수는 없을 것이다. 그것은 각 국가마다 가지는 헌법규정과 사법전통에 따라 조금씩 다르게 파악될 수도 있기 때문이다. 그러나 전통적인 의미의 사법권의 관념만으로는 현대사회의 사법기능을 전면적으로 포섭하지 못하는 것은 분명한 사실이며, 각 국가의 사법을 이해함에 있어서 이와 같은 현대적인 사법관념은 중요한 도구개념으로 사용될 수 있을 것이다.

이와 같은 사법관념은 국가기능의 하나로서의 사법기능을 재구성하는 것이며, 아울러 기능적 측면에서의 사법기능이 국가권력적 측면에서 입법권 및 행정권과 함께 오롯이 하나의 권력으로 자리잡게 하는 이론적 기초가 될 수 있다.

3. 세계 사법제도의 경향

(1) 헌법재판담당기관의 다양성

현대 입헌주의국가에서 헌법재판기능은 19세기 혹은 20세기 초반의 헌법재판기능을 넘어 다양한 사항에까지 확대되고 있다. 즉, 19세기 초 미국의 Marbury v. Madison 판결에 의해 확립된 위헌법률심사제도가 대륙으로 전파되면서, 독일의 경우 국사재판권(Staatsgerichtsbarkeit)이라는 이름으로 그 범위를 확장하였고, 탄핵·정당해산·권한쟁의 등의 중대한 정치적 영역에까지 헌법에 의한 사법적 판단이 미치게 된 것이다. 이와 같은 헌법재판기능의 확대는 헌법재판제도를 분류함에 있어서 상당한 난관을 가져오고 있다. 전통적으로 헌법재판기능을 분류할 때에는, 위헌법률심사제도를 기준으로 하여 집중형(독립기관형)과 비집중형(사법심사형)으로 나누는 것이 일반적인데,[18] 헌법재판기능 자체가 확대됨으로 인하여 분류의 기준과 방법이 다양해졌고, 따라서 집중형-비집중형의 분류는 위헌법률심사제도에 한정하여 판단될 수밖에 없게 된 것이다. 물론 헌법재판제도 중에서 위헌법률심사제도가 가장 중요한 제도이고 또 국민의 기본적 인권에 가장 크게 영향을 미치는 제도라는 점에서 여전

---

18) 예컨대, Mauro Cappelletti의 경우에도 사법심사(judicial review)를 위헌입법심사제도로 한정하여 구분하여, 집중형과 비집중형으로 나누고 있음을 볼 수 있는데(구병삭/김승환 공역, 현대헌법재판론, 법문사, 1989, 66쪽 이하), 오늘날에는 위헌입법심사만이 아닌 여러 가지 종류의 헌법재판이 존재하기 때문에, 집중형－비집중형의 구별이 헌법재판의 분류로서 명확한 것은 아니다. 우리나라의 경우, 헌법재판의 일종인 선거심판을 대법원이 담당하고 있는데, 이 점에서 보면 대법원도 헌법재판기관으로 볼 수 있다.

히 이 분류방식이 유효한 것은 틀림없지만, 집중의 방식에서 별도의 기관으로 하느냐 혹은 기존 사법기관 내에 전문기관을 두느냐의 차이만 있을 뿐, 집중형이라 하여 반드시 별도의, 예컨대 우리나라의 헌법재판소와 같은 기관을 두어야 한다는 것은 아니다. 중요한 것은, 기존의 사법기관 내에 헌법재판을 전담하는 기관 혹은 부를 두더라도 기능적 측면에서 완전한 독립을 이룬다면, 이 또한 집중형이라 하여도 무방하기 때문이다.

따라서, 헌법재판기능 중에 위헌법률심사를 별도의 기관 혹은 단일 위계를 갖는 법원 중의 어느 심급(보통 최고심급)에 집중하는 전문법원형과, 사법부 내의 모든 심급의 법원이 이를 행사하는 일반법원형으로 분류함이 좀 더 정확한 분류방법이라고 생각된다.

50여 개 나라들의 사법제도규정에서 전문법원형과 일반법원형으로 나누어 살펴보면, 전문법원형은, 가나(제130조 1항(a)(b)(헌법해석 및 위헌심사)); 베네주엘라(제262조(헌법부), 제336조(배타적 관할)); 브라질(제102조I a); 예멘(제151조: 위헌법률심사 전담)(이상 사법심사형); 그루지아(헌법재판소: 제83조, 제88조 이하); 리투아니아(헌법재판소: 제102조); 벨라로시(헌법재판소: 제116조); 불가리아(헌법재판소: 제8장); 사이프러스(최고헌법재판소: 제9부); 스페인(헌법재판소: 제9부); 슬로바키아(헌법재판소: 제125조 이하); 아제르바이잔(헌법재판소: 제130조); 에티오피아(헌법재판소 및 연방평의회(제82·83조));[19] 오스트리아(제137조 이하); 이탈리아(헌법재판소(Title 6)); 체코(헌법재판소: 제83조 이하)[20]; 타일랜드(헌법재판소: 제8장 제2부); 포르투갈(헌법재판소: 제221조 이하); 폴란드(헌법재판소: 제188조 이하); 헝가리(헌법재판소: 제32조A 이하) 등의 국가를 들 수 있다.

일반법원형은, 나이지리아(헌법의 해석적용(제233조 2항(b); 권한쟁의(제232조 1항); 선거쟁송(제233조 2항(e)(i)); 동티모르(제126조: 선거 및 헌법관련권한); 말레이시아(제128조, 제130조); 멕시코(제103조); 미국(규정 없음); 브라질(제92조); 아이슬란드(제34조); 파라과이(제259조 5); 필리핀(제8조 제4·5항); 루마니아(제126조); 그리스(특별최고법원: 제100조 1항 e)[21] 등을 들 수 있다.

---

19) 에티오피아는 최종판결을 위하여 헌법재판소가 연방평의회에 사건을 제출하고 그 결정에 따르도록 하고 있다. 특수한 형태이다.

20) 체코의 경우에는, 위법한 법률하위규범에 대한 폐지 및 권한쟁의의 결정을 최고행정법원에서 할 수 있도록 법률로 정할 수 있다(체코헌법 제87조 3항 참조).

21) 그리스의 최고특별법원은 최고행정법원의 장, 최고민형사법원의 장, 감사법원의 장, 2년 임기로 추첨에 의해 결정되는, 최고행정법원의 4인의 위원(Councillor), 최고민형사법원의 4인의 위원(Councillor)으로 구성되므로, 기존의 최고법원의 구성원들이 연합하는 특수한 형태이다. 그리스는 최고특별법원이 있지만, 일반법원법관도 합헌성통제를 할 수 있다.

법관의 법적 판단의무에는 헌법적 판단의무까지 포함하는 것이고, 따라서 일반 법원의 법관도 헌법재판까지 담당하게 하는 것이 법관의 독립적 지위에서 보아 타당하다고 하겠으나, 일반재판과는 달리, 헌법재판이 갖는 중요성에 비추어 보면, 헌법재판에 대하여 전문적 성격을 가지는 기관에 그 판단을 집중함으로써 헌법의 해석·적용에 통일성을 부여하기가 훨씬 용이할 것이다. 헌법판단의 전문성을 가지는 기관은 기존 사법기관과는 전혀 별개의 독립된 기관을 두는 경우도 있고, 혹은 최고사법기관 내에 헌법판단전담부서를 두는 경우도 있다(예컨대, 니카라과, 베네주엘라, 엘살바도르, 코스타리카, 파라과이 등 남미국가에 예가 많다).

(2) 최고법원의 다원화경향

여러 나라의 역사적 경험에서 보듯이, 국가기관 중에서 사법기관의 지위는 상대적으로 취약하였다가, 오늘날에는 대등한 권력담당자의 지위로 격상되었음을 알 수 있다. 아울러, 현대국가의 특징으로 일컬어지는 행정국가화의 경향과 더불어, 국가권력의 행사에 대한 국민의 기본적 인권보호의 필요성이 더욱 커지고, 정치영역에 대한 사법적 통제의 필요성도 실질적 법치국가의 구현을 위하여 긴요한 기능으로 인식되고 있다. 오랫동안 불문헌법국가로서 최고법원을 상원 한 부분으로 두고 있었던 영국 및 그 연방에 속했던 나라들이 20세기 후반 및 21세기 초반에 성문의 법률로써 사법제도를 정밀하게 재구성한 것도[22] 모두 현대사회에서의 사법기능의 중요성을 인식한 때문이다.

행정국가화 경향과 정치영역에 대한 법치주의적 통제의 필요성에 따라 사법기능이 확대되면서, 자연스럽게 사법기능의 전문성을 필요로 하게 되고, 그에 따라 사법부의 최고기관까지도 다원화하는 경향을 보이고 있는데, 앞서 본 50여 개국의 현상을 요약하면, 다음과 같다.

단일형, 즉 하나의 최고법원 내에서 하나의 재판부를 구성하는 경우에 해당하는 국가들은, 미국(연방국가), 가나, 나이지리아(연방국가), 동티모르, 말레이시아, 멕시코(연방국가), 스위스(연방국가), 싱가포르, 호주(연방국가), 일본, 케냐, 코스타리카, 투르크메니스탄, 파라과이, 필리핀 등의 나라들을 들 수 있다.

분산형, 즉 최고사법기관을 여러 최고기관으로 나누고 있는 국가들은, 독일(연방헌법재판소, 연방(일반)법원, 연방행정법원, 연방재정법원, 연방노동법원 및 연방사회법원); 스웨덴(제1조: 최고법원, 최고행정법원); 그리스(제93조: 최고민형사법원, 최고행정법원, 제

22) 치안판사법원법(Magistrates' Court Act 1980), 법원 및 법률서비스법(Courts and Legal Service Act 1990), 치안판사법(Justices of the Peace Act 1997), 법원법(Courts Act 2003), 최고법원법(Supreme Court Act 1981, 1997), 법원조직개혁법(Constitutional Reform Act 2005) 등.

98조: 감사법원, 제100조: 특별최고법원); 라트비아(제82조, 제85조: 최고법원, 헌법재판소); 러시아(헌법재판소(제125조), 최고법원(제126조), 최고중재법원(제127조)); 몽골리아(최고법원(제50조), 헌법재판소(제5장)); 벨라로시(제116조: 헌법재판소, 최고법원, 최고경제법원); 불가리아(최고파기원, 최고행정법원(제119조), 헌법재판소(제8장)); 사이프러스(헌법재판소(제9부), 고등법원(제10부)); 스페인(헌법재판소(제9부), 최고법원(제5부)); 슬로바키아(헌법재판소(제7장 제1부), 최고법원(제7장 제2부)); 아제르바이잔(헌법재판소(제130조), 최고법원(제131조), 최고경제법원(제132조)); 오스트리아(최고법원(제92조), 헌법재판소(제137조), 최고행정법원(제130조 이하)); 이탈리아(최고법원, 국가평의회(제103조), 헌법재판소(Title 6)); 체코(헌법재판소(제83조), 최고법원, 최고행정법원(제91조)); 칠레(최고법원(제6장), 헌법재판소(제7장), 선거법원(제8장)); 콜롬비아(최고법원(제2장), 국가평의회(제3장), 헌법재판소(제4장)); 타일랜드(헌법재판소(제2부), 최고법원(제3부), 최고행정법원(제4부)); 포르투갈(헌법재판소, 최고법원, 최고행정법원(제209조)); 폴란드(헌법재판소(제188조), 최고법원(제175조), 최고행정법원(제184조)); 프랑스(헌법평의회(제56조), 파기원(제65조 5항), 공화국법원(제68조 1항), 고등법원(제67조)); 헝가리(헌법재판소(제32조A), 최고법원(제47조)) 등의 국가들을 들 수 있다.

또한, 하나의 최고법원이면서도 이를 여러 부로 나누어 독립적으로 권한행사를 하도록 하는 국가도 있는데, 베네주엘라(제262조: 전원합의체, 헌법부, 정치행정부, 선거부, 민사상고부, 형사상고부, 사회상고부)와 파라과이(제260조: 헌법부)가 그 예이다.

최고법원을 다원화하는 것은 국가마다 고유한 정치적 경험과 역사적 전통, 그리고 현실적인 정치세력들의 이해관계에 따라 다양하게 나타나고 있지만, 적어도 오늘날의 경향이 최고사법기관을 다양하게 구성하고 그 전문성을 강화하는 방향으로 제도화하고 있다는 점은 분명하다.

(3) 사법권의 독립성 강화 – 사법부의사결정구조의 문제

현대국가의 사법제도의 또 하나의 경향은 사법권의 의사결정구조, 즉 사법기관 구성원의 임명 · 해임, 사법정책의 결정 등과 관련하여 그 독립성과 자율성이 강화되고 있다는 점이다. 과거 사법권의 의사결정구조는 정치권력에 의한 통제의 가능성이 매우 강하였고, 따라서, 사법권에서 핵심적인 요소인 인적 · 물적 요소의 결정 및 사법정책결정과정에 입법권 및 행정권의 영향이 강했던 것이 사실이다. 뿐만 아니라, 사법권 내부의 의사결정구조도 최고사법기관의 장에게 집중되어 사법부 자체가 수직적 질서구조(관료주의)를 갖추는 예가 적지 않았다. 이에 오늘날의 사법제도는 사법권의 의사결정구조를 민주주의원칙에 맞게 구성하는 예가 많은데, 비록 각 국가마다 그 구체적인 구성과 권한의 내용 및 권한행사의 방법에 차이가 나고, 현실적으로 각 국가의 사법부의 민주적 운영과 괴리가 있다 하더라도, 최고법인 헌법에 그 기본적인 제도를 두고 있다는 점에서 진일보한 경향이라 할 수 있다.

오늘날 사법권의 의사결정구조는 최고사법평의회로 통칭할 수 있는 제도적 장치가 많이 규정되고 있는바, 앞서 본 50여개국의 상황을 살펴보면, 가나(제153-154조: 지역사법평의회 있음); 나이지리아(국가사법평의회: 제81조, 제153조); 동티모르(제128조: 최고사법평의회); 베네주엘라(제264조: 법관지명위원회 등); 예멘(제50조: 최고사법평의회); 케냐(제200조: 사법직무위원회); 파라과이(제3절: 사법관평의회), 필리핀(제8조 8항: 사법 및 변호사평의회); 그리스(제90조: 최고사법평의회, 제91조: 최고징계평의회, 제100조a: 국가법조평의회); 루마니아(제3절: 최고사법평의회); 몽골리아(제49조: 법원총평의회); 불가리아(제130조: 최고사법평의회); 스페인(제122조: 사법권총평의회); 알바니아(제147조: 고등사법평의회); 오스트리아(평의회(제86조 1항 등)); 우크라이나(제131조: 고등사법평의회); 이탈리아(제103조: 사법부최고평의회); 콜롬비아(최고사법평의회(제7장)); 포르투갈(최고사법평의회(제218조)); 폴란드(국가사법평의회(제179조)); 프랑스(제64조 2항(고등사법평의회)); 헝가리(국가사법평의회(제50조)) 등을 볼 수 있다.

사법권의 독립성을 강화하는 또다른 장치로, 사법부의 물적 기초로서의 예산에 관하여 그 권한이 강화되고 있는 점이다. 사법부의 예산에 대하여 그 독자성을 명시하거나,[23] 남미의 나라 중에는 헌법에 전체 예산 중에 사법부가 차지하는 비중을 숫자로 명시하는 경우도 있다.[24]

(4) 기본적 인권보장의 강화

헌법상 보장된 기본적 인권과 관련하여 오늘날 다양한 형태의 보장제도가 채택되고 있는데, 그중에서 가장 효율적인 제도가 헌법소원제도이다. 헌법소원제도는, 헌법상 보장된 기본적 인권의 포괄성에 근거하여, 모든 공권력의 행사에 대하여 국민의 기본적 인권이 침해되는 경우에, 기존의 구제제도로 구제받지 못하는 상황에서, 최종적으로 기본권이 침해된 개인에게 구제의 수단을 확보해주는 제도이다. 이 제도는, 기존의 구제제도의 완전성이 아닌, 불완전성을 전제로 하는 제도이다. 말하자면, 기존의 구제제도를 통하여 구제되지 못하는 경우에, 그 기존의 제도가 권리구제의 장애로 작용하는 것을 막고 최대한 기본적 인권을 확보해 주기 위한 장치이다. 오늘날의 각국의 헌법에서는 일률적이지는 않지만, 다양한 형태로 헌법소원제도가

23) 가나(제127조 4항), 필리핀(제8조 3항), 러시아(제124조), 몽골리아(제48조 3항), 우크라이나(제130조), 칠레(제86조) 등.

24) 베네주엘라(제254조: 2%), 파라과이(제249조 1항: 3%). 사법부의 예산안편성권에 대해서는, 졸고, 사법부의 물적 독립 - 예산안편성권과 관련하여, 사법발전재단 편, 사법, 제7호, 2009. 3, 75쪽 이하 참조.

마련되고 있다. 예컨대, 독일(제93조 1항 4a, 4b));[25] 멕시코(제107조: amparo제도);[26] 그루지아(제89조 1항f)); 스페인(제162조 1항b)); 슬로바키아(제127조); 알바니아(제131조 i)); 오스트리아(제131조 등); 체코(제87조 1항c)·d)); 콜롬비아(제241조 4, 5, 9호); 폴란드(제79조, 제188조 5항) 등의 국가에서 헌법소원제도가 채택되고 있고, 각 국가마다 약간씩 다르기는 하지만 헌법소원유사제도가 헌법상 채택되고 있다. 헌법소원제도 자체가 보충적 제도임을 감안하면, 헌법에서 규정되지 않더라도 법률상 규정되는 예는 더 많을 것으로 추정된다.

(5) 규범통제기능의 강화

헌법상의 규범통제기능은 입법부인 의회와 행정부의 규범정립행위에 대한 통제를 의미한다. 규범통제기능의 본령은 입법부와 행정부의 규범정립행위가 완성된 이후에 그 위헌 여부를 판단하는 것이었지만, 오늘날에는 사전적·예방적 통제의 필요성이 증대되고 있고, 그에 따라 여러 나라에서 사전적·예방적 통제의 수단이 헌법적으로 채택되고 있다. 원래 사전적·예방적 통제의 효시국가라 할 수 있는 프랑스(제61조 1항)를 필두로 하여, 동티모르(제149조(합헌성의 사전심사)); 칠레(제82조 1항 1호); 타일랜드(제262조); 콜롬비아(제241조 1항 8호) 등의 나라에서 사전적·예방적 통제의 방법을 택하고 있다. 사전적·예방적 통제는 입법부의 규범인 법률과 행정부의 규범인 행정입법 양자에 대하여 가능하다. 필요하다면, 입법부의 법률에는 입법부의 의사를 존중한다는 차원에서 사전적·예방적 통제를 하지 않더라도, 행정부의 규범정립행위인 행정입법에 대하여는 사전적·예방적 통제를 제도화할 수도 있을 것이다.

(6) 정치적 사건의 통제기능 강화

현재 사법제도의 또 하나의 경향은 바로 선거, 탄핵, 정당해산 등의 정치적 사건에 관한 헌법적 통제제도를 강화하고 있다는 점이다. 앞서 본 50여개 국을 자료로 하여 살펴보면, 선거쟁송을 채택하는 나라들은, 나이지리아(최고법원: 제233조(2)(e)(i), 선거심판소: 제7장 제3부); 동티모르(제126조 2항); 싱가포르(제93조a 1항); 코스타리카(Title 8 제3장); 그루지아(제89조 1항 d)); 그리스(제58조, 제100조); 리투아니아(제105조); 몽골리아(제66조 2항 2호); 불가리아(제149조 1항 6호); 슬로바키아(제129조 2항·3항); 오스트리아(제141조 b)-e)); 체코(제87조 1항 e)); 칠레(제82조 1항 4호, 제8장); 콜롬비아(제241조 3)); 포르투갈(제223조 f), g)); 프랑스(제58-60조) 등이 있다.

---

25) 독일의 경우에는 원래 기본법에 헌법소원제도가 규정되지 않았다가, 헌법개정을 통하여 기본법에 편입되었다.

26) 남미국가들의 경우에는, 스페인에 유래하는 amparo제도가 여러 나라에서 광범위하게 채택되고 있다. 이 amparo제도도 헌법소원의 일종으로 이해할 수 있다.

탄핵심판제도에 대해서는, 노르웨이(제86조); 베네주엘라(제266조(2)(3)); 케냐(제187조 1항); 리투아니아(제105조); 불가리아(제149조 1항 8호); 체코(제87조 1항 g) 등의 나라들이 탄핵심판제도를 채택하고 있다.

정치적 결사에 대한 헌법적 심사를 포함하여 정당해산제도를 택하고 있는 나라들은, 동티모르(제126조 1항 (e)); 그루지아(제89조 1항 c)); 불가리아(제149조 1항 5호); 슬로바키아(제129조 4항); 아제르바이잔(제130조 7호); 알바니아(제131조 e)); 체코(제87조 1항 j)); 칠레(제82조 1항 7호); 포르투갈(제223조 2항 e)); 폴란드(제188조 4항)) 등이 있다.

(7) 행정권의 효율적 행사 – 권한쟁의

국가의 3권 중에 국민에게 직접 법규범을 집행하는 행정기관의 권한 사이에는 다양한 형태의 충돌가능성이 있다. 이에 대하여도 헌법적 통제의 필요성이 인식되고 있고, 그에 따라 헌법상의 제도로 채택되고 있는 것이 권한쟁의심판이다. 물론 행정기관의 권한분쟁은 분쟁당사자인 기관들의 상급기관에 의하여 조정될 수 있지만, 연방국가의 경우에는 그 조정이 쉽지 아니하며, 조정의 결과에 따라 이해관계가 첨예하게 대립될 경우에는 권위있는 기관에 의한 조정이 필수적이다. 또한 권한쟁의는 행정기관 사이에서뿐만 아니라, 사법기관들 사이에서도 제기될 가능성이 있고, 그에 따라 사법기관 사이의 권한분쟁에 대한 해결수단을 규정하는 헌법도 많다. 여기서는 행정기관 사이의 권한분쟁에 한정하여, 이에 관한 헌법규정을 두고 있는 나라들을 살펴보면, 말레이시아(제128조 1항); 독일(제93조 1항 4호); 멕시코(제105조: 연방과 주기관 사이); 베네주엘라(제336조 (9)); 브라질(연방최고법원: 제102조 I f), n), 연방상급법원: 제105조 I f), g)); 예멘(제151조: 관할쟁의); 파라과이(제259조 9호)(이상 사법심사형국가); 불가리아(제149조 1항 3호); 그루지아(제89조 1항 b)); 스페인(제161조 1항 c)); 슬로바키아(제126조); 아제르바이잔(제130조 9호); 알바니아(제131조 d)); 오스트리아(제138조 1항); 이탈리아(제134조); 체코(제87조 1항 k)) 등의 국가에서 권한쟁의제도를 두고 있다.

(8) 사법적 통제의 대상인 행정작용

헌법재판제도 중 위헌법률심사제도가 권력분립원칙 하에서 입법권에 대한 사법적 통제장치라면, 위헌·위법의 명령·규칙·처분에 대한 심사제도는 행정권에 대한 사법적 통제의 핵심을 이룬다. 여기서 명령·규칙·처분이라는 표현은 우리나라의 헌법 및 법제도의 용어법에 따른 것이며, 다른 나라의 경우에는 여러 가지 표현으로 행정권의 권한행사에 대한 가능성을 나타내고 있다. 이하에서 각국헌법상 행정작용에 대한 사법적 통제가능성에 대한 문언의 표현을 살펴보면 다음과 같다.

덴마크: 제63조(행정권의 통제) (1) 법원(the courts of justice)은 행정권력의 권한의 범위에서 제기되는 어떠한 문제도 판결할 권한이 있다.

동티모르: 제126조 1항 a) 국가기관에 의한 규범적 및 입법적 행위의 위헌성 및 불법성을 심사하고 선언하는 것; … c) 부작위(omission)에 의한 위헌성의 사건을 확인하는 것.

라이베리아: 제66조 최고법원은 … 법원, 행정기관, 자치기관 혹은 기타 기관으로부터 유래하는 모든 사건에서 법률과 사실 양자에 관하여 최종적인 상고심 관할을 행사한다.

멕시코: 제103조「개인적 보장을 위반하는 기관의 법위반 혹은 행위」, 제107조(amparo).

베네주엘라: 제266조(최고법원의 권한) (5) 적절한 경우에, 중앙행정기관의 규칙(regulations)과 일반적 혹은 개별적 행정행위를 전부 혹은 부분적으로 무효화하는 것; 제336조(헌법부의 권한) (2) … 주헌법과 법률, 자치체 명령 및 주와 자치체의 심 의기관의 기타 행위에 대한 무효를, 전부 혹은 부분적으로, 선언하는 것; (3) 헌법을 위반하는, 법률의 효력을 가진 중앙행정부의 행위의 무효를, 전부 혹은 부분적으로, 선언하는 것; (4) 공권력을 행사하는 기타의 정부기관에 의한 헌법의 직접적이고 즉각적인 시행에 의하여 발령된 행위의 무효를, 전부 혹은 부분적으로, 선언하는 것.

브라질: 제102조 I a) 연방 혹은 주의 법률 혹은 규범적 행위의 위헌성에 대한 직접적 쟁송.

아이슬란드: 제60조 법관은 국가기관의 권한에 관한 일체의 분쟁을 해결한다.

아일랜드: 제34조 … 제1심의 법원은 법률이나 사실이든, 민형사든, 일체의 사건과 문제를 결정하는 완전한 시원적 관할과 권한을 위임받은 고등법원을 포함한다.

예멘: 제151조(최고법원의 권한) … 법률, 규칙(regulations), 세칙(bylaws) 및 결정(decisions)이 위헌인지에 관한 사건 및 청원(pleas)을 심판하는 것.

일본: 제81조 최고재판소는 모든 법률, 명령, 규칙 또는 처분이 헌법에 적합한지 여부를 결정하는 권한을 가지는 종심 재판소이다.

필리핀: 제8조 제5항 (2) (a) …대통령령, 선언, 명령, 지시, 지침, 기타 규칙의 합헌성 혹은 유효성이 문제되는 일체의 사건에서; (b) 조세, 관세, 과세평가, 혹은 사용료, 혹은 그에 관련된 벌금 등과 관련된 일체의 사건에서.

그루지아: 제89조 1. …조약, 법률, 대통령과 정부의 규범적 행위, Abkhazia 자치공화국 및 Ajara 자치공화국의 고등 국가기관의 규범적 행위 등의 합헌성을 심사….

그리스: 제95조 1항 a) 권한의 유월 혹은 법률의 위반을 이유로 행정기관의 강제적 행위에 대한 청구의 무효화; b) 법률에 규정된 바에 따라, 보통행정법의 최종판결에 대한 청구의 파기; c) 헌법과 법률에 규정된 바에 따른, 실질적인 행정적 분쟁에 관한 심판; d) 일반적 규제적 성질을 가지는 모든 명령에 대한 심사(elaboration).

러시아: 제125조 (2) a) 연방법률과, 대통령 · 상원 · 하원 · 연방정부 등의 규범적 행위.

루마니아: 제126조 (6) …공공기관의 행정행위에 대한 사법심사는, 의회 및 군사적 행위와 관계되는 것을 제외하고는, 보장된다.

리투아니아: 제105조 헌법재판소는 또한 다음의 경우가 헌법에 위반하는지의 여부를 심리한다: 1) 대통령의 행위; 2) 정부의 행위.

몽골리아: 제66조 (2) 1) 법률, 명령 및 의회, 대통령에 의한 기타 결정 그리고 정부의 결정 … 등의 합헌성; 3) 대통령, 의회의 장과 의원, 수상, 정부위원, 대법원장과 검찰총장에 의한 법률의 침해.

벨라로시: 제116조 … 법률, 대통령의 명령(decrees) 및 포고(edicts), … 공화국의 기타 직무 …가 헌법에 일치하는지의 여부.

불가리아: 제149조 (1) 2. 의회에 의하여 통과된 법률과 기타 행위 및 대통령의 행위의 합헌성에 대한 다툼을 결정하는 것;

슬로바키아: 제125조 1항 b) 정부에 의해 발령된 명령(decrees) 및 행정각부와 중앙행정기관에 의해 발령된 일반적으로 기속력있는 법적 규칙(regulations)이 헌법 및 헌법적 법률(constitutional laws) 기타 법률과 양립할 수 있는지의 여부; ….

아제르바이잔: 제130조 1) …법률, 대통령의 법령(decrees)과 명령(orders), …각료회의의 결의안과 명령, 중앙행정기구의 규범적 및 법적 행위 등이 헌법에 합치하는가의 여부; 2) 대통령의 법령(decrees)과 명령(orders), …각료회의의 결의안과 명령, 중앙행정기구의 규범적 및 법적 행위 등이 Azerbaijan 공화국의 법률과 합치하는가의 여부; 3) 각료회의의 결의안과 명령, 중앙행정기구의 규범적 및 법적 행위 등이 대통령의 법령 및 명령과 합치하는가의 여부; ….

알바니아: 제131조 c) 중앙 및 지방기관의 규범적 행위가 헌법 혹은 국제협약에

위반되는지의 여부.

오스트리아: 제129a조 (1) 독립행정심판소는 행정상 불복단계를 모두 거친 후에, 다음의 경우가 문제되는 한, 판결을 선고한다: 1. 연방재정형사사건을 제외하고, 행정의 권한유월을 이유로 한 소송, 2. 연방재정형사사건을 제외하고, 직접적인 행정청의 명령권 및 강제권의 행사에 의해 그의 권리를 침해당했다고 주장하는 자에 의한 소원(Beschwerde).

제139조 (1) 헌법재판소는, 법원, 독립행정심판소의 청구에 따라, 혹은 당해 명령이 헌법재판소의 판결의 전제가 되는 경우에는 직권으로(von Amts wegen), 연방정부 혹은 주정부의 법규명령(Verordnung)의 위법성에 관하여 심판한다.

우즈베키스탄: 제109조 1) 의회(the Oliy Majlis)에 의해 통과된 법률(laws)과 기타 제정법(acts), 대통령에 의해 발령된 명령(decrees), 정부의 법제정행위(enactments) 및 지방기관의 명령(ordinances), …등의 합헌성을 판단하는 것.

우크라이나: 제147조 헌법재판소는 법률과 기타 법적 행위의 헌법합치성의 문제를 결정하며…

이탈리아: 제113조(사법심사) (1) 공행정에 의해 행해진 결정(decisions)에 대하여, 통상 혹은 행정법원에 제기된 법적 쟁송은 민사 혹은 행정법에 따른 자신의 권리를 보호하기 위하여 언제나 허용될 수 있다.

체코: 제87조 (1) a) 헌법질서를 위반하는 경우, 법률 혹은 그 개별규정의 폐지 여부; b) 헌법질서 혹은 법률을 위반하는 경우, 기타의 법적 규칙 혹은 그 개별규정의 폐지 여부; c) 중앙정부(the State)에 의한 불법적 침해에 대하여 지역자치정부기관에 의해 제기되는 헌법소원; d) 헌법상 보장된 기본적 권리와 자유를 위반하는 공공기관의 최종결정 혹은 기타 침해에 대하여 제기되는 헌법소원.

칠레: 제82조 1항 3. 법률의 효력을 가지는 명령의 합헌성에 관하여 제기되는 문제를 해결하는 것.

콜롬비아: 제247조 7. 헌법 제212, 213, 215조에 근거하여 정부에 의해 발령된 입법적 명령의 합헌성에 관하여 명확하게 결정하는 것.

폴란드: 제188조 3) 중앙국가기관에 의해 발령된 법적 규정이 헌법, 인준된 국가간 협정 및 법률에 합치하는지의 여부.

헝가리: 제50조 (2) 법원은 공공행정의 결정의 합법성을 심사한다.

위의 각 규정들을 보면, 사법적 통제의 대상으로서의 행정작용에 대한 각 국가들의 헌법규정들이 매우 포괄적임을 알 수 있다. 즉, 행정부의 「규범적 행위(혹은 법

제정: acts)」 혹은 「법적 행위」, 「공행정에 의해 행해진 결정」 등의 용어로 표현되고 있고, 이는 구체적으로 행정부의 특정한 행위를 의미하기보다는, 행정부의 일체의 행위를 포괄하는 것으로 이해된다. 결국 행정작용에 대한 사법적 통제는 행정부의 일체의 행위에 대한 가능성을 열어두고 있는 것으로 보아야 할 것이다.

Ⅲ. 세계 사법제도의 특징 – 제도구성의 기본원리상의 특징

1. 기본원리 Ⅰ: 인간의 존엄과 가치

현대헌법의 가장 핵심적인 이념은 인간의 존엄(human dignity; Menschenwürde)이다. 인간의 존엄의 관념은 오늘날 인권법 분야의 핵심이 되고 있다. 인류 역사상 오랜 기간 동안 다양한 사상과 이념이 인간공동체의 바람직한 모습을 기대하면서 명멸하였으나, 오늘날에는 인간의 존엄이 모든 사상과 종교 및 이데올로기의 상위개념(meta-concept)으로 기능하고 있다.

사상사적으로 보면, 인간의 존엄은 동양에서는 불교, 유교, 도교 등의 종교적 내지 철학적 사상에 그 근거를 찾을 수 있고,[27] 서구에서는 로마 시대에까지 거슬러 올라가지만,[28] 법적인, 특히 헌법적 및 국제법적 논의가 시작된 것은 20세기에 들어와서이며, 인간에 내재해 있는 것으로서 인간의 존엄이라는 의미에서 '존엄(dignity)'이라는 용어를 사용한 것은 20세기 전반기 약 30년 동안이다. 이 시기에 유럽과 아메리카의 몇몇 나라들은 헌법전에 인간의 존엄이라는 용어를 사용하기 시작하였다.[29] 인권의 맥락에서 인간의 존엄이 일반적으로 사용되기 시작한 것은 2차대전 이후 1945년 6월에 제정된 UN헌장과[30] 1948년에 제정된 UN인권선언[31]에서부터이다. 이후 여러 나라의 헌법 및 법제도에서 인간의 존엄이 명시되었고, 오늘날에는 인간의 존엄은 동양사상의 관점에서의 논의를 포함하여 인권담론에서 핵심적 역할을 하고 있다. 사실, 인간의 존엄이라는 명제는 구체적인 사건의 판단에서 명확한 법적 근거로 채택되기는 쉽지 않지만, 인권의 해석 및 재판에서 크게 기여하고 있다.

---

27) Cf. Milton Lewis, A Brief History of Human Dignity, in; J. Malpas/N. Lickiss(eds.), *Perspectives on Human Dignity, A Conversation*, Springer, 2007, p. 93ff.

28) Cf. Christopher McCrudden, Human Dignity and Judicial Interpretation of Human Rights, 19 *Eur. J. Int'l L.* 656-663.

29) 1917 Mexico(Art. 3c); 1919 Weimar Germany(Reich Constitution of 11 Aug. 1919, Art. 151); Finland(Pt I; General Provisions); 1933 Portugal(Constitution of Portugal, 1933, Art. 45); 1937 Ireland(Preamble); 1940 Cuba(Art. 32); 1945 Spain(Preamble).

30) Charter of the United Nations, 26. June 1945.

31) Universal Declaration of Human Rights, 10. Dec. 1948.

오늘날의 법제도는 인간의 존엄을 유지하고 보호하기 위하여 행정, 입법, 사법의 각 권력을 한계지우는 것이라 하여도 과언이 아니다. 따라서 일정한 법제도를 창설하는 경우에는, 인간의 존엄이라는 기본적 가치를 필연적으로 염두에 두어야 한다. 물론, 법제도가 인간의 존엄을 보호하고 유지하는 방법은 헌법규정 혹은 법률규정을 통해서만이 아니라, 그 제도 자체에서 발전된 작용원리와 실질적인 원리가 역시 중요하다.[32] 공공기관이 개인의 이익에 영향을 미치는 결정을 내리는 경우에는, 개인의 권리나 자유를 보호하기 위한 절차적 공정성이나 자연적 정의 혹은 다양한 법률상의 해석을 고려하도록 요구된다. 이 점은 개인의 자유나 권리에 관련된 입법의 과정에서도 당연히 고려되어야 하는 것이며, 종국에는 인간의 존엄이라는 기본명제에 근거를 두는 것이다.

우리나라 헌법에도 제10조에서 인간의 존엄과 가치를 규정하고 있다. 이 규정은 근본규범으로서 모든 국가권력을 구속한다.[33] 따라서 입법·행정·사법 등 모든 국가작용의 목적과 가치판단의 기준을 제공한다. 사법제도의 구성에 있어서도 이 원리가 적용되어야 함은 더 말할 필요가 없다. 현대국가에서는 국가 및 사회적 생활의 전반에 걸쳐 발생하는 분쟁에 대한 구제방법을 제도화할 필요가 있고, 이때의 제도화의 첫 번째 기준이 곧 인간의 존엄인 것이다.

2. 기본원리 Ⅱ: 독립성 – 권력분립의 원리

(1) 권력분립의 원리와 그 가치

권력분립원리는 근대 이래 오늘날에 이르기까지 민주주의와 입헌주의의 핵심적 개념이다. 주지하다시피, 권력분립의 가장 보편적인 분류방법은 Montesquieu에 의한 3권분립의 방식인데, 이에 따르면, 국가권력을 입법권, 행정권, 사법권으로 나누고 각 권력이 상호견제와 균형을 이루도록 함으로써, 시민의 자유를 확보함을 목적으로 하는 것이었다. Montesquieu의 이론은 1789년의 프랑스인권선언과 미국의 *The Federalist Papers*와 연방헌법, 그리고 후발산업국가인 독일의 헌법에서도 자유주의국가의 기본적인 요소 중의 하나로 받아들여졌다.

그러나 이론의 출발점이었던 영국에서는 상대적으로 이 이론에 대하여 별다른 주의를 기울이지 않았다. 예컨대, A. V. Dicey는 그의 저서 「헌법학입문」에서[34]

32) Sir Guy Green, Human Dignity and Law, in; J. Malpas/N. Lickiss(eds.), *Perspectives on Human Dignity, A Conversation*, Springer, 2007, p. 153.

33) 김철수, 헌법학(상), 박영사, 2009, 503쪽. 이 점에 관해서는 이론이 없다.

34) 여기서는 안경환/김종철 공역, 헌법학입문, 경세원, 1999를 참조하였다(원저는, A. V. Dicey, *Introduction to the Study of the Law of the Constitution*, 8th ed., 1915).

Montesquieu가 '뭔가 이중적인 착각에 빠져 있'었다고 하면서, '적어도 권력분립의 원칙에 관한 한, 영국 헌법의 이론과 실제를 잘못 이해하고 있었다'고 지적하고 있다.[35] 그러나 착각에 기인한 것이든, 잘못된 이해에 기인한 것이든, 권력분립의 원칙은 프랑스를 거쳐 미국에서 제도적으로 정착되었고, 다른 나라들에 지대한 영향을 미쳤으며, 20세기 말, 무산자계급에 의한 권력통합 및 독점을 주장하던 공산주의 내지 사회주의가 패퇴한 후, 오늘날에는 전 세계 국가들 중에 이 원칙을 표방하지 않는 나라가 거의 없을 정도로 보편화되었다.

원래 권력분립은 국가기능에 관한 3분설에 입각한 이론이다. 즉, 역사적으로 볼 때, 국가기능 내지 작용에 대하여 처음으로 이론적으로 분류한 사람은 Aristoteles이다. 그는 국가권력의 세 구성요소를 심의권(Deliberate Assembly, Die beratende Gewalt), 집행권(Executive, Die Verwaltung), 사법권(Courts of Law, Die Rechtspflege)으로 나누고, 이들 각각의 기관에 대하여 어떠한 방법으로 관직을 분배할 것인가에 대하여 상세히 기술하고 있었다.[36] 오늘날의 의미로 말하면, 그는 이미 국가의 기능과 국가기관을 구별하여 인식하고 있었던 것이다.[37] 아울러 Aristoteles는 국가기능이론을 모태로 하여 혼합정부 및 균형정부의 이론을 전개하였다.[38]

권력분립이론의 발전사에 Montesquieu의 업적은 국가기능 중의 하나인 사법기능을 독립적 기관에 담당하게 하여야 한다는 것을 명확히 한 데에 있다. 물론 권력분립이론의 선구자 중의 한 사람인 J. Locke의 경우에도 사법권에 대한 인식이 없었던 것은 아니다. 그는 1690년의 「정부 2 론(*Two Treatises of Government*)」의 제 2 논문에서, 사회계약에 기초하여 입법권(the Legislative Power)을 최고의 권력으로 하고 다른 권력으로 집행권(the Executive Power)과 동맹권(the Federative Power)을 인정하여[39] 이 집행권과 동맹권을 하나의 기관에 의하여 행사되는 것으로 하고 있다.[40] 말하자면 Locke에 있어서 사법기능은 집행권의 일부분으로 생각되었던 것이다. Locke는 사법기능을 행사하는 권능을 그 자체로서 정면으로 특별히 취급하지는 않고,[41] 당시의 현실에 따라서, 집행권의 일부라고 하고 있다. 그러나 Locke는 통치기구에

---

35) 안경환/김종철 공역, 위의 책, 228쪽.
36) Aristoteles, *Politics* Ⅳ, cap. 4, 1298a(천병희, 김완수 공역, 아리스토텔레스, 세계의 대사상(서울: 휘문출판사, 1977), 311쪽 이하 참조).
37) Stern, a.a.O., S. 514.
38) M. J. C. Vile, *Constitutionalism and the Separation of Powers*(2. ed.), Indianapolis, Liberty Fund, 1998(originally published in 1967), p. 3.
39) J. Locke, *Two Treatises of Government*, ed. by Peter Laslett(New York: Cambridge Univ. Press, 1992), Chap. Ⅺ-Ⅻ, §§134-148(p. 355-366) 참조.
40) J. Locke, 위의 책, §148(p. 366).
41) 따라서 Locke의 논문에서는 재판권 혹은 사법권이라는 용어가 쓰이고 있지 않다.

앞서는 개인의 제 권리를 명백히 하고, 나아가 최고권력으로서의 입법권에 내재하는 한계를 제시함으로써, 개인의 권리와 그 제도적인 보장을 위한 「사법」의 기본적 의의 및 기능을 명확히 하는 기반을 구축하였던 것이라고 말할 수 있다.

한편, 권력분립의 원칙을 논할 때에는, 분립된 권력 각각이 이른바 「권력(power; Macht)」이라는 사실을 주목할 필요가 있다. 입법, 행정, 사법의 각 국가기능을 담당하는 국가기관은 그 자체로 입법권력, 행정권력, 사법권력을 행사하는 기관임을 의미한다. 애당초 Montesquieu가 의도했던 것은 국가권력의 기능적 분화에 기초한 3권분립은 아니었다. 정치적 관점에 서서, 사회적 고려에 기초하여 배분된 국가기능의 권한을 나눌 뿐이었다. 그에 있어서는 국가생활 전체에 관한 통일적인 관점에 서서, 사회의 제 세력을 대표하는 국가권력의 담당자를 고려하여 권력의 조직화를 추구하는 것이었다.

Montesquieu 의 이론을 특색지우는 「균형화」는 국가의 기본적인 3기능의 의미에 있어서 권력 사이의 그것이 아니라, 이들 권력이 배당되는 구체적인 사회적 세력에 관련되는 것이다. 「힘의 균형」의 대상으로서 구체적인 주체적 요소에 Montesquieu의 관심이 있었기 때문에, 단순한 국가기능으로서의 각각의 권능은 그 대상이 되지 않았다. 이것은 재판권을 일정한 사회집단에 연결시키지 않고 「눈에 보이지 않는 無인 것」으로 표현하여 「말하자면 없는 것」이라고 하는 점에서 명확하다. 즉 재판권은 「無」인 것으로서, 균형화되어야 할 권력으로서의 의미를 갖지 않았던 것이다.[42] Montesquieu의 이론에 있어서는, 사법권이 입법, 집행의 양권과 동위에 서게 하여, 이들 3권의 균형에 있어서 통치가 행해져야 한다고 하고 있지는 않다. 그의 이론에서 직접 강조하고 있는 것은, 집행권을 보유하고 「저지하는 권리」에 의하여 입법에 참여하는 국왕과, 입법부 사이의 권력의 균형이고, 나아가 입법부 내에 있어서 양원을 각각 구성하는 두 사회계층 사이의 균형이다. 동시에 그것은, 군주제 하에 있어서 법관의 지위의 안정의 필요성을 주장하는 것이다. 집행권은 국왕의, 입법권은 양원에 있어서의 귀족과 시민의, 각각의 사회적 이익을 대표하고 있다. 재판권은 이 균형을 깨뜨리는 것이어서는 안된다는 의미에서, 사회적 권력 및 사회적 이익으로서도 「無」이지 않으면 안된다. 그것은 위에 언급한 사회적 권력 사이의 균형의 보유에 중요한 역할을 행하는 것이다. 따라서 재판권이 권력구조로부터 떼내어진 것은 형식상으로는 재판권이라는 형태를 취하더라도, 그 의미는 오히려 사회적 권력 간의 균형에 지탱되기 위한 존재방식밖에 안되는 것이다.

---

42) 졸고, 정치과정에 있어서의 사법권에 관한 연구, 서울대 대학원 박사학위논문, 1996, 27쪽 이하 참조.

(2) 현대적 권력분립론의 특징 - 헌법재판제도를 통한 사법권의 권력성 확립

권력분립원리의 현대적 변용은, 현대사회의 다양한 특징으로부터 유래한다. 먼저, 적극국가화의 경향과 함께, 행정권력의 비대화가 그 첫 번째의 특징이며, 정당국가화와 권력통합의 현상이 그 두 번째이며, 헌법재판제도의 확립에 따른 사법국가화의 경향이 그 세 번째이다. 세 번째의 특징은 사법권이 단순한 기능으로만 그치는 것이 아니라, 실질적인 국가권력의 보유자로 되었음을 의미한다. 국가기능 중에서 사법기능을 담당하는 기관에 권력성을 부여하게 된 것은 제2차 세계대전 이후에 비로소 명확하게 확립되었다. 특히 헌법재판제도의 확립으로 인하여, 헌법재판소가 현대국가의 중심이 되고,[43] 오늘날 어떤 나라도 더이상 헌법재판이 없는 국가는 없다고 할[44] 정도로 헌법규범의 실효성에 대한 요구가 증대하는 상황에서는 헌법재판을 담당하는 사법제도의 정치적인 역할에 대한 기대가 커지고 있는 것이다. 물론 각 국가마다 그 제도적 형상은 조금씩 다르기는 하지만, 기능적 의미에서의 헌법재판은 현대국가의 중심적인 과제로 되고 있는 것은 사실이다. 말하자면, 헌법재판을 어떤 기관이 담당하고 있는가라는 제도론적 관점이 아닌, (법창조 내지 정책형성기능을 포함하는) 기능으로서의 헌법재판을 담당하는 제도가 정치과정 속에서 어떠한 역할을 할 것인가가 중심적인 과제로 되는 것이다. 이러한 현상은 곧 사법주의(Judicialism)의 보편화 내지 사법국가(Jusdizstaat)화를 의미한다. 이러한 사법주의의 보편화 내지 사법국가화의 경향은 입법권과 행정권의 분립이 정당국가화에 따라 무의미하게 된 현대사회에서 권력통제를 위한 가장 중요한 방법으로 인정되고 있는 것이다. 현대사회에서의 사법주의의 보편화 내지 사법국가화는 제도적으로 두 가지 유형으로 나타나고 있다. 그 하나는 헌법재판에 관한 미국형의 사법심사제도와 그 둘은 헌법재판에 관한 독일 내지 오스트리아형(대륙형)으로 나타나고 있는 것이다. 오늘날의 사법기능의 확대 현상은 사법권의 적극적인 법형성 내지 법창조기능으로 나타나고, 이것은 곧 사법권의 권력성을 실질적으로 확보한 것을 의미하는 것이다. 즉 정치권력에 의하여 수동적으로 설정되는 제도 내지 기능이 아니라 적극적으로 자신을 규정하고 정책결정과정에서 독자적인 역할을 행함으로써 하나의 권력으로서 기능하게 된 것이다. 이러한 사법권의 지위변화는 사법권을 진정한 의미에서의 제3의 국가권력보유자로 만들었을 뿐만 아니라, 정치과정에서 입법권 및 집행권의 대등한 파트너로서의 지위를 가지게 하는 것이다.[45]

43) René Marcic, *Verfassung und Verfassungsgericht*, Wien, 1963, 207쪽.
44) R. Marcic, 위의 책, 85쪽.
45) Cf.) K. Löwenstein, *Political Power and the Governmental Process*(Chicago: University of Chicago Press, 1957), 47쪽.

(3) 권력분립원리와 사법제도의 구성원리

헌법상 중요한 국가구성의 원리인 권력분립원리는 사법제도의 구성에 있어서 독립성을 뒷받침하는 원리이다. 사법부를 조직하기 위한 가장 기본적인 원칙은 바로 독립성을 확보하는 것이다. 사법부 독립의 진정한 의미는 정치과정에서 독자적인 참여자로 기능할 수 있어야 함은 앞서 지적한 바 있거니와, 구체적인 제도화의 과정에서 이러한 독립성을 보장할 수 있도록 하지 않으면 안된다.

1983년 6월 10일, 캐나다의 몬트리올에서 개최된 제1차 사법권독립 세계대회에서 만장일치로 채택된 선언문(이하 '몬트리올 선언문'이라 함)에는[46] 사법권 독립에 대한 세계적 기준을 제시하고 있다. 몬트리올 선언문에서는,[47] 법관은 어떠한 측으로부터도 혹은 어떠한 이유로도, 직간접으로 어떠한 제한이나 영향, 권유, 압력, 위협 혹은 간섭 등을 받지 아니하고 사실인정과 법에 대한 이해에 따라 사건을 판결할 의무를 가지고 있음을 정하고, 판결과정에서 법원동료나 상급자에 대하여 독립하여야 하며, 어떠한 위계적 조직과 직급상의 차이도 법관의 법적 판단을 자유로이 공표하는 권리를 침해해서는 안된다고 하고 있다. 이를 위하여 사법부는 행정부와 입법부로부터 독립하여야 하며, 사법적 성질을 가지는 모든 쟁점에 관하여 관할권을 가져야 한다. 특별법원(ad hoc tribunals)은[48] 인정되지 아니하며, 모든 국민은 법원에 의해 신속히 재판을 받을 권리를 가진다. 국가의 존망과 관련된 긴급상황에는 법이 정한 조건에 따라서만 최소한의 기준을 충족하는 법원을 창설할 수 있으며, 군사법원은 군요원들의 군사범죄에 한하되 상소심은 법적으로 자격있는 상소법원에 상소할 수 있어야 한다.

행정권은 사법기능을 통제할 수 없으며, 법원의 작동을 폐쇄하거나 정지시킬 수 없고, 사법적인 분쟁해결에 앞서는 혹은 법원판결의 집행을 저지하는 어떠한 행위나 절차의 생략도 행해서는 안된다. 입법부 혹은 행정부의 명령으로 소급적으로 특별한 법원의 결정을 번복하거나 판결에 영향을 미치기 위하여 법원의 구성을 변경하려고 해서는 안된다.

법관은 사법의 독립을 위하여 집단적 행위를 할 수도 있으며, 직무의 청렴성과 공정성 및 사법의 독립성을 유지할 수 있도록 행동하여야 하고, 이를 위하여 신앙의

---

46) Universal Declaration on the Independence of Justice, in S. Shetreet(ed.), *Judicial Independence: The Contemporary Debate*, Kluwer Academic Publishers, 1985, 447-462쪽.

47) 위 선언문, 2.02-2.10 참조.

48) 우리나라에서는 특별법원과 특수법원에 관하여 약간의 견해상의 차이는 있지만, 여기서는 특별법원은 헌법상의 정규의 사법제도의 조직원리와 무관하게 창설되는 법원, 즉 예외법원을 의미하는 것으로 이해한다. 현행헌법 제110조에서는 「특별법원으로서 군사법원」이라는 표현을 사용하고 있는데, 이 용어 또한 수정될 필요가 있다.

자유, 표현의 자유, 결사 및 집회의 자유를 가진다.

사법의 독립성을 위하여 필요한 또다른 요소는 법관의 자격, 선임방법, 임기 및 (승진·전보를 포함한) 보직, 자격상실과 해임·징계, 면책과 특권 등의 신분보장과 관련된다.

몬트리올 선언문에서는,[49] 위의 각 사항에 대하여 상세한 규정을 두고 있는데, 중요한 사항들만 간추리면 다음과 같다.

법관은 청렴성과 능력을 갖춘, 그리고 법에 관하여 잘 훈련된 개인이어야 하며, 다양한 차별요인에 의하여(특히 정치적 견해의 차이에 의하여) 차별받지 않도록 하여야 한다.

법관의 보직은 사법부 자체에 의해서만 행해져야 하며, 승진은 대상자에 대한 객관적 평가에 근거하여야 하고, 전보의 경우 정기적인 순환근무제도에 따르는 경우를 제외하고는 본인의 동의없이 행해져서는 안된다.

법관의 임기는 법률에 의하여 보장되어야 하고, 정년 혹은 임기만료 때까지 보장되어야 한다. 법관은 재직 중 급여와 은퇴 후 연금을 수령할 수 있어야 하고, 지위와 직무의 존엄성 및 책임성에 상응하는 급여와 연금이어야 하며, 재직 중 감액되어서는 안된다.

법관은 직무수행과 관련하여 소송 혹은 괴롭힘을 당해서는 안되며, 직무수행과정에서 지득한 정보와 관련하여 전문적인 비밀성에 기속된다. 법관은 원칙적으로 행정기관 및 입법기관에서 근무하여서는 안된다. 법관은 정당의 당원이거나 정당의 일정한 직위를 가질 수 없다. 법관은 영리활동을 할 수 없다.

법관의 해임 혹은 징계의 절차는 사법부 및 사법부에 의하여 선임된 위원회에서 행해져야 하며, 입법부에 의해 탄핵될 수 있다. 징계는 법관윤리에 관한 확립된 기준에 근거하여야 하며, 충분한 청문 및 재심의 기회가 주어져야 한다.

사법제도의 구성을 위해서는 이와 같은 제 원리들이 구현될 수 있도록 하여야 한다.

3. 기본원리 Ⅲ: 민주성

사법권력의 제도화와 관련하여 가장 취약한 부분이 바로 민주성의 원리이다. 민주주의 국가에서 사법관은 법치주의적 질서의 판단자이며 수호자이다. 그들은 국가의 법치주의적 질서의 구체적 내용을 확정하고 국민의 규범생활을 선도하며, 국가의 구체적 정책에 대하여 헌법 및 법률적합성 여부를 판단하는 기능을 가진다. 사법관

---

49) 동 선언문, 2. 11-2. 39 참조.

이 법치주의적 질서의 판단자이자 수호자로서의 지위를 가진다는 것은, 국민주권주의를 기본이념으로 하고 있는 민주주의 국가에서는 이들이 국민의 규범적 대표자이어야 한다는 것을 의미한다. 사실, 국가의 사법기능은 국가현상이 나타난 이래 어떠한 국가에서도 존재해왔고, 법치주의에 기초한 민주주의적 질서가 확립되기 이전에는 사법기능의 담당자들은 객관적·합리적 법의 구현자라기보다는 주관적 권력의 통치이념을 구현하는 지위에 속하여 스스로 통치권력의 일부분으로 인식하였다. 과거의 세계역사를 더듬어보면, 일찍부터 법률가 계층이 존재하였던 유럽의 경우, 법조인 집단은 스스로를 전통적인 지배계급인 귀족계급으로 인식하였고, 그에 따라 근대사회의 사회변화과정에서도 국민이라는 개념 속에서 스스로를 자리매김하기보다는 사법귀족으로서의 지위를 더 추구하였다. Montesquieu가 그의 권력분립론에서 사법부를 독자적인 사회세력으로 파악하지 않았던 것은 기존의 사법귀족들이 전통적인 귀족계급 속에 편입되어 있었기 때문인지도 모른다. 또한 프랑스의 경우에는 오랜 기간 동안 사법불신이 강하였는데, 그 원인이 법관의 사법귀족화에 있는 것으로 이해되고 있다.

현대 민주사회에서 사법부가 올바로 기능하기 위해서는 사법제도 자체가 민주주의원리에 합당하게 설정되어야 한다. 특히 사법권력의 최종적 집행자인 최고법원의 사법관들은 국민의 인권을 보장하기 위하여 입법권력과 행정권력의 헌법 및 법률적합성을 최종적으로 결정한다는 의미에서, 그 임명방식도 또한 국민주권주의 및 민주주의원리에 기초하여야 함은 말할 필요가 없다.

사법권력의 민주적 정당성은 최고사법기관을 포함한 사법부의 구성원을 어떻게 선발하는가, 즉 법관선발의 기준과 절차에서 가장 선명하게 드러나게 된다. 몬트리올 선언문에서는,[50] 법관선발의 기준과 절차는 사회를 공정하게 반영할 수 있어야 하며, 행정부와 입법부가 법관의 임명에 관여할 경우, 사법부 및 법조전문가의 조언이나 이들이 참여하는 기구에 의하여 행해지도록 해야 한다고 하고 있다.

사법권력의 민주적 정당성은 또한 최고사법기관을 정점으로 하는 사법권의 체계 전체에 걸친 사법권 내부의 의사결정구조의 민주성을 요구한다. 사법권 내부의 의사결정은, 사법기구의 설치, 사법관의 임명, 보직, 전보, 징계, 사법기구의 운영, 사법직원의 임명과 관리 등, 사법권 행사의 전반에 걸쳐 영향을 미치며, 재판부의 운영에 있어서도 합의부의 재판부 내에서 다양한 법적 의견을 제시하고 그 의견에 따라 판결을 내리도록 하는 것이 요청된다. 이를 위해서는 최고사법기관의 장 1인 혹은 소수의 집단에 의해 사법정책이 결정되는 구조가 아니라, 합리적인 방법에 의

50) 동 선언문, 2. 12 참조.

해 구성되는 합의체기구(예컨대, 사법평의회)에 의하여 내부적 의사결정이 내려지는 구조가 바람직하다.

국가를 구성하는 입법 · 사법 · 행정의 세 부서들 중 행정부는 그 최고책임자가 1인으로 구성되는 것이 일반적이다. 대통령제 국가에서는 대통령이 모든 행정의 최고책임자이며, 의원내각제의 경우에는 수상이 모든 행정의 실질적 책임을 지고 있다. 입법부는 보통 단원제 혹은 상하 양원제로 수백 명의 의원들로 구성되는 것이 일반적이다. 입법부가 수백 명의 의원들로 구성되는 것은 국민의 다양한 이해관계를 국가정책에 반영하기 위함이다.

사법부의 경우에 그 구성에 있어서 특히 최고사법기관의 사법관의 수를 다수로 하는 이유도 또한 입법부의 경우와 다르지 아니하다.[51] 입법부와 같이 수백 명에 이를 정도의 구성원을 두지 않는 것은, 사법부가 헌법을 정점으로 하는 객관적 규범체계 속에서 구체적 규범의 의미내용을 확정하는 역할을 담당하기 때문이다. 즉, 객관적 규범체계의 의미내용을 이해하고 해석할 수 있는 전문성을 갖춘 사람들을 기본자격으로 하되, 국민의 다양한 규범인식을 대표할 수 있는 적정수의 숫자로 구성되도록 한 것이다. 만약 최고사법기관이 획일적으로 하나의 법적 견해만을 확정하고 국민에게 이를 강제한다면 그 구성원을 다수로 할 필요없이 단 한 사람의 법전문가만을 두어도 될 것이다. 사법권력의 담당자, 특히 헌법재판을 담당하는 사법관은 사회의 다양한 가치관과 의견을 반영할 수 있는 자들에 의해 구성되어야 한다. 이는 민주주의의 핵심가치인 정치적 의사의 다양성을 규범적으로 구현하기 위하여 필수적이라 할 것이다.

물론 다수의 사법관이 있더라도 '지금, 여기에서'의 법적 결정이 요청되기 때문에, 다수의견과 소수의견으로 분리되는 경우에도 민주주의 한 원리인 다수결의 원칙에 따라 하나의 견해를 최종적으로 선택하도록 하고 있다. 중요한 것은, 다수결의 원칙이 그러하듯이, 지금 현재에는 소수의견에 불과하지만 언젠가는 다수의견으로 될 수 있는 가능성을 열어두는 것이다. 최고사법기관의 결정에서 소수의견 혹은 방론이 중요시되는 이유이다.

4. 기본원리 Ⅳ: 기능적 통일성

한 국가의 사법기능은 기능적으로 통일되어야 한다. 오늘날의 입헌주의 내지 헌정주의적 관점에서는 이 기능적 통일성은 곧 헌법 및 법률해석의 통일성을 의미한다. 오늘날, 대부분의 국가에서 사법기능은 심급제를 두어 한번 내려진 판결에 대한

51) 대법원의 경우에는 법률의 해석 · 적용이 주된 업무이지만, 헌법재판소의 경우에는 헌법해석이 주된 업무이므로 다양한 헌법적 가치관의 중요성은 더 커진다.

불복가능성과 재심가능성을 열어두고 있는데, 이는 헌법 및 법률의 의미내용에 관한 다양한 해석가능성을 부여하면서도, 최종심을 통하여 통일된 해석을 내림으로써, 법질서의 안정성을 추구하고 그에 따라 국민의 예측가능성을 확보하려는 것이다.

유의하여야 할 점은, 사법기능의 통일성을 추구한다고 하여 반드시 사법기관이 통일적으로 구성되어야 한다는 것은 아니다. 즉, 헌법 및 법률해석의 통일과 사법기관의 통일은 별개의 문제라는 것이다. 다원화된 현대사회의 특징으로 말미암아 매우 다양한 법영역이 사회 전반에 걸쳐 존재하고, 전문적 법영역에 대한 사법기능의 효과적 대응이 요청되고 있기 때문에, 각 전문법영역마다 독자적인 심급의 사법기관을 창설하고 이들 각 사법기관 사이의 관할문제를 조정하는 기구를 둔다면, 헌법 및 법률해석의 통일을 달성하면서도 사법기관 사이의 불필요한 관할분쟁을 제거하는 효과가 있을 것으로 본다. 예컨대, 헌법재판과 행정재판, 일반민형사재판, 노동재판 등 전문영역마다 전담사법기관을 두되, 이들 사법기관들의 관할문제를 해결하는 권한조정기구로 사법평의회와 같은 합의체 기구를 두는 것도 좋을 것이다.

5. 기본원리 Ⅴ: 전문성

사법권력의 담당자는 헌법과 법률에 의하여 그 권한을 행사하게 되어 있다. 따라서 사법담당자는 분쟁의 해결과 관련하여 사물의 시비선악을 옳게 분별하고 편벽되지 않은 균형잡힌 안목과 헌법과 법률, 즉 규범에 관한 전문적 지식을 가져야 한다.[52] 몬트리올 선언문에서도 이를 확인하여 법률에 대하여 잘 훈련된 사람일 것을 요청하고 있으며,[53] 법관 스스로 국제협약 기타 인권규범 그리고 헌법과 법률에 정통하도록 노력해야 함을 지적하고 있다.[54]

사법관의 전문성에 관하여 통상적으로는, 대학에서 법률학을 전공하고 실무분야에서 일정기간 활동을 한 자, 혹은 대학에서 법학을 교수하는 대학교수를 사법관의 자격으로 인정하는 예가 적지 아니하다. 또한 사법관의 경우, 대학에서 교육하는 직과 전문적 연구직 이외에 다른 공사의 직을 겸직하지 못하게 하는 경우가 많은데, 이는 공정성을 담보하기 위한 장치이기도 하지만, 사건에 관한 판단을 위하여 전문성을 강화하기 위한 장치로 이해할 수도 있다.

헌법재판의 경우에는, 헌법이 다른 법률과는 성격을 달리하는 특성을 가지고 있다는 점에서,[55] 헌법분야의 전문성을 갖춘 자를 사법관으로 하는 것도 좋은 방법이

52) 송기춘, 사법개혁과 대법원의 구성, 헌법학연구 제6권 제4호, 274쪽.
53) 동 선언문, 2.11 참조.
54) 동 선언문, 2.48 참조.
55) 헌법의 특성으로, 정치성, 역사성, 이념성이 특히 강조되는 것이 그것이다.

다. 물론, 이와 같이 말한다고 하여, 일반적인 사법관이 헌법을 무시하거나, 헌법에 무지해도 좋다는 의미는 결코 아니다. 오히려 일반 사법관의 경우, 자신이 해결해야 하는 사안에서 헌법적 쟁점이 있는지에 관하여 항상 염두에 두고 살펴야 하며, 때로는 판결의 근거로 헌법적 판단을 할 수 있어야 한다. 각국의 헌법을 살펴보면, 헌법에 위반되는 법률을 적용하지 않아야 할 의무를 사법관에게 부여하고 있는 경우가 많다.

6. 기본원리 Ⅵ: 국가기능의 효율성

서론에서 지적한 바와 같이, 현대사회에서의 법치주의의 확대경향은 거시적 및 미시적 양 측면에서 구체화되고 있고, 이것은 곧 사법기능이 거시적 및 미시적 양 측면으로 확대되는 것을 의미한다. 이러한 경향에 따라, 사법제도를 적절히 구성하지 않으면, 국가기능으로서의 사법기능의 효율적 집행은 어렵게 된다. 국민의 인권보호라는 입장에서 볼 때, 국가의 사법기능이 비효율적이면, 인권보호가 부실해지고 또한 실질적인 인권보장을 실현할 수 없게 된다는 점은 자명하다. 따라서 사법기능도 또한 그 기능의 효율성을 고려하지 않을 수 없다. 헌법상으로는 신속한 재판을 받을 권리로 규정된 예가 많지만, 신속한 재판은 사법기능을 담당하는 사법관의 수와 국민의 대사법 접근가능성, 절차적 난이도, 소송비용 등 다양한 관점에서 접근할 필요가 있다.

한편, 헌법재판기능의 측면에서 볼 때, 그 전문성에 따라 독립된 헌법재판기관을 두었음에도 불구하고, 다른 사법기관과 그 기능적 측면에서 중복된다면, 이는 불필요한 사법자원의 낭비를 초래할 수 있다. 따라서 헌법재판기능을 통일적으로 하나의 독립된 사법기관에 전담하게 할 필요가 있다.

헌법재판기능의 효율적 실현이라는 관점에서 볼 때, 사전적 · 예방적 차원에서의 헌법재판기능을 제도화할 필요가 있다. 예컨대, 법률 및 명령 · 규칙의 위헌성 여부에 대한 사전적 심사방법(추상적 규범통제)을 통하여 법규범의 위헌성을 미리 차단한다면, 헌법재판기능은 훨씬 효율적일 것이다(프랑스의 예). 명령 · 규칙의 경우에는, 행정입법과정에서 일반적으로 활용되고 있는 입법예고기간에 헌법재판담당기관에게 그 위헌성 여부를 미리 심의해주도록 요청하고, 당해 헌법재판기관은 권고의견의 형태로 위헌성 여부에 관하여 통지하여 시정하게 한다면, 명령 · 규칙의 위헌성은 크게 줄어들 것이다. 만약 헌법재판기관이 일정한 기간 내에 아무런 의견을 제시하지 않는다면, 일정기간 내에 행정부에서 공포하게 하여 효력을 발생하게 하고, 사후적으로 발생하는 위헌의 논란은 일반(혹은 행정)재판기관에서 이를 담당하도록 하는 방법도 있을 것이다.

사법기능의 효율성 문제와 관련하여 판결에 대한 헌법소원의 문제가 있으나, 사법기관이 기능적으로 통일된다면, 충분히 해소될 수 있는 문제이다.

Ⅳ. 우리나라 헌법상 사법제도를 위한 시사점

1. 헌법상 사법제도규정의 특징

주지하다시피, 우리나라 헌법은 유진오 박사의 초안을 바탕으로 하여, 1948년 7월 17일에 제정되었다. 강점기의 식민지교육기구이었던 경성제대를 졸업한 유진오 박사는 제헌헌법의 기초 당시에 여러 나라의 헌법사상으로부터 영향을 받은 것으로 보이지만,[56] 헌법상 사법제도의 구성에 있어서는 1946년 11월 3일에 공포된 일본국 신헌법의 제도구성에서 크게 벗어나지 못하고 있었다. 1946년의 일본국헌법은 「제6장 司法」장에서 제76조-제82조에 걸쳐 사법권을 규정하고 있는데,[57] 1948년의 우리나라 제헌헌법의 사법제도구성에 있어서도 대체적으로는 일본국 신헌법과 별다른 차이가 없다.[58] 다만, 위헌법률심사권을 헌법위원회에 부여한 것이 차이가 있지만, 이 또한 일본국헌법 제81조의 문언(일체의 법률, 명령, 규칙 또는 처분이 헌법에 적합한지 아닌지를 결정하는 권한을 가지는 종심재판소이다)에서 법률을 따로 떼어내 헌법위원회의 권한사항으로 한 것일 뿐이다. 제헌헌법의 사법규정은 이후 헌법재판권의 귀속여부에 따라 문언이 변경되기는 하였으나, 그 기본틀은 별로 변하지 않은 채 현행헌법에까지 유지되어 왔다고 하여도 과언이 아니다.

구체적으로 그 기본틀로 유지된 것을 지적하면, 장의 제목(제5장 법원), 법관의 임기(제79조), 법관의 신분보장(제80조), 대법원의 명령 · 규칙 · 처분심사권(제81조), 대법원의 규칙제정권(제82조), 재판의 공개(제83조) 등이다. 이 규정들은 이후의 헌법개정과정에서 문언이 변경되거나 보완적인 내용이 추가되기도 하였지만, 위 규정들의 기본취지는 그대로 남아 있다. 특히 장의 제목이 「법원」으로 고정되어 있는 것은 법원 이외의 사법기관을 같은 장에 포섭할 수 있는 가능성을 배제하고 있으며, 임기

---

56) 이영록, 유진오 헌법사상의 형성과 전개, 법학박사학위 논문(서울대), 2000. 8, 57-80쪽 참조.

57) 제76조(사법권 · 재판소, 특별재판소의 금지, 재판관의 독립), 제77조(최고재판소의 규칙제정권), 제78조(재판관의 신분보장), 제79조(최고재판소의 재판관, 국민심사, 정년, 보수), 제80조(하급재판소의 재판관, 임기, 정년, 보수), 제81조(법령심사권과 최고재판소), 제82조(재판의 공개) 등.

58) 제76조(사법권 · 법원, 법관의 자격), 제77조(법관의 독립), 제78조(대법원장의 임명), 제79조(법관의 임기, 연임), 제80조(법관의 신분보장), 제81조(대법원의 명령 · 규칙심사권, 헌법위원회의 위헌법률심사권, 헌법위원회의 구성, 위헌결정정족수), 제82조(대법원의 규칙제정권), 제83조(재판의 공개) 등.

10년의 규정도 다양한 법관의 지위를 창설하기 어렵게 만든다는 점에서 사법권의 경직성을 내포하고 있다. 또한 후술하는 바와 같이, 대법원의 명령·규칙·처분심사권 규정도 헌법재판이라는 사법기능적 측면에서 재규정될 필요가 있다.

결론적으로 말하여, 현행헌법상 사법규정은 1948년 당시의 헌법규정에서 한발짝도 진전되지 못한 것으로 생각된다.

2. 사법제도 개선에 대한 제언

(1) 사법제도 개헌의 필요성

우리 헌정사에서 사법권력은 그 태생적 한계와 정치권력에 의한 헌정사의 왜곡으로 말미암아 현대국가의 사법권으로 인식되기에는 많은 문제점을 안고 있다.[59] 그러나 1987년 민주화항쟁과 함께 헌법재판소의 도입으로 인하여 우리나라 사법권력의 지형이 크게 변화되었고, 그에 따라 사법제도의 현대화 필요성이 강하게 대두되고 있는 시점이다. 특히 1948년 대한민국정부의 헌법이 성립될 때에 어쩔 수 없이 영향을 받을 수밖에 없었던 일본국헌법의 여러 규정들이 여전히 현행헌법에도 그 잔재를 남기고 있고, 그로 인하여 많은 부분에서 해석론적 난맥상을 보여주고 있다. 현재 문제되고 있는 행정작용에 대한 사법적 통제의 문제도 근원적으로는 행정작용에 대한 사법적 통제를 규정한 일본국헌법을 약간의 변형을 가하여 수용하였음에도 불구하고, 일본국에는 없는 헌법재판소라는 제도를 헌법적으로 수용함으로 인하여 발생하는 문제이다.[60] 일본국헌법에서 규정한 「법률·명령·규칙 또는 처분」이라는 용어가 우리나라에서 금과옥조처럼 받들어지면서, 행정작용에 대한 사법적 통제의 기본인식의 출발점으로 되어버린 것이다.[61] 앞서 지적한 것처럼, 법률에 대한 사법적

59) 개괄적으로는, 졸고, 사법제도 개선에 관한 관견, 헌법학연구, 제14권 제4호, 2008. 12, 383쪽 이하 참조.

60) 일본국헌법에서 행정작용에 대한 사법적 통제의 근거규정은 일본국헌법 「제81조 최고재판소는 모든 법률, 명령, 규칙 또는 처분이 헌법에 적합한지 여부를 결정하는 권한을 가지는 종심 재판소이다.」라는 규정인데, 이 규정은 1948년의 제헌헌법에서 헌법위원회를 도입하면서 약간의 변형을 가하여 규정되었고, 이후 우리나라의 헌법개정에서 헌법재판제도가 부침하면서, 약간의 변형이 이루어지기는 했으나, 기본적으로는 일본국헌법의 「명령·규칙·처분」이라는 용어의 틀을 벗어나지 못하였다.

61) 현행헌법 제107조에 해당하는 제헌헌법 제81조 규정은 「대법원은 법률의 정하는 바에 의하여 명령·규칙과 처분이 헌법과 법률에 위반되는 여부를 최종적으로 심사할 권한이 있다. 법률이 헌법에 위반하는 여부가 재판의 전제가 된 때에는 법원은 헌법위원회에 제청하여 그 결정에 의하여 재판한다.」고 규정하고 있는데, 이 규정은 행정재판권을 사법권에 귀속시킨다는 의미에서 둔 것이라고 하고 있다. 유진오, 헌법해의, 1949, 165쪽. 이 입장에서 보면, 「명령·규칙·처분」은 행정재판의 대상이 되는 행정작용을 의미하는 것으로 이해되지만, 이처럼 「명령·규칙·처분」이라 하지 않고 「행정기관의 행위」 내지 「행정기관의 권한행사」라고 하였다면, 「명령·규칙·처분」이라는 용어로 인해 발생하는 불필요한 해석론적 논쟁은 없었을 것이다.

통제는 사법권의 입법권에 대한 견제작용이고, 명령 · 규칙 · 처분에 대한 사법적 통제는 사법권의 행정권에 대한 견제작용임을 감안한다면, 명령 · 규칙 · 처분은 전체로서 행정권의 권한행사를 포괄하는 것으로 이해되어야 하고 따라서 명령 · 규칙 · 처분이라는 용어를 통해 그 견제수단을 구체화하는 과정에서 그 의미를 축소하는 것은 권력분립의 원칙에 적합하지 않게 된다.

이하에서는 앞서 서술한 현대사법제도규정의 특징을 고려하면서 바람직한 사법제도를 언급하고, 행정작용에 대한 사법적 통제제도의 헌법적 기본틀을 제시하고자 한다.[62]

(2) 사법제도의 통합

현행헌법은 제5장에서 「법원」이라는 제목으로[63] 10개조에 걸쳐 사법부에 관한 기본규정을 두고 있다(제101조~제110조). 사법권을 담당할 원칙적인 국가기관으로 「법원」을 두고 헌법재판을 관장하는 기관으로 제6장에서 헌법재판소를 별도로 규정하고 있다. 현행헌법은 헌법상 사법기능을 규정하는 방식으로, 기능중심이 아니라 기관중심으로 규정하고 있음을 알 수 있다. 따라서 사법기능 및 사법권의 의미에 관한 해석도 이러한 헌법규정의 기관중심적 특성에 따라 이해되어온 점도 부정할 수 없다.[64]

사법부의 장이 「법원」이라는 제목으로 붙여진 것은 제헌헌법 이래로 일관되게 규정되어온 것이지만, 그 명칭에 있어서 약간의 문제가 있다. 즉, 최초의 유진오 헌법초안에서는 장의 제목을 「사법」이라고 하고 있었는데,[65] 행정연구회를 거치면서 「법원」으로 수정하여 국회에 제출된 것이다.[66] 헌법에서 사법기능을 담당할 국가기관의 명칭을 장의 제목으로 정하고 있는 예는 많지 아니하고 대부분의 나라들은 「사법」 혹은 「사법부」라고 제목을 정하고 있다.

현행헌법의 사법관련규정이 대법원과 헌법재판소로 분리되어 규정된 것은 제헌

---

62) 사법제도 개선에 관한 필자의 기본적 의견은, 앞의 주 59)의 글을 볼 것.

63) 「법원」이라는 용어는, 일반적 의미에서 사용된 경우도 있으나, 특히 과거 식민지시기 일본제국이 본국의 사법재판소와 식민지의 사법기관을 구별하기 위하여 사용했던 명칭이었다. 해방 후에는 심리원으로 변경되었다.

64) 우리 헌법상의 사법관련규정들의 해석과 관련하여, 특히 법원과 헌법재판소의 관계에 관한 해석과 관련하여 기관중심의 해석과 기능중심의 해석이 서로 차이가 나타나는 것을 볼 수 있다.

65) 제헌헌법에서는 헌법재판을 관장하는 기관으로 헌법위원회와 탄핵재판소를 따로 두었는데, 유진오 박사가 이들 기관을 「사법」의 장에 두지 않은 것은 헌법위원회와 탄핵재판소의 권한사항을 사법의 범위 내에 두지 않았기 때문이라고 생각된다. 이는 헌법위원회 및 탄핵재판소의 구성에서 대법관 5인과 국회의원 5인을 위원 혹은 심판관으로 하고 있었던 데에서도 추론할 수 있다.

66) 유진오, 헌법기초회고록, 일조각, 1980, 부록 181쪽 이하 및 207쪽 이하 참조.

헌법 이래 헌법재판기관의 부침과도 밀접한 관련이 있는 것이지만, 무엇보다도「사법」의 개념에 관한 인식의 차이가 컸기 때문이라고 생각된다. 즉, 제헌헌법 제정 당시의 사법인식은 일본헌법학의 영향 하에서 철저히 근대적 사법개념으로 한정되어 있었던 것으로 이해된다. 이러한 제헌헌법의 사법인식은 이후 우리나라의 사법권력과 사법제도의 설정 및 그 운영에서 기본적인 인식틀로 자리잡았고, 대법원을 중심으로 하는 법원은 근대적 사법개념에만 매몰되어 헌법재판권은 사법이라기보다는 대법원이 예외적으로 그 권한을 가지는 작용이라는 인식이 깊이 뿌리내렸던 것으로 생각된다.

오늘날의 현대적인 사법관념에 비추어 보면, 사법권력은 헌법재판권을 통하여 실질적인 국가권력의 한 축으로 자리잡게 되었고, 따라서 헌법재판권은 사법권의 개념 속에 포함되는 것으로 이해되고 있다. 물론 헌법재판권을 포함하는 사법권력을 어떻게 제도화할 것인가의 문제는 나라마다 차이가 있다. 앞서 본 세계 각국의 사법제도에서도, 헌법재판소를 사법기관으로 명시한 나라도 있고,[67] 법원과 분리하여 별도의 장에서 규정하는 예도 있지만, 헌법재판기능을 사법기능으로 이해한다면 헌법상의 사법제도를 통일적으로 규정하는 것이 바람직하다.

결론적으로, 사법의 장에 헌법재판소와 대법원(최고법원)을[68] 동시에 규정하되, 그 규정방식은 사법에 관한 통칙규정을 두고 이어서 헌법재판소, 대법원(최고법원), 각급법원(재판소)의 순서로 정하거나, 역의 방법도 가능할 것이다.

한편, 사법제도의 통일과 관련하여 검찰을 헌법상의 사법제도 편에서 직접 규율하는 것이 필요하다. 각국의 사례에서도 보듯이 상당수의 국가들이 검찰을 사법제도의 장에서 규율하고 있고, 이탈리아와 같이 헌법상 사법제도에 규정하지 않더라도 하위법인 법원조직법에 검찰제도를 규정하는 예도 있다.

(3) 최고법원의 다원화

현행헌법상 사법부는 최고법원인 대법원과 헌법재판소가 사법부 최고기관으로 이해되고 있다. 앞서 본 바와 같이, 행정국가화 경향과 정치영역의 법치주의적 통제의 필요성에 따라 사법기능이 확대되면서, 자연스럽게 사법기능의 전문성을 필요로 하게 되고, 그에 따라 사법부의 최고기관까지도 다원화하는 경향을 보이고 있는데, 이에 따라 우리나라의 사법부도 다원화할 필요가 있다. 즉, 전문성에 따라 헌법재판

---

67) 체코(제83조), 슬로바키아(제124조), 그루지아(제83조 1항) 등.

68) 우리나라에서는 미군정기부터 대법원이라는 기관명칭이 사용되었는데, 법원이라는 명칭과 함께 이 명칭도 적절한지에 관하여 검토할 필요가 있다. 1907년 사법권피탈 후에는 대심원으로 변경되었다가 1912년에 조선총독부고등법원으로 개칭되었고 해방 후에 대법원으로 바뀌었다. 최고재판소 혹은 최고법원이라고 하는 것도 가능하다고 생각된다.

소, 최고법원, 최고행정법원 정도로 최고사법기관을 다원화한다면, 사법부의 존재이유인 국민의 기본적 인권보호에 보다 충실할 것으로 기대된다.

한편, 하나의 최고법원을 두고 이를 여러 부로 나누어 독립적으로 권한행사를 하도록 하는 방법은(남미 방식), 각 부의 독립성과 인사상 자율성을 얼마만큼 확보하느냐에 따라 제도의 성패가 달려 있다.

우리나라의 경우에는 부로 나누는 방법보다는 최고법원을 다양화하는 것이 적절할 것으로 생각된다. 이때 사법부를 대표하는 지위를 어떻게 결정할 것인가가 문제될 수 있는데, 이는 후술하는 최고사법평의회제도를 적절히 활용한다면, 크게 문제되지 않을 것이다.

(4) 의사결정구조의 민주화 - 최고사법평의회

현대 사법제도의 또하나의 특징으로 의사결정구조의 민주화를 들 수 있는데, 사법부의 인사, 재정을 독립적으로 시행하는 것은 사법권의 독립성을 강화하기 위한 필수적 장치이다. 우리나라의 경우, 법원의 인사와 행정에 대하여는 철저히 대법원장 1인에 의해 지배되는 구조를 가지고 있다. 이는 과거 독재시대의 사법권통제의 수단으로 제도화되었던 것이었음은 주지의 사실이다.[69] 오늘날과 같은 민주화시대에는 오히려 대법원장 1인에게 사법부의 모든 권한이 집중되는 것은 대법원장 본인에게도 적지 않은 부담으로 작용한다.

앞서 본 바와 같이, 사법부의 인사와 행정을 담당하는 기관으로 최고사법평의회와 같은 합의제 기구를 두고, 이 기구에서 사법부 독립의 책임을 부담하는 구조를 제도화하는 것이 필요하다. 평의회의 구성방법은 헌법재판소를 포함한 최고법원의 구성원들을 주축으로 하면서 정부와 국회의 대표를 포함하는 방법으로 함이 적절할 것으로 생각된다. 아울러 최고법원을 다원화하는 경우에, 사법부를 대표하는 지위를 평의회의장에게 부여할 수 있을 것이며, 그 선임의 방법은, 평의회에서 비밀투표를 통해 후보자를 선임하고 국회의 동의를 얻어 대통령이 임명하는 방법이 적절하다. 평의회의 권한 중에 사법기관 사이의 관할분쟁을 해결하는 기능을 부여하면, 헌법재판소와 최고법원 사이 혹은 최고법원들 사이의 관할충돌의 문제가 쉽게 해결될 것이다.

(5) 규범통제기능의 강화 - 행정작용에 대한 사법적 통제를 포함하여

현행헌법상의 규범통제에 관하여, 구체적 규범통제만을 채택하고 추상적 규범통제는 허용되지 않는 것으로 이해하는 것이 통설이다. 그러나 추상적 규범통제에

---

69) 졸고, 대법원장의 지위와 사법행정권, 서강법학, 제11권 제1호, 2009 참조.

관해서는 헌법이 침묵하고 있을 뿐이지, 이를 금지하는 것으로 해석할 필요는 없다고 생각된다. 예컨대, 헌법 제111조 5호의 헌법소원 규정은「법률이 정하는 헌법소원」이라고 하고 있는데, 이때의 법률로 추상적 규범통제를 규정하는 것이 반드시 위헌이라고 할 필요는 없다고 생각된다.

한편, 현행헌법상 법률과 명령 · 규칙 · 처분에 대한 위헌성 판단이 2원적으로 구성되어 있기 때문에 사법권분열의 현상이 나타나고 있고,[70] 이로 인해 헌법재판체계가 2원화되는 문제점이 있으므로, 헌법재판기능을 하나의 기관에 전담시킬 필요가 있다. 각국의 예를 보더라도 헌법재판기능을 법률과 행정입법으로 분리하여 규정한 예는 전무하다. 따라서, 현재의 명령 등에 대한 위헌심사를 헌법재판소에서 담당하게 하여 헌법재판기관을 통일시킬 필요가 있다. 앞서 본 각국의 예에서 보듯이, 헌법재판기관은 행정기관의 모든 행위에 대하여 그 위헌성을 판단할 수 있게 하는 것이 적절하고, 그래야만 헌법 및 법률의 해석에 관하여 불필요한 혼란을 피할 수 있을 것이다.

한편, 법규범에 대한 예방적 통제기능을 강화하는 것도 필요하다. 법률제정의 과정에서도 현재 비공식적으로 국회에서 헌법재판소에 그 위헌 여부에 관하여 문의하는 예가 일반화되고 있는 만큼, 이러한 제도를 적극적으로 명문화하여, 법률제정 전에 헌법재판소에 위헌 여부를 문의하고 헌법재판소는 이에 대해 권고의견의 형태로 답하는 방식으로 위헌성을 제거하게 하는 것이 적절할 것으로 생각된다. 행정입법의 경우에도, 입법예고기간 등에 헌법재판소에 위헌 여부의 심사를 회부하고 헌법재판소는 권고의견의 형태로 그 위헌성을 제거하게 하며, 만약 일정기간 내 의견이 없으면 행정기관은 당해 규범을 공포하고, 공포 후 발생하는 문제는 법원이 구체적 사건에서 위헌 · 위법성을 판단하게 하는 것도 하나의 방법일 것이다. 만약 법원의 판단에 위헌성이 있다면 판결에 대한 헌법소원을 인정하여 이를 구제할 수 있을 것이다.

(6) 검찰 및 경찰권의 헌법규정화

오늘날의 헌법상의 사법제도 관련규정에서는 검찰 및 경찰에 관하여 헌법적으로 규정을 두는 예가 적지 아니하다. 검찰 및 경찰의 경우, 국가권력의 강제적 법집행과 관련하여 국민의 기본적 인권을 침해할 가능성이 적지 아니하고, 또 우리나라의 경험에서 비추어보면 두 집단에 대한 헌법적 규율의 필요성이 매우 크다고 판단된다. 따라서 검찰 및 경찰에 관한 헌법규정을 두어 위 권력의 범위와 한계를 명시함이 바람직할 것으로 생각된다.

---

70) 최완주, 헌법재판제도의 재구성: 사법분열방지를 위한 방안을 중심으로, 법조, 제55권 제3호(통권 594호), 20쪽 이하 참조.

(7) 규정체제

현행헌법상의 사법제도를 개정하여 새롭게 재구성할 경우 규정의 대체적인 체제는 다음과 같이 될 수 있다.

제0장 사법(혹은 사법부)

제1절 총칙

1) 사법권의 귀속(이 헌법 및 법률에서 정하는 사법기관에 귀속)
2) 사법기관의 종류(헌법재판소, 최고법원, 최고행정법원, 기타 법률에서 정하는 법원)
3) 사법관의 명칭(헌법재판소: 재판관; 최고법원: 대법관; 기타 법원: 법관)
4) 사법관의 자격(기본자격), 임기(개별화), 신분보장(면책특권)
5) 사법관의 임명방법(개별화)
6) 최고사법평의회(구성, 임기 등, 사법부대표선임, 법률위임)
7) 사법부예산조항
8) 기타(국민의 사법참여, 예외법원금지, 군사법원, 재판공개, …)

제2절 헌법재판소

1) 구성, 임명방법(장 포함), 자격
2) 임기, 독립성
3) 권한(위헌법률심판, 행정기관의 행위에 대한 위헌 · 위법심판, 탄핵, 정당(정치결사)심의, 권한쟁의, 헌법소원, 선거쟁송, 정 · 부통령 궐위확인, 헌법의 해석, 법률 · 명령 등의 사전심사)
4) 헌재결정의 효력(헌법재판소에서 결정하는 방법)
5) 기타

제3절 최고법원

1) 구성, 임명방법(장 포함), 자격
2) 임기
3) 권한
4) 기타

제4절 최고행정법원

1) 구성, 임명방법(장 포함), 자격
2) 임기
3) 권한
4) 기타

제5절 검찰(경찰 포함)

Ⅴ. 결론에 대신하여

21세기의 상황은 19세기 및 20세기의 그것과는 또다른 방향으로 전개되고 있다. 냉엄한 이데올로기 대립의 시대가 지나가고, 바야흐로 인류 전체의 공동의 가치와 이념이 어떤 것인가에 대한 전지구적 합의와 실현이 요구되고 있으며, 이러한 가치들은 인류공동체 전체의 삶에서뿐만 아니라 개개인의 삶에서도 적지 않은 영향을 미치고 있다.

인류 전체의 공동체적 가치와 이념은 개별국가를 통하여 구현될 수 있고, 개별국가들은 그들의 법규범을 통하여 이를 구체화하고 실현한다. 이 과정에서 사법제도는 법규범의 집행자로서 공동체의 가치와 이념을 실현하는 데에 막중한 임무를 띠고 있다.

현대사회에서의 법치주의는 두 가지 측면에서 구체화되고 있다. 그 하나는, 거시적 측면에서 헌법의 규범성의 확립을 통한 사법의 법창조 내지 법(정책)형성기능이 확보되었다는 점이며, 다른 하나는, 미시적 측면에서 국민주권주의와 법치주의의 실질화에 따라 법치주의가 생활화되고, 그로 인한 법치주의적 생활양식이 보편화되었다는 점이다. 전자는 거시적 측면에서 국가권력적 측면에서의 사법기능의 확대로서 권력분립원칙의 실질화이자 사법의 정치성의 확대라면, 후자는 미시적 측면에서 개인의 생활영역에서의 사법기능의 확대라고 할 수 있다.

현대사회의 사법제도는 언어권에 따라 그 계보가 정해지는 경향이 있으며, 사법 및 사법관념의 변화와 함께, 헌법재판기관의 다양성, 최고법원의 다원화 경향, 사법부의사결정구조에서의 독립성의 강화, 기본적 인권보장의 강화, 규범통제기능의 강화, 정치적 통제기능의 강화, 행정의 효율적 집행을 위한 제도의 확립, 행정작용에 대한 통제의 강화 등의 경향을 보여주고 있다.

이러한 경향들이 가지는 특징은, 첫째, 보편적 가치로서의 인간의 존엄과 가치에 따른 제도의 설정, 둘째, 독립성의 원리의 강화, 셋째, 민주성의 원리의 확립, 넷째, 기능적 통일성의 강조, 다섯째, 전문성의 확대, 여섯째, 국가기능으로서의 사법기능의 효율성 강조 등으로 요약될 수 있다.

우리나라의 경우, 헌법상 사법제도 관련규정들은 1948년의 헌법에서 거의 진전되지 못한 것으로 판단된다. 따라서 현대사회의 사법제도의 경향에 맞게 재구성될 필요가 있다.

(세계헌법연구, 제16권 4호(2010), 133-174쪽)

5. 현행헌법상 「사법」의 관념과 「사법권」의 체계

Ⅰ. 「사법」의 문제상황

1. 헌법상 제도의 구성과 운용과정

우리나라 헌법은 9차에 걸친 개정과정을 거치면서 사법제도에 대하여도 여러 차례의 변화가 있어왔다. 그러나 이러한 변화의 과정 속에서 사법제도는 그 자체 독자적인 논리에 의해서가 아닌, 그때그때의 정치권력의 성격에 따라 종속적으로 설정되고 운용되어온 것을 부인하기 어렵다.[1] 근대 이후 확립된 권력분립의 원리가, 국가기능을 세 가지로 나누어 각각의 기능을 담당하는 국가기관을 독립하게 하여 상호간에 견제와 균형을 이루도록 함으로써, 국민의 기본권을 보호하는 데에 목적이 있었다면, 각 국가기능은 기능 자체의 독자적인 논리에 따라 제도적으로 설정되고 운용되어야만 국민의 기본권보호라는 목적을 달성할 수 있을 것이다.

현행헌법은 제5장에서 법원을, 제6장에서 헌법재판소를 각각 규정하고 있다. 그리하여 헌법재판소가 담당하는 권한이 국가 3권 중 사법권에 속하는가의 여부 및 헌법재판소와 법원 특히 대법원의 관계는 어떠한가에 관하여 다른 해석을 할 여지를 두고 있으며, 이러한 여지는 실제로 헌법재판의 성격에 대한 학설상의 논의와 헌법재판소 및 대법원 간의 실무상의 권한분쟁으로 나타나고 있다.[2]

헌법재판소가 출범한 이래 헌법재판소와 대법원은 초기의 약 2년간은 상호간의 권한을 존중하여 조화적인 자세를 보여주었으나, 1990년 10월 15일, 법무사법시행규칙에 관한 헌법소원사건에서 헌법재판소가 시행규칙에 대한 위헌심사를 행함으로써,

1) 이 점에 관해서는 졸고, 정치과정에 있어서의 사법권에 관한 연구, 서울대학교 대학원 박사학위논문, 1996 참조. 일례로, 정부수립 후 우리나라 법원조직법이 처음 제정되는 과정에서 벌써 정부와 대법원 사이에 갈등이 있었음을 볼 수 있고, 더욱이 김병로 대법원장이 퇴임한 이후부터는 법원조직법이 독재권력의 법원장악의도에 따라 개악되었다가 1994년에야 비로소, 사법권 독립과 관련하여 정부수립 후 제정된 최초의 법원조직법의 수준으로 개정되었다.

2) 헌법재판소법이 제정되는 과정에서 법원의 재판을 헌법소원에 포함시킬 것인가를 놓고 학계와 법원, 법무부 그리고 재야법조계 사이에 많은 논란이 있었지만, 법원의 주장에 따라 제외되었는데, 이 또한 새로 생기는 헌법재판소와 대법원 사이의 권한다툼의 한 측면이었다. 법무부 편, 헌법재판제도, 법무자료 제95집, 1988, 42쪽 이하, 75쪽 이하 등 참조.

대법원과 헌법재판소 간의 권한논쟁이 시작되었다.[3] 그 이후 헌법재판소와 대법원 사이에 주목할 만한 권한다툼은 표면적으로는 별로 없다가 근래에 들어와 다시 그 양상이 나타나고 있다. 즉, 1995년 11월 30일, 헌법재판소가 구 소득세법 제23조 4항 단서 및 제45조 1항 1호 단서규정을 한정합헌으로 결정한 데에 대하여,[4] 대법원이 1996년 4월 9일, 헌법재판소의 위 결정의 의미 및 그 기속력을 판단하면서 헌법재판소의 한정합헌결정의 기속력을 부인하는 판결을 내렸다.[5] 이에 대하여 이번에는 헌법재판소가 1997년 12월 24일, 위헌결정된 법령을 적용하여 국민의 기본권을 침해한 법원의 재판은 헌법재판소법 제68조 제1항의 법원의 재판에 해당하지 않는다고 하여 위 대법원 판결을 취소하는 결정을 내렸던 것이다.[6] 이에 맞받아 대법원은 다시 1998년 9월 25일, 헌법재판소가 취소한 위 판결을 인용하여 구 소득세법 제23조 제4항 단서 등에 의거한 양도소득세 부과처분을 적법하다고 판결하여,[7] 헌법재판소와 대법원 간에 헌법과 법률의 해석·적용을 둘러싼 권한다툼이 진행되고 있는 상태이다. 이러한 양상은 이 외에도 1997년 1월 16일, 헌법재판소가 국가보안법 제4조 1항 2호 등 5건의 국가보안법관련 헌법소원 병합사건에서 동법상의 「군사상 기밀

3) 이 논쟁에 관하여는 법원행정처 헌법연구반, 명령·규칙에 대한 위헌심사권, 1990. 11; 한국공법학회 제13회 월례발표회 논문집에 수록된, 박일환, 이석연, 김철용 등의 관련 논문; 이상규, 명령·규칙의 위헌심사권, 저스티스, 1991; 김남진, 헌재 89헌마178 결정(1990. 10. 15.)에 대한 관견, 저스티스 1991 참조.

4) 헌재 1995. 11. 30. 선고, 94헌바40, 95헌바13(병합). 이 사건에서 헌법재판소는 주문에서 「구 소득세법 제23조 4항 단서, 제45조 1항 1호 단서는 실지거래가액에 의할 경우 그 실지거래가격에 의한 세액이 그 본문의 기준시가에 의한 세액을 초과하는 경우까지를 포함하여 대통령령에 위임한 것으로 해석하는 한 헌법에 위반된다」고 판시하였다.

5) 대판 1996. 4. 9. 선고, 95누11405판결. 이 판결에서 대법원은 「…… 이른바 한정위헌결정의 경우에는 헌법재판소의 결정에도 불구하고 법률이나 법률조항은 그 문언이 전혀 달라지지 않은 채 그냥 존속하고 있는 것이므로 이와 같이 법률이나 법률조항의 문언이 변경되지 아니한 이상 이러한 한정위헌결정은 법률 또는 법률조항의 의미, 내용과 그 적용범위를 정하는 법률해석이라고 이해하지 않을 수 없다. 그런데 구체적 사건에 있어서 …… 법령의 해석·적용의 권한은 바로 사법권의 본질을 이루는 것으로서, 전적으로 대법원을 최고법원으로 하는 법원에 전속한다. …… 그러므로 한정위헌결정에 표현되어 있는 헌법재판소의 법률해석에 관한 견해는 법률의 의미·내용과 그 적용범위에 관한 헌법재판소의 견해를 일응 표명한 데 불과하여 이와 같이 법원에 전속되어 있는 법령의 해석·적용 권한에 대하여 어떠한 영향을 미치거나 기속력도 가질 수 없다. ……

……. 대통령령의 제정근거가 되는 법률조항(이른바 위임규정)에 대하여 한정위헌결정이 있는 경우에 있어서도, ……그 법률조항의 문언이 전혀 변경되지 않은 채 원래의 표현 그대로 존속하고 있는 이상 그 법률조항의 의미·내용과 적용범위는 역시 법령을 최종적으로 해석·적용할 권한을 가진 최고법원인 대법원에 의하여 최종적으로 정하여질 수밖에 없고, ……위 시행령 조항의 헌법위반 여부와 상위법의 위반 여부에 관하여는 대법원이 최종적으로 판단하여 이 사건에 적용할지 여부를 결정하여야 한다. ……」고 하였다.

6) 헌재 1997. 12. 24. 선고 96헌마172, 173(병합).

7) 대판 1998. 9. 25. 선고 96누4572, 96누8352, 96누8369 판결.

또는 국가기밀」의 개념을 좁게 한정합헌 해석함으로써,[8] 그동안 동법상의 「군사상 기밀 또는 국가기밀」의 개념을 폭넓게 인정하여온 대법원의 입장과는 다른 해석을 하여,[9] 양 기관 사이의 견해차를 드러내기도 하였다.

헌법재판소와 대법원 사이의 이상과 같은 권한다툼의 원인은 어디에 있으며, 또 어떻게 해결되어야 하는가?

2. 문제해결의 시각

사실 개별 국가기관의 권한이 어떻게 정해지느냐의 문제는 헌법과 법률의 해석을 통하여 확정되는 것이지만, 헌법과 법률의 의미내용이 불분명할 때에는 헌법과 법률의 해석 자체에 견해 차이가 있을 수 있고, 이러한 견해 차이로부터 발생하는 권한다툼은 기관간 권한쟁의심판이나, 정부부서 간의 권한의 획정과 배분과 같이 규범 내부에서 해결하도록 하고 있는 경우도 있지만, 그렇지 못한 경우에는 종국적으로는 어느 한 견해가 정치과정 내에서 사실상 수용되어 관행적으로 받아들여지는 경우에 해결될 수 있는 문제이다.[10] 그러나 그러한 견해의 차이는 국가기관의 자기중심적 혹은 제도중심적 관점이 아닌, 국민의 기본권보호라는 관점에서 어느 견해가 더 바람직한가에 따라 그 선택 여부가 결정되어야 한다.

그러면 현재 헌법재판소와 대법원 간의 권한다툼의 원인은 어디에 있으며, 그 해결방법은 무엇인가?

이 문제에 답하기 위하여는 먼저 현행헌법이 규정하고 있는 「사법」 및 「사법권」의 의미내용을 명확히 한 다음, 이를 구체적으로 제도화하고 있는 제도의 문제점을 파악하고, 이 문제점을 최소화하는 방향으로 해석이 행해져야 할 것이다. 즉 현행헌법상의 관련규정에 대한 해석을 위하여 문언이 가진 역사성과 이념성 그리고 보편성에 기초하여 그 의미내용을 확정한 후 이에 따라 제도의 체계를 이해할 필요가 있는 것이다.

이 글에서는 먼저 현행헌법상의 「사법」의 관념을 오늘날의 헌법학의 이론적 관점에서 추구해보고, 이어서 이러한 이론적 논의를 바탕으로 하여 현재의 헌법상의 사법제도의 체계를 어떻게 이해할 것인가를 밝혀 보고자 한다.

---

8) 헌재1997. 1. 16. 선고, 92헌바6 · 26, 93헌바34 · 35 · 36(병합).

9) 대판 1994. 5. 24. 선고, 94도930판결 등 다수의 판결 참조.

10) 이의 대표적 사례가 미국 연방대법원의 위헌심사권확립이다. 주지하다시피 미국 연방대법원이 1803년의 Marbury 사건에서 당시의 미묘한 정치적 세력의 대립을 이용하여 헌법적으로 불분명한 사법권의 범위를 확정하였고, 이러한 대법원의 판결에 각 정치세력들이 승복함으로써(각 정치세력들이 대법원의 판결에 승복하지 않는 상황도 충분히 예상할 수 있었다), 관행적으로 연방대법원의 위헌심사권이 확립된 것이다.

Ⅱ. 「사법」의 관념

1. 현대사회와 사법기능의 확대

고대의 철학자 Aristoteles가 국가기능 내지 작용을 심의권(Die beratende Gewalt), 집행권(Die Verwaltung), 사법권(Die Rechtspflege)로 나누기도 하였으나,[11] 국가기능을 분리하여 각각 서로 다른 국가기관에 담당하게 한 것은 근대의 권력분립이론이 확립된 이후이다. 그러나 오늘날의 헌법이론에서는 근대의 권력분립이론을 변용하여 새롭게 이해하고자 하고 있으며,[12] 이에 따라 사법기능의 의미를 이해함에 있어서도 근대적인 의미와는 다르게 이해하는 것이 필요하다.

전통적인 의미에서의 국가의 사법기능은, Montesquieu가 말하는(법의 해석작용까지도 부인하는) 「법의 말을 하는 입」이라거나, 단순한 법적용작용으로만 이해되고 있었다.[13] 그것은 사법의 기능을 단순히 분쟁해결기능에 한정하여, 서로 대립하는 당사자 간의 법적 권리·의무와 책임을 둘러싼 구체적 분쟁을, 기존의 법규범의 적용에 의하여 개별적·사후적으로 해결하는 것에 있는 것으로만 이해한 때문이었다. 그러나 오늘날의 상황의 전개는 사법기능을 단순히 법적용작용에 머무르게 하고 있지 않다. 즉 현대사회의 정치적·사회적 구조변화는 전통적인 사법기능의 변화를 요구하고 있는 것이다. 현대사회는 공권력에 의한 시민의 사회경제생활에의 배려와 개입이 한층 광범하게 되고 확충되고 있다. 또한 사회경제적 관계의 집단화·조직화가 진전되고, 그리고 그 양식이 복잡해지고 있는 상황하에서, 개개인의 사적 이익·권리와 집단적 내지 공공적 이익과의 융합·교착이 심화되고 있고, 개개인의 사적인 이익·권리를 집단적 내지 공공적인 이익으로부터 명확히 분리하여 주장하거나 실현하는 것이 곤란하게 되고 있다. 이와 함께 사회의 전반적인 정치화가 진전되어, 시민의 정치적 참여의 채널이 다양하게 되고 있음에도 불구하고, 집단적·공공적 이익 중에는 입법·행정 차원에서의 정책형성과정이라든가 각종의 사적 분쟁해결과정에서 공정한 배려를 받기 어려운 것이 있고, 그 결과 그러한 집단적·공공적 이익이 억압되거나 침해되기 쉬운 것이 있다. 이러한 이익들은 특히 정책결정과정에서 배제되거나 소외되는 소수자나 약자의 이익과 관련되는 것이 많다.

---

11) Aristoteles, *Politics*, cap. 4, 1298a 참조.

12) 김철수, 헌법학개론(제11전정신판)(이하 '개론'으로 약칭), 서울 박영사, 1999, 853쪽 이하; 권영성, 헌법학원론(1999년판)(이하 '원론'으로 약칭), 서울, 법문사, 1999, 652쪽 이하; 허 영, 한국헌법론(이하 '헌법론'으로 약칭), 1999, 651쪽 이하 등 참조.

13) Montesquieu, *De L'Esprit des Lois*, L. XI. ch. 6.; R. Wassermann, *Die richterliche Gewalt*, Heidelberg, C. F. Müller, 1985, 4쪽 이하 참조.

이와 같은 상황하에서는, 개개인의 사적인 이익·권리를 실효적으로 확보하고 실현하기 위하여는 동시에 불특정다수의 집단적·공공적 이익을 주장하고 옹호하지 않으면 안되는 것이 많다. 그리고 이 집단적·공공적 이익을 가장 실효적으로 주장하고 옹호할 수 있는 것은, 대개의 경우 입법·행정 차원에서의 정책형성과정에서이다. 그럼에도 불구하고, 그것이 불가능 내지 현저히 곤란하기 때문에 할 수 없이 우회적이기는 하지만, 최후의 보루로서 재판에 의한 사법적인 보호와 구제가 추구되는 것이다. 그러나 전통적인 의미에서의 사법기능에 초점을 맞추어 구성되어 있는 사법제도로는 이러한 종류의 요구와 기대에 충분히 대응하기 어렵다. 우선은 재판에 의한 심리의 대상으로 되기 어려울 뿐 아니라, 비록 심리의 대상이 되더라도, 사법적 보호·구제의 정당화를 위하여 적절한 법적 근거를 제시하는 것이 용이하지 않은 것이 많은 것이다. 그래서 이와 같은 전통적인 사법기능의 한계를 타개하기 위하여 다양한 이론상·실무상의 노력이 추구되고 있는 것이다.

전통적인 사법기능이 이처럼 확대되고 있는 것은, 20세기에 들어와 활성화되기 시작한 헌법재판제도의 확립과 함께 제도적으로도 보장되어가는 과정에 있다. 미국의 경우에는 19세기 초에 헌법재판의 하나로 위헌법률심사제도가 확립된 이래, 정책형성기관으로서의 입법부의 권한행사에 사법부가 적극적으로 개입해오고 있는 것은 주지의 사실이다. 또한 서독의 경우에도, 1919년의 바이마르헌법에서는 사법을 「Die Rechtspflege」(WRV 제102조 이하)라고 하고 있었으나, 1949년의 Bonn 기본법에서는 그 제9장의 제목을 「Die Rechtsprechung」이라고 하고, 제92조 본문에서는 「Die rechtsprechende Gewalt」라고 하여, 사법의 기본원리와 본질적인 조직구조, 법관의 지위 및 시민에 대한 재판권의 관계 등을 비로소 헌법적 규율의 대상으로 하고 있다.[14] 이로써 사법권은 입법 및 행정과 헌법구조적으로 대등하게 위치지워졌으며,[15] 이 사법권의 내용으로서 헌법재판권(제93조), 일반 민·형사 및 행정, 재정, 노동 그리고 사회재판권을 규정(제95조)하여, 광범위한 법창조 내지 법형성기능을 행하는 것으로 하고 있다.

이와 같이 오늘날의 사법기능의 확대 현상은 사법권의 적극적인 법형성 내지 법창조기능으로 나타나고, 이것은 곧 사법권의 권력성을 실질적으로 확보한 것을 의미하는 것이다. 즉 정치권력에 의하여 수동적으로 설정되는 제도 내지 기능이 아니

---

14) K. Stern, *Das Staatsrecht der Bundesrepublik Deutschland*, Bd. Ⅱ, München, C. H. Beck, 1984, 890쪽; K. A. Bettermann, Die rechtsprechende Gewalt, in *HbdStR*, Bd. Ⅲ, Heidelberg, C. F. Müller, 1988, Rdnr. 1(776쪽) 이하; Rudolf Wassermann, *Die Richterliche Gewalt*, Heidelberg, C. F. Müller, 1985, 4쪽 이하 참조.

15) R. Herzog, Art. 92, in Maunz-Dürig-Herzog-Scholz, *Grundgesetz Kommentar*, München, C. H. Beck, Rdnr. 20 이하.

라 적극적으로 자신을 규정하고 정책결정과정에서 독자적인 역할을 행함으로써 하나의 권력으로서 기능하게 된 것이다. 이러한 결과는 전통적인 의미에서의 권력분립이론을 단순한 국가권력의 분립이 아니라 새로운 의미의 것으로 이해할 것을 요청하고 있으며, 그에 따라 고전적인 권력분립이론을 국가기능의 분리라는 새로운 관점에 따라 이해하여, 정책형성, 정책집행, 정책통제 등으로 파악하거나,[16] 기능의 분리와 분배에 따른 기관의 분리를 통하여 권력의 억제와 균형 및 통제를 행하는 기능적 조정원리로 이해하는 견해가 등장하고 있는 것이다.[17] 이러한 사법권의 지위변화는 사법권을 진정한 의미에서의 제3의 국가권력보유자로 만들었을 뿐만 아니라, 정치과정에서 입법권 및 집행권의 대등한 파트너로서의 지위를 가지게 하는 것이다.[18]

이와 같은 사법권의 권력성의 확보와 그 구체적 내용, 그리고 사법기능의 확대에 따른 사법권의 관념의 변화에 관하여 항을 바꾸어 살펴본다.

2. 「사법」의 현대적 관념

(1) 전통적 의미의 사법관념

전통적인 권력분립이론에서는 국가권력을 입법·행정·사법의 세 권력으로 나누고 이들 세 개념을 실질적 의미에서의 개념과 형식적 의미에서의 개념으로 나누어 설명한다. 실질적 의미에서 사법작용을 파악해 보면, 「실체적인 법률상의 쟁송, 즉 대립하는 소송당사자, 대립하는 실질적 이익, 현실의 논쟁존재에 대하여 일반적·추상적 법규범을 적용하여 선언하는 것에 의하여 이를 재정하는 작용」이라고 하거나,[19] 「구체적인 법적 분쟁이 발생한 경우에, 당사자로부터의 쟁송의 제기를 기다려, 독립적 지위를 가진 기관이 제3자적인 입장에서, 무엇이 법인가를 판단하고 선언함으로써, 법질서를 유지하기 위한 작용」이라고 하거나,[20] 「구체적인 쟁송을 전제로 해서 신분이 독립된 법관의 재판을 통해 법을 선언함으로써 법질서의 유지와 법적 평화에 기여하는 비정치적인 법인식기능」이라고 하고[21] 있다. 다만 위의 견해 중 앞의 두 견해는 헌법재판작용도 포함하는 견해이고,[22] 뒤의 견해는 헌법재판작용을 사법

16) Karl Löwenstein, *Political Power and the Governmental Process*, Chicago, University of Chicago Press, 1957, 42쪽 이하.
17) K. Stern, 앞(주 14)의 책, 536쪽.
18) K. Löwenstein, 앞(주 16)의 책, 47쪽 참조.
19) 김철수, 개론, 857쪽.
20) 권영성, 원론, 721쪽.
21) 허 영, 헌법론, 958-9쪽. 사법작용의 특징에 관하여 비정치성을 드는 견해가 있으나(권영성, 원론, 723쪽; 허 영, 헌법론, 960쪽), 오늘날의 사법작용이 결코 비정치적인 작용이 아닌 점은 사법권의 법창조기능이 인정되고 있는 점에 비추어보면 쉽게 이해할 수 있다. R. Wassermann, *Der politische Richter*, München, Piper Verl., 1972, 17쪽 참조.

작용에서 제외하는 견해이다.[23] 이러한 견해의 차이는 헌법재판의 본질 내지 법적 성격에 대한 견해의 차이에서 비롯되는 것이다.

그런데 이와 같은 사법관념에 대한 전통적 인식은 앞에서 본 바와 같은 사법기능의 확대현상을 정확히 포섭하지 못하는 난점을 가지고 있어서, 새로운 사법관념을 필요로 하고 있다.[24]

(2) 새로운 사법관념

사법관념에 대한 전통적인 이해방식에서는「실질적」 의미 및「형식적」 의미로 구분하여 논의하고 있으나,「실질적」 및「형식적」이라는 형용사가 무엇을 의미하는지에 대해서는 분명하게 언급하고 있지는 않다. 다만「실질적」이라는 것에 대하여 국가작용의 성질[25] 혹은 국가기관의 성격을[26] 기준으로 하여 이해하고,「형식적」이라는 것은 권한을 행사하는 주체인 기관에 주목하여[27] 이해하는 것으로 보인다. 사실 법학에 있어서 형식과 실질이라는 구별기준은 법적 인식의 대상에 관하여 중요한 의미나 관점의 차이를 식별하기 위하여 사용되어 왔고, 따라서 여기서의「형식적」 및「실질적」이라는 형용사도 사법작용의 의미를 인식 혹은 정의함에 있어서 관점의 차이를 표현하기 위하여 사용되고 있는 것이다. 사법작용의 실질적 개념을 구성할 수 있는가에 대하여 일본에서는 전전부터 논의가 전개되어 왔지만,[28] 오늘날에는 이와

---

22) 김철수, 개론, 857, 1239쪽 등; 권영성, 원론, 991쪽.

23) 허 영, 헌법론, 792쪽. 헌법재판작용과 사법작용을 분리하여, 헌법재판을 제4의 국가작용이라고 따로 성격을 규정하는 것은(허 영, 헌법론, 791-92쪽), 그 제4의 국가작용이 무엇을 의미하는가가 명확하지 아니하고, 또 법과 정치를 엄밀히 이원적으로 구분하는 사고의 산물이 아닌가 하는 의심이 있다.

24) 김철수, 개론, 857쪽; 권영성, 원론, 722, 991쪽 참조; 다만, 허 영 교수는 전통적인 의미의 사법관념을 고수하면서, 헌법재판을 전통적인 의미의 사법작용과 구별하고 있다. 허 영, 헌법론, 792쪽 참조.

25) 김철수, 개론, 1184쪽; 권영성, 원론, 721쪽.

26) 권영성, 원론, 721쪽.

27) 권영성, 원론, 같은 쪽.

28) 佐藤幸治, 現代國家と司法權, 東京, 有斐閣, 1988, 17-29쪽; 高橋和之, 司法の觀念, 樋口陽一 編, 講座憲法學 6 權力分立(2)(日本評論社, 1995), 16쪽 이하 참조. 이들 글에서는 宮澤俊義의 견해(憲法と裁判, 東京, 有斐閣, 1967, 29쪽)에 따라 사법작용의 실질적 개념구성을 위한 두 방법을 언급하고 이에 대하여 논하고 있다. 宮澤의 견해는 다음과 같다. 하나는 사법작용의 실질적 개념을 오로지 역사적으로 구성하려고 하는 것이고, 다른 하나는 그것을 이론적으로 구성하려고 하는 것이다. 전자는 사법작용에 대하여 실질적으로 행정작용과 다른 성질을 인정하지 않는다. 사법작용은 그 성질상 행정작용의 일부를 이루는 것이지만, 특수한 역사적 사정에 기초하여 특히 다른 부분으로부터 구별되어, 사법재판소의 권한에 속하게 하기에 적합한 것으로 생각된 것이라고 생각한다. 이에 대하여 후자는 사법작용에는 그 실질에 있어서 행정작용과 다른 법률적 성질이 있다고 생각한다. 예를 들면, 그것은 실제의 사건에 관해서 법을 선언하는 작용이라는 식으로 설명하는 것이다.

같은 실질적 개념의 사법관념을 구성함에 있어서 새로운 기준으로 구성하려는 시도가 나타나고 있다.[29] 일본 및 독일에서의 사법관념에 관한 논의에서 대표적인 학자들의 견해를 들어본다.

1) 高橋和之의 견해

高橋和之교수는 전통적인 의미에서의 「실질」「형식」의 관점의 의미를 다르게 이해하려고 한다.[30] 그는, 작용의 성질이라는 관점에서 볼 때에는, 행정과 사법은 둘 다 법집행이므로 서로 다르지 아니하고, 따라서 그러한 의미에서의 사법의 실질적 관념은 성립하기 어렵다고 보고, 작용의 법적 형식을 실질적 관념의 기준으로 보아 사법관념을 재정립하려고 시도한다. 그는 사법이 행해지는 형식으로서의 제조건에 다음의 세 가지 특징을 지적한다. 첫째로, 사법은 그 발동조건에 있어서 행정과 다르다. 즉 사법은 자발적으로 행동을 개시할 수 없고 반드시 당사자의 제소가 필요하다. 사법은 작용의 성질상으로는 행정과 같지만, 그것을 행할 수 있는 것은, 법률의 해석·적용에 다툼이 생기고 그 해결을 구하여 소가 제기되었을 때만 작용한다. 이 때 법률의 집행으로서의 해석·적용은 행정의 손에서 사법의 손으로 옮겨진다. 둘째로, 사법에는 행정과는 다른 절차가 요구된다. 사법에서의 전형적 행위는 제3자적 입장에서 다툼을 재정하는 것이므로, 재정이 공정할 것을 담보하는 일정한 절차적 원칙이 충족되어야 한다. 예를 들면 재정자는 재정의 결과에 이해관계를 가져서는 안된다든가, 당사자에게 변명의 기회가 부여되어야 한다든가 등이 필요하다. 행정도 경우에 따라서는 사법적 절차가 요구되는 것도 있으나 그같은 절차가 작용의 목적(법률의 집행)상 당연히 요구되고 있는 것은 아닌 점에서 사법과 다른 것이다. 셋째로, 사법에 의한 재정은 종국성이 주어진다. 그렇지 않으면 다툼의 해결은 불가능할 것이다. 행정도 다툼의 해결은 가능하나 그 종국성은 인정되지 않는다. 사법에 있어서의 해결은 더 이상 상급심은 존재하지 않는 것이다.

이상의 사항을 기초로 하여 高橋和之는 행정과 구별되는 사법은 「적법한 제소를 기다려, 법률의 해석·적용에 관한 다툼을 적절한 절차 아래에서 종국적으로 재정하는 작용」으로 정의하고 있다. 그리고 이러한 권한이 일본국 헌법 제76조에 의하여 법원에 전속되어 있다는 것이다. 바꾸어 말하면 행정권은 이러한 권한, 그중에서도 특히 다툼을 종국성을 가지고 재정하는 권한을 행사할 수 없다는 것을 의미하는

29) 일본에서는 헌법소송론과 관련하여 사법권의 본질론에서 「사법」의 관념을 「근대적인 의미」로 한정하여 이해하려는 입장과 「현대적인 의미」로 이해하려는 입장이 대립되어 있다. 이 점에 관하여는 野坂泰司, 「司法權の本質」論について, 杉原泰雄·樋口陽一 編, 論爭憲法學, 1994, 289쪽 이하 참조. 여기서는 사법의 현대적 의미에 입각하여 살펴본다.

30) 高橋和之, 앞(주 28)의 글, 21-26쪽 참조.

것이다. 이와 같이 이해하게 되면 사법에 관한 이 「형식적」 정의[31]도 권한분배의 역할을 충분히 행할 수 있는 것이라고 한다.

이와 같은 高橋和之교수의 사법 관념에는 구체적 사건의 해결이라는 요소는 포함되지 않고 있다. 이것은 사법의 관념을 그 법적 형식에 주목하여 파악하여, 사법작용이 미치는 대상은 일단 배제하고 생각한 때문이다. 그는 입법, 사법, 행정의 관념은 그 법적 형식의 관점에서 파악해야 하고, 작용이 미치는 대상의 문제는 별개의 문제로서 생각하는 것이다.[32] 高橋和之교수의 이러한 이론은 독일의 이론과 유사한

---

31) 이 정의는 작용의 법적 형식의 관점에서의 정의이고, 작용이 미치는 대상의 관점에서의 정의는 아니다. 그런 의미에서 「형식적」이라고 말하는 것이지만, 법적 형식도 작용의 내용에 관계하고, 그러므로 「실질적」 정의라고 하는 이해도 불가능하지는 않다. 형식, 실질의 사용방법의 문제이다. 高橋和之, 앞(주 28)의 글, 24쪽 주 18) 참조.

32) 高橋和之 교수는 구체적 사건성이라는 요건에 관하여, 이는 사법작용이 미치는 대상의 문제로 인식하고, 종래의 사법의 정의에서 사건성이라는 요건이 불가결한 것으로 생각되는 이유로서 두 가지를 지적한다. 하나는 일본국 헌법의 사법개념이 미국헌법의 영향을 받고 있다는 것이다. 이 설명은 미국의 사법개념이 사건성을 불가결의 요소로 하고 있다는 것을 당연한 전제로 하고 있다. 그러나 이 전제는 자명하지는 않다. 미국 헌법은 제3조 1항에서 「미국의 사법권은, 하나의 최고재판소 및 의회가 수시로 제정·설립하는 하급심 법원에 속한다」고 규정하고, 2항에서는 「사법권은 … 사건(Cases) … 및 쟁송(Controvercies)에 미친다(extend to)」고 정하고 있다. 이것을 일본국 헌법과 비교하여 본다면, 1항은 일본국 헌법 제76조 1항(「모든 사법권은 최고재판소 및 법률이 정하는 바에 의하여 설치하는 하급심법원에 속한다.」)과 거의 같은 규정이다. 그렇지만, 일본국 헌법에는 2항에 해당하는 규정이 없다. 이 때문에, 일본국 헌법의 사법권이 미국의 그것과 같다고 주장하는 논자는 2항의 내용을 일본국 헌법 제76조 1항의 사법권 개념 중에 넣어 온 것이다. 그러나 미국 헌법에서는 제3조 1항과 2항과는 별개의 규정으로서 존재하고 있고, 그러므로 2항의 내용이 1항의 사법권 개념의 내용으로는 되지 않는다. 만약 사법권 개념이 사건성의 요건을 포함하고 있다고 한다면, 2항은 전혀 무의미한 규정으로 될 것이다. 오히려 2항을 있는 그대로 읽으면, 사건·쟁송의 요건은 사법권이 미치는 대상을 정하는 것으로 해석해야 할 것이다. 그렇다면, 미국 헌법 제3조 1항 및 일본국 헌법 제76조 1항의 사법권은, 그 개념내용으로서는 사건성의 요건을 포함하고 있지 않고, 따라서, 사법권이 어떠한 대상에 미치는가는, 미국 헌법 제3조 2항에 대응하는 규정을 갖고 있지 않은 일본 헌법에 있어서는 별도로 검토할 필요가 있다고 하게 된다.

사법이 사건성의 요건을 불가결의 개념요소로 하는 근거로서 지적되어온 또 하나의 점은 위헌심사에 관하여 일본국 헌법은 추상적 규범통제를 인정하지 않는다는 점이다. 추상적 규범통제를 인정하지 않는다고 하는 근거를, 일본의 위헌심사는 독일의 헌법재판소형이 아닌 미국의 사법심사형이라는 점에서 구한다고 한다면, 이것은 첫째의 이유로 흡수될 것이다. 그에 대하여 추상적 규범통제 부정의 근거가 일본국 헌법의 세규정에서는 최고재판소에 헌법재판소로서의 성격을 인정할 수 없다는 것에 있다고 한다면, 이것은 일본의 사법이 사건성을 개념요소로 하는 것의 독자적인 이유로 될 수 있는 것으로 볼 수 있다. 왜냐하면, 추상적 규범통제가 인정되지 않는다고 하는 것은 위헌심사권의 행사는 구체적 사건의 해결에 필요한 한도에서만 허용된다고 하는 것을 의미하고, 이것은 사법의 역할이 구체적 사건의 해결이라는 것을 전제로 하고 있는 것으로 생각되기 때문이다. 그러나 이 논의는 다음과 같은 구조를 전제로 꾸며져 있다. 즉 헌법재판소형과 사법심사형과의 차이는 추상적 규범통제와 구체적 규범통제의 구별에 대응하고 있다는 암묵적인 전제이다. 그러나 헌법재판소형과 사법심사형의 차이는 오히려 독립심사와 부수심사의 차이에 있다고 하는 것이 타당할 것이다. 요컨대, 헌법재판소는 법률이 합헌

바가 많다.

2) K. Stern의 견해

K. Stern은 기본법상의 사법권을 이해하기 위한 세 가지 지도명제를 다음과 같이 든다.[33] 즉 첫째로, 사법은 독자적인 국가기능이자 다른 국가권력으로부터 분리되어야 하는 "제3의 권력"이다. 무엇이 사법인가는 실질적으로 정해져야 하고, 단순히 조직체적인 개념규정으로는 불충분하다. 둘째로, 오직 법관만이 사법의 과제를 가질 수 있다. 셋째로, 사법은 다른 국가기능으로부터 분리될 뿐만 아니라 특수한 기관으로 조직되어야 하는 독립적이고 배타적인 권력으로 파악되어야 한다. 이 명제들을 충족시키기 위하여, 그는 사법기능을 정의하기를, 「사법은 직접 참여하지 않는 자 즉 법관에 의하여 유효한 법을 적용하여, 특별히 규율되는 절차에서 최종적 구속력이 있는 결정으로 되는, 사태에 관한 법적 판단」이라고 한다.[34]

3) K. Hesse의 견해

K. Hesse도 사법기능의 특성은 구체적인 사건에의 법의 적용(Rechtsanwendung)이나 분쟁의 해결(Streitentscheidung)에 있는 것이 아니라(전자는 행정의 특색이며, 후자는 형사재판에는 적용되지 않는다), 「권리에 관한 다툼이 있거나 또는 권리가 침해된 경우에 특별한 절차에 따라 유권적으로 그리고 그와 함께 구속적이고 자주적인 결정을 내리는 직무」에 있다고 하고 있다.[35]

위의 각 논의에서 현대적인 사법의 개념을 정립하기 위하여 공통적으로 고려할 요소들로서, 첫째로, 당사자로부터의 제소가 있어야 한다는 점, 둘째로, 사법은 공정성을 가진 제3자로서의 성격을 가져야 하고 이를 위해서 특별한 절차를 필요로 한다는 점, 셋째로, 헌법 및 법률의 해석·적용에 관한 다툼이 있어야 한다는 점, 넷째로,

---

인가 위헌인가를 직접적인 심사대상으로 하는 것에 대하여, 사법재판소(법원)는 그것을 「사건」의 해결에 부수하여 필요한 한도에서 간접적으로밖에 심사하지 않는 것이다. 이로부터 부수심사제에 있어서는 「사건」의 존재가 전제로 된다고 하게 된다. 그러나 여기서 말하는 「사건」이라 함은 구체적 사건에 한정되지 않는다. 사법재판소(법원)에 적법하게 계속한 「사건」 또는 추상적 사건이어도 무방하다. 예를 들면, 행정법학상 민중소송, 객관소송으로 불리는 소송도 포함한다. 이들 「사건」의 해결에 부수하여 필요한 한도 내에서 위헌심사를 하는 것이 부수심사제이다. 실제 일본의 위헌심사제는 이와 같은 이해에서 운용되어 왔다. 그러므로 일본의 위헌심사제가 사법심사형이라는 것은 사법의 개념이 사건성의 요건을 포함하지 않으면 안되는 근거로는 되지 않는 것이다. 高橋和之, 앞(주 28)의 글, 24-26쪽 참조.

33) K. Stern, 앞(주 14)의 책, 893-894쪽.

34) K. Stern, 앞(주 14)의 책, 894-898쪽.

35) Konrad Hesse, *Grundzüge des Verfassungsrechts der BRD*, 16 Aufl., Heidelberg, C. F. Müller, 1988, 210-211쪽.

그 판단이 최종적 구속력 즉 종국성이 있어야 한다는 점 등으로 정리할 수 있을 것이다. 高橋和之교수의 경우에는 셋째의 사항을 법률의 해석·적용이라고 하고 있지만, 헌법의 해석·적용도 포함하는 것으로 새겨야 할 것이다. K. Stern과 K. Hesse의 경우에는 첫째의 사항을 언급하지 않고 있으나, 당연한 것으로 보고 있는 것으로 생각된다.

지금까지의 논의에 따라 현대적인 의미의 사법의 개념을 정리해보면, 「공정성을 가진 제3자로서의 법관이 헌법 및 법률의 해석·적용에 관한 다툼이 있을 때, 당사자의 제소를 기다려, 특별한 절차에서 행하는 최종적 구속력을 가진 법적 판단」이라고 정의할 수 있을 것이다. 말하자면 근대적 의미의 사법권이 필수적인 요소로 하고 있는 구체적 사건성의 요건은 현대적인 의미의 사법의 관념에는 포함되지 않는 것으로 되며, 헌법에 대한 해석·적용에 관한 다툼도 사법관념에 포섭될 수 있는 것이다. 물론, 이러한 새로운 「사법」관념이 모든 국가에 동일하게 적용될 수는 없을 것이다. 그것은 각 국가마다 가지는 헌법규정과 사법전통에 따라 조금씩 다르게 파악될 수도 있을 것이다. 그러나 전통적인 의미의 사법권의 관념만으로는 현대사회의 사법기능을 전면적으로 포섭하지 못하는 것은 분명한 사실이며, 각 국가의 사법을 이해함에 있어서 이와 같은 현대적인 사법관념은 중요한 도구개념으로 사용될 수 있을 것이다.

(3) 우리나라 헌법상의 사법의 개념

현대국가의 사법의 관념을 위와 같이 이해한다고 할 때, 우리나라의 사법기능 및 사법권의 관념은 어떻게 이해될 수 있는가? 앞서 우리나라의 학설상의 논의에서 보았던 것처럼, 현재의 우리나라의 사법의 관념에 관한 논의는 여전히 근대적인 의미의 사법으로 이해하는 데에 그치고 있다. 그 이유가 어디에 있는가 하는 문제는 우리나라의 구체적인 헌정사와 헌법상황을 고려하지 않고는 완전히 이해할 수 없는 것이다.[36] 그러나 적어도 우리나라의 헌법이 제헌헌법 당시부터 지금까지 현대적 의미의 헌법으로서의 성격을 가진 것이었음은 공히 인정되고 있다. 그럼에도 불구하고 사법관념에 관한 한, 초기의 논의의 수준을 극복하지 못하고 있었던 것은 그동안의 헌정사의 전개과정에서 현대헌법의 특징이라 일컬어지고 있는 위헌법률심사제를 포함한 헌법재판제도가 국가권력에 대한 제한기능을 담당하지 못하고 형식화·형해화

36) 해방 이후의 초기의 우리나라의 헌법학의 전개과정은 식민지법학의 틀을 완전히 벗어나지 못했을 뿐만 아니라, 1960년대 이후 새로이 성립된 헌법학도 도입법학으로서의 성격을 완전히 벗어나지 못했음을 지적하지 않을 수 없다. 그리고 해방 이후 곧바로 초래된 분단상황은 우리 헌법학의 수준을 더욱 제한하는 결과를 초래하였으며, 이에 따라 헌법이론이 발전할 수 있는 사회적·국가적 기반이 취약했던 점을 고려하여야 할 것이다.

되어온 데서도 그 원인이 있을 것이다.[37)]

그러면 실질적 의미에서의 헌법재판제도를 채택하고 있는 것으로 여겨지는 현행헌법의 구조 내에서 사법의 관념은 어떠한 것인가?

현행헌법은 사법권에 대하여 제101조에서 「사법권은 법관으로 구성된 법원에 속한다」(제1항)고 하고 있을 뿐,[38)] 사법의 개념에 대해서는 아무런 정함이 없다. 따라서 이 「사법권」이 무엇인가에 대하여 앞서 본 바와 같은 학설상의 대립이 있는 것이다. 일본국 헌법과 같이, 미국헌법 제3조 2절과 같은 규정도 두고 있지 않으며, 독일과 같이 하나의 장에서 사법권을 일괄하여 규정하고 있지도 않은 것이다. 아울러 우리 헌법은 제6장에서 헌법재판소를 따로 규정함으로써, 헌법재판소의 권한 사항이 국가기능 중 어디에 속하는지에 관하여 논의의 여지를 남겨놓고 있다. 이와 같은 헌법규정은 헌법재판소와 대법원 사이의 권한다툼의 과정에서 각자의 입장에 따라 서로 다르게 해석되는 결과를 낳았으며, 우리나라의 사법제도의 체계를 이해하는 데에도 논란을 불러일으키는 요인이 되고 있다.

그러면 현행헌법상의 사법권을 이해하는 기본적인 관점은 어디에 두어야 하는가? 앞서 언급한 바와 같이, 현대사회의 사법기능은 확대일로에 있으며, 근대적인 사법관념만으로는 충분히 포섭하지 못하는 상황에까지 이르고 있다. 이 점은 우리나라 헌법의 성격이나 헌법상황에서도 결코 예외가 아니며, 따라서 현행헌법의 사법권의 체계를 이해함에 있어서도 새로운 사법의 관념에 기초하여 이해하는 것이 필요한 것이다.

Ⅲ. 현행헌법상의 「사법권」의 체계

1. 기본체계

현행헌법은 제5장에서 법원을, 제6장에서 헌법재판소를 규정하고 있다. 헌법재판소와 법원을 한꺼번에 규정하지 아니하고 각각 다른 장에 규정하고 있다는 점에서

---

37) 사실 그동안의 우리나라의 헌법개정과정은 독재권력의 권력강화를 위한 수단으로 행해져서, 주로 정부형태의 측면에서 많은 변화를 겪었으며, 사법제도는 부수적으로만 이루어져 왔음을 부인하기 어렵다. 그리고 사법제도에 관한 헌법개정에 있어서도 사법권을 기관중심, 제도중심으로만 이해하여 대법원이라는 국가기관이 헌법재판권을 담당하느냐 않느냐 하는 문제에만 집중되어 왔음을 볼 수 있다. 우리나라의 정치과정과 사법제도의 관계에 관해서는 졸고, 앞의 주 1)의 글, 제3장 이하 참조.

38) 이 규정은 제헌헌법 이래, 자구의 수정만 있을 뿐 거의 변하지 아니하고 그대로 존속하여 왔다. 제헌헌법 제76조, 제2공화국헌법 제76조, 제3공화국헌법 제96조, 제4공화국헌법 제100조, 제5공화국헌법 제102조 등 참조.

사법작용과 헌법재판작용을 성격상 다른 것으로 이해하는 헌법상의 근거의 하나로 볼 수도 있겠으나, 앞서 본 바와 같이, 이는 우리나라 헌정사의 특수한 상황에 기인한 것이지 우리 헌법상의 사법관념을 근대적인 의미로 이해하기 때문인 것은 아니라 할 것이다.

현대적인 의미의 사법관념에 기초하여 현행 헌법규정을 통일적으로 이해한다면, 먼저 현행헌법은 국가의 사법기능을 크게 「법원」 및 「헌법재판소」에 맡기고 있는 것으로 이해할 수 있다. 즉 제101조 제1항의 「사법권」을 현대적 의미의 사법권으로 이해하여, 그러한 사법권은 원칙적으로 법원에 귀속하지만, 예외적으로 헌법이 정하는 경우에는 그 정함에 따른다고 할 수 있을 것이다. 말하자면 헌법재판작용은 사법기능에 속하지만 헌법규정에 따라 헌법재판소에 속하는 것으로 이해할 수 있을 것이다. 현행헌법은 사법권을 법원과 헌법재판소가 공히 행사할 것을 요청하고 있는 것이다. 여기서 우리나라 헌법의 사법권의 기본체계는 법원이라는 국가기관과 헌법재판소라는 국가기관에 의하여 행사되고 있음을 알 수 있다. 물론 제도의 대체인 법원과 헌법재판소의 관계를 이와 같이 이해한다고 하여 현행헌법상의 사법권의 체계가 완전히 해명되는 것은 아니다. 오히려 구체적으로 법원과 헌법재판소 각각의 권한의 내용과 범위 그리고 그 관계가 확정되어야만 헌법상의 사법권의 체계를 정확히 이해할 수 있을 것이다. 즉 이 두 국가기관의 권한이 서로 중복 내지 충돌될 가능성은 없는가 혹은 이 두 기관에 의해서도 포섭되지 못하는 사법권의 영역은 없는가 하는 문제가 명확히 규명될 때에 비로소 사법권의 체계가 명확해진다고 할 것이다. 적어도 두 개의 국가기관이 동일한 국가기능을 행한다고 할 때에 명확한 권한분배가 없이는 두 기관 간에 법적 견해의 차이로 인하여 국민의 기본권이 침해될 가능성은 항상 존재한다. 따라서 두 기관의 권한을 명확히 하여야만 국민의 기본권침해의 가능성을 피할 수 있을 것이다.

이하에서는 헌법상의 법원(제5장)과 헌법재판소(제6장)의 규정의 의미규명을 통해 각 기관이 갖는 권한의 내용과 범위를 획정하고 그 관계를 구체적으로 규명하고자 한다.

2. 대법원과 헌법재판소의 권한과 관계

(1) 제101조 1항의 「사법권」의 의미

먼저, 헌법 제5장의 규정에 따라 법원이 가지는 사법권의 내용과 범위는 무엇인가?

현행헌법은 제101조 1항에서 「사법권은 법관으로 구성된 법원에 속한다」고 함으로써, 현대적 의미의 사법권이 원칙적으로 법원에 귀속함을 선언하고 있다. 그리고 법원이 담당하는 사항에 관해서 구체적으로 법원조직법 규정에서 정하고 있다. 즉 법원조직법 제2조에서는「법원은 헌법에 특별한 규정이 있는 경우를 제외하고는 일체의 법률상의 쟁송을 심판하고 기타 법률에 의하여 법원에 속하는 권한을 가진다」고 규정하고 있다. 동법에서「…헌법에 특별한 규정이 있는 경우를 제외하고는 일체의 법률상의 쟁송을 심판하고…」라고 하고 있으므로, 이때의「법률상의 쟁송」이 무엇인가를 확정하는 것이 법원의 권한을 구체적으로 확정하는 데에 도움이 된다. 사법의 현대적 관념과 관련하여 이「법률상의 쟁송」이 무엇을 의미하는가에 대해서는 우리나라에서는 논의가 별로 이루어지지 아니하고 있기 때문에,[39] 법문의 규정상 우리나라와 거의 유사한 일본에서의 논의를 참고로 하여 살펴본다.

일본국의 최고재판소 사무총국 총무국『재판소법축조해설(상)』에서는 일본의 재판소법 제3조에서 말하는「일체의 법률상의 쟁송을 재판」하는 권한에 관하여,「재판」이라는 것은「권리주체 사이에서 구체적인 법률효과의 존부에 관한 다툼이 있는 경우에 있어서, 법규가 정하는 법률요건을 구성하는 법률사실에 해당하는 구체적 사실에 법규를 적용하여, 그 법규가 정하고 있는 법률효과의 구체적 존부를 판단, 확정함으로써, 다툼을 해결하는 작용」이고, 국민의「재판을 받을 권리」와 표리의 관계에 있는 것으로 이해하고,「법률상의 쟁송」이라는 것은「당사자 간의 구체적인 권리의무 혹은 법률관계의 존부(형벌권의 존부를 포함한다)에 관한 분쟁이어서, 법률의 적용에 의하여 종국적으로 해결하여야 하는 것을 말한다」(따라서「비송사건」은 쟁송에 속하지 않는다)고 하고 있으며,[40] 또한 판례에 있어서도 일관하여 동일하게 판단하고 있다.[41] 그래서 이와 같이 이해되는 재판소법상의「법률상의 쟁송」은 일반적으로 일본국 헌법에서 말하는「사법권」의 내실로 되는「구체적 사건성」의 요건과 결부하여 이해되어 왔다고 말할 수 있다.[42]

---

39) 현재 우리나라에서는 민사소송법학에서 소의 이익의 하나로서 이「법률상의 쟁송」을 다루고 있다. 거의 일치하는 견해는「법률상의 쟁송」을「구체적 사건성」을 전제로 하여 이해하고 있다. 이시윤, 민사소송법, 서울, 박영사, 1995, 291쪽; 송상현, 민사소송법, 서울, 박영사, 1995, 305쪽; 정동윤, 민사소송법, 서울, 법문사, 1989, 321쪽; 정덕장, 법원조직법, 김철수 편, 정치관계법, 박영사, 1983, 583쪽 이하 등 참조.

40) 最高裁判所 事務總局總務局 編, 裁判所法縮條解說(上), 1967, 21-24쪽 참조.

41) 예를 들면, 最判 昭和 28年 11月 17日 판결은,「법률상의 쟁송이라 함은 당사자간의 구체적인 권리의무 내지 법률관계의 존부에 관한 분쟁이고, 또 그것이 법률의 적용에 의하여 종국적으로 해결될 수 있어야 하는 것을 요한다」고 하고, 그 후의 판례도 같은 취지의 것이 많다.

42) 예를 들면,「사법권」은「구체적인 쟁송에 관한」것이라고 하여, 여기서「구체적인 쟁송에 관하여」라고 하는 것은「당사자 사이의 구체적인 법률관계… 혹은 권리·의무의 존부에 관하여 분쟁(사건)이 있고, 그 분쟁에 관해서 당사자로부터 재판소에 그 재정을 구하는 경우에 있어서만, 사법권은 행사된다고 하는 것을 의미하고, 따라서 재판소법 3조 1항에서 말하는 '법률상의

「법률상의 쟁송」에 대한 이러한 이해는 ① 당사자간의 구체적인 권리의무 혹은 법률관계의 존부에 관한 분쟁이라는 것과, ② 법률의 적용에 의하여 종국적으로 해결할 만한 것이어야 한다는 것이다. 그렇다면, 일본국 헌법상의 「사법권」에 관하여 언급되는 「사건 · 쟁송성」의 요건과, 재판소법상의 「법률상의 쟁송」과는 전적으로 같은 범위를 갖는 개념인 것인가? 즉 일본국 헌법상의 「사건 · 쟁송성」의 요건은 ①의 요건에만 관련하는 것인가의 문제이다. ①의 요건을 충족하는 소송은, 동시에 ②의 요건을 충족하는 것으로 될 수 있고, 역으로 ①의 요건을 충족시키지 않으면, ②의 요건을 충족하지 않는다고 생각되어, 양자는 밀접히 관련되어 있다고 생각된다. 다만 형태상으로는 ①의 요건을 만족시키면서 일견 구체적인 권리의무 혹은 법률관계의 존부에 관한 분쟁이라는 형태를 취하고 있지만, ②의 요건을 만족시키지 않는, 요컨대 그 분쟁을 해결하는 기준으로 되는 「법」에 문제가 있는 경우를 생각할 수 있다. 이때에는 사건의 종국적 해결이 어렵게 되는 것이다. 이 경우 「사건 · 쟁송성」의 요건은 만족하더라도, 재판소법 3조에서 말하는 「법률상의 쟁송」은 아니라고 하게 된다. 따라서 이러한 경우까지 포함하는 「사건 · 쟁송성」의 개념을 재정립하여, 「사건 · 쟁송성」은 ①의 요건을 가리키는 경우(협의의 「사건 · 쟁송성」의 요건)과, ①과 ②의 요건을 포함하여 말하는 경우(광의의 「사건 · 쟁송성」의 요건)의 2종류가 있어서, 헌법에서 말하는 「사법권」에 관하여 소위 「사건 · 쟁송성」의 요건은 광의의 그것이라고 하는 견해가 있다.[43] 高橋和之 교수도 「사건 · 쟁송성」을 구체적인 사건에 한정하지 않고, 행정법학상의 민중소송이나 객관소송 등과 같이 법원에 적법하게 계속되는 사건이나, 추상적 사건도 포함하여 이해하고 있다.[44] 결국 사건 · 쟁송성은 단순한 법률의 해석 · 적용에 관한 다툼만이 아닌 헌법의 해석 · 적용에 관한 다툼까지도 포함하여 넓은 의미로 이해하는 것이 필요할 것이다.

「법률상의 쟁송」에 관한 일본에서의 이와 같은 논의는 우리나라에서도 거의 그대로 인정될 수 있는 논의이다. 따라서 우리 헌법상의 사법권에 대한 이해에 있어서

쟁송'이라 함은 사건 · 쟁송성을 갖춘 구체적 소송을 의미한다고 하고, 최고재의 판례도 이 견해를 취하고 있다」고 한다. 佐藤功, 憲法(下)(新版), 東京, 有斐閣, 1984, 928-930쪽 참조. 이러한 總務局 『裁判所法縮條解說(上)』과 판례 혹은 학설에서 보이는 이해의 방식에 관하여, 芦部信喜 교수는 「사건성의 요건은 일본국헌법의 사법권의 기본적 요소라고 생각되면서도, 위와 같은 전통적인 사고방식은 법의 해석과 적용이라는 근대법적 관념에 중점을 두어야 하는 점에서 문제도 있다」고 비판하여, 「현대 사법에 관해서는, 그 법창조기능 · 정책형성기능의 중요성도 명확히 하는 새로운 요건을 가미해야 하는 것은 아닌가」라고 한다. 그리고 나아가 전통적인 사법 관념의 문제점으로서, 절차의 중요성에 관하여 언급하는 것이 거의 없는 것을 비판한다. 芦部信喜, 司法における權力性, 基本法學(6), 東京, 岩波書店, 1983, 244-245쪽 참조.

43) 佐藤幸治, 앞(주 28)의 책, 69쪽 참조.

44) 高橋和之, 앞(주 28)의 글, 26쪽 참조.

도, 법원조직법상의 「법률상의 쟁송」을 구체적 사건성을 갖춘 구체적 소송만을 의미하는 것으로 이해하게 된다면(협의의 사건·쟁송성의 개념), 헌법상의 사법권의 개념을 정함에 있어서 「구체적 사건성」을 개념요소로 인정하게 될 것이다. 그러나 법원조직법상의 「법률상의 쟁송」을 구체적인 분쟁해결의 기준으로 되는 「법 자체」에 대한 분쟁까지 포함하는 것으로 새긴다면(광의의 사건·쟁송성의 개념), 헌법상의 사법권의 이해에 있어서 구체적 사건성을 굳이 강조할 필요는 없게 될 것이다.

헌법 제101조의 사법권의 관념을 위와 같이 이해할 때, 법원은 원칙적으로 헌법재판작용까지도 행할 수 있지만, 헌법상의 다른 규정에 따라 헌법재판작용은 헌법재판소에 맡기고 있는 것으로 이해하는 것이 가능하다.

그러면 제101조의 사법권의 내용을 이와 같이 이해한다고 하여, 법원과 헌법재판소 사이의 권한의 획정이 명확해지는가? 이 점은 예외적인 사법권규정인 헌법재판소규정과의 관계를 고려하여야만 명확해진다. 특히 문제되는 것은 헌법재판소의 권한사항 중에서 헌법소원규정(제111조 1항 5호)과의 관계이다. 헌법재판소와 대법원 사이의 권한다툼의 여지는 이 점에서도 생겨나는 것이다. 이에 대해서는 후술한다.

(2) 대법원의 최고기관성 문제 – 헌법 제101조 2항

헌법 제101조 2항은 「법원은 최고법원인 대법원과 각급법원으로 조직된다」고 규정하고 있다. 이 규정에 근거하여 대법원과 헌법재판소 사이의 최고기관성에 관한 다툼이 제기되었다.[45] 그러나 헌법 제101조 2항의 문언은 명백히 「최고법원인 대법원」이라고 하고 있지, 「최고 사법기관인 대법원」이라고 하고 있지는 않다. 따라서 동 조항에서 말하는 「최고법원」은 「법원」이라는 조직 중의 「최고기관」을 의미하는 것으로 해석되어야 한다. 물론 이러한 해석이 헌법재판소가 사법기관 중에서 「최고기관」이라거나, 혹은 대법원이 권력분립의 의미에서의 다른 국가기능의 담당기관과의 관계에서 종속적이라는 것을 의미하는 것은 아니다. 대법원은 여전히 정부나 국회에 대응하는 의미에서는 최고의 국가기관 중의 하나인 것이다.[46] 그러면 헌법재판소와의 관계는 어떻게 이해하여야 하는가? 양 기관은 사법권을 서로 분담하여 가지고 있되, 그 권한의 내용과 범위가 서로 다른 것이므로, 적어도 양 기관 사이에는 수직적인 상하관계는 존재하지 아니한다. 말하자면, 권한의 배분에 따라 각각 서로 다

45) 이 점은 헌법재판소법이 제정되는 시점에서, 법원의 판결을 헌법소원의 대상으로 할 것인가의 여부를 놓고, 법원 측에서 최고법원인 대법원 위에 제4심을 두게 된다 하여 반대의 논거로 제시한 것이다. 법무부 편, 헌법재판제도, 법무자료 제95집(1988. 2), 51쪽 참조.

46) 김철수, 개론, 1143쪽; 권영성 교수와 허 영 교수는 대법원의 최고기관성에 관하여 언급하지 않고, 대법원의 법원 내의 최고법원성만을 주장한다. 권영성, 원론, 959-60쪽; 허 영, 헌법론, 982쪽 참조.

른 권한행사를 할 뿐, 양 기관이 그 권한행사에 있어서 수직적인 명령과 복종의 관계 혹은 기속을 받는 관계가 있는 것은 아니기 때문이다. 물론 헌법재판소의 권한으로 하고 있는 사항 중에서 위헌법률심판의 경우(법원의 제청에 의해서든, 당사자의 청구에 의해서든)에는 대법원이 헌법재판소의 결정에 따르도록 되어 있기 때문에, 대법원이 수직적인 의미에서 하급심이 아닌가 하는 의문이 있을 수 있으나, 이는 헌법재판소 설치의 취지를 오해한 데서 기인한다. 즉 헌법재판은 헌법을 판단기준으로 하여 정치적인 문제를 다루게 되므로, 대법원이 이에 개입하는 것은 바람직하지 못하다 하여, 따로 헌법재판소를 설치한 것이었다.[47] 따라서 헌법재판소는 대법원의 상위기관이 아니라 헌법적 쟁송만을 다루는 기관으로서 대법원과 동격의 지위를 갖는 것으로 이해하는 것이 타당하다.[48] 그리고 헌법재판소의 결정에 대법원이 기속되는 것은 헌법재판소가 상급심이기 때문이 아니라 그 전문성에 따른 결정이므로 기속되는 것으로 보아야 할 것이다.

(3) 법원의 위헌심판제청권 및 위헌위법명령·규칙심사권 – 헌법 제107조 1항 및 2항

헌법 제107조 1항 및 2항은 우리나라의 규범통제구조 중 구체적 규범통제의 방법을 정하고 있다. 즉 1항에서는 「법률이 헌법에 위반되는 여부가 재판의 전제가 된 경우에는 법원은 헌법재판소에 제청하여 그 심판에 의하여 재판한다」고 하고, 2항에서는 「명령·규칙 또는 처분이 헌법이나 법률에 위반되는 여부가 재판의 전제가 된 경우에는 대법원은 이를 최종적으로 심사할 권한을 가진다」고 하고 있다.

위 1항 규정은 현행헌법이 구체적 규범통제를 채택하고 있는 근거규정으로 이해되고 있는 것이 다수의 견해이다.[49] 그러나 이 규정의 의미는 우리 헌법상 구체적 규범통제를 명시적으로 정하고 있다는 것 이외에 규범통제에 대하여 법원이 관여할 수 있는 구체적 방법을 정하고 있는 것으로 해석할 필요가 있다. 현행헌법상 추상적 규범통제가 허용될 여지가 있느냐의 문제는 별론으로 하고, 적어도 법원이 법률의 위헌 여부가 재판의 전제가 되는 경우에는 헌법재판소에 제청하여 그 심판에 의하여

---

47) 서울대학교 법학연구소 편, 헌법재판의 활성화 방안, 1988, 146쪽 참조.

48) 이와 관련하여 연방헌법재판소를 따로 두고 있는 독일의 경우를 비교하면 이해가 쉬울 것이다. 즉 독일은 처음에는 연방최고재판소를 둘 것을 예정하였다가, 연방헌법재판소가 사실상의 최고재판소로서 헌법해석의 최종결정권을 가지고 있었으므로, 1968년 기본법개정을 거쳐 연방헌법재판소(Bundesverfassungsgericht)와 함께 연방 최고재판소로서(als oberste Gerichtshöfe), 연방통상(민·형사)재판소(Bundesgerichtshof), 연방행정재판소(Bundesverwaltungsgericht), 연방재정재판소(Bundesfinanzhof), 연방노동재판소(Bundesarbeitsgericht) 및 연방사회재판소(Bundessozialgericht) 등을 두어 사법권의 행사를 각각의 전담재판소에 맡기고 있다. GG §§92-95 참조.

49) 김철수, 개론, 1291쪽; 권영성, 원론, 977, 1020쪽; 허 영, 헌법론, 799, 806쪽 참조.

재판하도록 한 것이다. 즉 법원은 법률의 위헌 여부가 재판의 전제가 되지 않을 때에는 헌법재판소에 그 위헌 여부의 심판을 제청할 수 없다는 소극적 의미로 이해할 수 있을 것이다. 결국 동 조항은 법률에 대한 규범통제의 절차에서 법원이 택할 수 있는 방법을 구체적으로 정하고 있다고 하여야 할 것이다. 물론 재판의 전제성이 무엇을 의미하는가는 학설과 판례에 의해 결정될 것이다.[50)]

다음으로 동 2항은「명령 · 규칙 또는 처분이 헌법이나 법률에 위반되는 여부가 재판의 전제가 된 경우에는 대법원은 이를 최종적으로 심사할 권한을 가진다」고 하여 명령 · 규칙 · 처분에 대한 대법원의 최종적 심사권을 정하고 있다.[51)] 이 규정의 의미는 법률하위의 규범(처분은 일단 제외하고)에 대한 대법원의 최종적 심사권을 정한 규정이기는 하지만, 그렇다고 하여 법률하위의 규범에 대한 헌법재판소의 관여를 전적으로 배제하는 규정은 아니다. 즉 법문에서 명백히 정하고 있는 것은「명령 · 규칙 …… 이 …… 위반되는 여부가 재판의 전제가 된 경우에는 대법원은 ……」이라고 하여 반드시 재판의 전제가 되어야만 명령 · 규칙에 대한 대법원의 심사권이 인정된다는 의미인 것이다. 따라서 명령이나 규칙이 재판의 전제가 되지 않고 직접 헌법상 정한 개인의 기본권을 침해하는 경우에는[52)] 대법원은 이를 심사할 방법이 없어지는 것이고, 이러한 경우에 개인의 기본권침해에 대한 구제방법이 없다고 한다면, 국민의 기본권보호에 큰 결함이 있게 되는 것이다.

한편 대법원이 '최종적으로' 심사할 권한을 가진다고 할 때, '최종적으로'라는 표현이 갖는 의미는 위헌 여부의 판단을 위해 헌법재판소에 제청할 필요가 없이 대법원 스스로 심판을 종료할 수 있다는 의미로 해석하여야 할 것이다.

결론적으로 보면, 헌법 제107조 1항 및 2항의 규정은 사법기관의 하나인 법원이 규범통제와 관련하여 가지는 절차적 방법 및 법률하위규범에 대한 통제방법을 정하고 있는 것으로서, 법원은 현대적 의미의 사법권 중 구체적 사건성을 갖는 일반재판과 구체적 규범통제에 관한 일정한 권한을 행사할 수 있도록 하고 있는 것이다.

(4) 추상적 규범통제의 문제 – 헌법소원 규정의 의미

앞서 본 바와 같이 현대적 의미의 사법관념은 구체적 규범통제뿐만 아니라 추

---

50) 현재 헌법재판소는 재판의 전제성을 넓게 인정하려는 입장에 있다. 헌재 1992. 12. 24. 선고, 92헌가8, 헌재판례집 제4권, 853쪽 이하 참조.

51) 대법원과 헌법재판소의 최초의 권한다툼이라 할 수 있는 법무사법시행령에 대한 헌법재판소의 위헌결정에 대한 논쟁에서 대법원이 가장 강력하게 제시한 근거규정이 바로 이 규정이었음은 주지의 사실이다.

52) 이 점은 헌법소원의 요건에서 침해의 직접성에 관한 사항으로 또다른 검토를 필요로 하는 사항이다. 이 점에 관하여 황도수, 법규범의 직접성에 관한 시론, 금랑김철수교수 화갑기념논문집, 헌법재판의 이론과 실제, 1993, 377쪽 이하 참조.

상적 규범통제까지도 모두 포괄할 수 있는 넓은 의미를 지니고 있다. 그러면 우리나라의 현행헌법은 추상적 규범통제에 대하여 어떠한 입장을 취하고 있는가? 앞서 위헌법률심판에 관한 논의에서도 보았던 것처럼, 우리나라에서는 추상적 규범통제를 인정하지 아니하고 구체적 규범통제만을 인정하는 것으로 보는 것이 일반적인 견해이다. 그러나 현행헌법은 구체적 규범통제의 경우만을 구체적으로 규정하고 있을 뿐, 추상적 규범통제를 배제한다는 명시적인 규정은 두고 있지는 않으며, 또한 헌법재판소의 권한 중 「법률이 정하는 헌법소원에 관한 사항」이라고 하여 헌법소원의 대상이 되는 사항을 헌법사항이 아닌 법률사항으로 하고 있기 때문에, 추상적 규범통제의 방법을 법률로 규정할 수 있게 하고 있는 것이다. 따라서 우리나라 헌법이 추상적 규범통제를 전혀 채택하고 있지 않다고 해석하게 되면 그나마 헌법소원이라는 형식을 통하여 추상적 규범통제를 규정하는 것이 위헌이라는 논리가 성립되어, 헌법소원의 내용 중에 추상적 규범통제의 방법을 규정하는 것이 불가능해진다. 이것은 현행헌법의 정신에 비추어 볼 때 적절하지 아니하며, 적어도 현행헌법은 법률로써 추상적 규범통제를 채택할 여지를 남겨두고 있다고 해석하는 것이 바람직할 것이다.[53] 헌법상 일정한 규정이 없다고 하여 당해 규정이 예상하는 바를 금지한다고 해석하는 것은 지극히 법실증주의적 해석이 아닐 수 없다. 따라서 현행헌법이 추상적 규범통제에 관한 규정을 두고 있지 않다고 하여 추상적 규범통제에 의한 규율을 금지하고 있다고 할 수는 없을 것이며, 더구나 현행헌법이 현대적인 사법관념에 입각하고 있다고 본다면, 적어도 추상적 규범통제에 관한 규정을 구체적으로 두고 있지 않다고 할 수는 있을지언정, 현행헌법이 추상적 규범통제를 금지하고 있다고 해석할 수는 없을 것이다. 그래야만 헌법소원이라는 형식으로라도 추상적 규범통제를 도입할 가능성이 있는 것이다.[54]

Ⅳ. 결 론

이상의 논의에 따라 현행헌법상의 「사법」의 관념과 사법권의 체계를 살펴보면 다음과 같다.

첫째, 현행헌법상의 「사법」관념은 근대적인 의미의 그것이 아니라 현대적인 의

53) 물론 굳이 추상적 규범통제의 방법을 채택하려 한다면 헌법개정을 통해서 가능하겠지만, 현행법의 테두리 내에서 추상적 규범통제의 도입을 추구한다면, 위와 같은 해석이 필요할 것이다.
54) 이 외에 현행 헌법재판소법에서 정하는 헌법소원규정에 따라 추상적 규범통제의 가능성을 인정할 여지는 없는가의 문제와 법원의 재판을 헌법소원에서 제외하고 있는 문제가 있으나, 이는 법률해석의 문제이므로 생략한다.

미의 사법으로 이해하여야 한다. 즉 근대적인 사법관념은 「구체적 사건성」을 핵심적 요소로 하여 구성되었으나, 현대적인 사법관념은 사법의 판단기준인 「법 자체」에 대한 분쟁도 함께 고려하여 결정되어야 한다. 구체적 사건성은 사법권이 미치는 대상의 문제로 보아 「사법」의 관념을 정하는 데에 필수적인 것은 아니라 할 것이다. 따라서 「사법」의 현대적 관념은 「공정성을 가진 제3자로서의 법관이 헌법 및 법률의 해석·적용에 관한 다툼이 있을 때, 당사자의 제소를 기다려, 특별한 절차에서 행하는 최종적 구속력을 갖는 법적 판단」이라고 할 것이다.

둘째, 위와 같은 「사법」관념을 전제로 하여 현행헌법의 사법권의 체계를 구성하면 다음과 같다.,

1) 현행헌법은 「사법」작용을 법원 및 헌법재판소에 맡기고 있는데, 법원은 구체적 사건성을 가진 법적 분쟁에 대한 일반적인 재판권, 즉 민사·형사재판권, 행정재판권, 선거쟁송재판권(대법원 전속) 등을 가진다. 규범통제와 관련해서는, 법원은 법률의 경우 구체적으로 재판의 전제가 된 경우에 한하여 헌법재판소에 그 위헌 여부를 심판제청하고 그 결정에 따라 재판하도록 하고 있다. 말하자면, 법원은 법률에 대한 규범통제에 관한 한, 재판의 전제가 된 경우에 한하여만 관여할 수 있는 것이다. 이는 재판의 전제성을 갖지 못할 때에는 대법원은 구체적 규범통제의 절차를 진행할 수 없음을 의미한다. 결국 법원은 근대적인 의미의 사법권을 행사하는 국가기관이라 해도 좋을 것이다.

2) 대법원과 헌법재판소는 상호간에 수직적 상하관계에 있는 것이 아니라, 수평적 평등관계이다. 대법원이 헌법재판소의 결정에 따르도록 하는 것은 헌법적 분쟁에 대한 헌법재판소의 전문적인 판단을 존중하라는 의미이며, 이런 점에서 보면, 글머리에 언급한 헌법재판소의 한정합헌해석에 대한 대법원의 기속력 부인이나 헌법재판소에서 취소한 대법원판결의 논리를 고집하는 것은 타당하지 않다고 할 것이다. 그리고 대법원과 헌법재판소는 각각 최고의 사법기관이자, 최고의 국가기관 중의 하나이다.

3) 대법원의 명령·규칙에 대한 위헌·위법심사권은 명령·규칙의 위헌·위법 여부가 재판의 전제가 된 경우에 한하여 대법원이 최종적으로 이를 심사할 권한을 가지며, 이때 '최종적으로'라는 표현은 헌법재판소의 관여없이 대법원이 심판을 종료할 수 있다는 의미이다.

4) 추상적 규범통제에 관하여 현행헌법은 명시적인 규정을 두고 있지 않지만, 그렇다고 헌법이 추상적 규범통제를 전면적으로 금지하고 있다고 해석할 필요는 없다. 즉 사법의 현대적 의미를 전제로 하면, 현행헌법상의 사법권은 추상적 규범통제까지도 포함하는 것이고, 다만 구체적인 규정을 두고 있지 않을 뿐인 것이다. 그러

므로 하위의 법률로 추상적 규범통제를 도입할 가능성은 충분하다고 할 수 있을 것이다. 특히 '법률이 정하는 헌법소원에 관한 심판'을 헌법재판소의 권한으로 하고 있으므로, 추상적 규범통제에 관한 사항을 법률(헌법재판소법 혹은 특별법)로 구체화할 수도 있을 것이다.

(서원대 사회과학연구소 편, 「사회과학연구」, 제10집, 1997. 2, 91-113쪽)

6. 헌법상 법관의 다양화 방안과 신분보장

Ⅰ. 서론: 사법기능의 확대와 그 제도화의 필요성

1. 현대사회와 사법기능의 확대 경향

Montesquieu는 그의 저서 「법의 정신」에서 제3의 권력으로서의 「재판권(La puissance de juger)」을 '범죄를 처벌하고, 개인 간의 분쟁을 재판하는 권력'이라고 정의하였다.[1] 이러한 Montesquieu의 인식은 사법기능을 단순히 형사법집행 및 민사법집행의 영역에만 한정하여, 사법기능에 대하여 지극히 제한적 권력으로 인식하고 있음을 보여준다. 아울러 Montesquieu는 사법기능을 엄격히 「법적용작용」에만 한정하여, 「법해석작용」조차 인정하지 않았으며,[2] 상설적인 재판기관이 아니라 임시적인 재판기관을 통해 권한이 행사되어야 하고, 따라서 재판권을 「무」인 권력으로 이해하였다.[3] 이러한 Montesquieu의 사법기능 및 사법권에 대한 이해는 19세기 후반을 거치면서 극복되었고,[4] 오늘날에는 사법기능이 단순한 기능만이 아닌 진정한 권력보유자로서의 지위로까지 격상되었다.[5]

현대사회에서의 사법기능의 확대경향은 두 가지 측면에서 구체화되고 있다. 그 하나는, 헌법의 규범성의 확립을 통한 사법의 법창조 내지 법(정책)형성기능의 확보의 측면이며,[6] 다른 하나는, 국민주권주의와 법치주의의 실질화에 따른 법치주의의 생활화와 그로 인한 법치주의적 생활양식의 보편화의 측면이다.[7] 전자가 거시적 측

---

1) Montesquieu, *De L'Esprit de Lois*.
2) *Id*.
3) *Id*.
4) R. Wassermann, *Die richterliche Gewalt,* Heidelberg, C. F. Müller, 1985, S. 4ff.
5) K. A. Bettermann, Die rechtsprechende Gewalt, in *HbdStR,* Bd. Ⅲ, Heidelberg, C. F. Müller, 1988, Rdnr. 1(776쪽) 이하 참조.
6) 졸고, 정치과정에 있어서의 사법권에 관한 연구, 서울대학교 박사학위 논문, 1996, 44쪽 이하 참조.
7) 졸저, 법과 정치, 박영사, 2007, 13쪽 이하 참조. 필자는 이 문제에 관하여 추후연구를 통해 상세히 언급하였다. 졸고, 21세기 법치주의의 신경향, 한국공법학회 편, 공법연구 제44권 제1호(2015. 10), 61-94쪽 참조.

면에서, 국가권력적 측면에서의 사법기능의 확대로서 권력분립원칙의 실질화이자 사법의 정치성의 확대라면, 후자는 미시적 측면에서, 개인의 생활영역에서의 사법기능의 확대라고 할 수 있다. 전자는 사법이 단순히 「법의 말을 하는 입」에 그치지 아니하고 법형성 및 국가의 중요정책을 결정하는 기능에까지 역할기능을 확대하여, 정치과정에서 하나의 독자적인 역할을 담당하게 되었음을 의미하고, 후자는 법치주의의 실현도구로서의 사법이 단순히 국가의 통치수단으로서만 인식되는 것이 아니라 국민 개개인의 인권보장을 위한 도구이자 생활양식으로서 인식됨으로써 국민의 생활 깊숙이 법이 자리잡게 되었음을 의미한다. 특히 후자의 경우, 개인의 삶의 과정에서 나타나는 거의 모든 문제들이 법치주의적 방식으로 해결될 것을 요청하고 있고, 그에 따라 분쟁의 성격이나 소송물의 크기, 사건해결의 용이성 등에 따라 다양한 형태의 사법기능의 제도화를 필요로 하고 있다. 예컨대, 오늘날 활발하게 논의가 진행되고 있는 소송외적 분쟁해결제도(ADR: alternative Disputes Resolution)는,[8] 법적 판단이 단순히 적법·위법에 관한 일도양단적 판단으로 어느 일방의 전면적 승리에 그치지 아니하고, 사적 자치의 영역에서의 이해관계의 조정이나 중재에까지 그 역할범위를 확대하여 당사자 간에 win-win으로 분쟁을 해결할 수 있음을 보여준다. 이것은 사법기능이 단순히 정의의 실현으로서의 시비(是非)의 문제만이 아니라 양립가능한 선택(選擇)의 문제에까지 확장되고 있다는 것을 방증하는 것이다.

아울러 현대사회에서 개인의 생활의 복잡성과 상호관련성이 증대하고 있어서, 경미한 사건에 관하여 신속하고 경제적으로 해결하도록 하여 당사자가 신속히 정상적인 사회생활로 복귀할 수 있도록 할 것을 요구하고 있다. 단순하고 경미한 사건에 대하여 정규의 사법절차를 모두 거치게 한다면 시간과 비용의 양 측면에서 모두 비효율적이고 사회구성원들의 규범인식에도 부정적인 영향을 미칠 것으로 판단된다. 우리나라의 경우에도 민사소액사건과 같이 경미한 사건이나 형사사법에서의 경죄사건이 급증하는 추세에 있다.[9]

---

8) 조정(mediation), 중재(arbitration), 미니재판(minitrial), 간이배심재판(summary jury trial), 조기중립적 평가(early neutral evaluation) 등의 소송외적(대안적) 분쟁해결수단(ADR)은 1990년대 이후 그 형태를 일률적으로 규정짓기 어려울 만큼 다양하게 발전하고 있다. ADR의 발전사에 관해서는, Jerome T. Barrett, *A History of Alternative Dispute Resolution: The Story of a Political, Cultural, and Social Movement*, Jossey-Bass, 2004 참조.

9) 법치주의가 제대로 확립되지 못한 사회에서는, 비법적 분쟁해결방식이 상존하여 법적 분쟁해결방식에 대한 국민의 접근가능성이 현저히 낮고, 따라서 소송건수도 적을 수밖에 없다. 우리나라의 경우, 1990년대 이래 지속적인 사건수의 증가를 보여주고 있다. 1997년의 IMF 사태처럼 특수한 원인이 있었던 해도 있으나, 전반적으로 사건수가 증가하고 있는 상황이다. 특히 소액사건수의 증가는 일상생활에서의 사소한 사안까지도 법원의 소송을 통하여 해결되고 있음을 보여주는 예이다. 법원행정처 편, 2007년 사법연감, 596쪽, 671쪽, 676쪽 참조.

아울러 생활의 전 영역에 대하여 법치주의가 적용되는 결과, 매우 전문적인 영역에서도 법적 판단을 요하는 경우가 증대하고 있다.

2. 제도화의 필요성: 법관의 종류와 지위의 다양화

현대사회에서의 사법기능의 확대는 그 기능의 실현을 위한 제도화가 이루어지지 못할 때에는 무의미하다. 물론 이러한 제도화는 개별 국가들의 역사적 전통과 경험, 지정학적·자연적 요인, 법치주의의 확립의 정도, 근대화의 선후 등, 여러 가지의 요인에 의하여 그 제도적 형상을 달리하는 것이 사실이다. 그러나 오늘날의 여러 선진 제국가들에서 보는 것처럼, 사법권 및 사법제도 역시 국민주권주의의 원리에 따라 재구성되거나 지속적으로 개혁되고 있음도 또한 사실이다.

국가권력적 측면에서의 사법기능의 제도화는 헌법재판제도의 확립으로 나타난다. 기능확대의 한 측면인 법창조기능 혹은 정책형성기능은 헌법재판기능으로 제도화되어 있을 뿐만 아니라, 대법원의 법창조기능에 대한 적극적 논의에서도 나타나고 인식되고 있다.[10)]

법치주의적 생활양식의 보편화의 측면에서의 제도화는 국민 개개인의 생활에서 쉽게 사법에 접근하고 이용할 수 있는 제도적 장치를 확립할 필요가 있다.[11)] 개인의 생활은 매우 복잡다단하여 다양한 영역에서의 법적 분쟁의 발생을 예견할 수 있고, 그에 따라 다양한 형태의 사법제도를 설정할 필요가 있는 것이다. 사법제도의 수혜자인 국민은 기본권의 향유자로서 자신의 기본권에 관한 분쟁에 대해 신속하고 공정한 재판을 통하여 자신의 생활을 영위할 수 있도록 할 권리를 가진다.[12)] 뿐만 아니라 전문적이고 복잡한 생활영역에서 사법기능을 적극적으로 제도화하여 국가공동체를 하나의 질서정연한 사회로 구성하는 것도 현대국가의 사법기능에 요청되는 과제이다. 현대국가에 요청되는 이러한 사법기능의 과제는 기존의 제도적 장치가 경직성과 일방성을 가지고 있을 때에는 결코 실현될 수 없다.

---

10) 2003년 8월부터 본격적으로 논의되기 시작한 사법개혁위원회의 심의안건 중 첫 번째가 대법원의 기능과 구성에 관한 것이었다는 것은, 기존의 법원의 역할기능에 대한 새로운 인식을 보여주는 것이다. 사법개혁위원회 편, 사법개혁위원회 자료집(I), 2004. 5, 8쪽 이하 참조. 다만, 법원의 이러한 기능확대의 문제는 여전히 현재진행형이다.

11) 우리나라 사회에서의 새로운 사법패러다임에 관한 주장으로는, 김상준, 민사재판에 있어서의 참심·배심, 법과 사회이론학회 편, 법과 사회, 제25호, 2003년 하반기, 55쪽 이하 참조. 위 글에서 필자는 새로운 사법패러다임의 근거로, 정보의 대량 공유와 유통의 확대, 시민 민주주의적 인식의 확산, 다양한 욕구의 분출 등을 들고 있다. 김상준, 위의 글, 57쪽 이하.

12) 헌법 제27조 제3항 전단. 공정한 재판은 사법기능에 본질적으로 내재하는 것이다.

3. 논의의 전개

이 글에서는 먼저, 법관의 종류와 지위를 다양하게 제도화하기 위한 전제로서, 법관의 개념에 관한 현행헌법의 해석론과, 현행헌법상 법관의 의의와 종류에 관하여 서술하고 이어서 법관의 다양화 가능성을 헌법적 근거에 따라 제시한 후, 외국의 제도에 관하여 미국, 영국, 독일, 프랑스 및 일본을 중심으로 하여 서술한다. 다음으로, 다양한 법관의 지위에 대한 신분보장의 방법에 대하여 언급하고, 마지막으로, 법관의 지위와 종류를 다양하게 정하기 위하여 현행헌법이 가진 해석상의 문제점을 적시하고 그 개정의 방향을 제시한다.

Ⅱ. 현행헌법상 「법관」의 의의와 종류

1. 현행 헌법규정

현행헌법은 제5장에서 「법원」이라는 제목으로[13] 10개조에 걸쳐 사법부에 관한 기본규정을 두고 있다(제101조~제110조). 사법권을 담당할 원칙적인 국가기관으로 「법원」을 두고 헌법재판을 관장하는 기관으로 헌법재판소를 별도로 규정하고 있다(제6장). 현행헌법은 헌법상 사법기능을 규정하는 방식으로 기능중심이 아니라 기관중심으로 규정하고 있음을 알 수 있다. 따라서 사법기능 및 사법권의 의미에 관한 해석도 이러한 헌법규정의 기관중심적 특성에 따라 이해되어온 점도 부정할 수 없다.[14] 법관의 의의와 종류에 관련된 규정들로서, 제101조에서 「법관으로 구성된」 법원이라고 표현하여 사법권을 담당하는 법원의 구성원이 「법관」임을 명시하고 있다. 아울러 법관의 자격을 법률로 정하도록 하여(제101조 제3항), 법관자격법정주의를 규

---

13) 사법부의 장이 「법원」이라는 제목으로 붙여진 것은 제헌헌법 이래로 일관되게 규정되어온 것이지만, 그 명칭에 있어서 약간의 문제가 있다. 즉, 최초의 유진오 헌법초안인, 司法部 法典編纂委員會에 제출된 초안에서는 장의 제목을 「사법」이라고 하고 있었는데, 행정연구회를 거치면서 「법원」으로 수정하여 국회에 제출된 것이다. 유진오, 헌법기초회고록, 일조각, 1980, 부록 181쪽 이하 및 207쪽 이하 참조. 헌법에서 사법기능을 담당할 국가기관의 명칭을 장의 제목으로 정하고 있는 예는 많지 아니하고 대부분의 나라들은 「사법」 혹은 「사법부」라고 제목을 정하고 있다. 일본의 경우에도 明治憲法과 현행헌법 모두 「司法」으로 章의 제목을 붙이고 있다. 「법원」이라는 용어는, 일반적 의미에서 사용된 경우도 있으나, 특히 과거 식민지시기 일본제국이 본국의 사법재판소와 식민지의 사법기관을 구별하기 위하여 사용했던 명칭이었다. 일본제국의 식민지 사법제도의 형성과 확산에 관하여는, 문준영, 제국일본의 식민지형 사법제도의 형성과 확산, 「법사학연구」 제30호, 민속원, 2004.10, 189쪽 이하 참조.

14) 우리 헌법상의 사법관련규정들의 해석과 관련하여, 특히 법원과 헌법재판소의 관계에 관한 해석과 관련하여 기관중심의 해석과 기능중심의 해석이 서로 차이가 나타나는 것을 볼 수 있다.

정하고 있다. 제102조에서는 「대법관」을 두는 근거를 규정하고, 제104조에서는 「대법원장」, 「대법관」 및 「대법원장과 대법관이 아닌 법관」의 임명방법을 규정하고 있다. 제106조에서 법관의 신분보장에 관하여 규정하고 있고, 제110조에서는 군사법원의 근거규정을 두면서, 「재판관」이라는 용어를 쓰고 있다.

제6장에서는 헌법재판소를 규정하면서, 그 구성원으로서 「재판관」이라는 명칭을 사용하고, 재판관의 자격으로 「법관의 자격」을 요구하고 있다.

현행헌법은 사법기능을 담당하는 국가기관으로 법원과 헌법재판소 그리고 군사법원을 예정하고 예외적으로 행정심판을 허용하고 있다. 아울러 사법기능을 담당할 공직자에 대하여 「법관」 혹은 「재판관」이라는 명칭을[15] 사용하고 있어서 명칭 자체로 제도화의 장애요소로 작용하고 있으며, 그 의미에 관하여 상당한 혼란을 야기하고 있다. 예컨대, 국민참여재판제도의 도입과 관련하여 찬반 양론에서의 합헌론과 위헌론의 대립이 그 한 예이다.[16]

2. 「법관」의 의의

(1) 서 언

법학에서 사용하는 용어는 개념을 담는 그릇이다. 모든 언어가 그렇듯이 법학에서 사용하는 용어도 그 의미가 불분명한 경우가 적지 아니하다. 용어 자체의 발생배경, 역사적 변천과정, 사용환경, 사용례, 사용자의 의도 등, 하나의 용어가 내포하고 있는 시간성과 공간성의 내용에 따라 용어의 의미가 다르게 이해될 수 있다. 따라서 법규정에 대한 해석작업은 용어 자체의 다양한 개념요소들에 대한 이해로부터 출발

---

15) 우리나라에서 법관이라는 용어가 처음으로 나타나기 시작한 것은 1894년 갑오개혁 이후이다. 동년 6월의 議案 중 各衙門官制의 法務衙門 부분에 「法官與律師」라는 표현이 등장하고, 또 동년 7월의 議案 중에 「司法官의 裁判없이 罪罰을 加하지 못하는 件」이라고 하여 「司法官」이라는 표현이, 1895년의 勅令 第45號의 法部官制에서 「司法官」이라는 표현 등이 나타난다. 그리고 1895년의 「法官養成所規程」에서 「法官」이라는 표현이 등장한다. 동 규정 제1조에서 「法官養成所ᄂᆞᆫ 速成ᄒᆞᆷ을 期하고 生徒ᄅᆞᆯ 汎募ᄒᆞ야 規定ᄒᆞᄂᆞᆫ 學課ᄅᆞᆯ 敎授ᄒᆞ고 卒後에 司法官으로 採用ᄒᆞ미 可ᄒᆞᆫ 資格을 養成ᄒᆞᄂᆞᆫ 處라」라고 하고 있는 것으로 보아, 이때의 「法官」은 「司法官」을 줄인 말인 것으로 생각된다. 국회도서관 편, 한말근대법령자료집 I, 7, 23, 210, 215 각 쪽 참조.

16) 합헌론의 입장은 헌법 제101조 제1항의 「法官」의 개념을 폭넓게 이해하여 참심원 혹은 배심원도 법관의 개념에 포섭될 수 있다고 보고, 헌법상 법관의 신분보장, 임기, 정년 등의 규정은 「法官」 중에서 직업법관에 해당되는 조항이라 해석한다. 황성기, 한국에서의 참심제와 배심제의 헌법적합성, 법과 사회, 제26호, 2004, 123쪽 이하 및 이종수, 시민의 사법참여에 대한 헌법적 검토, 법과 사회, 제25호, 2003, 25쪽 이하 참조. 반대로 위헌론의 입장은 현행헌법상의 「法官」의 의미를 엄격하게 해석하여 직업법관만을 의미한다고 보아 참심제와 배심제가 헌법에 위반된다고 본다. 권영설, 배심제·참심제의 도입논의와 그 헌법적합성의 문제, 법과 사회, 제26호, 97쪽 이하 참조.

하여야 한다.

우리나라에서「법관」이라는 용어의 사전적 의미는「행정관」에 대응하는 의미에서의「사법관」과 동일시되어「사법권의 행사에 관여하는 공무원. 곧 법관을 이름. 때로는 검찰관까지도 이름.」[17] 혹은「법원에 소속되어 소송사건을 심리하고, 분쟁이나 이해의 대립을 법률적으로 해결하고 조정하는 권한을 가진 사람.」[18]으로 정의된다. 일반적으로는,「재판관」,「심판관」 등의 표현과도 의미상으로 동일시될 수 있다고 생각된다. 영미에서 말하는「judge」라는 표현도 사전적 의미로는,「1. 법정에서 사건을 판결하도록 임명된 공무원, 2. 경쟁의 결과를 결정하는 사람, 3. 어떤 견해를 제시할 수 있거나 그렇게 하도록 권한이 주어진 사람」으로 정의하고 있다.[19] 독일어의 Richter는「(넓은 의미에서) 무엇(etwas) 혹은 누군가(jemanden)에 관하여 판단하는 사람 혹은 (좁은 의미에서) 법적 분쟁에 관한 결정에 있어서 국가에 의해 권한이 부여된 공무원」이라고 정의된다.[20] 이러한 정의들은 말 그대로 사전적 의미로서 가장 일반적인 의미와 제도적 의미를 모두 담고 있다. 이들 정의들이 규정하는「법관」 혹은「사법관」이 행하는 직무의 가장 핵심적인 요소는「사실의 존재」와 그 사실에 대한「규범적 판단」이라는 요소이다. 따라서 법관이 행하는 직무는 존재하는 사실에 관한 인식(사실인정)과 그에 대한 규범적 판단으로서의 법률의 해석 · 적용(법적 판단)이라는 두 가지 기본적 기능을 행사하는 것이며, 사실확정과 법적 판단 양자 사이에 정도의 차이는 있을지라도, 반드시 사실확정과 법적 판단의 양 권한을 모두 가진 자이어야만「법관」이라고 할 수 있다.[21]

통상 법규정에서 사용하는 용어는 용어 자체의 가장 일반적인 의미로부터 법적인 의미를 찾아내고 이를 명확하게 정의함으로써 선택될 수 있다. 여기서는 가장 일반적인 의미로서의「법관」개념에서 법적으로 재구성된「법관」개념을 도출하여 이를 고유한 의미의「법관」개념으로 이해하고, 이어서 이러한 개념이 구체적으로 제도화되는 경우에 어떠한 의미를 갖는지를 살펴본다.

---

17) 신기철/신용철 편저, 새우리말 큰사전(1988년판) 참조.
18) 국립국어원 편저, 표준국어대사전 참조.
19) http://www.askoxford.com/concise_oed/judge?view=uk,「1. a public officer appointed to decide cases in a law court. 2. a person who decides the results of a competition. 3. a person able or qualified to give an opinion.」(번역 필자).
20) Wahrig Deutsches Wörterbuch,「(i.w.S.) jmd., der über etwas od. jmdn. richtet; (i.e.S.) mit der Entscheidung von Rechtsstreitigkeiten vom Staat bevollmächtigter Beamter」.
21) 헌재 1995. 9. 28. 92헌가11 결정도 같은 취지이다. 이것은 사실확정 권한과 법적 판단의 권한이 분리되어서는 아니된다는 의미로 이해된다.

(2) 고유한(기능적 혹은 광의의) 의미의 「법관」개념

「법관」 혹은 「사법관」이라는 용어의 가장 일반적인 의미로서 공통되는 것은, 「사법권을 행사하는 공무원」이라는 점이다. 「사법권을 행사하는 공무원」이라는 개념을 명확히 하기 위해서는 「사법」의 개념을 명확히 하는 것이 우선되어야 한다.[22)]

전통적 내지 근대적 사법관념에서는, 실질적 의미의 「사법」에 대하여, 「법 아래에서 실재의 구체적인 쟁송사건에 대하여 법을 적용하고 선언하는 것에 의하여 이를 재정하는 국가작용」이라고 하거나,[23)] 「구체적인 법적 분쟁이 발생한 경우에, 당사자로부터의 쟁송의 제기를 기다려, 독립적 지위를 가진 기관이 제3자적인 입장에서, 무엇이 법인가를 판단하고 선언함으로써, 법질서를 유지하기 위한 작용」이라고 하거나,[24)] 「구체적인 쟁송을 전제로 해서 신분이 독립된 법관의 재판을 통해 법을 선언함으로써 법질서의 유지와 법적 평화에 기여하는 비정치적인 법인식기능」이라고 하거나,[25)] 「국가와 국민 간 또는 국민 상호간에 발생한 법적인 권리·의무에 관한 분쟁을 해결하거나 국가의 형벌권을 실행하기 위하여 해당사건에 대하여 유권적으로 재판하는 국가의 권력적 권한」이라고 하고[26)] 있다. 이와 같은 사법관념에 대한 전통적·근대적 인식은 앞에서 본 바와 같은 사법기능의 확대현상을 정확히 포섭하지 못하는 난점을 가지고 있어서, 새로운 사법관념을 정립할 필요가 있다.

새로운 의미의 사법의 개념을 정립하기 위한 여러 가지 견해들은 기존의 「실질적」·「형식적」 개념의 구분방식을 탈피하여 새로운 개념화를 시도하고 있다.[27)] 이 견해들은 사법기능을 정의하여, 「적법한 제소를 기다려, 법률의 해석·적용에 관한 다툼을 적절한 절차 아래에서 종국적으로 재정하는 작용」이라고 하거나,[28)] 「사법은 직접 참여하지 않는 자 즉 법관에 의하여 유효한 법을 적용하여, 특별히 규율되는

---

22) 「사법」의 개념에 관한, 이하의 상세한 논의는, 졸고, 정치과정에 있어서의 사법권에 관한 연구, 서울대학교 박사학위 논문, 1996, 47쪽 이하 및 같은 내용으로, 졸저, 법과 정치, 박영사, 2007, 22쪽 이하 참조.

23) 김철수, 헌법학, 박영사, 2008, 1958쪽 이하 참조.

24) 권영성, 헌법학원론, 법문사, 2008, 826쪽 이하; 성낙인, 헌법학, 법문사, 2008, 1120쪽 참조.

25) 허 영, 한국헌법론, 2007, 986쪽. 허영 교수는 사법작용의 특징으로 비정치성을 들고 있으나(같은 쪽), 이는 정치성의 의미를 무엇으로 이해하는가에 따라 정해지는 것이다. 정치성을 법규범에 대한 기속성에 대비되는 의미에서 법관이 가지는 「임의성·재량성」을 의미하는 것으로 이해한다면, 오늘날의 사법작용이 결코 비정치적인 작용이라고 할 수 없다. 이 점은 사법권의 법창조기능이 인정되고 있는 점에 비추어 보면 쉽게 이해할 수 있다. Vgl. Wassermann, *Der politische Richter*, München, Piper Verl., 1972, S. 17.

26) 정종섭, 헌법학원론, 박영사, 2008, 1210쪽.

27) 이에 대한 상세한 논의는, 졸저, 법과 정치, 박영사, 2007, 23쪽 이하 참조.

28) 高橋和之, 司法の観念, 樋口陽一 編, 講座憲法學 6 權力分立(2)(日本評論社, 1995), 23-24쪽 이하.

절차에서 최종적 구속력이 있는 결정으로 되는, 사태에 관한 법적 판단」이라고 하거나,[29] 「권리에 관한 다툼이 있거나 또는 권리가 침해된 경우에 특별한 절차에 따라 유권적으로 그리고 그와 함께 구속적이고 자주적인 결정을 내리는 직무」라고 하고 있다.[30] 이러한 견해들을 종합하여 새로운 사법개념을 정리하면, 「공정성을 가진 제3자로서의 법관이 헌법 및 법률의 해석·적용에 관한 다툼이 있을 때, 당사자의 제소를 기다려, 특별한 절차에서 행하는 최종적 구속력을 가진 법적 판단」이라고 정의할 수 있을 것이다.[31]

「사법」의 개념을 이와 같이 이해할 때, 이러한 사법기능을 담당하는 기관을 고유한 의미의 「법원」이라고 할 수 있을 것이며,[32] 「법관」의 개념은 이 「사법」기능을 담당하는 자, 즉 「헌법 및 법률의 해석·적용에 관한 다툼이 있을 때, 당사자의 제소를 기다려, 특별한 절차에서 행하는 최종적 구속력을 가진 법적 판단을 행하는 제3자」라고 할 수 있다. 이때 최종적 구속력과 관련하여, 당해 절차가 사법제도 내에서 최종적 구속력을 가지는 판단에까지 이를 수 있도록 구성되어 있다면 초기심급 내지 중간심급에서의 법적 판단자도 당연히 「법관」의 개념에 포함된다고 볼 수 있다. 이러한 「법관」개념은 국가기능 중의 하나인 사법기능을 담당하는 공무원이라는 의미에서 기능적 의미의 「법관」이라고 할 수도 있다. 이러한 의미로 「법관」개념을 이해한다면, 그 명칭이 무엇인가의 여부와는 상관없이 「법관」개념에 포섭될 수 있는 직위는 다양하게 나타날 수 있으며, 이는 각 국가마다 가지는 헌법규정과 사법전통에 따라 다르게 파악될 수 있다. 말하자면, 확대된 사법기능으로서 헌법재판을 담당하는 자, 혹은 다양한 형태로 제도화된 사법기능을 담당하는 자도 「법관」의 개념에 포섭될 수 있을 것이다.

---

29) K. Stern, *Das Staatsrecht der Bundesrepublik Deutschland*, Bd. Ⅱ, München, C. H. Beck, 1984, S. 898.

30) K. Hesse, *Grundzüge des Verfassungsrechts der BRD*, 20. Aufl., Heidelberg, C. F. Müller, 1995, SS. 234-235.

31) 우리 헌법재판소는 사법의 본질에 관하여 다음과 같이 결정하고 있다. 「사법(司法)의 본질은 법 또는 권리에 관한 다툼이 있거나 법이 침해된 경우에 독립적인 법원이 원칙적으로 직접 조사한 증거를 통한 객관적 사실인정을 바탕으로 법을 해석·적용하여 유권적인 판단을 내리는 작용이라 할 것이다」(헌재 1996. 1. 25, 95헌가5, 판례집 제8권 1집, 1쪽 이하). 헌법재판작용까지도 사법작용에 포함된다는 입장에서 본다면, 이 결정에서 「법 또는 권리에 관한 다툼」이라는 표현은 그 의미내용이 명확하지는 않으나, 적용되는 「법률」 자체에 관한 다툼도 포함하는 것으로 이해하는 것이 정확하다고 판단되며, 「독립적인 법원」이라는 표현도 「독립적인 국가기관」이라고 하여야 정확할 것이다.

32) 헌법재판소에 대한 설명에서, 헌법법원형이라는 표현이 있는데(권영성, 앞의 주 24)의 책, 1113쪽 참조), 이것도 재판소라는 명칭보다 법원이라는 명칭을 일반적 의미로 사용하는 예이다.

(3) 제도적(협의의) 의미의 「법관」개념

고유한 의미의 「법관」을 정의한다고 하더라도, 한 국가에서 사법제도가 설정될 때, 구체적으로 어떠한 자격을 갖춘 자를 법관으로 인정할 것인가 하는 점은 별개의 문제이다. 바로 제도적 의미에서의 「법관」개념이 문제되는 것이다. 우리나라의 경우, 헌법규정에서 (법원의 구성원인) 「법관의 자격은 법률로 정한다」(헌법 제101조 제3항)고 하여, 법관자격법정주의를 정하고 있는 것과 같이, 고유한 의미의 법관개념이 제도화될 경우에는, 사법권을 행사하는 특정의 국가기관에 배속될 수 있는 자격을 따로 정할 필요가 있고, 이때의 「법관」개념이 바로 제도적 의미의 「법관」개념이다.

(4) 현행헌법의 해석론

현행헌법상 고유한 의미의 법관 혹은 사법관은 다양하게 제도화되어 있는데, 문제는 이들 각 용어가 헌법 및 법률의 각 문맥에서 사용되는 경우에도 모두 동일한 의미를 가진다고 볼 것인가이다.

현행헌법에서 「법관」이라는 용어는 15회 사용되고 있다.[33] 이들 각 사용례들에서 말하는 「법관」이 모두 동일한 의미를 가지는 것으로 이해할 것인지 혹은 각 문맥에 따라 「법관」의 의미를 다르게 이해할 것인지에 관하여 본격적으로 논의되기 시작한 것은, 국민의 사법참여의 한 유형으로서 배심제 혹은 참심제의 도입 여부와 관련한 논의부터이다.[34] 국민의 사법참여제도의 확립 필요성에 대해서는 공감하되, 참심제 혹은 배심제의 경우 그 헌법적 근거를 인정할 수 있는지의 여부에 관하여 찬반의 논의가 있었던 것이다.[35] 이러한 해석의 차이는 「법관」이라는 용어를 제도적 의미의 그것으로 이해하여 문언 그대로 엄격하게 해석할 것인지 혹은 일반적 내지 고유의 의미의 개념을 전제하여 헌법의 각 규정에서 용어가 쓰이는 문맥에 따라 다르게 이해할 수 있을 것인지의 문제이다. 비록 참심제 혹은 배심제의 도입 여부와 관련하여 논의된 것이기는 하지만, 논의를 일반화하여 현행헌법상의 「법관」개념을 명확히 할 필요가 있다.

---

33) 제12조(체포 등 영장발부), 제16조(주거 · 압수 등 영장발부), 제27조(재판을 받을 권리), 제65조(탄핵소추대상), 제101조(법원구성원, 법관의 자격), 제102조(대법관이 아닌 법관), 제103조(법관의 독립), 제104조(대법원장과 대법관이 아닌 법관의 임명방법), 제105조(대법원장과 대법관이 아닌 법관의 임기, 법관의 정년), 제106조(법관의 신분보장, 퇴직), 제111조(헌법재판관의 자격), 부칙 제4조(대법원장과 대법원판사가 아닌 법관에 대한 경과규정).

34) 배심제 혹은 참심제의 도입논의에 관한 개괄적 서술은, 황성기, 앞의 주 16)의 글, 126쪽 이하 참조.

35) 앞의 주 16)의 글 참조.

1) 엄격해석론의 입장

이 입장은 「법관」의 개념을 문언 그대로 엄격하게 해석하여, 각 헌법규정에서 사용되는 「법관」의 의미를 모두 동일하게 이해하고자 하는 견해이다.[36] 특히 헌법상 헌법재판소 규정과 군사법원 규정의 경우 「재판관」이라는 용어를 쓰고 있기 때문에, 「법관」개념은 국가기관인 법원의 구성원으로서 제도적으로 구별하고 있다는 주장이 가능하다. 말하자면, 현행헌법상 「법관」의 개념을 제도적 의미의 법관 개념으로 이해하여, 「법관」은 법원의 구성원이면서, 헌법상의 제 규정에 의하여 먼저 신분이 엄격히 정해지고 하위법인 법원조직법에 의하여 구체적으로 규정된다고 이해하는 입장이다.[37] 또한, 헌법에서 정한 법관의 임기·연임규정(제105조)과 신분보장규정(제106조)에 비추어 헌법상의 「법관」은 모두 전문적인 직업법관만을 의미한다고 해석하는 것이 무리 없는 해석이라는 견해도[38] 엄격해석론의 입장이다.[39]

2) 완화된 해석론의 입장

이 입장은 헌법규정상의 「법관」개념에 대하여 문언상 동일한 표현이더라도 그 쓰이는 문맥에 따라 다르게 이해할 수 있다고 보는 견해이다. 헌법 제27조 제1항에서 말하는 「헌법과 법률이 정한 법관」개념이 전문적인 직업법관만이 법관인 것으로 명시적으로 제한하고 있지는 않다고 보고, 굳이 직업법관에게만 사법기능을 전속적

---

36) 기존의 헌법학교과서들은 거의 대부분 엄격해석론의 입장에 있다고 보여진다. 김철수, 앞의 주 23)의 책, 1278쪽 이하; 권영성, 앞의 주 24)의 책, 605쪽 이하; 성낙인, 앞의 주 24)의 책, 729쪽 이하; 정종섭, 앞의 주 26)의 책, 695쪽 이하 등 참조.

37) 참심·배심제 도입의 헌법적합성에 대한 논의에서 본고에서처럼 직접 법관의 개념을 놓고 의견대립이 있었던 것은 아니다. 다만, 찬반양론의 각 입장에서 무의식적으로 고유한 의미의 법관과 제도적인 법관개념을 전제로 하여 논의가 이루어진 것으로 생각된다. 다만, 권영설, 앞의 주 16)의 글, 111쪽에서는 군사법원의 재판관에 대하여 전문법관이 아닌 자에 의한 재판관여로 이해하고 있다. 고유한 의미의 법관과 제도적 의미의 법관 사이의 개념혼동이 있다고 생각된다. 군사법원의 재판관 또한 엄격히 법률에서 그 자격을 규정하고 있다는 점에서 헌법상 근거를 가진 군사법원의 전문재판관이다.

38) 권영설, 앞의 주 16)의 글, 109쪽 이하; 홍기태, 특집, 국민에 의한 재판 - 한국에서의 참심·배심의 가능성, 토론문, 법과 사회이론학회 편, 법과 사회, 제25호, 99쪽 참조.

39) 헌법초안자인 유진오 박사도 「법관」개념을 엄격히 제도적 의미로 이해하고 있었던 것으로 보인다. 대한민국헌법 제안이유 설명에서, 「… 재판소의 조직을 반드시 법률로써 정하고 법관의 자격을 또한 법률로써 정하고, 법관은 반드시 헌법과 법률에 의해서만 재판을 하는 그러한 제도를 취하는 동시에, 종래의 제도에서는 사법관의 신분을 종신관으로 하는 것이 통례였읍니다마는, 이 헌법에서는 법관의 임기를 10년으로 하고 …」라고 하여, 재판소와 사법관이라는 표현을 일반적인 의미로, 그리고 법원과 법관이라는 표현을 기관중심의 제도화된 개념으로 사용하고 있다. 유진오, 앞의 주 13)의 책, 242-243쪽 참조. 그러나 시대상황이 변화되었고 또한 제헌헌법 이후 여러 차례의 헌법개정을 거치면서 헌법상의 사법권의 제도적 구성 또한 빈번히 바뀌었기 때문에, 제헌헌법의 사법관련규정과 현행헌법의 사법관련규정을 문언이 동일하다 하여 동일하게 해석할 필요는 없다고 생각된다.

으로 맡길 필연적인 헌법적 근거는 없다고 이해한다.[40] 재판이 사실확정 및 법률의 해석·적용이라고 하는 두 가지 주요요소로 구성되어 있는 과정이라는 점에서 곧바로 재판은 반드시 직업법관만에 의해서만 이루어져야 한다는 결론을 도출하는 것은 논리의 비약이라고 보고,[41] 「헌법과 법률이 정한 법관」개념에서 말하는 법관을 「국가의 사법권을 행사하는 법관」으로 이해하여[42] 법관개념을 해석적으로 이분화하는 견해이다.

3) 사 견

본고에서는 「법관」의 의미를 완화된 해석론의 입장에서 이해하고자 한다. 첫째로, 앞에서 본 바와 같이, 우리나라에서 서구식 사법제도가 도입되는 과정에서 「법관」은 「사법관」과 동일하게 사용되어 왔기 때문에, 고유한 의미 또는 기능적 의미에서 사법관을 법관으로 약칭하고 있는 것으로 볼 수 있다. 둘째로, 헌법상의 용어가 서로 동일하다고 하더라도 그것이 각 문맥에서 사용되는 의미는 다를 수 있으며, 따라서 다르게 해석될 수 있다. 셋째로, 헌법 제27조 제1항의 「헌법과 법률이 정한 법관」이라는 표현의 의미는 고유한(기능적) 의미의 법관을 의미하는 것으로 이해하여야 한다. 왜냐하면, 헌법 제27조의 재판청구권에는 헌법재판청구권도 당연히 포함되는 것으로 해석하여야 하고,[43] 이때 「헌법과 법률이 정한 법관」은 헌법재판소의 「재판관」도 당연히 포함되는 것이라고 하여야 하기 때문이다. 만약 그렇지 않다면, 헌법재판도 헌법 제101조 이하에서 정한 법관에 의하여 재판을 받아야 한다는 헌법규정상의 충돌을 야기하기 때문이다.[44] 넷째로, 후술하는 바와 같이, 현행법률에서는 기

40) 이종수, 앞의 주 16)의 글, 26쪽. 위 글에서 필자는 이같은 해석의 근거로, 독일헌법상 직업법관과 참심원 양자를 법관으로 포함한다는 점과, 현행헌법 제7조의「공무원」의 해석상 동조 제1항은 광의의 공무원으로, 동조 제2항은 최협의의 공무원으로 해석되고 있음을 들고 있다. 이에 대한 비판적 견해로, 권영설, 앞의 주 16)의 글, 110쪽 참조.

41) 황성기, 주 16)의 글, 130쪽.

42) 황성기, 위의 글, 131-132쪽 참조.

43) 헌법 제27조의 재판청구권의 내용 속에 헌법재판청구권이 포함된다는 데에는 이론이 없으나, 그 이론적 근거는 약간 다르다. 즉, 사법작용 속에 헌법재판작용까지 모두 포함하는 것으로 이해하는 입장에서는 제27조의 재판청구권에 당연히 헌법재판청구권이 포함된다고 이해하지만(김철수, 앞의 주 23)의 책, 1283쪽, 1961쪽; 권영성, 앞의 주 24)의 책, 604쪽, 834쪽 참조), 사법작용 속에 헌법재판작용을 포함하지 않는 입장에서는 헌법재판청구권은 헌법 제27조 제1항과 헌법 제111조 제1항에 동시에 근거한다고 본다(정종섭, 앞의 주 26)의 책, 693쪽, 865쪽, 1210쪽 등 참조).

44) 이러한 해석적 난관이 생기는 이유는 우리 헌법의 사법제도 관련규정이 여러 차례의 개정을 거치면서 이론적으로 정비되지 못한 채 기관중심으로 이루어진 데에 기인한다. 법원과 헌법재판소를 통합적으로 규정하지 못했기 때문에 나타나는 문제이다. 헌법재판청구권이 헌법 제27조 제1항과 제111조 제1항에 의하여 따로 보장된다고 해석하더라도(주 37) 참조), 제27조 제1항의 법관개념에 헌법재판관을 포함하여야 한다고 보아야 한다. 말하자면, 제27조의 「법관」은 제도

능적 의미에서 사법기능을 담당하는 다양한 공직이 존재하는 바, 이는 오늘날의 사회의 다양성과 전문성을 고려하여 제도화되어 있는 직무들이다. 이들 직무들이 기능적으로 사법기능에 속한다면, 이들 직무들을 포섭할 수 있는 상위개념으로 이해되는 헌법상의「법관」개념이 요청된다고 볼 것이다. 이것은 장래에 있을 수 있는 법원 및 법관의 다양화에 대비하여 헌법규정을 개방적으로 해석하고자 하는 목적론적 해석의 의미를 갖는다.

위와 같은 해석론적 입장에서 현행헌법상의「법관」개념을 이해한다면, 헌법 제27조 제1항(재판청구권), 제101조 제1항(법원의 구성원으로서의 법관) 및 제3항(법관의 자격), 제103조(법관의 독립) 등의 규정에서 말하는「법관」은 고유한 의미의 법관을 말하는 것으로 볼 수 있다. 그리고 제12조 및 제16조(법관의 영장발부), 제65조 제1항(탄핵대상인 법관), 제102조(대법관이 아닌 법관), 제104조(대법원장과 대법관이 아닌 법관의 임명방법), 제106조(법관의 임기 · 정년), 제106조(법관의 신분보장), 제111조 제2항(헌법재판소 재판관의 자격으로서의 법관), 부칙 제4조 제2항(대법원장과 대법원판사가 아닌 법관) 등의 규정에서 말하는「법관」은 제도적 의미의 법관, 즉 법원에 소속되어 있는 전문적인 직업법관을 의미한다고 할 수 있다.[45)]

3.「법관」의 종류

(1) 헌법 및 법원조직법 규정 – 고유한 의미의「법관」의 제도화

앞서 언급한 바와 같이, 현재 우리나라의 헌법에서는 법원의 구성원인「법관」과[46)] 헌법재판소의 구성원인「재판관」및 군사법원의 구성원인「재판관」을 규정하고 있는데, 이들 각 용어들은 고유한 의미의「법관」이 제도화되어 사용되는 명칭들이다. 헌법 제104조는 법원의 구성원인「법관」의 개념을 세분하여,「대법원장」과「대법관」그리고「대법원장과 대법관이 아닌 법관」의 세 지위를 규정하여 각각 그 임명방법을 정하고 있다.

화된 여러 종류의 법관을 모두 포괄하는 상위개념으로 이해하여야만 해석론상의 불필요한 무리한 해석이 나타나지 않는다.

45) 비슷한 취지로, 황성기, 앞의 주 16)의 글에서는, 제104조(법관의 임명방법)규정에서 말하는「대법원장과 대법관이 아닌 법관」도 여기서 말하는 고유한 의미의 법관개념으로 이해하고 있으나(132쪽), 이때의「법관」은 제도적 의미로 이해함이 타당하다고 생각된다. 왜냐하면, 대법원장과 대법관이 아닌 법관을 고유한 의미의 법관으로 이해한다면, 고유한 의미의 법관으로 이해되는 모든 법관들을 대법관회의를 거쳐 대법원장이 임명하여야 하는 것으로 되기 때문이다.

46) 우리나라 헌법은 사법권의 담당기관 및 담당자의 기본적인 명칭을「법원」및「법관」이라는 용어로 사용하고 있으나, 원래 구한말에 제정된 재판소구성법에서는「재판소」및「판사」라는 용어를 기본적인 명칭으로 하고 있었다. 앞에서(주 15)) 지적한 바와 같이,「법관」은「사법관」을 줄여서 사용한 것으로 보는 것이 타당하다고 생각된다. 때로는「재판관」으로 쓰이기도 하였다.

법원조직법은 이를 구체화하여 제도적 의미의 「법관」의 임용자격에 관하여 규정하고 있는데, 법관의 종류를 대법원장, 대법관, 판사의 세 종류로 구분하고, 각 경우의 임명자격을 정하고 있다(법원조직법 제41-42조).[47] 여기서 「판사」는 「대법원장과 대법관이 아닌 법관」을 일괄하여 지칭하는 것으로 판단된다.[48]

헌법재판소 재판관은 법관의 자격을 전제로 하여 대통령이 임명하도록 하고 있는데(헌법 제111조 제2항), 헌법재판소법은 이를 구체화하여 임명자격을 정하고 있다.[49]

군사법원법상의 재판관은, 보통군사법원은 재판관 1인 또는 3인으로, 고등군사법원은 재판관 3인 또는 5인으로써 구성하며, 재판관은 군판사와 심판관으로써 하고, 재판장은 선임재판관이 되도록 하고 있다.[50] 군판사와 심판관의 임명자격에 대해서는 군사법원법에서 상세히 정하고 있다.[51]

(2) 기타 법률에서의 「법관」

현행법률에서는 여러 법률에서 법관이라는 명칭을 사용하고 있다. 흥미로운 것은, 검사에 대응하는 의미에서 쓰이는 판사라는 명칭보다도 법관이라는 명칭이 더 빈번히 사용되고 있다는 점이다.[52] 이들 법률에서 사용하는 법관이라는 명칭은 제도

47) 법원조직법 「제41조(법관의 임명) ① 대법원장은 국회의 동의를 얻어 대통령이 임명한다. ② 대법관은 대법원장의 제청으로 국회의 동의를 얻어 대통령이 임명한다. ③ 판사는 대법관회의의 동의를 얻어 대법원장이 임명한다.」 동 「제42조(임용자격) ① 대법원장과 대법관은 15년 이상 다음 각호의 직에 있던 40세 이상의 자 중에서 임용한다. 1. 판사·검사·변호사, 2. 변호사의 자격이 있는 자로서 국가기관, 지방자치단체, 국·공영기업체, 정부투자기관 기타 법인에서 법률에 관한 사무에 종사한 자, 3. 변호사의 자격이 있는 자로서 공인된 대학의 법률학 조교수 이상의 직에 있던 자. ② 판사는 다음 각호의 1에 해당하는 자 중에서 임용한다. 1. 사법시험에 합격하여 사법연수원의 소정 과정을 마친 자, 2. 변호사의 자격이 있는 자」. 1994년에 도입된 예비판사제도는 2007년 5월 1일 법원조직법개정에서 삭제되었다.

48) 원래 判事라는 명칭은 조선시대의 관직명 중 從一品의 직에 사용되던 직명이었다. 예컨대, 判敦寧府事, 判義禁府事 등과 같이 判○○○事라는 형태로 사용되었다. 또 判官이라는 명칭은 從五品의 직에 해당되는 것이었다. 서울대학교 규장각 편, 경국대전, 1997, 41-45쪽 참조. 그러나 현재의 判事라는 용어가 이 직명에서 따온 것으로 보기는 어렵다고 생각된다. 구한말 일본의 사법관 직제가 도입되면서 判事라는 명칭이 사용된 것으로 보인다. 판사, 검사라는 명칭의 어원에 관한 연구도 의미있는 주제로 차후의 연구과제로 남겨둔다.

49) 헌법재판소법 제5조는 재판관의 자격에 관하여 기본적으로 대법원장 및 대법관의 자격과 동일하게 정하고 있다. 「제5조(재판관의 자격) ① 재판관은 15년 이상 다음 각호의 1에 해당하는 직에 있던 40세 이상의 자 중에서 임명한다. 다만, 다음 각 호 중 2 이상의 직에 있던 자의 재직기간은 이를 통산한다. 1. 판사·검사·변호사, 2. 변호사의 자격이 있는 자로서 국가기관, 국·공영기업체, 정부투자기관 기타 법인에서 법률에 관한 사무에 종사한 자, 3. 변호사의 자격이 있는 자로서 공인된 대학의 법률학조교수 이상의 직에 있던 자」.

50) 군사법원법 제22조 참조.

51) 군사법원법 제23-27조 참조.

52) 예컨대, 공직자윤리법 제3조 제1항 5호 법관 및 검사, 공직자 등의 병역사항 신고 및 공개에

적 의미의 법관으로서 국가기관인 법원에 속하여 사법기능을 담당하는 공무원이다.[53)]

(3) 법관개념에 포섭될 수 있는 다른 직위

고유한 의미의 법관개념에 핵심적인 요소는 사실의 확정과 법적 판단의 두 기능을 담당하여야 함은 앞에서 본 바와 같다. 따라서 사법기능으로서 사실의 확정과 법적 판단을 동시에 행하는 공적 직무는 그 담당공무원의 직명이 무엇이냐에 상관없이, 원칙적으로 법관의 개념에 포섭되는 것으로 이해할 수 있을 것이다.[54)]

현행법률 중에서, 행정심판법 상의 행정심판위원(동법 제5조 이하), 해양사고의 조사 및 심판에 관한 법률 상의 심판관(동법 제2장 이하), 특허법 상의 심판관(동법 제132조의2), 국세기본법 상의 조세심판관(동법 제67조 이하), 관세법 상의 조세심판관(동법 제120조 이하), 군사법원법 상의 재판관(동법 제22조) 등의 직위가 고유한(기능적) 의미의 법관에 포함되는 것으로 볼 수 있다.[55)] 이들 직무들은 사실의 확정과 동시에 법적 판단까지도 담당하도록 하고 있어서 고유한 의미의 법관으로 포섭될 수 있지만, 사실의 확정에만 관여하는 공무원은 이에 포함될 수 없다.[56)] 또한 위의 각 법률들에서 정한 구체적인 직무로서의 법적 판단에 대한 불복은 최종적으로 대법원의 관장사항으로 하고 있다.[57)] 이 점에 비추어 볼 때 현행헌법은 사법기능에 속하는 영역이라면 그 직무의 성격에 따라 다양한 형태의 사법제도를 설정할 수 있도록 하고 있다고 보아 별 무리가 없을 것이며, 이 점에 비추어 행정부 소속의 기관에 한정하지 아니하고 사법부 소속의 기관으로도 다양한 형태의 사법제도를 창설할 수 있는 가능

관한 법률 제2조 5호 법관 및 검사, 국가공무원법 제2조 제2항 2호 법관, 검사…, 국민의 형사재판참여에 관한 법률 제18조 4호 법관·검사 등의 표현에서 보듯이 판사라는 명칭 대신에 법관이라는 명칭을 사용하는 예가 많다. 단, 형사소송비용 등에 관한 법률에서는 「수명법관 또는 수탁판사」라고 하여 법관과 판사라는 명칭을 함께 사용하고 있다. 법률에서 판사라는 명칭보다 법관이라는 명칭을 빈번히 사용하고 있는 것은 법관개념에 대한 엄격해석론의 입장에서 법관을 이해하기 때문으로 생각된다. 외국의 경우, 예외가 있기는 하지만, judge(영미) 혹은 Richter(독) 혹은 juge(프)라는 용어로 통일적으로 쓰이는 것을 고려하면, 우리나라의 경우에도 직명을 통일적으로 정비할 필요가 있다.

53) 1994년에 도입된 예비판사제도는 그 재임기간이 2년이면서도 사건의 심리 등 배석판사로서의 역할을 하고 있었으므로, 위헌의 의심이 있다고 하여 2007년에 폐지되었다. 법원조직법일부개정안 심사보고서(2007. 3. 법제사법위원회) 참조.

54) 기관중심으로 이해한다면, 행정기관에 속하는 심판기관들은 준사법기관이라고 할 수 있다.

55) 이외에도 역사적으로는 임시적인 것이기는 하였지만, 4·19 혁명 후의 특별재판소 및 특별재판부조직법 상의 심판관, 5·16쿠데타 후의 혁명재판소 및 혁명검찰부조직법 상의 심판관 등도 이에 포함된다.

56) 법령상으로는 심의관, 심사관, 조사관 등으로 표현되는 예가 많다.

57) 해양사고의 조사 및 심판에 관한 법률(제74조), 특허법(제186조), 국세기본법(제60조), 관세법(제120조), 군사법원법(제9조) 등. 행정심판은 행정소송과 병행할 수 있도록 되어 있다.

성을 열어놓고 있다고 할 것이다.

Ⅲ. 현행헌법상 「법관」의 다양화 가능성

1. 헌법적 근거

현행헌법상 법관의 다양화는 허용될 수 있는가? 이 물음에 답하기 위해서는 현행헌법의 사법관련규정들에 대한 해석을 전제로 하여 헌법상 허용되는 법원 이외에 다른 종류의 법원을 설치할 수 있는가의 문제와 직결된다. 전술한 바와 같이, 현행헌법이 직무의 성격에 따라 다양한 형태의 사법제도를 설정할 수 있도록 하고 있다고 한다면 그 기관의 권한담당자는 역시 헌법상 「법관」의 지위를 가질 수 있다. 아울러 현행헌법상의 「법관」의 개념을 해석적으로 이분화할 수 있다고 본다면, 사법부인 법원의 하위에 다양한 형태의 하급심을 두거나 전문영역별로 특수법원을[58] 두는 것은 인정된다고 볼 것이다. 즉, 정규의 법원이 아니더라도 사건의 경중이나, 치안, 교통, 상사, 교육, 가사, 임대차, 노동, 조세, 청소년관련 사건 등과 같이 사건의 성격에 따라 비정규의 특수법원을 둘 수 있다는 것이다. 그리고, 이러한 법원들이 종국적으로 정규법원의 심급으로 연결될 수 있게 하거나, 당사자의 선택에 따라 정규법원의 재판을 받을 수 있게 한다면, 헌법적으로 이를 허용하지 않을 이유가 없다. 현행헌법상의 사법제도에 대한 경직된 해석으로 말미암아 국민의 기본권침해에 대한 구제가 지연되는 것은 국민의 신속한 재판을 받을 권리를 침해하는 것이 되기 때문이다. 이때의 법원이 헌법 제101조 제2항에서 말하는 「각급법원」에 해당되는 것으로 이해한다면, 임기나 정년, 신분보장 등에서 헌법상의 규정이 엄격하게 적용되어야 한다고 하겠으나,[59] 정규법원 이외에 따로 「재판소」 혹은 「심판소」 기타 적절한 명칭을 가진 기관을 설치한다면 불필요한 논란을 피할 수 있을 것이다. 뿐만 아니라 그 구성원인 법관도 「재판관」 혹은 「심판관」 기타 적절한 명칭으로 한다면, 헌법상 규정된 엄격한 법관의 요건을 적용하지 않고 그 자격을 따로 법률로 다양하게 정할 수 있을 것이다.[60]

---

58) 특수법원의 개념은 특별법원(예외법원)과는 다르다고 이해되고 있다. 즉, 특별법원은 대법원에의 상고가 인정되지 않거나, 법관의 자격이 없는 자로 구성된 법원을 말한다. 김철수, 앞의 주 23)의 책, 1944쪽; 권영성, 앞의 주 24)의 책, 1083쪽; 성낙인, 앞의 주 24)의 책, 1106쪽. 특히 성낙인 교수는 특수법원의 관념은 보다 융화적·통합적으로 이해할 필요가 있다고 하고 있다. 동, 1111쪽.

59) 기존의 제도 중 특수법원으로 인정되는 것은 가정법원, 행정법원, 특허법원 등인데, 이들 법원들의 경우, 모두 헌법상의 법관의 자격요건을 가진 자들만이 법관으로 될 수 있다.

60) 앞서 지적한 바와 같이, 사법부가 아닌 행정부에 소속된 준사법기관의 경우, 다양하게 기관과

2. 법관지위의 다양화

국가의 사법기능은 다양한 사법제도로 제도화할 수 있고, 헌법상 명문으로 허용된 정규법원 이외에, 헌법규정의 해석상 사건의 경중이나 성격, 업무영역에 따라 법관의 임기, 직무관할, 선발 및 임명방법, 권한범위 등을 다르게 설정할 수 있다고 할 것이다. 이때의 법관은 고유한 의미의 법관 개념을 전제로 하여 이해될 수 있고, 헌법상 고유한 의미의 법관을 의미하는 것으로 해석되는 각 규정의 적용을 받는다고 본다. 즉, 제101조 제3항의 법관의 자격규정은 새로이 설치되는 비정규법원의 구성원의 자격을 법률로 정하는 근거가 될 수 있고, 제103조의 법관의 독립규정도 마찬가지로 적용가능할 것이다.

Ⅳ. 외국의 제도

1. 영 국

(1) 기본구조

불문헌법국가인 영국에는 사법관련 헌법규정이 존재하지 않으나, 다양한 사법관련 법률이 존재하고 있으며, 오랜 민주적 전통에 따라 다양한 종류의 법원, 법관, 법조인으로 구성된 법원제도를 형성·발전시켜 왔다. 영국의 법원조직을 개괄하면 다음과 같다.

최고법원(Supreme Court)으로서, 2005년 법원조직개혁법의 제정으로 영국최고법원(Supreme Court of the United Kingdom)이 설치되게 되었으며, 2009년 10월에 출범하였다.

항소법원(Court of Appeal)은 고등법원·군법원·심판소로부터의 항소사건을 심리하는 민사부(Civil Division)와 하급형사법원(Crown Court)으로부터의 항소사건을 심리하는 형사부(Criminal Division)로 구성되어 있는 상급법원을 말한다.

고등법원(High Court)은 민·형사사건에 대한 특정한 제1심관할권과 형사법원·군법원·치안판사법원·심판소로부터의 항소심관할권을 가지는 상급법원이며, 왕좌

구성원을 정할 수 있도록 하고 있는데, 사법부 자체에서 이러한 하급기관을 설정하지 못한다고 하는 것은 현행헌법상의 사법권규정을 너무 엄격하게 해석하는 것이라 생각된다. 반세기도 더 전에 우리 헌법이 제정되면서 정해진 사법제도의 상을 오늘날까지 고집할 필요는 없다고 생각되며, 오히려 새로운 상황변화로 인해 헌법이 예상하지 못했던 흠결부분을 해석적 방법을 통해 새롭게 메꿀 필요가 있다. 법관규정을 너무 엄격히 경직되게 해석하면 사법부와 국민 사이의 괴리가 그만큼 커지게 될 뿐이다.

부 · 가사부 · 형평법부 3부로 구성되어 있다. 여기에는 현재 108명의 고등법원판사(High Court Judges)가 있다.

형사법원(Crown Court)은 1971년 법원법(Courts Act 1971)에 의해서 창설된 상급기록법원(superior court of record)으로, 주로 형사사건을 다루는데, 배심에 의한 심리를 필요로 하는 중죄에 해당하는 기소범죄(indictable offences)에 대한 사물관할권을 행사한다. 또한 형사(경미범죄) · 마권 · 도박 · 허가와 관련된 치안판사법원으로부터의 항소 · 이송사건과 청소년법원(Youth Court)으로부터의 항소사건을 심리한다.

군법원(County Court)은 1846년 군법원법(County Courts Act 1846)에 의해 설치되었다. 주로 소액의 민사사건을 제1심으로 다루지만, 1984년 군법원법(County Courts Act 1984)에 의해 불법행위, 계약, 토지, 형평법, 가족법, 검인, 해사 등의 분쟁까지 관할이 확대되었으며, 기타 법령에 의해 차별, 이혼, 임대차, 파산 등의 사건도 심리하게 되었다. 물론 모든 사건은 소송가액이 소액인 경우로 한정된다.

그 외에 치안판사법원(Magistrates' Court) 및 심판소(Tribunals)가 있는데, 치안판사법원은 주로 경미한 형사사건을 담당하며, 이민 · 사회보장 · 자녀양육 · 연금 · 납세 · 토지 관련분쟁을 각각 처리하는 각종 심판소가 있다.

(2) 법관지위의 다양성

영국의 법원제도에는 관할별 · 심급별 다양한 종류의 법원, 다양한 사건유형 및 심리방식, 다양한 유형의 종국판결 등이 존재하지만, 자격요건과 직무범위 및 신분보장, 특히 근무시간과 방식(전임 · 상근/수당제 · 시간제)의 측면 등에서 크게 구별되는 정규직법관/비정규직법관의 구별방법도 영국의 법관제도를 이해하는 데 상당한 도움이 될 것이다.

영국에서의 정규직법관은, 최고재판관(Lord Chief Justice of England and Wales), 상임재판관(Lord of Appeal in Ordinary), 각 부장판사(Heads of Division), 항소법원판사(Lord/Lady Justice of Appeal), 고등법원판사(High Court Judges), 순회판사(Circuit Judges), 구역판사(District Judges), 치안판사법원 구역판사(District Judges(Magistrates' Court)) 등이 존재한다.

비정규직법관(Fee-paid Judiciary)으로는, 시간제(part-time) · 수당제(fee-paid)의 비정규직법관도 상당수 존재하는데, 이들의 업무환경은 거의 정규직법관과 유사하나 통상은 간단하거나 경미한 사건을 담당한다. 비정규직법관에는, 대리고등법원판사(Deputy High Court Judges), 대리구역판사(Deputy District Judges), 치안판사법원 대리구역판사(Deputy District Judges(Magistrates' Courts)), 기록판사(Recorders) 등이 있다.

이와 같이, 영국법관의 지위는 심급별로, 관할별로, 자격요건별로, 그리고 근무시간과 방식에 따라 다양하게 구분되고 있으나, 다른 어떤 종류의 법관보다도 특징적이고 영국에 고유한 법관의 유형으로 역시 치안판사(magistrates; justices of the peace)제도이다.

(3) 치안판사제도

치안판사는 1195년 황실칙령(royal proclamation of 1195)에서 기원하여, 14세기부터 사법기능을 담당하게 되었다. 1330년대에 이르자 치안판사는 매우 강력한 권한을 행사하게 되었고, 1361년 노동판사(justices of labourers)가 치안판사위원회에 통합된 후, 오늘날의 치안판사직이 출범하게 되었다. 1590년에 이르러 모든 형사사건에 대한 관할권을 행사하게 되었지만, 1842년의 법률개정으로 반역죄, 살인죄, 무기징역형으로 처벌되는 중죄 등은 제외되었다. 1997년 치안판사법(Justices of the Peace Act 1997), 1999년 치안판사액세스법(Access to Justice Act 1999) 등에 의해 제도적 변화를 거치면서, 2003년 법원법(Courts Act 2003)에 의해 치안판사법원의 구조는 대대적인 변화를 겪게 되었다. 오늘날 대부분의 다른 주요 법원과 마찬가지로 치안판사법원도 법무부의 집행기관인 국립법원사무처에 의해 운영되고 있다.

치안판사법원은 18세 이상의 성년자에 대한 형사사건을 담당하는 성년법정(Adult Court), 10~17세의 미성년자와 관련된 사건을 담당하는 청소년법정(Youth Court), 가사분쟁을 해결하는 가사법정(Family Proceedings Court), 지방(의회)세를 징수하거나 면허신청을 처리하는 등의 민사사건과 기타의 사건을 처리하는 민사법정(Civil Court)로 구성된다.

치안판사는 매년 26일 반 이상 법정에서의 직무를 수행하여야 한다.

치안판사가 피고용인인 경우, 1996년 근로자권리보장법(Employment Rights Act 1996) 제50조의 규정을 근거로, 고용주에게 치안판사로 근무하기 위하여 필요한 시간만큼 근무를 면제시켜 주도록 요청하고 확인받아야 한다.

치안판사는 직무수행에 대해 보수를 받지 아니한다. 그러나 치안판사는 여비(제한된 범위 내에서), 실비, 소득상실과 같은 경제적 손실에 대한 보전을 청구할 수 있다.

치안판사의 자격은 거의 제한이 없다. 즉, 출신배경이나 성별 등과 관계없이 건전한 판단력(sound judgement)과 인격적 청렴성(personal integrity)을 가진 자이면 누구든지 치안판사로 선발될 수 있다. 18세 이상이면 누구나 지원할 수 있으며, 정년은 70세이다. 치안판사에 대한 어떠한 공식자격요건이나 학력도 요구되지 않는다. 사전에 법률교육이나 실무경험도 필요치 않다. 그러나 치안판사로서의 역할을 성공적으로 수행하기 위해서 필수적인 것으로 여겨지는 6가지 주요한 자질로서, 좋은 평판, 이해력과 의사소통능력, 사회적 인지능력, 원숙성 및 굳건한 성품, 공정한 판단, 성실성 및 책임성 등이 요청된다.

치안판사에 대한 직무연수는 사법연수위원회(Judicial Studies Board)에 의해 통상 3일(18시간) 동안 진행되며, 이후 약 1년에 걸쳐 3회 이상의 법정견학과 교도소·소년원·보석인합숙소 등에 대한 시찰도 2일(12시간) 정도 행해진다.

2. 미 국

(1) 기본구조

미국의 사법제도는 연방차원 및 주정부와 지방정부의 차원 두 가지 사법체계를 가지고 있다.

연방법원은 연방헌법 제1조 제8항 제9절, 제3조, 제4조 제3항 제2절 등을 헌법적 근거로 하여, 하나의 최고법원(연방대법원; Supreme Court)과 연방의회(Congress)가 법률로 정하는 하급법원(Inferior Court)으로 구성되도록 하였으며, 직무를 적법하게 수행하는 한(during good behaviour) 종신임기(life tenure)와 급여삭감금지의 보장을 받도록 하였다. 한편, 연방헌법 제1조 제8항 제9절은 연방의회에게 법률로써 '제3조상 법원'(Article Ⅲ court) 이외의 법원을 창설할 수 있도록 하는 권한을 포괄적으로 위임하고 있으며, 연방헌법 제4조 제3항 제2절도 연방의회로 하여금 법률로써 준주(territory)지역 등에서 다양한 지위의 법관으로 구성된 법원을 설립할 수 있도록 규정하고 있다. 따라서 연방법원은 크게 '제3조상 법원'("헌법법원"(constitutional court))과 '제1조·제4조상 법원'("법률법원"(legislative court))으로 구별되며, 연방의회는 제1조와 제4조에 의해 위임받은 권한을 근거로 다양한 지위와 직무범위를 가진 법관으로 구성된 다양한 형태의 법원조직을 창설하고 있다.

미국의 각 주는 주헌법에 사법부에 대한 규정을 별도로 가지고 있으며, 이를 근거로 연방법원과 구별되는 주법원체계가 각각 형성되어 있다. 또한 여러 주의 지방정부(local government)도 주헌법이나 주법령에서 직접 규정하거나 이로부터 위임을 받은 지방정부의 조례(ordinance)에서 규정하는 다양한 지위와 직무범위를 갖는 법관으로 구성된 법원조직을 별도로 운영하고 있다.

(2) 법관 지위의 다양성

미국 법관제도는 연방국가라는 점과 연방의회 및 주의회에게 법원조직의 구성에 관한 구체적 사항을 포괄적으로 위임하고 있다는 점 등에서 다양한 방법으로 다양한 지위의 법관을 선발하고 있다는 특색을 갖는다.

첫째, 미국은 연방정부와 50개의 주정부로 구성되어 있고, 이에 따라 총 51개의 법원조직이 존재한다. 특히 각 주는 각각의 역사적 배경과 생활현실에 가장 적합한 법원조직과 재판제도를 창설·운영하여 왔기 때문에 매우 복잡다기한 모습을 보여주는 것은 당연한 것으로 보이며, 법원제도의 가장 핵심적 구성요소인 법관의 지위와 선발방식을 정함에 있어서도 다양한 모습을 보여주고 있다. 그중에서도 눈에 띄는 것은 많은 주정부가 운영하고 있는 市·郡법원, 치안법원, 검인법원, 소년법원, 가사법원 등에서는, 주에 따라서는 비록 사라져가는 추세이기는 하지만, 아직까지도 변호사자격이나 소송실무경력이 없는 일반인이나 非사법공무원(non-judicial officer)이 재판을 담당하고 있다는 점이다.

둘째, 법관선발제도도 대략 다음의 5가지 방식으로 나누어 볼 수 있다: ① 주지사임명(gubernatorial appointment)방식, ② 의회선출(congressional selection)방식, ③ 정당입후보선거(partisan ballot)방식, ④ 비정당입후보선거(non-partisan ballot)방식, ⑤ 소위 "미주리방식"(Missouri plan)으로 불리는 실적위주선발제도(merit selection system) 또는 그 변형 등의 방식이 있다.

셋째, 연방의회와 주의회는 자신의 실정에 맞는 법원조직을 법률로써 자유로이 구성할 권한을 각각의 헌법으로부터 위임받고 있다. 뿐만 아니라 지방의회도 주헌법이나 주법률의 위임을 받아 조례로써 지방정부법원을 조직하고 있다. 그 결과 연방법원과 주법원, 그리고 지방정부법원 간 구조상 많은 차이점과 다양성이 나타난다.

(3) 각 법관의 지위의 특성

1) 법관의 구별기준

미국의 법관은 우선 연방법원판사와 주법원판사로 구분할 수 있고, 연방법원판사의 경우에도 그 헌법적 근거와 임명방식 및 임기 등을 기준으로 연방헌법상 헌법법원판사와 법률법원판사로 구분할 수 있으며, 사물관할·법적 지위 내지 신분을 기준으로 구분해 볼 수도 있다. 또한 주법원판사나 지방정부법원판사의 경우에도 사물관할을 기준으로 일반적 관할권을 가진 판사와 제한적 관할권을 가진 판사로 구분할 수 있으며, 심급별로 구분할 수도 있다.

연방법원은 크게 헌법법원과 법률법원으로 구분해 볼 수 있는데, 헌법법원은 연방헌법 제3조(사법부)에 규정되어 있는 법원으로서 강력한 신분보장을 받는 법관으로 구성되는 법원을 말하는 반면, 법률법원은 연방헌법 제1조(의회)나 제4조(準州등)를 근거로 하여 의회가 법률로써 설치할 수 있는 법원들로서 종신임기나 급여삭감금지의 보장을 받지 못하는 법관으로 구성된 법원을 말한다. 연방법원을 구성하는 정규법관 이외에 연방법원의 관할사건을 담당하는 특수한 법관으로서, 헌법법원의 원로판사(Senior Judge), 연방지방법원의 치안판사(Magistrate Judge), 연방파산법원의 판사, 행정심판법관(Administrative Law Judge) 등이 그것이며, 법률법원에 해당하는 연방조세법원 · 연방청구법원의 판사도 헌법법원의 판사와는 그 법적 지위나 직무범위 등에서 다소 차이가 있다.

주법원은 통상 일반적 관할권을 행사하는 주법원판사로 구성되어 있는데, 주에 따라 그 명칭이 다양하고 상이함에도 불구하고 다수의 주가 3심제를 두고 있는 만큼 그에 따라 이를 일반화시켜보면 대법관, 항소법원판사, 지방법원판사 등으로 구분해 볼 수 있다. 주에 따라서는 각 심급별 법관의 자격, 임기, 선출방식, 정년, 신분보장 등에서 많은 차이가 있기도 하지만, 무엇보다도 제한적 관할권을 가진 시법원판사(municipal court judge), 군법원판사(county court judge), 치안판사(justice of the peace 또는 magistrate) 등 지방정부법원의 법관이 법관지위의 다양성 측면에서 큰 관심의 대상이 되고 있다.

2) 법관별 특징

가) (연방)원로판사(Senior Judge)

헌법상 종신임기가 보장되는 연방법관에 대하여 최초로 은퇴란 개념이 도입된 것은 1869년인데, 당시의 법률은 10년 이상 법관직을 수행한 자가 70세의 연령에 도달하면 본인의 의사에 따라 은퇴할 수 있도록 규정하고 있었다. 그러다가 1919년부터는 숙련된 인력의 도움이 절대적으로 필요하다는 요구에 따라, 은퇴하되 계속해서 법관직에 종사할 수 있도록 변경되면서 이 제도가 탄생하게 되었다. 현행법의 규정에 따르면 연방법관은 10년 이상의 근속연수와 65세 이상의 연령의 합이 80이 되면(rule of eighty) 완전히 은퇴(full retirement)하거나 원로판사의 지위(senior status)를 선택할 수 있다. 원로판사는 원칙적으로 정원이 법정되어 있는 헌법법원 판사에 포함되지 않기 때문에, 연방법관이 원로판사직을 선택하면 그에 대한 후임자 선발이 가능하다.

원로판사가 되기 위한 두 가지 요건으로, 하나는 임금인상을 적용받기 위해서는 각 원로판사가 속한 항소법원의 항소법원장으로부터 상당한 정도의 직무(substantial service)를 수행하는 것으로 매년 확인(certification)받아야 하는데, 현직법관의 4분의 1 정도의 업무만 수행하면 된다. 두 번째로 자신이 지명된 항소법원의 구역 내에서 업무를 맡기 위해서는 항소법원장 또는 법관회의로부터, 항소법원 외에서 일하기 위하여서는 연방대법원장으로부터 지정 또는 지명을 받아야 한다.

자신이 지정받은 법정 및 비법정 사법사무에 관해서는 현직법관과 동일한 권한을 가지며 이에 기초하여 내려진 판결도 현직법관의 그것과 동일한 효력을 갖지만,

현직법관이 아니기 때문에 제한되는 점도 있다.

관할에 있어서도 현직법관과 거의 차이가 없다. 다만 원로판사는 자신이 싫어하는 종류의 사건은 업무적으로 회피할 수 있는 직무선택권을 가질 수 있다. 최근에 눈에 띄는 현상은 항소법원의 업무 폭주가 지속되면서 지방법원의 원로판사들이 실제로는 상당수 항소법원의 업무를 위해 지명되는 경우들이 많다는 것이다.

원로판사는 초기의 연방법관의 은퇴를 위한 제도적 장치 역할에서 현재는 정치적 선발제도의 완충재 역할 쪽이 강조되고, 새로운 법관이 업무를 배우고 가장 쉽게 정착할 수 있는 인적 자원과 경험의 전수 역할을 원로판사제도가 수행하고 있다. 그러나 무엇보다도 원로판사제도가 폭증하는 법원의 업무를 보충적으로 수행해준다는 점에 주목할 필요가 있다.

나) (연방)치안판사(Magistrate Judge)

1968년 연방의회는 연방사법부의 업무부담을 경감시키고 사법업무의 효율적 수행을 도모하기 위하여 영국의 치안판사(Magistrate)제도를 모델로 하여 연방치안판사법(Federal Magistrates Act)을 제정하면서 연방치안판사제도가 시행되었다. 이후 치안판사의 권한은 계속 확장되었으며, 1990년에는 치안판사의 지위를 법관으로 격상시키기 위해 그 명칭을 치안판사(Magistrate Judge)로 변경하였으며, 2002년에는 법관으로서 치안판사의 위치를 확고히 하는 법개정이 있었다.

치안판사제도는 초기에는 변호사자격만을 요건으로 하였으나, 1979년에 5년 이상의 경력을 가지고 등록된 변호사로 자격요건을 강화하였다. 치안판사는 정원, 근무지, 급여 등에 대한 연방법관회의(Judicial Conference of the United States)의 결정에 따라 연방지방법원판사가 다수결로, 가부동수인 경우에는 재판장이 임명한다. 연방법관회의는 치안판사의 임명 기준과 절차를 정하는 규칙을 제정할 수 있는데, 여기에는 결원에 대한 공고(public notice)절차와 추천위원회(merit selection panel)의 설치에 관한 규정이 반드시 포함되어야 한다. 추천위원회는 당해 지방법원 관할구역 내에 거주하는 주민들로 구성되고, 공석이 된 치안판사직에 응모한 지원자를 면접하고 선별하며, 그 결과에 따라 순위를 정하여 최적격후보자를 추천한다.

치안판사는 피고인의 구두 또는 서면에 의한 동의가 있는 경우 법정형이 징역 6월 이하인 경범죄(misdemeanor and petty offense)에 대한 재판을 담당한다. 추가적 직무에는 당사자의 동의가 있을 때 연방법관을 대신하여 배심선발(Voir Dire)과 유죄인정의 확인절차(guilty plea)가 포함된다. 또 당사자의 동의가 있는 경우 민사재판을 진행하고 판결을 내린다. 재판 이외의 절차로서 일정사건을 제외한 모든 준비절차에 대한 신청사건의 처리를 행할 수 있다.

치안판사의 임기는 전임제(full-time)의 경우와 시간제(part-time)의 경우가 다르다. 전임제는 8년, 시간제는 4년인데, 연임할 수 있으며, 연임하는 경우에도 위와 동일한 임명절차를 따른다. 겸직은 원칙적으로 금지되나, 연방법관회의의 승인을 얻어 파산법원의 시간제 심판관(part-time referee)이나 연방법원의 서기 또는 서기보로 근무할 수 있다.

3. 프랑스

(1) 기본구조

역사적으로 사법권이 불신을 받아온 프랑스에서는, 사법권이 다른 어느 국가보다도 복잡하게 되어 있다. 헌법전에서 사법부에 대해서는 제Ⅷ장에서 사법권(De l'autorité judiciaire)이라는 제목으로 제64조부터 제66-1조까지 규정하고 있는데 그치고 있다. 기본적인 구조로서, 1790년에 창설된 대법원(Cour de cassation)과 1872년 법률에서 확립된 행정최고재판소(Conseil d'Etat)라는 두 개의 최고법원을 중심으로 일반사건을 처리하는 기관으로는 민·형사사건을 담당하는 일반법원과 행정사건을 담당하는 행정법원으로 이원화되어 있는 것이다. 이 외에도 헌법재판을 담당하는 헌법재판소(Conseil constitutionnel)와 대통령의 책임을 묻는 탄핵재판소(La Haute Cour)와 정부구성원의 책임에 대하여 심판하는 공화국재판소(Cour de justice de la République) 등이 있다.

일반법원은 대법원(Cour de cassation), 항소법원(Cour d'appel), 지방법원(Tribunal de grande instance), 소법원(Tribunal d'instance), 상사법원(Tribunal de commerce), 노사조정법원(Conceil des prud'hommes), 농촌임대차법원(Tribunal paritaire des baux ruraux), 사회보장법원(Tribunal des affaires de sécurité sociale), 중죄법원(Cour d'assises), 경죄법원(Tribunal correctionnel), 경찰법원(Tribunal de police), 근접법원(Juge de proximité), 소년법원(Juge des enfants, Tribunal pour enfants, Cour d'assises pour mineurs로 나뉨) 등 매우 다양한 형태로 설치되어 있다.

행정법원은 대법원격인 행정최고재판소(Conseil d'Etat)와 항소행정법원(Cours administratives d'appel)과 지방행정법원(Tribunaux administratifs)로 구성되어 하나의 체계로 이루어져 있고, 일반사법법원과 행정법원의 관할에 관하여 재판하는 관할법원(Tribunal des conflits)이 있다.

(2) 법관지위의 다양성

일반법원의 법관이 되고자 하는 사람은 원칙적으로 31개월 과정의 국립사법관학교(Ecole nationale de la magistrature: ENM)를 졸업하여야 한다. 그러나 반드시 국립

사법관학교를 졸업하여야 하는 것은 아니고 변호사나 소송대리인, 법무부에서 근무한 경력 공무원 중 일정한 경력을 가진 자들을 대상으로 하여 법관으로 임용되기도 한다. 또한 집행관이나 법과대학 교수 중에서 임기를 정하여 지방법원 등에 판사로 임용되기도 한다.

사법관학교를 거치지 아니하고 직접 법관을 충원하기도 하는데, 사법관 2급의 경우에는 35세 이상의 자로서 대학입학자격시험 후 적어도 4년 동안 연구기간을 가지는 학위를 소지하고 있어야 하고 법무부의 A급 공무원이야 하는데, 2급 사법관에 임명되기 위해서는 적어도 7년 이상의 직업경험이 있어야 하며, 1급 사법관에 임명되기 위해서는 17년 이상의 직업경험이 있어야 한다.

1995년 1월 19일 법률에 의하여 도입된 임시직 사법관(Des magistrats exerçant à titre temporaire)제도는 자신의 직업을 수행하면서 사법관으로서의 직무를 병행하는 제도이다. 65세 이하의 자로서 7년 이상의 변호사나 공증인의 경력을 가지고 있는 자들을 대상으로 하고 있다. 이들의 겨우 6개월의 시보를 거친 후에 7년 임기로 임명되며 중임될 수 없다. 임시직 사법관은 자신의 주소지 관할 지방법원의 관할 구역에서는 판결업무를 수행할 수 없도록 하여 공정성을 유지하도록 하고 있다. 임시직 사법관은 소법원의 판사나 지방법원 합의부의 배석판사로 임명된다.

행정법원의 경우에는, 법관이 되는 방법은 크게 4가지로 구분할 수 있다. 첫 번째는 가장 일반적인 방법으로 국립행정학교(Ecole nationale d'administration) 졸업생 가운데 선발하는 방법이고, 두 번째는 외부선발(La nomination au tour extérieur)이며, 세 번째는 파견 후 선발(Le recrutement après détachement)이고, 네 번째는 추가선발(Le recrutement complémentaire)이 있다.

(3) 각 법관의 지위의 특성

1) 일반 사법법원

프랑스에서 일반법원의 법관은 행정법원의 법관과는 그 신분이나 지위 그리고 그 양성과정 등이 다르다. 헌법 제64조 제1항이 '대통령은 사법권의 독립성을 보장한다'라고 하고 있다. 또한 사법관의 지위는 헌법재판소의 의무적 위헌심판대상이 되는 조직법률로 정하도록 하고 있고(동조 제3항), 특히 판사는 신분보장이 된다고 하고 있다(동조 제4항). 이러한 법관의 신분보장과 관련하여 고등사법위원회(Conseil Supérieur de la Magistrature)를 두고 있다. 또한, 법관은 자신의 동의없이 전보되지 않고 승진되지도 않는다고 하여 신분보장을 하고 있다(사법관의 지위에 관한 조직법률 제4조). 일반법원의 사법관의 직급은 헌법 제65조에 정해진 절차에 따라 대통령령으로 임명하며, 승진에 있어서 공정성을 기하기 위하여 승진심사위원회(Commission d'avancement)를 두고 있다.

일반 사법관의 징계에는 모두 9가지가 있으며, 정년은 65세이다. 다만 대법원장과 검찰총장의 정년은 68세이다.

사법관의 인적 독립을 보장하기 위한 헌법기구로서, 고등사법위원회(Conseil Supérieur de la Magistrature)를 두고 있다.

2) 행정법원

행정법원판사의 독립성은 헌법재판소에 의하여 인정이 된 다음에 1986년 법률에 의하여 비로소 입법이 되었는데, 일반사법법원의 사법관과 마찬가지로 신분보장이 되고 독립성이 보장된다. 행정최고재판소 구성원에 대한 징계에는 5가지가 있으며, 행정법원판사들의 독립성과 신분보장을 위한 기구로서 지방법원 및 항소행정법원 고등위원회(Conseil supérieur des tribunaux administratifs et des cours administratives d'appel)가 있다.

4. 독 일

(1) 기본구조

독일의 사법제도는 특히 프랑크푸르트헌법 이래 보다 체계적으로 발전하였으며, 바이마르공화국헌법을 거치면서 사법권의 독립성 보장, 법관의 종신제, 상사법관 등의 제도적 정착을 가져왔다. 그리고 이의 영향으로 제2차대전 종전 이후 1949년의 서독기본법의 제정과 이를 근간으로 한 통일 이후의 독일 사법제도는 보다 성숙되고 다양한 모습으로 계승·발전되어 왔다.

현행 독일기본법상 사법부의 구성은 기본적으로 두 가지 큰 틀에서 살펴볼 수 있는데, 그 하나는 연방과 16개의 주로 분할되어 있다는 것이며, 다음으로는 원칙적으로 동일한 사법권이 연방과 주의 헌법재판소와 대분류 재판소로 이루어져 있다는 것이다. 대분류 재판소는 연방헌법재판소의 바로 아래 국가와 사회의 일정한 영역에 따라 분할된 재판영역의 담당주체로서 일반적으로 최고법원이라고 칭한다. 구체적으로 연방통상최고재판소(Bundesgerichtshof), 연방노동최고재판소(Bundesarbeitsgericht), 연방행정최고재판소(Bundesverwaltungsgericht), 연방사회최고재판소(Bundessozialgericht), 연방재정최고재판소(Bundesfinanzhof)의 5가지로 되어 있다.

이 밖에 특별재판소로서의 특허관련사건을 담당하기 위하여 연방특허법원(Bundespatentgericht), 공무원의 징계와 소원 등을 다루기 위한 연방징계법원(Bundesdisziplinargericht), 군복무법원(Truppendienstgerichte), 법관복무법원(Richterdienstgerichte) 등의 연방재판소를 설치하고 있다.

주재판소와 관련한 하급심은 일반적으로 연방의 개별 주가 담당하며, 통상 주마다 2개의 심급으로 구성하나 재정재판권만은 주별로 1개의 심급이 존재하여 결과적으로 2심제로 운영된다. 다만, 상고심 내지 최종심은 5개의 연방최고법원의 관할이다.

(2) 법관지위의 다양성과 특성

1) 직업법관

독일의 법관은 크게 직업법관과 명예법관으로 나뉜다. 직업법관은 종신법관(Richter auf Lebenszeit), 예비법관(Richter auf Probe), 임기법관(Richter auf Zeit), 위촉법관(Richter kraft Auftrags) 등으로 나뉜다. 원칙적으로 종신법관(Richter auf Lebenszeit)이나 사실상 65세의 정년제한이 있으며, 종신법관으로 임명되려면 적어도 3년간의 예비법관(Richter auf Probe)의 경력이 요구된다.

예비법관(Richter auf Probe)은 완전한 판사로서의 독립성을 유지한다. 그러나 종신법관과는 달리 최초의 2년 이내에는 면직될 수 있는 등의 인적 독립이라는 측면에서 한계가 있는 차이가 있다. 예비법관의 기간은 총 5년이며, 이 기간 동안에 법관으로서의 적성평가를 받으며 이후 종신법관이나 검사로 임명된다.

임기법관(Richter auf Zeit)은 일정한 임기를 전제로 하여 임명되는 법관으로서, 그 예로는 12년 임기의 연방헌법재판소재판관을 들 수 있다.

위촉법관(Richter kraft Auftrags)은 일반적으로 전문적 지식을 가진 공무원이 행정법원이나 특허법원 등의 법관으로 임명되는 것으로서, 장차 종신법관으로 임명될 예정인 공무원이 공무원의 신분을 그대로 유지한 채 일시적으로 법관으로 임명되는 것이다.

2) 명예법관(Ehrenamtlicher Richter)

독일법관법은 형사재판의 참심법관(Schöffe)과 상사법관(Handelsrichter) 및 직업재판소관련의 전문(자유)법관 및 기타의 일반명예법관으로 구별하고 있다. 명예법관은 직업법관과 함께 결정에 참여하고 동등한 권한을 행사하며, 아울러 직업법관과 마찬가지의 독립적 지위를 가진다. 명예법관은 그 재직기간 동안 자기의 직무에 관하여 판사로서 일체의 권리와 의무를 갖는다.

상사법관은 상인 간의 분쟁해결을 위한 법원의 구성원으로서, 상사법관으로 임명되기 위해서는 독일인으로서 만 30세 이상이어야 하고, 일정한 상인집단의 소속원으로서의 성격을 가져야 한다. 임기는 5년이며 재임이 가능하다.

참심법관은 형사법원이라는 특수성을 전제하고 있다는 것이 특징이라고 할 수 있다. 임명은 원칙적으로 추천을 통해 이루어진다. 즉 참심법관의 선발을 위한 추천

후보자명단은 개별 자치단체별로 2배수로 작성되어 당해 의회의 2/3의 찬성으로 결정된다. 결정된 추천후보자명단은 참심법관선발위원회에 제출되며 이때 당해 위원회는 추천후보자명단을 근거로 5년 임기로 참심법관을 선발하는데, 별도의 추첨절차를 통해 연평균 12회 정도 재판활동을 하도록 배정된다. 현재 전체 독일의 참심법관의 수는 대략 60,000명 정도로서 이는 형사법정에서 활동하고 있는 직업법관의 10배 정도이다.

직업재판소의 규율대상은 이른바 자유직업에 종사하는 전문직업 보유자인데, 규율주체인 재판소의 구성원인 판사로서 전문직업 종사자가 강제 가입적 성격의 법정협회(Kammer)를 통하여 참여한다. 직업재판소는 이들 전문직업이 속하는 각 영역에 따라 대분류 재판소, 즉 연방최고통상법원, 연방최고재정법원, 연방최고행정법원, 연방최고사회법원, 연방최고노동법원의 산하에 소속되어 있다. 전문(자유)명예법관의 임명은 개별주에 의해 제정된다.

5. 일 본

(1) 기본구조

일본의 재판소조직은 일본국헌법 제76조에 따라 크게 최고재판소와 하급재판소로 나뉘어져 있으며, 특별재판소는 인정되지 않는다. 하급재판소는 법률에 따라 설치되는데, 재판소법은 고등재판소, 지방재판소, 가정재판소, 간이재판소의 4종류를 규정하고 있다.

고등재판소는 고등재판소장관 및 상응한 인원수의 판사로 구성되며(재판소법 제15조) 주로 공소와 항고를 다루며, 예외적으로 상고 및 제1심을 관할한다. 원래 현재 특별법에 의한 판사보라도 판사의 직무를 할 수 있도록 되어 있다. 현재 전국에 8개의 고등재판소가 설치되어 있다.

지방재판소는 상응한 원수의 판사 및 판사보로 구성되며, 원칙적으로 제1심의 재판권을 가지지만, 간이재판소의 판결에 대한 공소나 동 재판소의 결정이나 명령에 대한 항고도 미친다. 지방재판소는 원칙으로서 1인의 재판관으로 사건을 다루지만, 일정한 사건에 대해서는 3인의 재판관에 의한 합의체로 이를 다룬다.

가정재판소는 상응한 원수의 판사 및 판사보로 구성되며, 가사심판법에서 정하는 가정에 관한 사건의 심판 및 조정, 인사소송법에서 정하는 인사소송의 제1심의 재판, 소년법에서 정하는 소년보호사건의 심판 등 주로 가정사건 및 소년사건을 담당한다. 원칙적으로 1인의 재판관이 사건을 다루며, 법률에서 특별한 규정이 있는 때에는 3인의 재판관에 의한 합의체에서 한다.

간이재판소는 상응한 인원수의 간이재판소판사로 구성되며, 주로 경미한 사건에 대한 재판권을 행사하는 제1심의 재판소이다.

(2) 법관지위의 다양성과 특성

일본국 재판소법은 최고재판소의 구성에 관하여 최고재판소장관과 최고재판소판사를 두고 있으며 최고재판소판사의 수를 14인으로 정하고 있다. 하급재판소의 재판관은 최고재판소가 지명한 자의 명부에 의해 내각에서 임명하며, 임기를 10년으로 하고 재임할 수 있게 하고 있다(일본국헌법 제80조 제1항). 이 규정에 근거하여 재판소법에는 고등재판소장관, 판사, 판사보 및 간이재판소판사로 구성되도록 하고 있다(재판소법 제5조 제2항).

판사보는 사법연수소의 연수를 마친 자 중에서 임명되며, 간이재판소판사는 고등재판소장관 혹은 판사의 직에 있었던 자 또는 판사보, 검찰관, 변호사, 재판소조사관, 재판소사무관, 사법연수소 교관, 재판소 직원종합연수소 교관, 법무사무관 또는 법무교관, 대학의 법률학의 교수 또는 조교수의 직에 하나 또는 둘 이상 재직하여 그 연수가 3년 이상의 자 중에서 임명한다(재판소법 제44조).

Ⅴ. 「법관」의 신분보장

1. 기본원칙

국가의 사법기능의 담당자인 법관에 대하여 엄격한 신분보장은 필수적이다. 현행헌법상 법관의 자격을 법률로 정하고(제101조 제3항), 대법원장과 대법관 이외의 법관은 대법원장이 대법관회의의 동의를 얻어 임명하며(제104조 제3항), 일반법관의 임기를 10년으로 하되 연임할 수 있게 하고 있다(제105조 제3항). 또한 탄핵 또는 금고 이상의 형에 의하지 아니하고는 파면되지 아니하며 징계처분에 의하지 아니하고는 정직·감봉 기타 불리한 처분을 받지 아니하며(제106조 제1항), 중대한 심신상의 장애로 직무를 수행할 수 없을 때에는 법률이 정하는 바에 의하여 퇴직하게 할 수 있다(제106조 제2항).

헌법규정에 이어서 법원조직법에서는 법관의 자격을 규정하고(동법 제42조), 판사의 보직은 법관인사위원회의 자문을 받아(동법 제25조의2) 대법원장이 행하며(동법 제44조), 대법원장, 대법관, 판사 등의 정년을 규정하고 있다(동법 제45조 제3항).[61]

---

61) 헌법재판소에서도 법관의 정년을 법원조직법에 규정한 것에 대하여 합헌으로 선언하였다. 헌재 2002. 10. 31. 선고, 2001헌마557 참조.

법관의 징계에 대해서는 법원조직법에 근거하여(동법 제48조 제2항), 법관징계법에서 정하고 있다. 법관징계법에서 말하는 법관은 국가기관인 「법원」에 속하여 「법관」의 직을 수행하는 자에 한한다.[62)]

고유한(광의의) 의미의 법관에 속하는 헌법재판소재판관은 법관보다 훨씬 강한 신분보장을 하고 있다. 즉, 헌법재판소재판관은 탄핵 또는 금고 이상의 형의 선고에 의하지 아니하고는 파면되지 아니한다고 하여(헌법 제112조 제3항), 징계처분이 따로 정해져 있지 않다.

군사법원의 재판관은 재판에 관한 직무상의 행위로 인하여 징계 기타 어떠한 불이익한 처분도 받지 아니한다(군사법원법 제21조 제2항). 다만 군인사법상의 징계는 가능하다고 생각된다(군인사법 제10장 이하 참조).

헌법에서 정한 법관의 신분보장규정들은 국가기관으로서의 법원의 구성원인 법관에 대한 원칙적인 보장규정이다. 따라서 대법원과 각급법원의 구성원인 법관들은 반드시 이와 같은 헌법상의 신분보장규정들을 준수하여야 한다.

2. 신분보장의 개별화

문제는 각급법원에 속하지 않으면서 사법기능을 담당하는 기관들의 구성원들의 신분보장을 어떻게 규정할 것인가이다. 사건의 경중이나 성격, 업무영역에 따라 비정규의 법원으로 설치되는 기관은 각각의 특성에 따라 그 신분보장의 내용도 다르게 정해질 수 있다고 생각된다. 즉, 임기, 정년, 급여, 후생복지 등의 측면에서 정규의 법관들과는 다르게 정하더라도 무방하다고 보아야 할 것이다. 다만, 직무권한의 행사와 관련하여, 최소한 신분의 박탈과 징계에 관해서는 법원의 법관에 준하는 정도의 신분보장을 하여야 할 것으로 생각된다. 즉, 임기 중에는 탄핵 또는 금고 이상의 형의 선고에 의하지 아니하고는 파면되지 않도록 하여야 하고, 징계처분도 정규법원의 법관과 동일한 정도의 절차를 거치도록 하여야 한다. 아울러 급여와 후생복지, 전보 등의 경우에도 제도 자체의 취지에 맞게 설정되어야 할 것이다.

62) 규정만으로 보면, 대법원장과 대법관도 징계의 대상이 될 수 있다. 법관징계법 제7조 참조. 헌법재판소의 재판관에 대하여 아무런 징계관련규정이 없는 것과 대비된다.

Ⅵ. 「법관」의 다양화를 위한 입법론적 과제

1. 헌법규정

(1) 권력분립의 명문화와 헌법규정방식

근대 이후 확립된 권력분립원칙은 여러 나라의 헌법에서 구체화되었지만, 이를 명문화하는 방식은 나라마다 모두 같지는 않다. 근대헌법은 국민의 기본권침해의 주체로서의 국가라는 인식에 따라, 국민의 기본권조항보다 국가기관을 먼저 규정하는 것이 일반적이었다.[63] 그러나 현대국가의 새로운 헌법들은 국가기관보다 국민의 기본권을 먼저 규정하는 것이 일반적인 규정형식이다.[64]

권력분립원칙에 의한 각 국가권력을 규정하는 방식에 있어서도, 기능중심의 규정방식과 기관중심의 규정방식이 있음을 볼 수 있다. 전자는, 입법·행정·사법의 각 기능을 장(chapter, Hauptteil) 혹은 절(Abschnitt)의 제목으로 정하고 그 기능을 담당하는 기관을 규정하는 방식이다. 후자는, 각 기능을 담당할 국가기관을 장 혹은 절의 제목으로 정하고 그 기관에 각 국가기능의 구체적 내용을 정하는 방식이다. 전자의 경우에는 국가기능을 중심으로 국가기관을 규정하기 때문에 헌법해석에 있어서도 기능중심의 이해가 용이한 반면, 후자의 경우에는 국가기관중심으로 국가기능을 규정하기 때문에 헌법해석에 있어서도 기관중심의 해석이 행해질 가능성이 크다고 생각된다. 사법기능을 구체화하는 헌법규정들의 경우에도 기능중심의 규정방식과 기관중심의 규정방식이 공존하고 있으나, 거의 대부분의 나라들은 기능중심으로 규정하고 있고, 극히 일부의 나라들만이 기관중심으로 규정되어 있다.

외국의 경우를 살펴보면, 먼저 독일의 경우, 바이마르헌법은 국가기관을 먼저 규정하고 각 기관의 작용에 대해서는 나중에 규정하는 혼합적 방식을 채택하고 있었다.[65] 서독기본법(GG)은 기본권을 먼저 규정하고, 뒤이어 연방과 란트, 연방하원(Bundestag), 연방상원(Bundesrat), 연방합동위원회, 연방대통령, 연방정부, 연방의 입법, 연방의 법률집행과 연방행정, 사법(die Rechtsprechung) 등의 순서로 규정하고 있다. 특징적인 것은 사법관련 규정의 제목이 사법으로 되어 있고, 그 사법권이 법관

---

63) 예컨대 미국헌법, 독일프로이센헌법, 바이마르헌법. 단, 일본명치헌법은 제1장에서 천황을, 제2장에서 신민의 권리를 규정하였다.

64) 이는 국가의 기능과 역할에 대한 인식의 변화로부터 기인하였다. 미국의 경우, 수정증보의 헌법개정 방식을 채택한 까닭에 여전히 헌법의 앞부분에 국가권력을 먼저 규정하고 있다.

65) 바이마르헌법 제1장은 라이히와 란트(1절), 라이히의회(2절), 라이히대통령과 라이히정부(3절), 라이히상원(4절) 등을 먼저 규정하고, 라이히입법(5절), 라이히행정(6절), 사법(die Rechtspflege)를 규정하였으며, 제2장에서 독일국민의 기본권과 기본의무를 정하였다.

에게 위임된다고 규정한 점이다. 아울러 사법권은 헌법재판소와 기본법에서 예정하고 있는 연방재판소와 주재판소에 의해 수행된다고 규정하고 있다. 국가기능으로서의 사법권을 중심으로 국가기관을 규정한 것이다.

프랑스의 경우에는, 헌법평의회(제7장), 사법권(제8장) 등으로 규정하고 있다.[66] 일반적인 사법제도는 제8장 규정에 근거하여 규정되어 있다.

미국의 경우에는 제3조에서 「미연방의 사법권은 하나의 최고재판소 및 미연방의회가 수시로 제정, 설치하는 하급재판소에 속한다」고 규정하였는데, 앞서 지적한 바와 같이, 미국헌법이 근대헌법의 규정방식을 그대로 유지하고 있음을 볼 수 있다.

일본, 오스트리아, 스페인, 그리스, 핀란드, 네덜란드, 노르웨이, 멕시코, 벨기에, 브라질, 스웨덴 등 대부분의 나라들은 「사법」, 「사법권」 등으로 규정하여, 기관중심이 아니라 기능중심으로 규정하고 있다.

(2) 현행헌법상의 사법관련규정

1) 문제점

현행헌법의 사법관련규정은 제5장 법원, 제6장 헌법재판소의 두 부분으로 되어 있다. 제헌헌법의 유진오 초안에서는 章의 제목이 「사법」으로 되어 있었음은 앞서도 지적한 바이거니와, 9차의 개정을 거치면서도 章의 제목이 전혀 바뀐 적이 없었다. 헌법재판기능을 담당하는 기관이 헌법위원회(1948년 헌법), 헌법재판소(1960년 헌법), 대법원(1963년 헌법), 헌법위원회(1972년 헌법, 1980년 헌법) 등으로 바뀌었으면서도, 법원 章은 한 번도 바뀌지 않았다. 기능중심이 아니라 기관중심으로 규정된 헌법규정은 사법권에 대한 해석에도 영향을 미치고 있다. 즉, 법원과 헌법재판소로 분리되어 있는 헌법규정에 대하여 사법기능과 헌법재판기능을 별개의 기능으로 해석할 수 있는 근거를 제시하고 있는 것이다.[67] 권력분립에 대한 현대적 해석의 경향으로서 기능적 권력분립의 관점에서 본다면, 헌법재판기능을 사법기능에서 제외하여 별도의

66) 제7장 헌법평의회 제56조(구성) ① 헌법평의회는 9명의 평가원으로 구성하고 그 임기는 9년으로 하며 재임되지 못한다. 헌법평의회는 3년마다 그 평의회 의원의 3분의 1을 교체한다. 평의회 의원 중 3명은 대통령이, 3명은 국민의회의장이, 3명은 상원의장이 임명한다. ② 제1항에 정하는 9명의 평의회 의원 이외에 전직대통령은 당연히 종신 평의회 의원이 된다. ③ 헌법평의회 의장은 대통령에 의하여 임명된다. 의장은 가부동수인 경우에는 결정권을 갖는다.

제8장 사법권 제64조(사법권의 독립, 법관의 지위) ① 대통령은 사법권의 독립을 보장한다. ② 대통령은 고등사법위원회의 보좌를 받는다. ③ 법관의 지위는 조직법으로 정한다. ④ 법관은 파면되지 아니한다.

67) 예컨대, 허영, 한국헌법론, 박영사, 2007, 988쪽 이하; 정종섭, 앞의 주 27)의 책, 875쪽 참조. 단, 정종섭교수는 국가의 재판작용에 해당한다고 하더라도 헌법에서 별개의 기관에 관장하게 할 수 있다고 하여, 사법기능과 헌법재판기능을 국가의 재판작용으로 이해하고 있다(1210쪽).

기능으로 이해하는 것은 오히려 혼란을 초래할 우려가 있다. 따라서 가능한 한 국가의 사법기능을 통일적으로 해석하는 것이 헌법규정의 의미를 명확히 하는 데에 도움이 될 것이다.

2) 헌법개정의 방향

현행헌법상 사법관련규정들이 매우 경직적이라는 점은 현대사회의 사법기능을 제도화하고 구현하는 데에 많은 장애로 작용하고 있다. 장래에 헌법을 개정한다면, 이와 같은 경직적 규정들을 가능한 한 완화할 필요가 있고, 특히 헌법재판소와 법원을 「사법」 혹은 「사법권」의 章에서 통일적으로 규정할 필요가 있다. 예컨대, 「사법권은 이 헌법에서 정하는 헌법재판소 및 대법원[68] 그리고 법률에서 정하는 하급법원에 속한다」고 하여 헌법재판소의 章을 사법권의 章에 통합할 필요가 있다. 헌법재판소 및 대법원의 권한과 구성원에 대해서는 별개의 규정을 두어 규정하더라도, 재판관의 직무수행과 관련한 원칙적 규정들, 예컨대 사법권독립규정, 신분보장규정, 재판공개규정 등은 통일적으로 규정할 수 있을 것이다. 그리고 각급법원의 경우에는, 헌법에서 근거규정을 두되 임기, 정년, 임명방법, 보수 등에 관하여는 법률로 정할 수 있도록 하는 것도 필요하다.[69] 헌법상 특히 중요한 사법기관으로서 헌법재판소와 대법원은 그 임명과정이나 권한의 행사가 정치적 성격이 강하고 특히 강력한 신분보장을 위하여 그 구성원의 임기, 임명방법, 신분보장 등을 명확히 규정할 필요가 있지만, 각급법원의 경우에는, 굳이 헌법에서 규정할 필요가 없다고 판단된다.[70]

2. 법 률

헌법에서 사법제도의 기본구조를 통일적으로 규정한 다음, 각 사법기관의 조직과 운영에 관한 사항들을 규정하는 법률을 제정할 필요가 있다. 먼저, 헌법재판소에 관한 법률로서 헌법재판소법을, 그리고 대법원 이하 각급법원의 조직과 운영에 관한 사항들을 정비하여 법원조직법으로 제정할 필요가 있다. 물론 헌법재판소법과 법원조직법을 통일하여 규정하는 것도 한 방법이다.

법원조직법에서는 각급법원의 법관의 임명방법, 임기, 정년, 신분보장, 보직, 보

68) 앞서 지적한 바와 같이, 「법원」이라는 용어가 역사적으로 보아 적절하지 않다면, 「재판소」라는 용어로 통일하여 「대법원」은 「최고재판소」로, 일반법원은 「고등재판소」와 「지방재판소」로 할 수 있고, 「법관」이라는 명칭도 「재판관」이라는 용어로 통일하는 것도 바람직할 것으로 생각한다.

69) 일반법관의 임기와 정년에 관하여, 일본의 경우 일반법관의 임기가 10년으로 되어 있지만 그 외의 나라들에서 헌법에서 직접 일반법관의 임기를 정하는 예는 많지 아니하다.

70) 각급법원의 법관의 임기, 임명방법, 정년, 보수 등에 대하여 법률로 정하게 하더라도, 각 법원의 특성에 따라 이들 사항을 규정함에 있어서 사법관의 기본적 지위를 참해하지 않도록 하여야 한다는 선언적 규정을 두는 것도 한 방법이다.

수 기타 필요한 사항들을 규정할 수 있을 것이다.

사건의 경중이나 성격 등에 따라 필요한 경우에는 개별법률로써 새로운 사법제도를 창설할 수도 있을 것이다. 예컨대, 교통사건 등의 간이재판소, 상사재판소, 치안재판소, 가사재판소, 소년재판소 등 다양한 영역의 법원을 창설할 수 있을 것이며, 조세, 특허, 중재, 국제통상 등 전문영역들에 대하여 관할권을 가지는 법원을 새로이 창설할 수 있을 것으로 생각된다.

Ⅶ. 결 론

지금까지 현행헌법상 법관의 다양화방안과 신분보장에 관하여 그 이론적 기초와 외국의 입법례 그리고 장래의 현행헌법의 개정방향에 이르기까지 상세히 검토하였다.

법원 및 법관제도의 다양화의 이론적 기초로서 현대사회에서 사법기능의 확대경향을 제시하였다. 그 하나는, 헌법의 규범성의 확립을 통한 사법의 법창조 내지 법(정책)형성기능의 확보의 측면이며, 그 둘은, 국민주권주의와 법치주의의 실질화에 따른 법치주의의 생활화와 그로 인한 법치주의적 생활양식의 보편화의 측면이다. 특히 후자의 경우, 개인의 삶의 과정에서 나타나는 거의 모든 문제들이 법치주의적 방식으로 해결될 것을 요청하고 있고, 그에 따라 분쟁의 성격이나 소송물의 크기, 사건해결의 용이성 등에 따라 다양한 형태의 사법기능의 제도화를 필요로 하고 있다. 아울러 생활의 전 영역에 대하여 법치주의가 적용되는 결과, 매우 전문적인 영역에서도 법적 판단을 요하는 경우가 증대하고 있다.

현행헌법상 법관의 다양화는 헌법상의 법관개념에 대한 해석론적 검토로부터 시작되어야 한다. 이 글에서는, 법관의 개념을 고유한(광의의) 의미의 법관개념과 제도적(협의의) 의미의 법관개념으로 나누어 헌법상의 법관개념을 해석론적으로 이분화하고 그에 따라 법관의 다양화방안을 제시하였다.

현행헌법상의 「법관」의 개념을 해석적으로 이분화할 수 있다고 본다면, 사법부인 법원의 하위에 다양한 형태의 하급심을 두거나 전문영역별로 특수법원을 두는 것은 인정된다고 볼 것이다. 현행헌법의 경직적인 사법관련규정들을 엄격하게 해석하여 이를 부인한다면, 정규법원 이외에 따로 「재판소」 혹은 「심판소」 기타 적절한 명칭을 가진 기관을 설치하고 정규법원의 1심 혹은 2심으로 불복절차를 마련하여 제도화한다면, 불필요한 논란을 피할 수 있을 것으로 생각된다. 뿐만 아니라 그 구성원인 법관도 「재판관」 혹은 「심판관」 기타 적절한 명칭으로 한다면, 헌법상 규정된 엄격한 법관의 요건을 적용하지 않고 그 자격을 따로 법률로 다양하게 정할 수 있을 것이다. 이때의 비정규법원의 구성원들은 고유한 의미의 법관 개념을 전제로 하여 이해될 수 있고, 헌법상 고유한 의미의 법관을 의미하는 것으로 해석되는 각 규정의 적용을 받는다고 본다.

외국의 경우에는 각 국가의 역사와 전통, 그리고 정치적 배경 등에 따라 사법제도와 법관의 지위가 다양하게 제도화되어 있다. 이들 나라들이 가진 사법제도들은 해방 후 60여년간 운용되어온 우리의 사법제도를 재구성하는 데에 많은 참고로 될 것으로 기대된다.

향후 새로운 사법제도를 창설하기 위하여 헌법 및 법률의 개정을 위한 방안은 제외국의 제도와 사법제도 자체의 이론적 기본원칙들을 기초로 하여 검토되어야 한다.

현행헌법의 사법관련규정은 기능중심이 아니라 기관중심으로 규정되어 있어서, 그 해석에 많은 혼란을 야기하고 있으므로, 장래의 헌법개정에서는 가능한 한, 국가의 사법기능을 통일적으로 규정할 필요가 있다. 헌법재판기능과 일반재판기능을 통합하여 하나의 章에서 규정하도록 하여야 하며, 헌법재판기능을 담당하는 헌법재판소와 일반재판기능을 담당하는 대법원의 권한과 구성원에 대해서는 별개의 규정을 두어 규정하더라도, 재판관의 직무수행과 관련한 원칙적 규정들은 통일적으로 규정할 수 있을 것이다. 그리고 각급법원의 경우에는 헌법에서 근거규정을 두되, 임기, 정년, 임명방법, 보수 등에 관하여는 의회의 법률로 정할 수 있도록 하는 것도 필요하다.

아울러 헌법에서 사법제도의 기본구조를 통일적으로 규정한 다음, 각 사법기관의 조직과 운영에 관한 사항들을 규정하는 법률을 제정할 필요가 있다. 그리고 사건의 경중이나 성격 등에 따라 필요한 경우에는 개별법률로써 새로운 사법제도를 창설할 수 있을 것이다.

(헌법상 법관의 다양화방안과 신분보장, 한국헌법학회
연구보고서(대법원 용역), 2008. 3 수록)

7. 대법원의 구성방법
– 대법관 임명방식을 중심으로

Ⅰ. 서 언

1. 국민의 규범적 대표자로서의 대법관

민주주의 국가에서 최고사법기관으로서의 대법원의 구성원인 대법관은 법치주의적 질서의 최종적 판단자이자 수호자이다. 그들은 국가의 법치주의적 질서의 구체적 내용을 확정하고 국민의 규범생활을 선도하며, (헌법재판소와 함께) 국가의 구체적 정책에 대하여 헌법적합성 여부를 최종적으로 판단하는 기능을 가진다.[1] 대법관이 법치주의적 질서의 최종적 판단자이자 수호자라는 지위를 가진다는 것은 국민주권주의를 기본이념으로 하고 있는 민주주의 국가에서는 대법관이 국민의 규범적 대표자이어야 한다는 것을 의미한다. 사실, 국가의 사법기능은 국가현상이 나타난 이래 어떠한 국가에서도 존재해왔고, 법치주의에 기초한 민주주의적 질서가 확립되기 이전에는 사법기능의 담당자들은 객관적·합리적 법의 구현자라기보다는 주관적 권력의 통치이념을 구현하는 지위에 속하여 스스로 통치권력의 일부분으로 인식하였다. 과거의 세계역사를 더듬어보면, 일찍부터 법률가 계층이 존재하였던 유럽의 경우, 법조인 집단은 스스로를 전통적인 지배계급인 귀족계급으로 인식하였고, 그에 따라 근대사회의 사회변화과정에서도 국민이라는 개념 속에서 스스로를 자리매김하기보다는 사법귀족으로서의 지위를 더 추구하였다. Montesquieu가 그의 권력분립론에서 사법부를 독자적인 사회세력으로 파악하지 않았던 것은 기존의 사법귀족들이 전통적인 귀족계급 속에 편입되어 있었기 때문인지도 모른다. 또한 프랑스의 경우에는

---

1) 이 말은 대법원이 헌법재판기능까지도 담당한다는 의미이다. 헌법상 법률의 적헌성 여부는 헌법재판소가 전담하고 있지만, 구체적 사건에서 대법원이 헌법을 판단근거로 하여 재판하는 것을 배제하는 것은 아니다. 즉, 대법원이, 법률 자체의 적헌성 여부가 아니라 법률의 규정에 흠결이 있거나 법률 하위의 규범들을 판단하는 경우에 헌법을 근거로 하는 것이 가능하므로, 이 한도에서는 헌법재판기능까지도 담당한다고 할 수 있다. 또한 일반적인 법률의 적용과정에서도 사법부는 법률 자체의 헌법적합성 여부에 관한 판단을 하고 직권으로 위헌법률심판제청을 할 수 있다. 다만 헌법적합성 여부의 최종적 판단은 헌법재판소가 담당하는 것이다.

오랜 기간 동안 사법불신이 강하였는데, 그 원인이 법관의 사법귀족화에 있는 것으로 이해되고 있다.

현대 민주사회에서 사법부가 올바로 기능하기 위해서는 사법제도 자체가 민주주의의 원리에 합당하게 설정되어야 한다. 대법관으로 구성된 대법원이 국민 개개인의 판단과 행동의 기준을 최종적으로 결정한다는 의미에서, 현대 민주사회의 대법원은 국민의 규범적 대표자로서의 지위를 가져야 한다는 것은 앞서 지적한 바 있거니와, 대법원을 구성하는 대법관을 임명하는 것 또한 국민주권주의 및 민주주의원리에 기초하여야 함은 말할 필요가 없다. 오늘날 우리나라에서 대법관을 임명하는 방식에 관하여 논란이 있는 가장 큰 이유는 바로 여기에 있다. 즉, 기존의 대법관임명방식이 과연 얼마나 국민주권주의 및 민주주의원리에 부합하느냐가 문제되고 있는 것이다.

2. 대법관이 다수인 이유

국가를 구성하는 입법 · 사법 · 행정의 세 부서들 중 행정부는 그 최고책임자가 1인으로 구성되는 것이 일반적이다. 대통령제 국가에서는 대통령이 모든 행정의 최고책임자이며, 의원내각제의 경우에는 수상이 모든 행정의 실질적 책임을 지고 있다. 입법부는 보통 단원제 혹은 상하 양원제로 수백 명의 의원들로 구성되는 것이 일반적이다. 입법부가 수백 명의 의원들로 구성되는 것은 국민의 다양한 이해관계를 국가정책에 반영하기 위함이다.

사법부의 경우에 그 구성에 있어서 다수의 대법관을 두는 이유도 또한 입법부의 경우와 다르지 아니하다.[2] 입법부와 같이 수백 명에 이를 정도의 구성원을 두지 않는 것은, 사법부가 헌법을 정점으로 하는 객관적 규범체계 속에서 구체적 규범의 의미내용을 확정하는 역할을 담당하기 때문이다. 즉, 객관적 규범체계의 의미내용을 이해하고 해석할 수 있는 전문성을 갖춘 사람들을 기본자격으로 하되, 국민의 다양한 규범인식을 대표할 수 있는 적정수의 숫자로 구성되도록 한 것이다. 만약 대법원이 획일적으로 하나의 법적 견해만을 확정하고 국민에게 이를 강제한다면 그 구성원을 다수로 할 필요없이 단 한 사람의 법전문가만을 두어도 될 것이며, 다수의 대법관을 두는 것은 단지 법조인 개인의 영광을 누리는 기회를 좀더 확장하여 법조계층을 만족시키는 도구로 될 뿐이다.

물론 다수의 대법관이 있더라도 '지금, 여기에서'의 법적 결정이 요청되기 때문에, 다수의견과 소수의견으로 분리되는 경우에도 민주주의 한 원리인 다수결의 원칙

2) 대법원의 경우에는 법률의 해석 · 적용이 주된 업무이지만, 헌법재판소의 경우에는 헌법해석이 주된 업무이므로 다양한 헌법적 가치관의 중요성은 더 커진다.

에 따라 하나의 견해를 최종적으로 선택하도록 하고 있다. 중요한 것은, 다수결의 원칙이 그러하듯이, 지금 현재에는 소수의견에 불과하지만 언젠가는 다수의견으로 될 수 있는 가능성을 열어두는 것이다. 최고사법기관의 결정에서 소수의견 혹은 방론이 중요시되는 이유이다.

우리나라는 20세기 100년을 숨가쁘게 지나면서, 급속한 경제발전과 민주화를 달성하였다. 그 과정에서 국민들의 의식수준도 놀랄 만큼 높아져 있음이 사실이다. 지난 100년의 역사가 고난과 질곡의 역사이었다면, 앞으로 전개될 역사는 민주주의의 공고화와 함께 평화와 번영을 구가하는 역사로 되어야 한다는 데에는 누구도 이의를 제기하지 않을 것이다. 이러한 현실인식을 바탕으로 우리나라에서의 법치주의의 실현기제로서의 사법부를 구성하는 방법을 고민하여야 할 것이다.

3. 현대국가에서의 사법부 독립의 기초

권력분립을 체계화한 Montesquieu는 사회적 세력간의 균형을 지탱하기 위하여 사법권을 독립시키고 나아가 군주의 집행권으로부터 분리고립시키고 있다. 그에 있어서 사법권의 독립은 군주제의 통치기구에 있어서 입법부의 내부적 균형을 창조하고 유지하기 위한 필요조건으로서 도출된 것이었다.[3] 이러한 의미의 사법권은 존재적 성격보다는 기능적 성격이 강조되는 것이고, 그 작용에 의하여 존재가 인식되는 특수한 권력으로서 사법권 자체로서는 사회적 세력의 뒷받침을 받지 아니하는「무」인 권력을 의미하였다.

그러나 미국과 유럽국가들의 헌정의 발전과정에서 사법권은 집행권과 입법권에 이은 실질적인「제3의 권력」으로 등장하였다. 사법부의 구성원인 법관은 대의제 정부의 한 부분이자 법의 충실한 봉사자로서 기여할 뿐만 아니라, 국가권력의 한 축으로서 정책결정에 참여하고 때로는 구조개혁이나 제도개혁에 이르기까지 그 역할을 확대하여 왔다.[4] 이러한 과정에서 사법부 구성원의 민주적 정당성과 책임성의 문제가 강하게 대두되었고, 이러한 문제는 국내적일 뿐만 아니라 국제적인 관심사로까지 떠오르게 되었다.[5]

3) 상세한 내용은 졸고(박사학위논문), 정치과정에 있어서의 사법권에 관한 연구, 1996, 28-32쪽 참조.

4) 1970-80년대의 미국에서의 공공소송이나, 유럽의 헌법재판권의 기능에 대한 논의 등을 상기하라.

5) 20세기 후반에 들어와 사법권의 독립에 대한 국제적인 관심사는 크게 증대하였다. 1961년 Lagos Conference, IBA(International Bar Association)의 프로젝트에 의한 1981년 Lisbon Conference, 1982년 Jerusalem Conference, 1982년 New Delhi Conference 등에서 세계 여러 나라의 사법권독립의 현상에 대한 검토와 사법권 독립에 대한 국제적 기준을 모색하였고, 1983년에는 New Delhi에서 논의된 사법권독립의 최소기준장전(IBA's Minimum Standards of Judicial Independence)이 UN에 보고되었으며, 제1차 사법권독립세계대회(The First World

사법권은 그 직무의 속성상 입법권이나 행정권과는 다르다는 점에서 반드시 입법권과 행정권과 같은 방법으로 그 권력적 기초와 정당성을 확보하여야 하는 것은 아니다. 그러나 현대사회의 국가권력의 원천이 국민이라면 사법권도 당연히 「국민에 의한 사법」이 되어야 할 것이다. 물론 이를 어떻게 구현하느냐 하는 것은 제도화 방법의 문제이다.

사법권이 국민으로부터 그 권력의 민주적 정당성을 부여받는다는 것은 규범적 권력으로서의 사법권이 국민의 규범적 대표성을 부여받는다는 것을 의미한다.[6] 입법권과 행정권은 국민이 직접 참여하는 정치적 행위로서의 선거라는 방식을 통하여 국민대표성을 확보하지만, 사법권은 규범적 권력으로서 그 국민대표성을 선거와 같은 방법으로 확보하는 것이 반드시 필수적이지는 않다. 왜냐하면 국민의 정치적 의사는 일정한 경향성을 갖기는 하지만 매우 유동적인 반면에, 규범은 확정성과 연속성을 갖기 때문이다. 따라서 입법권이나 행정권과는 다른 성질의 고도의 전문성을 요하는 것이 사법권이다.

그렇다면 고도의 전문성을 요하는 사법권의 국민대표성을 확보하는 구체적 방안은 무엇인가? 이 물음에 답하기 위해서는 사법권의 형성과 유지·존속의 각 단계에서의 제도적 장치를 염두에 두어야 한다. 법관 특히 대법관의 임명방법에 있어서 객관적이고 합리적인 절차적 규율과 국민의 참여를 요구하는 것은 그 자체 사법권의 국민대표성을 확보하는 중요한 요소일 뿐만 아니라 사법권 스스로의 권력적 기초를 국민에 두는 것을 의미한다. 이러한 사법권이야말로 입법부와 행정부에 맞서서 국민의 기본권을 최종적으로 지켜낼 수 있는 독립적 사법으로 기능할 수 있을 것이다.

요컨대 사법부독립은 사법부 자체의 유아독존적 지위를 고수하는 것이 아니라 자신의 권력의 원천인 국민으로부터 실질적으로 그 정당성을 부여받을 때에 가장 잘 확보될 수 있다. 권력분립의 기본정신이 국가권력을 분리하여 상호 견제와 균형을 이루게 함으로써 국민의 기본권을 보장하는 데에 있다면, 사법권은 입법권과 행

Conference on the Independence of Justice)에서 The Syracuse Principles on the Independence of the Judiciary와 사법권독립에 관한 Montreal선언(The Montreal Universal Declaration on the Independence of Justice)이 UN에 보고되었다. 자세한 사항은, S. Shetreet(ed.), *Judicial Independence: The Contemporary Debate*, Boston, Kluwer, 1985를 참조하라.

6) 이 말은 사법권만이 국민의 규범적 대표성을 가져야 한다는 의미는 아니다. 입법권도 당연히 국민의 규범적 대표성을 가져야 한다. 다만 입법권은 그 규범적 대표성을 의회 내에서의 토론과 타협이라는 정치적 방법으로 행하지만, 사법권은 규범 자체의 논리로 행한다는 차이가 있다. 민주적 정당성의 문제는 규범적 대표성을 가지는 국가기관의 구성원을 어떻게 구성할 것인가의 문제이다. 미국에서는 법관의 국민대표성의 문제는 법관의 법형성기능 및 그 책임성과 관련하여 논의된다. 상세한 서술은, Christopher J. Peters, Adjudication as Representation, 97 *Colum. L. Rev.* 312 참조.

정권에 대한 견제와 균형의 힘을 스스로 갖추지 않으면 안된다. 이 힘의 원천이 곧 국민이다.

4. 대법관 임명방식 – 다른 나라의 사례들

최고사법기관의 구성원을 임명하는 방법은 개별 국가의 역사적 전통과 민주화의 정도, 그리고 정치적 상황에 따라 다를 수 있다.[7] 그러나 그 임명의 과정을 단순화하여 도식화한다면, 임명의 주도권의 행사(initiation)-자격검증(screening)-인준(affirmation)의 단계를 거치는 것으로 볼 수 있다.[8] 아울러 법관임명방식과 관련하여 공통적으로 중시되어야 하는 것은 일련의 임명과정에서 참여자의 범위와 숫자가 어느 정도인가 하는 점이다.[9]

최고사법기관의 구성원을 임명하는 방법에 관하여 세계 대부분의 나라들은 능력주의 임명제(merit system)를 채택하고 있다. 헌법재판소를 제외한 최고사법기관의 구성원 임명방식에 관하여 임명의 주도권이 누구에게 있는가를 기준으로 하여 세계 각국의 현상을 살펴보면,[10] 정부주도형, 의회주도형, 혼합위원회주도형, 사법부주도형으로 크게 분류할 수 있다. 먼저 i) 정부주도형 국가들은 미국을 비롯하여 네덜란드, 스웨덴, 브라질, 오스트리아, 캐나다, 노르웨이, 호주, 인도, 인도네시아, 싱가포르, 말레이시아 등의 국가들이 이에 속한다. 일본의 경우에도 최고재판소장관이 내각에 후보자를 추천하는 관행이 있기는 하지만, 원칙적으로 내각이 지명권을 갖는 정부주도형으로 볼 수 있다. 영국의 경우에는 대법원장의 조언에 의하여 수상의 제청으로 여왕이 임명하는데, 이는 영국의 특수한 사법구조를 고려하여야 한다. ii) 의회주도형 국가들은 의회정부국가인 스위스, 사회주의국가인 중국 등을 들 수 있다. iii) 혼합위원회주도형 국가들은 정부와 의회, 혹은 정부와 사법부, 혹은 3부가 합동하여 관련사법위원회를 구성하고 여기서 임명하거나 임명제청을 하는 경우로서, 독일, 프랑스, 이탈리아, 덴마크, 벨기에, 태국 등이 이에 속한다. iv) 사법부주도형 국

7) 미국의 주의 경우, 일반법관의 임명방식은 i) 능력주의 임명제(merit system), ii) 주지사 임명제(gubernatorial appointment), iii) 정당추천 선거제(partisan elections), iv) 일반(비정당)선거제(non-partisan elections), v) 의회선출제(legislative election) 등의 5 가지 유형을 갖고 있으며, 주대법관의 경우에도 마찬가지이다. Charles H. Sheldon/Linda S. Maule, *Choosing Justice: The Recruitment of State and Federal Judges*, Washington, WSU Press, 1997, pp. 34-40 참조. 대법관을 포함한 연방법관은 대통령의 지명 후 상원의 권고와 조언을 받아 임명하도록 헌법에서 정하고 있다. 미국연방헌법 제2조 제2항 참조.

8) Charles H. Sheldon/Linda S. Maule, *id.*, p. 24ff.

9) Charles H. Sheldon/Linda S. Maule, *id.*, p. 24.

10) 이하의 각 국가들의 사례는 홍승면, 대법원의 구성과 문제점과 개선방안(국회의원 주호영 주관 공청회, "대법원, 어떻게 구성할 것인가?", 2005. 7. 5, 토론문), 56-59쪽의 도표를 참고한 것임.

가는 대부분의 위원들이 법관으로 구성되는 인사심의위원회가 임명하도록 하고 있는 대만이 이에 속한다.

주목할 것은, 위에서 살펴본 20여개 국가들의 최고사법기관 구성원임명방식을 보면, 기존의 최고사법기관의 장이 임명제청하는 경우는 거의 없다는 점이다. 최고사법기관의 장이 관여하더라도 혼합위원회의 일원으로서 관여할 수 있을 뿐, 장이 단독으로 임명하거나 임명제청하는 경우는 거의 없다. 사법부의 최고기관이라는 특성상, 권력분립의 다른 축인 정부 혹은 의회의 관여를 강하게 인정하거나, 판결에 직접 영향을 받는 국민들의 이익을 반영할 수 있는 장치를 마련하고 있는 것이다.

앞서 지적한 것처럼, 최고사법기관의 구성원임명을 누가 주도하느냐의 문제는 개별국가의 역사적 전통, 민주화의 정도, 정치적 상황에 따라 다를 수 있지만, 적어도 한 가지 명확한 것은 민주주의가 성숙한 나라일수록 국민의 여론에 깊이 귀기울인다는 점이다. 국민주권주의의 시각에서 보면 이는 당연하다.

대법관임명에 관한 주도권이 행사되어 지망자가 정해지면 자격검증(screening)과 인준(affirmation)의 과정을 거치게 된다.[11] 자격검증은 임명을 요하는 해당 법관직의 기준을 정하고 자천타천의 지망자들이 이 기준에 적합한지의 여부를 심사하는 과정이다. 이 과정에서 특히 참여자(participants)의 문제가 대두된다. 미국의 경우, (선거제의 경우 투표자를 포함하여) 변호사협회, 시민단체, 노동조합, 정당지도자, 의회의원, 정부법무부관계자, 일반국민 등 최고사법기관의 구성원에 이해관계가 있는 모든 사람들이 이 자격검증에 참여할 수 있다. 물론 이들 각각의 참여자들의 의견이 얼마만큼 구속력이 있는가는 별개의 문제이다. 이 과정에서 자천타천의 지망자들 중 적격자가 가려지게 되는데, 여러 지망자들 중의 비교검증(comparative screening)의 방법과 적격검증(qualifying screening)의 방법이 사용된다.

자격검증의 과정에서는 지망자의 최고법관직 적격 여부에 관하여 매우 엄격한 검증과정이 행해진다. 그 과정에서 지망자의 사적인 영역까지도 검토의 대상이 될 수 있다. 미국의 주의 일반법관의 임명과정에서의 사례를 보면, 기본배경, 전문적 능력, 개인적 성격 등의 영역에서 매우 상세하게 검증기준을 마련하고 있다.[12] 즉, 기본적 배경에서 정신건강, 신체건강, 이전의 사법적 경험, 로스쿨의 생활기록부, 공동체에 대한 지식정도, 전문적 활동, 감독능력, 기소경험, 시민적 활동, 출신학교 등이 고려되고 있고, 전문적 능력에서 성실성에 대한 평가, 공정성, 전문가적 평판, 준비성과 완전성, 소송절차에 대한 숙지도, 법의 발전에 대한 추종도, 의사소통능력, 하

---

11) 임명의 주도권행사과정과 검증의 과정이 동시에 행사될 수도 있다. 즉 임명의 주도권행사의 과정이 공식적 과정이라면 그 과정에서 여러 비공식적 검증과정이 있을 수도 있다.

12) Cf. Charles H. Sheldon/Linda S. Maule, *id.*, p. 129.

급심경험 등이 고려되며, 개인적 성격 면에서는 영향력에 대한 감수성, 도덕적 용기, 열린 마음(open-minded), 감정적 안정성, 법관이 되고자 하는 욕구정도, 결단력, 신중성, 자기단련(self-discipline), 겸손함, 인내심, 정확성, 부지런함, 동정심 등이 고려되고 있다. 일반법관의 경우 이러할진대, 최고법관의 경우에는 더욱 엄격할 것으로 판단된다. 연방의 차원에서는 연방대법관임명과정에서 대통령과 백악관참모들, FBI를 포함한 법무부, 미국변호사협회, 상원사법위원회 등에서 엄정한 기준으로 후보자를 검증하고 있다.[13]

지망자결정과 자격검증이 행해지고 나면, 최종적으로 인준의 과정을 거치는데, 이 과정에서의 참여자는 공식적으로 임명에 최종적 책임을 지는 자들이다. 앞에서 본 자격검증의 과정이 공식적·비공식적 과정을 모두 포함한다면, 인준의 과정은 공식적 과정이다. 자격검증의 과정에 이르기까지 제시된 모든 사항들이 이 인준의 과정에서 걸러져서 최종적 선택을 위한 자료로 활용된다. 인준과정에서의 참여자들은 법치주의적 질서의 수호자를 선택한다는 자부심을 가질 뿐만 아니라 그와 함께 막중한 책임감도 아울러 가져야 한다.

Ⅱ. 우리 헌정사의 경험적 반성

그동안 우리나라에서는 대법관 선임방식의 개선과 관련하여 재조법조계 외부에서 지속적으로 개혁요구가 이어졌다.[14] 특히 참여연대의 사법감시센터 등에서는 이미 오래전부터 대법관 선임방식의 개선을 요구하였으며, 2000년에는 6인의 대법관이 선임될 때에는 구체적으로 대법관 후보자들에 대한 나름의 검토와 평가를 내린 바도 있었다.[15] 특히 2003년 8월에는 사법부 내부에서도 대법관 임명방식에 대한 개선의 요구가 거세게 일어나서 종래 대법원장이 독단적으로 대법관의 임명을 제청하던 것을 벗어나 법원 내에 대법관제청자문위원회를 구성하는 등의 변화로 이어지기도 하였다.[16] 2005년 9월 26일 이용훈 대법원장이 새로운 임기를 시작하였고, 3인의

13) Cf. *id.*, pp. 150-160.
14) 1987년 민주화 이후 우리 사회에서는 사법부 영역에 대해서도 개혁이 강하게 요구되었고, 1988년(노태우정부)의 서명파동, 1993년(김영삼정부)의 소장판사의 사법개혁촉구, 윤관 대법원장 시절의 사법제도발전위원회의 구성 등으로 이어졌으나, 2000년대에 들어와서도 사법개혁의 문제 특히 대법관임명방식의 개선문제는 여전히 논란이 되고 있다.
15) 이에 관하여는 참여연대 사법감시센터, 대법관 후보 인사평가서, 2000. 7. 3. 참조.
16) 그러나 2003년에 최초로 대법관제청자문위원회가 구성되어 활동할 당시, 대법원장이 제안한 3명의 후보자만을 대상으로 검토하라는 조건에 불만을 가진 자문위원들(강금실 당시 법무부장관, 박재승 당시 대한변호사협회장)이 회의장에서 퇴장하는 등의 마찰이 있었고, 이어서 사법파동의 조짐으로까지 확대될 기미를 보이기도 하였다. 2003년 8월 13-16일자 각 신문 등 참조.

대법관이 10월 10일에 임기가 만료되며 1인이 11월 30일에 정년퇴임하게 되어 새로이 대법관 4인을 임명하여야 하는 상황에서 대법관임명방법의 개선이 강하게 요구되고 있다.[17)]

대법관의 임명방식의 문제를 사안 자체로만 본다면 논란은 간단할 수 있다. 헌법이 정하는 바에 따라 대법원장이 대통령에게 임명제청하면 국회의 동의를 받아 임명하면 되는 것이다. 그러나 대법관의 임명은 해방 후부터 현재까지의 우리나라의 민주화의 역사와 떼어놓고 생각할 수 없다.

해방직후 미군정기에 만들어진 법원조직법에서는 대법원장 및 대법관은 재조 및 재야의 법조인들로 구성된 추천위원회에서 추천한 자를 임명하도록 되어 있었다. 그러나 이 법원조직법은 제헌헌법에는 전혀 반영되지 못하였다.

정부수립 후 제헌헌법은 대법원장임명규정(국회승인-대통령임명)만 두었을 뿐, 대법관임명방식을 규정하지 않았기 때문에 대법관 임명방식은 법원조직법에서 정하였는데, 당시의 김병로 대법원장이 주도했던 법원조직법 제정과정에서 각 고등법원장을 포함한 법관회의의 제청으로 대통령이 임명하도록 하였다. 그런데 이때 법관회의는 의결기관이었으므로, 대통령은 법관회의의 의결에 구속될 수밖에 없었다. 이승만 정부하에서는 대법관의 임명에 큰 논란은 없었지만, 김병로 대법원장이 정년으로 물러나게 되자(당시에는 정년은 있었으나 임기는 없었다), 후임 대법원장을 임명하는 것을 둘러싸고 대통령 이승만과 재조·재야 법조계와 갈등을 초래하였다. 이 갈등의 핵심은 대통령의 「임명」을 형식적인 권한으로 이해할 것이냐, 실질적인 권한으로 이해할 것이냐의 문제이었다. 5개월여의 공백기간을 거친 후 결국에는 이승만의 의도에 따라 제2대 대법원장이 임명되었다. 대통령의 대법원장임명권을 실질적인 권한으로 만들어버린 헌법적 사건으로 정치권력에 의한 사법부의 왜곡이 본격화한 사건이다.[18)]

제2공화국에서는 헌법에서 대법원장과 대법관의 선거제가 도입되었다. 대법원장과 대법관은 법관의 자격이 있는 자들로 구성되는 선거인단에 의해 선거되도록 하고, 대통령은 이를 확인하도록 하였다. 의원내각제헌법이어서 대통령이 형식적 권한만을 가질 뿐이었으므로, 대법원장 및 대법관의 임명이 정치권력으로부터 상대적으로 간섭을 덜 받는 시기이었다. 그러나 아쉽게도 법률이 정해지기는 했지만, 5·16

17) 2006년 7월에는 5인의 대법관의 임기가 만료된다.

18) 단순히 대통령의 대법원장임명권만을 놓고 본다면 대법원장지명권을 갖는 미국의 경우와 유사하므로 문제되지 않을 것으로 생각할 수 있지만, 중요한 것은, 미국의 경우에는 대법원장이 종신직이어서 지명하는 대통령의 임기보다 훨씬 오랫동안 대법원장직에 있을 수 있기 때문에 대통령의 의도와는 무관하게 대법원장직을 수행할 수 있고 그만큼 독립성의 확보가 용이하다는 점이다.

군사쿠데타로 인해 실현되지 못하였다.

5·16 쿠데타 이후에는 대법원에 대법원감독관이 파견되어 신속한 판결을 독려하는 등, 사법부의 독립을 논할 계제가 아니었을 뿐만 아니라, 국가재건비상조치법에서 법원을 완전히 국가재건최고회의에 종속시켰고, 쿠데타정부에서 임의로 제3대 대법원장을 임명하였다. 대법관의 명칭도 대법원판사로 바꾸어 상대적으로 열등한 지위로 만들어버렸다(원래 대법원판사는 제1공화국에서 대법관 휘하에 있는 보조적 판사들이었다. 현재의 대법원 재판연구관과 비슷하다). 대법원판사라는 명칭은 제5공화국까지 계속 헌법 및 법률에서 사용되었고, 현행헌법에 와서 비로소 대법관이라는 명칭으로 회복되었다.

제3공화국 헌법에서는 대법원장과 대법원판사들의 임명을 법관추천회의를 거치도록 하였는데, 형식상으로는 정치권력과 독립한 듯이 보였으나, 실질적으로는 국가재건최고회의 이후 사법권이 완전히 이에 종속되어 버렸기 때문에 추천회의 자체가 유명무실하였다. 그나마도 법상의 기구이었기 때문에 나중의 대법원장 및 대법원판사의 임명과정에서 추천회의가 열리기는 했으나, 집권자의 사법부장악의지를 꺾는 데는 실패하였다.

제4공화국 즉 유신헌법에 들어와서는 그나마 형식적이었던 법관추천회의 자체를 없애 버렸다. 대통령이 아무런 선행절차없이 국회의 동의를 얻어 대법원장을 임명할 수 있었고, 대법원판사는 헌법에서 그 임명방법을 정하지 않고 법원조직법에서 정하도록 위임하였다. 최고법원인 대법원의 구성원에 대하여 헌법이 아닌 법률에 의하여 그 임명방식을 정하도록 하였던 것이다. 법원조직법에서는 대법원장의 제청으로 대통령이 임명하도록 하였다. 오늘날 문제되고 있는 대법관 임명방식이 바로 이때 처음으로 도입된 것이었다. 그것도 헌법이 아닌 법원조직법에서였다. 사법의 암흑기이었던 시기이다.

제5공화국 헌법에서는 대법원판사 임명방식에 대하여, 유신헌법에서 법원조직법에서 규정하였던 것을 헌법에서 규정하였다. 즉 대법원장의 제청에 의하여 국회의 동의없이 대통령이 임명할 수 있도록 하였다. 헌법에서 규정하였지만, 유신헌법 때와 전혀 달라지지 않았다. 뿐만 아니라 대법원판사의 임명과정에서 대법원장의 제청은 거의 유명무실하였다.[19]

---

19) 1957년 김병로 대법원장의 퇴임 이래 수난기에 접어든 우리나라 사법부는 암흑기인 유신시대와 제5공화국에 이르기까지 집권자의 자의에 의하여 최고법관을 임명하였음을 부인하기 어렵다. 구체적 사례로서, 제5공화국초기에 대법원판사가 임명되는 과정에서 대법원장의 의사와는 전혀 무관하게 대통령이 일방적으로 후보를 결정하고 임명하였다고 한다. 대법원장의 대법원판사임명제청권이 완전히 형식화한 모습을 잘 보여주고 있다. 박철언, 바른 역사를 위한 증언(1), 서울, 랜덤하우스중앙, 2005, 55-58쪽 참조.

Ⅲ. 현행헌법상 대법관의 임명방식과 그 문제점

1. 헌법 및 법률의 규정

현행헌법 제104조 제2항은「대법관은 대법원장의 제청으로 국회의 동의를 얻어 대통령이 임명한다」고 규정하고 있다. 대법원판사를 대법관으로 명칭을 바꾸고, 아무런 선행절차없이 대법원장이 대법관후보자를 제청하면 국회의 동의를 얻어 대통령이 임명하게 하고 있다. 얼핏 보면, 국회의 동의를 받게 함으로써 대법관임명의 민주적 정당성을 일견 강화하고 있는 것처럼 보인다. 그러나 이것은 유신헌법 혹은 5공헌법에 비하여 상대적으로 그러하다는 것이지, 제헌헌법이나 제2공화국헌법 혹은 형식적이기는 했지만, 제3공화국헌법의 규정에 비하면 결코 민주적이라 할 수 없다. 우리 헌정의 경험에서도 보았듯이, 이 규정은 임명제청에 관한 한, 유신헌법시대에 법원조직법에서 도입된 방식으로 암흑기 사법기에 독재권력이 사법부를 장악하기 위한 수단으로 채택된 것이었다. 우리나라의 헌법개정의 역사가 권력구조 특히 대통령의 선출방식에 집중되었던 까닭에 87년 민주화 이후의 헌법개정과정에서도 적극적인 개정이 이루어지지 못하였다.[20]

헌법하위의 법률인 법원조직법은 대법원장 및 대법관의 임명에 관하여 헌법규정을 그대로 옮겨놓고 있으며(법 제41조 제1항 및 제2항) 헌법을 보충하기 위한 아무런 규정도 두고 있지 않고, 다만 대법원장과 대법관의 임용자격만을 규정하고 있을 뿐이다(법 제42조 제1항). 이러한 규정에 따라 2003년 이전까지는 비공식적인 법원 내부의 의견수렴에 따라 대법원장이 전권을 행사하여 대법관을 임명하여 왔다. 시민단체 및 재야의 강력한 개선의 목소리가 커지는 가운데 2003년 7월에 이르러 대법원내규로 대법관제청자문위원회를 구성하였다. 이 내규는 2004년 6월 및 2004년 12월 두 차례 개정되어 현재에 이르고 있다.

대법관제청자문위원회 내규는 대법원장이 광범위한 의견수렴을 통하여 비공개로 후보자를 추천받아(제2조) 자문위원회를 거쳐(제4조) 후보자를 정하는 것으로 하고 있다.

2. 현행헌법의 대법관임명방식의 문제점

먼저, 헌법상의 대법관임명규정을 살펴보면, 앞에서도 지적한 바와 같이, 현행

---

20) 1987년 당시의 각 개헌안을 보면, 대법관의 경우, 의원내각제를 주장했던 여당안은 대법원장의 추천을 받아 수상이 제청하고 대통령이 임명하는 방식이었고, 야당안 및 대한변협안은 법관추천회의제청, 대통령 혹은 대법원장임명의 방식을 채택하고 있었다.

헌법상의 대법관임명방식이 유신헌법체제의 잔재라는 사실을 지적하지 않을 수 없다. 유신헌법 이전에는 비록 형식화해버렸더라도, 법관회의 혹은 법관추천회의를 통하여 대법관후보를 정하도록 하여 제청 이전에 최소한 객관적인 검증절차를 거치도록 하였으나, 이마저도 삭제해버리고 단순히 대법원장의 제청으로 국회의 동의를 거쳐 대통령이 임명하도록 한 것이다. 국회의 동의과정에서 실질적으로 충분한 검증을 거칠 수 있지 않느냐는 반문이 있을 수 있지만, 이미 대법원장의 제청과정에서 후보자가 한정되어 버리기 때문에 국회차원에서의 검증은 한계가 있다. 대법관임명의 주도권을 대법원장이 갖고 있기 때문에 그 한도에서 적격자의 폭이 좁아지는 것은 당연한 것이다. 다른 나라의 대법관임명방식에서도 본 것처럼, 대법원장이 단독으로 신임대법관을 임명제청하는 사례는 세계 어느 나라에서도 볼 수 없다.

우리나라 헌정의 경험에 비추어, 대법원장이 제청하고 대통령이 임명하는 방식을 채택하였을 때에 과연 어느 정도로 대법원장이 실질적인 권한을 행사하였는지를 묻지 않을 수 없다. 과거에 제청권이 있었음에도 불구하고 전혀 실질적인 권한행사를 하지 못했음에도 불구하고 이제 와서 민주화된 국가에서는 실질적인 권한행사를 하겠다고 하는 것은 국민이 이루어 놓은 민주화의 과실을 너무 쉽게 따먹겠다는 몰염치가 아닐까?

대법원장과 대법관은 사건의 판결에 있어서는 대등한 지위에 있다. 때로는 사건에 관하여 서로 반대되는 의견을 가질 수도 있고, 극단적으로 사물을 바라보는 견해의 차이가 있을 수도 있다. 이것은 그대로 판결에 영향을 미치게 된다. 그러하다면, 대법관을 임명하기 위하여 대법원장이 제청할 때 자신과 국가관, 인생관, 사회관 등등이 다른 사람을 제청할 수 있을까? 이것은 대법원장의 단독제청제도의 성격상 제기되는 일반적 문제이다. 다른 외국의 경우에 대법원장이 제청과정에 직간접으로 참여는 하지만, 단독이 아니라 회의체의 한 일원으로서만 참여하게 하는 것도 결국은 법적 견해의 다양성을 보장할 수 있는 대법관을 임명하기 위한 것이라고 보는 것이 타당할 것이다. 대법원장이 단독으로 대법관을 임명제청하는 방식 자체가 문제의 소지를 안고 있다는 말이다.[21)]

---

21) 국회의 한 공청회에서 이와 유사한 문제점을 지적하는 데에 대하여, 법원에서 토론자로 참석한 한 법관은 대법원장의 제청과 국회의 동의 그리고 대통령이 임명하도록 한 것을 대법원의 구성에 3부가 모두 관여하도록 하여 민주적 정당성을 확보하도록 한 것이고, 대법원장에게 임명제청권을 부여한 것은 정치권력으로부터 한 걸음 떨어져 있는 대법원장이 외부의 영향없이 가장 적당한 사람을 제청하도록 하는 것이 가장 적절하다는 판단을 한 것으로 보아야 한다고 주장하였다(장영수, 국회의원 주호영 주관 공청회, "대법원, 어떻게 구성할 것인가?", 2005. 7. 5, 발제문, 18쪽 및 홍승면, 같은 공청회의 토론문(앞의 주 10)), 49쪽 참조). 그러나 3부가 대법관임명에 모두 관여하여 민주적 정당성을 확보한다는 것은 3부가 그 임명에 관하여 실질적 권한을 가질 때에 타당할 뿐이다. 오히려 제청의 과정에서 국민들의 적극적인 참여를 통하여 충분한

다음으로, 대법관제청자문위원회가 가진 문제이다. 앞서 본 것처럼, 대법관제청자문위원회는 대법원내규라는 규범형식을 갖고 있다. 대법원이 필요하다면 언제든지 개정이 가능한 것이다. 실제로 2003년에 제정된 내규는 2004년에 두 번 개정되어 현재에 이르고 있다. 현행헌법의 규정상 대법관제청자문위원회를 법률로 정하는 것은 불가능한가? '자문'위원회라는 표현에서 보듯이 대법원장의 제청에 대한 '자문'을 위한 위원회이기 때문에 법률로써 동 위원회를 정한다고 하여도 직접적으로 대법원장을 구속한다고 볼 필요는 없을 것이다. 법률 중에는 강제적 구속력을 갖는 법률 뿐만 아니라 임의적인 효과를 가지는 법률도 얼마든지 있다. 따라서 대법관제청자문위원회를 법률로 정한다고 하여도 당해 법률이 위헌이라고 생각되지는 않는다. 입법부에서 대법원장이 대법관을 임명제청하기 위하여 필요한 사항들을 정하되 대법원장이 이를 최대한 존중하도록 정한다면 법적 강제력을 갖지 않으면서도 사실상 대법원장이 구속되게 하는 것도 가능할 것이다.

대법관제청자문위원회내규가 가지는 두 번째 문제는 대법관제청자문위원회가 임의적 기구인 점이다. 동 내규 제3조 제2항은 「대법원장은 대법관제청을 위하여 필요시 다음 각호의 사람들을 자문위원으로 지명 또는 위촉한다」(밑줄은 필자)고 정하여, 필요한 경우에 자문위원회를 구성하는 것으로 하고 있다. 대법관임명제청의 필요가 있을 때에는, 관행상 대법관제청자문위원회가 열릴 것으로 예상되지만, 기왕여는 위원회라면 필수적으로 열도록 한다고 하여 큰 문제는 없을 것이다.

세 번째의 문제는, 대법관제청자문위원회의 비공개성 내지 비밀성이다. 내규에서는 자문회의의 의사와 내용은 원칙적으로 공개하지 않도록 하면서(동 내규 제6조 제1항), 특히 후보자추천을 하면서 추천자가 의도적으로 추천자를 공개할 경우에는, 자문위원회의 의결로 심의대상에서 제외할 수 있도록 하고 있다(동 내규 제5조 제2항). 한 마디로 말하여 어불성설인 규정이다. 국민들은 대법관이 임명제청되는 과정에서 도대체 누가 후보로 올랐는지, 후보자가 어떠한 사람인지 등등에 관하여 전혀 알지 못한 채 대법관이 임명되는 것을 지켜보아야 할 뿐이다. 대법원의 존재가 국민의 기본권보장을 위한 최후의 보루로서의 의미를 갖는다면, 기실 대법관이 누가 되느냐에 관하여 가장 이해관계가 민감한 당사자는 국민들이다. 그런데도 국민들은 누가 대법관이 되는지에 관하여 전혀 알 수 없다면 이는 민주주의 국가의 취할 바가

자격검증을 거치는 것이 민주적 정당성을 더 잘 확보할 수 있다. 뿐만 아니라 대법원장이 정치권력의 영향없이 가장 적당한 사람을 제청한다고 하지만, 이는 사법부의 자기만족적 기대일 뿐이다. 정작 정치권력의 영향을 받지 않을 수 있을지 몰라도, 대법관의 임명에 관하여 가장 이해관계가 민감한 국민들에게는 그저 사법부의 판단에만 복종하라는 자기오만을 드러낸 것일 뿐이다. 오히려 정치권력의 영향을 벗어나려면, 국민의 여론을 살펴 누가 대법관으로 적당한지를 묻는 것이 바람직할 것이다.

아니다.

Ⅳ. 제 언

다수의 대법관이 새로이 임명되어야 하는 현재의 상황에서는 개헌을 통하여 대법관임명방식을 변경하거나 대법관제청자문위원회법을 만드는 것도 기대하기 어렵다. 그렇다고 하여 유신시대의 잔재인 제도를 그대로 추종하여 대법관을 임명하는 것도 작금의 상황에 적합하지 아니하다. 현재의 헌법규정과 대법관제청자문위원회내규를 그대로 둔 채 가장 민주적이고 합리적인 대법관임명제청의 방법은 없는가? 헌법과 대법관제청자문위원회내규를 헌법의 전취지에 따라 최대한 폭넓게 해석하여 헌법이 지향하는 민주주의 및 국민주권의 원리를 최대한 살리는 길을 모색할 필요가 있다.

첫째, 대법관제청자문위원회의 활동을 최대한 융통성있게 할 필요가 있다. 비공개와 비밀성을 원칙으로 하고 있지만, 이것이 국민의 이익과는 상반되는 점을 주지하여 가능한 한 최대한 후보자에 관한 사항을 공개하도록 하여야 한다. 후보자의 입장에서는 개인적 사항까지도 공개됨으로 인하여 명예훼손이나 비밀침해의 가능성도 없지 않지만, 대법관이라는 지위가 갖는 공적 성격에 비추어보면 그 정도는 감수하여야 한다. 공적 인물로서의 대법관은 개인적 생활에 있어서도 고도의 도덕성과 성실성을 검증받을 필요가 있다.

둘째, 대법관제청자문위원회내규에서는 후보자를 몇 명으로 하여야 한다는 명시적 규정이 없다. 따라서 대법원장이 자문위원회의 의결을 거쳐 대법관 1명에 대하여 복수의 후보를 제청하는 방법도 반드시 불가능하지는 않을 것으로 생각된다. 원래 「제청」이라는 표현이 특정인을 특정의 지위에 임명해 줄 것을 요청하는 행위이지만, 그 특정인을 다수로 한다고 하여 「제청」의 의미를 완전히 벗어나는 것은 아니다. 대법원장의 입장에서는 자신의 권한을 포기하는 것처럼 보일지 모르지만, 최소한 복수의 후보자를 제청하는 한도 내에서는 자신의제청권을 행사한 것으로 이해할 수 있다.

셋째, 후보자를 검증하는 기준을 다양하고 엄정하게 설정할 필요가 있다. 현재의 내규에서는 대법원장이 지극히 표면적이고 추상적인 사항들에 관해서만 자문위원회에 제시하도록 하고 있어서 대법관으로서의 적격성 여부에 관하여 형식적인 검증에 그칠 우려가 적지 않다. 앞서 본 바와 같이, 기본배경, 전문적 능력, 개인적 성격 등의 영역에서 상세한 검증기준을 마련하고 그에 따라 객관적이고 공정하게 후보자를 선정한다면 그 선정에 대한 국민의 신뢰도도 크게 높아질 것이다.

넷째, 자문위원회 외부의 목소리에 귀를 기울일 필요가 있다는 점이다. 수차례 강조한 것처럼, 누가 최고사법기관의 구성원이 되느냐 하는 문제는 국민의 직접적인 이해관계가 걸린 문제이다. 따라서 국민들의 여론이 어떠한가를 신중하게 주시하고 그에 따라 후보자를 결정할 필요가 있다. 사법부는 국민의 여론으로부터도 독립하여야 한다는 입장에서 본다면 대법관임명과정이 국민의 여론에서조차도 벗어나야 한다는 주장으로 이어지겠지만, 국민과 유리된 사법부는 이미 그 존재가치가 없다. 왜냐 하면, 사법부는 국민의 여론을 법적 논리로 재해석하고 전체 국민의 이익과 권리를 최대한 보장해주어야 할 책임을 지고 있기 때문이다.

결론적으로, 현행헌법상 대법관의 임명은 대법원장의 제청으로 국회의 동의를 얻어 대통령이 임명하게 되어 있다는 점에서, 대법원장이 그 임명제청권을 실질적으로 행사하려는 것은 현재의 상황에서 적절하지 않다. 오히려 대법원장은 최대한의 개방적인 자세로 국민의 목소리에 귀를 기울여 제청을 위한 자료로 삼아야 한다. 후보자의 입장에서는 대법관이 되는 것이 개인적 영예이겠지만, 그에게 자신의 사건을 맡겨야 하는 국민의 입장에서는 얼마만큼 자신의 이익과 권리를 보호해줄 수 있을지에 관심을 가질 수밖에 없는 공적 지위가 곧 대법관이라는 지위이다. 우리 사법부는 과거 권력의 편에 서서 자신의 귀족적 지위를 향유하는 데에 치우치지는 않았는지, 국민전체의 이익보다는 사법부라는 집단의 이익에만 안주하지는 않았는지를 진지하게 반성할 필요가 있다. 우리 국민들은 사법부에게도 진정한 민주화가 정착되어 민주주의와 법치주의의 최후보루가 되기를 기대하고 있다.

(민주사회를 위한 변호사모임 편, 민주사회를 위한 변론 65호, 2005. 7, 11-23쪽)

8. 대법원장의 지위와 사법행정권

Ⅰ. 서 언

2007년 대통령선거 이후 이른바 '보수우파'정권의 출현과 함께[1] 우리 사회의 전반적인 보수반동화가 진행되는 와중에, 사법의 영역에서도 과거의 방식에로 회귀하는 경향이 현저히 나타나고 있다. 이러한 경향의 가장 뚜렷한 사례가 바로 신영철 대법관 사태이다. 신영철 대법관 사태는 5차 사법파동이라 일컬어질 정도로[2] 우리 사회에 큰 파장을 불러 일으켰다. 사실관계를 요약하면 다음과 같다.

2008. 5. 이후 미국산쇠고기수입에 반대하는 촛불집회가 계속되는 가운데, 2008. 6. 19. 이래 서울중앙지법에서 11건의 촛불집회 관련사건이 접수되었고, 7. 11. 까지 11건 중 8건이 형사13단독재판부에 집중 배당되었다. 이에 형사단독판사들이 특정 재판부 '몰아주기' 배당의 문제점을 제기하자(7.14.), 신영철 당시 중앙지방법원장은 형사단독판사들을 소집하여 사건배당의 문제점을 인정하고 전산배당 방침을 표명하였다(7.15.). 그러나 신 법원장은 '정치적인 냄새가 나는 사건은 보편적 결론을 도출해달라'는 내용의 e메일을 발송하고(8.14.), 집시법에 대한 위헌심판제청과(10. 9. 형사7단독, 박재영 판사) 단독재판부의 보석결정이 잇따르자(10. 10. 형사3단독 엄상필 판사), 단독판사에게 보석을 신중하게 결정하라고 전화하기도 하였으며(10.13.), 사건처리를 독촉하는 e메일을 발송하였다(10. 14, 11. 6, 11.24.).

한편, 임기가 만료되는 고현철 대법관의 후임으로 대법관 후보자가 된 신 법원장은 국회 인사청문을 거쳐 2009. 2. 18. 대법관으로 취임하였으나, 언론은 촛불재판의 배당에 논란이 있음을 보도하였고(2. 23.), 이어서 대법원이 진상조사단을 구성하여 10일간의 조사 끝에 '재판개입의 소지가 있다'는 결과를 발표하였다(3. 16.). 이에 이용훈 대법원장은 신 대법관을 대법원공직자윤리위원회에 회부하였으나(3.19.), 동 윤리위원회는 3차의 회의를 거친 후 경고 혹은 주의촉구의 권고를 내렸다(5. 8.). 윤

---

1) 권영성 교수는 헌법학원론 2008년판의 머리말에서 「… 10년에 걸친 친북좌파정권에 의해 유린되고 훼손된 대한민국의 정체성(正體性)이 제모습을 회복하게 될 것 같다」고 쓰고 있다.
2) 2009년 5월 19일 박시환대법관의 발언. 동 일자 각 신문 참조.

리위의 결정에 대하여 비판이 이어지는 가운데 이용훈 대법원장은 신 대법관에 대하여 법관징계위원회에 회부하지 않고, 유감표시 및 엄중한 경고조치를 취하였으며, 신 대법관은 이를 수용한다고 표명하였다(5. 13.). 그러나 이튿날 서울남부지법의 단독판사회의를 필두로 하여, 법원행정처의 자제촉구의 전화에도 불구하고(5. 17.),[3] 전국의 지방법원에서 단독판사회의가 이어졌고(5. 14.-5 .19.), 서울고법에서는 배석판사회의가 열렸으며(5. 21.), 노무현 전대통령의 서거와 국민장이 끝난 후에(5. 23.-5. 29)[4] 전국법원장회의까지 개최되었다(6. 5.).[5]

이러한 일련의 사태가 전개되는 가운데, 신대법관의 행위가 중대한 헌법적 가치인 법관의 독립을 침해한 것이 아닌가에 관하여 숱한 논쟁이 전개되었고,[6] 야당들과 시민단체 그리고 소장판사들과 법원노조까지 신 대법관의 사퇴를 촉구하는 성명과 시위가 이어졌다.

한편, 신 대법관의 행위에 대한 법적 제재가 논의되는 가운데 사법행정권의 최

---

3) 법원행정처의 전화 자체도 문제의 소지가 있다. 이는 법률상 허용된 판사회의의 자율성을 침해할 가능성이 있는 것으로 볼 수 있고, 넓게는 법관들의 집단적인 의사표현의 자유를 침해할 가능성이 있는 것이었다.

4) 대법원은 5월 29일, 9년 넘게 끌어오던 삼성에버랜드전환사채사건에 대하여 6: 5로 무죄의 판결을 최종선고하였는데, 신 대법관은 무죄판결에 동조하였다. 판결선고 전에 사퇴하였다면 5: 5의 의견대립으로 선고자체가 연기될 수도 있었을 것이다.

5) 이러한 일련의 사태는 약 40년 전, 이웃나라 일본의 삿뽀로 지방재판소에서 발생한 平賀書翰事件과 극히 유사한 모습을 보여준다. 이 사건은 1969년 9월, 삿뽀로 지방재판소에서 재판 중이던 長沼(ながぬま)ナイキ소송에서 동 재판소 소장 平賀健太가 동 사건의 총괄재판관에게 보낸 서한으로부터 촉발되었다. 당시 일본정부의 제3차 방위력정비계획에 따라, 비핵탄두전용으로 개조된 지대공 미사일 나이키 허큘리즈 기지를 북해도 나가누마 시에 건설할 목적으로 보안림을 해제하려는 농림부고시가 있게 되자, 주민 173명이 삿뽀로 지방재판소에 보안림해제처분취소청구소송의 행정소송을 제기하고 소송확정까지 해제의 집행정지를 신청하였다. 이에 平賀健太 삿뽀로 지방재판소장은 이 사건이 어떠한 문제인지, 관할이 있는지, 그로부터 변론을 개시하는 것이 좋은지 등과 같은 것을 미리 상의하라는 메모를 재판부 총괄재판관에게 건네주었다. 이는 사건의 법률상 및 사실상의 문제점에 관하여 자신의 견해를 표명한 것이지만, 명백히 재판에 간섭한 것이었다. 또한 재판결정고지일을 연기하라고 압력을 가하여 결정을 미루게 하였지만, 재판부는 보안림해제의 집행정지신청을 인용하였다. 삿뽀로 지방재판소 재판관들은 서한문제와 관련하여 회동하여 서한을 공표하기로 하였다. 최고재는 平賀 소장을 주의처분하고, 동경고재판사로 전출하였다. 한편, 정치세력과 우익언론 등은 平賀 소장의 재판간섭문제를 사신공개문제 및 青法協문제로 전환시켜 진보적인 법관들에 대한 비판으로 논쟁의 초점을 바꾸어버렸고, 이를 통해 사법부를 정치권력의 의도에 따라 무력화하려고 시도하였다. 60-70년대의 일본의 정치와 사법부의 보수반동화의 경향을 잘 보여주는 사건이었다. 小田中聰樹, 現代司法の構造と思想, 日本評論社, 1973, 126쪽 以下 및 졸저, 법과 정치, 박영사, 2007, 129쪽 이하 참조.

6) 상당수의 언론 및 시민사회와 학계의 의견은 명백한 재판간섭이라는 데에 동의하였으나, 보수언론들은 e메일을 보내고 전화를 건 행위가 정당한 사법행정권의 행사에 속한다고 하면서, 오히려 이를 공개한 법관들에 대하여 더 강한 비난을 가하려는 모습을 보이면서 의제전환을 시도하였다.

고책임자인 대법원장이 법원 내부에서 법관의 독립을 침해하는 행위가 있었던 것에 대하여 적절한 대응을 하지 못하였다는 비판이 함께 제기되었고, 사건을 정치적으로 해결하려 하고 있다는 비판이 제기되기도 하였다.[7)]

사법행정(judicial administration, Justizverwaltung)은 사법재판권의 행사나 재판제도를 운영·관리하기 위하여 필요한 일체의 행정작용이다.[8)] 구체적으로 보면, 사법기관인 법원의 인적·물적 시설을 운영하는 작용으로, 내용적으로 보아, 법관 등의 인사행정, 법원의 조직·구성 등의 운영·관리, 물적 시설관리, 회계·예산·보수 등의 재무관리 등을 포함한다.[9)] 이들 사법행정권의 내용은 어느 것 하나 중요하지 않은 것이 없지만, 그 중 특히 인사에 관한 사항과 재판권행사에 관한 사항은 법관의 독립, 나아가 사법권의 독립에 핵심적인 것이다.

사법행정은 헌법상 사법제도를 구체화하고 이를 실현하는 수단이다. 아울러 사법제도가 갖는 궁극목표인 인권보장을 위하여 사법권의 독립은 필수적이며, 사법행정은 사법권의 독립에 기여하는 방식으로 행해져야 한다. 사법권의 독립은 인적 독립(personal independence)과 제도적 독립(institutional independence)이 필요한데, 특히 후자는 입법권력과 행정권력으로부터 법관을 보호하여 헌법과 그 가치들을 수호하기 위하여 사법부 주위에 둘러쳐진 보호장벽(a protective wall)이 되도록 고안되어야 한다.[10)] 따라서 헌법의 사법제도 관련규정은 사법권의 독립을 구현할 수 있도록 정해지고 또 해석되어야 하며, 하위법률 또한 사법권독립이라는 헌법의 기본정신을 구현할 수 있도록 정해지고 또 해석되어야 한다. 물론 헌법 및 법률에서 아무리 완벽한 규정을 갖추었다 하더라도, 이를 직접 실현하는 사법권의 담당자가 헌법상의 기본정신과 이념에 어긋나는 방법으로 사법행정권을 행사한다면, 헌법상의 사법권의 독립의 원칙은 깨뜨려지고 만다.

사법행정권은 두 가지 측면을 가지고 있다. 그 하나는, 현대사회 사법권의 특징으로서, 입법권력 및 행정권력과 대등한 권력으로서의 사법권력을 현실적으로 실현하여 다른 두 권력에 맞서 그 독립성을 확보함으로써 헌법정신과 국민의 기본권을 최대한 보장하여야 한다는 측면 즉 사법권력적 측면이며, 다른 하나는, 국민들 사이의 분쟁을 최대한 신속하고 공정하게 해결하여야 한다는 측면 즉 사법기능적 측면이다.[11)] 전자는 사법권력이 정치과정에서 독자적인 참여자로 기능하여 사법부 내외부

7) 이국운, 이용훈 대법원장의 정교한 '사법정치학'이 성공한들…, 인터넷언론 프레시안, 5월 14일자 기사, http://www.pressian.com/article/article.asp?article_num=20090514094018&Section=01 참조.

8) 김철수, 헌법학(하), 박영사, 2009, 1916쪽; 성낙인, 헌법학, 2009, 법문사, 1114쪽.

9) 김철수, 위의 책, 같은 쪽.

10) Aharon Barak, *The Judge in a Democracy*, Princeton Univ, Press, 2006, p. 80.

로부터 그 독립성을 침해하려는 시도에 대하여 적절한 사법행정권의 행사를 통하여 이를 배제하는 것이며, 후자는 국민들 사이 혹은 국가와 국민 사이의 분쟁을 헌법과 법률에 따라 공정하고 신속하게 해결하기 위하여 사법행정권을 행사하는 것이다. 물론 이 양자는 전자를 위해서 후자가 뒷받침되어야 하고, 또한 후자를 위해서는 전자가 확보되어야 한다는 점에서, 동전의 양면과 같이 서로 밀접하게 관련이 되어 있다. 그런 점에서 사법기능적 측면에서 사법행정권을 집행하는 경우에 그 집행이 사법권력적 측면에서 사법권의 독립성을 침해할 가능성이 있다면 그러한 사법행정권의 집행은 마땅히 배제되어야 한다.

이 글은 위에서 언급한 사실관계를 기초로 하여, 헌법상 3권의 한 축인 사법부의 수장이 사법부 내외부의 독립침해에 대응하여 어떻게 행동하여야 하는지에 관하여, 사법기능적인 측면에서보다는 사법권력적 측면에서의 사법행정이라는 관점에서, 우리나라 헌정사에서의 경험을 통하여 대법원장의 사법행정권행사의 모델을 추적하여 현재의 제도 및 상황과 비교·검토하고 아울러 현행 헌법 및 법률에서 정하고 있는 포괄적 권한으로서의 사법행정권의 행사방법과 기준에 관하여 언급하고자 한다. 또한 현행 헌법 및 법률의 문제점을 살펴보고 입법론을 개진하고자 한다.

Ⅱ. 대법원장의 지위와 사법행정권

1. 우리 헌정의 경험

(1) 미군정기 및 1948년 헌법과 법률

우리나라 사법제도는, 해방 이후 일제강점기의 사법제도를 폐지하고 전면적으로 재구성할 필요가 있었음에도 불구하고 미군정의 점령목적을 위하여[12] 최소한의 변경에 그침으로써, 태생적으로 일제강점기의 사법제도를 모태로 하여 출범하였다. 군정 초기에는 조선총독부 산하의 사법행정조직을 한동안 그대로 답습하여, 총독부 산하의 중앙행정부서인 법무국에서 사법행정을 관장하게 하였다. 1946년 4월에, 군정법령 제67호를 공포하여 군정 산하 법무국을 司法部로 개칭하고 그 장인 사법부장으로 하여금 사법행정을 담당하도록 하였다.[13] 그러나 판사 및 검사의 임명에 군

---

11) 사법권의 기능적 측면에서 사법행정권을 논하고 있는 대표적 저술로, 가재환, 사법운영의 이론과 실제, 박영사, 1995를 들 수 있다. 이 책은 정치과정에서 사법권력이 어떻게 정립되어야 하는지에 관한 측면보다는 기성의 사법제도를 효율적으로 운영·관리하기 위한 제반 논의를 담고 있는 점에서 미시적 접근을 하고 있다고 판단된다.

12) 미군정기의 점령정책은 신식민주의 혹은 반식민주의로 평가되고 있다. 송광성, 미군점령4년사, 한울, 1993, 296쪽 이하 참조.

정장관의 동의를 얻게 하여 사법행정의 독립성이 확보되지 못하였다. 군정청 하의 사법부는 재판소의 명령 및 결정을 제외하고는 모든 사법사무를 관장하는 기관일 뿐만 아니라 법무행정 및 법제업무 등을 관장하는 광범위한 행정기관으로서의 역할을 하였다. 비록 이전의 총독부하의 법무국에서 사법권을 관장하던 것보다는 진일보하기는 했으나, 지엽적인 개혁에 불과하였다.

제도적 측면에서 총독부 시절보다 진일보하기는 하였으나, 여전히 미군정 산하에 속해 있었기 때문에, 사법행정의 요체라 할 수 있는 인사와 재판권의 행사에 있어서도 점령정책을 기조로 하고 있는 미군정의 간섭이 적지 않았다. 특히 군정청 산하의 또다른 재판소인 군정재판소와의 관할권문제로 갈등이 심하였다.[14] 미군정의 군사재판소와 한국인재판소 사이의 관할의 갈등은 사법권의 독립의 문제이기 이전에 외세에 의한 재판간섭이라는 성격을 띠고 있었고, 이것은 주권침해의 문제가 되기 때문에, 이에 대하여 저항하는 것은 당연한 것이었다. 이 시기에는 사법부의 사법권행사에 대하여 미군정과 좌익이라는 정치세력으로부터 위협이 있었지만, 당시의 사법부장 김병로의 노력으로 이를 배제할 수 있었다.[15]

사법권의 완전독립을 제도화하는 입법조치는 군정말기에 이르러서 신정부수립을 준비하는 과정에서 비로소 단행되었는데, 1948년 5월 4일 군정법령 제192호로 법원조직법이 공포된 것이 그것이다. 이 법령의 시행으로 말미암아 비로소 사법권이 행정부로부터 완전히 독립되는 기반이 마련된 것이다. 이 법원조직법에 따라 법원의 조직과 인사에 대한 독립성이 확립되고, 사법행정처가 설치되었다.

1948년 헌법은 제78조에서「대법원장인 법관은 대통령이 임명하고 국회의 승인을 얻어야 한다」고 하고(제78조),「법관의 임기는 10년으로 하되 법률이 정하는 바에 의하여 연임할 수 있다」고 하여(제79조), 대법원장과 대법관의 임기는 헌법에 별도로 규정하지 않았다. 정부수립 후 최초의 법원조직법(1949. 9. 26. 국회 재의결 법률 제51호)은「대법관의 임명 및 대법원장의 보직은 대법원장과 대법관 및 각 고등법원장으로 구성된 법관회의의 제청으로 이를 행한다」고 하여(제37조 제1항) 대법원장의 보직

---

13) 司法部가 설치된 후 최초의 사법부장은 총독부직제 법무국의 법무국장이었던 Woodall 소령이었는데, 1946년 6월 20일에 기구를 개편하여 미국인 사법부장과 한국인 사법부장을 별도로 두고 전자가 후자의 결정에 대하여 승인권을 가지며 최종적인 책임을 지도록 하고 있었다. 최초의 한국인 사법부장은 김병로이었다. 1946년 9월 11일 이후에는 조선과도입법의원의 개원과 함께, 미국인 사법부장을 고문으로만 칭하게 되어 사법부의 실질적인 이양이 이루어졌고, 1947년 2월 15일에는 미국인 사법부장(Cornelly Jr.)이 사직하여 사법부의 한국인화정책이 완료되었다. 상세한 내용은, 법원행정처 편, 법원사, 1995(이하 '법원사'로 칭함), 182쪽 참조.

14) 자세한 사항은 졸고, 정치과정에 있어서의 사법권에 관한 연구, 서울대 박사학위 논문, 1996, 80쪽 이하; 법원사, 184-188쪽 참조.

15) 상세한 내용은, 김학준, 가인김병로평전, 민음사, 1988, 303쪽 이하 참조

에 관하여 법관회의의 제청을 거치게 하고 있었는데, 이는 헌법에 규정을 두지 아니한 임명절차를 법률로 정한 것으로 사법권의 독립을 위하여 매우 중요한 의미를 가지는 규정이었다.[16] 대법원에 법원행정처를 두었으며(법원조직법 제8조 및 동 제12장),[17] 사법행정권은 대법원장에게 전속되어 있었다(법원조직법 제15조). 그러나 대법원의 최고 의사결정기관으로 대법관회의를 두어(법원조직법 제11장), 법률에 정한 중요사항에 대하여 의결을 거치도록 하여[18] 그 한도에서 대법원장의 사법행정권에 제한을 두고 있었다.

초대 김병로 대법원장은 건국 초기에 사법권의 독립의 초석을 다진 것으로 평가된다.[19] 당시의 이승만 대통령의 권력강화과정에 대응하여 김병로 대법원장은 가능한 한 정치권력으로부터 독립하려는 노력을 기울였으며, 이러한 노력은 이승만 정권에 대한 정치적 저항으로서의 성격을 가지고 있었다.[20] 권력분립에 따른 견제와 균형은 당연히 집권세력에 대한 정치적 저항으로 나타나는 것임에도 불구하고, 이후 우리나라 헌정사에서 집권정치세력들은 정치적으로 그리고 제도적으로 사법부를 철저히 집권정치세력에 종속시키는 구조로 개악하였다. 이것은 구체적으로는 대법원장의 사법행정권 행사, 그 중에서도 특히 인사 및 재판절차의 진행에 대한 간섭이라는

16) 이 규정에 대하여 법제정 시에 정부가 위헌의견 제시하였으나, 김병로 대법원장의 합헌의견이 국회에서 수용되었다. 이 규정은 나중에 김병로 대법원장이 퇴임한 후에 제2대 대법원장의 임명과 관련하여 논란이 되었다.

17) 법원행정처의 경우, 그 처장과 차장은 대법원장의 제청에 의하여 대통령이 임명하도록 하고 있었는데(1949. 9. 26. 법률제51호 법원조직법 제65조), 과도법원조직법(1948. 5. 4. 군정청법령 제192호)에서 사법행정처의 처장과 차장의 임면에 관하여 대법관회의의 권한으로 하고 있었던 것과 비교할 때(동법 제87조 마호), 행정권력인 대통령에 의한 사법권의 침해가능성을 열어둔 것으로 이전보다 상당히 후퇴한 것이었다.

18) 대법관회의의 권한은 다음과 같다(법원조직법 제62조). 「1. 법관의 임면, 전임 및 보직에 관한 사항 2. 법관의 직무대리에 관한 사항 3. 법원의 내부규율 및 사무규칙에 관한 사항 4. 법원행정처장 동 차장 및 대법원서기국장의 임면에 관한 사항 5. 판례의 조사, 수집 및 간행에 관한 사항 6. 예산 및 결산에 관한 사항 7. 법령에 의하여 대법관회의의 권한에 관한 사항 8. 법원행정에 관한 기타의 중요사항」 등이다. 이러한 입법은 일본의 최고재판소의 사법행정권과 비교된다. 즉, 일본의 경우 최고재판소 및 하급재판소에 재판관회의를 두어(일본 재판소법 제12조, 제20조, 제29조) 그 의결에 따라 최고재판소의 장 및 각 하급재판소의 장이 총괄하도록 하고, 각 재판소별로 사무국(최고재판소는 사무총국)을 두도록 하고 있다. 비록 하급재판소의 장 및 재판관의 임명이 최고재판소가 제시한 명부에 따라 내각에 의해 행해지고, 최고재판소의 감독권이 있기는 하지만, 각 하급재판소별로 사법행정의 자율성이 어느 정도 확보된다고 보아도 좋을 것이다.

19) 구체적 내용은, 김학준, 주 15)의 책, 331쪽 이하 참조.

20) 김병로 대법원장과 이승만 대통령 사이에는, 반민특위 문제, 국가보안법 문제 등을 놓고 첨예하게 대립되었는데, 대통령 이승만의 사임 종용이나 재판에 대한 비판 혹은 간섭에 대하여 강력하게 이를 거부했던 김병로 대법원장은 국회에서의 퇴임사에서도 사법의 운영을 향상, 발전시키기 위한 국회의 협조를 당부하기도 하였다. 상세한 내용은 졸고, 주14)의 논문, 100쪽 이하 참조.

형태로 나타났다.[21)]

(2) 1960년 헌법과 법률

4·19 혁명을 거쳐 탄생한 1960년 헌법은 「대법원장과 대법관은 법관의 자격이 있는 자로써 조직되는 선거인단이 이를 선거하고 대통령이 확인한다」고 하고(제78조 제1항), 「제1항 이외의 법관은 대법관회의의 결의에 따라 대법원장이 임명한다」고 하였다(동 제3항). 헌법규정에 따라 「대법원장 및 대법관 선거법(1961. 4. 26 법률 제604호)」이 제정되어 선거일공고(예비선거: 5월 17일, 대법원장·대법관 선거: 5월 25일)와 입후보까지 행해졌으나, 선거는 선거일 하루 전날 5·16쿠데타가 발발하여 시행되지 못하였다. 이 시기에는 법원조직법도 전혀 개정되지 못하였다. 4·19 혁명 후 대법원장 조용순이 사임하였으나 새 대법원장을 선출하지 못한 채 5·16 쿠데타까지 김갑수 직무대리 체제로 유지하였다.

4·19 혁명 이후 5·16쿠데타까지 약 1년여 기간동안 대법원은 급변하는 정치상황의 전개에 따라 정상적인 사법행정권을 행사할 수 없었던 시기이었다.

(3) 5·16 쿠데타 이후

5·16 쿠데타 이후에는 국가재건비상조치법(61. 6. 6.)에 따라 사법권이 완전히 국가재건최고회의에 종속되었다. 국가재건비상조치법은 「사법에 관한 행정권의 대강은 국가재건최고회의가 이를 지시·통제한다」고 하고(제17조), 「대법원장과 대법원판사는 국가재건최고회의의 제청으로써 대통령이 이를 임명한다」고 하며(제18조 제2항), 「전조 이외의 법관과 법원행정처장은 국가재건최고회의의 승인을 얻어 대법원장이 이를 임명한다」고 하여(제19조 제1항), 사법권을 국가재건최고회의에 완전히 종속시켰다. 아울러 대법관을 대법원판사로 개칭하여 그 격을 낮추고,[22)] 그 임명방식에 관하여 법원조직법에서 삭제하였다. 또한 대법관회의도 대법원판사회의로 바뀌었다. 이 시기에는 사법부의 사법행정권이 국가재건최고회의에 완전히 종속된 결과 사법

---

21) 2대 대법원장의 임명과정에서 이승만은 법관회의의 조용순 임명제청을 거부하고 이우익을 제청해달라는 친서를 전달하였다. 이는 명백히 사법부의 의사결정에 간섭하는 행위이었는데, 법관회의는 이를 전원일치로 부결시키고 다시 조용순을 임명제청하였다. 그러나 이승만은 임명을 거부한 채 6개월여 동안 대법원장을 공석으로 두었다가 1958년 6월에야 임명승인을 국회에 요청하였다. 2대 조용순 대법원장 취임 이후 사법부의 판결은 친정부적 성향을 가감없이 드러내고 있다. 대표적인 사건들로, 진보당 사건판결, 경향신문필화 사건 판결을 들 수 있다.

22) 원래 대법원판사는 1959년 법원조직법개정에서 대법관 외에 대법원에 두는 판사를 일컫는 명칭이었다. 이 후 이 명칭은 1980년 헌법까지 그대로 이어졌다. 1972년 헌법(유신헌법)은 대법원판사라는 명칭조차도 헌법규정에서 삭제하여 대법원장이 아닌 법관 속에 포함시켰고, 법원조직법에서 규정하였다.

부가 완전히 파괴되었고, 행정권 및 입법권을 견제하여 그를 통해 균형을 도모하는 권력으로서가 아니라 단순히 분쟁해결이라는 기능적 측면에서만 존재하였을 뿐이었다.

(4) 1962년 헌법과 법률

5·16쿠데타 후 민정이양을 위한 헌법이었던 1962년 헌법은 「대법원장인 법관은 법관추천회의의 제청에 의하여 대통령이 국회의 동의를 얻어 임명한다. 대통령은 법관추천회의의 제청이 있으면 국회의 동의를 요청하고, 국회의 동의를 얻으면 임명하여야 한다」고 하고(제99조 제1항), 「대법원판사인 법관은 대법원장이 법관추천회의의 동의를 얻어 제청하고 대통령이 임명한다. 이 경우에 제청이 있으면 대통령은 이를 임명하여야 한다」고 하며(동 제2항), 「대법원장과 대법원판사가 아닌 법관은 대법원판사회의의 의결을 거쳐 대법원장이 임명한다」고 하였다(동 제3항). 행정부의 수반인 대통령의 의사와는 상관없이 법관추천회의의 제청에 의하여 대법원장을 임명하게 하고 국회 동의 후에는 임명을 거부할 수 없게 한 점에서, 대법원장의 임명에 있어서 대통령의 권한을 형식화하고 있는 것이 큰 특징이었다. 이 점은 대법원판사의 경우에도 마찬가지이었다. 따라서 대법원장과 대법원판사를 임명함에 있어서 법관추천회의의 역할이 가장 중요하게 되었지만, 실질적으로는 법관추천회의에 대한 대통령의 지배가능성이 크다면, 법관추천회의 자체가 무력화될 수도 있었다. 헌법규정도 「법관추천회의는 법관 4인, 변호사 2인, 대통령이 지명하는 법률학 교수 1인, 법무부장관과 검찰총장으로 구성한다」고 하여(제99조 제4항), 대통령의 영향 하에 있는 법무부장관과 검찰총장을 구성원으로 하고 있어서 대통령의 지배가능성을 크게 하고 있었다.

사법행정과 관련하여 법원조직법상 법원행정처장의 보직은 상당히 중요한 것이었는데, 5·16쿠데타 이후 3공화국의 상당기간 동안 비법조인이 법원행정처장을 맡는 어이없는 일도 있었다. 즉, 4대 법원행정처장인 전우영은 1962. 4. 30.에 현역군인(대령)의 신분으로 법원행정처장에 임명되어, 이후 1969. 7. 24.까지 재직하였다.[23]

한편, 사법권행사의 과정에서는 군부권위주의정권의 영향 아래 사법권독립에 대한 침해의 사례가 적지 않게 나타나기 시작하였다. 대표적으로 무장군인의 법원난입사건, 인혁당사건에서의 검찰항명파동과[24] 법원유죄판결, 민비연 내란음모사건, 동

23) 법원사, 453쪽 참조.

24) 소위 검찰항명파동은, 1964년의 인혁당사건에서(1974년의 인혁당(민청학련)사건으로 연계됨) 수사검사가 기소할 가치가 없다는 판단에 따라 불기소의견을 내고 기소장에 서명을 거부한 데 대하여 검찰고위층에서 기소를 강력히 지시하자 담당검사들이 서명을 거부하면서 전원사표를 제출한 사건이다. 당시 법무장관이었던 민복기는 상명하복의 검찰기강을 내세우며 서명거부

백림 사건 등 정치적 반대자들을 억압하기 위한 사건들이 적지 않았으나, 법원도 또한 적지 않은 판결들에서 정치권력의 자의적인 법적용과 권한남용을 견제하기도 하였다.[25]

이 시기 우리나라 사법사에 특기할 만한 사건으로 사법부정풍운동(1971. 1.)과 국가배상법 위헌판결((1971. 6.)[26] 그리고 법관구속영장파동(1971. 7.)이 있었다.[27] 특히 법관구속영장파동은 권력의 사법부 길들이기의 전형을 보여주는 사례로서, 행정권력이 자신에게 속해 있었던 검찰권력을 이용하여 사법부를 억압한 대표적 사례이다.[28] 당시 대법원장이었던 민복기는 이 사건이 발생하였음에도 불구하고 아무런 적극적인 조치를 취하지 않았다가, 대통령의 사건백지화 지시 이후에야 사태수습에 나서서 파동 후 1개월이 지나서 자체수습형식으로 매듭지었다. 사법부 외부의 독립침해에 대응하여 대법원장이 취해야할 적극적인 대응태세를 갖추지 못하고 집권정치세력의 눈치를 살펴 그 의도에 따라 사태를 해결하는 무기력한 모습을 보여준 것이었다.

(5) 1972년 및 1980년 헌법과 법률

이른바 '유신헌법'으로 불리는 1972년 헌법은 우리 헌정사에서 권력을 인격화한 대표적 헌법으로, 권위주의적인 신대통령제 헌법이었다.[29] 권위주의적(authoritarian)이란 용어는 유일한 권력보유자가 정치권력을 독점하여 권력복종자로 하여금 국가의 의사결정에 참여하지 못하게 하는 정치체제를 일컫는 것으로,[30] 1972년 헌법의 권력구조에서도 모든 권력을 행정부 수반인 대통령에게로 집중하여 입법권력과 사법권력을 완전히 무력화시켜 권력분립의 본질적 특징인 견제와 균형의 기능을 전혀

검사들에 대한 조치를 취하겠다는 강경한 태도를 보였고, 결국 공소장은 구속만기일에 숙직검사에 의하여 서명되어 기소되었다. 이 사건은 최근 MBC PD수첩에 대한 검찰의 수사과정과 유사한 측면을 보여준다.

25) 졸고, 주 14)의 논문, 150쪽 이하 참조.

26) 국가배상법 제2조 1항 단서의 위헌여부에 관하여 위헌의견을 낸 대법원판사들은 1972년 헌법하의 대법원판사 임명에서 전원 탈락되었다. 집권자의 의도에 벗어나는 대법원판사는 더 이상 제도권 내의 공직에 머물러 있게 하지 않겠다는 집권자의 의도가 분명히 드러나는 사례라고 할 것이다.

27) 법원사, 475쪽 이하; 졸고, 주 14)의 논문, 156쪽 이하 참조.

28) 이 사건은 1971년 7월 28일 서울지검의 검사가 서울형사지법 항소3부의 이범렬 부장판사, 최공웅 판사, 이남영 서기관 등 3인에 대하여, 구속영장을 신청한 사건이다. 그 이유는 반공법 위반 항소사건을 심리하면서, 증인신문을 위하여 위 3인이 제주도로 출장을 갔을 때 사건담당 변호사로부터 왕복여비, 숙식비 등 10만원 상당의 향응을 제공받았다는 혐의이었다. 1차 사법파동의 원인이 된 사건이다.

29) 김철수, 주 8)의 책, 122쪽.

30) K. Löwenstein, *Political Power and the Governmental Process*, Univ. of Chicago Press, 1965, p. 55.

발휘하지 못하게 하였다.

1972년 헌법의 규정에서 사법제도 관련 규정들을 보면, 먼저, 「대법원장인 법관은 대통령이 국회의 동의를 얻어 임명한다」고 하고(제103조 제1항), 「대법원장이 아닌 법관은 대법원장의 제청에 의하여 대통령이 임명한다」고 하고 있다(동 제2항). 이전의 헌법규정에 비하여, 연임금지규정을 삭제하고, 법관추천회의나 대법관회의 등의 의사결정기구를 삭제하였으며, 대법원의 구성원인 대법원판사에 대해서는 헌법에서 전혀 규정하지 않고 법률로 규정하게 하였다. 이러한 각 규정들은 사법권력의 행사에 관하여 전적으로 대법원장 1인에게 독점시킴으로써, 대법원장이 사법부 내부에서 아무런 제약없이 독재적으로 권한을 행사할 수 있도록 한 것이었으며, 집권자에게는 대법원장을 통하여 사법부를 지배할 수 있도록 제도화한 것이었다.

법원조직법에서는 특히 사법행정과 관련하여 법원행정처장이 전국 각 법원의 법원행정 및 직원을 감독한다고 규정하여(동 제64조 2항), 일반법원행정의 우월 내지 관료화의 방향으로 가게 하였다.[31] 특히 법원행정처장의 권한비대로 사법의 순수성을 망각하게 할 염려가 다분히 있고 또 후일 행정처장의 대법원판사 겸직이라는 중대한 국면에 도달케 하였으며, 법원이 재판보다 행정에 우선하게 되는 경향과 법관의 관리직선호의 방향으로 가는 계기를 만들었다는 평가를 낳았다.[32]

1972년 헌법 시행 동안, 민복기·이영섭 두 대법원장이 재임하였는데, 민복기 대법원장은 1962년 헌법에 따라 대법원장에 임명되었다가 1972년 헌법에 의해서도 연임된 경우이며, 이영섭 대법원장은 1972년 헌법에 따라 임명되었다가 임기를 채우지 못하고 신군부쿠데타 이후 성립된 이른바 제5공화국 출범과 함께 사직하였다(1981. 4. 15.).[33]

이른바 유신시대의 사법은 긴급조치사법과 안보사법으로 특징지워질 수 있다. 헌법에 근거한 긴급조치는 9호까지 발령되었는데, 많은 중대한 사건들이 긴급조치에 의율되었고, 1심 내지 2심판결이 있은 후에도 상고를 포기하게 할 정도로 사법부를 불신하게 만드는 것이었다.[34] 특히 긴급조치관련 사건은 속전속결주의로 재판이 진행되어, 제1호의 첫 희생자인 장준하, 백기완 두 사람에 대한 재판은 검찰 기소로부터 선고에 이르기까지 불과 일주일밖에 걸리지 않았다. 1974년 1월 25일에 비상보통

31) 방예원, 법원(법원조직법)변천 관견(IX), 인권과 정의 155호(1989. 7.), 71쪽.
32) 방예원, 위의 글, 같은 쪽.
33) 이영섭 대법원장은 해방 이전 즉 일제강점기에 법조인의 자격을 획득한 사람이 대한민국 정부 수립 후 마지막으로 在朝에서 퇴장한 인물이다. 단순히 보자면, 일제강점기에 억압적인 식민지 통치의 법률문화가 해방 이후 36년간(1945. 8. 15.~1981. 4. 15.) 우리나라의 在朝法曹에 영향을 미치고 있었음을 의미한다.
34) 졸고, 주14)의 논문, 205쪽 이하 참조.

군법회의에 기소되어 같은 달 31일에 첫공판이 열렸고, 그 다음날에 각각 15년씩의 징역형이 선고되었다. 이것은 검찰관의 구형량과 일치되는 것으로서 법조계는 이를 「정찰제판결」이라 부르기도 하였다.[35] 긴급조치에 못지 않은 억압적 법률이 국가보안법과 반공법이었는데, 정권유지를 위한 모든 폭압적 기구가 모두 동원되어 적용기관으로 작용하였고, 사법부는 이들이 수사한 사건들을 최종적으로 판결이라는 이름으로 완결하는 절차를 담당해 왔다.[36]

이들 사건 외에도 유신시대 말기에서 5공화국 초기까지 신민당총재단직무집행정지가처분신청사건, 10·26사건, 김대중내란음모사건 등 사법부는 폭력적인 정치권력 앞에서 무기력한 모습을 보여줄 수밖에 없었다.

10·26 사건 이후 12·12쿠데타와 5·17사태(광주민주화항쟁)를 거쳐 집권한 신군부세력은 군부권위주의정권인 박정희 정권의 권위주의적 속성을 그대로 물려받은 아류정권이었다. 사법제도의 설정에 있어서도 1972년 헌법을 자구만 변경하고 법률규정을 헌법규정으로 만들었을 뿐, 큰 차이는 없었다. 즉, 1980년 헌법에서는, 「대법원장은 국회의 동의를 얻어 대통령이 임명한다」고 하고(제105조 제1항), 「대법원판사는 대법원장의 제청에 의하여 대통령이 임명한다」고 하며(동 제2항), 「대법원장과 대법원판사가 아닌 법관은 대법원장이 임명한다」고 하고 있었다(동 제3항). 대법원장의 임명에 국회의 동의를 얻게 하고, 일반법관에 대한 임명권을 대법원장에게 이양하였을 뿐, 기본적으로는 정권 자체의 속성상 사법권의 실질적 독립을 보장할 수 있는 장치는 허용하지 않았다.[37]

한편, 개정법원조직법 규정 중에는, 법관의 파견근무조항이 있었는데(1981. 1. 29. 법률 제3362호, 제43조의2), 이 규정은 제5공화국의 사법권지배에 적절한 도구로 이용되었다.

1980년 헌법이 시행되는 동안 수많은 정치적 사건들이 발생하였고 이에 대하여 사법부가 재판하는 과정에서 사법부에 대한 불신에 기하여 법정혼란과 재판거부가 빈번히 발생하였다.[38] 이러한 와중에 대법원장의 사법행정권의 왜곡을 보여주는 대표적인 사건이 발생하였는데, 바로 서태영판사필화파동이다. 이 사건은 미문화원농성사건에 대한 재판이 한창 진행 중이던 1985년 9월 4일, 9월 1일자로 단행한 대법원의 법관인사를 비판한 글을 법률신문에 기고한 판사가 인사발령 하루만에 다시 전

35) 이상우, 박정권하의 사법부수난, 신동아 311호(1985. 8.), 324쪽.
36) 박원순, 국가보안법 연구 2, 국가보안법적용사, 역사비평사, 1992, 509쪽 이하 참조.
37) 제5공화국 당시의 대법원장 및 대법원판사의 임명과정이 얼마나 정치권력의 자의적 판단에 의해 이루어졌는가는 당시의 권력핵심이었던 박철언의 증언에서도 잘 나타난다. 박철언, 바른 역사를 위한 증언 1, 랜덤하우스중앙, 2005, 55-58쪽 참조.
38) 졸고, 주 14)의 논문, 219쪽 이하 참조.

격 전보된 사건이다. 유신체제하에서 법관에 대한 보직권을 대통령이 가지고 있어서, 사법권의 독립에 큰 장애가 되었다는 평가가 있었던 때문에, 제5공화국 헌법에서는 법관의 보직권을 대법원장에게 부여하였던 것인데, 이제는 대법원장이 스스로 소신있는 법관들을 한지로 내모는 보직권의 남용을 자행한 것이었다. 이러한 보직권의 남용은 정치권력에 종속적인 대법원장의 입장에서는 당연한 것으로 인식되어 있었다.[39]

2. 경험적 반성

해방 이후 우리나라의 사법행정은 태생적으로 일제강점기의 사법정책의 영향을 받은 것이었다. 미군의 점령정책의 결과 그대로 온존하게 된 사법부는 정부수립 후 권위주의적 독재권력의 전개에 따라 식민지시기의 억압적·권력굴종적 성향을 완전히 벗어나지 못하였음을 볼 수 있다. 사법부의 입장에서 본다면, 식민지권력이나 독재권력이나 자신의 존재기반으로서 통치권력이라는 점에서 마찬가지이었던 셈이다.[40] 행정권력과 입법권력에 대립되는 사법권력이라는 권력적 측면에서 본다면, 정부수립 초기 초대 대법원장이었던 김병로의 역할에서 사법권력의 독립성을 확보하려는 강력한 노력을 엿볼 수 있지만, 2대 대법원장 이후 제5공화국까지의 시기에는 제도적인 측면과 대법원장의 개인적 성향의 측면 모두에서 행정권력의 수반인 대통령에게 철저히 종속적이고 굴종적인 형태로 일관되고 있음을 알 수 있다.

앞서 지적한 바와 같이, 사법행정권이 사법권력적 측면과 사법기능적 측면을 모두 가지는 것이라면, 양 측면의 사법행정권은 사법부 내부의 의사결정과정을 거쳐 대내외적으로 표명되고 실현됨으로써 각 측면의 목적을 달성할 수 있다. 이 의사결정과정에 참여하는 주체들은 헌법이 정한 사법제도에 의하여 결정된다. 사법행정권의 최종적 권한과 책임을 집단적 의사합의체가 아니라 사법부의 장 1인에게 전속시킨다면, 사법부의 의사결정과정이 전적으로 1인에 의해 지배되는 결과를 낳게 되고, 이는 그 1인을 지배함으로써 사법부 전체를 지배할 수 있게 됨을 의미한다.[41] 이렇게

---

39) 이 인사파동에 대하여 유태흥 대법원장은 임기만료를 4개월 앞둔 시점에 언론과의 인터뷰에서, 서 판사에 대한 인사조치가 「인사권자로서 당연한 의무이행이었고, 잘못없는 인사조치이었음을 지금도 믿고 있다」고 말하였다. 동아일보 1985. 12. 10. 자.

40) 이 점은 식민지시기에 세계적으로 그리고 독일과 일본의 학계에서 주류를 이루었던 법실증주의적 법학방법론에 영향을 받은 것으로 보인다. 즉, 법적 판단에서 국가나 이념 혹은 정치현실 등의 요소들은 배제되어야 한다는 법실증주의적 경향은 법관이 위의 요소들과는 무관하게 법적 판단을 내려야 한다는 편협한 자기정당화의 논리로 이어진다. 그러나 식민지시기의 법질서는 명백히 일본제국의 법질서이었을 뿐이며, 대한민국의 법질서와는 전혀 별개이다.

41) 물론 이러한 주장은 사법제도 내에서 법관 개인의 성향과 역할이 무의미하다는 것은 아니다. 그러나 사법제도를 설정하고 그 구성원을 자의적으로 임명할 수 있는 체제 내에서는 그 출발부

된다면, 상호견제되고 대립되는 각 권력들간에 사법부에 대한 지배의 유혹을 떨치지 못하게 될 것이다.

우리 헌정사에서도 권위주의 독재정권은 정치적 압력과 헌법 및 법률의 잦은 개정을 통하여 사법제도를 개악함으로써 사법권력을 무력화시켰음을 알 수 있다. 즉, 행정권력의 수반인 대통령에게 과감히 맞섰던 대법원장 김병로가 퇴임한 후 대통령 이승만은 신임 대법원장의 임명을 지연시킴으로써 신임 대법원장과 대법관들이 자신의 권력적 의지에 추종하도록 압박하였고, 5·16쿠데타 이후에는 사법부를 전면적으로 쿠데타 후의 회의체기구인 국가재건최고회의에 종속시켰으며, 이후 1962년 헌법체제와 1972년 헌법체제 하에서도 철저히 집권정치세력에 종속시켰다. 1980년 헌법체제에서도 이 점에 관한 한 전혀 다르지 않았다.

정치권력이 사법부를 지배하는 데에 가장 유용하게 사용된 제도적 방식은 사법부의 최고의사결정기구를 무력화하고 인사, 행정 등의 사법행정권의 행사를 대법원장 1인에게 집중시킨 것이었다. 이 점은 1962년 헌법에서 규정되었던 대법원판사회의를 1972년 헌법에서 완전히 삭제하여 대법원장에게 집중시킨 것이나, 1980년 헌법에서 이를 그대로 승계하고 있는 점에서 볼 수 있다. 또한 1인에게 집중된 권력조차도 법원행정처와 같은 실무기구를 통하여 간접적으로 통제함으로써 사법권을 무력화시켰다. 특히 법관인사에 관하여 대법원장의 전횡을 가능하도록 한 것은 사법권 자체를 내부적으로 독재화한 것으로 법관에 대한 사실상의 지배를 초래하는 것이었다.

결론적으로 보아, 사법권력이 그 독립성을 유지하느냐의 여부는 1차적으로는, 사법권력의 외연인 행정권력과 입법권력을 장악하는 정치권력의 속성에 따라 결정된다. 반민주적인 정치권력은 헌법과 법률을 통하여 사법제도를 설정하면서, 사법권 자체를 권력적 성격을 가지게 하여 자신에 대한 견제와 균형을 이루도록 하기보다는 단순히 기능적 측면에서 정치권력의 의도를 충실히 집행하는 기관으로만 존재하도록 강요한다. 따라서 정치권력 자체의 민주화는 사법부독립의 필연적 전제이다. 2차적으로는, 제도적인 측면에서 무력화된 사법부라 하더라도 사법부의 수장과 그 구성원들인 법관들이 외부의 독립침해요인들에 대응하여 과감하게 저항하는 방법이 있다. 이 점은 사법부의 수장 개인의 성격에 따라 결정될 것이지만, 저항 자체가 일종의 정치적 투쟁으로서의 성격을 갖게 되기 때문에 현실적으로 기대하기 쉽지 아니하다. 그럼에도 불구하고, 정치권력의 속성이 독재권력을 지향하고자 할 때, 이에 과감히 저항하여 민주주의와 법치주의 그리고 사법권의 독립을 지켜내는 것이야말로 사

터 사법권은 정치권력에 종속되고 개인의 역할이 무의미하게 된다.

법부의 수장과 법관들에게 부여되어 있는 막중한 책임이다.

Ⅲ. 현행헌법상 대법원장의 지위와 사법행정권

1. 현행헌법상 대법원장의 지위

현행헌법은「대법원장은 국회의 동의를 얻어 대통령이 임명한다」고 하고 있다(제104조 제1항). 1948년 헌법이나 1960년 헌법 혹은 형식적이기는 했지만, 1962년 헌법의 규정에 비하여 아무런 선행절차를 거치지 않고 대통령의 의사에 따라 대법원장이 임명될 수 있도록 하고 있다. 장래에 개헌이 된다면, 대법원장의 임명절차를 개선하여, 1960년 헌법과 같이 선거제를 도입하거나, 1962년 헌법에서의 법관추천회의와 같은 최소한 독립적인 합의체기관을 두어 임명을 제청하고 국회의 동의를 받는 절차를 두어야 한다.[42] 물론 합의체기관 자체의 독자성을 담보하기 위하여 그 구성원을 공정하고 민주적인 방법으로 선임하는 방법이 강구되어야 한다.

대법원장은 최고법원인 대법원의 수장으로서 대법원과 각급법원에 대한 구성권을 가지며 사법행정권을 가지는데, 대법원의 일반사무를 관장하며, 대법원의 직원과 각급법원의 법원행정사무 및 그 직원을 지휘·감독한다(법원조직법 제13조). 이 규정의 의미로 보아, 사법행정권에 관한 한 대법원장에게 집중되는 구조를 예상하고 있다. 이러한 사법행정사무는 법률·대법원규칙 또는 대법원장의 명으로 법원행정처장, 각급법원의 장이나 연수원장, 법원공무원교육원장 또는 법원도서관장에게 위임할 수 있도록 하고는 있지만(법원조직법 제9조 2항), 대법원장은 사법행정권의 행사에 대하여 최종적인 책임을 지는 것으로 이해하여야 한다.

대법원장은 또한 대법관회의의 의장의 지위를 갖는다(법원조직법 제16조 1항). 의장은 의결에 있어서 표결권을 가지며, 가부동수인 때에는 결정권을 가진다(동 3항). 대법관회의는 헌법규정에서는 대법원장과 대법관이 아닌 법관의 임명에 동의하는 기관으로 단 한차례 규정되어 있지만, 법원조직법에서는 의결기관으로 여러 권한을 정하고 있다(법원조직법 제17조). 대법원장의 사법행정권은 이 규정이 정한 권한사항의 범위에서는 제약된다고 볼 것이다.

대법원장은 대법원전원합의체의 재판장으로서의 지위를 가진다(법원조직법 제7조 1항). 이 지위에서 대법원장은 다른 대법관과 동료 중의 제1인자(primus inter pares)의 지위를 갖는다.[43]

---

42) 정진경, 사법권의 독립과 관련한 사법개혁방안, 대한변협 편, 인권과 정의, 통권 제293호, 2001. 1., 123쪽 이하도 같은 취지이다.

2. 사법행정권의 문제점

(1) 우리나라 법원행정의 문제점

우리나라 사법행정 특히 법원행정은 사법제도의 기원과 역사적 경험에 따라 다양한 문제점이 지적되고 있다. 그동안 학계 혹은 실무계에서 지적되고 있는 것들을 간략히 요약하면, 첫째, 법관인사제도의 불합리성, 둘째, 피라미드식의 관료화된 사법제도의 문제, 셋째, 예산상의 독립성의 부재, 넷째, 빈번한 인사발령으로 인한 법관의 전문성의 미흡, 다섯째, 시민사회에 기반을 둔 법관평가제도의 부재와 법관근무평정제도의 개악으로 인한 법관의 독립성 부재, 여섯째, 법원조직규모의 후진성, 일곱째, 중간단계의 각급법원의 자율성 부재 등이다. 이러한 문제점들은 사법권의 독립과 관련한 인적·물적 요소들을 망라하여 지적되고 있는 사항들인 바, 이하에서 각 문제점들을 검토한다.

(2) 법관인사제도의 불합리성

현행 법원의 법관인사제도는 대법원을 제외한 각급법원의 경우에는 자격을 갖춘 자에 대하여 대법원장이 법관을 임명, 전보하여 충원하는 '전문경력제(career system) 법관충원방식'을 취하고 있다. 법관의 임명은 대법관회의의 동의를 얻어 대법원장이 행하도록 하고 있지만(헌법 제104조 제3항), 판사의 보직은 대법원장의 전속적인 권한으로 하고 있다(법원조직법 제44조 1항). 과거 제5공화국 당시의 서태영판사 필화파동에서 보듯이 대법원장이 판사의 보직권을 남용하게 되면 판사들은 조직상 층부의 눈치를 보지 않을 수 없고, 남용에까지 이르지는 않더라도, 정기적인 인사이동이 있을 때에도 보직에 민감하게 신경쓰지 않을 수 없게 된다. 대법원장의 전속적인 보직권만으로도 판사에 대한 사실상의 지배력을 갖게 되는 것이다. 대법원장의 권한남용을 막기 위해서라도 보직권을 대법관회의의 의결사항으로 할 필요가 있다. 나아가, 보직 및 전보에 관하여 당사자의 동의를 얻게 하는 것도 고려해 볼 만한 사항이다.[44]

---

43) 김철수, 주 8)의 책, 1910쪽.

44) 1983년 선언된 사법권독립에 관한 세계선언(Universal Declaration on the Independence of Justice)에서는 「정기적인 순환근무제에 따르는 경우를 제외하고는, 법관은 … 동의없이 전보되어서는 안된다」고 하고 있다. Cf. Universal Declaration on the Independence of Justice 2.18; in S. Shetreet(ed.), *Judicial Independence: The Contemporary Debate*, Kluwer Academic Publishers, 1985, p. 452.

(3) 관료화된 사법제도

우리 법원은 수직적 직급제도에 의하여 철저히 관료화된 사법구조를 갖고 있다. 현재의 법원의 구조를 살펴보면 대법원장을 1번으로 하여 신임의 말단판사에까지 서열화 되어 있다. 이 서열은 일상생활에까지 영향을 미쳐 등산을 가더라도 서열에 맞춰 발걸음을 옮기며, 식당에 들어갈 때도 서열에 맞춰서 들어가고 자리에 앉을 때도 서열을 지켜 순서에 따라 앉는다.[45] 현재의 서열구조를 보면, 지방법원합의부 좌배석 → 지방법원합의부 우배석 → 지방법원항소부 우배석 → 지방법원항소부 좌배석 → 지방법원 단독판사 → 고등법원 좌배석 → 고등법원 우배석 → 재판연구관 → 지방법원 부장판사 → 지방소재고등법원 부장판사 → 서울고등법원부장판사 → 지방소재 지방법원장 → 수도권소재 지방법원장 → 가정법원장 → 지방소재 고등법원장 → 서울고등법원장, 사법연수원장 → 대법관 → 법원행정처장 → 대법원장 등의 구조를 갖고 있다. 이러한 관료조직은 사법시험 기수나 사법연수원기수에 따라 정해지고 있다. 관료조직이 갖는 폐해는 법관으로 하여금 재판업무 자체보다는 승진에 더 관심을 가지게 만들 뿐만 아니라, 담당하는 재판업무를 단순히 기계적인 직무수행으로 받아들일 우려가 있다는 점이다. 대과없이 업무를 수행하고 시간이 지나면 자연스럽게 승진·전보되는 구조에서 사건자체의 실체적 진실이나 사건당사자의 절실한 요구에 귀 기울이기보다는 승진·전보에 영향력있는 일을 더 추구할 것은 인지상정이다.

이와 같은 관료화된 서열구조를 깨뜨리기 위해서는 1심법원의 법관들의 연령을 높여[46] 장기적으로 한 법원에서 근무하게 할 필요가 있다. 현재의 1심법원은 단독부와 합의부를 두고 있지만, 합의부는 신임법관들을 교육하고 훈련시키는 측면이 매우 강하다. 신임법관들을 교육하고 훈련시키는 것도 중요한 일이겠지만, 일정기간을 경과하여 경력이 쌓이면 단독부의 판사로 장기간 근무하게 하는 것이 필요하다. 이렇게 한다면, 평판사로 정년을 맞이하는 풍토가 조성될 수 있을 것이다.

(4) 예산상의 독립성의 부재[47]

현행헌법상 예산안편성권을 정부에 전속시키고 있기 때문에(헌법 제54조 제2항) 사법부의 예산안을 편성함에 있어서도 정부의 예산안편성권에 종속할 수밖에 없다. 따라서 국가재정법상의 예산안편성규정이 사법부의 예산안편성에도 그대로 적용된

---

45) 신평, 한국 헌법상 법관의 직무상 독립에 관하여, 고시계, 2003. vol.48 No.4, 참조.

46) 정진경 판사는 40세 이상인 자로서 법조경력 10년 이상인 자 중에서 판사를 선발할 것을 제안하고 있다. 정진경, 주 42)의 글, 125쪽 참조.

47) 사법부의 예산안편성권에 관해서는, 졸고, 사법부의 물적 독립-예산안편성권과 관련하여, 사법발전재단 편, 사법 7호(2009. 3.), 71쪽 이하 참조.

다. 다만, 헌법재판소와 법원의 경비는 독립하여 국가예산에 계상하도록 하고 있으며(헌법재판소법 제11조 제1항, 법원조직법 제82조 제1항), 세출예산요구액을 감액하고자 할 때에는 국무회의에서 각 기관의 장의 의견을 구하여야 하고, 정부가 각 기관의 세출예산요구액을 감액한 때에는 그 규모 및 이유, 감액에 대한 각 기관의 장의 의견을 국회에 제출하도록 하고 있다(국가재정법 제40조 제2항). 그러나 사법부의 장의 의견은 정부의 예산감액에 대하여 구속적인 효과를 갖지 못하므로 정부가 예산액을 감액하는 것에 대하여 아무런 견제장치로 기능할 수 없다. 사법부의 예산이 이처럼 정부의 예산안편성에 전적으로 종속되어 있기 때문에, 사법부의 행정부에 대한 종속화경향을 초래할 위험성이 매우 크고, 실제로 우리나라의 과거의 경험에서도 이러한 경향을 보여왔다.[48]

사법부예산안의 편성에 관하여 일차적으로는 행정부에 그 권한을 전속시키고 있다는 점은 예외가 거의 없지만, 행정부가 예산안을 편성하고 이를 의회에 제출하는 단계에서 사법부의 예산을 어떻게 고려하는가 하는 점에서는 나라마다 적지 않은 차이를 보여주고 있다. 그 차이의 핵심은 사법부가 입법부를 직접 상대하는가(미국형) 아니면, 사법부가 행정부를 통하여 입법부를 상대하는가(영국형) 하는 점이다.[49] 현행헌법을 개정하지 아니하고 사법부의 예산안편성권을 확보하는 방법은 사법부의 예산요구안을 수정없이 그대로 정부의 예산안에 포함시키도록 하는 방법이다. 이를 위해서는 두 가지 방법이 있을 수 있다. 그 하나는, 정부가 예산안을 편성할 때, 관행적으로 이 기관들의 예산요구안을 그대로 정부의 예산안에 편입시켜 국회에 제출하는 것이다. 이른바 헌법적 관습의 형태로 예산안을 국회에 제출하는 것이다. 다른 하나는, 법률로 이 기관들의 예산안편성권을 실질적으로 인정하는 방법이다.[50] 물론 사법권의 예산안편성권을 인정하기 위하여 가장 확실한 방법은 헌법을 개정하는 것이다.

(5) 법관의 전문성 미흡[51]

우리나라는 전문경력법관제를 채택하고 있으면서도, 법관이 모든 법영역에서 재판하도록 하고 있다. 일반 민·형사재판은 물론이고 행정·가사·상사·조세·노동·교통·의료·특허·환경 등 사회의 전 영역에서 발생하는 사건들을 심판하도록 하고 있다. 이러한 상황은 앞서 언급한 관료사법에 기한 전보 및 보직제도 때문이기

48) 졸고, 위의 글, 79쪽 이하 참조.
49) 졸고, 위의 글, 91-92쪽 참조.
50) 졸고, 위의 글, 94쪽 참조.
51) 법관의 전문성 문제에 관해서는, 사법발전재단 편, 사법부의 어제와 오늘, 그리고 내일(상)(2008. 12.), 316쪽 이하에서 상세히 논하고 있다.

도 하지만, 일종의 법원만능주의적 인식 때문이기도 하다. 잦은 전보와 보직변경은 특정 영역의 사건에 대한 전문성을 높이기보다는 법관으로서 제너럴리스트(generalist)를 양산할 뿐이다.

법관의 전문화는 협의로는 국제거래, 지적재산권, 의료, 환경 등 통상적인 법률 지식만으로는 문제를 해결하기 어려운 전문분야의 사건을 적정하고 효율적으로 처리하기 위하여 법관으로 하여금 관련 전문분야의 지식을 습득하게 하고 그 전문분야의 사건을 전담하게 하는 것을 말하고, 광의로는 이러한 전문지식이 필요하지는 않지만, 업무처리의 효율성을 높이고 처리기준을 통일시킬 목적으로 일반민사, 형사, 가사 등 전통적인 법률분야도 보다 세분화하여 법관으로 하여금 특정분야의 사건을 전담하게 하는 것을 말한다.[52] 여기서 법관의 전문성은 협의의 그것으로 이해하여, 전문적으로 사건을 처리하는 전문재판부를 두는 것을 의미한다. 현재 우리나라에서는 가정법원, 행정법원, 특허법원 등의 전문법원과 일부 고등법원에 전문재판부가 있지만, 담당법관의 전문성을 확보하기 위해서는 장기간의 근무로 전문성을 확보하여야 하는바, 현재의 전문법원은 여전히 순환근무의 형태로 법관의 보직이 이루어지고 있기 때문에 어느 정도 확보되어 있는지는 의문이다. 2008년에 출범한 법학전문대학원제도는 각 영역에서의 법관의 전문성을 확보하는 데에 크게 기여할 수 있을 것으로 판단된다.

(6) 법관평가제도문제 – 근무평정제도의 문제점

법관근무평정제는 법관평가시스템의 하나이다. 법관의 직무수행을 평가하는 것은 평가주체에 따라, 평가척도에 따라, 평가방법에 따라 그 결과가 달라질 수 있다. 우리나라에서는 지난 1995년 3월 1일부터 법관에 대한 근무평정제도가 실시되고 있다. 과거 사법시험성적과 연수원성적에 따라 법관의 보직이 이루어지고 또 두 성적이 평생 동안의 법관의 보직인사에 따라 다닌다는 불만이 팽배하였던 것에 대응하여 윤관 대법원장 시절에 근무평정제를 도입하였던 것이다(1994. 7. 27. 법원조직법 개정; 제44조의2 신설).

법원조직법 제44조의2에서는 대법원장은 판사에 대한 근무성적을 평정하여 그 결과를 인사관리에 반영시킬 수 있으며, 근무성적평정에 관한 사항은 대법원규칙으로 정한다고 규정하고 있다. 대법원규칙인 '판사 근무성적평정규칙' 제4조 1항에서는 판사의 건강, 직무적성, 직무수행능력 및 기타 인사관리에 필요한 사항으로서 '대법원장'이 정하는 사항에 대하여 행한다고 하면서 제8조에는 근무성적평정자료는 공

52) 법원행정처 편, 법원인사제도개편백서(하), 1998, 1065쪽.

개하지 아니한다고 규정하고 있다. 또한 각급 판사들을 대법원장이 임명한 법원장들에 의해 근무평정을 하도록 위임하고 있다. 사실 이러한 법관근무평정제도는 위헌의 소지가 대단히 크다. 특히 법원장에 의한 근무평정은 법관 개개인에게 상당한 부담으로 작용할 수 있기 때문에 법관의 독립에 커다란 장애로 작용할 수 있다. 앞서 언급한 신영철대법관사태도 법원장이 사건담당법관에게 메일을 보내는 등 재판절차에 간섭하는 행위를 한 것이고, 이러한 법원장의 행위에 대해 직접 근무평정을 받아야 하는 법관개인은 그러한 간섭을 배척하기에는 심리적으로 적지 않은 부담으로 작용할 것임은 명약관화하다. 과거의 서열위주의 법관인사제도에서 탈피하여 근무성적평정제를 도입하였다고 하나, 오히려 일반법관이 소속법원의 장의 눈치를 보지 않을 수 없게 함으로써, 실질적으로 법관의 독립을 해칠 우려가 크다. 실제로, 법원 내부에서도 이 근무성적평정제에 대하여 헌법소원을 제기하기도 하였다.[53] 또한 법원장이 법관 근무성적 평가에서 상대평가 비율을 어기고 소속 판사 대부분에게 후한 점수를 줬다는 이유로 경고를 받기도 하였다.[54] 평정자의 주관적 평가의 사례를 극명하게 보여준 예이다.

법관평가의 문제에 관해서는 2008년 11월에 서울지방변호사회가 법관들을 평가하겠다고 밝혔는데, 여기서는 자질과 품위, 공정성, 사건처리태도 등을 평가항목으로 하여 A-E의 5단계로 평가하겠다고 하였다. 그러나 변호사에 의한 법관평가제도는 자칫 변호사들의 일방적 평가만이 반영될 여지가 있고, 변호사집단의 이해관계에 따라 법관평가가 왜곡될 여지가 있어서 찬성하기 어렵다.

미국의 경우, 법관평가제도는 최근에 들어와 활발하게 논의되고 있는데,[55] ABA 차원에서 법관평가의 모델을 제시하고 있다.[56] 1983년에 법관직무수행을 평가하기

53) 서울지법 문흥수 부장판사는 2002년 3월, 현 법관인사제도가 위헌임을 주장하는 헌법소원심판청구서를 헌법재판소에 제출했다. 동 청구서에서 문흥수 부장판사는 첫째, 판사및예비판사근무성적평정규칙 제4조 1항, 제8조 및 이 규칙에 따른 별지 평정표 작성 요령과 평정표에 기한 법관평정이 위헌이라고 주장했다. 또한 나아가 이 법관평정에 기한 고등법원 부장판사 선발제도도 위헌이라고 주장했다. 동 규정들에 의해 근무평정이 자의적, 주관적, 밀행적으로 이루어져 평정자의 성향에 따라 소속 법관들의 재판이 영향을 받을 위험성이 다분하다는 점, 평정이 주관의 개입여지가 많아 객관적으로 되지 않을 가능성이 많고 또한 평정에 대한 당해 법관의 반박의 기회가 봉쇄되어 있다는 점 등이 그 근거로 제시되었다. 판사및예비판사근무성적평정규칙 제4조 1항의 법관평정에 기한 법관재임명제도도 법관들이 평정자의 눈치를 보게 함으로써 사법권 독립을 규정한 헌법조항에 위배되어 위헌임을 지적하였다. 이 헌법소원은 소원의 취하로 인하여 2005년 2월 1일 매듭지어졌다.

54) 한겨레신문, 2005. 3. 22.자 참조.

55) 예컨대, 2008년에 Denver Univ. College of Law에서는 법관평가제도에 관한 심포지움을 개최하고 발표된 논문들을 Law Review에 싣고 있다. 86 *Denver Univ. L. R.* 1(2008) 이하 참조.

56) ABA/National Conference of State Trial Judge, *Judicial Performance Evaluation Handbook*, 1996 참조.

위한 지침을 개발하기 위하여 미국변호사협회(ABA)에 특별위원회를 설치하고, 1985년에 지침을 개발하였다.[57] 이 지침은 개개의 법관과 사법부 전체의 자기계발을 최우선적 목표로 하는 것이었다.[58] ABA는 1990년에 'Standards Relating to Court Organization'에서 법관직무수행평가프로그램을 추천하였다. 1995년 현재, 10개의 주와 Navajo 부족이 프로그램을 도입하였고, 12개의 주가 프로그램을 개발 중이었다.[59]

ABA의 편람(handbook)은 법관직무수행평가를 행하는 이유로서, 첫째, 법관의 직무수행을 개선하기 위한 목적으로 평가되는 법관에게 정보를 제공하고, 둘째, 사법행정을 담당하는 사람들을 지원하며, 셋째, 법관의 교육개발을 지원하는 정보를 제공하며, 넷째, 유임여부의 선거에서 유권자들에게 정보를 제공하며, 다섯째, 유임여부의 선거의 추천업무를 행하는 변호사회의 위원회에 정보를 제공하며, 여섯째, 사법제도 내에 있는 모든 사람들에게 국민이 사법제도를 얼마만큼 인지하고 있는지를 알게 해주며, 일곱째, 법관과 변호사 사이의 의사소통을 개선하는 것 등을 들고 있다.[60]

선거직이 많은 미국의 주 사법제도임을 참작하더라도, 의미있는 것은 법관평가의 결과가 국민들 사이에 공유된다는 점이다.

미국의 법관평가시스템은 주마다 약간씩의 차이는 있지만, 주 최고법원 산하의 위원회 혹은 사법위원회(Judicial Council)가 검사, 변호사, 배심원, 소송당사자, 증인, 사법부 직원 등의 전부 또는 일부에게 설문조사를 하거나, 법관 자신이 변호사 등에게 자신에 대한 평가를 요청하는 방식(self-evaluation program)을 택하고 있고, 둘 다 채택하는 곳도 있다. 법관의 자기평가의 항목은, Michigan 주의 경우, 업무습관과 기질, 직업적 능력, 공정성과 성실성, 총합적 질문 등의 항목으로 구성되며, 0-5점의 평가점수를 매기고 있다.[61]

우리나라의 경우에도 위헌의 의심이 있는 법관근무평정제도를 과감히 폐기하고, 또 변호사단체에 한정하여 법관평가를 하는 방법보다는 소송당사자, 검사, 증인, 변호사, 법원직원, 법관동료 등 다면적인 평가주체가 참여하는 법관평가제도를 개발하는 것이 바람직하다고 판단된다.

---

57) *Ibid.*, p. 1.
58) *Ibid.*
59) *Ibid.* p. 3.
60) *Ibid.* p. 8.
61) ABA의 편람에는 1992년, Michigan 주의 지역법원(District Court) 법관인 Brian W. MacKenzie가 600명의 변호사에게 자기평가설문지를 보냈는데, 33%인 200명이 응답하여 그 통계를 내어 자기평가를 한 사례가 실려 있다. *Ibid.*, pp. 16-18.

(7) 법원조직규모의 후진성

현재 우리나라의 사법부는 조직규모의 측면에서 매우 부족한 것으로 생각된다. 윤관 대법원장시절에 어느 정도 조직의 확대를 실현하였지만, 그럼에도 불구하고 사법부의 조직이 여전히 사회적인 법률수요를 감당하기에는 부족한 것으로 여겨진다. 사법조직의 문제는 법관의 수, 그가 담당하는 사건의 수 등과 밀접하게 관련이 있고, 그런 점에서 기존의 사법조직을 전제로 하여 개선책을 강구하기보다는 사법의 새 패러다임을 가지고 사법조직에 대한 전체적인 마스터플랜을 구상할 필요가 있다고 생각된다.

법원조직규모의 문제는, 법관 1인당 사건수의 경감, 국민의 대사법접근성의 확대, 상급심 사건수의 경감 등의 측면에서 현재의 규모를 과감하게 확대할 필요가 있다고 판단된다. 물론 이와 같은 조직규모의 확대를 위해서는 앞서 언급한 법원예산의 독립성이 확보될 필요가 있다.

법원조직과 관련하여 현재의 법원의 심급구조를 개혁할 필요가 있다. 특히 소규모 전문법원을 설치할 필요성이 현실적으로 매우 커지고 있다. 오늘날에는 법치주의가 국민생활의 구석구석까지 미쳐서 일상생활의 세세한 부분까지도 법에 의해 규율되는 상황에 이르렀고, 그에 따라 일상생활에서 빈번히 나타나는 법적 분쟁에 대해서는 소규모의 전문적인 법원에 의해 해결되도록 할 필요성이 점점 커지고 있다. 예컨대, 교통, 조세, 청소년 및 교육, 노동 등의 다양한 생활영역에서 법적 분쟁이 발생하고 있고, 이러한 경미한 사건들까지 정규의 일반법원에 의해 재판을 받도록 하고 있는 것이 현실이다. 이 점은 헌법상 법관의 임기가 10년으로 되어 있고 강한 신분보장을 받도록 하고 있기 때문에 다양한 형태의 소규모법원을 설치하기 어렵게 되어 있는 점에 기인한다. 장기적으로는 헌법을 개정하여 소규모 전문법원을 설치할 수 있도록 하여야 할 것이지만, 현행헌법 하에서도 합리적인 헌법해석을 통하여 소규모전문법원을 설치하는 것이 바람직하다.

(8) 각급법원의 자율성의 부재

현재의 사법행정의 최종적 권한은 대법원장에게 귀속되어 있음은 앞서 본 바와 같다. 대법원장에게 집중된 사법행정권은 법률 · 대법원규칙 또는 대법원장의 명으로 법원행정처장, 각급법원의 장이나 연수원장, 법원공무원교육원장 또는 법원도서관장에게 위임할 수 있도록 하고는 있지만, 피라미드식 관료사법으로서의 성격을 가진 현재의 법원체계에서는 법원행정 전반이 대법원에 집중될 수밖에 없다. 특히 5 · 16 쿠데타 이후 법원의 권한에 대한 침해가 일상화되고 유신시대에 법원행정처의 권한이 강화된 후, 법관의 재판업무보다도 법원의 일반행정업무가 우월적인 것으로 인식되고 그에 따라 관료화가 더욱 강화된 후에는 법원행정처의 권한비대로 말미암아 각급법원의 사법행정상의 자율성이 크게 위축되고 있다. 사법기관의 특색은 동위질서와 병렬동격(Gleichordnung und Koordination)의 원칙이고, 일반행정조직의 위계질서(Hierachy)에 의한 상하질서와 복종의 원리(Über- und Unterordnung und Subordination)와는 대조적이라는 점에서[62] 각급법원 단위의 자율성이 강하게 요청된다. 물론 사법권의 본령인 법관의 재판업무에서의 자율성은 더 말할 필요가 없는 것이며, 이를 보조하기 위한 사법행정의 영역에서도 마찬가지이다.

현재의 헌법 및 법원조직법 규정을 그대로 둔 채 각급법원의 자율성을 확대한다면, 고등법원 단위에서 자율성을 확대하는 것이 적절할 것으로 판단된다. 즉, 법관인사의 측면에서 고등법원 단위로 당사자의 신청을 통해 법관의 풀(pool)을 구성하고 관할구역 내의 보직에 관해서는 고등법원장의 자율적 판단에 따라 배치한 후 이를 대법원장이 승인한다면 헌법 및 법률적으로 아무런 문제가 없을 것이다. 또한 법원직원의 경우에도 유사한 방법으로 고등법원의 자율성을 확보할 수 있을 것이다. 법원예산의 문제에 있어서도 하향식이 아닌 상향식의 방법으로 각급법원으로부터 예산안을 편성하고 이를 법원 전체의 예산으로 취합·조정할 수 있을 것으로 생각된다.

(9) 기 타

위에서 언급한 각 사항들 이외에도 법관징계제도, 재판연구관제도, 사법보조인제도, 합의부의 존폐문제, 사건배당과 재판절차와 같은 법원운영상의 측면에서의 개선점 등도 논의되어야 할 것으로 생각된다.

Ⅳ. 결론에 대신하여

서언에서 언급한 신영철 대법관사태는 지방법원장이 법원장으로서의 지위를 이용하여 그 소속의 법관들에게 재판절차의 진행 및 재판내용에 대하여 적극적으로 간섭한 대표적 사례이다. 드러난 사실관계만을 놓고 볼 때, 법원장 자신이 대법관후보로 지명될 가능성이 있고 임명동의권을 가진 국회의 다수당의 정치적 입장이 1심판결에 반영되도록 하는 것이 자신의 임명동의에 도움이 될 것으로 판단했을 것임은 쉽게 추측할 수 있다. 아울러 소속법관에 대한 근무평정권을 가진 법원장의 지위로

62) 가재환, 주 11)의 책, 584쪽 참조.

볼 때 여러 경로로 법원장의 의사를 전달받은 담당 법관들이 심리적으로 위축될 것임은 불문가지이다. 이것은 법관의 내부적 독립 내지 재판상 독립을 정면으로 침해한 것이며, 따라서 신영철 대법관은 헌법상의 사법권의 독립의 제원칙들을 위반한 위헌적 행위자이다.

문제는 이와 같은 위헌적 행위자에 대한 사법부 내부의 대응방식이었다. 신영철 대법관의 행위는 법관징계법 제2조에 규정된 징계사유인 「1. 법관이 직무상 의무를 위반하거나 직무를 게을리 한 경우와 2. 법관이 그 품위를 손상하거나 법원의 위신을 실추시킨 경우」에 모두 해당한다. 법관의 직무상 의무에는 헌법준수의무도 당연히 포함될 것이며, 이를 위반함으로써 야기된 국민의 사법부 불신은 법원의 위신을 크게 실추시킨 것이기 때문이다. 따라서 사법부의 수장인 대법원장은 자신에게 부여된 사법행정권을 최대한 활용하여 사법부 내부의 위헌적 행위자를 징계하는 절차를 명하였어야 했다. 물론 대법원장의 이러한 행위는 그 자체 정치적 맥락 속에서 이해되어야 하는 행위다. 그러나 정치적 이해관계가 어떠하든 간에 사법권 독립이라는 헌법적 가치보다 우선할 수는 없다. 설혹 대법원장의 행위로 인하여 정치권력이 사법권을 탄압하는 사태가 오더라도 이는 장래에 사법권력을 더욱 공고히 하기 위한 시련일 뿐이지 그 때문에 사법권 독립이라는 헌법적 가치가 포기되어서는 안되는 것이다.

대법원장이 갖는 사법행정권은 오늘날, 사법권력적인 측면과 사법기능적 측면을 아울러 가진다. 양 측면은 동전의 양면과 같기 때문에 둘 중에서 어느 것이 더 중시되어야 하느냐하는 물음은 무의미하다. 그러나 분명한 것은 사법권력적 측면이 확립되지 않고는 사법기능적인 측면이 정상적으로 기능할 수 없다는 점이다. 사법권력은 입법권력과 행정권력에 대응하는 대등한 국가권력이다. 따라서 사법권력적 측면에서의 사법행정권은 입법권력과 행정권력의 사법권 침해의 가능성에 대하여 과감히 견제하고 저항하여야 한다. 대법원장은 외부로부터 사법권력을 지키기 위하여 사법부를 둘러싸고 있는 보호장벽(a protective wall)이 되어야 하는 것이다. 사법부 내부의 독립성 침해에 대해서는 더 말할 필요가 없다.

사법권력은 규범적 권력으로서, 국민과 정치권력의 행위반경을 명백히 제시하여 국가현실에 대한 대립하는 견해차이를 해소하고 국가를 통합하는 데에 기여하여야 한다. 이 사법권력의 담당자인 법관은 헌법상 독립기관이다. 이 말은 법관이 그 자체로 완결적인 규범주체이어야 함을 의미한다. 심급구조 내에서 하급심 법관이든 최상급심 법관이든, 법관은 스스로 규범적 완결성을 가지고 헌법과 법률의 해석·적용을 담당하는 국가기관인 것이다. 구체적인 사건을 판단함에 있어서 법관이 가진 국가관·사회관·인간관 등의 가치관은 법관 개인에게 고유할 뿐만 아니라 어느 누구로부터도 침해되어서는 안된다.[63] 따라서 사법행정권은 법관의 독립기관성을 침해하지 않는 방향으로 행사되어야 한다.

현행 헌법 및 법률은 사법권력을 바람직한 국가권력의 하나로 자리매기도록 하기에는 많은 문제점을 안고 있다. 장래에 헌법이 개정된다면, 정치권력의 최대관심사인 권력구조 문제만이 아니라 사법권에 대해서도 깊이 논의하고 정밀하게 제도화하여야 하고 그러한 헌법을 구체화하도록 법률을 개정하여야 할 것이다.

(서강법학연구, 서강대학교 법학연구소 편, 제11권 1호, 2009. 6, 87-118쪽)

63) 물론 이러한 가치관은 법관 개인의 주관적 가치관이기는 하지만 헌법상 허용되는 범위 내에서 객관성을 가져야 한다.

9. 사법부의 물적 독립 – 예산안편성권과 관련하여

Ⅰ. 국가재정과 사법부예산

1. 현행헌법상 국가재정과 예산관련규정

현대사회의 국가는 자기목적적으로 존재하는 것이 아니라, 그 구성원인 국민개개인의 인권을 최대한 보장하기 위하여 존재한다. 국가공동체의 구성원인 국민은, 국가를 구성하기 위하여 주권적 권력을 창설하고, 국가의 각 기능(입법기능·행정기능·사법기능)에 맞게 이를 분리하여 별개의 기관에 각각 전속시켜 서로 견제와 균형을 이루도록 함으로써, 스스로의 기본적 인권을 확보하고 있다. 국민은 분립된 국가권력을 형성하고 유지하기 위하여 민주주의의 원리에 따라 각 국가권력의 담당자를 구성할 뿐만 아니라(인적 구성), 조세 기타 각종 공과금을 납부하여 국가의 재정을 확보하고 이를 통해 각 국가기관의 권한행사를 위한 기초조건을 뒷받침한다(물적 구성).

물적 요소로서의 국가재정은 국민생활과 밀접한 관계를 가지고 국민의 재산권보장과 직결되는 문제이기 때문에, 대개의 국가들의 헌법은 국가재정이 철저히 법치주의의 원리에 따라 성립되고 집행될 수 있도록 하기 위하여 여러 가지 규정을 두고 있는 것이 일반적이다(재정입헌주의).[1]

국가재정의 한 부분으로서의 예산(budget, Budget)은 1회계연도에 있어서 국가의 세입·세출의 예정준칙을 내용으로 하고 국회의 의결에 의하여 성립하는 하나의 국법행위형식으로서, 실질적 의미의 예산과 형식적 의미의 예산으로 나뉘어진다.[2] 실질적 의미의 예산은 1회계연도에 있어서 국가의 재정행위의 준칙으로서, 세입·세출의 예정적 계산이라 할 수 있다.[3] 형식적 의미의 예산은 국법형식으로서의 예산을 말하며, 헌법과 국가재정법에 의거하여 편성되어 국회의 심의·의결을 거친 1회계연

1) 김철수, 헌법학(하), 박영사(2008), 1676쪽.
2) 김철수, 위의 책, 1648 참조. 재정민주주의 또는 재정국회주의라고도 한다(같은 쪽).
3) 유훈, 재무행정론, 법문사(2005), 22쪽 참조.

도간의 재정계획이라 할 수 있다.[4)]

예산은 경제적 성격이나 행정적 성격을 가지는 것은 물론, 철저히 정치적인 성격을 갖는다. 정치를 국가정책의 결정에 있어서 누구의 주장이 관철되느냐에 관한 투쟁이라고 한다면, 예산은 이와 같은 투쟁의 결과의 기록이며, 정치과정의 중심에 자리잡고 있는 것이다. 예산은 예산안의 편성·제출-예산안의 심의·수정·확정-예산안의 공고 등의 3단계의 과정을 거쳐 성립하는데, 이 과정은 그 과정에 참여하는 자들의 치열한 투쟁의 과정이라 할 수 있다.[5)] 헌법에서 예산에 관한 규정을 상세히 두고 있는 것도 예산의 이러한 성격을 고려한 결과이기도 하다.

현행헌법은 국가재정에 관한 별도의 장을 두지 아니하고 국회의 장(제3장)에서 예산에 관하여 규율하고 있다(제54조-제58조). 예산안의 편성 및 제출에 관하여 헌법은「정부는 회계연도마다 예산안을 편성하여 회계연도 개시 90일 전까지 국회에 제출하고, 국회는 회계연도 개시 30일 전까지 이를 의결하여야 한다.」고 하여 예산안 편성권 및 제출권을 정부에 전속시키고 있다. 헌법상의 예산관련규정들의 위임을 받아 2006년에 구 예산회계법을 전면개정하여 국가재정법을 제정하고(법률 제8050호, 2009. 12. 6. 제16차 개정 법률 제9415호)), 국가의 예산·기금·결산·성과관리 및 국가채무 등 재정에 관한 사항을 규율하고 있다. 예산의 편성·심의·집행 및 결산과 회계검사의 전 과정을 예산과정이라 일컫는데, 특히 예산의 편성 및 심의·확정의 과정에서는 정부와 국회의 관여만이 인정되고 있을 뿐, 기타 국가기관(예컨대, 헌법재판소, 대법원, 중앙선거관리위원회 등)은 전혀 관여할 수 없게 되어 있다.

예산안편성과정의 일반적인 규율은, 국가재정법 제2장 제2절에서 정하고 있다. 기획재정부장관은 국무회의의 심의를 거쳐 대통령의 승인을 얻은 다음 연도의 예산안편성지침을 매년 4월 30일까지 각 중앙관서의 장에게 통보하고(국가재정법 제29조 제1항), 이 규정에 따라 각 중앙관서의 장에게 통보한 예산안편성지침을 국회 예산결산특별위원회에 보고하여야 한다(국가재정법 제30조). 각 중앙관서의 장은 예산안편성지침에 따라 그 소관에 속하는 다음 연도의 예산요구서를 작성하여 매년 6월 30일까지 기획재정부장관에게 제출하여야 하고(국가재정법 31조 제1항), 기획재정부 장관은 예산요구서에 따라 예산안을 편성하여 국무회의의 심의를 거친 후 대통령의 승인을 얻어(국가재정법 제32조), 회계연도 90일 전까지 국회에 제출하도록 하고 있다(국가재정법 제33조).

국가재정법에서는, 권력분립의 원칙에 따라 정부와 견제와 균형의 관계가 있거나 엄정한 중립을 요하는 기관의 경우, 따로「독립기관」이라 하여 중앙행정기관을

---

4) 유훈, 위의 책, 같은 쪽.
5) 유훈, 위의 책, 24쪽.

지칭하는 「중앙관서」와 구별하고 예산안편성에 관하여 각 독립기관의 의견을 최대한 존중하도록 하고 국가재정상황 등에 따라 조정이 필요한 때에는 당해 독립기관의 장과 미리 협의하도록 하고 있다(국가재정법 제40조). 이때의 독립기관에는 국회·대법원·헌법재판소 및 중앙선거관리위원회를 말한다(국가재정법 제6조 제1항). 아울러 국회의 사무총장, 법원행정처장, 헌법재판소의 사무처장 및 중앙선거관리위원회의 사무총장은 이 법의 적용에 있어 중앙관서의 장으로 본다(국가재정법 제6조 제3항).

2. 사법부[6] 예산안편성의 방법

우리나라는 해방 후 미군정기에 과도법원조직법이 제정되면서, 사법예산편성권이 독자적으로 인정된 적이 있었으나,[7] 1948년 제헌헌법에서 예산안편성권을 행정부에 전속시킨 후[8] 현행헌법에 이르기까지 그대로 존치시키고 있다.

현행헌법상 예산안편성권을 정부에 전속시키고 있기 때문에 사법부의 예산안을 편성함에 있어서도 정부의 예산안편성권에 종속할 수밖에 없다. 따라서 국가재정법상의 예산안편성규정이 사법부의 예산안편성에도 그대로 적용된다. 즉, 중앙관서의 장으로 간주되는 헌법재판소의 사무처장과 법원행정처장은 통보받은 예산편성지침에 따라 각 소관의 예산요구서를 작성하여 매년 6월 30일까지 기획재정부장관에게 제출하여야 한다. 다만, 헌법재판소와 법원의 경비는 독립하여 국가예산에 계상하도록 하고 있으며(헌법재판소법 제11조 제1항, 법원조직법 제82조 제1항), 세출예산요구액을 감액하고자 할 때에는 국무회의에서 각 기관의 장의 의견을 구하여야 하고, 정부가 각 기관의 세출예산요구액을 감액한 때에는 그 규모 및 이유, 감액에 대한 각 기관의 장의 의견을 국회에 제출하도록 하고 있다(국가재정법 제40조 제2항). 그러나 사법부의 장의 의견은 정부의 예산감액에 대하여 구속적인 효과를 갖지 못하므로 정부가 예산액을 감액하는 것에 대하여 아무런 견제장치로 기능할 수 없다.

3. 사법부의 예산안요구권과 예산안편성권

한편, 예산안편성권이 정부에 전속되어 있는 현행헌법상의 규정을 그대로 인정하면서 사법부의 예산에 관한 권한을 실질적으로 행사할 수 있게 하기 위하여 예산안편성권과는 다른 예산안요구권이라는 개념을 제도화하자는 주장이 있다.[9] 예산안

---

6) 현행헌법상 헌법재판소와 법원의 장이 별도로 규정되어 있으나, 두 기관을 모두 사법부에 포함시켜 논의한다.
7) 자세한 사항은 법원행정처 편, 법원사(1996), 190쪽 이하 참조.
8) 1948년 헌법 제91조.
9) 강현중, 대법원의 예산안요구권과 법률안제출권, 사법행정 제37권3호(1996. 3.), 10쪽 이하 참조. 이 주장은 1993년 사법제도발전위원회에서 논의된 안이다. 사법제도발전위원회 연구실 편,

요구권이란 사법부에 관한 예산안을 편성함에 있어서는 사법부에서 입안된 예산안이 행정부에 의하여 임의로 수정됨이 없이 그대로 국회에서 심의될 수 있도록 요구할 수 있는 권리를[10] 말하는 것으로 이해한다. 이에 대해 예산안편성권은 사법부가 독자적으로 예산안을 편성하여 국회에 제출할 권한을 말하는 것으로 이해한다.[11]

국민의 대표기관인 국회에서, 사법부운영에 필요한 예산을 행정부의 간섭없이 충분하게 심의받을 수 있도록 한다는 취지에서[12] 예산안편성권과는 다른 예산안요구권을 제도화하자는 주장으로, 정부가 사법부의 예산요구내용을 수정할 경우 사법부의 장의 동의를 얻도록 하고 이를 얻지 못한 경우에 수정없이 그대로 정부예산안에 편입시키는 방법과, 동의를 얻지 못하는 경우에 정부예산안과 함께 법원예산요구를 부기하도록 하는 방법을 제안하고 있다.[13] 하지만, 법률로 어느 한 방법을 규정한다 하더라도 정부의 예산안편성권을 실질적으로 침해하여 위헌의 여지가 있다는 반론이 제기될 수 있기 때문에 법률로 규정되지 못하고 있다.

4. 현행규정과 운영의 문제점

사법부의 예산이 이처럼 정부의 예산안편성에 전적으로 종속되어 있기 때문에, 사법부의 행정부에 대한 종속화경향을 초래할 위험성이 매우 크고, 실제로 우리나라의 과거의 경험에서도 이러한 경향을 보여왔다. 한 연구논문에 따르면,[14] 법원의 예산에 한정하여 볼 때, 우리나라 제1 · 2공화국(55-61년) 시기 동안 사법부예산의 국회반영률(요구예산/조정예산)은 평균 31%, 제3공화국(62-72년)에는 평균 66.16%, 제4공화국(73-79년)에는 평균 85.18%, 제5공화국(80-87년)에는 평균 79.98%, 제6공화국(88-92년)에는 평균 92.7%, 문민정부(93-97년)에는 평균 86.1%의 반영률을 보이고 있다. 이 논문의 필자는 사법부예산과정에 관하여 정부수립 이후 문민정부에 이르기까지의 특징을 두 가지로 요약하고 있는데, 그 하나는, 정권이 새로 들어서는 시점에서 사법부의 예산요구가 위축되는 현상을 보이며, 그 둘은, 정권중반 또는 중·후반기에서 사법부요구액과 실제예산의 증가가 함께 이루어지는 '공조추세'가 나타나고 있다는 점을 지적하고 있다.[15] 행정권력에 대한 위기가 발생하였거나, 행정권에 대한 사법부의 심각한 도전이 있었을 시기마다 사법부예산의 감소가 일어났고, 이 시기마

심의대상안건 검토자료 제1집(1993), 56쪽 참조.

10) 강현중, 위의 글, 10쪽.

11) 강현중, 위의 글, 11쪽.

12) 강현중, 위의 글, 11쪽.

13) 사법제도발전위원회 연구실 편, 심의대상안건 검토자료 제1집(1993), 56쪽 참조.

14) 정윤석, 사법부에 대한 행정부의 영향력 연구-인사관행과 예산배정상의 정권별 변화를 중심으로-, 한국외국어대학교 대학원 행정학과 석사학위논문(2001. 2.).

15) 정윤석, 위의 논문, 57-58쪽.

다 행정부가 예산을 통해 사법부를 견제하려는 의도를 가졌음을 실증적으로 보여주고 있다.[16)]

한편, 사법부 요구예산에 대한 국회반영률이라는 관점에서 최근 약 10여년(98-08)의 경향을 보면,[17)] 예산요구액의 국회반영률은 평균 96.8%로 나타나고 있는데, 국민의 정부와 참여정부의 두 정부 동안에 사법부의 요구예산이, 때로는 100%를 넘을 만큼, 상당히 높게 반영되어 있음을 알 수 있다. 이 점은 이 시기동안 국회와 정부의 권력의 성향과도 밀접한 관련이 있는 부분이라고 할 수 있다.[18)]

문제는, 사법부의 예산이 그때그때 정부 및 의회권력의 성향에 따라 결정된다고 할 때 사법의 대국민서어비스가 정부 및 의회권력의 의도에 따라 좌지우지될 수 있다는 점이다. 따라서 정부 및 의회권력의 변동이나 성향에 상관없이 사법부가 독자적인 정책결정과 그를 위해 필요한 예산편성을 담당할 수 있도록 하는 것이 요청된다.

사법부 예산안편성권은 사법부독립과 관련하여 미군정기부터 현행헌법에 이르기까지 지속적으로 논의되어온 주제이었다.[19)] 이 글에서는 사법부의 독립적 예산안

---

16) 정윤석, 위의 논문, 58-66쪽 참조.

17) 법원예산(일반회계)의 요구, 확정액 대비표 [단위: 천원]

연도	(1) 요구액	(2) 확정액	비율
98	319,490,000	309,314,921	96.8
99	363,104,000	322,952,621	88.9
00	366,898,000	370,780,295	101.1
01	435,553,000	438,359,043	100.6
02	511,989,000	494,719,429	96.6
03	543,871,000	563,399,395	103.6
04	616,799,000	617,748,454	100.2
05	679,209,000	664,763,529	97.9
06	768,111,435	754,324,370	98.2
07	1,009,383,000	935,457,505	92.7
08	1,176,866,000	1,038,557,099	88.2
평균			96.8

※ 이 표는 필자가 법원행정처에 의뢰하여 얻은 자료이며, 평균부분만을 필자가 추가한 것이다. 자료수집에 도움을 주신 문유석판사에게 감사드린다.

18) 이 점은 앞으로 연구되어야 할 부분이다.

19) 주제 자체의 논의의 폭이 넓지 않은 탓에 논문이 많지는 않으나, 사법제도 개혁의 문제가 제기될 때마다 거의 빠지지 않고 제기되어 온 주제이다. 사법권독립과 관련된 일반적 문헌 중에서는, 정덕장, 사법권의 독립, 바울서신사(1984)가 비교적 자세히 설명하고 있고, 법원행정처 편, 사법정책자료 제6집(1996), 제9집(1996), 제10집(1996) 등이 외국의 사례에 관하여 상세히 언급하고 있다. 이외에 사법부예산안편성권을 직접 다루고 있는 관련논문을 살펴보면, 김제형, 사법권독립과 예산편성의 재고, 사법행정 제3권 2호(1962), 11-14쪽; 이열모, 사법부예산독립

편성의 이론적 근거에 대해 살펴보고, 이어서 외국의 사례를 검토한 후, 입법론을 언급하고 글을 맺고자 한다.

Ⅱ. 사법부의 독립적 예산편성의 이론적 근거

1. 권력분립의 실질화와 각 권력의 독자성

국가권력 중의 하나인 사법권은 오늘날 단순히 「無」인 권력이 아니라 진정한 제3의 권력의 담당자(a genuine third powerholder)로[20] 기능하게 되었음은 주지의 사실이다. 특히 헌법재판제도의 확립을 통하여 더욱 강화된 사법권의 지위는 사법부를 구성하는 인적 요소와 물적 요소 양자의 독자성을 확립하지 못하면 실현될 수 없다. 사법부 구성원들이 그들의 행위와 판결에 대해 행정부의 각료와 같이 입법부에 대하여 책임을 지는 것은 아니라 할지라도, 사법제도 자체가 입법부에 의해 권한을 부여받지 못하고 또한 재정적으로 뒷받침되지 않는다면, 사법권이 존재할 수 없다는 것은[21] 자명하다.

한편, 입법권·행정권·사법권의 각 권력은 국민주권에 근거하고 있음은 물론이거니와 각각의 권한행사는 헌법이 정한 바에 따라 독자적으로 결정되어야 한다. 뿐만 아니라 국민의 인권보장을 최고의 목표로 하는 각 국가기관의 입장에서 볼 때, 헌법에 의하여 자신에게 부여된 국가기능을 최대한 확보할 수 있도록 인적·물적 여건을 조성하는 것도 또한 헌법이 요청하는 원칙이라 할 것이다.

2. 사법부에 대한 과도한 통제의 배제

국가권력의 한 축인 사법권을 구체화하는 사법제도의 물적 요소는, 어떤 종류의 법원을, 어떤 시설을 갖추게 하고, 어디에, 어떤 규모로 설치할 것인가, 사법절차를 어떤 방법으로 구현할 것인가, 또 그 시설과 절차진행 및 인적 요소를 유지하기에 필요한 재정적 지원을 어떠한 방법으로 할 것인가하는 문제이다.[22] 통상적으로 사법

원칙과 그 한계, 법률신문 624호; 김성환, 사법부예산의 독립, 법조춘추 85호(1971); 이승웅, 사법부예산제도에 관한 연구, 서울대학교 행정대학원석사학위논문(1972); 법률신문, 대법원의 법률안제출권 및 예산안요구권, 법률신문 제2292호(1994), 15쪽; 오광석, 사법부예산제도에 관한 연구, 단국대학교행정대학원 석사학위논문(1995.2); 정윤석, 사법부에 대한 행정부의 영향력 연구 - 인사관행과 예산배정상의 정권별 변화를 중심으로 -, 한국외국어대학교 대학원 행정학과 석사학위논문(2001.2) 등이 있다.

20) K. Löwenstein, *Political Power and the Governmental Process*, The Univ. of Chicago Press, 1965, p. 47.

21) A. W. Bradley, The Constitutional Position of the Judiciary, in David Feldman(ed.), *English Public Law*, Oxford Univ. Press, 2004, p. 353.

기관의 설치에 관해서는 법률로 정하도록 하는 것이 일반적이므로, 위에 언급한 제반요소들은 입법권력의 의사에 따라 결정될 수밖에 없다. 뿐만 아니라 입법부에 의하여 법률로 결정된다고 하여도, 행정부가 예산편성 및 제출에 관하여 전권을 가지고 있다면, 사법부는 입법부와 행정부의 양자로부터 통제를 받는 결과가 된다. 따라서 입법권 및 행정권과 대등한 지위를 갖는 사법권이 정상적으로 기능하기 위해서는 세 권력 사이의 견제와 균형의 수단도 대등하게 정해져야 하는 것이 바람직할 것이다. 견제와 균형이라는 헌법적 요청이 그 수단의 양적인 측면에서 결정되는 것은 아니지만, 최소한 당해 권력의 존립의 기초에 관한 한, 어느 일방의 권력이 다른 두 권력으로부터 동일한 과정에서 이중적으로 통제를 받는 구조는 헌법상 허용되어서는 안 될 것이다.

3. 사법정책결정의 독자성

20세기 이후 오늘날에 이르러 법치주의는 형식적 법치주의에서 실질적 법치주의로 변화되었고, 국제적인 차원에까지 법치주의가 확대되고 있다.[23] 이와 같은 법치주의의 확대는 두 측면에서 현실화되고 있는데, 그 하나는, 헌법의 규범성의 확립을 통한 사법의 법창조 내지 법(정책)형성기능의 확보의 측면이며,[24] 다른 하나는, 국민주권주의와 법치주의의 실질화에 따른 법치주의의 생활화와 그로 인한 법치주의적 생활양식의 보편화의 측면이다.[25] 전자는 거시적 측면에서, 국가권력적 측면에서의 사법기능의 확대로서 권력분립원칙의 실질화이자 사법의 정치성의 확대라면, 후자는 미시적 측면에서, 개인의 생활영역에서의 사법기능의 확대라고 할 수 있다. 전자는 사법이 단순히 「법의 말을 하는 입」에 그치지 아니하고 법형성 및 국가의 중요정책을 결정하는 기능에까지 역할기능을 확대하여, 정치과정에서 하나의 독자적인 역할을 담당하게 되었음을 의미하고, 후자는 법치주의의 실현도구로서의 사법이 단순히 국가의 통치수단으로서만 인식되는 것이 아니라 국민 개개인의 인권보장을 위한 도구이자 생활양식으로서 인식됨으로써 국민의 생활 깊숙이 법이 자리잡게 되었음을 의미한다. 특히 후자의 경우, 개인의 삶의 과정에서 나타나는 거의 모든 문제들이 법치주의적 방식으로 해결될 것을 요청하고 있고, 그에 따라 분쟁의 성격이나 소송물의 크기, 사건해결의 용이성 등에 따라 다양한 형태의 사법기능의 제도화를 필요

---

22) 졸고, 정치과정에 있어서의 사법권에 관한 연구, 서울대학교 대학원 박사학위논문, 1996, 13쪽 참조.

23) 간략한 설명으로, Brian Z. Tamanaha, *On the Rule of Law: History, Politics, Theory*, Cambridge Univ. Press, 2004 참조.

24) 졸고(주22), 44쪽 이하 참조.

25) 졸저, 법과 정치, 박영사, 2007, 13쪽 이하 참조.

로 하고 있다.[26]

법치주의의 확대에 따른 사법제도의 다양화 및 사법서어비스의 확대를 위해서는, 그 실현을 위한 인적·물적 조건이 충족되지 않는다면 불가능하다는 점은 이미 지적한 바 있거니와, 헌법과 법률이 정한 범위 내에서 국민에 대한 사법서어비스의 내용과 방식에 관하여 사법권 자체가 독자적으로 결정하고[27] 이를 재정적으로 뒷받침할 수 있어야 한다. 말하자면, 사법정책의 결정의 독자성과 이를 위한 재정상의 지원이 확보되어야 한다는 것이다.

4. 소 결

앞서 언급한 바와 같이, 사법부예산안편성의 독자성은 권력분립의 실질화의 측면, 사법권력과 다른 두 권력 사이의 견제의 형평성의 측면, 그리고 사법정책결정의 독자성의 측면 등에서 사법부의 물적 기초의 확립을 위하여 헌법상 요청되는 원칙으로 이해할 수 있을 것이다.

Ⅲ. 외국의 경우

1. 미 국

미국의 예산편성과정은 4단계로 이루어지고 있다.[28] 제1단계는 예산정책을 개발하고 예산편성지침을 시달하는 단계이며, 제2단계는 각 부처가 예산요구서를 작성하여 제출하는 단계이다. 3단계는 관리예산처의 사정단계이며, 제4단계는 예산안을 확정하여 의회에 제출하는 단계이다. 이 전 단계는 행정부에 의해 행해지도록 하여 사법부와 입법부의 예산도 행정부에 의하여 편성되지만, 사법부의 예산의 편성 및 제출에 관한 법령의 규정과 관행의 실제에 많은 특징을 두고 있다.

연방사법부의 예산의 편성과 집행에 관한 정책결정은(연방)사법회의(the Judicial Conference) 산하 예산위원회(the Budget Committee)에서 하고, 의회에 제출할 예산자료의 개발과 준비에 관한 실무는 연방법원행정처(Administration Office of the U.S. Courts)의 예산실에서 담당하고 있다.[29] 예산안은 행정부의 관리예산처(Office of

---

26) 이헌환 외 4인, 헌법상 법관의 다양화방안과 신분보장, 한국헌법학회연구보고서(대법원연구용역)(2008. 3.), 1-2쪽 참조.

27) 이 점에서 대국민사법서어비스에 관하여 사법부 스스로 의회에 관련법률안을 제출할 수 있어야 한다는 주장이 도출될 수 있지만, 이 글에서는 예산안편성권에 한정하여 논의한다.

28) 유훈(주 3), 184쪽 참조.

29) 사법발전재단 편, 사법부의 어제와 오늘, 그리고 내일(상)(2008. 12.), 289-291 및 미국연방법원 인터넷 사이트 http://www.uscourts.gov/ao/budget.htm 참조.

Management and Budget: OMB)가 시달한 예산편성지침과 계획한도에 의하여 연방법원행정처(Administration Office of the U.S. Courts)에서 작성하여 매년 10월 15일까지 관리예산처에 제출한다.[30] 12월 말까지 수정요소를 모두 반영하여 최종적인 예산요구안이 마련되면, 대통령예산안(President's budget)에 포함되어 늦어도 다음해 2월의 첫 번째 월요일까지는 의회에 제출된다.[31] 예산안이 제출되면 사법부예산요청내역서(the Judiciary Budget Submission)를 의회에 보내는데, 이 과정에서 관리예산처는 법률상 사법부예산을 변경할 수 없도록(without change) 되어 있다.[32]

한편, 미국연방헌법은 사법권의 독립을 보장하기 위하여 법관의 보수를 삭감하는 것을 금지하는 규정을 두고 있다. 즉, 미국연방헌법 제3조 제1항은「최고법원 및 하급법원의 법관은 선량한 직무행위 동안(during good behavior) 그 직을 보유하고, 그 직무에 대하여 정기적으로 보수를 받으며, 그 보수액은 재직 중 감액되지 아니한다.」고 규정하여[33] 법관의 독립의 한 요소로서 급여의 보장을 정하고 그 한도에서 사법부의 재정의 보장을 규정하고 있다.

2. 영 국

영국의 경우에도 정부만이 예산안제출권을 보유하고 있다. 의회는 예산안에 대하여 폐제삭감권을 지닐 따름이며 이를 증액하거나 새 비목을 설정할 권한이 없다는 것이다. 이것은 이미 1706년부터 원칙의 하나로서 확립된 것인데 현재에는 영국의회 의사규칙 제78호(Standing Order No.78)로 명문화되어 있다.[34]

---

30) 28 U.S.C. §605.「The Director, under the supervision of the Judicial Conference of the United States, shall submit to the Office of Management and Budget annual estimates of the expenditures and appropriations necessary for the maintenance and operation of the courts and the Administrative Office and the operation of the judicial survivors annuity fund, and such supplemental and deficiency estimates as may be required from time to time for the same purposes, according to law.」 미국의 회계연도는 10월 1일부터 다음 해 9월 30일까지이다(31 U.S.C. § 1102).

31) 31 U.S.C. §1105(a).「On or after the first Monday in January but not later than the first Monday in February of each year, the President shall submit a budget of the United States Government for the following fiscal year.」

32) 31 U.S.C. §1105(b).「Estimated expenditures and proposed appropriations for the legislative branch and the judicial branch to be included in each budget under subsection(a)(5) of this section shall be submitted to the President before October 16 of each year and included in the budget by the President without change.」

33)「The Judges, both of the supreme and inferior Courts, shall hold their Offices during good Behaviour, and shall, at stated Times, receive for their Services, a Compensation, which shall not be diminished during their Continuance in Office.」 이러한 취지는 영국의 1701년 왕위계승법(The Act of Settlement) 제3조에서 처음 규정되었다.

34) 유훈(주 3), 187쪽.

영국에서는 비록 법관의 독립된 지위가 일찍부터 확립되었지만,[35] 제도적으로는 상원(The House of Lords) 또는 추밀원(The Privy Council)의 한 부서로 법원이 설치되어 있었기 때문에[36] 예산항목에 별도의 사법부예산을 책정할 필요가 없었다. 따라서 법원예산에 대한 특별한 제도적 장치가 있을 여지가 없으며, 정부의 예산안이 곧 예산이나 다름없다.

법원예산에 대하여 특별한 제도를 두지 않는 반면, 영국은 법관 보수에 관하여 특별한 제도를 두고 있다. 즉, 1701년 왕위계승법(The Act of Settlement)에서 법관의 보수는 의회의 제정법으로 확정되어야 하며, 행정부의 재량에 맡겨져서는 안된다고 규정하고 있다. 1965년의 법관보수법(The Judge's Remuneration Act)에서 추밀원령(Orders of Council)에 의한 삭감은 인정되지 않고, 양원의 동의를 얻어 증액만 할 수 있도록 하였으며, 1973년 이후에는 대법원장(The Lord Chancellor)이 수상의 동의를 얻어 감액은 할 수 없으나 증액은 할 수 있도록 하고 있다.[37] 실무상으로 법관의 보수는 고위직 공무원, 군, 각료 등의 보수와 함께 고위직보수심사기구(the advisory Senior Salaries Review Body)에 의해 정기적으로 검토된다.[38]

3. 일 본

일본국헌법은 제7장에서 재정의 장을 따로 두어 정하고 있다. 제7장의 첫머리인 제83조는 「국의 재정을 처리하는 권한은 국회의 의결에 기하여, 이를 행사하지 않으면 안된다.」고 규정하여 재정국회중심주의를 정하고 있다. 또 제86조는 「내각은, 매 회계연도의 예산을 작성하여, 국회에 제출하고, 그 심의를 받아 의결을 거치지 않으면 안된다.」고 규정하고 있다. 헌법의 규정에 따라 재정법에서 예산편성절차를 규정하고 있는데, 재정법(1947년 제정, 법률 제34호, 2002년 최종개정, 법률 제152호) 제2절에서 상세히 규정하고 있다.

예산편성절차는 재정법 제17조 이하에서 규정하고 있는데, 각 부처의 국 단위의 예산견적을 작성하고 각 부처의 장이 이를 취합·편성하여 재무대신에게 송부한다. 재무대신이 검토와 조정을 하고 나면, 각 부처에서는 형식을 구비한 예산요구서를 작성하여 재무대신에게 송부하여 재무성을 중심으로 한 절충을 하고, 각의에서는 예산편성지침 및 재무성안에 대하여 대신들간의 절충을 거쳐 각의에서 개략적인 안의 결정을 하여 최종적인 예산안을 작성한 후 국회에 제출하는 과정을 거치게 된

35) 영국의 1701년 왕위계승법(The Act of Settlement) 제3조.
36) 2009년 10월부터는 2005년 법원조직개혁법률에 따라 상원 및 추밀원사법위원회의 국내관할권을 흡수하여 독립적인 최고의 사법부가 설치되게 되었다.
37) A. W. Bradley, supra note 21, p. 349.
38) Bradley, *id.*

다(재정법 제17조-제27조).

일본에서는 사법부에 독자적인 예산안편성권을 인정하고 있지는 않으나, 이른바 이중예산제도를 통하여 사법부의 예산상의 독립성을 인정하고 있다. 즉, 일본 재판소법 제83조 제1항은 「재판소의 경비는 독립하여 국가의 예산에 계상하도록 한다」고 하고 제2항은 「이 경비 중에 예비비를 두는 것을 원칙으로 한다」고 하고 있다. 이에 따라 최고재판소의 장은 매 회계연도에 그 소관에 속하는 세입 · 세출, 계속비, 명시이월비 및 국고채무부담행위의 견적에 관한 서류를 작성하여 내각에서의 통합조정에 제공하기 위하여 이를 내각에 송부하지 않으면 안된다(재정법 제17조 제1항).

재무대신은 이러한 견적을 검토하여 필요한 조정을 하고, 세입 · 세출예산, 명시이월비 및 국고채무부담행위의 개산(概算)을 작성하여 각의의 결정을 거치게 되는데, 내각은 이러한 결정을 함에 있어서 재판소에 관한 개산에 관해서는 미리 최고재판소의 장에게 그 결정에 관한 의견을 구하지 않으면 안된다(재정법 제18조 제1항, 제2항). 또 내각이 재판소의 세출견적을 감액하는 경우에는 재판소에서 송부되어온 세출견적에 관하여 그 상세를 세입세출예산에 부기(附記)함과 동시에 국회가 재판소에 관한 세출액을 수정하는 경우에 있어서 필요한 재원에 관해서는 명기하도록 하고 있다(재정법 제19조).

이처럼 일본의 내각은 개산의 결정을 함에 있어서 독립기관의 의견을 구하여야 하는 것으로 되어 있어도 법률상으로는 그 의견에 구속되지 아니하고 개산의 결정을 할 권한을 갖고 있지만, 사법부 등 내각의 관할 하에 있지 않은 독립기관은 각자 자기분야에 있어 독립해 있으면서 상호간에 어느 정도 견제를 통하여 국정이 운영되어야 한다는 취지에서, 내각이 예산안편성권이라는 이름 아래 재판소 등 독립기관의 개산요구를 조정이라는 이유로 필요 이상으로 삭감해서 만일 이러한 독립기관이 그 기능을 제대로 수행하는 데에 방해가 되어서는 안 될 것이고, 그렇다고 독립기관이 독자의 예산요구를 해 이것을 그대로 국회에 제출하여야 한다면 국가의 재정통일을 저해할 우려가 있어 조정을 거치도록 하고 있는 것이다.[39)]

또한 일본국 헌법은 사법권의 독립보장을 위하여 재판관보수의 감액을 금지하여 재판소재정에 어느 정도의 독자성을 인정하고 있다. 즉, 일본국 헌법 제79조 제6항은 「최고재판소의 재판관은 모두 정기적으로 상당액의 보수를 받는다. 이 보수는 재임 중 이를 감액할 수 없다.」고 하고, 또 제80조 제2항은 「하급재판소의 재판관은 모두 정기적으로 상당액의 보수를 받는다. 이 보수는 재임 중 감액할 수 없다」고 규

39) 사법발전재단 편, 사법부의 어제와 오늘, 그리고 내일(상)(2008. 12.), 292쪽.

정하여 재판소의 재정에 대하여 어느 정도 독자성을 인정하고 있다.

일본은 2002년 사법개혁 이후 일본변호사연협회, 중의원 법무위원회, 참의원법무위원회 등에서 사법개혁을 달성하기 위한 예산의 증대를 적극 촉구하는 결의가 있었으나, 재무성은 이에 대해 비판적이었다.[40)]

4. 독 일

독일의 예산안(Haushaltsplan)은 법률의 형식으로 작성되고 정부가 독점적인 제출권한을 가지고 있다(Budget initiative, Initiativmonopol: Art. 110 Abs. 3, 113 Abs. 1 S. 1), 따라서 예산안을 편성하는 것은 정부의 임무이며, 의회의 제출권한은 인정되지 아니한다. 연방의 예산에 관한 법률(Bundeshaushaltsordnung: BHO)에 따르면, 연방예산의 편성은 연방재무부장관(das Bundesministerium der Finanzen)이 주관하며, 각 부처에 대한 예산안편성지침의 시달, 각 부처의 예산요구서의 작성과 재무부의 제출, 재무부장관에 의한 예산안의 작성, 연방정부에 의한 예산안결정, 연방상원과 하원에의 제출이라는 과정을 거친다(§§ 28 ff. BHO).[41)]

예산안을 작성하는 과정에서 연방재무부장관은 각 부처가 제출한 예산요구서를 검토하고 관계부처와 협의하여 예산요구서를 변경할 수 있지만, 기본적이거나 중요한 재정적 의미를 가지는 사안에 대해서는 관계장관이 연방정부의 결정을 구할 수 있는데, 이 결정이 재무부장관의 의사에 반하거나 동의를 얻지 아니하고 이루어진 경우에는 재무부장관은 이에 대해 이의를 제시할 수 있다(§ 28 Abs. 2 BHO).

사법부의 예산에 관하여는 특별한 규정이 없고 사법행정권을 행사하는 법무부가 사법부의 예산을 작성하지만, 헌법재판소가 제출한 예산요구서에 대하여 수정을 가하는 경우에는 헌법재판소의 장이 동의하지 않으면 재무부장관은 그 예산요구서를 그대로 연방정부에 전달하여야 하며, 연방정부도 수정없이 예산안에 첨부하도록 하고 있다(연방대통령, 연방상하원, 연방회계감사원 등도 마찬가지이다. § 28 Abs. 3 BHO).

5. 사법부 독립에 관한 세계기준

법치주의 실현을 위한 사법부의 독립에 관한 국제적인 관심은 2차대전 이후 점증하기 시작하여, 국제변호사협회(International Bar Association: IBA)에 의하여 여러 차례의 국제회의가 개최되었고, 1980년대에 들어서면서, 사법부독립의 최소한이 기준을 정립하기 위한 프로젝트가 계획되기에 이르렀다.[42)] 1981년 5월 Lisbon회의에서

40) http://www.nichibenren.or.jp/ja/opinion/ga_res/2002_1.html 를 참조하라.

41) http://www.gesetze-im-internet.de/bundesrecht/bho/gesamt.pdf 를 참조하라.

42) S. Shetreet(ed.), *Judicial Independence: The Contemporary Debate*, Martinus Nijihoff Publishers,

초안이 마련되어 1982년 3월 Jerusalem회의를 거쳐 동년 10월 New Delhi회의(19차) 총회에서 IBA의 최종안(이하 'IBA Code'라 함)이 채택되었다.[43]

또한 국제형사법학회(the International Association of Penal Law), 국제법학자협회(the International Commission of Jurists), 국제형사학고등연구기구(the International Institute of Higher Studies in Criminal Sciences) 등의 단체들이 Sicily의 Syracuse에서 회합하여 사법부독립에 관한 Syracuse 초안(이하 'Syracuse 초안'라 함)을 작성하였다.[44]

1983년에는 제1차 사법부독립에 관한 세계회의(the First World Conference on the Independence of Justice)가 캐나다의 Montreal에서 개최되었는데, 이 회의에서 5개의 장으로 이루어진 사법부독립에 관한 세계선언(the Universal Declaration on the Independence of Justice: 이하 'Universal Declaration'이라 함)이 채택되었다.[45]

이와 같은 다양한 국제회의에서 채택된 사법부독립에 관한 문서들에는 예외없이 사법부의 예산에 관한 조항들이 들어 있다.

먼저, IBA Code에서는, 3개항을 할애하여, 「법원의 직무는 관계 정부에 의하여 적절히 재정지원되어야 한다.」[46] 「법관의 보수와 연금은 적절하여야 하며, 행정부의 통제로부터 독립하여 가격상승을 고려하도록 조정되어야 한다.」[47] 「(a) 법관의 지위, 독립성, 신분보장 및 적절한 보상은 법률에 의하여 보장되어야 한다.(b) 법관의 보수는 전체적인 공공경제적 수단의 밀접한 부분인 경우를 제외하고는 재직 중 감액될 수 없다.」[48]라고 규정하였다.

Syracuse 초안에서는, 역시 3개 항의 재정조항을 두고 있다. 「독립을 보장하기

1985, p. 382.

43) IBA Code of Minimum Standards of Judicial Independence, The Jerusalem Approved Standards as adopted in the Plenary Session of the 19th IBA Biennial Conference held on Fri. 22nd Oct. 1982, in New Delhi, India.(Shetreet, *id.* at pp. 388-392)

44) The Syracuse Draft Principles on the Independence of the Judiciary.(Shetreet, *id.* at pp. 414-421)

45) The Universal Declaration on the Independence of Justice, Unanimously adopted at the final plenary session of the First World Conference on the Independence of Justice held at Montreal(Québec, Canada) on June 10th, 1983.(Shetreet, *id.* at pp. 447-461)

46) IBA Code, Part A. cl. 13.「Court services should be adequately financed by the relevant government.」

47) IBA Code, Part A. cl. 14. 「Judicial salaries and pensions shall be adequate, and should regularly adjusted to account for price increases independently of Executive control.」

48) IBA Code, Part A. cl. 15. 「(a) The position of the judges, their independence, their security, and their adequate remuneration shall be secured by law. (b) Judicial salaries cannot be decreased during the judge's service except as a coherent part of an overall public economic measure.」

위하여, 사법부는 사법기능을 적절히 충족하기에 필요한 수단과 재원이 제공되어야 한다」[49] 「사법부의 예산은 사법부와 협력하여 권한있는 당국에 의해 수립되어야 한다. 할당된 총액은 각 법원으로 하여금 과도한 업무부담이 없이 기능할 수 있도록 충분하여야 한다. 사법부는 예산요구의 견적을 적절한 당국에 제출할 수 있어야 한다」[50] 「법관은 정기적으로 그들의 지위에 걸맞는 등급으로 그들의 직무에 대한 보상을 받아야 하며, 재직 중에는 감액되지 않아야 한다」[51]고 정하였다.

Universal Declaration에서는, 개별국가의 법관에 대하여 먼저, 「사법행정에 대한 주된 책임이 사법부에 귀속되어야 한다」고 정하고,[52] 「사법의 독립, 존엄성과 효율성, 법관 및 행정요원 등의 유지 등을 위한 적절한 물적 설비를 포함하여 적절한 사법행정을 위해 인정되는 적당한 재원과 운용예산을 국가가 제공하는 것은 우선시되는 최고의 질서이어야 한다」고 하고 있다.[53] 또한 사법부의 예산과 관련하여, 「법원의 예산은 사법부와 협력하여 권한있는 당국에 의해 수립되어야 한다. 사법부는 예산상 요구되는 세입세출예산을 적절한 당국에 제출할 수 있어야 한다」고 정하고 있다.[54]

6. 소 결

여러 나라들의 사례를 살펴보면, 예산안의 편성에 관하여 일차적으로는 행정부에 그 권한을 전속시키고 있다는 점은 예외가 거의 없다. 그러나 행정부가 예산안을

---

49) Syracuse Draft, Art. 24. 「To ensure its independence the judiciary should be provided with the means and resources necessary for the proper fulfillment of its judicial functions.」

50) Syracuse Draft, Art. 25. 「The budget of the judiciary should be established by the competent authority in collaboration with the judiciary. The amount alloted should be sufficient to enable each court to function without an excessive workload. The judiciary should be able to submit their estimate of their budgetary requirements to the appropriate authority.」

51) Syracuse Draft, Art. 26. 「Judge should receive, at regular intervals, remuneration for their services at a rate which is commensurate with their status, and not diminished during their continuance in office. After retirement they should receive a pension enabling them to live independently and in accordance with their status.」

52) Universal Declaration, 2.40. 「The main responsibility for court administration shall vest in the judiciary.」

53) Universal Declaration, 2.41. 「It shall be a priority of the highest order, for the state to provide adequate resources to allow for the due administration of justice, including physical facilities appropriate for the maintenance of judicial independence, dignity and efficiency, judicial and administrative personnel, and operating budgets.」

54) Universal Declaration, 2.42. 「The budget of the court shall be prepared by the competent authority in collaboration with the judiciary. The judiciary shall submit their estimate of the budget requirements to the appropriate authority.」

편성하고 이를 의회에 제출하는 단계에서 사법부의 예산을 어떻게 고려하는가 하는 점에서는 나라마다 적지 않은 차이를 보여주고 있다. 그 차이의 핵심은 사법부가 입법부를 직접 상대하는가(미국형) 아니면, 사법부가 행정부를 통하여 입법부를 상대하는가(영국형) 하는 점이다.[55)]

전자의 경우에는 행정부는 사법부의 예산에 대하여 별다른 간섭을 할 수 없고 사법부의 예산안에 대하여 입법부가 최종적으로 결정하는 유형이다. 독일의 경우에도 헌법재판소에 관한 한, 이 유형에 속한다. 후자의 경우에는 사법부의 예산이 전적으로 행정부에 의존하는 유형으로 사법부는 행정부를 통하여 간접적으로 입법부와 상대하게 되어 있다. 다만 이 두 유형이 어느 쪽이 더 나은 것인지는 나라마다 가진 상황에 따라 판단하기 쉽지 아니하다.[56)]

두 유형의 절충적 유형으로 일본을 들 수 있는데, 사법부가 행정부를 통하기는 하지만, 행정부와 사법부 사이에 이견이 있는 경우에 사법부의 예산요구안을 행정부의 예산안에 부기하여 입법부에 제출하는 유형이다. 이때 부기된 사법부의 예산요구안은 행정부의 예산안이 아니며 다만 참고자료에 불과하지만 최종적으로는 사법부의 의사에 대하여 입법부가 심사하는 결과가 된다. 하지만, 입법부와 행정부의 권력적 긴밀도에 따라 사법부의 예산이 정해진다는 점에서 사법부예산의 독립성이 확보되기 어려울 수도 있다고 판단된다.

오늘날에는 사법부의 예산의 독자성에 관하여 국제적으로 승인되는 경향이 있음을 알 수 있다. 특히 Syracuse 초안과 몬트리올 선언문에서 보듯이, 사법부의 예산은 사법부 스스로 편성하고 이를 관련당국에 제출하도록 하는 것이 사법부의 독립을 위하여 바람직한 것으로 평가되고 있다. 다만, 개별국가들이 가진 역사적 전통과 헌정의 경험에 따라 그 독립성을 확보하는 방법에 관해서는 일률적이지는 않다.

Ⅳ. 입 법 론

1. 헌법개정의 방법

현행헌법상 예산안편성권은 전적으로 정부에 귀속되어 있기 때문에, 사법부의 예산안편성권을 인정하기 위해서는 헌법개정을 통하여 근거규정을 두는 것이 가장 확실한 방법이다. 외국의 사례에 비추어 볼 때, 선진국의 경우, 사법부의 예산안편성

55) Cf. King, The Hon. Leonard, The IBA Standards on Judicial Independence: An Australian Perspective, in Shetreet, *id.* at p. 406.

56) King, *id.*

권을 직접 헌법에 규정한 나라는 거의 없지만, 이 나라들은 대부분 법률상 혹은 관행상 사법부의 예산안편성권이 실질적으로 보장되어 헌법에 사법부의 예산안편성권을 규정할 필요가 없었기 때문이다. 따라서 우리나라의 경우와 같이 사법부의 예산안편성권을 실질적으로 확보할 필요성이 인정되는 경우에는, 헌법개정을 통하여 사법부의 예산안편성권을 규정한다 하더라도 아무런 문제가 없다고 판단된다.

한편, 현행헌법은 예산안의 제출 및 의결에 대하여 국회 장에서 규정하고 있는데, 국가재정에 관한 한, 독립적인 장을 두어 규정하는 것이 바람직하다고 판단된다. 국가재정에 관해서는 애당초 1948년의 제헌헌법이 제7장에서 이를 규정하였으나,[57] 1962년 제3공화국헌법에서 이를 국회의 장으로 편입시켜 규정한 후 현행헌법에 이르기까지 그대로 수용되고 있다. 재정에 대하여 독자적 장을 두어 규율하기보다는 국회의 권한이라는 관점에서 규율하고 있는 것이다. 현대국가의 재정의 중요성을 감안한다면, 별도의 장으로 재정을 규정할 필요가 있다.

현행헌법을 개정하여 사법부의 예산안편성권을 규정한다면, 제54조 제2항 규정의[58] 단서조항으로 「단, 국회 · 대법원 · 헌법재판소 및 중앙선거관리위원회(와 법률이 정한 독립기관)의 예산안은 이를 수정하지 아니하고 정부의 예산안에 포함하여야 한다」는 규정을 둔다면, 이들 기관들의 예산의 독립성을 확보할 수 있을 것이다.[59) 60] 만약 새 헌법에서 별도의 재정의 장을 둔다면, 단서조항으로서가 아니라 별개조항으로 이 규정을 둘 수도 있을 것이다.

2. 법률개정의 방법

현행헌법을 개정하지 아니하고 사법부의 예산안편성권을 확보하는 방법은 사법부(및 국가재정법상의 독립기관들)의 예산요구안을 수정없이 그대로 정부의 예산안에 포함시키도록 하는 방법이다. 이것은 이 기관들에 관한 한 헌법상 규정된 정부의 예산안편성권을 형식화하여 실질적으로 이 기관들과 입법부가 직접 상대하여 각 기관들의 예산안을 심의 · 확정하도록 하는 방법이다. 헌법규범적인 관점에서 사법부를

57) 일본국헌법의 편제를 따른 것으로 판단된다.

58) 「정부는 회계연도마다 예산안을 편성하여 회계연도 개시 90일 전까지 국회에 제출하고, 국회는 회계연도 개시 30일 전까지 이를 의결하여야 한다.」

59) 여기서 괄호 안의 (와 법률이 정하는 독립기관)이라는 문구는 헌법상의 독립기관 이외에 법률에 의하여 독립기관을 창설할 여지를 남겨두고자 하는 것이다. 오늘날 3권과는 그 성격이 다른 독립적인 국가기관의 창설가능성이 점증하고 있고, 이러한 기관들의 효율적인 기능을 위해서는 예산상의 독립이 필수적이다.

60) 이러한 규정을 둔다 하여 행정부의 조정기능까지 부인하는 것은 아니다. 국가의 재정의 통일을 위하여 예산안의 조정가능성은 법률규정으로 둘 수 있되, 조정이 구속적인 효과를 가지는 것을 배제할 수 있다.

포함한 독립기관들의 실질적인 예산안편성권을 확보하는 방법은 두 가지가 있을 수 있다. 그 하나는, 정부가 예산안을 편성할 때, 관행적으로 이 기관들의 예산요구안을 그대로 정부의 예산안에 편입시켜 국회에 제출하는 것이다. 이른바 헌법적 관습의 형태로 예산안을 국회에 제출하는 것이다.[61] 다른 하나는, 법률로 이 기관들의 예산안편성권을 실질적으로 인정하는 방법이다. 즉, 이 기관들의 예산요구안에 대해서는 정부가 조정을 하되, 조정이 되지 않을 경우 수정없이 정부의 예산안에 편입하도록 법률로 명시하는 방법이다.[62] 헌법상 정해진 정부의 예산안편성권을 침해할 수 있다는 주장이 있을 수 있지만, 앞서 언급한 바와 같이, 권력분립의 실질화의 측면, 사법권력과 다른 두 권력 사이의 견제의 형평성의 측면, 그리고 사법정책결정의 독자성 등의 측면에서 사법부의 예산상 독립이, 사법부독립의 한 내포로서, 헌법상 요청되는 원칙으로 이해할 수 있고, 따라서 위헌이라 할 수 없다고 할 것이다.

Ⅴ. 결 론

국가의 사법기능을 효율적으로 수행하기 위해서는 인적 재원 및 물적 재원을 확보하는 것이 필수적이다. 이 인적 및 물적 재원은 직간접으로 행정부를 통하여 의회에 의해 제공된다. 그 기능을 수행하기 위한 재원을 확보하기 위하여 사법부가 외부에 의존하는 것은 독립적이고 공정한 사법집행을 위협할 가능성이 매우 크다. 지갑의 끈을 통제하는 자는 항상 그 지갑의 내용물에 의존하는 사람들의 행위에 영향을 미칠 가능성을 가지게 된다.[63] 우리나라의 경우에도 예산을 통하여 사법부를 통제하여 행정부에 종속시켰던 경험을 가지고 있다. 비록 사법부의 예산이 거의 대부분 사법부의 의도대로 확정된 예도 있지만, 정부 및 의회권력의 변동이나 성향에 상관없이 사법부가 독자적인 정책결정과 그를 위해 필요한 예산안편성을 담당할 수 있도록 하는 것이 요청된다.

사법부의 예산안편성권은 오늘날 이론상 다양한 근거에서 인정될 수 있다. 즉, 권력분립의 실질화의 측면, 사법권력과 다른 두 권력 사이의 견제의 형평성의 측면, 그리고 사법정책결정의 독자성의 측면 등에서 사법부의 물적 기초의 확립을 위한 독자적인 예산안편성권이 인정되어야 한다.

---

61) 우리나라의 경험상 기대하기 어렵다.

62) 헌법상 정부의 예산안편성권의 전속적 성격을 인정하면서 사법부 등에 예산안요구권을 인정하자는 주장과 궤를 같이 한다. 강현중, 위의 글, 13쪽; 사법제도발전위원회 연구실 편, 심의대상안건 검토자료 제1집, 56쪽 참조.

63) King, The Hon. Leonard, *id.* at p. 406.

외국의 경우, 나라마다 민주주의의 발전정도가 다르고, 역사적 전통과 헌정의 경험에 따라 예산의 독립성을 확보하는 방법에 관해서는 일률적이지는 않다. 크게 보아 사법부가 입법부를 직접 상대하는 미국형, 사법부가 행정부를 통하여 입법부를 간접적으로 상대하는 영국형, 그리고 절충적인 형태로 일본형을 들 수 있다.

오늘날에는 사법부의 예산의 독자성에 관하여는 국제적으로도 승인되고 있어서, 사법부의 예산은 사법부 스스로 편성하고 이를 관련당국에 제출하도록 하는 것이 사법부의 독립을 위하여 바람직한 것으로 평가되고 있다.

사법부의 예산안편성권을 인정하기 위해서는 현행헌법을 개정하여 명문으로 규정하는 것이 가장 확실한 방법이다. 현행헌법상 국회의 장에 규정되어 있는 예산안편성권에 관한 규정에 단서조항을 두거나, 재정에 관한 별도의 장을 두어 별개의 조항으로 하는 방법을 생각할 수 있다.

굳이 헌법을 개정하지 않더라도 헌법적 관습으로 사법부의 예산안편성권을 실질적으로 확보하는 방법이 있을 수 있지만, 우리나라의 경험상 기대하기 어렵고, 법률규정으로 사법부의 예산요구안을 수정없이 그대로 정부의 예산안에 포함시키도록 하는 방법이 있다. 권력분립의 실질화의 측면, 사법권력과 다른 두 권력 사이의 견제의 형평성의 측면, 그리고 사법정책결정의 독자성 등의 측면에서 위헌이라 할 수 없다고 할 것이다.

입법부와 행정부는 직접적으로 혹은 사법정책에 영향을 미치려는 의도로, 사법부의 판결에 영향을 미치기 위하여 사법부의 재정에 관한 권한을 이용하려는 유혹을 떨쳐버려야 할 것이며, 법관들은 예산이나 재원과 관련하여 더 나은 대접을 받기 위하여 입법부나 행정부를 만족시키려 애쓰는 어떠한 유혹에도 과감히 저항하여야 한다.[64)]

(사법발전재단 편, 사법 제7호, 2009, 71-104쪽)

64) King, The Hon. Leonard, *id*.

10. 한국에서의 배심제도입에 관한 헌법적 검토

Ⅰ. 서 론

1. 사법권의 기능변화와 국민의 사법참여

(1) 현대사회의 사법권의 기능변화와 국민주권주의

현대사회의 사법권은 Montesquieu가 말하는 「법의 말을 하는 입」이라거나 「일종의 확성기」로서 단순한 법적용작용에만 그치는 것은 아니다. 2차대전 후 일반화된 헌법재판제도의 확립은 사법권을 단순히 법률의 적용작용만이 아닌 적극적인 법창조기능까지도 요구하고 있는 것이 사실이다. 이는 현대의 입헌국가에서 근대국가의 구성원리인 권력분립의 원리를 실질화하여, 사법권력도 또한 다른 두 권력과 마찬가지로 실질적인 국가권력의 담당자로 지위가 변화하였음을 보여주는 것이다. 사법권력이 실질적인 국가권력의 담당자라는 말의 의미는 국가권력의 다른 두 축인 입법부와 행정부의 간섭을 받지 아니하고 독자적으로 권력을 행사하며 정치과정에서 입법권 및 행정권의 대등한 파트너로서의 지위를 갖는 것을 의미한다.[1] 권력분립원칙상의 견제와 균형의 원리는 사법부와 입법부 그리고 사법부와 행정부 사이에도 실질적으로 확립되어야 함을 말하는 것이다. 이는 또한 사법부도 정치과정에서의 한 주체로서 독자성을 가져야 함을 의미한다.

한편, 근대 이후의 국가구성원리는 국민주권주의를 그 기본이념으로 하고 있다. 따라서 국가권력을 담당하는 국가기관의 구성과 그 권한행사에 있어서도 국민주권주의는 중요한 핵심적 근거가 되어야 한다는 것은 당연한 일이다. 국민주권주의는 국가권력의 형성과정에서는 민주주의로 주로 나타나고, 형성된 국가권력의 권한행사 과정에서는 법치주의로 주로 나타난다. 물론 이 표현은 국가권력형성의 과정과 권한행사의 과정에서 각각 민주주의와 법치주의가 분리되어 적용된다는 것을 의미하는 것은 아니다. 권력형성과정도 헌법에서 정한 바에 따를 때에는 엄밀한 법치주의가

---

1) K. Löwenstein, *Political Power and the Governmental Process*, Chicago, Univ. of Chicago Press, 1957, p. 47.

적용되는 것이고, 권한행사과정 또한 민주주의 원리를 배제하는 것은 아니다. 그러한 의미에서 볼 때, 민주주의와 법치주의는 서로 모순되거나 충돌하는 원리라기보다는 상호 조화될 수 있는 원리로 이해함이 옳다. 일반적으로 볼 때, 입법부의 구성원은 국민의 선거를 통하여 구성되고, 행정부의 장은 국민투표를 거치거나, 선거를 통하여 구성된 입법부의 다수파에 의하여 결정되기 때문에 국민주권주의적 시각에서의 민주적 정당성이 확보되지만, 사법부는 그 구성원인 법관이 선거에 의하여 선출되기보다는 독자적인 임명방법을 통하여 임명되는 예가 많기 때문에 그 민주적 정당성이 취약한 것이 사실이다. 물론 국가에 따라서는 법관을 주민이 선출하거나, 대의기구를 통하여 임명하여 그 민주적 정당성을 확보하기도 한다. 사실 사법부의 구성상의 민주적 정당성 확보문제는 다른 두 부서의 민주적 정당성의 확보문제와는 성질을 달리 하는 측면도 있다. 즉, 법관이라는 지위는 규범으로서의 법을 적용하고 선언하는 지위이기 때문에 다른 부서보다도 그 전문성이 요청된다는 점이 그것이다. 이 법관의 전문성은 객관적 지배원리로서의 법치주의원리의 요청에 따른 것이다.[2] 따라서 사법부의 민주적 정당성확보의 문제는 이러한 사법부의 전문성원리를 고려하지 않고서는 쉽게 결론을 내리기 어려운 과제이다.

아울러 국민주권주의의 원리는 법관의 지위에 대한 인식상의 변화를 요청한다. 과거 프랑스나 독일과 같은 대륙법계 국가에서는 사법권력의 담당자인 법관은 수직적 지배질서의 상층부에서 국민 위에 군림하는 것이 일반적이었으나,[3] 오늘날의 법관은 법관 자신이 수평적 지배질서 속에서 평등한 국민의 한 사람으로서의 지위를 전제하고 있으며, 법관이라는 특수한 지위에서 규범공동체를 유지하고 법질서를 수호하는 지위에 있는 것이다. 간단히 말하면, 법관이라는 지위는 과거의 하향식 통치기능에서 오늘날 상향식의 규범공동체유지기능을 가지는 것이다. 법관의 이러한 지위는 과연 법관이 공동체규범의 수호자로서의 규범적 대표성을 가질 수 있는가라는 문제로 이어진다. 법관의 규범적 대표성의 문제는 수범자(Normadressat)인 일반국민의 규범인식과 직업법관의 규범인식이 어느 정도 일치하는가의 문제이다. 입법부가 국가정책결정을 위한 국민의 대표라고 한다면, 사법부는 규범공동체로서의 국가의

2) 정종섭 교수는 사법을 지배하는 헌법원리로서, 국민주권의 이념을 정점으로 하여 그 실현방식으로서 법치주의와 민주주의를 들고, 법치주의의 반영으로서 법에 의한 재판의 원리와 전문성의 원리를, 민주주의의 반영으로서 민주적 정당성의 원리를 지적하고 있다. 정종섭, 헌법연구 2, 박영사, 2001, 320쪽 이하, 특히 325쪽 참조.

3) 프랑스에서 19세기말 20세기 초에 있었던 드레퓌스 사건은 프랑스 혁명 후 100년이 경과한 후에도 사법부의 법관들이 여전히 사법귀족으로 남아 있었음을 보여주는 사례이다. 이는 권력분립원리를 설파한 Montesquieu조차도 사법권을 현실적인 세력에 뒷받침되지 않은 「無」인 권력으로 이해하였기 때문으로 생각된다.

규범적 대표성을 갖는 지위로 보아도 무방할 것이다. 민주국가의 한 요소로서 사법부의 독립을 말할 때에는 법관 자신이 단독으로 국가의 규범적 대표성을 가진다는 것을 전제로 한다.

아무튼 헌법원리로서의 국민주권주의가 사법권력의 차원에서 어떻게 구체화될 수 있는가 하는 문제는 오늘날 우리나라에서 빈번히 논의되고 있는 국민의 사법참여의 문제를 해결하기 위한 선행적 인식틀로서의 의미를 갖는다. 「… 모든 권력은 국민으로부터 나온다」고 정한 헌법규정(제1조 제2항 후단)은 사법권력에 대해서도 당연히 타당한 원리이기 때문이다.[4]

(2) 국민의 사법참여의 형태

국민주권주의의 원리로부터 사법권을 조망할 때, 국민의 사법참여는 매우 다양한 모습을 띠고 있다. 앞서 본 바와 같이 국가권력의 형성과정과 국가권력의 권한행사과정이라는 두 측면에서 국민의 참여의 문제를 접근하면, 사법부에 대한 국민의 참여는 사법권력을 형성하는 과정에서의 참여와 사법권력의 권한행사의 과정에서의 참여라는 두 가지의 큰 범주로 나뉠 수 있다. 전자는 사법부의 구성원을 충원하는 과정에서의 국민참여로 나타나고,[5] 후자는 가장 소극적인 형태로서 헌법상의 재판공개원칙에 따른 재판의 방청에서부터 가장 적극적인 형태로서 판결에 대한 참여에 이르기까지 넓은 스펙트럼으로 나타날 수 있다.[6] 방청석에서부터 직업법관의 옆자리인 배심원으로 참여하는 배심제, 그리고 직접 재판부의 일원으로서 재판부에 참여하는 참심제, 최종적으로는 국민이 그때그때 임시적으로 법관으로 행동하는 민중재판에 이르기까지의 넓은 스펙트럼 속에서 구체적으로 어떤 제도를 현실적으로 채택할 것인가가 정해질 수 있다. 구체적인 제도들을 살펴보면, 공개재판제도, 사법모니터링제도, 배심제도, 참심제도, 양형위원회제도, 기소절차에서의 국민참여제도, 판결전조사제도, 비소송적 분쟁해결제도, 비전임법관제도, 민중재판제도 등을 들 수 있다.[7] 이와 같은 다양한 제도들 중에서 어느 제도를 채택할 것인가는, 앞서 본 바와 같이, 법치주의에 기한 전문성과 민주주의에 기한 규범적 대표성을 고려하여 판단하여야 하겠지만, 제도의 채택단계에서 고려하여야 할 것은 각 제도에서의 의사결정들에 대하여 어느 정도의 법적 구속력을 인정할 것인가가 중요한 판단기준이 될 수 있고,

---

4) 정종섭, 앞의 글, 327쪽도 같은 뜻.

5) 이에는 법관선거제도, 법관선발위원회제도, 국민심사제도, 법관소환제도, 법관탄핵제도 등을 들 수 있다. 이 글의 논의에서는 제외한다.

6) 사법권력을 국가형벌권의 행사를 포함하여 넓게 이해한다면 재판전의 검찰 및 경찰권력의 행사과정에서의 국민의 참여도 논의되어야 하겠지만, 여기서는 생략한다.

7) 배심제도 이하 각 제도에 대한 상세한 설명은 정종섭, 앞의 글, 336쪽 이하 참조.

또한 이러한 법적 구속력이 현재의 법체계와 조화될 수 있는가를 고려하여야 한다.

이 글에서 논의하고자 하는 배심제도 또한 이념적 측면에서의 정당성 문제와 함께 헌법을 정점으로 하는 현재의 법체계와의 조화여부가 그 도입여부의 판단기준이 되어야 할 것이다.

2. 배심제의 기본적 의의와 유형

(1) 배심제의 의의와 기능

영국에서 시작되어[8] 오늘날 많은 나라에서 채택하고 있는 배심제도(jury system)는 비법률가인 일반인으로부터 무작위로 선정된 배심원들이 시민의 대표로서 국가의 재판권을 행사하는 것을 말한다.[9] 그 적용영역에 있어서 나라마다 차이는 있지만, 민사재판과 형사재판 모두에 채택하고 있는 국가가 많다.[10]

재판주체에 대한 국민의 참여는 순수한 민중재판에서부터 순수한 직업법관재판까지의 넓은 스펙트럼을 가질 수 있다. 그 중에서 배심제는 직업법관과 배심원이 각각의 역할을 맡아 재판과정에 참여하는 형태로서 일반 국민이 직접 재판부의 일원으로 참여하는 참심제와는 구별되는 제도이다. 즉 배심제는 법정에서 배심원과 직업법관이 공동으로 재판권을 행사하는 것이 아니라, 서로 독립된 기관으로서 각자의 기능과 역할에 부여된 권한을 행사한다.[11] 그러면서도 재판의 최종적 결과는 직업법관의 이름으로 행해진다는 점에서 참심제와 구별되는 것이다. 순수한 직업법관재판제도의 경우에는 사실판단에서부터 법률판단 그리고 최종적 결론인 양형결정에 이르기까지 모두 직업법관이 수행하므로, 전체 재판에 대하여 직업법관 자신이 단독으로 심리적 부담을 져야 하지만, 배심제에서는 재판과정 중의 일부분을 배심원이 분담하게 되므로 상대적으로 법관의 심리적 부담이 줄어들 수 있다.

오늘날 배심제는 민주주의적 가치들을 사법절차에 주입시키는 수단이자 평범한 지혜의 작은 결정체로서, 사법권력에 맞서는 보호자이자 국민에게 법을 교육해주는

---

8) 배심제의 역사적 근원은 8세기로 거슬러 올라간다. 프랑크왕국의 카롤링거 왕조의 2대 왕이었던 샤를마뉴 대제 때에 배심제도가 있었고, 12세기에 노르만 족에 의하여 영국에 이식되었다. 초기의 배심원들은 범죄증언 및 증거제출의 책임이 있었으나, 14세기에 와서 오늘날과 같은 형태로 정비되었다. Jury, in West's Encyclopedia of American Law, v. 6, West Group, p. 301 ff.; Leonard W. Levy, *The Palladium of Justice: Origins of Trial by Jury*, Chicago, Ivan R. Dee, 1999 등 참조.

9) 정종섭, 앞의 글, 340쪽.

10) 세계의 다양한 배심제도에 대해서는, Neil Vidmar(ed.), *World Jury Systems*, New York, Oxford Univ. Press, 2000 이 상세하다. 이 책은 우리나라 법원의 연구진들에 의하여 번역작업 중에 있으며 그 초고가 완성되어 있다.

11) 정종섭, 앞의 글, 341쪽 참조.

제도로서, 그리고 법률에 정당성을 부여하는 제도로서 찬양되고 있다.[12] 물론 배심제에 대한 비판적 견해도 없지 않아서, 고비용-저효율의 문제, 배심원들의 편견·무지로 인한 평결의 무책임성, 배심원에 대한 매수·협박의 위험성 등을 이유로 배심제를 폄하하기도 하지만, 적어도 배심제 자체를 폐지하자는 주장은 거의 없으며, 대부분 개선주장만이 존재하고 있다.[13]

아무튼 배심제는 규범공동체의 유지와 공동체적 가치의 반영을 위한 제도로서, 사법과정의 민주성을 확보하고, 법관의 관료화를 억제하며, 인권보장에 기여할 뿐만 아니라 국민에게 친숙한 재판이 되게 하는 데에 유효한 제도로 평가되고 있고,[14] 미국의 경우, 배심제의 기능에 대하여 대의제정부에서의 공직자들에 대한 견제기능, 부당한 기소에 대한 견제기능, 권력의 부패에 대한 견제기능, 법관의 고립화방지와 자질향상기능, 형사사건에서의 견제와 균형기능, 민사사건에서의 견제기능 등이 지적되고 있다.[15]

(2) 배심제의 유형화

배심제 하에서 배심원들이 어느 정도의 권한을 독자적으로 갖게 하느냐에 따라 배심제는 다양하게 분류할 수 있고,[16] 세계의 여러 나라에서 다양한 형태로 제도화되어 있다. 배심제가 국가마다 다른 형태로 제도화되고 있는 것은 배심제를 포함한 사법제도가 개별국가의 역사와 사회를 반영하고 있기 때문이다.[17] 배심제는 공개재판의 방청인보다는 재판에 대한 참여의 정도가 훨씬 크고, 참심제보다는 그 참여의 정도가 훨씬 작다고 할 수 있다. 따라서 그 참여의 정도가 어느 정도인가에 따라 제도의 차별성이 정해진다고 할 수 있다. 미국의 경우, 배심재판에서의 직업법관은 처음부터 끝까지 재판을 주재하고, 재판 전의 신청(motions)을 결정하며, 증거개시절차(discovery)의 범위를 결정하고, 재판일정을 정하며, 재판 중의 구두신청을 결정하고, 재판의 참여자와 재판의 속도를 통제하며, 배심원들에게 법률을 조언하고, 최종적으로 유죄의 피고인에게 형을 선고하는 역할을 한다. 이러한 재판과정은 사실판단과

---

12) N. Vidmar, supra n.10, p. 2 참조.
13) N. Vidmar, *ibid.*, p. 11 참조.
14) 권영성, 헌법학원론, 법문사, 2004, 841쪽 참조.
15) Cf. Randolph N. Jonakait, *The American Jury System*, New Haven, Yale Univ. Press, 2003, pp. 24-40.
16) 배심제는 배심원들의 임무에 따라 심리배심(petit jury: 공판배심, 소배심)과 기소배심(grand jury: 대배심)으로 나눌 수 있고, 의무적인가의 여부에 따라 법정배심과 청구배심으로 나눌 수도 있다.
17) R. N. Jonakait, *ibid.*, p. 84. Jonakait는 다른 나라에서보다 미국에서 배심제가 더 강한 것은 지역공동체규범에 대한 신뢰와 정부공직자들에 대한 불신 때문이라고 하고 있다.

법률판단 그리고 최종적인 양형판단으로 이루어져 있다. 이 과정에서 배심원은 사실에 관한 판단을 하는 것으로 이해되어 있다.[18] 즉 배심원은 사실을 결정하고 법관은 법률을 적용한다는 것이다. 그러나 이러한 이해는 배심제를 과도하게 단순화시키는 것이다. 배심원들이 행하는 사실에 관한 판단은 말 그대로 사실(facts)의 단순한 존부 여부만이 아니다. 법률이 정하는 어떤 개념이 있을 때, 특정한 사실이 그러한 개념에 포함되는가의 여부(포섭, subsumption)는 사실판단이라기보다는 법률판단이기 때문이다.[19] 그러므로 배심원이 단순히 사실문제만을 판단하고 법관이 법률문제를 판단하는 것으로 배심원의 역할을 이해하는 것은 적절하지 아니하다.

오히려 배심제에 있어서 중요한 것은 배심원이 재판에 관여하는 정도와 그 관여하는 영역에서 배심원이 내리는 결정에 대하여 법관이 어느 정도의 기속력을 갖는가이다. 먼저 배심원이 재판에 관여하는 정도에 따라 분류하면, 사실관계를 포함하여 유무죄판단을 행하는 경우와, 유무죄판단과 함께 양형판단까지 행하는 경우로 나눌 수 있다. 일반적으로 배심원은 유무죄판단만을 행한다. 다만, 미국의 경우, 사형(capital punishment)을 허용하는 대부분의 주에서는 유죄인정된 피고인을 사형에 처할 것인지의 여부를 배심원이 결정하도록 되어 있고, 다섯 개의 주에서는[20] 사형에 해당하지 않는 유죄피고인에 대한 형을 결정하도록 요구된다. 이 외의 다른 주에서는 처벌은 법관에 의하여 결정된다.[21] 덴마크의 경우에도 배심원이 양형에 관여할 수 있다.[22] 배심원이 양형판단을 하고 그것이 기속적인 경우에도 법관은 소송진행 및 법률의 조언 그리고 형의 선고 등의 권한을 갖는다.

---

18) 우리나라의 경우에도 배심원은 사실심을, 법관은 법률심을 담당하는 것으로 일반적으로 서술되고 있다. 김철수, 헌법학개론, 박영사, 2004, 882쪽; 권영성, 앞의 책, 841쪽; 성낙인, 헌법학, 법문사, 2004, 537쪽 등 참조.

19) 예를 들면, 과실에 의한 불법행위의 유죄여부와 관련하여, 제한속도 아래로 달리던 차량이 안개가 가득히 끼고 극심한 교통체증이 있는 상태에서 사고를 냈을 때, 피고인이 과실이 있다고 할 것인가에 관하여, 배심원은 판단해야할 일은 피고인이 그러한 특수한 상황 하에서 합리적인 사람의 주의의 기준에 합당한가의 여부를 결정하는 것이다. 이때 배심원은 특정한 사실이 있었는가의 문제만을 결정하는 것이 아니라 그 사실에 대한 법률적 평가까지도 다루게 된다. 이때 배심원은 주어진 상황 하에서의 적정한 주의의 기준을 정하여야 한다. 이것은 법률과 사실을 혼합한 문제를 다룬다고 하거나, 특정한 사실에 법적 기준을 적용한다고 할 수 있다. 이 사례는 민사배심의 사례이나 형사사건의 경우에도 유사한 예는 적지 않다. Cf. R. N. Jonakait, supra n.15, p. 64 ff. esp. p. 67.

20) Missouri, Arkansas, Kentucky, Virginia, Texas 등.

21) N. Vidmar, supra n.10, p. 31. 호주나 캐나다에서는 구속력은 없으나 법관의 선고형에 대하여 감형을 요청할 수 있다. N. Vidmar, *ibid.*. 또 p. 98도 참조.

22) 덴마크에서의 양형평의는 직업법관과 배심원들이 공동으로 행한다. 따라서 그 결과는 당연히 구속적이다. 日本國 最高裁判所事務總局 刑事局 編, 陪審·參審制度 Denmark編 참조(우리나라 법원의 연구반이 번역한 자료가 있다(미공간자료). 동 자료 107쪽 참조).

다음으로 배심원이 내리는 결정에 대한 직업법관의 기속력에 따라 분류하면, 첫째, 직업법관이 배심원의 결정에 엄격히 구속되어 전혀 번복할 수 없는 경우(엄격기속형), 둘째, 원칙적으로 배심원의 결정에 구속되지만, 예외적인 경우에 이를 번복할 수 있는 경우(원칙적 기속형), 셋째, 배심원의 결정을 단순히 참고적 견해로만 고려하는 경우(단순참고형)로 구분할 수 있을 것이다. 첫째의 엄격구속형의 경우는 유무죄 판단 및 양형판단까지 배심원이 행하는 경우에는 엄격구속형으로 이해될 수 있다(미국형사배심에서의 특별한 경우, 덴마크). 그리고 무죄의 평결이 있는 경우에는 법관을 구속하는 것이 일반적이다. 다음으로 원칙적 구속형은 무죄의 평결이 있는 경우에 일반적으로 법관이 기속되지만, 유죄의 평결이 있을 때 법관이 이를 번복할 수 있는 경우와(미국형사배심의 일반적인 경우, 러시아, 호주), 무죄의 평결이 있는 경우 예외적으로 검사가 항소하여 재심결정이 나는 경우(캐나다; 이때에도 법관은 배심결정에 구속된다)가 있다. 단순참고형은 현재 이를 채택한 나라가 보이지 않는다.[23]

Ⅱ. 한국헌법상 배심제의 헌법적 허용성

1. 배심제 도입에 관한 논의의 현상

1987년 6·10 민주화 항쟁 이후 정치분야의 커다란 변화와 혁신과 함께 우리나라의 사법분야의 개혁에 관한 논의도 지속적으로 이어졌다. 문민정부 시절부터 적극적으로 표명되기 시작한 사법개혁의 논의는 그동안 우리나라의 사법제도를 상당한 정도로 변화시키는 데에 기여하였고, 새로운 정권이 등장할 때마다 미완으로 남아 있던 사법개혁의 과제들에 대하여 적극적인 검토와 제도화의 노력이 이어졌다. 그러나 개혁의 추진주체의 문제에 관한 의견대립 등으로 말미암아 개혁과제 자체에 대한 논의는 제대로 행해지지 못하는 경우가 많았고, 상당수의 개혁과제들은 새로운 추진동력이 나타날 때까지 그 실현을 미루어야 하는 상황을 겪어야 하였다. 국민의 사법참여의 일환으로서의 배심제의 문제에 대해서도 논의의 초기단계에는 극단적인 반대의 시각이 강했으나, 점차적으로 논의의 심도를 더해가면서,[24] 제도에 대한 이해의

23) 일본의 재판원제도의 도입여부에 관한 논의에서 일본최고재판소의 입장은 「구속력이 없는 배심제, 평결권이 없는 참심제를 생각할 수 있다」고 하는 것이었는데, 이러한 제도가 단순참고형이라고 할 수 있다. 四宮 啓, 일본의 새로운 국민참여제도(재판원제도)의 도입에 대하여, 사법개혁위원회·공법학회 공동주최, 『국민의 사법참여』 공청회 자료집, 2004. 3. 22., 164쪽 참조.

24) 90년대 후반부터의 배심제에 관하여 논한 글은 매우 많다. 구체적인 논문들의 목록은, 이종수, 시민의 사법참여에 관한 헌법적 검토 배심제도 내지 참심제도의 도입에 관한 논의를 중심으로, 법과사회이론학회 편, 법과 사회 제25호(2003년 하반기) 수록논문, 17쪽 하단 주15)에 소개된 글과, 한인섭, 국민의 사법참여 - 그 구체적 실현방안, 사법개혁위원회·공법학회 공동주최, 『국

폭을 확대하고 구체적인 실현방법을 논의하는 상황에까지 이르렀다. 특히 2004년 하반기에 출범한 「사법개혁위원회」는 그동안 축적된 논의를 정리하고 그간 미완의 과제로 남아 있던 사법개혁에 관한 많은 주제들을 적극적으로 검토하고 이를 구체화하기 위한 작업을 주체적으로 행해왔다. 이러한 작업은 과거의 사법개혁논의와는 달리 「사법개혁위원회」가 법실무계와 학계, 시민단체는 물론 행정부와 국회, 언론계, 경제계, 노동계, 여성계 등을 망라하여 구성되어 있어서 명실공히 국민의 여론을 통합하여 수렴할 수 있게 됨으로써 더욱 강력한 추진력을 가지게 된 것으로 판단된다.

현 단계에서 배심제의 도입 여부와 관한 논의는 더 이상 나올 수 없을 만큼 풍부하게 개진되어 있다. 그중에서도 특히 국민의 사법참여라는 안건을 다루고 있는 「사법개혁위원회」의 비교법적 연구와 공청회에서의 논의결과는 국내에서의 어떤 연구결과보다도 풍부한 자료를 담고 있다. 여기서는 이들 자료들을 토대로 하여 우리나라에서의 배심제도입의 헌법적합성문제를 재구성해보고자 한다.

2. 현행헌법상의 사법권 규정

우리나라의 현행헌법에는 배심제나 참심제를 직접 규정하고 있는 명문규정은 존재하지 않는다. 그러한 까닭에 국민의 사법참여의 일환으로서의 배심제 혹은 참심제의 도입문제가 제기될 경우 현행헌법상의 사법권 관련규정들과의 적합성이 논란이 되고 있다. 관련 사법권규정들을 보면 다음과 같다.

제27조 제1항: 「모든 국민은 헌법과 법률이 정한 법관에 의하여 법률에 의한 재판을 받을 권리를 가진다.」

제101조 제1항: 「사법권은 법관으로 구성된 법원에 속한다.」

제3항: 「법관의 자격은 법률로 정한다.」

제102조 제3항: 「대법원과 각급법원의 조직은 법률로 정한다.」

제103조: 「법관은 헌법과 법률에 의하여 양심에 따라 독립하여 심판한다.」

제104조 제3항: 「대법원장과 대법관이 아닌 법관은 대법관회의의 동의를 얻어 대법원장이 임명한다.」

제105조 제3항: 「대법원장과 대법관이 아닌 법관의 임기는 10년으로 하며, 연임할 수 있다.」

제106조 제1항: 「법관은 탄핵 또는 금고 이상의 형의 선고에 의하지 아니하고는 파면되지 아니하며, 징계처분에 의하지 아니하고는 정직·감봉 기타 불리한 처분을 받지 아니한다.」

민의 사법참여』 공청회 자료집, 2004. 3. 22., 123쪽 하단 주 1)에 소개된 글 참조.

제2항: 「법관이 중대한 심신상의 장해로 직무를 수행할 수 없을 때에는 법률이 정하는 바에 의하여 퇴직하게 할 수 있다.」

3. 견해의 정리

(1) 세 가지의 견해

현재 배심제의 도입에 관한 각각의 견해는 세 가지로 분류할 수 있다. 그 첫째는, 위헌론이다. 가장 핵심적인 이유는 우리 헌법상 명문규정이 없고, 배심제가 헌법 제27조 제1항이 정하는 「헌법과 법률에 정한 법관」에 포함될 수 없다는 점이다. 둘째는, 합헌론이다. 이 견해는 그 내용에 따라 다시 두 가지로 나뉜다. 그 하나는, 배심제는 사실문제에 관한 판단만을 행하고 법률문제에는 관여하지 않기 때문에 합헌이라는 견해(사실심 · 법률심 준별론)와, 헌법해석상 제27조 제1항에는 배심제가 포함될 수 있고, 또한 법원조직법의 근거조항인 제101조 제3항에 따라 법원조직법의 개정만으로도 배심제가 도입될 수 있다는 주장이다. 셋째는, 제한적 합헌론이다. 이 견해는 제27조 제1항의 규정을 탄력적으로 해석하여, 재판부에 법관이 참여하여 이를 주도적으로 이끄는 경우에는 배심원에 의한 재판을 법관에 의한 재판으로 해석하고자 하는 견해이다. 이들 각각의 견해들은 사법에 있어서의 국민주권주의의 실현과 그를 통한 사법의 민주적 정당성의 확보, 사법의 관료화와 폐쇄성을 억제하기 위한 제도의 모색, 인권보장을 위한 사법참여제도의 도입, 국민의 사법에 대한 친숙성을 제고하기 위한 제도의 도입 등의 총론적 입장에서는 별다른 차이를 보이고 있지 아니하다. 다만 각론적 입장에서 배심제를 도입하는 것이 헌법적합성을 갖는가의 문제에 관해서는 서로 다르게 나타나고 있다.

한편 이들 견해 중, 합헌론 중의 사실심 · 법률심 준별론은 거의 대부분의 견해에서 배척되고 있으므로,[25] 이 견해는 제외하고 각 견해들 사이에서 쟁점이 되는 사항들을 다음 항에서 살펴본다.

(2) 쟁점별 차이점

1) 헌법해서방법론이 차이점: 문언주의(textualism) 대 비문언주의(non-textualism)

먼저, 위헌론과 합헌론 사이에 존재하는 헌법해석상의 커다란 시각 차이를 지적할 필요가 있다. 뒤에서 언급하는 바와 같이, 위헌론과 합헌론 사이의 가장 큰 쟁점

---

25) 앞(주 19)에서도 본 바와 같이 사실심과 법률심을 준별하는 것은 모든 법적 분쟁에서 사실사항과 법률사항이 명확히 구분될 수 있는 것은 아니라는 점에서 문제가 있다. 대부분의 우리나라 헌법학 교과서에서는 아무런 근거도 없이 사실심 · 법률심을 준별하여 배심제와 참심제의 합헌성을 논하고 있지만, 이는 적절하지 않다.

은 제27조 제1항에 대한 해석상의 차이인데, 위헌론은 제27조 제1항에서 정하는 「법관」의 개념을 문언 그대로 해석하여 다른 헌법규정 특히 제105조(임기규정) 및 제106조(신분보장규정)에서 정한 「법관」의 개념과 동일시하고, 따라서 배심원이 「법관」의 개념에 포함될 수 없다고 주장한다. 이러한 헌법해석방법은 미국연방대법원의 헌법해석방법론 상의 문언주의(textualism)적[26] 해석방법론과 크게 다르지 아니하다. 아울러 합헌론의 입장은 헌법규정상「법관」이라는 동일한 문언이라 하더라도 헌법해석상 헌법의 광범위성, 개방성, 추상성을 고려하고, 또 역사적 · 사회적 변화를 수용하여 헌법의 개별규정을 다르게 해석할 수 있다고 본다. 이 또한 미국연방대법원의 헌법해석방법론에 관한 비문언주의(non-textualism)의 입장과 크게 다르지 아니하다. 헌법해석에 관한 이러한 상이한 입장은 주장자의 개인적 성향, 사회관, 세계관, 현실인식상의 차이 등에서 유래하는 것으로 어느 입장이 타당하다고 결론내리기는 쉽지 않다.

2) 헌법제정자의 의사

다음으로, 위헌론과 합헌론의 주장자 사이에는 우리나라 헌법의 제정 당시에 배심제의 도입에 관한 헌법제정자의 의사가 있었는가의 여부에 관하여 약간의 견해차이가 있다. 명확한 근거를 제시하지는 않았으나, 배심제가 헌법제정 당시부터 예정되지 않았던 제도라는 견해가 있다.[27] 이에 대해 우리 제헌헌법입법자의 의사는 배심제 등 국민사법참여제도는 향후 법원조직법이나 소송법에서 그 채택 여부를 정하기로 하는 것으로 충분하므로 헌법에서 직접 이 논점을 다루지 않아도 된다고 본 것으로 이해하는 견해가 있다.[28]

---

26) 문언주의(textualism)는, 헌법적 문제를 해결하고자 하는 법관은 가능한 한, 가장 먼저 헌법문언 자체에 의거하여야 한다는 것을 의미한다. 원전주의(originalism), 해석주의(interpretivism)라고도 한다. 이에 대해, 비문언주의(non-textualism)는 헌법규정의 의미를 정함에 있어서 법원은 헌법문언이나 제정자가 인식되지 못했던 의미내용을 인정하여 헌법규정을 적극적으로 해석하여야 한다는 입장이다. 비원전주의(non-originalism), 비해석주의(non-interpretivism)라고도 불린다. 미국연방대법원의 헌법해석론에 관해서는 많은 문헌들이 있으나, 개괄적 해설로는 Leonard W. Levy/Kenneth L. Karst(ed.), *Encyclopedia of the American Constitution*(2nd ed.), New York, Macmillan, 2000에 수록된 각 항목들을 참조할 것.

27) 권영설, 국민의 사법참여제도와 헌법-배심제 · 참심제의 헌법적합성을 중심으로-, 사법개혁위원회 · 공법학회 공동주최, 『국민의 사법참여』공청회 자료집, 2004. 3. 22., 29쪽(이 글은 법과사회이론학회 편, 법과 사회, 제26호(2004년 상반기)에 재수록되었다).

28) 김상준, 국민의 사법참여의 헌법적합성, 사법개혁위원회 · 공법학회 공동주최, 『국민의 사법참여』 공청회 자료집, 2004. 3. 22., 79쪽. 이 문제에 관해서는, 문준영, 해방공간, 사법민주화논의의 전개와 좌절 - 배심제와 고위법관선출제를 중심으로 -, 민주주의법학연구회 편, 민주법학, 통권 21호, 2002. 2., 141쪽 이하 참조.

3) 헌법 제27조 제1항에서 정한「헌법과 법률이 정한 법관」의 의미

우히 헌법상 배심제도입의 합헌여부에서 가장 중요한 핵심쟁점은, 헌법 제27조 제1항에서 정한「헌법과 법률이 정한 법관」의 의미가 무엇이냐의 문제이다.

먼저 위헌론의 입장에서는, 제27조 제1항에서의「법관」은 전문법관 내지 직업법관을 의미한다고 본다.[29] 그리고 비록 제27조 제1항에서의「법관」을 넓게 해석하여 '사법권을 행사하는 법관'으로 해석한다 하더라도, 헌법 제105조 제3항의 임기제·연임제 규정과 제106조 제1항과 제2항의 신분보장 규정이 배심원에게 적용된다고 보기 어려우므로, 배심원은 동 규정에서의「법관」으로 볼 수 없다고 본다.[30] 또한 동 규정의 제정사를 볼 때, 1948년의 헌법에서는 '법률이 정하는 법관'이라고 하였던 것을 1962년 헌법에서 '헌법과 법률이 정하는 법관'으로 개정하였고, 이는 사법부의 독립을 강조하고 그 독립된 사법부에 의한 재판을 강조하기 위한 것이었으며, 전문법관이 아닌 자의 재판관여를 배제하려는 의도이었다고 생각되고, 1987년의 헌법개정 시에도 이러한 헌법제정자의 의사는 그대로 유지되었기 때문에, 동 조항에서의「법관」은 전문법관 내지 직업법관을 의미한다고 본다.[31]

다음으로 합헌론은 제27조 제1항에서의「법관」은 전문법관 내지 직업법관만을 의미하는 것이 아니라 '국가의 사법권을 행사하는 법관'을 의미한다고 보거나,[32] 전문법관 내지 직업법관으로 보더라도 배심제에서의 직업법관의 기능과 역할, 권한 등의 형태나 모델에 따라 직업법관에 의한 재판을 받을 권리를 침해한다고 볼 수 없다고 한다.[33] 전자의 입장에서는 헌법 제105조나 제106조의 규정은 재판의 독립 내지 법관의 독립성을 보장하기 위한 규정이지 그 규정들만으로 '헌법에 정한 법관'을 국한할 수 없으며, '헌법이 정한 법관'이라는 문구를 곧바로 '직업법관만에 의한 재판

29) 권영설, 위의 글, 37쪽; 장석조, 위 공청회 토론문, 위 자료집, 108쪽; 홍기태, 법과사회이론학회 주최,『국민에 의한 재판 - 한국에서의 참심·배심의 가능성』학술대회(2003. 11. 8.)에서의 토론문(동 학회 편, 법과 사회, 제25호(2003년 하반기) 수록, 97쪽) 등 참조.

30) 권영설, 위의 글, 37-38쪽; 장석조, 위의 글, 108쪽.

31) 홍기태, 위의 글, 97-98쪽 참조.

32) 이종수, 시민의 사법참여에 관한 헌법적 검토, 법과사회이론학회 주최,『국민에 의한 재판-한국에서의 참심·배심의 가능성』학술대회(2003. 11. 8.) 발표문(동 학회 편, 법과 사회, 제25호(2003년 하반기) 수록, 26쪽); 황성기, 한국에서의 참심제·배심제의 헌법적합성, 사법개혁위원회·공법학회 공동주최,『국민의 사법참여』공청회 자료집, 2004. 3. 22., 57쪽 이하(이 글은 법과사회이론학회 편, 법과 사회, 제26호(2004년 상반기)에 재수록되었다).

33) 황성기, 위의 글, 61쪽. 이 입장은, 헌법 제27조 제1항에서 정한「헌법과 법률이 정한 법관」에 대한 문언해석만으로 배심제를 배제하였다는 주장은 개념법학적 형식논리에 불과하고, 배심제도는 반드시 헌법에 정해야할 사항이라고 볼 논리필연적 근거는 없다는 입장에서, 헌법과 법률에 의한 법관이 배제되는 것이 아니라면 그 법관의 의사결정과정에 공정한 배심원이 협조하여 참여하는 것은 일종의 조직법적, 절차법적 규율로도 충분하다고 하는 입장과도 통한다. 김상준, 앞의 글, 80쪽 이하.

을 받을 권리'로 해석하는 것은 헌법의 개방성, 재판의 독립 내지 법관의 독립성의 기본취지에 비추어 적절치 못하며, 오히려 '헌법과 법률이 정한 법관에 의한 재판을 받을 권리'는 '직업법관이 아닌 자에 의한 재판을 받지 아니할 권리'로 이해한다.[34)]

제한적 합헌론의 입장에서는 헌법 제27조 제1항에서 정한 「헌법과 법률이 정한 법관」을 제101조 내지 제106조의 법관과 동일한 의미로 이해하여 전문법관 내지 직업법관으로 이해하더라도, 배심제의 긍정적 요소를 감안하여 탄력적 해석을 할 것을 주장한다. 그리하여 동 조항의 의미는 '오로지 법관만에 의한 재판'을 말하는 것이 아니고 '당해 재판부에 법관이 참여하여 이를 주도적으로 이끄는 경우까지 포함될 수 있다고 해석한다.[35)]

4) 헌법 제110조(군사법원) 규정의 해석

현행헌법은 전문법관 아닌 자에 의한 재판관여의 경우로 제110조에서 군사법원을 규정하고 있는데, 배심제를 도입할 경우 헌법의 근거규정 없이 도입하는 것이므로 이를 합헌이라고 볼 것인가에 관하여, 위헌설에서는 앞의 헌법 제27조의 해석과 마찬가지로 헌법 제105조 제3항 및 제106조 제1항·제2항의 규정에 비추어 허용되지 아니한다고 봄이 타당하다고 한다.[36)]

5) 법원의 구성에 관한 헌법 제101조 위반 여부

헌법 제101조 제1항은 사법권의 귀속주체를 '법관으로 구성된 법원'으로 정하고 있으므로, 배심제가 이 규정에 위반되는가가 문제될 수 있으나, 합헌설은 제27조의 「법관」을 직업법관으로 이해하든, '사법권을 행사하는 법관'으로 이해하든 문제되지 아니한다고 한다. 왜냐하면 법률해석과 법률문제에 관한 판단이 최종적으로 직업법관에 귀속되어야 한다고 본다면 배심제의 도입이 동 조항을 위반하는 것이 아니기 때문이라고 한다.[37)]

6) 법관의 독립성(제103조) 침해 여부

배심제가 법관의 독립성과 충돌하느냐의 문제에 있어서는, 재판의 독립의 본래 취지가 다른 국가권력 특히 입법권과 집행권으로부터의 독립에 대한 요청에서 비롯된 것인 점, 배심제가 재판결과에 영향을 미치지만 이는 재판부구성원리로 이해하여야 할 것이지 법관의 자유로운 판단작용을 구속하는 것은 아닌 점 등에서 법관의 독

34) 황성기, 위의 글, 60쪽.
35) 김승대, 사법개혁위원회·공법학회 공동주최, 『국민의 사법참여』 공청회 지정토론문, 동 자료집, 99쪽.
36) 권영설, 앞의 글, 40쪽; 장석조, 앞의 글, 109쪽.
37) 황성기, 앞의 글, 63쪽.

립성을 침해한다고 볼 수 없다는 데에 견해가 일치한다.[38)]

7) 피고인의 선택에 의한 배심제의 합헌성 여부

위헌론 중에는, 피고인의 선택에 의한 배심제는 위헌성을 완화할 수 있다는 견해가 있다.[39)] 이에 대해 절차진행 중 검사 및 피해자가 이의를 제기하거나 판결선고 후 피고인이 상소를 하면서 위헌성을 주장하는 경우 위헌성이 완전히 제거된다고 보기 어렵다는 반론이 있다.[40)]

8) 항소심재판부를 직업법관으로만 구성함을 전제로 한 배심제의 합헌성 여부

제1심에서 배심제를 채택하고 항소심 재판에서 직업법관만으로 구성된 재판부가 담당하면 위헌성이 제거된다는 견해에 대하여, 배심원이 관여한 재판이 하나의 독립한 심급을 이룬다면 헌법 제101조 제1항에 위배되어 위헌성이 제거되기 어렵고, 법원재판의 전심으로 배심제를 두더라도 행정심판에 관하여 명문의 규정을 두고 있는 헌법 제107조 제3항에 비추어 허용될 수 있을지 의문이라는 견해가 있다.[41)]

4. 소결 - 헌법적합성판단의 경계지점

우리나라에 배심제가 도입되었을 경우 합헌성여부에 관한 판단의 기준으로서 앞서 본 바와 같이 다양한 헌법적 논점들이 제기되고 있다. 각 논점들에 대해서는 헌법해석에 있어서의 엄격문언주의와 비문언주의의 기본입장의 차이에서부터 시작하여 구체적인 각론적 문제에 이르기까지 합헌과 위헌의 주장이 이어지고 있는 바, 간단히 요약하면,

위헌론은, 헌법문언을 엄격히 해석할 때, 헌법 제27조 제1항이 말하는 '헌법과 법률이 정한 법관'의 개념에 배심원이 포함되지 않으며 따라서 배심제는 채택할 수 없다. 그 근거는, 우리 헌법의 헌법제정자의 의사가 예정하지 않았다는 점, 근거규정이 없고, 헌법 제105조 제3항 및 제106조 제1항, 제2항 규정과 배심제가 서로 합치하지 않는 점, 특별법원인 군사법원과 같이 헌법적 근거가 있어야 하는데 비전문법관의 헌법적 근거가 없다는 점 등이다.

합헌론은, 헌법규정을 개방적으로 해석하면, 헌법 제27조 제1항에서 말하는 '헌법과 법률이 정한 법관'의 개념에 배심원이 포함될 수 있고, 따라서 배심제는 채택할 수 있다. 그 근거는, 우리 헌법의 헌법제정자의 의사는 배심제를 둘 것을 예정하

38) 권영설, 앞의 글, 43쪽; 황성기, 앞의 글, 64-65쪽.
39) 권영설, 앞의 글, 47쪽.
40) 장석조, 앞의 글, 114-115쪽.
41) 장석조, 앞의 글, 115쪽.

였다고 볼 수 있고, 헌법 헌법 제27조의 법관과 제105조 제1항과 제106조 제1항, 제2항의 법관을 이원적으로 해석하여 서로 달리 해석할 수 있으며, 또한 제105조와 제106조는 재판의 독립에 관한 규정이지 그로부터 직접 배심제를 배제한다고 볼 수 없다는 점등이다.

한편, 이러한 논점들과 함께 배심원의 결정에 대한 법관의 기속력이 위헌여부의 한 기준이 될 수 있다. 일본에서의 재판원제도도입문제에 관한 일본최고재판소의 입장과 같이,[42] 전혀 법관에 대한 기속력이 없는 단순참고형의 배심제를 채택한다면, 헌법적 문제를 전혀 야기하지 않으면서 배심제도입 문제를 논의할 수 있다. 한편 배심원의 결정에 대한 기속력의 문제를 실질적으로 검토해보면 과연 배심제의 도입이 위헌으로 될 가능성이 얼마나 되는지를 생각해볼 수 있다. 즉, 미국의 형사배심에서의 예외적인 경우와 같이 엄격기속형의 배심제인 경우에는 위헌의 의심이 커지게 되겠지만, 원칙적 기속형의 경우에도 거의 대부분의 평결에 대하여 직업법관이 평결불복 판결(judgment notwithstanding the verdict)을 내릴 수 있다면 그 한도에서는 법관은 배심원들로부터 기속되지 않는 결과가 된다. 평결이 법관의 판단과 일치할 때에는 기속여부를 논할 필요가 없고, 평결이 법관의 판단과 일치하지 않을 때에는 법관이 이를 번복할 수 있다면 법관의 배심원기속의 정도는 훨씬 완화될 것이고 그 한도에서 위헌성의 문제는 줄어들 수 있을 것으로 생각된다.

결론적으로 말하면, 우리 헌법상의 배심제 도입의 문제는 구체적인 제도에서 배심원의 결정에 대한 직업법관의 기속의 정도를 어떻게 정하느냐에 따라 위헌여부를 판단할 수 있을 것으로 생각된다.

Ⅲ. 결론에 대신하여

우리나라에서 국민의 사법참여의 일환으로서의 배심제 혹은 참심제의 도입이 논의되기 시작한 것은 국민주권주의의 사법적 실현이라는 이론적 측면에서의 당위성도 있겠으나, 현실적으로는 사법에 대한 국민의 불신에서부터 출발하였다고 할 수 있다. 이러한 불신의 원인은 일제식민시대부터 지금까지 법관의 관료화가 지속되고, 법치주의만을 강조한 결과 사법의 민주주의적 측면이 도외시되어 국민의 참여가 철저히 봉쇄된 데에 있다.[43] 또다른 측면에서 국민의 사법불신은 사법의 국민불신으로부터 유래하였다. 사법이 국민이 규범의 주체임을 인정하지 아니하고, 사법 자체의 논리만을 강요하여 국민과 사법이 서로 유리될 때 사법은 국민을 통치의 대상으로만

42) 앞의 주 23) 참조.
43) 권영설, 앞의 글, 28쪽.

바라볼 뿐 그들로부터 규범을 도출하려하지 않는다. 이것이 곧 사법의 국민불신이다. 이제 국민의 사법신뢰를 회복하기 위해서는 사법이 국민을 신뢰하는 자세를 먼저 갖추어야 한다. 사법의 국민신뢰는 사법에 참여하는 국민들에 대한 신뢰를 의미하는 것이며, 그러한 의미에서 국민의 사법참여를 위한 제도적 장치를 적극적으로 모색하여야 한다.

(국민의 사법참여제도의 헌법적 문제점, 한국공법학회
연구보고서(대법원 용역), 2004. 10 수록)

※ 우리나라의 배심제는 2007년 6월 1일 법률 제8495호로 제정되었다(국민의 형사재판 참여에 관한 법률).

11. 상고제도 개선에 관한 관견
– 상고법원안을 중심으로

Ⅰ. 머 리 말

1. 상고제도 개선논의

오랫동안 우리나라 사법부의 골칫거리로 여겨져 왔던 상고제도에 관하여, 2013년 후반기 이후부터 제2기 사법정책자문위원회가 핵심안건으로 논의하기 시작하여, 2014년 6월 17일 동 위원회가 상고법원안을 최종적으로 의결하고 이를 대법원장에게 건의하였다.[1] 대법원은 새로운 제도로서 상고법원을 제도화하기 위하여 학계와 법조계 및 입법부에 다양하게 여론을 조성하고자 하였고,[2] 마침내 2014년 12월 19일 국회 홍일표의원 외 167인에 의하여 법원조직법 일부개정안이 발의되었다(의안번호 13138). 대한변협도 상고심개선방안 연구 TF를 구성하고 상고심 개선에 관한 대한변협의 입장을 정리하여 대법원의 상고법원안보다는 대법관증원안을 강조하는 토론회를 개최하기도 하였다.[3] 또한 상고법원안에 대한 찬반의 의견이 연구논문으로 발표되기도 하였다.[4]

---

1) 상고법원안은, 대법원장 자문기구인 제2기 사법정책자문위원회가 2014년 6월17일 제13차 회의에서 총 10개 안건 중의 하나로 상고심개선방안을 최종적으로 의결하고 이를 대법원장에게 건의하여 추진된 것이다. 대법원, 「상고법원 도입 방안」(2014) 홍보책자 2쪽. 다만, 위원장 1인(오연천 서울대 총장)과 위원 6인(2인의 법률전문가 및 4인의 비전문가)으로 구성된 사법정책자문위원회의 건의 형식으로 추진된 것이기는 하지만, 양승태 대법원장의 의도에 따라 추진된 것이라고 보아도 무방할 것이다.

2) 대법원은 2014년 9월 24일 상고제도개선공청회를 개최하였고, 홍보용 팸플릿을 제작·배포하였으며, 2015년 5월 현재 대법원 홈페이지 배너를 통하여 상고법원안을 적극 홍보하고 있다(대법원 홈페이지 참조).

3) 대한변협 주최, 상고심 개선에 관한 토론회, 2014. 10. 15., 대한변협대강당.

4) 대법원 및 대한변협의 공청회 내지 토론회에서 발표된 주제논문 이외에, 대표적으로, 찬성입장에서, 김춘호, 상고제도 개선방안, 법조, vol. 696, 2019. 9., 5-66쪽; 반대입장에서, 한충수, 2014년 상고법원 설치 논의에 대한 비판적 성찰과 새로운 대법원 제도에 대한 시론적 고찰, 한양대학교 법학논총 제31집 제4호(2014), 381-409쪽 참조. 이 외에도 상고제도개선에 관한 상

2. 상소제도의 헌법적 의의

상고제도는 그 기본적 틀로서 사법제도상의 상소제도의 일부분이다. 따라서 상고제도의 제도화를 위한 제도구상에는 사법제도상의 상소제도의 헌법적 의의에 대한 기본인식이 전제되어야 함은 말할 필요가 없다.

상소제도는 개인과 개인 사이 혹은 개인과 국가 사이, 기타 다양한 법주체들 사이에 발생하는 법적 분쟁을 해결하기 위한 규범적 판단이 불완전할 수도 있음을 전제로 하여, 단 한 번의 판단에 그치지 아니하고 최초의 판단에 대하여 재심할 수 있는 가능성을 제도화한 것이다.[5] 규범적 판단으로서 법적 판단은 사실에 관한 정확한 인식을 바탕으로 하여 현존하는 객관적 규범을 그에 적용함으로써 행해진다. 따라서 법적 판단의 과정은 먼저 사실에 관한 인식의 단계를 거쳐, 그에 적용할 객관적 법규범에 대한 명확한 인식을 통해 행해지는 것이다. 이 과정에서 사실에 관한 인식(사실심)의 오류와 함께 객관적 법규범에 대한 인식(법률심)의 오류도 발생할 가능성이 있다.[6] 뿐만 아니라 사실 및 규범인식의 주체로서의 제3자인 심판관의 주관적 인식(헌법에 따른 가치지향)도 법적 판단에 영향을 미칠 수 있다. 말하자면, 규범적 판단 자체가 심판관의 가치관이나 인간관 및 사회관, 국가관 등에 영향을 받기 때문에 분쟁 당사자들의 주관적 인식과 심판관의 주관적 인식 사이에 차이가 있는 경우, 무엇이 국가공동체의 객관적 규범인가를 최종적으로 확인하고 선언할 필요가 있다.

결론적으로 말하면, 상소제도는 사실인식의 오류, 법규범인식의 오류 및 법주체들의 가치지향의 차이 등을 교정하기 위한 제도적 장치이다. 이러한 장치의 기본구조와 구성원리 및 최소한의 제도적 요소를 규정하는 것이 헌법상의 사법제도규정이라 할 수 있다.

한편, 국가권력으로서의 사법권은 한 국가의 통치규범의 실현을 위한 기제로 이해할 수 있다. 이러한 통치규범은 시대에 따라 그 근거가 다르다고 할 수 있으며, 오늘날에는 국민주권주의에 기하여 제정된 헌법이 통치규범의 최고지위에 있음은 주지의 사실이다. 국민주권주의에 기하여 통치규범이 규정되는 것은 곧 통치규범이 국

당수의 논문이 있다.

5) 이 점에서 사법기능이 입법기능 및 행정기능과 구별되는 성질상 차이가 있다. 즉, 입법기능과 행정기능은 한 번 실행되면 같은 사안에 대한 재심의 가능성이 없다. 입법기능과 행정기능은 일단 시행되면 그 자체로 효력을 갖게 되어 다른 행위(입법의 경우 개정 혹은 폐지, 행정의 경우 취소 혹은 철회 또는 법원판결에 의한 효력부인 등)에 의하여서만 변경될 수 있다.

6) 물론, 오늘날에는 사실심-법률심을 엄격히 구별하는 것에 반대하는 견해도 적지 않다. Cf. Randolph N. Jonakait, *The American Jury System*, New Haven, Yale Univ. Press, 2003, p. 64ff.

민으로부터 유래함을 의미하는 것이며, 통치규범의 실현기제인 사법제도가 국민의 이익을 위하여 그리고 국민의 의사에 따른 헌법원리에 적합하게 제도화되어야 함을 의미한다.

분쟁당사자인 국민의 입장에서 보면, 분쟁 발생 시에 그 해결을 위한 자신의 고유한 권한을 국가에 위임하였다고 보는 것이 전래의 사회계약설이며, 국가가 위임받은 분쟁해결권한을 발동하도록 청구하는 권리가 기본적 인권으로서 헌법상의 재판청구권이다. 상소권은 헌법상의 재판청구권의 한 내포로서, 그 성질과 기능 및 작용의 한계 등은 하위법에 의하여 상소제도로 구체화된다. 앞서 본 바와 같이 사실 및 규범에 관한 인식의 오류나 차이를 교정하는 것이 상소제도라고 이해한다면, 상소권 및 상소제도는 보통, 그 정확성, 공정성, 일관성 및 규범형성의 구조 등의 가치를 제공하는 관점의 측면에서, 상급심에 의한 하급심 감독이라는 방식으로 실현되며, 상급심이 하급심의 판단을 교정하고 감독하는 도구로 작용하는 하향식 위계구조(a top-down hierarchy)를 가진다.[7] 국민의 입장에서는 자신에게 주어진 법적 판단에 대한 교정가능성을 염두에 두고 상급심에 상소하게 되는 것이다. 아울러 사법부의 최종적 판결은[8] 최상급심에서 일체성(oneness)을[9] 가지고 국민에게 분쟁에 대한 법적 해결을 제시하는 것이므로, 국민의 입장에서 보면, 사법부 내부의 심급은 그 일체성을 확보하기 위한 과정일 뿐이다. 따라서 심급제도는 일체성을 가진 최종적 판결을 내리는 최상급심이 하급심에 그 법적 판단을 위임한 것으로 이해될 수 있다.[10] 직간접적으로 상급심으로부터 영향을 받기는 하지만,[11] 1심 법관은 헌법상 독립적 심판관이자 독임제기관이다. 합의부에서조차도 배석판사가 부장판사의 의견에 기속되지 않는 것이 원칙이다.[12] 따라서 심급제도는 상급심이 하급심에 법적 판단을 위임한 것으로 볼 수 있으며, 수임자인 하급심이 사실과 법규범의 인식에 있어서 위임자인 상급심과 견해가 다르지 않다면 상급심은 하급심의 판결을 존중하여 이를 번복할 필요가 없다. 가장 바람직한 상소제도는 1심에서 법적 분쟁이 대부분 해결되도록 하고

---

7) R. Nobles, D. Schiff, The Right to Appeal and Workable Systems of Justice, *The Modern Law Review(MLR)*, vol. 65, September, 2002, Blackwell Publishers, p. 676.

8) 오늘날 현대적인 「사법」관념이 다른 국가기능과 구별되는 요소들 중의 하나는 그 최종성(종국성)이다. 이헌환, 법과 정치, 박영사, 2007, 16-32쪽, 특히 28쪽 참조.

9) 사법부판결의 일체성(oneness)은 특정의 구체적 분쟁에 대한 법적 판단 혹은 헌법을 포함한 규범의 의미내용에 관하여 하나의 통일된 견해를 가지는 것을 의미한다. 통상적으로는 법령해석의 통일이라고 표현된다.

10) Cf. R. Nobles, D. Schiff, *ibid.*, p. 677. 물론 이때의 위임은 사법상의 위임의 성격을 가진다기보다는 공법상의 위임으로서 상급심의 판단을 하급심이 대신한다는 의미로 이해함이 적절하다.

11) 우리나라의 경우, 구체적 사건에서 상급심의 판단이 하급심을 구속하는 것과, 인사에 있어서 대법원장에게 전권이 있다는 점 등.

12) 법원조직법 제65, 66조 참조.

소수의 사건만이 상급심에 상소될 수 있도록 하는 것이다. 1심에서 사실심과 법률심 및 심판관의 가치지향의 차이 등이 당사자들이 승복할 수 있을 만큼 설득력이 있다면 당사자들은 굳이 상소할 필요성을 느끼지 않을 것이며, 그만큼 상소담당기관들의 업무량도 줄어들 수 있다.

결론적으로 말하면, 사법부판결의 일체성을 최종적으로 표명하는 최고사법기관이 자신의 판결을 하급심에 위임하여 그 하급심의 판결로 자신의 판결을 대체할 수 있을 정도로 하급심에서 사건에 대한 심리와 법규범인식이 충실하도록 하는 것이 가장 바람직한 사법제도이며 이러한 구조 하에서는 상소제도는 크게 문제되지 않을 것이다.

3. 상고제한의 필요성

한편, 상고사건이 점차 증대하고 있는 현상은 특정국가의 현상만이 아니라 법치주의가 확립된 선진 제 국가들의 공통된 현상으로 나타나고 있다고 판단된다.[13] 이러한 현상은 20세기 후반에 들어와 더욱 두드러지는데, 이는 권리와 법치주의에 대한 인식의 확대로 인하여 분쟁에 대한 법적 해결이 선호되고 있다는 것을 보여주는 것이다. 오늘날 법치주의는 마르크스주의 역사가조차도 '보편적인 중요성을 지닌 문화적 성취'로 평가할 만큼,[14] 인류보편의 지배형식으로 받아들여지고 있고, 구사회주의국가들이나 이슬람국가들까지도 법치주의적 지배를 최우선적인 성취과제로 인식하고 있다.[15] 따라서 선진 제 국가들에서 법적 분쟁해결의 기제로서 사법제도 내의 상소제도를 적극적으로 활용하는 것은 일면 개개인의 권리의식이 강화되고 있음을 보여주는 한편, 타면으로 복잡화·다면화된 현대생활에서 법적 주장의 다양성을 보여주는 것이기도 하다. 대부분의 선진 제 국가들에서는 상고사건을 어떻게 줄일 것인가에 관하여 다양한 제도적 장치를 고려하고 있다. 이러한 장치들은 개개의 국가들이 가진 사법제도의 전통과 특성에 따라 다르게 나타나고 있어서 일률적으로 한 나라의 제도를 모방하거나 제도적 우월성을 주장하는 것은 적절하지 아니하다. 예컨대, 미국의 경우 연방차원의 사법제도상의 상고제한제도를 고찰할 경우에는 50개의 주가 독자적으로 사법제도를 갖추고 있음을 고려하지 않으면 안된다.[16] 영국의 경우

---

13) 법원행정처 편, 외국사법제도연구(8), 2010 참조. 외국의 상고제도에 관해서는, 김춘호, 앞의 주 4)의 논문에 잘 요약되어 있다. 그 외에도 약간 오랜 것이기는 하지만, 이재홍, 외국의 상고제도, 사법행정, 1992. 9.도 참조.

14) E. P. Thompson, *Whigs and Hunters: The Origin of the Black Act*, New York, Pantheon Books, 1975(Brian Z. Tamanaha, *On the Rule of Law*, Cambridge, 2004, p. 137 재인용).

15) Cf. Brian Z. Tamanaha, *On the Rule of Law*, Cambridge, 2004, pp. 1-3(이헌환 옮김, 법치주의란 무엇인가, 박영사, 2014, 3-8쪽 참조).

에도 다양한 형태의 하급심법원들이 제도화되어 있고 그에 따라 사실심이 충실하게 이루어지기 때문에 오히려 상소여부에 대하여 원심법원의 허가를 요하도록 하는 것이 정당화될 수 있다.[17] 독일과 프랑스의 경우에도 고유한 사법제도에 적합하게 다양한 상고제한제도를 두고 있으며, 일본도 또한 그러하다. 이 나라들이 상고심 사건 적체와 그에 따른 국민의 불만을 해소하는 해결책의 공통적 특징은 최고법원에 오는 사건수를 조절하는 방법을 채택하는 것이다.[18]

4. 논의의 전개

이 글에서는 현재 우리나라 대법원의 과도한 사건부담의 문제를 해결하기 위한 방안을 모색하기 위하여, 선진 제 국가들의 상고제한제도에 관해서는 기존의 풍부한 연구와 논의가 있으므로 이에 맡기기로 하고, 우리나라의 상고제한제도의 변천과 각 제도의 문제점을 간략히 언급하고(II.), 상소제도의 제도화원리를 검토한 다음(III.), 현재 국회에 제출되어 있는 상고법원안의 내용과 문제점을 검토한 후(IV.), 맺음말로 현 상황에서 대법원의 바람직한 사건처리방안을 제언하면서(V.) 끝맺고자 한다.

---

16) 미국의 경우에는, 우리나라와 비유적으로 말하면, 50개의 대법원과 하나의 헌법재판소를 두는 것과 유사하다고 할 수 있다.

17) 영국의 사법관련 법률로는 법원조직개혁법(Constitutional Reform Act 2005), 최고법원법(Supreme Court Act 1981, 1997), 법원법(Courts Act 2003), 치안판사법(Justices of the Peace Act 1997), 치안판사법원법(Magistrates' Court Act 1980), 항소관할법(Appellate Jurisdiction Act 1876), 법원 및 법률서비스법(Courts and Legal Service Act 1990) 등을 들 수 있겠으나, 이것들은 전체 사법체계 중 일부에 불과하다고 할 만큼 다양하게 사법조직이 갖추어져 있다. 2009년 10월에 출범한 영국대법원이 12인의 대법관에 의하여 1년에 100건 전후의 판결을 내리는 것은 사실심을 담당하는 하급심법원이 매우 충실하게 사건을 심리하고 종결하기 때문이다. 따라서 영국의 대법원의 사건처리건수를 우리나라와 단순비교하는 것은 어불성설이다.

18) 김춘호, 앞의 주 4)의 글, 33쪽. 다만, 김춘호 부장판사는 사건수조절의 방법을 택하는 것을 지적하면서, 최고법원의 구성인원을 늘리는 방안을 채택하는 나라는 없다고 지적하여, 마치 우리나라에서도 사건수를 줄이는 방법이 우선적이며 대법관증원을 하는 것은 적절하지 않은 방법이라는 뉘앙스를 갖고 있고, 사건수를 줄이기 위하여 상고법원안이 적절한 방법이라고 제시하고 있으나(같은 글, 58쪽 이하), 이는 상고제도와 관련된 다른 요인, 즉 소규모 전문법원의 확대를 포함한 사법제도의 확충이나(사실심과 법률심의 구별에 의한) 상고이유 제한을 통한 상고심관할사건의 축소와 같은 여러 가지 방법을 고려하지 않은 채, 곧바로 상고법원안이 최적의 방법이라고 제시하는 것으로, 논리적 비약이라고 생각된다. 또한 현재와 같은 엄청난 상고사건수를 전제로 하여 해결책을 모색하는 것으로 결코 올바른 해결책이라고 할 수 없다. 굳이 상고사건수를 줄이고자 한다면 혁신적인 방안으로 민·형사소송법에서 상고이유를 엄격한 법률심으로 제한하는 규정을 명시하는 것이 불가능하지는 않을 것이다.

Ⅱ. 우리나라 상고제한제도 변천과 각 제도의 문제점

1. 서 언

주지하는 바와 같이, 우리나라의 사법제도는 일제강점기의 사법제도의 기본틀을 바탕으로 하여 미군정기에 사법부의 독립의 일환으로 대법원이 창설되었다. 1948년의 제헌헌법에서도 앞서 제정된 일본국헌법의 기본틀을 거의 답습하여 제도화가 이루어졌다. 그러나 새로 출범한 대한민국정부에서 법조인력의 부족과[19] 사법제도의 미정착으로 상당한 혼란이 있었을 것이며, 상소제도 또한 올바로 확립되지 못한 채 법조인들의 편의에 맞게 운용되었을 것으로 추정된다. 정부수립 후 10여 년이 경과되면서 대법원의 상고사건이 점증하기 시작하여 상고사건의 제한문제가 본격적으로 대두되기 시작하였다. 대법원에 상고사건이 많아진 이유는 분명치 아니하나, 초기 대법원이 법률심에 한하지 아니하고 사실심에까지 관여한 때문이라고 생각된다. 애초에 대법원이 법률심인 법령해석의 통일에만 그 역할을 한정하고 사실심에 관여하지 않았다면 상고사건이 증대할 이유가 없었을 것이다. 오늘날 대법원에 상고사건이 폭주하는 것은 근원적으로 초기부터 대법원이 사실심에 관여하였기 때문이라고 생각한다.

이하에서는 우리나라 상고제도의 변천과정을[20] 간략히 요약하면서 각 제도의 문제점을 지적하고자 한다.

2. 정부수립 직후(1948~1949)

1948년 헌법제정 후 법원조직법이 제정되지 않은 상황에서 대법원은 1948년 5월 4일에 제정된 과도 법원조직법에 따라 대법관 11인 이내로 구성하도록 되어 있었는데, 정부수립 후 1948년 8월 5일 김병로 대법원장, 11월 1일 5인의 대법관이 임명되었다. 이 시기에는 상고사건에 관하여 단독사건에 한하여 고법상고부를 두고 있었는데, 1949년 9월 법원조직법이 제정된 후 고법상고부가 폐지되어 대법원이 전체 상고사건을 담당하게 되었다.

---

19) 해방 직후 조선인 법조인은 250여명이었던 것으로 추정된다. 다만, 1945년 8월 15일에 이틀째 시행 중이던 조선인변호사시험이 일본국의 항복으로 중단된 후, 1947년에 미군정에 의해 1945년 시험 당시 응시한 자들 중 106명에게 변호사자격을 부여하였기 때문에 정부수립 초기에 재야 법조인의 상당수가 일제강점기 조선인변호사시험 출신이었다. 이 변호사들이 기존 일제강점기에 법조인자격을 얻은 자들과 함께 대한민국정부의 법조를 구성하였다.

20) 우리나라 상고제도의 변천사는 사법개혁위원회 편, 사법개혁위원회 자료집(II), 2004.5, 79쪽 이하에 자세히 수록되어 있다. 또한 이헌환, 정치과정에 있어서의 사법권에 관한 연구, 서울대학교 대학원 법학박사 학위논문, 1996도 참고하였다.

3. 대법원의 2원적 구성시대(1959~1961)

정부수립 후 약 10여 년이 경과하면서 대법원에 상고사건이 점점 많아지게 되었고,[21] 이에 대법관의 사건부담이 커지자 이에 대한 해결책으로 11인의 대법원판사를 둘 수 있도록 법률을 개정하였다(1959. 1. 13.). 당시에는 소송서류 일체와 판결문 등을 모두 손으로 직접 썼기 때문에 대법관의 업무량이 적지 않았던 시기이었고, 따라서 대법원장 외 7인의 대법관이 늘어나는 상고사건을 감당하기에는 벅찰 수밖에 없었다. 이에 대법원에 대법관이 아닌 법관으로 대법원판사를 두기에 이른 것이었다. 재판부는 대법관 1인(재판장)과 대법원판사 4인(배석판사)으로 합의부를 구성하였고 주심 대법원판사를 두어 판결하도록 하였다.[22] 그리고 특정사건에 한하여 예외적으로 대법관만으로 구성된 합의부에서 심판하도록 하였고, 연합부를 두었다.[23] 대법원판사는 자신의 이름으로 대법원판결을 내리는 법관이었다.

이러한 대법원구성에 대하여 사물관할의 제한으로 인해 대법원판사의 담당사건이 제한되어 있어서 재판부구성이 어려워지자 사물관할을 없애야 한다는 주장이 제기되었고, 대법원판사제도를 없애고 대법관 수를 증원하자는 주장이 대두되었다. 대법원은 대법관수를 16인으로 증원하고 필요할 경우 21인까지 증원하는 안을 제시하기도 하였다.[24]

대법원에 대법관이 아닌 법관을 두는 것은 헌법에서 전혀 예정하지 않은 제도이었지만, 달리 위헌여부에 관한 논의는 없었던 것으로 보인다. 대법관이 아닌 법관의 명칭이 대법원판사이었지만, 5·16 쿠데타 이후 1962년 개정헌법(제3공화국 헌법)에서 대법원의 구성원의 명칭을 「대법관」이라는 명칭 대신 「대법원판사」로 격하시킨 후 1980년 헌법(제5공화국 헌법)에까지 대법원판사로 지칭되었다. 대법원 소속의 대법관이 아닌 법관은 제5공화국 헌법에서 「대법원판사가 아닌 법관」이라고 하여

---

21) 1956년에 681건이던 민사상고사건이 1958년에 915건으로 늘어 그 수가 점증하고 있었다. 위의 자료집, 91쪽 참조.

22) 민사부의 경우 4인의 대법관 각 1인당 6개의 재판부를 구성하여 총 24개의 재판부를 둘 수 있었고, 형사부의 경우 대법관 3인과 대법원판사 2인으로 구성하여 총 5개의 재판부를 구성할 수 있었다. 주 20)의 자료집, 82-83쪽 참조.

23) 1959. 1. 13. 개정 법원조직법 제7조 제1항: 「대법원의 심판권은 대법관 1인 이상을 포함한 법관 5인으로써 구성된 합의부에서 이를 행한다. 단 다음 사건에 관하여는 대법관만으로써 구성된 합의부에서 이를 행한다. 1. 소송물의 가격이 5백만환을 초과하는 민사사건 및 인사에 관한 소송사건 2. 사형, 무기징역 또는 무기금고에 해당하는 범죄에 관한 사건 3. 대통령, 부통령 및 국회의원의 선거에 간한 소송사건 4. 행정소송사건」 제2항: 「연합심판을 요할 때에는 대법관 전원 및 당해계속사건에 간여한 판사 전원으로써 구성된 연합부에서 이를 행한다」 제3항: 「전항의 경우에는 전항의 법관 전원의 3분지 2 이상의 출석이 있어야 한다.」.

24) 주 20)의 자료집, 85쪽 참조.

처음으로 규정되었다가[25] 현행헌법에서 「대법관이 아닌 법관」이라는 표현으로 변경되어 유지되고 있다(현행헌법 제102조 2항).

이 시기의 2원적 구성은 대법관도 사실상 7인에 불과하였고, 대법관이 아닌 법관으로서의 대법원판사의 수가 11인으로 되어 있었기 때문에 구성할 수 있는 재판부의 수도 매우 제한적이었다. 대법관의 수와 대법원판사의 수를 법률로 정할 수 있었으므로, 사물관할에 대한 제한을 풀고 대법관과 대법원판사의 수를 확대하였다면 실질적으로 상고사건의 해결에 도움이 되었을 것으로 생각된다.

4. 고등법원 상고부 시대(1961~1963)

1961년 5·16 쿠데타 이후 별다른 여론의 수렴 없이 전격적으로 1961년 8월 12일, 대법관의 수를 9인으로 하고 고법상고부를 두는 내용으로 법원조직법이 개정되었고, 대법원이 소부를 폐지하고 전원합의부에 의한 재판을 담당하게 하며, 지법항소부 사건에 대한 상고심을 고법상고부에서 담당하게 하였다.[26]

이 제도는 상고심이 여러 곳으로 나뉘어져 있어서 법령해석의 통일을 기하기 어렵고 대법원의 판결을 받을 권리를 보장할 필요가 있다는 이유에서 폐지되었다.[27]

5. 상고허가제 시대(1981~1990)

1981년 1월 24일, 12·12 쿠데타 이후 집권한 군부세력에 의해 설치된 국가보위입법회의는 전격적으로 '소송촉진 등에 관한 특례법'을 의결하여 1981년 3월 1일부터 상고허가제가 실시되었다. 이 제도로 인해 대법원의 업무는 크게 경감하였으나, 위 법을 제정한 정치세력의 취약한 민주적 정당성과 입법과정의 문제점 때문에 1990년 1월 1일에 폐지되었다.[28]

6. 심리불속행제 시대(1994~2015. 5 현재)

1994년 9월 1일부터 민사·가사·행정소송사건에 관하여 심리불속행제도가 시행되고 있다. 이제도는 상고허가제가 폐지된 후 상고사건이 급증하게 되자, 1993년 11월에 설치된 사법제도발전위원회에서 상고허가제에 대한 대안으로 제안한 것으로, 상고심절차에 관한 특례법에 규정되어 있다.

---

25) 1980년 헌법 제103조 ③ 대법원에 대법원판사를 둔다. 다만, 법률이 정하는 바에 의하여 대법원판사가 아닌 법관을 둘 수 있다.
26) 주 20)의 자료집, 85쪽 참조. 정부수립 직후 존재하였던 고법상고부와는 내용적으로 다르다.
27) 위의 자료집, 90-91쪽 참조.
28) 김춘호, 주 4)의 논문, 11쪽 참조.

7. 소 결

지금까지 살펴본 바에 따르면, 우리나라의 사법제도의 변천과정에서 상고사건 수를 줄이는 방법은 고법상고부, 대법원의 2원적 구성, 상고허가제, 심리불속행제 등 다양한 제도적 경험을 하였다. 2심판결에 불복하여 상급법원에 상소를 제기하는 상고권이 헌법상의 재판청구권의 한 내포라는 관점에서 다양한 상고제한제도가 헌법에 위반되는가의 여부에 관해서도 견해의 대립이 있고,[29] 헌법재판소는 헌법상의 재판청구권에 대법원에 의한 재판을 받을 권리를 포함하지 않는다는 전제 하에 일관되게 상고제한제도에 관하여 합헌이라고 판단하고 있다.[30] 상고제한의 필요성이나 헌법상의 재판청구권에 대법원에 의한 재판을 받을 권리를 포함하는 것은 아니라는 헌법재판소 결정을 수긍할 수 있다고 하더라도 상고제한제도를 어떻게 제도화할 것인가의 문제는 헌법상의 사법제도구성의 기본원리와 헌법상의 기본적 인권의 제한원리에 합당한 방법으로 설정되어야 함은 말할 필요가 없다.

Ⅲ. 상소제도의 구체화 원리

1. 사법부 구성의 일반원리적 측면

국가조직의 한 부분이자 권력분립의 한 축으로서의 사법부를 어떻게 구성할 것인가에 관해서는, 1983년 6월 10일, 캐나다의 몬트리올에서 개최된 제1차 사법권독립 세계대회에서 만장일치로 채택된 선언문(이하 '몬트리올 선언문'이라 함)에서[31] 사법권 독립에 대한 세계적 기준을 제시하고 있다. 동 선언문에서는 사법부의 독립성, 민주성, 전문성을 특히 강조하고 있고,[32] 기능적 통일성과 효율성, 접근성 등을 고려하여야 한다.[33]

위의 각 기준은 상소제도의 제도화와 관련해서도 마땅히 준수되어야 하는 기준들이다. 독립성의 문제와 관련하여 보면, 상소의 각 심급, 즉 항소심과 상고심의 각 심판관들도 독립성이 지켜져야 함은 말할 필요가 없다. 앞서 언급한 바와 같이, 각

---

29) 학설상의 대립에 관하여는, 김춘호, 주 4)의 논문, 34쪽 이하에 잘 정리되어 있다.
30) 헌재 1992. 6. 26. 90헌바25; 1995. 1. 20. 90헌바1; 1997. 10. 30. 97헌바37 등 병합; 2007. 7. 26. 2006헌마551, 2007헌마88, 255 등 병합.
31) Universal Declaration on the Independence of Justice; in S. Shetreet(ed.), *Judicial Independence: The Contemporary Debate*, Kluwer Academic Publishers, 1985, pp. 447-462.
32) 구체적 내용에 관해서는, 이헌환, 현대사법제도의 경향과 특징, 세계헌법연구 제16권 4호, 2010, 160쪽 이하 참조.
33) 이헌환, 위의 글, 161쪽 이하 참조.

심급은 그 자체 독립적인 심판기구이기 때문에 상급심과 하급심의 관계는 판결위임의 관계로 볼 수 있다. 현재 대법원의 상고사건의 폭주로 인한 해결책을 모색하는 것과 같이, 수임기관인 하급심이 충분한 심리를 통해 더 이상 불복할 필요가 없을 만큼 제도적 완결성을 갖추도록 노력하는 것도 실질적인 독립성을 확보하는 방법이라 할 것이다.

민주성과 관련하여 보면, 특히 사법권력의 최종적 집행자인 최고법원의 사법관들은 국민의 인권을 보장하기 위하여 그 임명의 방식도 또한 국민주권주의 및 민주주의원리에 기초하여야 한다. 국민들이 자신의 사건에 관하여 최고사법기관인 대법원의 판결을 받아보고자 하는 것은 최고의 법적 판단기관이 가지는 권위 때문이다. 최고심인 대법원의 구성원을 국민주권주의와 민주주의원칙에 맞게 임명한다면, 대법원 자체의 권위가 강화됨은 물론, 국민이 최고사법기관에 대하여 가지는 존중은 더욱 커질 것이다. 하급심 법관의 경우, 우리나라는 최고사법기관의 장인 대법원장에 의하여 임명되는데, 이는 대법원장임명의 민주성을 통하여 간접적으로 민주성을 확보하는 것이다. 다만, 대법원장이 임명한다 하더라도 그 임명기준과 임명과정의 합리성과 투명성은 보장되어야 할 것이다.

사법권력의 담당자는 헌법과 법률에 의하여 그 권한을 행사하게 되어 있다. 따라서 사법담당자는 분쟁의 해결과 관련하여 사물의 시비선악을 옳게 분별하고 편벽되지 않은 균형잡힌 안목과 헌법과 법률 즉 규범에 관한 전문적 지식을 가져야 한다.[34] 몬트리올 선언문에서도 이를 확인하여 법률에 대하여 잘 훈련된 사람일 것을 요청하고 있으며,[35] 법관 스스로 국제협약 기타 인권규범 그리고 헌법과 법률에 정통하도록 노력해야 함을 지적하고 있다.[36]

국가기능으로서의 사법권은 기능적 효율성도 또한 요청된다. 국민의 인권보호라는 입장에서 볼 때, 국가의 사법기능이 비효율적이면, 인권보호가 부실해지고 또한 실질적인 인권보장을 실현할 수 없게 된다는 점은 자명하다. 따라서 사법기능도 또한 그 기능의 효율성을 고려하지 않을 수 없다. 헌법상으로는 신속한 재판을 받을 권리로 규정된 예가 많지만, 신속한 재판은 사법기능을 담당하는 사법관의 수와 국민의 대사법접근가능성, 절차적 난이도, 소송비용 등 다양한 관점에서 접근할 필요가 있다.

34) 송기춘, 사법개혁과 대법원의 구성, 헌법학연구 제6권 제4호, 274쪽.
35) 동 선언문, 2.11 참조.
36) 동 선언문, 2.48 참조.

2. 재판청구권의 내포로서의 상소권(a right to appeal)의 측면

특히 상소제도의 측면에서 본다면, 상소당사자의 입장에서 항소 및 상고의 절차가 신속하고 공정하게 행해지도록 하여야 함은 두말할 필요가 없다. 분쟁에 대한 법적 해결의 가장 큰 장점은 권위있는 국가기관에 의해 해결된다는 점에서 다른 어떤 비법적 수단보다도 강력하고 집행력이 있으며, 확정적인 효과를 가진다는 것이다. 민사사건의 경우, 승소한 당사자는 판결의 집행이라는 국가의 강력한 뒷받침을 통해 자신의 권리나 이익을 확보할 수 있게 된다. 그러나 항소 및 상고의 절차가 여러 가지 사유로 예측할 수 없이 지연된다면 분쟁해결을 국가에 위임한 취지는 무너지고 만다. 따라서 상소권의 제도화에 있어서도 재판의 신속성과 공정성은 필연적 요구이다.

상소권의 제도화와 관련하여 또 하나 강조하여야 할 것은 상소의 각 심급에서 일관성(consistency) 내지 일체성(oneness)이 요구된다는 점이다. 분쟁의 법적 해결의 대전제는 당해사건에 대한 규범적 판단으로서 법규범이 존재한다는 것이다. 같은 종류의 사건에 대해서는 법논리적으로 같은 종류의 법적 결론이 내려져야 한다(법해석의 통일). 그렇지 않으면 법규범의 존재의의는 사라질 것이며, 국민들의 권리와 이익은 심판관의 자의적 판단에 의하여 침해될 것이다. 이 문제는 법규범의 완전성과 그에 대한 사법부구성원의 전문성과 직결되지만, 구성원 자신의 의도적인 자의적 판단이 개입될 여지도 없지 않다. 이에 대해서는 사법부구성원의 성실성과 염결성(integrity)을 고양할 수 있는 제도적 뒷받침이 요구될 것이다.

3. 관할내용의 측면

상소권을 제도화할 경우, 분쟁해결을 위한 절차를 무제한적으로 반복할 필요는 없다. 법적 판단을 위한 일련의 과정으로서 사실관계의 확인, 법규범의 해석 · 적용, 법적 효과의 부여라는 각 과정에 대한 제1심의 판단이 정당하다면 상급심은 제1심의 판단을 존중하여 더 이상 이를 변경할 필요가 없다. 그러나 각 과정에서 있을 수 있는 오류 혹은 미비 그리고 인식상의 차이 등으로 말미암아 상이한 결론을 도출할 가능성이 있는 경우에 상소심이 허용되는데, 이 때, 각 심급이 사실관계의 확인(사실심)과 법규범의 해석 · 적용(법률심)의 과정 중 어느 단계에까지 허용될 것인가의 문제는 국가들마다 약간씩 차이가 있다.

상소심에서 사실심을 행하는 방법은 복심주의, 속심주의 및 사후심주의의 세 가지 방법이 있다. 복심주의는 원심의 심리 · 판결과는 무관하게 사건에 관하여 최초부터 새로이 사실심리를 하는 심리구조이고, 속심주의란 제1심의 심리절차 및 증거자료를 토대로 하되, 이에 계속하여 피고사건에 관하여 새로운 증거나 새로운 사실도 참작하여 심리를 속행하는 구조이며, 사후심주의란 전적으로 원심에서 나타난 자료와 사실에만 의존하여 원심판결의 당부만을 심리하는 구조이다. 각 방법 중 어느 방법을 취하느냐에 따라 상소심법관의 업무량이나 심리의 충실도, 당사자의 만족도 등의 측면에서 차이가 있을 수 있다. 우리나라의 경우 현행 민사소송의 항소심구조는 속심주의를 취하고 있으나, 형사소송의 항소심구조는 사후심주의에 가까운 것으로 인정되고 있다.

상소법원 중에서 최상급법원이 사실심을 담당하게 할 것인지에 관해서는 대부분의 나라에서 상고심인 최상급법원은 사실심이 아닌 법률심만을 담당하게 하는 것이 일반적이다.[37)]

상소심의 관할을 제한하는 다른 사유에는 사건의 중요도와 소송가액에 의한 방법이 있다. 전자는 사소한 사건인 경우에 상소를 제한하는 방법이며, 일정한 액수의 소송가액 이하인 사건의 상소를 제한하는 방법이다.

4. 소 결

상소제도를 구체화하기 위해서는 상소제도의 외연이라 할 수 있는 사법제도구성의 일반원리와 상소제도 자체의 제도화원리를 모두 고려하여야 한다. 이에는 사법부의 독립성, 민주성, 전문성, 기능적 통일성과 효율성, 접근가능성 그리고 신속·공정성, 일관성 내지 일체성 등을 포함하며, 사건의 중요도와 소송가액 등에 의한 상소권제한 등이 고려될 수 있다.

Ⅳ. 상고법원안 검토

1. 상고법원안의 기본내용

2015년 12월 19일, 국회 홍일표 의원 외 167인은 상고법원설치를 위하여 법원조직법 개정안(이하 주로 '상고법원안'이라 함)을 발의하였다. 동 법안은 제안이유를 다음과 같이 적고 있다.

---

37) 독일의 경우, 19세기 초에 영토적인 신질서확립 이래 개별 구성주들 내에서 통일적인 법적용의 필요성이 요구되었고, 이러한 과제는 최상급법원에 할당되었다. 이러한 기능규정은 법관의 행위에 대한 제한을 법적 문제에 대한 심사로 강제적으로 한정하였다. 즉, 민사재판의 경우, 법발견(Rechtsfindung)을 위해서는 두 번의 심급만으로 충분하고, 법 및 판결의 통일성의 유지를 위하여 '법적 쟁점'에 한정된 소송수단(재심)은 최상급법원에 적합하다는 견해를 관철하였으며, 당사자의 이해관계는 뒷전으로 밀려났다. K. Stern, *Das Staatsrecht der BRD*, Bd. II, C. H. Beck, München, 1980, §33 II 2(S.388).

「국민은 상고심에 대해 법령 해석을 통일하고 법적 가치 기준을 제시하는 기능과 당사자의 정당한 권리를 보호하는 권리구제 기능을 모두 수행할 것을 요구하고 있으나, 상고사건 수가 증가함에 따라 대법원이 모든 기능을 충실하게 수행하기 어려워지고 있음. 이에 대법원과 별도의 상고심법원으로 상고법원을 설치하고, 대법원이 상고 및 재항고되는 모든 사건을 심사해 법령 해석 통일이나 공적 이익과 관련이 있는 사건은 대법원에서, 그렇지 아니한 사건은 상고법원에서 심판하도록 정함. 이로써 대법원은 전원합의체 토론을 통해 법령 해석을 통일하고 법적 가치 기준을 제시하는 최고법원 기능을, 상고법원은 경륜 있는 법관의 충실한 상고심 심리를 통해 개별 사건의 권리구제 기능을 각각 집중적으로 담당하도록 함.

이를 통해 대법원과 상고법원은 국민이 상고심에 대해 요구하는 모든 기능을 충실하게 수행하고, 국민의 재판받을 권리를 더욱 실질적으로 보장하고자 함.」

동 법안은 상고법원을 설치하여 상고심의 기본구조를 재구성하고자 하고 있는데, 이를 간략히 살펴보면 다음과 같다.

첫째, 상고법원의 설치 근거를 명확하게 하고 심판권의 행사 방법을 규정하였다. 즉, 상고심법원으로 대법원 이외 상고법원을 신설하여 판사를 두고(안 제3조 3항 · 제5조 2항), 상고법원은 판사 3명 이상으로 구성된 부에서 전원일치 의견으로 심판권을 행사하도록 하였다(안 제7조 제3항 신설).

둘째, 대법원의 심판권을 조정하고 사건심사 방법을 규정하고 있는 바, 구체적으로 보면, 대법원은 상고법원이 심판하기로 정한 사건을 제외한 사건을 종심으로 심판하도록 하고(안 제14조), 상고법원의 심판여부를 정하기 위하여 제14조의2를 신설하여, 대법원은 대법관 3명 이상으로 구성된 부에서 상고 · 재항고사건을 심사하여 법령 해석의 통일에 관련되거나 공적 이익에 중대한 영향을 미치는지를 기준으로 대법원이 심판할 사건과 상고법원이 심판할 사건을 전원일치로 정하되(안 제14조의2 제2항 · 제3항), 사형, 무기징역 또는 무기금고가 선고된 사건, 대통령이나 국회의원 등의 선거에 관하여 당선무효형이 선고될 수 있는 「공직선거법」 제263조부터 제265조까지에서 정한 사건 및 지방자치단체 선거소송이나 당선소송의 상고사건, 주민투표소송의 상고사건 등은 사건심사 없이 대법원이 필수적으로 심판하는 사건으로 정한다(안 제14조의2 제1항). 상고법원심판 여부의 사건심사에는 관여대법관의 의견을 표시할 필요가 없다(안 제15조 단서 신설).

셋째, 상고법원의 구성 방법과 심판권의 범위를 정하여, 상고법원에 15년 이상의 법조경력이 있는 상고법원장과 상고법원 판사를 두고(안 제17조 1의2 및 제25조의3, 안 제44조), 판사 3명 이상으로 구성된 부를 두며, 전문재판부를 설치하여 특정사건을 전담하게 할 수 있다(안 제25조의4). 상고법원은 대법원이 사건심사를 하여 상고법원에서 심판하기로 정한 상고·재항고사건을 종심으로 심판한다(안 제25조의5). 상고법원에는 조사·연구업무를 담당하는 재판연구관을 둔다(안 제25조의6).

위의 상고법원안은 상고제한제도에 관한 대법원의 입장을 거의 반영한 것으로서, 2014년 9월 24일에 개최된 대법원의 상고제도개선 공청회에서 발표된 안을 기초로 한 것으로 보인다.[38] 따라서 동 법안의 문제점에 관한 지적은 상고제도 개선에 관한 대법원의 입장에 대한 비판과 궤를 같이 한다고 보아도 무방할 것이다.

아래에서는 상고법원안과 함께 대법원의 입장에 대한 구체적 평가와 문제점을 검토한다.

2. 문제점 검토

(1) 기본적 문제점

1) 법령해석의 통일(내지 정책법원)기능과 권리구제기능 구별의 문제점

상고법원안은 그 제안이유에서 상고심의 기능을 법령해석통일기능(법적 가치기준 제시기능)과 권리구제기능으로 나누고 대법원은 전자의 기능에 집중하고 상고법원의 후자의 기능에 집중하도록 함으로써 국민이 상고심에 대해 요구하는 두 기능을 대법원과 상고법원으로 하여금 분리관장하게 하여 국민의 재판청구권을 실질적으로 보장하게 한다고 하고 있다. 동 법안에서는 정책결정기능이라는 표현은 없지만, '법적 가치기능제시기능'이나 '공적 이익과 관련이 있는 사건'이라는 표현에서 정책결정기능 내지 정책법원기능을 의미하고 있는 것으로 보인다. 이 점은 상고법원안의 토대가 된 공청회의 안에서 '법령 해석·적용의 통일 및 정책법원기능'이라고 표현한 것에서도 추정되는 것이다.[39]

문제는 법원의 정책결정기능과 권리구제기능에 대하여 심각한 오해가 있다는 점이다. 국가기능상 정책결정기능은 원래 입법부에 속하는 기능이다. 권력분립원칙상 입법부는 국가중요정책을 결정하고 이를 법률이라는 규범형식으로 표현하는 기관이며, 행정부는 법률을 집행하는 기관이다. 전통적 권력분립원칙을 정책결정, 정책집행, 정책통제라는 새로운 관점에서 재구성한 K. Löwenstein의 견해에 따르더라도[40] 법치주의적 형식과 방법으로 행해지는 정책결정은 입법부의 고유한 기능임에 틀림없다. 다만, 현대 사법권의 기능적 특성, 즉 사법기능의 확대에 따라 정책결정기

---

38) 한 승, 상고법원 도입방안, 대법원 주최, 상고제도 개선 공청회 자료집, 2014. 9. 24, 37-80쪽 참조.

39) 한 승, 위 자료집, 56쪽 참조.

40) Cf. K. Löwenstein, *Political Power and the Governmental Process*, Univ. of Chicago Press, Chicago, 1965, p. 42 ff.

능도 일정한 범위에서 인정된다는 점에서 사법권이 단순히 「법의 말을 하는 입」에 불과하다는 근대적 관념과는 다르게 이해되고 있다.[41] 문제는 사법기능에 인정될 수 있는 정책결정기능의 범위이다.

먼저, 현대사회의 사법기능이 정책결정기능까지도 갖게 된 것은 헌법재판권의 확립과 밀접히 관련되어 있다. 헌법재판의 핵심이라 할 수 있는 위헌법률심사제는 입법부가 제정한 법률을 직접 심사대상으로 하여 그 효력지속 여부를 결정한다는 점에서 소극적 의미의 정책결정에 해당한다. 우리나라의 경우 헌법재판소에 그 기능이 맡겨져 있으므로, 적어도 이 한도에서는 대법원의 정책결정기능은 미칠 수 없다.

다음으로, 사법권의 정책결정기능의 또 다른 근거는 1970년대 후반에 미국에서 발전한 사법기능에 대한 「특수기능모델」,[42] 또는 「현대형소송모델」,[43] 「공공소송모델」,[44] 「구조개혁모델」[45] 등으로 일컬어진 발전이다. 이 모델들은 사법기능에 대하여 전통적인 사후적인 권리구제형 모델을 넘어서 공익 내지 사회적 가치실현의 관점에서 장래적 정책지향까지도 제시하는 역할을 요청하는 것이다.

마지막으로, 사법의 정책결정기능의 이론적 배경으로서, 법해석에 있어서 법관이 가지는 법형성기능 내지 정책결정기능과 관련된다. 특히 전통적인 독일의 법학방법론은 법적 결정을 하나의 수학적 계산으로 이해하여 법관의 법형성기능을 부인하였지만, 19세기 초의 역사법학파(Die Historische Rechtsschule)와 Eugen Ehrlich를 대표로 하는 19세기 말의 자유법운동(Die Freirechtsbewegung)을 거치면서 법관의 법형성기능이 인정되기 시작하였다.[46] 이러한 법관의 법창조 내지 정책결정기능은 헌법재판 뿐만 아니라, 전체 사법, 즉 행정재판이나 민사재판에도 관련된다.[47]

결론적으로 말하면, 대법원의 입장에서 정책법원기능은 매우 제한적이다. 즉, 가장 정책결정기능으로서의 성격이 크다고 할 수 있는 위헌법률심사권은 헌법재판소에 있기 때문에 그 한도에서 대법원의 기능으로 할 수 없고, 공익실현을 위한 정

41) 이헌환, 법과 정치, 박영사, 2007, 18쪽 이하 참조.
42) Henry P. Monaghan, Constitutional Adjudication: The Who and When, 82 *Yale L. J.* 1365, 1368(1973).
43) 田中成明, 現代における裁判の機能の拡大 - その現況と正統性に関する一考察 -, 日本公法学会 編,公法研究 第46号, 東京, 有斐閣, 1984, 91頁.
44) Abram Chayes, The Role of the Judge in Public Law Litigation, 89 *Harv. L. Rev.* 1281 (1976).
45) Owen M. Fiss, The Supreme Court 1978 Term - Forward: The Forms of Justice, 93 *Harv. L. Rev.* 18-28(1979).
46) R. Wassermann, *Die richterliche Gewalt,* Heidelberg, R. v. Decker & C. F. Müller, 1985, S. 4ff.
47) R. Wassermann, a.a.O., S. 7. 법적인 것에 대응하는 의미에서 정치적인 것을 선택의 '임의성'과 '재량성'이라고 정의하면, 법관이 다양한 해석가능성 중에서 어느 하나를 선택하는 것은 '정치적'이라고 할 수 있으며, 이는 법규정의 의미를 결정한다는 의미에서 정책결정에 속한다.

책결정기능은 최고법원으로서의 대법원에 당연히 요구되는 것으로서, 사실상 법해석을 통하여 실현된다.[48] 그렇지만 다양한 법해석의 가능성을 가진 법률이 많다는 것은 그만큼 입법부의 입법부실을 의미할 수 있기 때문에 일차적으로는 입법부에서 이를 확정할 책임을 지는 것이라고 할 수 있다. 그러므로 대법원이 해석을 통하여 정책결정에 이르도록 촉구하는 것은 입법부가 제정한 법률의 의미내용이 불분명하여 구체적 재판에서 그 의미내용을 확정하여야 하는 경우에 한정된다고 할 것이다.[49] 그렇다면, 상고법원안이 대법원의 법해석통일기능(내지 정책법원기능)을 강조하여 상고법원을 둔다는 제안이유는 그다지 중대한 이유로 될 수 없다고 판단된다.

2) 상고사건 폭주의 근본원인에 대한 분석 미흡

상고법원안이 가진 문제점 중의 하나는 상고사건이 폭주하게 된 원인에 대한 분석이 매우 미흡하다는 점이다. 이 점은 우리나라의 상고제한제도의 변천사에서도 볼 수 있는 문제점이다. 실질적으로 상고제한제도가 최초로 도입되었던 1959년 1월의 2원적 구성시기에도 늘어나는 사건수에 대한 정확한 원인분석이 없이 사건증가 현상에 대한 표면적 대응책으로 2원적 구성을 한 것일 뿐이었다. 이후의 상고제한제도도 근본원인에 대한 분석과 대응방안은 전혀 고려없이 그때그때 미봉책에 그쳤음을 부인하기 어렵다.

상고사건이 급증한 데 대한 근본적인 원인은 첫째로, 제1심사건수의 증가, 둘째로, 제1심과 제2심의 판결에 대한 상소사건의 증가이다. 제1심 사건수의 급격한 증가원인은 무엇인가? 가장 먼저 들 수 있는 것은 우리나라 사회의 급격한 변화이다. 경제규모의 급격한 팽창, 사회적 제 영역의 거대화·복잡화 등으로 말미암아 개인 간 혹은 개인과 국가 간 분쟁이 날로 많아지고 그에 따라 제1심의 사건수가 급격히 증가하였다. 1992년, 2002년, 2012년 등 10년 단위로 사건수의 변화추이를 보면, 1심

48) 이 점에서 한 승, 앞의 주 38)의 자료집, 60-61쪽에서 필수적 대법원 심판사건으로 '재판의 결과가 공적 이익과 관련이 있는 사건'을 설명하면서, 대통령 등의 공직선거법 제263조 내지 제265조에서 정한 형사사건의 상고사건, 지방자치단체 관련 선거소송 및 당선소송의 상고사건, 주민투표소송의 상고사건 등을 언급하고 있으나, 공적 이익과 관련된 사건을 이러한 의미로 이해한다면 이는 정책결정기능과는 무관한 것으로 정책결정기능을 지극히 오해한 것이다. 다만, 대법원 홈페이지에서 「상고법원의 새로운 시작」이라는 배너홍보에서, 대법원판결을 통한 사회갈등해소와 사회통합을 강조하면서 사례로 든 사건들이 오히려 공적 이익에 부합하는 사건들이다.

49) 예컨대, 수감시설의 미비 혹은 부실로 인한 민사상 손해배상청구소송의 경우, 수감시설의 미비 혹은 부실을 국가의 불법행위로 볼 것인지의 여부는 불법행위의 구성요건에 대한 대법원의 인정여부에 달려 있다. 이때 대법원이 법률의 해석을 통하여 적극적으로 이를 인정한다면 국가의 손해배상책임이 발생할 것이고, 그에 따라, 앞으로 예상되는 배상청구에서 국가가 지는 재정부담보다 시설을 개선하는 것이 훨씬 비용이 적게 든다면, 국가는 당연히 시설개선 정책을 선택할 것이다. 대법원의 정책결정기능은 이러한 경우에 한정된다.

접수사건수는, 1992년 543,302건, 2002년 1,289,591건(92년 대비 2.37배 증가), 2012년 1,409,638건(92년 대비 2.59배 증가)으로 나타났고, 이 중 상고사건은 1992년 12,390건, 2002년 18,600건(92년 대비 1.50배 증가), 2012년 35,777건(92년 대비 2.88배 증가)으로 나타났다.[50] 제1심 사건수의 증가에 대비하여 제1심 법관의 수의 증가를 살펴보면, 부장판사를 포함한 제1심 법관의 수는 1992년 3월에 908명, 2002년에 1,679명(예비판사 포함; 92년 대비 1.85배), 2012년에 2,308명(92년 대비 2.54배)으로 증가하였다. 제1심 법관의 수는 2012년에 이르러 거의 비례적으로 증가한 것으로 나타나지만, 실제 가동할 수 있는 법관의 수에 대비한 제1심 법관의 담당사건수는 별로 감소되지 않은 것으로 보인다. 2001년 1년 동안 본안사건 기준으로 지방법원 판사 1인이 부담하는 사건수는 전국평균 1024.7건으로 되어 있다(가동 법관수 1,148명. 본안외사건을 포함하면, 4770.6건).[51] 한 달 평균으로 보면 약 90건에 육박하는 숫자이다. 이러한 사정은 10여 년이 지난 2015년 현재에도 크게 개선되지는 않은 것으로 보인다.[52] 한 달 평균 90건 정도의 사건수는 그 자체로 이미 과도한 부담이라 아니할 수 없으며, 제1심 사건수의 증가에 따른 상소사건의 증가를 초래하는 근본적인 이유라 아니할 수 없다. 이를 해결하는 방법은 제1심 법관의 수를 대폭 늘이는 것이지만, 대법원은 갑작스런 법관증원이 용이하지 않다는 입장을 갖고 있는 것으로 보인다.

한편, 법관수의 증원과 관련하여 고등법원의 법관수를 따져볼 필요가 있다. 물론, 제2심은 지방법원 항소부와 함께 관할을 갖기 때문에 대법원의 상고사건 중에서 고등법원 판결이 차지하는 비중에 따라 고등법원 법관수의 직무상 효율성을 고려하여야 하지만, 이는 지방법원의 단독심의 사물관할에 따라 좌우된다. 하지만, 지방법원 단독심 관할을 확대하는 것은 결국 단독판사의 업무량을 과도하게 하고 그에 따라 심리충실도를 저하시키는 요인이 되며, 당사자의 입장에서 보더라도 항소심에서도 동일한 법원의 심리를 받게 되어 그에 대한 불신요인도 적지 않을 것이므로, 가능하다면, 단독심관할을 최소화하여야 할 것이다. 어쨌든, 제2심으로서 고등법원은 지방법원 항소부보다는 항소심으로서 주된 역할을 한다는 점에서 매우 중요한 심급이 아닐 수 없다. 그럼에도 불구하고, 고등법원의 부장판사와 판사의 수는 그 증원율이 매우 들쭉날쭉하고 있다. 1992년에 고법부장판사와 고법판사가 각 79명과 218명, 2002년에(특허법원과 재판연구관을 포함하여) 각 101명과 190명, 2005년에 각 105명과 202명, 2012년에 각 117명과 246명, 2015년에 각 120명과 209명 등으로 연도

50) 이 통계는 각 년도 사법연감에 기초한 것으로, 서봉규, 상고제도 개선 및 상고법원 도입 방안에 관한 토론문, 대법원 주최 상고제도 개선 공청회 자료집(주 20), 97쪽 이하의 내용을 참고하였다.

51) 법원행정처 편, 사법연감 2002, 906쪽 참조.

52) 법원행정처는 언제부터인가 1심 법관 1인당 사건수 통계를 적시하지 않고 있다.

에 따라 정원이 감원되기도 하고 증원되기도 하였다.[53] 사실상 제1심 사건수가 급격히 증대하는 상황에서 제1심 법관수는 그에 비례하여 어느 정도 증원이 이루어졌으나, 고등법원의 법관수는 그 증원율이 극히 미미하였던 것이다. 지법항소부관할사건의 비중을 고려할 필요는 있겠지만, 고법 자체의 관할사건수에 비하여 고법 법관수가 거의 증원되지 못한 것은 상고사건이 많아진 이유 중의 하나일 것으로 추정된다.

사정이 이러하다면, 상고를 제한하는 제도를 고민하기 전에 근원적으로 상고사건 자체를 줄이는 방법을 먼저 고민하는 것이 순서일 것이다. 이 점에서, 상고를 제한할 필요성이라는 목적과 상고법원이라는 실현수단 사이의 합리적 관련성은 현저히 떨어진다고 볼 수밖에 없다.

3) 헌법구조적 문제 - 소규모 전문법원창설의 곤란성

현재 우리나라의 사법부는 임기 10년의 법관만이 그 구성원으로 될 수 있다(헌법 제105조 3항). 이 헌법상 제약은 임기가 짧거나 임시직 법관으로 구성된 소규모 전문법원의 창설을 불가능하게 하고 있다. 법원에 제기되는 소액사건이나 전문영역의 소규모 사건들을 소규모전문법원에서 담당하게 한다면 항소 혹은 상고사건의 수가 크게 줄어들 수 있을 것이다. 물론 법관의 임기를 변경하는 것은 헌법개정사항이다.

(2) 독립적 하급심화의 문제 - 수단의 적절성 여부

대법원이 상고법원을 주장함에 있어서 가장 강조하는 것 중의 하나는 헌법상의 재판청구권에 대법원에 의한 재판을 받을 권리를 포함하지 않는다는 헌법재판소의 결정들이다.[54] 상고법원안을 찬성하는 입장에서도 대부분 상고법원안을 찬성하는 근거로 헌법재판소의 결정들을 들고 있다.[55] 그러나 이러한 입장은 헌법재판소 결정을 견강부회하는 것이다. 즉, 헌법재판소 결정이 대법원이 모든 사건의 상고심을 관할하여야 한다는 것은 아니라는 점은 명확히 하고 있지만, 그렇다고 하여 별도의 독자적인 하급법원(상고법원)으로 하여금 상고심을 담당할 수 있게 한다는 취지는 아니다. 상고제한의 수단으로 심리의 성격(사실심·법률심)이나 사건의 경중 혹은 소송가액 등에 의한 제한도 있을 수 있지만, 하급심인 각급법원의 하나로서의 상고법원으로 하여금 상고심을 담당하게 하는 것까지도 허용될 것인가의 문제는 별개이다. 다

---

53) 국가법령정보센터(http://www.law.go.kr)의 각 연도의 「각급 법원에 배치할 판사의 수에 관한 규칙」 참조.

54) 헌재 1992. 6. 26. 90헌바25; 1995. 1. 20. 90헌바1; 1997. 10. 30. 97헌바37 등 병합; 2007. 7. 26. 2006헌마551, 2007헌마88, 255 등 병합.

55) 김춘호, 앞의 주 4)의 글, 54쪽 이하; 한 승, 앞의 주 38)의 글, 56쪽 이하; 헌재결정을 직접적으로 언급하지는 않으나, 상고법원안에 찬성하는 글로, 정영환, 우리 사법시스템에 대한 새로운 고찰, 저스티스 통권 제146-2호, 410-444쪽 등 참조.

시 말하면 상고제한이라는 목적을 위하여 선택가능한 다른 수단을 제쳐두고 하급심인 상고법원을 두는 것이 헌법상 허용될 것인지의 여부는 엄밀하게 검토되어야 하는 문제이다.

상고법원은 헌법상 각급법원의 일종으로서 하급심이다.[56] 상고법원에 의하여 상고가 기각되는 당사자는 특별상고의 방법으로 불복할 수 있도록 하고 있다.[57] 특별상고의 대상이 되는 상소법원판결은 민·형사소송법 공히 「1. 판결에 헌법 위반이 있거나, 재판의 전제가 된 명령·규칙·처분의 헌법 또는 법률의 위반 여부에 대한 판단이 부당한 때 2. 대법원판례(대법원판례가 없는 경우에는 상고법원 판례를 포함한다)와 상반되는 판단을 한 때」라고 하여, 매우 제한적으로 허용할 것임을 예상하고 있다.[58] 이 제도 자체로도 매우 복잡하여 국민에 대한 사법서비스에 충실하지 못하다는 비판이 있을 수 있다.[59] 뿐만 아니라 상고법원은 하급심임에도 불구하고 그 판결에 대하여 불복할 수 없게 하고 있다. 이는 주권자인 일반국민의 입장에서 볼 때, 사법부의 판결에 대한 불신을 초래할 가능성이 매우 크다. 즉, 기각판결이 대법원의 이름으로 행해지는 경우와, 대법원의 하급심에 의하여 행해지는 경우에 이를 받아들여야 하는 국민들의 입장에서는 정서상 큰 차이가 있을 것으로 생각된다. 상고법원의 판결에 대한 불복을 허용하지 않는 데에 대하여 헌법소원이 제기될 가능성도 충분하다. 따라서 독립된 하급심이 아닌 다른 수단을 선택할 수 있다면 이를 선택하는 것이 훨씬 합리적이다.

(3) 최종심 법원 구성원의 민주성 문제

상고법원안에 의하면, 상고법원장과 상고법원판사는 대법관회의의 의결을 거쳐 대법원장이 보임하도록 하여(상고법원안 제17조 1의2호), 기존의 고등법원 이하 일반법관의 경우와 동일하게 하고 있다. 문제는 최종심으로 기능하게 되는 상고법원의 구성원인 판사가 대법관과 같은 정도의 민주적 정당성을 갖기 어렵다는 점이다. 물론 상고사건 중에서 상고법원에서 심판할 사건에 관하여 대법관 3명 이상으로 구성된 부에서 대법원사건과 상고법원사건을 분류하기 때문에(상고법원안 제14조의2), 1차

56) 상고법원안 제3조 1항 2호.

57) 대법원의 상고제도개선 공청회에서는 상고법원의 판결에 대한 불복방법으로 특별상고를 상설하고 있는바, 민사소송법과 형사소송법에 특별상고규정을 따로 신설하도록 하고 있으며(한 승, 앞의 주38)의 글, 68쪽 이하), 상고법원안에는 이에 관한 규정을 따로 두지는 않았다. 하지만, 제19대 국회에서는 2015년 5월 현재 특별상고제도를 두기 위한 민사소송법과 형사소송법 개정안이 제안되어 있지는 않다.

58) 한 승, 앞의 주 38)의 글, 70쪽 이하 참조.

59) 과거 고법상고부제도에 대해서도 이와 비슷한 비판이 있다. 호문혁, 상고제도의 목적과 상고심 부담경감제도, 한국민사소송법학회, 「민사소송」 9권2호, 2005.11, 106쪽 참조.

적으로 대법관의 판단을 받기는 하지만, 최종적으로는 상고법원판사들에 의하여 심판이 행해진다. 따라서 당사자의 입장에서 본다면, 자신의 사건의 최종심을 민주적 정당성이 약한 판사에 의하여 심판받게 되는 것이다. 이 또한 상고법원판결에 대한 국민의 신뢰를 떨어뜨리는 결과로 될 것이다.

(4) 사건분류 심사구조의 문제 - 인적 사법자원의 낭비의 우려

상고법원안에 따르면, 대법원은 대법관 3명 이상으로 구성된 부에서 상고·재항고사건을 심사하여 법령 해석의 통일에 관련되거나 공적 이익에 중대한 영향을 미치는지를 기준으로 대법원이 심판할 사건과 상고법원이 심판할 사건을 정하도록 하고 있다(상고법원안 제14조 및 제14조의2). 또한 상고법원에는 재판연구관을 두도록 하고 있다(상고법원안 제25조의6). 이와 같은 심사구조는 상고법원 관할사건에 대한 심사와 상고법원에서의 본안심사라는 이중적 심사로 인한 인적 자원 낭비의 우려가 있다.[60] 즉, 대법원에서 상고법원사건분류 시에 일차적으로 분류심사를 하여야 하기 때문에 다수의 재판연구관이 필요할 것이며, 분류된 상고법원사건에 대한 본안심사를 위하여 또한 다수의 재판연구관이 필요할 것으로 예상된다. 그렇다면, 2015년 현재 107명으로[61] 되어 있는 대법원 재판연구관 뿐만 아니라 상고법원 소속의 재판연구관이 더 필요할 수도 있다. 물론 대법원에서 사건분류에 참여하는 재판연구관은 현재의 인원보다 감축될 것으로 예상되기는 하지만, 약 36,200건(2012년 본안사건 기준)의 사건을 분류하는 데에도 적지 않은 인원이 소요될 것이다. 거기에다 상고법원관할로 분류된 사건의 본안판결을 위하여[62] 다시 재판연구관을 둔다면 적어도 현재의 인원보다는 훨씬 많은 수의 재판연구관이 투입되어야 할 것이다. 그렇다면 현재의 제도에 비해 훨씬 더 사법자원의 낭비를 초래할 것이다. 현재의 상고법원안 및 대법원의 의견에서는 재판연구관을 몇 명을 둘지에 대해서는 명확히 밝히고 있지 않으나, 적어도 현재의 재판연구관의 수보다 훨씬 많은 수가 필요할 것이다.

(5) 하급심의 부실화의 우려

상고법원이 설치될 경우 제기될 수 있는 또 하나의 문제는 인적 자원의 낭비로 인하여 하급심이 부실하게 될 우려가 있다는 점이다. 현재 상고법원의 규모를 어느

60) 같은 뜻, 한충수, 주 4)의 논문, 393쪽, 396-7쪽 참조.

61) 각급 법원에 배치할 판사의 수에 관한 규칙, 시행 2015. 2. 17, 대법원규칙 제2592호, 2015. 2. 17, 일부개정, 별표 참조.

62) 현재의 심리불속행제도의 경우 그 사유를 기재할 필요가 없지만, 상고법원에서 심판한다면 상고기각의 경우 그 사유를 기재하여야 할 것으로 보이며, 그에 따라 상고법원 법관의 업무가 결코 적지 않을 것이다.

정도로 할지에 대해서는 법안에서도 대법원의 입장에서도 명확하지 않기 때문에 상고법원의 설치 자체로 적지 않은 인적 부담이 될 것이며, 현재의 법관수가 대폭적으로 증원되지 않는 상태에서 하급심의 사건부담은 더 커질 수도 있다.[63] 이는 곧 1심 및 2심의 판결이 오히려 부실화할 우려를 낳게 된다. 앞서 지적한 바와 같이, 심급제도는 최종심인 최고사법기관이 독립적인 하급심에 판결을 위임한다는 성격을 가지고 있다. 어느 심급의 법관도 헌법상 독립적인 지위를 가지기 때문에 상급심은 하급심의 판단을 최대한 존중해주어야 한다. 하급심판결에 대한 상급심의 존중은 하급심의 판결이 분쟁의 해결에 완결적임을 전제로 한 것이다. 하급심이 분쟁해결에 완결적이기 위해서는 충실한 심리와 신중한 법적 판단에 이를 수 있도록 제도적 뒷받침이 있어야 한다. 우리나라의 사법부 특히 법원의 구성원은 최고의 자질과 능력을 가진 우수한 인재들의 집합처인바, 관료적 사법제도와 과도한 사건부담으로 인해 그 능력을 최대한 발휘할 수 없게 될 수도 있다. 하급심이 부실화한다면 상고사건은 더욱 늘어날 것이며 그에 따라 상고법원과 대법원의 사건부담은 더욱 커지게 된다. 문제해결의 근원은 하급심의 충실화에 있음에도 불구하고 최상급심만을 강화하는 것은 결코 올바른 해법이 될 수 없다.

(6) 사법의 일체성(법해석의 통일성)의 훼손과 비용증대의 우려

앞서 본 바와 같이, 상고법원안에 따라 상고법원이 설치될 경우, 상고법원의 판결에 대한 불복방법으로 특별상고를 예정하고 있기는 하지만, 그렇다고 하여 대법원과 상고법원 사이의 판결의 일체성 즉, 법해석의 통일이 완전히 확보될 수 있을지는 약간의 의문이 있다. 물론 특별상고의 이유로 대법원과 상고법원의 판결에 위배된 경우를 모두 포함하고는 있지만,[64] 절차의 복잡성과 비용문제로 인하여 상고법원의 판결에 불복하지 않게 되면 상고법원의 판결은 그대로 확정되게 되고, 그 결과 대법원과 상고법원 사이의 법해석의 통일성이 저해될 수도 있다. 이는 최종심 법원이 서로 다르기 때문에 나타나는 문제로서 기관이 별도로 분리될 경우에 언제든지 나타날 수 있는문제이다.

또 하나의 문제는 국민의 사법비용의 증대이다. 소수이기는 하겠지만, 제1심과 제2심을 거치고 상고 후 상고법원판결에 대한 특별상고까지 제기한다면 국민이 부담하는 사법비용은 훨씬 커지게 된다. 우리 사회에서 오랫동안 문제되어왔던 대법관 출신 변호사의 전관예우문제까지 감안하면 국민이 부담해야 하는 사법비용이 급격히 증가한다. 상고법원이 도입되면 어쩌면 상고법원판사의 전관예우까지 문제될지도

63) 같은 뜻, 한충수, 주 4)의 논문, 396-7쪽 참조.
64) 한 승, 앞의 주 38)의 글, 70쪽 참조.

모른다. 절차를 복잡하게 하고 비용부담을 증가시키는 것도 국민의 대사법접근성을 약화시키는 요인으로 작용할 수 있다.

Ⅴ. 맺음말 – 제도화의 제언: 대법원의 이원적 구성을 촉구하며

1. 기존의 경험에 대한 반성적 고찰

지금까지 우리나라에서 시행되었던 상고제한제도는 고법 상고부, 대법원의 2원적 구성, 상고허가제, 심리불속행제 등이 있었고, 그 중에서 심리불속행제는 20년 넘게 지속하고 있다. 그럼에도 불구하고 상고사건의 수는 제도와는 상관없이 줄어들지 않고 있으며, 급기야 상고사건을 별도로 처리하는 상고법원제의 도입까지 논의되고 있는 상황이다. 다양한 상고제한의 수단을 제도화하였음에도 불구하고 문제가 근본적으로 해결되지 못한 것은 문제 자체의 근본원인에 적합한 처방을 하지 않았기 때문이다. 상고사건이 줄어들지 않는 가장 큰 이유는 사실심인 1심과 2심에 대한 국민의 불신 때문이며, 그와 더불어 대법원이 사실심까지 관여하기 때문이다. 우리나라에서 사실심이 충분히 신뢰를 얻지 못하는 것이 일반적 인식인 상황에서는 상고심이 하급심의 사실인정을 가려주지 않으면 안된다는 측면에서 권리구제를 소홀히 하기 어렵다는 점을[65] 무시할 수는 없지만, 사실심을 충실히 하여 대법원에까지 상고되지 않게 하기 위해서는 사실심 법관들의 지나친 업무량을 감축하지 않으면 안된다. 앞서도 지적한 바와 같이, 법관 1인당 한 달에 90건 이상의 사건을 처리해야 하는 상황에서는 아무리 우수한 인재가 법관이 되더라도 사건의 사실관계를 정확히 인식한다는 것을 기대하기 어렵다. 따라서 사실심을 충실하게 하기 위해서는 제1심 법관수를 증원하는 것이 필수적인 해법이다. 대법원은 상고법원안이 국회에서 제안된 상황에서 사법제도개선위원회를 개최하여 '한국형 디스커버리 제도'나 '전문심리관 제도' '사법보좌관 업무 확대' 등 사실심강화방안을 논의하고 이를 제도화하겠다는 입장을 홍보하고 있으나,[66] 상고법원안의 통과를 위한 제스쳐로 비칠 뿐 신뢰하기 어렵다.[67] 뿐만 아니라 위의 강화방안들은 기존의 사법부의 규모를 그대로 둔 채 심리의 효율성을 높이기 위한 제도일 뿐 넘쳐나는 사건수를 감당하기에는 부적절하다. 또한 사실심강화방안은 상고법원과는 상관없이 추진되어야 하는 과제이지 상고법원 설치와 '빅딜'할 수 있는 것이 아니다.[68]

---

65) 호문혁, 주 59)의 글, 101-102쪽 참조.

66) 2015년 5월 8일자 각 신문 참조.

67) 실제 심리불속행제가 도입될 때에도 사실심강화를 위한 제 제도도입을 약속하였음을 지적하는 견해도 있다. 한충수, 주 4)의 글, 398쪽.

앞서 본 바와 같이, 상고법원안이 많은 문제를 안고 있다면, 대안은 무엇인가? 대한변협이나 학계의 일반적인 논의에서는 대법관증원안을 주장하는 견해가 적지 않다.[69] 그러나 사실심 충실화가 확보되지 않은 채 대법관만 증원한다고 하여 문제가 근본적으로 해결되는 것은 아니다. 우리의 인력 사정상 대법관이 될 만한 사람을 그렇게 많이 찾을 수도 없고 탄탄한 하부구조 없이 머리만 큰 구조로 될 우려가 있으며, 현재의 대법관수를 50% 정도 증원하더라도 현재의 대법원의 사건 부담을 해소하는 데에 큰 도움이 되지 않는다는 주장이[70] 충분히 설득력이 있다.[71]

2. 대법원의 2원적 구성 – 헌법적합성의 제고

사실심이 강화되지 않은 현재의 상황에서 과도한 상고사건수에 대한 대처방안은 무엇인가? 대법관 증원 이외의 또 다른 방안으로 대법원의 2원적 구성을 적극 검토하여야 한다. 2원적 구성안에 대해서는 ① 1959년에 이미 한 번 시행하였다가 실패한 경험이 있고, ② 대법관과 대법관이 아닌 법관 사이에 실질적 합의가 이루어질 수 있을 것인지에 의문이 있으며, ③ 대법원판사의 임명절차가 대법관의 임명절차와 다르게 진행된다면 위헌의 소지가 있고, ④ 법원관료화 현상이 심화될 것이며, ⑤실질적으로 법원장급 판사가 배석판사의 지위를 갖게 되는 문제점 등을 지적하면서 반대하는 견해가 있다.[72] 반대의 각 근거 중 ②-⑤의 각 주장에 대해서는 타당하지 않다는 반박견해가 있으므로,[73] ①의 주장에 대해서만 집중하여 살펴본다.

1959년에 한 번 시행하였다가 실패하였다는 주장은 50년도 더 전에 시행되었던

---

68) 한충수, 같은 쪽.

69) 장주영, 대법관 증원을 통한 상고심 개선방향, 대한변협주최, 상고심개선에 관한 토론회, 2014. 10. 15, 주제발표문. 대한변협은 오래 전부터 대법관 증원을 강조해왔다. 대법관증원의 또다른 주장으로, 한충수, 주 4)의 글, 401쪽 이하.

70) 호문혁, 주 59)의 글, 105쪽 참조.

71) 필자는 헌법개정을 통하여 우리나라 최고사법기관을 다원적으로 구성하여야 한다는 견해를 표한 바 있다. 헌법재판소 이외에 최소한 일반대법원, 행정대법원 정도의 다원화는 필요하다고 생각된다. 이헌환, 사법제도 개헌에 관한 관견, 헌법학연구, 제14권 제4호, 2008. 12, 383쪽 이하 참조.

72) 정선주, 상고제도 개선의 기본방향, 대법원 주최, 상고제도 개선 공청회 자료집, 2014. 9. 24, 35쪽; 한 승, 같은 자료집, 53-54쪽; 김춘호, 주 4)의 논문, 58쪽 이하 등 참조.

73) 호문혁, 주 59)의 글, 107쪽 참조. 이 글에서는 반대견해에 대하여 ①대법원판사로 임명되는 법관은 적어도 고등법원 부장판사급이므로, 대법관과 대법관 아닌 판사 사이에 실질적인 합의는 얼마든지 이루어질 수 있고, ②우리 헌법에 대법원에 대법관 아닌 판사를 둘 수 있다고 규정하였기 때문에, 대법원판사가 재판에 관여하는 것이 위헌이 될 수는 없으며, 국회의 동의를 얻어 임명된 대법관과 그런 절차를 거치지 않은 대법원판사 사이의 합의도 기술적으로 해결할 수 있고, ③법원의 관료화 우려는 구체적 근거가 없다. 오히려 조직의 확대로 대법관들의 부담이 훨씬 줄어들고, 모든 상고사건을 대법원에서 처리하므로 법령해석의 통일이 쉬워진다. 그러므로 본래 상고제도의 목적이나 본질에도 맞다고 하고 있다.

2원적 구성에 대하여 깊이 고찰하지 않고 다른 안을 주장하기 위한 반대에 지나지 않는다. 앞서 본 바와 같이, 대법원의 2원적 구성안은 정부수립 후 약 10년간 점증하는 상고사건을 처리하기 위하여 헌법에서 전혀 예정하고 있지 않음에도 불구하고 법률로 규정되었던 제도이다. 당시의 사법부의 업무형태는 소송서류나 판결서 등을 전부 손으로 직접 써야 하는 시기이었고, 따라서 대법관의 업무부담도 적지 않았다.[74] 2원적 구성에 의하여 민사부 24개 재판부, 형사부5개 재판부, 특별부, 연합부 등으로 구성되어 상고사건의 처리에 효율적일 수 있었으나, 정작 장애가 된 것은 대법원판사가 담당할 수 있는 사물관할의 제한이었다. 우여곡절 끝에 1961년 8월에 폐지되기는 하였으나, 대법원의 2원적 구성은 실패한 제도라기보다는 제대로 시행된 적이 없는 제도라고 함이 타당하다. 더욱이, 제도가 처음 도입되었던 1959년 당시의 헌법에는 대법원에 대법관 이외의 법관을 둘 수 있는 근거규정도 없었기 때문에 위헌여부의 논란이 있을 수도 있었으나, 1980년 헌법 이후부터 대법원에 대법관이 아닌 법관을 둘 수 있는 헌법적 근거도 규정되어 있으므로 위헌여부는 전혀 문제되지 아니한다. 상고법원안이나 대법원의 입장에서는 상고법원을 몇 명의 법관으로 구성할지에 관하여 전혀 예상하고 있지는 않으나, 최소한 상고법원소속으로 예정되는 법관의 수만큼 대법원판사를 임명하고 1인 또는 2인의 대법관과 3인 또는 4인의 대법원판사로 부를 구성한다면, 상고법원으로 달성하고자 하는 목적을 충분히 달성할 수 있을 것으로 생각된다. 이 경우 기존의 재판연구관을 활용할 수 있기 때문에 인적 사법자원의 낭비도 줄일 수 있다.

현대사회에서 법치주의의 확대·강화는 인류보편의 현상으로서 특히 선진제국가들의 법치주의적 지배의 발전은 개인과 개인 사이 및 개인과 국가 사이에 발생하는 분쟁들에 대한 법치주의적 해결을 요구하고 있다. 그에 따라 국가적 차원에서 설정된 법치주의의 실현기제로서의 사법제도를 통한 분쟁해결의 요구도 더욱 커지고 있으며, 이러한 요구는 단순히 의지적 차원에서만이 아니라 법이론의 정밀화와 엄격화를 요구하고 있기도 하다. 즉, 법률심을 위주로 하는 선진 법치주의국가들에서 상고사건이 증대하는 것은 그만큼 법이론의 정밀화와 엄격화의 요구가 크다는 것을 보여주는 것이기도 하다. 이러한 상황 하에서 상고사건의 증대에 대한 대책은 하급심에 의한 사실심의 결론을 최대한 존중하면서 법률심 단계에서 제기되는 문제에만 한정하여 상고를 허용하는 것이 최선의 방법이다. 세계 각국의 상고제한제도가 가능한 한 사실심문제는 2심단계로 제한하여 상고를 허용하지 않는 방향으로 제도화되고 있는 것도 이를 반영한 것으로 볼 것이다.

74) 대법관 1인당 연간 부담사건수는 1960년에 222건이었다고 한다. 사법발전재단 편, 역사속의 사법부, 2009, 158쪽 참조.

우리나라의 경우 상고사건의 증대는 우리 사회의 경제적 발전과 국민들의 권리의식의 확대, 그리고 최고법원인 대법원의(사실심을 포함한) 무제한적 관할로 인하여 초래된 결과라 하여도 과언이 아니다. 폭주하는 상고사건을 제한하는 일차적 방법은 사실심인 제1심과 제2심을 강화하는 것이다. 이 과제는 단기간에 이루어질 수 있는 것은 아니다. 중장기적 관점에서 사법부의 발전방향을 제시하고 이를 실천해나가는 것이 무엇보다 중요하다.

중장기적 과제를 실천해가는 과정에서 과도기적으로 상고사건의 폭주에 대처하는 방법은 여러 가지 문제를 안고 있는 상고법원안을 추구하기보다는 헌법적으로 예정하고 있는 대법원의 2원적 구성방법을 고려하는 것이 가장 적절하다. 기관중심적으로 해결방안을 추구하는 것이 아니라 국민의 이익을 위하여 무엇이 가장 좋은 방안인가를 고민하여야 할 때이다.

(헌법재판연구원 편, 헌법재판연구 제2권 제1호, 2015. 6, 345-374쪽)

12. 경기고법의 설치와 국민의 사법접근성의 확대

Ⅰ. 서론 – 법치주의의 확대와 그 경향

1. 현대 세계의 변화양상과 법치주의

역사학자 에릭 홉스봄은 20세기를 극단의 시대로, 21세기를 폭력의 시대로 명명하였다. 역사학자로서 홉스봄의 지적은 사실로서의 역사를 평가한 표현이지만, 규범과학으로서의 법학, 특히 헌법분야의 발전은 홉스봄의 지적을 넘어 새롭게 평가될 필요가 있다. 명확한 것은 17-8세기의 혁명기를 넘어, 19세기의 의회중심(정치)의 시대에서 20세기 사법부중심(법치)의 시대로, 나아가 21세기 헌법중심(헌정주의)의 시대로 변화발전되었다는 점이다.

근대사회의 확립과 자본주의질서의 제 모순의 등장, 그리고 그 극복을 위한 방안으로 등장한 사회주의라는 거대한 실험, 자본주의와 사회주의의 대립의 양상으로서의 1·2차 세계대전의 경험과 냉전체제의 전개, 소위 소동파(소련과 동구의 붕괴)로 일컬어지는 사회주의권의 붕괴와 그 후속의 다극주의적 신국제질서(미국, 중국, 유럽연합, 러시아, 제3세계)의 전개 등은, 국제관계에서의 사실적 힘의 대결의 양상을 보여주는 것이지만, 또 다른 면으로는 법치주의가 직면한 현실의 난관들을 적나라하게 보여주는 것이기도 하다.

이러한 상황 하에서 인류의 공동체지배질서원리로서의 법치주의는 일면 도전을 받기도 하고 타면 그 역할기능을 확대하는 양상을 보여주기도 한다. 이는 현실의 힘의 대결이라는 현상에 대한 규범적 통제의 필요성에 대한 요구가 그만큼 커지고 있음을 반증하는 것이기도 하다.

2. 법치주의의 발전방향 – 거시적 및 미시적 관점

현대사회에서의 법치주의는 두 가지 측면에서 구체화되고 있다. 그 하나는, 헌법의 규범성의 확립을 통한 사법의 법창조 내지 법(정책)형성기능의 확보의 측면이며, 다른 하나는, 국민주권주의와 법치주의의 실질화에 따른 법치주의의 생활화와 그로 인한 법치주의적 생활양식의 보편화의 측면이다. 전자는 거시적 측면에서, 국가권력적 측면에서의 사법기능의 확대로서 권력분립원칙의 실질화이자 사법의 정치성의 확대라면, 후자는 미시적 측면에서, 개인의 생활영역에서의 사법기능의 확대라고 할 수 있다. 전자는 사법이 단순히 「법의 말을 하는 입」에 그치지 아니하고 법형성 및 국가의 중요정책을 결정하는 기능에까지 역할기능을 확대하여, 정치과정에서 하나의 독자적인 역할을 담당하게 되었음을 의미하고, 후자는 법치주의의 실현도구로서의 사법이 단순히 국가의 통치수단으로서만 인식되는 것이 아니라 국민 개개인의 인권보장을 위한 도구이자 생활양식으로서 인식됨으로써 국민의 생활 깊숙이 법이 자리잡게 되었음을 의미한다. 특히 후자의 경우, 개인의 삶의 과정에서 나타나는 거의 모든 문제들이 법치주의적 방식으로 해결될 것을 요청하고 있고, 그에 따라 분쟁의 성격이나 소송물의 크기, 사건해결의 용이성 등에 따라 다양한 형태의 사법기능의 제도화를 필요로 하고 있다. 예컨대, 오늘날 활발하게 논의가 진행되고 있는 소송외적 분쟁해결제도(ADR: Alternative Disputes Resolution)는,[1] 법적 판단이 단순히 적법·위법에 관한 일도양단적 판단으로 어느 일방의 전면적 승리에 그치지 아니하고, 사적 자치의 영역에서의 이해관계의 조정이나 중재에까지 그 역할범위를 확대하여 당사자간에 win-win으로 분쟁을 해결할 수 있음을 보여준다. 이것은 사법기능이 단순히 정의의 실현으로서의 시비(是非)의 문제만이 아니라 양립가능한 선택(選擇)의 문제에까지 확장되고 있다는 것을 방증하는 것이다.

아울러 현대사회에서 개인의 생활의 복잡성과 상호관련성이 증대하고 있어서, 경미한 사건에 관하여 신속하고 경제적으로 해결하도록 하여 당사자가 신속히 정상적인 사회생활로 복귀할 수 있도록 할 것을 요구하고 있다. 단순하고 경미한 사건에 대하여 정규의 사법절차를 모두 거치게 한다면 시간과 비용의 양 측면에서 모두 비효율적이고 사회구성원들의 규범인식에도 부정적인 영향을 미칠 것으로 판단된다. 우리나라의 경우에도 민사소액사건과 같이 경미한 사건이나 형사사법에서의 경죄사건이 급증하는 추세에 있다.

또한 생활의 전 영역에 대하여 법치주의가 적용되는 결과, 매우 전문적인 영역에서도 법적 판단을 요하는 경우가 증대하고 있다.

3. 법치주의의 제도화

(1) 법치주의의 실현조건

민주사회는 공동체 구성원 모두가 그 공동체구성의 주체이다. 물론 동질적 공동

1) 조정(mediation), 중재(arbitration), 미니재판(minitrial), 간이배심재판(summary jury trial), 조기중립적 평가(early neutral evaluation) 등의 소송외적(대안적) 분쟁해결수단(ADR)은 1990년대 이후 그 형태를 일률적으로 규정짓기 어려울 만큼 다양하게 발전하고 있다.

체를 어떻게 정할 것인가의 문제(예를 들면 공동체의 하나인 국가의 정체성, 동질성의 문제)도 공동체 구성원들에게 맡겨져 있다. 말하자면 오늘날의 모든 권력의 근원은 공동체 구성원 모두인 것이다. 따라서 법적 지배를 뒷받침하는 사법제도의 근원도 또한 모든 공동체 구성원이라고 하여야 한다(국민). 또한 이 말은 공동체 구성원 전부가 법적 논리의 담지자가 될 수 있다는 의미이다.

그러면 법치주의가 실현될 수 있는 기본적 조건은 무엇인가?

첫째로, 공동체 내에서 법적 논리가 생활화·사회화되어야 한다. 법적 논리는 특정집단이나 특정세력의 전유물이 아니다. 전체 구성원들 중의 누구도, 필요할 때에는 언제나 자신의 입장을 법적 논리로 진술할 수 있어야 한다. 그렇다고 하여 구성원 모두가 법률가가 되어야 한다는 것은 아니다. 자신의 입장을 법적으로 논리구성할 수 있는 법률가에게 쉽게 접근할 수 있으면 되는 것이다.

둘째로, 공동체 내에서 법적 논리의 경쟁구조를 보장하여야 한다. 개인적인 것이든 공동체 전체에 관한 것이든, 동일한 사안에 관하여 공동체 내에는 다양한 법적 논리가 존재할 수 있다. 이들 다양한 법적 논리는 그때그때의 다양한 사회적 힘에 의하여 선택되겠지만, 적어도 다양한 법적 논리가 제한없이 표현될 수 있는 사회적 장치가 마련되어야 한다. 이 사회적 장치는 법제도일 수도 있고, 법외적인 사회제도일 수도 있다(언론 등).

셋째로, 경쟁적인 법적 논리들 중 어느 것을 최종적으로 선택할 것인지에 대한 독자적인 심판기관이 존재해야 한다.

넷째로, 선택된 법적 논리가 실현될 수 있는 강제적 수단이 마련되어야 한다.

(2) 법치주의의 제도화

위에서 법치의 실현을 위한 조건들을 제시하였지만, 이 조건들은 공동체 전체의 차원에서 제도화될 필요가 있다. 즉 국가영역(정부영역)라는 공동체의 공식적인 제도로서뿐만 아니라 비국가영역(비정부영역)의 사회적 제도로도 확보되어야 하는 것이다.

법적 논리의 생활화·사회화를 위해서는 구성원들의 생활영역 전반이 법적 논리로 구성될 수 있도록 하여야 하며, 이를 위해서는 나양한 영역의 송사자들이 법률가로서의 자격을 갖출 수 있도록 하여야 한다. 우리나라의 경우, 법학전문대학원제도를 도입하여 법치주의의 실질화에 크게 도움이 될 것으로 생각된다.

법적 논리의 경쟁구조확보는 법외적인 측면에서는 사상·양심의 자유와 언론·출판·집회·결사 등의 표현의 자유가 보장되어야 하며, 법제도 내부에서는, 법적 논리를 충분히 개진할 수 있는 사법제도의 확립이 필요하다.

심판기관의 문제는 현존의 국가기관 중에서 본다면, 법원, 검찰, 경찰 등 사법권행사와 관련된 기관들이 객관적이고 공정하게 설정되도록 하는 것이다. 경찰과 검찰은 법의 적용을 위한 사실의 확정에 관여하는 기관이므로, 그 권한행사의 과정에서 공정성을 상실한다면 구성원들의 신뢰를 상실할 것은 뻔한 이치이다. 법원은, 법 자체의 논리와 법외의 논리를 혼동하지 아니하고, 경쟁적인 법적 논리들 중에서 어느 하나를 선택하여 최종적인 법적 판단을 내릴 수 있도록 하여야 한다.

강제 수단의 문제는 법적 논리의 실효성 확보를 위한 제도적 장치를 어떻게 설정할 것인가의 문제로서, 공동체의 법적 지배질서를 유지하는 데에 효과적인 방법을 선택하여야 할 것이다.

이 글에서는 법치주의의 실현에 핵심적인 기관으로서 법원의 조직규모의 측면에서 국민의 대사법접근성을 강화하는 방안을 논의한다.

Ⅱ. 국민의 대사법접근성 – 조직규모의 측면에서

1. 사법의 접근성의 지표들

사법제도는 법치주의의 최종적 보루로서, 국가에 의한 기본권침해와 사인사이의 기본권침해 등 국민의 일상적인 생활에서 제기되는 제반 분쟁들의 최종적 해결장이다. 그러한 의미에서 국민이 자신에게 발생한 분쟁들을 해결하기 위해서는 사법제도를 보다 쉽게 이용할 수 있어야 한다. 어떠한 계기에 의해서든 제도의 이용에 걸림돌이 있다면, 이는 국민들로 하여금 사법제도를 외면하게 하는 원인이 될 뿐만 아니라, 결과적으로는 사법과정에서의 국민의 소외를 가져오게 된다.

국민의 대사법접근성의 문제에 대해서는 사법제도의 입장에서 보는 시각과 분쟁주체인 국민의 입장에서 보는 시각이 있을 수 있다. 사법제도의 시각에서 보는 것은 기존의 사법제도의 제도적 완결성을 전제로 하여 국민으로 하여금 사법부로 다가오게 하는 시각이라면 국민의 입장에서 보는 시각은 국민의 현재의 상태를 있는 그대로 받아들이고 그러한 국민들이 사법제도를 이용하기 쉽게 지속적으로 사법제도를 개선하는 것이다. 사법제도의 입장에서는 현재의 사법제도의 기본 틀을 유지하면서 그 틀 내에서 변화를 추구하는 것이라면, 국민의 입장에서 보는 시각은 기존의 틀을 과감히 벗어던지고 새로운 틀을 구축하는 것이다.

미국주법원센터(National Center for State Courts)에서 개최된 제2차 사법회의에서 제출된 보고서는 시민의 대사법접근에 관하여 다음의 여러 장애를 열거하고 있는 바, 이를 우리나라의 경우와 대비해 보더라도 별로 다르지 않다. 이에 각각의 장애들을 우리나라의 현실과 대비하여 살펴보면 다음과 같다.

첫째로, 경제적 장애이다. 법적 분쟁이 발생한 경우에 소송을 의뢰하려면 적지 않은 비용이 요구되고 있고, 그에 따라 소송자체를 포기하는 예도 적지 않을 것으로 생각된다. 이 문제를 해소하기 위해서는 먼저 변호사비용의 적정성을 제도화할 필요가 있고, 아울러 저소득층 및 중산층을 위한 법률부조프로그램을 확충하여야 한다. 국선변호인제도의 확대, 법률구조공단의 활성화, 당직변호사제도의 강화, 법무보험제도 도입 등 여러 형태의 법률부조프로그램을 확립할 필요가 있다.

둘째로, 지식적 장애이다. 우리나라의 법률문화가 자생적이기보다는 식민지시대의 일본의 영향을 받아 법률문언이나 소송용어가 모두 일본식으로 되어 있고, 소송절차 또한 과거 식민지시대의 영향을 완전히 벗어나고 있지 못하다.

셋째로, 지리적 장애이다. 이는 법원조직상의 장애와도 관련된다. 우리나라는 하급법원의 수가 적을 뿐만 아니라 상급법원 특히 고등법원의 수가 적기 때문에 1심판결에 불복하려 해도 거리상의 이유로 포기하는 예가 적지 아니하다. 그러한 의미에서 국민들에게 법원이 너무 멀다. 오늘날 교통이 발달하여 어디든 쉽게 접근할 수 있다고는 하지만, 국민의 일상적인 생활근거지가 모두 법원 주변에 몰려 있는 것은 아니다. 뒤에서 보는 것처럼, 우리나라의 법원의 조직은 국민전체의 법률수요를 충족하기에는 매우 열악하다.

넷째로, 절차적 장애이다. 국민들은 자신들이 가진 법적 분쟁을 어떠한 방식으로든 법원이 해결해주기를 바란다. 그러나 법원은 법률에서 정한 일정한 형식의 소송이 아니면 이를 받아들이지 않으려는 경향이 있다(원고적격의 배제, 소의 대상성의 부인, 소제기기간의 도과 등등). 국민의 기본권보호를 위한 법원의 적극적인 자세가 필요하다.

다섯째, 심리적 장애이다. 이 장애는 국민이 사법제도를 이용할 때에 느끼는 친밀감의 문제이다. 그동안 우리나라의 사법부는 국민을 위한 서어비스라는 인식보다는 국민을 통치의 객체로 보고 권한행사를 하는 것이 일반적이었다. 국민의 대사법 접근성을 용이하게 하기 위해서는 사법부의 기존의 권한행사방식을 개혁하여야 한다. 과거 식민지시대의 사법부는 그 자체 식민통치의 효율성을 위한 억압기구로서 작용하였기 때문에 국민이 감히 접근하기 어려운 권력기구이었다. 사법제도를 이용할 수 있는 소수의 계층만이 법원을 이용할 수 있었을 뿐, 대부분의 국민들의 뇌리 속에는 법원은 될 수 있는 한 가지 말아야 할 곳으로 인식하고 있었다. 해방 이후의 사법부도 또한 이와 크게 다르지 않았다. 법원이 고압적으로 위압감을 느끼게 할 때 국민들은 법원을 두려워하여 회피하게 된다.

여섯째, 언어적 장애이다. 우리나라의 경우에는 단일언어를 사용하기 때문에 법원에서의 언어의 문제는 그리 심각하지는 않은 것으로 보인다. 그러나 다문화가정이 보편화되고 있는 현재의 상황을 생각하면 우리나라 법원에서도 언어적 장애에 대한 배려를 심각히 고려할 필요가 있다.

지금까지 국민의 대사법접근을 어렵게 하는 장애요인들을 살펴보았거니와, 무엇보다 중요한 것은 앞서 지적한 바와 같이 분쟁주체인 국민의 입장에서 접근하여야 한다는 점이다. 특히 사법부의 조직의 확대는 국민들로 하여금 현실적으로 법원에 쉽게 접근할 수 있게 해준다는 의미에서 시급한 과제 중의 하나이다. 이하 항을 바꾸어 검토한다.

2. 우리나라 법원의 구조와 규모

현재 우리나라의 법원구조는, 대법원, 고등법원, 특허법원, 지방법원 및 가정법원, 행정법원 등으로 구성되어 있다(법원조직법 제3조). 대법원은 서울에 소재하고 있고, 고등법원은 서울, 부산(1987), 대구, 광주(1952), 대전(1992)의 다섯 곳에 두고 있으며, 특허법원(판사 9인; 고등법원에 포함)은 서울, 대전 두 곳에 두고, 그리고 지방법원은 가정법원과 행정법원을 포함하여 전국에 24곳의 본원과 다수의 지원을 두고 있다. 또한 각 지방법원 산하에는 100개의 시·군법원이 있다. 여기서 보듯이 고등법원은 1980년대 후반에 부산고법이 그리고 1992년에 대전고법이 설치되었다. 80년대에 들어와 6-70년대의 경제발전을 기반으로 한 사건의 수가 급격히 늘어났기 때문이기도 하겠지만, 그렇다고 하여도 고등법원이 너무 늦게 확대, 설치되었다는 점을 간과할 수 없다. 뿐만 아니라 현재의 전체 사건수와 법관 1인당 사건수를 고려하면, 전체 법원의 규모를 더 확대할 필요가 있다.

우리나라 법원의 조직의 확대는 어떤 방향으로 행해져야 하는가? 우선, 기존의 사법조직을 전제로 하여 개선책을 강구하기보다는 사법의 새 패러다임을 가지고 사법조직에 대한 전체적인 마스터플랜을 구상할 필요가 있다고 생각된다. 사법의 새 패러다임은 현재의 중앙집중적 사법구조를 조직의 측면에서 분산하는 방법이다. 전국을 몇 개의 단위지역으로 나누고 각 지역에 고등법원과 지방법원을 두되, 지역단위 고등법원의 독자성을 부여하는 것이다. 현재의 법관의 1인당 사건수를 고려하면 약 3배 정도의 법관수 및 조직의 확대가 바람직할 것으로 생각된다. 그리고 각 단위지역의 법원의 법관임용과 사법행정에서의 자율성을 어느 정도 보장할 필요가 있다. 이러한 제도는 사법권의 중앙집중화를 방지함으로써 판결에서의 독자성을 좀더 확보할 수 있는 장점이 있을 것으로 생각된다. 뿐만 아니라 현재 우리 사법의 문제점으로 지적되고 있는 관료화의 문제도 어느 정도 해소될 것으로 기대된다.

미국의 경우에 한 법원의 법관은 자신의 법정에 대하여 대단한 자부심을 가지고 있다. 그는 자신의 법정(my court) 내에서는 그 누구보다도 우위에 있고, 비록 상급법원이라 할지라도 함부로 간섭하지 못하는 엄격함과 권위를 갖고 있다. 비록 사법제도 자체의 차이가 있기는 하지만, 법관이 자신의 법정에 대하여 갖는 자부심과 권위는 우리나라의 법정에서도 마찬가지로 요청되는 것이다.

사법부조직 확대의 문제와 관련하여 우리나라 법원의 예산을 살펴볼 필요가 있다. 그동안 우리나라의 법원의 예산은 일반회계 기준으로 보면 전체 정부예산의 1%에도 미치지 못하고 있다. 사법부의 특성상 행정부에 비교할 수는 없지만, 그럼에도 불구하고 전체 예산의 1%에도 미치지 못한다는 것은 국가가 국민에 대한 사법서어비스를 얼마나 등한시하는지를 보여주는 수치이다. 법원의 독자적인 예산편성 및 예산확보를 위한 노력이 요구되는 사항이다(헌법사항).

하급법원의 독자성을 강화하는 경우에 법해석의 통일성을 침해할 수 있다는 우려를 제기할 수 있으나, 법제도의 통일과 법해석의 통일은 전혀 별개의 것이다. 그동안 우리나라의 사법부는 법해석의 통일을 빌미로 하여 법제도의 통일을 추구하여 왔으나, 각 조직이 독자성을 갖는다고 하여 판결이 별개로 되는 것은 아니며, 최종적으로 대법원이 법해석의 통일을 기할 수 있으므로 별로 문제되지 않을 것으로 생각된다.

Ⅲ. 경기고법설치의 법규범적 근거

1. 사법절차적 기본권의 보장 및 원외재판부의 설치

그동안 우리나라의 사법부는 고등법원소재지로부터 원거리에 거주하는 주민에 대한 편의증진 및 신속한 재판을 받을 권리를 보장하기 위하여 수차례 법령을 개정하였고 이에 따라 지방법원 소재지에 고등법원의 원외재판부를 설치하여 재판사무를 처리하게 할 수 있도록 하였다.

1995. 3. 1. 제주지방법원 소재지에 광주고등법원 제주부를, 2006. 3. 1. 전주지방법원 소재지에 광주고등법원 전주부를, 2008. 9. 1. 청주지방법원 소재지에 대전고등법원 청주부를 설치하였다.

또한 강원도 면적은 전국에서 두 번째로 넓을 뿐만 아니라 산세가 험하고 도로의 굴곡이 심해 교통망이 취약하여 강원도민이 항소심을 제기할 경우 광범위한 지역특성상 멀게는 300㎞를 왕래해야 하는 불편과 시간적 경제적 손실을 보고 있으며, 신속한 재판을 받을 권리를 침해당하고 있다는 이유로 춘천고등법원 설치의 타당성을 제기하여 서울고등법원 춘천부가 설치되었다.

위와 같은 원외재판부의 설치는, 헌법 제27조 제1항에서 규정하는 재판청구권을 실질적으로 보장한다는 점, 사법서비스의 제공을 통하여 지방자치를 실질적으로 구현한다는 점을 이념적 토대로 한다. 제주와 전주, 청주지역은 원외재판부의 신설만으로 소기의 목적을 달성할 수 있으나, 서울고등법원의 관할인 경기지역은 사정이 다르다. 서울고등법원의 경우 관할지역(서울특별시, 인천광역시, 경기도, 강원도)이 넓고, 처리 사건수가 날로 증대하고 있음에도 불구하고, 경기지역 주민을 위한 원외재판부조차도 설치되어 있지 않다.

2. 국민의 재판청구권의 실질화

(1) 재판청구권의 헌법상 보장

헌법 제27조 제1항은 '모든 국민은 헌법과 법률이 정한 법관에 의하여 법률에 의한 재판을 받을 권리를 가진다'라고 규정하여, 법원이 법률에 기속된다는 당연한 법치국가적 원칙을 확인하고, '법률에 의한 재판, 즉 절차법이 정한 절차에 따라 실체법이 정한 내용대로 재판을 받은 권리'를 보장하고 있다.

(2) 재판청구권의 실현을 위한 입법형성권

재판청구권의 실현은 재판권을 행사하는 법원의 조직과 소송절차에 관한 입법에 의존하고 있기 대무에 입법자에 의한 재판청구권의 구체적 형성은 불가피하며, 따라서 입법자는 소송요건과 관련하여 소송의 주체 · 방식 · 절차 · 시기 · 비용 등에 관하여 규율할 수 있다 할 것이다.

(3) 입법형성권의 한계

그러나 헌법 제27조 제1항은 권리구제절차에 관한 구체적 형성을 완전히 입법자의 형성권에 맡기고 있지 않다. 입법자의 입법형성권의 행사가 단지 법원에 제소할 수 있는 형식적인 권리나 이론적인 가능성만을 제공하는 데 그친 경우에는, 재판청구권을 사실상 무의미하게 만들기 때문이다.

(4) 입법형성권의 구체적 한계와 입법의무의 발생

재판청구권은 법적분쟁의 해결을 가능하게 하는 소송절차의 형성에 있어서 실효성 있는 권리보호를 제공하기 위하여 그에 필요한 절차적 요건을 갖출 것을 요청한다 할 것이다. 비록 재판절차가 국민에게 개설되어 있다 하더라도 절차적 규정들에 의하여 법원에의 접근이 합리적인 이유로 정당화될 수 없는 방법으로 어렵게 된다면 재판청구권은 사실상 형해화될 수 있으므로 바로 여기에 입법형성권의 한계가 있다 할 것이고, 헌법해석상 입법의무가 발생한다 할 것이다.

(5) 헌법상 의무인 '경기고등법원설치와 관련된 법령 제정 의무'

1) 기본권보장을 위한 절차적 기본권인 재판청구권으로부터의 파생

가) 재판청구권의 핵심내용 중 하나인 '신속한 재판을 받을 권리'

재판청구권은 국가에 대하여 기본권을 보장하기 위하여 재판을 청구하는 권리이다. 따라서 재판청구권은 헌법상 보장된 기본권을 실질적으로 보장하기 위한 사법절차상 기본권이라 할 것이다. 그렇다면, '기본권을 실질적으로 보장하기 위한 사법절차를 어떻게 마련할 것인가'의 문제는, 재판청구권의 핵심내용이라 할 것이다.

그리고 헌법 제27조 제3항 제1문은 "모든 국민은 신속한 재판을 받을 권리를 가진다"라고 규정하고 있다. 신속은 재판의 생명이다. 지연된 재판은 아무리 정당한 재판일지라도 당사자에게는 무용지물이다. 정당한 이유가 없음에도 불구하고 재판을 지연시키는 것은 그만큼 피고인 또는 당사자에게 정신적 고통과 불안을 강요하는 것이 된다 할 것이다. 그렇다면, 신속한 재판을 위하여 사법제도를 정비하는 것은, 사법절차적 기본권 보장을 위한 핵심사항에 해당한다 할 것이다. 신속한 재판을 받을 권리에서의 '신속'의 개념은 분쟁해결의 시간적 단축뿐만 아니라 효율적인 절차의 운영이라는 요소도 포함된다 할 것이다.

나) 적정한 심급제의 보장은 '사법시스템에의 용이한 접근'으로 달성되어야

재판청구권의 내용 중에는 독립적인 적정한 심급에서 재판을 받을 권리가 포함되는바, 심급제는 법원에 제기된 소송사건의 실체적 진실 또는 옳고 그름에 대한 사법적 판단의 공정성을 높이는 기능을 하며, 재판과정에서 법원의 오류가능성을 최소화하고 재판 결과의 예측가능성을 높이는 기능을 하기 때문이다.

신속한 재판의 이념을 구현하기 위해서는 지역주민이 자신의 생활권 내에서 법원에 접근할 수 있는 권리의 보장이 전제되어야 한다. 재판청구권을 구현하는 사법제도는 '사법서비스 시스템에 대한 용이한 접근'을 포함하고 있기 때문이다. 재판청구권의 내용 중에는 '재판비용의 최소화'가 포함되어 있다고 보아야 하며, 그것을 위해 '사법서비스에의 용이한 접근'이 확보되어야 한다.

"적은 비용으로 편리하게 주거지에서 쉽게 법원에 갈 수 있어야 한다"는 것은, "최고심인 대법원에서 최종적으로 판단해야 하는 사건이 아니라면, 어떤 사건이든지 적은 비용으로, 편리하게 주거지에서 쉽게 법원에 갈 수 있어야 한다"는 내용을 포함하고 있다 할 것이다. '사실'은 심리적·지리적 근거리에서 더 잘 보이는 법이다. 현재 우리나라 법원은 너무 중앙집권적이고 대형화되어 있어 재판의 효율성과 생활

근거지로부터의 접근성이 떨어진다.

3. 헌법상 지방자치규정

(1) 제도보장과 입법의무

제도의 보장은 주관적 권리가 아닌 객관적 법규범이라는 점에서 기본권과 구별되기는 하지만, 헌법에 의하여 일정한 제도가 보장되면, 입법자는 그 제도를 설정하고 유지할 입법의무를 지게 된다 할 것이다.

(2) 사법을 통한 자치의 실현

헌법 제1조를 보면, "① 대한민국은 민주공화국이다. ② 대한민국의 주권은 국민에게 있고, 모든 권력은 국민으로부터 나온다"라고 규정하고 있는바, 사법권은 국민으로부터 나온다고 보아야 한다. 모든 권력이 국민으로부터 나온다는 말은 결국 '자치'가 가장 근본적인 이념이라는 뜻과 일맥상통한다 할 것인바, 헌법은 자치의 헌장이며 주권도 국가도 통치기구도 자치의 실현을 위해 존재하는 것이라 할 것이다.

사법권은 대한민국이라는 국가의 권력의 한 부분으로서 그 근거는 대한민국 국민이다. 그렇다면, '대한국민은 대한민국 속에서 어떻게 자치를 실현할 것인가'가 문제되는바, 일찍이 아리스토텔레스가 말했듯이 폴리스에서 시민권 또는 시민자격이란 곧 의회와 법정에 참여하여 자치를 실현하는 권리이자 의무라 할 것이다. 그렇다면, 대한민국이 하나의 폴리스라면 의회에의 참여를 통하여 자치가 실현되듯이 사법절차의 형성과정에의 참여를 통하여 자치가 실현되는 것은 마땅하다 할 것이다.

(3) 자치의 중층 구조

대한민국이라는 단 하나의 거대한 동그라미만으로 대한민국의 자치를 실현한다는 것은 불가능하다. 달리 말하면, 자치의 실현은 결코 단 하나의 의회와 단 하나의 법정에 참여하는 것만으로 이루어질 수 없는 것이다.

작은 의회와 큰 의회, 작은 법정과 큰 법정의 중층적 구조가 필요하다. 이 의회들과 법정들은 우선 각각의 내부에서 서로를 감시하며, 또한 서로에 대하여 정당성을 경쟁하도록 배치되어야 할 것이다.

(4) 경기고등법원의 설치는 지방자치의 실질적 보장 방안

우리나라는 역사적으로 오랜 중앙집권적 전통을 유지해왔다. 지방자치는 4·19 이후 잠시 꽃을 피웠지만 곧 중단되었고, 1991년에 다시금 부활하였지만 20년 가까운 세월이 흘렀어도 여전히 중앙집권주의, 특히 서울중심주의를 벗어나지 못하고 있다. 이러한 사정은 중앙정부와 지방정부가 그 역할을 재조정하여 가능한 한 지방이 최대한의 기능과 권한을 행사하는 지방분권형 국가체제로 이행되고 있는 세계적 흐름과도 배치된다.

그런데 중앙집권적인 국가구조로부터 벗어나기 위해서는 국가기능의 분담 차원에서의 지방분권도 중요하지만, 근본적으로는 구체적인 주민의 의사에 기초한 민주주의에 지방자치의 중심이 설정되어야 한다(경기고등법원 설치와 관련한 주민의 의사). 지방자치의 기능은 주권자로서 주민의 구체적 의사를 국민 전체의 의사로 연결하는 것이다. 지역주민은 자신의 자치정부인 지방자치단체를 통하여 주권자로서의 지위를 실현한다.

이렇게 볼 때 서울에 있는 대법원이 최고심법원의 위상을 넘어 중앙집권주의적 사법행정의 정점법원으로서 작동하고 있는 사법구조 역시 분권화를 통하여 사법자치를 실현할 수 있어야 한다. 그러나 현실은 전혀 그렇지 못하다. 그동안 경기도청 소재지에 고등법원을 설치해 달라는 지역주민들의 요구는 제대로 관철되지 못하였다. 현재 경기지역주민의 항소심 재판을 위한 고등법원의 사법서비스는 대단히 낙후된 중앙집권적인 사법권 운용이라고 평가할 수밖에 없다. 경기도(경기도 의회)라는 입법 · 행정자치에 상응하여 경기고등법원을 설치하여 이들 기관 각각의 내부에서 서로를 감시하며, 또한 서로에 대하여 정당성을 경쟁하도록 하여야 할 것이다. 경기고등법원 설치는 행정부에서 추진하고 있는 국가균형발전을 사법권 분야에서도 완성시키는 의미를 지니고 있으며 지역형평성 문제를 해소하고 진전한 의미의 지방분권에도 기여할 것이다.

4. 평등권

(1) 차별적 취급으로 인한 기본권에 대한 중대한 제한과 입법형성권

차별적 취급으로 인하여 관련 기본권에 대한 중대한 제한을 초래하게 된다면, 입법형성권은 축소된다고 보아야 한다. 이하에서 언급한 부산고등법원과 대전고등법원 설치 당시에 언급된 개정이유를 통하여, 경기고등법원설치와 관련된 법령의 제정을 미루는 것은 입법형성권의 한계를 벗어나는 것임을 확인할 수 있다.

(2) 입법 선례

고등법원이 신설된 예로는 1987년과 1992년에 각각 설치된 부산고등법원과 대전고등법원을 들 수 있다. 1986년 개정된 '각급 법원의 설치와 관할구역에 관한 법률'은 이들 법원을 지부가 아닌 고등법원으로서 신설한 이유를 개정이유에서 다음과 같이 밝히고 있다.

> "현재 고등법원으로는 서울·인천·수원·춘천·청주 및 대전지방법원을 관할하는 서울고등법원, 대구·부산 및 마산지방법원을 관할하는 대구고등법원, 광주·전주 및 제주지방법원을 관할하는 광주고등법원이 있는바, 대구고등법원 관할사건의 약 60% 이상이 부산·영남지역의 항소사건이고 그 지역 내의 인구 및 사건 수가 광주고등법원의 규모를 상회하고 있으나 그 지역을 관할하는 고등법원이 설치되어 있지 않아 지역민들이 항소사건을 위하여 대구까지 왕래함에 따른 경제적·시간적 손실과 불편이 클 뿐만 아니라 관할사건 처리의 능률도 저해하고 있으므로 1987년 9월 1일자로 부산 및 마산 지방법원을 관할하는 부산고등법원을 신설하고, 서울고등법원은 서울·인천·수원·춘천·청주 및 대전 지방법원등 8개 지방법원(전국 인구의 약 54%, 전국항소사건의 약 62%)을 관할하는 등 그 업무 부담이 편중되어 있어 이를 조정하여 지역적 균형을 도모할 필요성이 대두되고 있으며, 충청남·북도 내의 인구 및 사건 수가 부산고등법원 관할구역을 제외한 대구고등법원의 규모와 비슷하게 되나 중부권을 관할하는 고등법원이 설치되어 있지 않아 그 지역민들이 항소사건을 위하여 서울까지 왕래함에 따른 경제적·시간적 손실과 불편이 클 뿐만 아니라 관할사건 처리의 능률도 저해하고 있으므로 1992년 9월 1일자로 대전 및 청주 지방법원을 관할하는 대전고등법원을 설치하려는 것임."

고등법원 설치와 관련한 객관적 지표로 논의되는 소송사건 수, 인구 수, 교통사정, 지역적 특성 등은, 25년 전과 지금을 비교하는 것이 무색할 정도인바, 지금까지 언급한, 경기고등법원설치와 관련된 근거가 위 개정이유가 들고 있는 사정을 담고 있다는 점을 주목하여야 할 것이다.

5. 소결: 헌법상 입법의무의 존재와 부작위위헌

지금까지의 논의에 기초하여 보면, 경기고등법원의 설치를 정당화하는 법규범적 근거는 충분하다고 할 수 있으며, 따라서 헌법상 국민의 대표기관인 국회에게 헌법상의 입법의무가 존재하고, 이를 이행하지 않는 상태가 바로 위헌상태임을 알 수 있다.

Ⅳ. 경기고법설치의 현실적 근거

고등법원 설치와 관련한 객관적 지표로 논의되는 것은 소송사건 수, 인구 수, 교통사정, 지역적 특성 등이 있다. 이하에서는 대법원이 발간한 2010 사법연감의 통계를 근거로 경기고등법원 설치가 반드시 필요하다는 사실을 살펴본다.

1. 소송사건 수

어떤 지역에 고등법원이 설치되기 위해서는 그 지역에서 처리되는 소송사건 수가 일정규모 이상인 점이 검증되어야 한다. 그래야 소송사건의 적절한 지역적 분산처리의 의미가 있기 때문이다.

지금까지의 사법연감을 통해 살펴보면, 수원지방법원 관내의 사건수가 서울중앙지방법원을 제외한 타 지방법원에 비하여 현격하게 많음을 알 수 있다. 아래 도표를 통하여 정리된 바와 같이, 「2010. 접수된 민사본안합의사건」만을 놓고 보았을 때, 수원지방법원 관내 사건의 수는(7,219건), 대전고등법원 관내 지방법원의 사건 수(3,955건), 광주고등법원 관내 지방법원의 사건 수(3,891건), 부산고등법원 관내 지방법원의 사건 수(6,081건), 대구고등법원 관내 지방법원의 사건 수(2,758건)보다 많다는 사실을 확인할 수 있다.

즉, 수원지방법원 관내 사건만을 관할하는 고등법원을 별도로 설치한다 하여도 전혀 어색하지 않다 할 것이다. 아래의 표[2]를 보면, 수원지방법원에 접수된 민사합의사건의 경우 10년새 3배가량이 증가하였음을 확인할 수 있는바, 어느 법원도 이와 같은 폭발적인 사건 수 증가추이를 보이지 않고 있다.

2. 인구 수

소송사건 수는 인구수와 밀접한 관련이 있다. 적어도 효율성의 관점에서 보면 기본권의 주체이면서 사법서비스의 이용 주체가 일정 규모 이상이어야 하기 때문이다. 2010.경 인구 수만을 놓고 보았을 때[아래 표][3], 아래 도표를 통하여 정리된 바와 같이, 수원지방법원 관내 사건의 인구 수는(7,619,908명), 대전고등법원 관내 지방법원의 인구 수(5,128,706명), 광주고등법원 관내 지방법원의 인구 수(5,813,339명), 부산고등법원 관내 지방법원의 인구 수(7,984,744명), 대구고등법원 관내 지방법원의 인구 수(5,201,596명)보다 많다. 즉, 수원지방법원 관내 사건만을 관할하는 고등법원을 별도로 설치한다 하여도 전혀 어색하지 않은 것이다.

---

2) 2001.경부터 2010.경까지 수원지방법원에 접수된 민사본안 합의사건, 가사사건, 행정사건, 형사사건 수의 변동추이를 확인할 수 있음[출처: 사법연감(2010)].

3) 2010.경 각 지방법원 관할지역 내의 인구수를 확인할 수 있음[출처: 사법연감(2010)].

2010. 접수된 민사본안합의사건		
관내 지방법원		사건수(건)
수원지방법원		7,219
대전고등법원 관내	대전지방법원	2,877
	청주지방법원	1,078
	합계	3,955
광주고등법원 관내	광주지방법원	2,266
	전주지방법원	1,287
	제주지방법원	338
	합계	3,891
부산고등법원 관내	부산지방법원	3,138
	울산지방법원	926
	창원지방법원	2,017
	합계	6,081
대구고등법원 관내 지방법원		2,758

3. 교통사정

단순히 관할면적이 넓다고 하더라도 교통사정상 그 여건이 사법서비스를 이용하기에 적절하다면 고등법원 설치는 신중해야 한다. 그러나 다른 한편 비록 지리적으로 근거리에서 고등법원을 이용할 수 있다고 하더라도 교통사정이 불편하다면 현실적으로 사법서비스의 이용이 불편할 수밖에 없기 때문에 이 경우에는 고등법원의 신설이 강력하게 요청된다.

다른 지방에 비해 경기 남부지역은 거리상으로는 서울과 그다지 멀지 않은 수도권 지역이지만, 서울-수도권 간의 교통체증은 날로 심각해져서 동맥경화의 증상을 나타내고 있다. 특히 도시 내 주요 간선도로도 차량혼잡에 시달리고 있다. 위에서 살펴본 바와 같이 모든 행정서비스 등이 서울에 집중되어 있기 때문에 교통체증이 더욱 심각해질 뿐더러 국민들의 삶의 질 향상의 측면에 있어서도 커다란 문제로 작용하고 있다.

특히 사법서비스 측면에서 볼 때, 수도권 지역 주민들의 서울고등법원 이용시 다른 지방에 비해 거리는 현저히 가까우면서도 교통체증으로 인해 시간이 상당히 소요된다는 점 등으로 인해 불편을 겪고 있다. 그런 점에서 보아 아래 도표를 통하여 확인되는 서울-경기남부 지역 간의 교통시간은 거리상 가능한 시간일 뿐 교통체증을 고려해보면 파악하기 힘들 정도의 엄청난 차이를 가져온다.

[수원지방법원 관할지역에서 서울 또는 수원까지 가는 데 걸리는 시간]

	서울			수원		
목적지	거리	운임	소요시간	거리	운임	소요시간
오산	31.4Km	2,400원 (3,000원)	50분	14.2Km	1,400원 (1,300원)	20분
용인	25.4Km	2,100원 (2,500원)	70분	13.4Km	1,400원 (2,200원)	40분
이천	52.5Km	3,200원 (2,500원)	70분	40.5Km	2,500원 (4,000원)	60분
여주	67.3Km	3,900원 (5,100원)	100분	55.3Km	3,300원 (4,900원)	70분
안산	43.8Km	3,000원 (3,700원)	70분	31.8Km	2,400원 (2,400원)	30분
안성	49.5Km	3,300원 (5,300원)	90분	32.3Km	2,400원 (4,700원)	60분
평택	72.4Km	4,300원 (5,200원)	100분	57.7Km	3,700원 (3,300원)	50분

주: '운임'란의 상단은 당해 구간의 톨게이트비용을, ( ) 안은 고속버스비용을 나타냄.
한국도로공사, 전국 시외버스 예약 통합 홈페이지 인용.

교통사정은, 서울과 가까운 수도권이라는 점 때문에 서울과 인접한 지역에 고등법원 신설의 필요성을 느끼지 못하였던 과거와는 달리 국민의 삶의 질과 소송경제적 측면으로 보아 경기고등법원의 설치가 요청되는 중요한 이유 중 하나가 되었다.

경기고등법원이 설치된다면 위 표를 통하여 확인되듯이 경기지역주민이 고등법원까지 가는 데 걸리는 시간이 절반수준으로 줄어들 것이고, 교통체증을 고려해서 살펴본다면, 그 이상의 시간적 이점을 생각할 수 있을 것이다. 이와 더불어 큰 문제점인 서울-수도권 간의 심각한 교통난을 어느 정도 분산시킬 수도 있다. 근거리에서 재판을 받을 수 있다면, 소송에 따른 시간이 단축되며, 소송비용뿐만 아니라 교통비용 등 관련 부대비용도 절약할 수 있다.

4. 지역적 특성(경제적 측면)

경제적 측면에서 국가경쟁력이 중요해지는 오늘날, 기업 활동의 편리성이 고려되어야 한다. 어떤 지역에서 기업 활동과 관련한 소송이 빈번하게 제기될 가능성이 있다면 경제 활성화 측면에서 법적 분쟁의 해결은 신속하게 이루어 질 수 있어야 한다.

경기도는 삼성전자 등의 대기업과 20만 여개의 중소기업들, 그리고 IT, BT 등

전자, 제약, 환경관련 연구소와 같은 산업발전을 위한 기반시설을 갖추고 있고, 특히 서해안 등의 국가산업단지 개발로 인해 법률서비스의 수요가 많다. 또한 신도시 개발에 따른 경기전역의 인구증가를 고려한다면 경기도권의 소송업무가 증가추세에 있음을 예상할 수 있다. 그러므로 경기도 지역의 인구 및 지역적 특성 등을 고려하여 본다면 경기도민의 소송업무상 편의를 도모하기 위하여 경기도 지역에 고등법원을 신설해야할 필요성이 제기되는 것이다.

5. 도민 설문조사결과

아주대학교 법과대학과 수원지방변호사회(현, 경기중앙지방변호사회)는 2006.경 경기도내 사법서비스의 현실과 고등법원 신설에 대한 설문조사를 한 적이 있는바, 설문조사 결과, 사법서비스의 이용자들인 경기지역 주민들은 경기고등법원의 설치를 열망하였고, 경기고등법원의 설치를 통하여, 소송시간 단축과 비용절약, 지역주민들에 대한 법률서비스 향상, 지역 내 법률서비스 확대에 기여할 것으로 보고 있다. 이하에서는 고등법원 설치에 대한 찬반, 고등법원 설치시 발생하는 편익에 대한 설문결과만을 간략하게 소개한다.

(1) 경기고등법원 설치에 대한 찬반

경기고등법원 설치에 관하여 찬성(매우 찬성+약간 찬성)이 66.1%, 반대(약간 반대+매우 반대)가 1.7%로 찬성 비율이 반대 비율보다 현저하게 높게 나타났다.

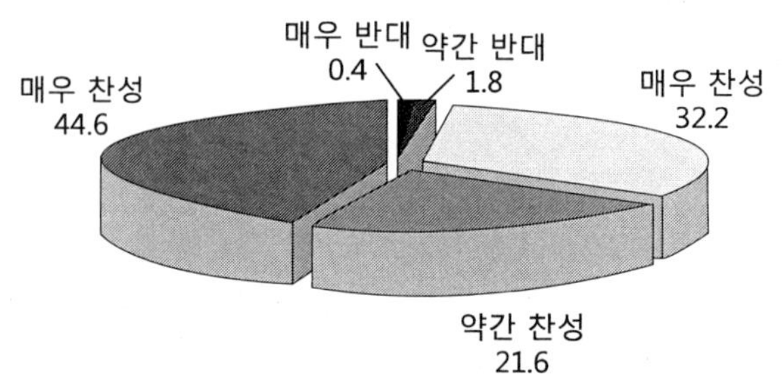

고등법원 설치에 대한 찬반 정도(%)

(2) 경기고등법원 설치시 발생하는 편익

경기고등법원 설치시 발생하는 편익에 있어서 도움이 된다는 의견이 도움이 안 된다는 의견보다 매우 높게 나타났다. 특히 경기도 지역발전, 소송시간 단축과 비용절약, 지역주민들에 대한 법률서비스 향상, 지역내 법률서비스 확대에 도움이 된다는 의견이 높게 나타났다.

[고등법원 설치시 편익]

	도움 안됨	보통	도움됨
1) 경기도 지역발전에	4.3%	13.7%	82.1%
2) 서울 고등법원을 이용하는 데 따른 소송관계인의 시간단축과 비용절약에	4.5%	10.2%	85.2%
3) 기존에 고등법원이 설치된 지역과 비교할 때 형평성 문제 해소에	4.5%	21.1%	74.4%
4) 지역주민들에 대한 법률서비스 향상에	4.9%	14.0%	81.1%
5) 지역내 법률서비스 시장의 확대에	3.7%	16.0%	80.3%
6) 법률사건과 민원의 신속한 처리에	4.5%	18.2%	77.3%
7) 기업활동을 원활하게 하는 데에	7.5%	25.8%	66.7%
8) 국민들에게 신속하고, 공정한 재판청구권을 보장하는 데	6.2%	24.0%	69.8%
9) 실질적인 지방분권 기여에	6.6%	24.3%	69.1%
10) 서울 중심에서 탈피하여 경기도의 법적 정체성을 확립하는 데	5.7%	20.3%	74.0%

6. 소 결

경기고등법원의 설치의 현실적 필요성에 관한 위의 여러 언급에 비추어 볼 때, 법규범적인 측면 뿐만 아니라 현실적으로도 그 필요성이 크다고 결론지을 수 있다.

V. 결 론

지금까지 경기고등법원의 설치 문제와 관련하여 국가권력의 한 축으로서의 사법권이 갖는 전세계적 경향과 우리나라 전체 사법부의 개혁이라는 관점에서 그리고 국민에 대한 사법서비스의 개선이라는 관점에서 살펴보았다. 결론적으로 요약하자면 다음과 같다.

첫째, 경기고법설치의 문제는 단순한 지역이기주의나 정치정략의 차원의 문제가 아닌 우리나라 사법부의 대국민 서비스의 차원의 문제이다. 우리나라의 민주적 발전은 사법부에게도 변화된 시대에 걸맞는 사법부로서의 재정립을 요청하고 있고, 사법부 개혁의 핵심과제 중의 하나는 중장기적·종합적 계획에 의한 법원조직을 확대하고 법원의 독자성을 확보하는 것이다. 법원도 과거에 살던 초가집에 연연해 할 것이 아니라 과감히 기존의 제도를 허물고 새로운 빌딩을 지어야 한다. 법원예산을 충분히 확보하여 유형·무형의 사법제도를 확립함으로써 사법의 대국민 서비스를 강화하도록 하여야 한다.

둘째, 조직확대 및 독자성의 확보에 따른 가장 최선의 방법으로서, 경기고등법원을 설치하는 것이 가장 바람직하다. 소송사건수, 인구수, 거리상의 불편 등의 제요소를 고려할 때, 경기고등법원의 설치는 헌법적 요청이며, 이러한 헌법적 요청을 실현하는 기준은 국가기관인 법원의 시각이 아니라 사법수혜자인 국민의 시각에서 판단되어야 한다.

셋째, 경기도가 남북으로 나뉘어 있기 때문에 남경기 혹은 북경기의 어느 한 지역에 고등법원을 두는 것이 곤란하다면, 인구수가 많은 한 지역에 고등법원을 두고 다른 지역에 지부를 두는 형태를 고려할 수 있을 것이다.

이제 사법부는 국가권력의 한 축으로서 그 구성상의 민주성과 대표성의 문제(국민에 의한 사법)도 고민하여야 할 뿐만 아니라 사법의 대국민서어비스라는 관점에서 국민을 다가오게 하는 사법이 아니라 어떻게 하면 국민에게 다가갈 수 있는가를 고민하는 사법(국민을 위한 사법)이되어야 한다.

※ 이 글은 2013년 4월 15일 경기도의회에서 경실련 경기도협의회에서 주최한 토론회, "경기고등법원 어떻게 할 것인가"의 발제문으로 발표한 것이다. 이 글 발표 이후 국회는 2014년 3월 18일 「각급법원의 설치와 관할구역에 관한 법률」을 개정하여 「수원고등법원」을 설치하고 2019년 3월 1일부터 시행하도록 하였다(법률 제12419호, 2014. 3. 18.).

13. 헌법재판제도의 도입배경과 정착 및 발전방향에 관한 연구

Ⅰ. 서 론

1. 입헌주의적 규범국가로 향하는 역사발전

역사적으로 보아, 최고규범에 의한 공동체의 형성 및 유지·존속은 인간공동체의 공통적 요구로서 그 연원은 매우 깊다고 할 수 있다. 고대 동양사회의 전개과정에서 나타난 다양한 사상적 및 정치적 전통도 어떻게 하면 인간사회를 규범적으로 바람직한 사회로 만들 것인가에 대한 심사숙고의 결과라고 할 것이다.

서구에서는 고대의 고차법(the higher law)사상으로부터 16세기의 Calvin의 사상, 그리고 영국의 혁명기에 그 사상적 기반을 두고 있다고 평가되는[1] 사법심사(judicial review)가 1803년 미국의 Marbury v. Madison 판결을 통하여 관행적으로 제도화된 이후, 약 100년이 지나면서, 대륙법계 특히 독일에서 1920년대 후반에 국사재판권(Staatsgerichtsbarkeit) 논의와 그 제도화로 이어지고,[2] 2차대전이 끝난 후에는 헌법재판권(Verfassungsgerichtsbarkeit)에 관한 논의 및 그 제도화로 이어지면서,[3] 헌법재판제도는 20세기에 가히 현대국가의 중심이라 할 정도로 받아들여지게 되었다.[4] 서구에서의 헌법재판의 일반화는 20세기 후반의 사회주의 제 국가들의 붕괴 이후 새롭게 탄생한 대부분의 국가들이 다양한 형태의 헌법재판제도를 도입하는 결과로 이어졌다.[5] 이와 같은 헌법재판제도의 일반화는 21세기에 다양하게 나타나는 탈

1) Cf. David T. Ball, *The Historical Origins of Judicial Review, 1536-1803*, New York, The Edwin Mellen Press, 2005.

2) Peter Häberle(Hrsg.), *Verfassungsgerichtsberkeit*, Darmstadt, 1976에 수록된 H. Triepel, H. Kelsen, K. Schmitt, W. Simons 등의 1929년 논문들을 참조할 것.

3) 독일의 경우, 위의 주 2)의 Häberle의 책 및 Christian Starck(Hrsg.), *Bundesverfassungsgericht und Grundgesetz*, J. C. B. Mohr, Tübingen, 1976, I und II를 참조할 것.

4) R. Marcic는 전 지구가 헌법재판권의 光網(Lichtnetz)에 둘러싸이고, 헌법재판권이 없는 국가는 오늘날에는 찾아보기 어렵다고 하였다. Cf. René Marcic, *Verfassung und Verfassungsrecht*, Wien, 1963, S. 207.

5) 사회주의 국가들의 헌법재판제도의 도입에 관해서는, G. Harutyunyan, A. Mavcic, *The*

이데올로기적·탈종교적 경향을 통한 실질적 법치국가의 확립과 함께, 현대국가를 헌정국가(Verfassungsstaat) 혹은 신입헌주의(new constitutionalism)로[6] 일컫는 계기가 되고 있다. 헌법재판의 확대는 또한 근대의 의회중심의 정치의 시대를 현대의, 헌법재판기관을 포함한 사법부 중심의 사법국가(Justizstaat) 내지 규범국가(Normstaat)로 특징짓게 할 뿐만 아니라, 한 국가의 거시적(국가권력 및 국제적 영역의 합헌성 강화) 및 미시적(기본적 인권의 강화) 양 측면에서 법치주의의 확대를 요구하고 있다.[7] 이는 인류사에서 국가공동체가 입헌주의적 규범국가(der konstitutionalistische Normstaat)로 발전하고 있음을 보여주는 징표이다.

한편, 19세기말 서세동점에 따라 성리학적 규범국가이었던 조선에서도 전통적인 성리학적 국가관 및 군주관을 벗어나 서구의 근대적 합리성에 기초한 법치주의적 공동체건설과 통치질서의 확립을 위한 노력이 등장하기 시작하였다. 전통적인 유교적 법인식에서는 주로 관습법으로 형성되어온 조종의 성헌(祖宗之成憲)에 따라 중요국사를 판단하고 처리하였지만, 이는 서구의 근대적인 법인식과 사법제도에 기한 헌법재판이라 볼 수는 없었다. 뿐만 아니라 서구의 법치주의적 통치질서의 도입이 완성되기도 전에 일제의 의한 강점기를 맞게 된 대한제국은 급기야 사실상 국가로서의 존재를 잃어버리는 지경에 이르렀으며, 강점을 통해 서구의 법치주의를 강제이식한 일본제국주의의 식민지배 하에서는 헌법재판은 상상할 수도 없었다.

다만, 대한제국의 정통성을 계승한 것으로 볼 수 있는[8] 대한민국임시정부의 헌법규범에서는 헌법재판의 핵심이라 할 수 있는 위헌법률심사제도는 아니지만, 오늘날 헌법재판사항에 속하는 것으로 인식되는 탄핵에 대한 규정이 들어 있었다.[9]

Constitutional Review and Its Development in the Modern World (A Comparative Constitutional Analysis), Yerevan-Ljubljana, 1999 참조.

6) Alec Stone Sweet, *Governing with Judge: Constitutional Politics in Europe*, Oxford U. Press, 2000, p. 1.

7) 이헌환, 헌법재판소 20년 - 그 명암과 굴곡, 헌법실무연구회 편, 헌법실무연구, 제10권(2009), 57-58쪽 참조.

8) 대한제국과 대한민국 임시정부 사이의 연속성여부에 관해서는 이헌환, 대한민국의 법적 기초, 전북대학교 법학연구소 편, 법학연구, 통권 제31집(2010. 12.), 3쪽 이하 특히 15쪽 이하 참조.

9) 대한민국임시정부의 최초의 헌법인 대한민국임시헌장(1919. 4. 11.)과 대한민국임시정부장정(1919. 4. 25.)에는 탄핵관련규정이 없었지만, 1차개헌 이후에는 탄핵규정이 있었다. 대한민국임시헌법(1919. 9. 11.: 제1차 개헌) 제21조 14호 및 15호, 정종섭 교감·편, 한국헌법사문류, 60쪽 참조. 이 규정은 1925년의 제2차 개헌(대한민국임시헌법)에서 국무령 및 국무원의 심판규정으로 개정되었다가(동 헌법 제26조 4호), 1927. 4. 11. 제3차 개헌(대한민국임시약헌: 집단지도체제)에서 국무위원과 국사(國使)에 대한 심판권으로 규정되었으며(동 약헌 제19조), 1940. 10. 9. 제4차 개헌(대한민국임시약헌)에서 국무위원회 주석 등에 대한 심판권으로 규정되었고(동 약헌 제14조), 1944. 4. 22. 제5차 개헌(대한민국임시헌장)에서 국무위원회 주석 등에 대한 탄핵인 혹은 불신임안으로 규정되었다(동 헌장 제18조). 그러나 이러한 탄핵관련규정들은 고위

해방 후 남북분단상황 하에서 38선 이남의 미군정과 38선 이북의 소련점령으로 인하여 자주적이고 독자적인 법규범체계가 수립되지 못하였고, 따라서 최고 실정법규범으로서의 헌법의 효력이 주장될 여지가 없었다. 말하자면, 38선 이남의 규범체제는 미국의 법질서의 일부분인 미군정의 점령정책에 따라, 태평양미육군총사령부의 포고를 최고규범으로 하여, 남조선과도정부의 법률과 미군정청 법령으로 구성되어 있었다.[10] 따라서 독자적인 실정법체계가 확립되어 있지 못하였고 또한 전후 점령기라는 상황적 요인으로 인하여 헌법재판이 행해질 수 있는 여건이 조성되어 있지 못하였다. 이처럼 대법원의 위헌법률심사권에 관한 명시적인 규정이 없었음에도 불구하고, 미군의 점령정책에 따라 성립된 새로운 사법기구인 대법원은 구민법 제14조의 처의 무능력자 규정과 구한말의 신문지법의 효력에 관하여 판결을 내리기도 하였다(후술).

2. 본고에서의 헌법재판의 개념과 연구방법 및 전개

헌법재판의 개념에 대해서는 그 역사적인 발전과정에서 많은 변천을 보여주고 있다. 주지하는 바와 같이, 헌법재판작용의 가장 핵심적이자 가장 좁은 의미의 것으로서 합헌성에 대한 사법적 통제 내지 규범통제제도를 의미하는 위헌법률심사제도를 필두로 하여, 가장 넓은 의미의 그것으로서, 법적·규범적 판단만으로는 적절치 않은 것으로 판단되는 고도의 정치적 사건이나 헌법적 판단을 요하는 사건들에까지 헌법재판작용의 범위가 확대되어온 것이다. 그러한 범주들은 탄핵심판, 국민투표 및 선거심판, 기관간 권한쟁의심판, 정당해산심판, 국가긴급상황에 관한 판단, 국가지도자의 궐위여부의 판단 등에 미치고 있으며, 국민의 기본권강화를 위한 장치로서 헌법소원제도도 포함하고 있다.

오랜 역사와 경험을 통하여 확립된 헌법재판제도를 분석하기 위해서는 그 발전과정을 둘러싼 역사적·정치적·사회적 환경과 그 환경 내에서의 행위자들의 노력과 한계 등의 제반 요소들이 고려되어야 하고, 이를 분석하기 위한 다양한 접근법이 요구된다 하겠으나, 이러한 연구는 본고의 주제의 광범성에 비추어 너무 큰 연구작업이라 할 것이다. 이에 본고에서는 우리나라에서 헌법재판제도에 대한 인식의 정도와 도입과정, 그리고 정착 및 발전방향에 대하여 제도적·역사적 측면에서 고찰하는 것에 한정하여 헌법재판제도의 핵심인 위헌법률심사제도를 중심으로 고찰하되, 나머지

공직자에 대한 탄핵 혹은 불신임의 방법을 정한 것일 뿐, 헌법의 규범력을 전제로 하는 헌법재판제도에 대한 인식에 기초하여 규정되었다고 보기는 어렵다.

10) 상세한 내용은, 김영수, 한국헌법사, 학문사, 2000, 359쪽 이하; 문광삼, 미군정기헌법사, 한태연 외 공저, 한국헌법사(상) 수록논문, 한국정신문화연구원, 1988, 313-362쪽 참조.

헌법재판작용에 대해서는 관련된 부분에서 간략히 언급하기로 한다.

이하에서는 해방 이후 미군정기와 제헌헌법 제정, 그리고 제5공화국에 이르기까지의 헌법재판제도의 도입과정과 그 실제적 운용 및 문제점을 지적하고(Ⅱ), 1987년 헌법개정 당시의 헌법재판소제도 도입과정의 시말과 주된 쟁점 및 제도적 특징에 관하여 살펴보고(Ⅲ), 어렵사리 도입된 헌법재판소의 초기의 위상정립과 정착 및 공고화의 과정을 살펴본 후(Ⅳ), 앞으로 헌법재판소가 나아가야할 방향과 필요한 제도 개선에 관하여 언급하며(Ⅴ) 글을 마무리하고자 한다.

Ⅱ. 우리나라 헌법재판제도의 연혁과 전개과정

1. 미군정기의 헌법재판과 제도화의 논의

앞서 지적한 바와 같이, 미군정은 엄밀히 말하여 미국의 법질서의 일부분이었다. 미군정의 점령정책은 점령 후 혼란기의 치안질서유지가 일차적인 목적이었다. 우리나라의 입장에서 보면, 대한민국임시정부가 배제된 상황에서 국가부재의 상황이자 국가형성과정의 상황이었다. 미군정은 치안질서유지를 위하여 1945년 10월 9일 군정법령 제11호를 공포하여「조선인민에게 차별 및 압박을 가하는 모든 정책과 주의를 소멸하고 조선인민에게 정의의 정치와 법률상 균등을 회복케 하기 위하여」일부 특별법령과 일반법령을 폐지하였다.[11] 그리고 사법권을 담당하는 조직의 문제에 있어서는 총독부 산하의 사법행정조직을 한동안 그대로 답습하였다.[12] 재판소의 판사에 관해서는 1945년 10월 11일 이후 수일간에 걸쳐 일제시대에 있던 사법기구를 그대로 수용하여 일본인 판사를 전원 면직하고, 같은 날에 한국인 판사와 변호사 그리고 장기간 근무하던 일반직원 중에서 각급법원장 및 판사를 임명하였는데, 이때 조선고등법원이라는 식민통치시대 사법기관의 명칭이 대법원으로 변경되었다.[13]

비록 미군정 하이기는 하였지만, 우리나라의 대법원은 중요한 몇 가지 사건에 관하여 획기적인 판결이 있었다. 그것은 1947년 9월 2일의 (구)민법 제14조에 대한

---

11) 동 법령 제1조, 제2조.

12) 해방 후 사법제도의 재편과정에 대해서는, 이헌환, 정치과정에 있어서의 사법권에 관한 연구, 서울대학교 대학원 박사학위논문, 1996. 2, 73쪽 이하; 심희기, 한국법제사강의, 삼영사, 1997, 314쪽 이하; 이국운, 해방공간에서 사법기구의 재편과정에 관한 연구, 법과 사회 제29호(2005 하반기), 135쪽 이하; 법원행정처 편, 법원사, 1995, 165쪽 이하 등 참조.

13) 미 군정청은 이 인사조치를 관보에 게재하면서, 조선고등법원을 Supreme Court, 복심법원을 Apeal Court 등으로 표기하였고, 임명사령에는 Supreme Court를 대법원으로, Court of Apeal을 공소원으로 번역하여 게재하였는데, 이것이 우리나라의 최고법원의 명칭이 대법원으로 바뀌는 계기가 되었다고 한다. 법원행정처 편, 법원사, 1995, 170쪽 참조.

판결과 1948년 5월 21일의 신문지법의 효력에 관한 판결이었다.

(구)민법 제14조는 처를 무능력자로 규정하고 있었는데, 대법원은 1947년 9월 2일 이 규정에 대하여 무효선언을 하였다. 그 판결이유를 보면,

「처에 대하야는 민법 제14조 제1항에 의하여 그에 해당한 행위에는 부의 허가를 수함을 요하야 그 능력을 제한한 바 이는 부부간의 화합을 위한 이유도 없지 않으나 주로 부에 대하여 우월적 지배권을 부여한 취지라고 인정치 않을 수 없다. 그런데 서기1945년 8월 15일로 아방은 일본의 기반으로부터 해방되었고, 우리는 민주주의를 기초삼아 국가를 건설할 것이고 그 법률 정치 경제 문화 등 모든 제도를 민주주의이념으로써, 건설할 것은 현하 우리의 국기라 할 것이다. 그러므로 만민은 모름지기 평등할 것이고 성의 구별로 인하여 생한 차등적 제도는 이미 민주주의추세에 기인한 변화를 본 바로서 현하 여성에 대하여 선거권과 피선거권을 인정하고 기타 관리에 임명되는 자격도 남성과 구별이 무하여 남자와 동등한 공권을 향유함에 이르른 바인즉, 여성의 사권에 대하여도 또한 동연할 것이매, 남녀평등을 부인하든 구제도로서 그 차별을 가장 현저히 한 민법 제14조는 우리 사회상태에 적합치 아니하므로 그 적용에 있어서 적당한 변경을 가할 것은 자연의 사태이다. 자에 본원은 사회의 진전과 법률의 해석을 조정함에 의하야 비로소 심판의 타당을 기할 수 있음에 감하여 동조에 의한 처의 능력제한을 인정치 아니하는 바이다.」[14)]

라고 하였다.

이러한 대법원의 판단에 대하여 법조계와 학계는 의견이 분분하였는데, 그 대표적인 학설은 「헌법재판설」[15)], 「조리재판설」[16)], 「현실변화설」[17)] 등의 견해들이었다.[18)]

대법원은 또한 1948년 5월 21일 구한말 광무연간에 제정되고, 일제시대에 적용되던 신문지법에 대하여 효력을 지속한다는 결정을 내렸다. 일제 때부터 적용되던 법률은 군정법령에 의하여 효력의 지속 여부가 정해졌기 때문에 효력을 지속하는가

---

14) 대법 1947. 9. 2. 선고, 민상 제88호 판결. 전문은 법정 2권 10호(1947. 10.), 49쪽 참조.

15) 홍진기, 사법재판소의 법률심사 - 민법 제14조의 무효선언판결에 관하여 -, 법정 2권 11호(통권 14호)(1947. 11.), 4-9쪽 참조. 이 글은 당시의 조선을 「생성중인 국가(the state in the making)」로 보고, 이 생성중인 국가의 건국이념을 실질적 의미의 헌법으로 보아 민법 제14조가 이에 위반되고, 그 효력은 판결선고시인 9월 2일부터 상실한다고 주장한다.

16) 김갑수, 군정과 일본법적용의 한계(5 · 완), 법정 2권 10호(통권 13호)(1947. 10.), 36쪽 이하 참조.

17) 이 설은 필자가 붙인 이름이다. 장후영, 민법 제14조의 운명, 법정 3권4호(통권 18호)(1948. 4.), 6-7쪽 참조.

18) 김증한, 법정 3권1호(통권 16호)(1948. 1.), 39쪽 이하에서는 헌법재판설, 조리재판설 양설을 모두 비판하고, 당시의 대법원이 법률의 실효를 선언할 권한이 없다는 점과 당시의 조선의 사회실정에 적합하지 않다는 이유로 민법 제14조를 적용하지 않는다는 것은 부당하다는 점에서 동 판결을 비판하고 있다.

아닌가에 대한 해석의 여지가 많이 남아 있었다. 신문지법에 대해서도 그 존속 여부가 많이 논란이 되고 있었던 차에, 서울고등심리원은 1947년 4월 7일 형상 제369호 포고 제2호 및 신문지법위반 피고사건에서 신문지법의 실효를 선언하였다. 그러나 이 판결에 대하여 검찰이 상고하여 대법원에서 판결이 내려지게 되었던 것이다.

대법원은 판결이유를 다음과 같이 들고 있다.[19]

「안컨대 신문지법은 한국정부에 의하여 제정공포된 법률인 것은 소론과 같으나, 이 사실을 들어 동법은 조선인이 자주적으로 제정한 고유의 법률이며 일본인이 조선인에게만 적용키 위하여 제정한 것이 아니라 할 수 없음은 동법이 한일합병시 소위 제령 제1호에 의하여 신문지규칙과 함께 그 효력이 존속되어 전자는 조선인 후자는 일본인에게 각각 적용되어온 점에 비추어 명백하므로 동법이 조선정부의 법률이고 조선인에게만 적용하기 위한 것이 아니라 하여 동법의 존속을 긍정할 수 없음은 물론 동법은 출판법과 동일한 제정공포의 경위와 효력을 가지고 법리상 동등한 가치를 가진 것임에도 불구하고 출판법만이 법령 제11호 제1조에 거시되고 신문지법이 거시되지 않았다는 사실만으로써 동법의 폐지를 부정하는 이유를 삼으려 함도 또한 당치 않다. 만일 소론과 같이 신문지법이 과연 출판법과 동일한 제정공포의 경위와 효력을 가진 법으로서 동법과 법리상 동등한 가치를 가지는 것일진대 법령 제11호 제1호가 종래 법중 폐지될 법령을 제한적으로 열거함에 그치지 않은 이상 동법령의 적용상 신문지법이 출판법과 운명을 달리할 이유가 없다.

……

신문지법의 실효여부는 동법이 법령 제11호 제2호의 소위 차별법에 해당하는가 아니하는가에 의하여 결정할 것인 바, … 동조의 취지는 일제에 의하여 형성되었던 조선인의 법률상 억압 내지 불이익한 지위를 철폐하므로써 조선인에게 정의의 정치와 법률상 균등을 회복시키려 함에 있다 할 것이므로 동일한 사항에 관하여 조선인을 대상으로 하는 법령과 일본인을 대상으로 하는 법령이 각 별개의 법령으로서 때를 같이 하여 병존하였다는 그 사실 자체가 즉 동조에 소위 차별이라 할 수 없음은 자명한 바일 뿐만 아니라 동시에 동조의 차별은 이를 각 법규의 적용자체가 종교 등을 이유로 하는 불이익 또는 불균등을 초래하는 경우를 말하는 것으로 해석하는 것이 타당하다 할 것이다. 이제 신문지법 제26조 제37조를 보건대 동조 등은 사회의 질서 또는 풍속을 괴란하는 사항을 기재한 경우에 발행인 편집인 및 기사에 서명한 자를 처벌하는 규정으로서 동일한 취지의 규정은 신문지규칙에서도 이를 볼 수 있을 뿐 아니라 그 형에 있어서는 도리어 전자가 후자에 비하여 경하매 신문지법 제26조 제37조는 그 적용으로 인하여 조선인에 종족 국적 신조 또는 정치사상을 이유

19) 김갑수, 판례비평 신문지법의 실효여부, 법정 3권 6호(통권 20호)(1948. 6.), 8-9쪽 참조.

로 차별을 생기게 하는 규정이라 논단할 수 없음은 전 설시에 의하여 명백하므로 동 규정은 법령 제11호 제2조에 의하여 폐지된 것이 아니다.」

이 판결에 대하여 당시 사법부(司法部) 법률조사국장이었던 김갑수의 반론이 제기되었다.[20] 반론의 요지를 보면, 첫째로, 신문지법은 비록 한국법이기는 하나, 그 법은 일본의 뜻에 따라 제정된 법이며, 또한 한일합병 이후 30여년이나 조선인의 언론과 정치운동을 억압봉쇄하는 데에 이용되었고, 둘째로, 일본이 신문지규칙을 따로 만들어 일본인에게 적용하고, 조선인에게 적용되는 법령을 그대로 둔 것은 일본인과 조선인을 차별취급하려는 의도한 간계임이 분명하고, 이는 신문지법과 신문지규칙의 다른 규정에서도 명백하므로, 신문지법의 실효 여부는 각개의 규정마다 가분적으로 정할 것이 아니라 법 전체를 통하여 불가분적으로 결정되어야 하는 것이라고 하였다. 또한 민법 제14조를 무효선언한 대법원은 응당 신문지법의 폐지를 선언하였어야 했다고 주장하였다. 그리고 반론의 말미에서는 대법원이 신문지법의 존속을 결정한 것은 필시 현재의 혼란한 사회정세를 고려한 결과로서의 고충의 소치임을 양해할 수 있으나 법률해석을 과히 정책에 예속시킨 과오는 크게 지적되어야 할 것이라고 하였다.

위의 대법원의 두 판결은, 이견이 있기는 하지만, 실정법률의 효력 여부에 관하여 최고법원이 판단할 수 있다는 것을 전제로 한 것이므로 일응 실질적인 헌법재판작용의 한 모습이었다고 할 수 있다. 다만, 일제강점기의 사법조직에 몸담았던 법관들에 의해 내려진 판결로서, 강점기권력을 대체한 미군정 하에서 대한민국임시정부의 이념과 규범체계에 대한 인식이 전무하였다는 점에서 한계를 가진 판결이었다.

2. 제헌헌법 제정과정과 헌법재판제도

(1) 제헌헌법 제정과정의 헌법안과 헌법재판제도

제헌헌법의 제정과정에서 나타난 논의와 헌법안들은 매우 다양하였다.[21] 시간별로 나열하면, 행정연구위원회(1945. 12.-1946. 3.), 비상국민회의(남조선대한국민대표민주의원: 1946. 1.-4.), 남조선과도입법의원(1947. 2.-12.), 제헌국회(1948. 6.-7.) 등에서 다양한 헌법안들이 제시되었다. 많은 헌법안들은 헌법재판제도 특히 위헌법률심사제도를 채택하고 있는 것이 일반적이었다. 해방공간에서 가장 먼저 헌법안을 논의하기 시작한 것으로 보이는 행정연구위원회의 안에는 위헌법률심사제도 자체가 언급되어

20) 김갑수, 위(주 19)의 글, 10쪽 이하.

21) 미군정기의 정치상황과 헌법안의 논의에 관해서는 김수용, 건국과 헌법, 경인문화사, 2008; 서희경, 대한민국 헌법의 탄생, 창비, 2012 등에서 상세히 언급되어 있다.

있지 않지만, 그 후에 작성된 헌법안에는 위헌법률심사제도가 규정되어 있다. 민주의원안(제68조)은 법원에서, 남조선과도약헌안(제34조)은 법원에서, 임시헌법기초위원회안(제52조)은 법원에서, 조선임시약헌(제47조)은 최고법원에서, 유진오안(제89조)은 헌법위원회에서, 공동안(제85조)은 대법원에서, 권승렬안(제96조)은 최고법원에서, 국회 헌법기초위원회안(제80조)은 헌법위원회에서 위헌법률심사를 하도록 규정되어 있었다.[22]

미군정의 점령정책에 따라 다양한 정치세력들이 점차 배제되고 우익계열의 한민당이 정국의 주도적 지위를 점하면서, 헌법은 유진오안을 초안으로 하여 제정되었다. 헌법을 제정하는 과정에서 사법제도를 어떻게 설정하는가의 문제는 권력구조의 문제보다는 상대적으로 그 비중이 크지 않았던 것으로 보인다. 제헌헌법에서는 대법원을 최고법원으로 하고, 위헌법률심사는 헌법위원회에서 담당하도록 하며, 법관의 임기를 10년으로 하여 연임할 수 있게 하고, 탄핵재판소를 두고 있는 것 등이 사법제도의 기본골격이다.

먼저 위헌법률심사권을 대법원이 아닌 헌법위원회에 부여한 것에 대하여 헌법기초자인 유진오는 그 이유를 다음과 같이 말하고 있다.

> 「내가 법률의 위헌심사권을 미국식으로 법원에 주지 않고 헌법위원회라는 새로운 제도를 구상한 데에는 몇 가지 이유가 있었다. 첫째는, 당시의 우리나라 법원에 그러한 권한을 맡기는 데 대한 불안감이었다. 민·형사의 재판에 관하여 그들이 우리나라에 있어서 유일한 권위자라는 점에 관해서는 아무도 이의가 없는 바이지만, 당시의 우리나라 법원관계자들은 공법학의 지식을 너무나 결여하고 있는 것으로 나는 보고 있었다.
>
> 아니 그보다도 더 기본적으로 법사상의 변천에 대한 인식부족을 염려하였던 것이라고 말하는 편이 더 진상에 가까울는지 모른다. 위에서도 잠깐 언급한 바와 같이 나는 아담 스미드적 자유방임주의는 20세기 중엽에 처한 한국의 현실에 적합하지 않은 것으로 확신하였고, 그 때문에 당시 우리나라에 와 있던 미국인의 대부분이 품고 있는 것과 같은 민주주의의 개념에 대해 불만과 불안을 느끼고 있었으므로 그 불만과 불안이 그대로 우리나라의 법률가들에게 향해졌던 것이다. 그러나 그보다도 그 근본적인 이유는 국가권력기구조직의 기본원리에 관한 나의 견해로부터 온 것이었다. 미국의 사법적 위헌심사제도는 그 대통령제와 함께 몬테스큐적 권력분립사상의 산물이며, 각인의 자유와 권리를 확보하기 위하여 국가권력을 상호견제시키고 강화하려는 18세기적 개인주의사상의 표현이므로 그것은 국제관계가 긴밀하지 않던

22) 김수용, 위(주 21)의 책, 43쪽.

시대, 그리고 경제가 풍요하고 국가의 세입이 남아 돌아가 국가권력의 개입으로 경제조정이나 사회보장을 위해 노력할 필요가 없었던 시대에는 적합하였을지라도 국제관계가 복잡, 긴박하고, 국내적으로도 사상적, 정치적, 경제적, 사회적 제과제가 산적하여 국가권력의 개입에 의한 그 시급한 해결이 지상명령적으로 요청되는 오늘날에 있어서는 도저히 그대로 유지될 수 없는 것이라는 것이 나의 신념이었다.」[23)]

위의 의견에 대하여 당시의 대법관 이상기, 서울지방법원장 장경근, 고등법원 판사 정윤환 등이 유진오의 견해를 번복시키기 위하여 설득하였으나, 유진오는 헌법기초위원회에서 다시 자신의 본래 의사를 주장할 것이라는 조건을 달아서 위헌법률심사권을 법원에 주는 데에 동의하였다. 유진오는 헌법안에 대한 제1독회에서 다시 헌법위원회안을 들고 나왔는데, 이때 그는 헌법위원회제도를 최종적인 규정으로 낙착지었다. 그의 견해에 따르면,

「당시의 우리나라 법원은 국회를 견제하는 권한을 수임받을 만큼 신뢰와 권위를 확립하지 못하고 있었을 뿐만 아니라, 일제 때부터 계속 재직하는 법관들은 「친일파」로 규탄받는 액운은 면하였었을 망정 일제 때 행정관으로 있던 사람들이 모두 백안시되어 관계로부터 물러나 「자숙」하고 있던 때인 만큼 위헌법률의 심사권을 법원에 주자는 주장은 도저히 통하기 어려운 형편이었다.」[24)]

고 하였다.

(2) 제1공화국 헌법재판제도의 규정과 판결

우여곡절 끝에 헌법에 규정된 헌법위원회는 부통령을 위원장으로 하고, 대법관 5인과 국회의원 5인(제1차 개헌 후 민의원 3인과 참의원 2인)으로 구성하였다(제헌헌법 제81조 3항). 위헌결정을 위해서는 위원 2/3 이상의 찬성을 요하였다(동 제81조 4항). 1950년에 제정된 헌법위원회법은 법원의 합의부가 위헌제청 여부를 결정하며(동법 제9조), 법원에서 위헌제청을 한 경우 당해사건의 재판을 정지하고 헌법위원회가 제청을 수리하였을 때에는 대법원으로 하여금 각급법원에서 당해법률을 적용하여야 할 사건의 심리를 중지시키도록 하였으며(동법 제10조), 헌법위원회의 위헌결정은 장래에 향하여 효력을 발생하지만 형벌조항은 소급하여 효력을 상실하도록 하였다(동법 제20조).

한편, 제헌헌법은 헌법재판사항이라 할 수 있는 탄핵심판에 관하여 별도의 재판소를 두었다(제헌헌법 제47조). 탄핵재판소는 부통령이 재판장의 직무를 행하고 대법

---

23) 유진오, 헌법제정회의록, 일조각, 1980, 41-43쪽 참조.
24) 유진오, 위(주 23)의 책, 53-54쪽.

관 5인과 국회의원 5인(1952년 개헌 후 참의원 의원 5인)이 심판관이 된다. 단 대통령과 부통령을 심판할 때에는 대법원장이 재판장의 직무를 행하도록 하였다. 탄핵결정은 심판관 2/3 이상의 찬성이 있어야 했으며, 탄핵결정의 효과는 공직으로부터 파면함에 그치는 것으로 하였지만, 민사상 혹은 형사상의 책임이 면제되지는 아니하였다.

제1공화국의 헌법위원회는 6건의 위헌법률심사를 하였고, 그중 2건에 대하여 위헌을 결정하였다.[25] 일제강점기와 미군정을 거치면서 법체계가 정비되지 못하고 건국기에 정치적으로 혼란기이었던 점을 감안하면 헌법위원회의 적극적 역할은 매우 높이 평가될 수 있을 것이다. 탄핵재판소에서는 한 사건도 결정되지 아니하였다.

(3) 제1공화국 헌법위원회제도에 대한 학계의 평가

제1공화국의 헌법위원회에 대해서는 그 명칭에 있어서 프랑스의 1949년 헌법의 헌법위원회와 동독의 1949년 헌법 헌법위원회 등에서 그 유사성을 찾을 수 있으나, 그 성격상 상이하다는 점에서 외국에서 그 예를 찾아볼 수 없는 제도로 평가되고 있다.[26] 근본적인 비판은 헌법위원회가 그 구성방법상 사법기관이 아니라는 데에 있었다. 즉, 헌법위원회의 구성에 입법·행정·사법의 3부가 공동으로 관여케 하고 특히 국회와 대법원에서 동수의 위원을 내어 구성하게 한 것은 제1공화국 헌법이 사법권우월과 입법권우월의 어느 편에도 치우치지 않고 공정한 결정을 얻기 위함에 있는 것 같다.[27] 이 구성방법에 대하여 찬성하는 견해도 있으나, 위헌법률심사기관이 사법기관이 아니고, 위원 중 정치적 중립이 보장된 자가 대법관 5인에 불과하여 판결이 정치적 색채를 띨 가능성이 농후하여 심판의 공정성을 해칠 우려가 크고, 법률제정 당시와 법률심사 당시의 의회분포에 변화가 있을 경우 다수파가 정한 법률을 쉽게 파기할 수 있어서 헌법질서의 안정성을 해칠 가능성이 크며, 입법부와 사법부의 타협이나 사전견제는 의미가 없으므로 위헌법률심사제도의 존재의의를 무실하게 할 염려가 있다는 등의 비판이 있었다.[28]

3. 제2공화국

4·19혁명을 계기로 하여, 과거 제1공화국 당시의 이승만 대통령이 대법원장 및

25) 위헌결정: 1952. 9. 9. 선고 4285헌위1, 농지개혁법 위헌결정; 1952. 9. 9. 4285 헌위 2, 비상사태하의 범죄처벌에 관한 특별조치령 위헌결정. 합헌결정: 1952. 3. 29. 4284 헌위 1·2, 귀속재산처리법 합헌결정; 1953. 10. 8. 4286헌위2, 계엄법 제13조 합헌결정; 1954. 2. 27. 4286헌위 남조선과도정부 행정명령 제9호 합헌결정; 1954. 3. 26. 4287헌위1, 간이소청절차에 의한 귀속해제결정의 확인에 관한 법률 제2조 합헌결정 등.

26) 김철수, 위헌법률심사제도론, 학연사, 1983, 80쪽 참조.

27) 유진오, 신고헌법해의, 탐구당, 1952, 249쪽.

28) 김철수, 위(주 26)의 책, 80-81쪽 참조.

대법관의 임명에 관하여 자의적인 간섭과 권력적 횡포가 있었던 데에 대한 반성으로, 헌법재판소를 설치하였다. 제1공화국의 헌법위원회에 마지막으로 제청된 사건은 경향신문 폐간의 근거가 된 군정법령 제88호이었는데, 대법원은 1960년 2월에 동 군정법령을 헌법위원회에 제청한 것이었다. 그러나 2차개헌(1954년) 이래 헌법위원회의 구성을 대법관 5인과 민의원 3인 및 참의원 2인으로 구성하기로 되었던 바, 참의원선거가 이루어지지 않아서 헌법위원회가 구성되지 못하고 있었으므로, 대법원이 헌법위원회의 결정을 기다려 동 사건을 처리하기로 한 것은 지극히 소극적이며 문제회피적인 판단이었다.[29] 이러한 과정에서 국민은 헌법위원회에 대하여 회의적이었으며, 그렇다고 하여, 법원에 위헌법률심사권을 주면 사법이 정치화할 우려가 있다고 하여 서독식의 헌법재판소제도를 채택하기에 이르렀다.[30]

헌법재판소는 법률의 위헌심사, 헌법에 관한 최종적 해석, 국가기관간의 권한쟁의, 정당의 해산, 탄핵심판, 대통령, 대법원장과 대법관의 선거에 관한 소송 등을 관할하였다(1961년 6월 헌법 제83조의3, 1960년 11월 헌법도 동일). 위헌법률심사와 관련하여 헌법규정에서 '법률의 위헌여부심사'라고 하고 있어서 추상적 규범통제도 하위법률로 입법할 수 있었다.[31] 하위법인 헌법재판소법(1961. 4. 17. 법률 제601호, 폐지 1964. 12. 30. 법률 제1667호)에서는 법원에 사건이 계속됨이 없이 법률의 위헌 여부 또는 헌법에 관한 최종적 해석을 제청할 때에 제청서에 기재하여야 할 사항을 규정하여 추상적 규범통제에 관하여 상세히 규정하였다(동법 제10조 2항).

1961년 헌법에 따르면(제83조의4), 헌법재판소의 심판관은 9인으로 하고, 심판관은 대통령, 대법원, 참의원이 각 3인씩 선임하였다. 심판관의 임기는 6년으로 하고 2년마다 3인씩 개임하였다. 심판관은 정당에 가입하거나 정치에 관여할 수 없다고 규정하여 헌법재판의 공정성과 중립성을 확보하고자 하였다. 법률의 위헌심판과 탄핵판결은 심판관 6인 이상의 찬성이 있어야 했으며, 헌법재판소의 조직, 심판관의 자격, 임명방법과 심판의 절차에 관하여 필요한 사항은 법률로써 정하도록 하였다.

제2공화국 헌법상의 헌법재판소는 추상적 규범통제까지도 제도화할 수 있도록 하고 그 제청인에 제한을 두지 않는 등 매우 진보적인 형태이었지만, 하위법인 헌법재판소법이 공포된 지 한 달만에 5·16 군사쿠데타가 발발하여 출범도 하지 못한 채 폐지되고 말았다.

---

29) 경향신문폐간사건의 개요와 경과 등은 이헌환, 정치과정에 있어서의 사법권에 관한 연구, 서울대학교 대학원 박사학위 논문, 1996, 145쪽 이하 참조.

30) 김철수, 한국헌법사, 대학출판사, 1988, 116-117쪽 참조.

31) 김철수, 위(주 30)의 책, 117쪽.

4. 제3공화국

1962년의 제3공화국헌법은 일반법원에 위헌법률심사권을 부여하고 탄핵심판은 탄핵심판위원회가 담당하도록 하였다(동 헌법 제102조, 제62조). 제3공화국 헌법의 심의과정에 있어서도 헌법심의위원회의 공청회에서 헌법재판소제도의 필요 유무에 대한 의견이 반반이었고,[32] 전문위의 다수설은 헌법재판소의 설치로 의견이 기울어졌지만,[33] 심의위원회에서 일반법원인 대법원에 위헌법률심사의 최종적 심사권을 부여하고 구체적 규범통제만을 허용하였다.[34] 이에 대해 우리나라 법원사상 획기적 처사이며 앞으로의 그 운영 여하가 크게 주목된다는 평가와 함께,[35] 헌법재판소가 정치적 판결을 할 가능성이 있다든가, 혁명입법을 무효화시킬 수 있다든가, 입법권에 대해 우월할 수 있다는 등의 의구심이 있었기 때문에 헌법재판소제도가 햇빛을 보지 못했던 것이라는 평가가 있었다.[36]

헌법규정에서는 헌법재판제도를 통일적으로 규정하지 아니하고 관련규정들에서 산재된 형태로 규정하고 있었다. 즉, 위헌법률심사제도는 제3절 법원의 장에서(제102조), 탄핵제도는 제3장 제1절 국회의 장에서(제61조, 제62조), 정당해산제도는 제1장 총강에서(제7조 3항) 분산하여 규정하였던 것이다. 대통령선거와 국회의원선거에 관한 소송은 구체적인 언급이 없이, 하위법률에 위임하고 있었다(제36조 4항, 제64조 4항).

처음으로 채택된 미국식 사법심사제에 관하여 헌법의 규정방식이 애매하여 당시의 학계에서는 문제가 제기되고 있었다. 즉, 헌법 제102조 1항에서 「법률이 헌법에 위반되는 여부가 재판의 전제가 된 때에는 대법원은 이를 최종적으로 심사할 권한을 가진다」고 하는 규정하였는데, 이 규정이 각급법원에 위헌법률심사권을 인정하고 있는 것인지 아니면 대법원에 위헌법률심사권을 독점하고 있는 것인지에 관하여 학설의 대립이 있었다.[37] 통설은 대법원뿐만 아니라 하급법원도 위헌법률심사권을 가진다고 하는 것이었지만, 다른 설은 위헌심사권과 위헌결정권을 구별하여 대법원만이 위헌결정권을 독점한다는 견해이었다.[38]

---

32) 김철수, 위(주 30)의 책, 108-109쪽 참조.
33) 한태연, 헌법학, 법문사, 1973, 80쪽 참조.
34) 5·16 쿠데타세력은 제3공화국 헌법에서 대법원의 구성원의 명칭을 「대법관」에서 「대법원판사」로 변경할 만큼 사법권의 위상에 대해 경시하였다. 「대법원판사」는 원래 대법원 내에 대법관을 보좌하는 판사로서 1959년 1월의 법원조직법에서 처음 규정되었다. 제3공화국 헌법은 대법관을 대법원판사로 명칭을 변경함으로써 대법관의 격을 낮추어버렸다. 이 명칭은 1987년 헌법(제6공화국헌법)에 와서야 비로소 회복되었다.
35) 문홍주, 한국헌법, 법문사, 1963, 514쪽.
36) 김철수, 위(주 30)의 책, 118-119쪽 참조.
37) 상세한 사항은 김철수, 위헌법률심사제도론, 학연사, 1983, 87쪽 이하 참조.

제3공화국 헌법하의 위헌법률심사제도는 운영여하에 따라 「사법권의 우위」를 결과할 수도 있었지만,[39] 이를 확보할 수 있는 사회적 · 역사적 배경과 법사상적 기반이 우리나라에는 결여되어 있었고,[40] 따라서 제3공화국 하의 위헌법률심사제도는 「가상적 사법권의 우위」에 지나지 않았다.[41] 그 결과 대법원은 하급심이 위헌이라고 주장한 법률조항이나 당사자가 위헌이라고 주장한 법률조항에 대하여 전원일치로 합헌판결을 한 경우는 많으나, 위헌판결을 한 예는 한 건에 그치고 있었다.[42] 분산되어 흩어져 규정되어 있었던 헌법재판제도의 여러 기능들은 전혀 현실적으로 작용하지 못하였다.

제3공화국 헌법하의 대법원에서 내린 위헌판결 중에서는 국가배상법 제2조 1항 단서와 법원조직법 제59조 1항 단서에 관한 위헌판결은 가장 백미이자 대법원의 유일한 위헌판결이었다.[43] 이 판결은 당시의 정치상황과 맞물려 제1차 사법파동을 초래하였고,[44] 곧 이어진 유신헌법에서 위헌법률심사제도를 포함한 헌법재판제도를 형해화하는 결정적 계기로 작용하였다.

5. 제4 · 5공화국

사법권의 암흑기에[45] 해당하였던 제4 · 5공화국 시기에 헌법상의 헌법재판제도는 제도를 둘러싼 정치상황과 조건들에 의하여 철저히 형해화하고 무기력하였으며, 또한 장식적인 제도에 불과하였다. 제도규정을 살펴보면, 제4공화국 헌법(1972년)은 헌법위원회를 부활시켜 위헌법률심판, 탄핵심판, 정당해산심판을 담당하게 하였다(동 헌법 제8장 헌법위원회). 위원은 9인이었지만, 위원장 1인과 상임위원 1인 이외의 나머지 위원들은 모두 비상임위원으로 하였다(헌법위원회법 제9조, 제10조 1항). 헌법위원회가 활성화되어 활발하게 활동하는 것을 기대하지 않았던 것이다. 제5공화국 헌법(1980년)에서도 헌법위원회 위원의 연임규정만 추가하였을 뿐 변한 것이 없었다.

위헌법률심사와 관련하여 제4공화국 헌법과 제5공화국 헌법은 약간의 규정상의

---

38) 허영, 규범통제에 관한 현행헌법상의 문제점의 연구, 법정, 1969, 5-10쪽(김철수, 위헌법률심사제도론, 88쪽 이하 재인용).
39) 김철수, 위(주 30)의 책, 110쪽.
40) 김철수, 위(주 37)의 책, 128쪽.
41) 김철수, 위(주 37)의 책, 129쪽.
42) 구체적인 내용은 이헌환, 법과 정치, 박영사, 2007, 188쪽 이하 참조.
43) 구체적인 내용은 이헌환, 위(주 42)의 책, 189쪽 이하 참조.
44) 이헌환, 한국사법사에 비추어본 1971년의 사법파동, 법과사회이론연구회 편, 법과 사회, 제15권, 1997. 7, 127쪽 이하 참조.
45) 필자는 우리나라의 사법권의 시기분류와 관련하여, 성립기(1945-1957), 수난기(1957-1971), 암흑기(1972-1988), 재정립기(1988 이후)로 나누어 분석한 바 있다. 이헌환, 정치과정에 있어서의 사법권에 관한 연구, 서울대학교 대학원 박사학위 논문, 1996 참조.

차이를 보여주었다. 즉, 제4공화국 헌법은「법률이 헌법에 위반되는 여부가 재판의 전제가 된 때에는 법원은 헌법위원회에 제청하여 그 결정에 의하여 심판한다」(제4공화국 헌법 제105조 1항)고 하였던 것을 제5공화국 헌법은「법률이 헌법에 위반되는 여부가 재판의 전제가 된 때에는 법원은 법률이 헌법에 위반되는 것으로 인정할 때에는 헌법위원회에 제청하여 그 결정에 의하여 심판한다」(제5공화국 헌법 제108조)고 하여 헌법위원회에 제청될 수 있는 조건을 오히려 강화하여 버렸다.[46] 이른바 대법원의 합헌판단권을 인정하여 대법원과 헌법위원회 사이에 위상다툼의 소지를 헌법규정에 두었고, 실제로 대법원은 무리한 헌법논리를 써서라도 합헌이라 판단하여 헌법위원회에 제청하려 하지 않으려 하였다.

헌정의 실제에 있어서도 위헌법률심판은 물론, 정당해산이나 탄핵심판이 전혀 없었다. 사법권의 암흑기이자 헌법재판의 암흑기이었던 셈이다.

Ⅲ. 1987년 헌법개정당시의 논의

1. 헌법재판소의 도입경위

1987년 6·10 민주화혁명으로 이끌어낸 6·29 선언이라는 항복문서에 따라 여·야간에 개헌협상이 재개되었다. 개헌작업은 국회 개헌특위에서 여야 8인 정치회담에 의해 주도되었다. 8인 정치회담에서는 대통령직선제의 통치구조의 문제에 논란의 초점이 있었고, 새 헌법상의 사법권에 관하여는 상대적으로 논란이 많지 않았다.[47] 1987년 7월에 설치된 국회개헌특위의 논의 초기에는 위헌법률심사권을 대법원에 주는 데에 여당과 야당이 모두 동의하였지만, 위헌법률심사권 이외의 정당해산심판권, 탄핵심판권, 권한쟁의심판권 등을 대법원에 부여하는 것에 대하여 여야간의 의견대립이 있었다. 여당은 정치적인 문제에 대하여 대법원이 개입하는 것이 바람직

---

46) 이 규정은 원래 제4공화국 헌법하의 헌법위원회법이 규정하였던 것을 제5공화국 헌법에 편입한 것이었다. 즉, 제4공화국의 헌법위원회법(1973. 2. 16. 법률 제2530호)에서는 하급법원의 위헌심판제청시에 대법원을 경유하도록 하면서, 대법원의 불송부결정권을 인정하였는데(동법 제12조, 제15조 참조), 이에 대해 위헌의 논란이 이어지자, 아예 헌법에 편입하여 버린 것이다. 상세한 내용은 정종섭, 위헌법률심판절차에서의 헌법재판소와 일반법원의 헌법해석권, 헌법재판연구(1), 철학과 현실사, 1995, 15쪽 이하 수록 논문 참조.

47) 1986-87년에 있었던 개헌논의과정에서 나타난 여러 정당 및 사회단체의 헌법안에서는 모두 위헌법률심판권을 대법원이 가져야 한다고 주장하고, 다른 헌법재판사항에 대하여 민정당안에서는 탄핵심판과 정당해산심판 그리고 기관간 권한쟁의심판을 담당할 헌법위원회를 설치할 것을 주장하였고, 신민당안에서는 탄핵심판위원회를 설치할 것을 주장하였을 뿐, 어느 안에서도 현재의 헌법재판소제도를 주장하지는 않았다. 당시의 여러 개헌안의 내용에 대해서는 김철수, 한국헌법사, 대학출판사,1988, 624쪽 이하 참조.

하지 못하므로, 헌법위원회를 설치하여 위의 권한들을 담당하게 하자고 하는 데에 대하여, 야당은 위의 권한들을 모두 대법원에 부여하자고 주장하였다. 이에 야당은 여당의 안과 타협하여 헌법위원회의 명칭을 헌법재판소로 바꾸고, 헌법소원제도를 도입한다면 헌법재판소제도를 받아들이겠다고 하고, 여당은 위헌법률심사권을 포함한 헌법재판사항을 헌법재판소에 부여하도록 하여, 정치적 타협의 결과로 헌법재판소가 설치되게 된 것이다.[48] 이에 따라 새 헌법상의 사법제도는 헌법재판소와 대법원의 양자로 구성되어, 제5장에 법원을, 제6장에 헌법재판소를 두게 되었다.

먼저 헌법재판소에 대한 헌법규정을 보면, 헌법재판소는 위헌법률심사권, 탄핵심판권, 정당해산심판권, 기관간 권한쟁의심판권, 헌법소원심판권 등을 가지고(제111조 1항), 법관의 자격을 가진 9인의 재판관으로 구성하며 재판관은 대통령이 임명하고(제111조 2항), 재판관 중 3인은 국회에서 선출하는 자를, 3인은 대법원이 지명하는 자를 임명하고(제111조 3항), 헌법재판소의 장은 대통령이 국회의 동의를 얻어 임명하며(제111조 4항), 헌법재판소 재판관의 임기는 6년으로 하되 연임할 수 있게 하고(제112조 1항), 헌법재판소에서 법률의 위헌결정, 정당해산결정 또는 헌법소원의 인용결정을 할 때에는 재판관 6인 이상의 찬성이 있어야 하며(제112조 2항), 헌법재판소 규칙을 제정할 수 있으며(제113조 2항), 헌법재판소의 조직과 운영 기타 필요한 사항은 법률로 정하도록 하였다(제113조 3항).

이와 같은 헌법재판소에 관한 규정은 기본적으로 제2공화국의 헌법재판소와 거의 대동소이하지만, 제2공화국 헌법에서 헌법에 관한 최종적 해석권을 명시하고 있는 점과 선거소송을 헌법재판소에서 담당하게 한 점 그리고 새 헌법에서 헌법소원을 도입한 점에서 차이를 가지고 있다.[49] 그리고 제5공화국 헌법상의 헌법위원회와도 규정상으로는 거의 다르지 아니하며 다만 명칭이 헌법재판소로 바뀌었다는 점과 헌법소원제도가 도입된 점 그리고 헌법재판소장의 임명에 국회의 동의를 얻게 한 점에 차이가 날 뿐이었다. 이것은 하위의 헌법재판소법이 어떻게 정해지는가에 따라 헌법재판소가 정상적인 기능을 하느냐 않느냐가 정해지는 것을 의미하는 것이었다.

2. 헌법재판소법의 제정과정과 쟁점

새 헌법상의 헌법재판소가 실질적으로 기능하기 위해서는 헌법하위의 헌법재판

48) 동아일보 1987. 8. 22.자 참조. 헌법재판소제도의 도입경위에 대해서 공식적인 문서는 존재하지 아니하고 단지 당시 헌법개정에 참여하였던 국회개헌특위위원의 발언을 통하여 이를 확인할 수 있을 뿐이다. 서울대학교 법학연구소 편, 헌법재판의 활성화방안, 1988. 9, 146쪽 참조.

49) 이 외에 제2공화국 헌법에서는 심판관을 2년에 3인씩 선임하도록 하였으나(제2공화국 헌법 제83조의4 제3항) 새 헌법은 그렇지 아니한 점과 새 헌법에서 헌법재판소규칙제정에 관한 근거 규정을 두고 있는 점이 다르다.

소법이 명실상부하게 규정될 필요가 있었다. 헌법재판소법이 허술하게 규정되는 경우에는 헌법상의 헌법재판소 규정을 형해화할 우려가 있었기 때문이다. 이에 따라 헌법재판소법의 제정과정에서도 많은 논란이 제기되었다.[50] 특히 상임재판관의 수와 헌법소원심판권의 구체적 내용을 어떻게 정하느냐 하는 것은 재조 법조와 재야 법조 그리고 학계 사이에 많은 논쟁을 불러일으켰다.[51] 논의의 초점은 법원의 판결을 헌법소원에 포함시키느냐 않느냐의 문제이었다.

법원 측에서는 첫째로, 판결을 헌법소원의 대상으로 하고 있는 나라가 극히 소수인 점, 둘째로, 최고법원인 대법원 위에 제4심을 두는 점, 셋째로, 명령·규칙·처분 등에 관한 판결의 헌법소원을 인정한다면 이들에 대하여 대법원을 최종심으로 하는 우리 헌법규정(제107조 2항)에 반하게 되는 점, 넷째로, 독일의 경우와는 달리 우리 헌법은 헌법소원의 개념정의를 내리지 않고 그 개념정의를 법률에 위임하고 있기 때문에 우리 실정에 맞는 헌법소원제도를 도입하는 것이 헌법개정권력의 의도에 맞다는 점, 다섯째로, 판결에 대한 헌법소원을 인정하면 남용의 폐단이 있게 되는 점, 여섯째로, 처음 창설되는 기관이 너무 강한 권한을 가질 때에 그 존립 자체가 위협받을 우려가 있는 점 등을 이유로 판결을 헌법소원의 대상에 포함시키지 않을 것을 주장하였다.[52]

학계에서는 법원판결을 당연히 헌법소원에 포함시켜야 하지만, 그 채택의 시기가 문제된다는 견해[53]와 헌법재판이 제4의 국가작용인 점, 헌법소원은 위헌심판과는 다른 별개의 제도인데 대법원의 명령·규칙·처분에 대한 최종심판권을 이유로 판결이 헌법소원의 대상이 되지 아니한다는 것은 논리에 맞지 아니한 점, 판결을 헌법소원에서 제외한다면 헌법소원의 대상이 극히 제한되므로 새 헌법에 헌법소원을 도입한 의의가 없어진다는 점 등을 이유로 판결을 포함시켜야 한다는 견해[54] 등이 있었다.[55]

---

50) 이에 대한 대표적인 세미나를 들면, 1987년 10월의 기초작업을 거쳐 1988년 1월 15일 개최된 법무부의 헌법재판소법제정에 관한 세미나(1988년 2월 법무자료 제95집으로 간행)가 있고, 많은 학자들의 의견개진이 있었다. 김철수, 법무부의 헌법재판소법안을 보고, 월간고시(1988. 6.); 동, 헌법재판소법의 제정문제, 국회보(1988. 2.); 방순원, 헌법재판소의 발족에 붙여서, 사법행정(1988. 7.); 배준상, 헌법재판소 신설에 즈음하여, 고시계(1988. 6.); 허 영, 헌법재판소법 제정에 관한 관견, 법률신문, 1988. 1. 25. 자 등.

51) 상임재판관의 수에 관하여 최초의 법무부안은 3인으로 하려고 하였으나, 많은 비판을 받아 철회되었고, 법사위최종안은 헌법재판소장 외 5인을 상임재판관으로 하였다.

52) 법무부 편, 헌법재판제도, 법무자료 제95집(1988. 2.), 51-53쪽 참조.

53) 이강혁, 헌법재판소의 헌법상 지위와 권한, 법무부 편, 위의 책, 28-29쪽 참조.

54) 허 영, 헌법재판소법 제정에 관한 관견, 법률신문, 1988. 1. 25 자 참조.

55) 이 외에도 김철수, 헌법재판소법의 제정문제, 국회보(1988. 2.); 양 건, 헌법재판소법의 내용과 문제점, 고시계(1988. 2.) 등에서는 판결을 헌법소원의 대상으로 하여야 한다고 주장하였다.

재야 법조계에서는, 판결을 완전 포함하는 것은 우리 실정에 맞지 아니하고 완전 제외하는 것은 국민의 기본권 보호에 미흡하므로 제한적으로만 판결을 포함하자는 입장에서, 법원이 재판과정에서 기본권을 침해하는 경우는 제외하고 법원이 사법절차상의 기본권을 직접 침해하거나 위헌제청신청을 기각한 경우에 한정하여 헌법소원의 대상으로 하자는 견해가[56] 있었다.[57]

흥미로운 것은 헌법소원의 대상에 법원의 재판을 포함시킬 것인가의 여부를 논의하면서, 위헌법률심판제청신청에 대한 법원의 기각결정에 대하여 이를 헌법소원의 대상으로 하자는 견해가 제시되었다는 점이다. 이 견해는 헌법재판소법의 제정에서 제68조 2항의 헌법소원으로 규정되었는데, 이는 법원의 재판을 헌법소원의 대상으로 하고 있지 않은 현재의 헌법소원제도에서 다른 나라에서는 유례를 찾기 힘든 절묘한 규정이다. 물론, 이 규정에 대하여 법원의 재판에 대해 헌법소원을 인정하는 것이 아니라, 위헌신청의 대상이 된 법률에 대하여 직접 헌법소원을 하라는 취지이기 때문에 재판관련 헌법소원의 맥락에서 이해해서는 안된다는 입장이 있었지만,[58] 헌법소원의 맥락이 아니라 위헌법률심판의 맥락에서 보면, 소송당사자의 위헌법률심판청구권을 실질적으로 보장하는 장치로 이해된다.

정부 내 헌법재판소법 제정의 주무부처이었던 법무부는 1988년 1월 15일 공청회를 거쳐 동 5월 초에 법안 초안을 완성한 후 관계기관의 의견을 조회하여 일부수정을 거친 다음, 동년 7월 4일에 국회에 제출하였다. 국회에서는 야권 3당이 제출한 안과 법무부안을 통합한 단일안을 만들어 국민의 기본권을 실질적으로 보장하는 방향으로 헌법재판소법(1988년 8월 5일 공포 법률 제4017호)을 제정하였다.

1991년 11월에는 비상임재판관을 없애고 재판관 전원을 상임으로 하는 법률개정이 이루어졌는데(법률 제4408호), 이 또한 헌법재판소의 권한을 실질화하는 것으로서 매우 중요한 의미를 가진 것이었다.

---

56) 최광률, 헌법재판소법의 입법방향, 법무부 편, 헌법재판제도, 44쪽.

57) 언론계에서도 판결을 헌법소원에 포함시켜야 한다는 주장이 나오기도 하였다. 동아일보 1988. 1. 22 자 사설「헌법재판소와 헌법소원」참조.

58) 1988. 8. 26. 서울대학교 법학연구소 개최 심포지움에서 이강국(당시 법원행정처 조사국장)판사의 발언(서울대학교 법학연구소 편, 헌법재판의 활성화방안, 1988. 9, 145쪽) 참조.

Ⅳ. 현행 헌법재판소제도의 정착과 발전과정

1. 초기의 위상정립[59)]

1988년 9월 1일 출범한 헌법재판소는 국민의 기본권보장과 민주주의 및 법치주의의 보루로서 제대로 자리잡기 위하여 적지 않은 난관이 예상되고 있었다. 제도적으로는, 이미 헌법재판소법의 제정과정에서 노정된 바와 같이,[60)] 헌법재판권을 법원의 권한으로 확보하는 데에 실패한 법원과 헌법재판소 사이의 권한다툼이 예상되고 있었고, 정치적으로는 과거 권위주의 권력하에서 비민주악법이라고 평가되는 법률들에[61)] 대한 위헌판단 여부와 권위주의적 과거의 청산문제가 커다란 부담으로 남아 있었으며, 사회적으로는 민주화 이후 터져 나오는 국민의 각종의 요구들에 대하여 어떻게 답하여야 할지에 관하여 뚜렷한 전망을 할 수 없었던 상황이었다. 뿐만 아니라 지극히 제한적이라고 평가되었던[62)] 헌법재판소의 각 권한들을 어떻게 정상적으로 행사할 것인지에 관하여도 정해진 기준이 없이 헌법재판소 스스로 개척해 나가야 하는 상황이었다.

1988년 9월 1일에 헌법재판소법이 발효한 후, 조직과 인적 구성이 완료되기 전임에도 불구하고, 최초의 헌법소원사건으로 '사법서사법시행규칙'에 관한 헌법소원

---

59) 이 부분은 필자가 2008년 헌법재판소 내 헌법실무연구회의 발표문에서 언급한 바 있는 내용으로, 당시의 견해와 크게 차이가 없으므로, 당시의 발표문의 내용을 일부 수정·보완하는 것으로 한다. 이헌환, 헌법재판소 20년 - 그 명암과 굴곡, 헌법실무연구회 편, 헌법실무연구 제10권(2009), 박영사, 57쪽 이하 참조.

60) 1988년 1월 15일에 개최된 법무부 심포지움에서 가장 논란이 되었던 부분도 법원의 재판을 헌법소원에서 제외하는 것이 타당한가의 문제이었다. 법무부 편, 헌법재판제도, 법무자료 제95집, 1988. 2. 참조.

61) 5공화국 당시의 정치악법들에 대해서는, 한국기독교사회연구원 편, 법과 민주화 - 현행정치악법 연구, 민중사, 1986 참조. 이 책에서는, 제5공화국헌법의 문제점과 함께, 국가보안법, 사회안전법, 사회보호법, 언론기본법, 집회 및 시위에 관한 법률, 자원관리법, 사회교육법, 경찰관직무집행법, 형사관련법, 노동관계법, 농민관계법 등과, 5공화국 당시 시안으로 나와 있었던 학원안정법 등에 대하여 검토하고 있다. 이 책에 수록된 법률들은 대부분 국회에 의하여 개정되거나 헌법재판소의 판단을 받았다.

62) 예컨대, 헌법재판소법이 제정된 이후 헌법재판의 활성화 가능성을 놓고 1988년 8월 26일에 개최된 심포지움에서, 권영성 교수는 헌법환경론, 여소야대에서의 위헌법률의 제정가능성의 희박, 법원의 소극적 자세, 헌법소원의 범위의 협소 등으로 인하여, 탄핵심판을 제외하고는, 헌법재판이 활성화될 가능성은 희박할 것으로 예상하였고(서울대학교 법학연구소 편, 헌법재판의 활성화방안, 1988. 9, 43-53쪽 참조), 계희열 교수는 추상적 규범통제의 배제, 법원재판의 제외로 인한 헌법소원제도의 무력화를 이유로(같은 책, 55-56쪽 참조), 김운룡 교수도 헌법재판소법 자체가 비활성화를 꾀하고 있다는 이유로 비관적인 입장을 표명하였다(같은 책, 117-118쪽 참조). 물론 각 주장들이 제시하는 비관의 근거를 개혁하여 장래에 헌법재판을 활성화하여야 한다는 주장도 적지 않았다.

사건(88헌마1)과,[63] 최초의 위헌법률심판사건으로 사회보호법 제5조 위헌심판제청(88헌가1)이 접수되었다.[64] 최초의 위헌결정사건은 1990년 1월 15일, 국가에 대한 가집행선고금지를 규정한 '소송촉진등에관한특례법' 제6조 제1항 단서 위헌심판사건(88헌가7)이었으며, 이후 헌법재판소는 2014년 현재까지 위헌(헌법불합치, 한정위헌, 헌법소원사건 포함)결정으로 총 717건의 위헌결정이 있었다.[65] 이 중 법률에 대한 위헌결정사건은 헌법재판소법 제68조 2항 사건을 포함하여 자그마치 493건이나 될 정도로 엄청난 숫자이다.

한편, 헌법재판소가 국민의 인권을 보호하는 데에 기여하는 기관으로 인식되게 된 계기는 바로 검찰불기소처분에 대한 헌법소원을 인용하기 시작하면서부터이었다. 헌법재판소법이 제정될 당시에는 법원의 재판을 헌법소원에 포함시킬 것인가를 놓고 첨예한 대립을 벌였지만, 헌법소원제도가 활성화되는 데에는 의외로 검찰의 불기소처분에 대한 헌법소원이 크게 기여한 것이다. 비록 적은 수이기는 하였지만, 헌법재판소가 검찰의 불기소처분취소결정을 내리게 되자, 이후 헌법소원 사건은 검찰불기소처분에 대한 불복이 대부분을 차지하게 되었다. 이에 검찰은 헌법재판소에서 취소된 사건에 대해 이전과 동일한 처분을 내리기도 하였고, 국회 법사위에서 거론이 되기도 하였다.[66] 또한 당시의 여당인 민자당의 의원 중에는 헌법재판소법을 개정하여 검찰의 불기소처분을 헌법소원의 대상에서 제외하여야 한다는 주장이 나오기도 하였다. 전통적인 권력기관으로서의 검찰이 헌법재판소의 위상에 위협을 가하려는 한 시도이었다고 볼 수 있다.

헌법재판소의 위상에 대하여 대립적인 입장을 가진 또 다른 기관은 대법원이었다. 헌법재판소와 대법원 사이의 권한분쟁은 명령·규칙에 대한 위헌심사권을 놓고 1990년 말에 처음으로 전개되었고, 두 번째로는 1996년 4월에 한정위헌결정의 기속력에 관하여 서로 의견대립이 있었던 사례이다.

전자의 사건은 헌법재판소가 1990년 10월 15일 법무사법시행규칙에 관한 헌법소원사건에서 법무사법시행규칙의 위헌성 여부를 심판할 수 있다는 것을 전제로 하

63) 이 사건은 이듬해인 1989년 3월 17일에 기각, 각하되었고(1989. 3. 17. 88헌마1), 사법서사법은 1990년 1월 13일 법무사법으로 전면개정되었다(법률 제4200호). 이 법무사법의 시행을 위하여 대법원규칙으로 제정한 법무사법시행규칙(전부개정 1990. 2. 26. 대법원규칙 제1108호) 제3조 제1항(법원행정처장은 법무사를 보충할 필요가 있다고 인정되는 경우에는 대법원장의 승인을 얻어 법무사시험을 실시할 수 있다.)이 나중에 문제된 조항이다.

64) 위헌법률심판사건으로 처음으로 제기된 사회보호법은 위헌심판제청만 130건이 넘을 정도로 문제가 많은 법률로 인식되고 있었다.

65) 헌법재판소 인터넷사이트의 심판사건누계표 참조.

66) http://likms.assembly.go.kr/kms_data/record/data1/148/148ba0002b.PDF#page=1 제148회 제2차 법제사법위원회 회의록 50쪽 참조.

여 「법무사법시행규칙(1990. 2. 26. 법원규칙 제1108호) 제3조 제1항은 헌법에 위반된다」는 취지의 결정을 내린 데에 대하여, 대법원은 헌법재판소가 헌법의 명문규정을 무시하고 명령·규칙에 대한 위헌심사를 함으로써 대법원의 권한을 침해하였다고 하여 문제를 제기하였다. 문제의 초점은 헌법 제107조 제2항에서 「명령, 규칙 또는 처분이 헌법이나 법률에 위반되는 여부가 재판의 전제가 된 경우에는 대법원은 이를 최종적으로 심사할 권한을 가진다」고 규정하였기 때문에 대법원규칙에 대한 최종적 심사권을 대법원이 가짐에도 불구하고 헌법재판소가 이를 무시하고 대법원규칙에 대한 위헌판단을 하였다는 것이었다. 이 문제는 헌법소원의 대상이 어떤 것인가를 결정하는 중요한 것이었고, 헌법재판소와 대법원 그리고 재야 법조계 및 학계에서 치열한 공방이 있었다.[67] 각각의 견해의 당부는 별론으로 하더라도 최소한 명령·규칙에 의하여 직접 침해를 당한 자의 기본권 구제라는 측면에서 본다면, 법원이 그동안 국민의 권리구제에 대하여 소극적으로 대처해온 부분에 대하여 헌법재판소가 적극적으로 개입하였다는 점에서 헌법재판소의 기본권구제의 적극성을 높이 평가할 필요가 있을 것이다.[68]

후자의 사건은, 헌법재판소가 1995. 11. 30. 94헌바40, 95헌바13 사건에서, "구 소득세법 제23조 제4항 단서, 제45조 제1항 제1호 단서는 실지거래가액에 의할 경우를 그 실지거래가액에 의한 세액이 그 본문의 기준시가에 의한 세액을 초과하는 경우까지를 포함하여 대통령령에 위임한 것으로 해석하는 한 헌법에 위반된다"라는 주문의 결정을 한 데에 대하여, 대법원이 1996년 4월 9일의 판결(95누11405)에서, "… 한정위헌결정의 경우에는 헌법재판소의 결정에 불구하고 법률이나 법률조항은 그 문언이 전혀 달라지지 않은 채 그냥 존속하고 있는 것이므로 이와 같이 법률이나 법률조항의 문언이 변경되지 아니한 이상 이러한 한정위헌결정은 법률 또는 법률조항의 의미, 내용과 그 적용범위를 정하는 법률해석이라고 이해하지 않을 수 없다. … 한정위헌 결정에 표현되어 있는 헌법재판소의 법률해석에 관한 견해는 법률의 의미·내용과 그 적용범위에 관한 헌법재판소의 견해를 일응 표명한 데 불과하여 이와 같이 법원에 전속되어 있는 법령의 해석·적용 권한에 대하여 어떠한 영향을 미치거나 기속력도 가질 수 없다고 하지 않을 수 없다"고 하여, 헌법재판소의 한정위헌결정의 효력을 부인한 사례이다. 헌법재판소는 대법원의 견해에 대하여 다시금 한정위

67) 법원행정처 헌법연구반, 명령·규칙에 대한 위헌심사권, 1990.11; 박일환, 법규범에 대한 헌법소원과 제소요건, 한국공법학회 제13회 월례발표회 논문집 5쪽 이하 수록, 1990. 12. 14.; 이석연, 헌법소원의 대상으로서의 명령규칙에 대한 위헌여부심사권, 앞의 월례발표회 논문집 30쪽 이하 수록; 김철용, 헌법재판소 89헌마178 결정에 대한 관견, 앞의 월례발표회 논문집 41쪽 이하 수록.

68) 김철용, 위(주 67)의 글, 44쪽 참조.

헌결정의 기속력을 인정하는 결정을 내리면서, 위헌으로 결정한 법령을 적용함으로써 국민의 기본권을 침해한 재판에 대하여 헌법소원이 가능하다고 함으로써 대법원의 판결을 취소하였고,[69] 학계에서도 대법원의 견해가 적절하지 않은 것으로 평가되고 있다.[70] 대법원은 이에 대해 헌법재판소의 한정위헌결정의 효력을 인정하지 아니하고 여전히 종전과 같은 판결을 내렸는데,[71] 이는 헌법재판소와 대법원의 권한다툼의 한 양상으로 2014년 현재에도 여전히 해결되지 않은 문제이다.

헌법재판소와 대법원 사이의 권한다툼은 헌법재판소의 권한확립에 대하여 대법원이 계속 이의를 제기하는 형태로 전개되고 있는데, 이러한 현상은 헌법재판권이 사법권의 한 내포이면서 국민의 기본권을 보장하기 위한 수단임을 간과한 채, 헌법재판소를 대법원에 대립되는 기관으로 인식한 때문이라고 생각된다. 일면으로는, 헌법재판소가 오늘날과 같이 강력한 국가기관으로 자리잡으리라고는 전혀 예상하지 못한 채, 헌법 및 헌법재판소법을 제정함으로 인하여 발생하는 문제이기도 하다.[72] 장래에 헌법과 헌법재판소법의 개정에서 반영되어야 할 필요가 있다.

헌법재판소가 출범할 즈음, 정치권은 4·26 총선으로 여소야대 정국이 형성되었고 그에 따라 비민주적인 과거청산의 문제가 강하게 제기되었다. 민간사회에 의하여 정치악법으로 지적되고 있던 법률들은 정권의 유지와 억압적 통치를 위한 제 악법들이었다.[73] 이 법률들을 폐지 혹은 개정하는 것은 민주주의의 성취를 위하여 절대 필요한 것이었을 뿐만 아니라 그 자체 사법의 판단기준이었기 때문에 사법권의 정상적 기능을 위해서도 당연히 폐지 혹은 개정되어야 하는 것들이었다.

이 법률들은 국회가 폐지 혹은 개정하거나 그렇지 않으면 헌법재판소가 당해 법률을 위헌무효로 판결함으로써 효력을 상실시키는 두 가지 방법에 의해 처리될 수 있는 것이었다.

상당수의 법률들은 국회에 의하여 개정되었지만, 전시대에 억압적 기제로 작용하였던 법률에 대해서는 별로 개정이 이루어지지 않았다. 그것은 노태우 정권이 국

69) 헌재 1997. 12. 24. 96헌마172등. 김철수교수는 이 결정에 대하여 일부나마 법원의 판결에 대하여 헌법소원의 가능성을 열어놓은 것으로 평가하고 있다. 김철수, 헌법학(하), 박영사, 2008, 2090쪽 참조.

70) 김철수, 헌법학(하), 박영사, 2008, 2089쪽; 권영성, 헌법학원론, 법문사, 2010, 1159-60쪽; 허영, 헌법소송법론(2판), 박영사, 2012, 249-250쪽; 성낙인, 헌법학, 법문사, 2014, 792쪽; 정종섭, 헌법소송법(8판), 박영사, 2014, 386쪽.

71) 2001. 4. 27. 95제다14.

72) 대법원의 공식적인 견해는 아니지만, 법원의 구성원인 법관이 현행 헌법재판제도에 관하여 여러 가지 문제점을 지적하고 있는 글로, 최완주, 헌법재판제도의 재구성: 사법분열방지를 위한 방안을 중심으로, 법조, 제55권 제3호(통권 594호), 20-60쪽 참조.

73) 제5공화국 당시의 정치악법에 대해서는, 한국기독교사회문제연구원 편, 법과 민주화 - 현행정치악법 연구, 민중사, 1986에 자세히 수록하고 있다.

민의 직선에 의하여 집권하기는 했으나 아직은 과거의 억압적 통치방법을 버리지 않고 있음을 의미하는 것이었다. 이러한 법률들에 대해서는 국회에 의하여 개정 혹은 폐지되기를 기다리기보다는 새 헌법에서 새로이 규정하고 있는 위헌법률심사제도를 통하여 헌법재판소의 결정으로 무효화하는 방법이 남아 있었다.

헌법재판소에 제기된 반민주악법의 대표적인 것은 바로 제헌 이후 그 화려한 명성을 유지해온 국가보안법이었다. 그러나 헌법재판소는 1990년 4월 2일 국가보안법 제7조 1항 및 5항에 대한 한정합헌판결을 내림으로써 국가보안법을 그대로 존속시켰다.[74] 다만 국가보안법 제19조(구속기간의 연장)에 대해서는 1992년 4월 14일 판결에서 일부위헌결정이 내려졌다.[75]

헌법재판소가 정치과정에 가장 민감하게 반응하는 결정들은 이른바 「과거청산」과 관련된 사건들에 관한 결정들이다.[76] 이들 사건 중에서 특히 12·12 사건과 5·18 사건에 대한 검찰의 불기소처분에 관한 헌법재판소의 결정은 현실의 정치과정과 직접적인 연관성을 보여주고 있는 결정이다.

12·12사건에 관한 결정은[77] 사건에 직접 관련된 피의자들 중의 상당수가 여전히 정부여당의 고위직에 재직하고 있는 정치적 상황하에서 내려진 것으로, 헌법재판소의 결정에 대한 국민의 기대는 매우 큰 것이었으나, 헌법재판소는 결국 검찰의 불기소처분이 정당하였음을 인정하고, 다만 대통령 재직 동안의 공소시효진행정지에 대한 판단만을 하고 말았다.

5·18 사건에 관한 결정은,[78] 3당 합당을 전제로 성립한 김영삼 정부가 3당 합

---

74) 헌재 1990. 4. 2. 선고, 89헌가113 결정. 이 결정의 논리는 그 이후에도 그대로 이어지고 있다.

75) 헌재 1992. 4. 14. 선고, 90헌마82 결정.

76) 국가보위입법회의법에 관한 결정(헌재 1989. 12. 18. 89헌마32·33 전원재판부결정); 반국가행위자처벌에 관한 특별조치법에 관한 결정(1993. 7. 29. 90헌바35); 공권력행사로 인한 재산권침해에 대한 헌법소원(국제그룹해체사건)에 관한 결정(1993. 7. 29. 89헌마31); 12·12 사건에 대한 검찰의 불기소처분에 관한 결정(1995. 1. 20. 94헌마246) 등.

77) 정승화 외 21인의 청구인들은 1993년 7월 19일 대검찰청에 이른바 12·12 사건에 관하여 청구외 전두환외 33명을 고소하였고, 서울지검은 위 사건의 고소장을 송부받아 수사한 후, 피고소인 전두환 외 34인에 대하여 "혐의없음", "기소유예" 또는 "공소권없음"의 각 불기소처분을 하였다. 청구인들은 위 불기소처분 중 피의자 전두환에 대한 부분에 불복하여 검찰청법의 규정에 따라 항고 및 재항고를 하였으나 모두 이유없다고 기각되자(1994. 11. 10), 피의자 전두환에 대한 피청구인의 위 불기소처분은 매우 자의적인 검찰권의 행사로서 범죄피해자인 청구인들의 헌법상 보장된 기본권, 즉 평등권, 재판청구권, 재판절차진술권 등을 침해하였다는 이유로 1994. 11. 24. 이 사건 헌법소원심판청구를 한 것이다.

78) 1995년 7월 18일 서울지검은 1980년의 5·18 항쟁에 대한 고소고발사건에 대하여 「공소권없음」 결정을 내렸고, 이에 정동년 등 322명의 고소고발인들은 7월 24일 검찰의 처분에 대한 헌법소원을 제기하였고, 8월 3일에는 이신범 등 18인이 헌법소원을 제기하였다. 이에 헌법재판소는 8월 8일, 전원재판부에 회부하여 심리하기로 결정하고, 심리가 진행하여 11월 30일에 결정을 선고하기로 하였다. 그러나 헌법재판소의 평의가 진행되고 있던 11월 25일, 대통령 김영삼

당의 논리를 깨뜨리고 3당 합당의 한 당사자이었던 김종필을 당으로부터 축출하고, 그 후 지방자치단체의 장 선거에서 패배하여 상당한 정치적 위기의식을 느끼고 있었던 상황에서 검찰의 공소권없음이라는 결정이 내려졌고, 이 결정에 대한 국민적 비난이 고조되고 있었으며, 아울러 헌법재판소의 평의가 진행되고 있던 시기는 전임 대통령 노태우의 비자금 사건이 터져 사회의 비상한 관심 아래 그 수사가 진행되고 있었던 시점이었다. 이러한 상황하에서 헌법재판소의 수차례의 평의가 진행되는 과정에서 검찰의 결정의 위헌 여부에 관하여 격론이 벌어졌었으나, 전 대통령 노태우의 구속 이후(11월 17일) 11월 23일의 평의 및 최종 평의이었던 11월 27일의 평의에서는 아무도 소수의견을 내지 않고 일치된 견해를 보인 것으로 전해지고 있다.[79] 그리고 헌법재판소의 각하결정의 다수의견은 형식적인 법규정에 따라 각하결정을 한 것으로 보이지만, 이례적으로 각하결정 및 반대의견에 대하여 TV의 중계를 허용하는 등, 결정내용은 각하로 하되 반대의견을 생중계의 형식으로 공표함으로써 정치적·사회적 효과를 극대화하려는 모습을 보이기도 하였다.

12·12 사건과 5·18 사건에 대한 헌법재판소의 결정이 내려지는 과정은 현실의 정치상황과 헌법재판소 사이의 예리한 긴장관계를 여실히 보여주는 사례이었다. 이 과정에서 헌법재판소는 직접 주도적으로 정치적 및 사회적 부담을 짊어지려 하기보다는 사회의 다른 정치세력들의 눈치를 살피면서 끌려가는 듯한 입장을 견지했음을 부인하기 어렵다. 설립된 지 6, 7년 정도밖에 되지 않은 헌법재판소로서는 스스로의 지위가 확고하게 확립되기도 전에 너무 큰 짐을 진 것인지도 모른다.

2. 헌법재판소의 정착과 공고화

출범 후 초기의 약 10여 년간 좌충우돌하면서도 헌법재판소는 정치권력과 시민사회, 기존의 국가기관 즉, 국회, 대법원, 행정부와의 사이에 헌법기관으로서의 실질적 지위를 확립하고 헌법재판기관에 기대되는 역할과 기능을 충실히 다하였다. 현실의 정치권력을 민주화하고 순치시키며 사실적 힘에 의한 지배를 입헌주의 및 법치주의에 의한 지배로 바꾸는 데에 크게 기여하였다. 물론 그 과정에서 현실의 정치권력이나 현실적인 사회세력에 대한 눈치보기나 권력적 편향성이 드러나기도 하였지만, 이는 실질적인 헌법재판기관으로서의 위상을 확립하기 위한 고육지책으로 이해될 수 있다.

은 5·18 사건에 대한 특별법제정을 여당에 지시하였다. 청구인들은 헌법재판소의 결정이 5·18 사건에 대한 특별법제정에 걸림돌로 작용할 것을 우려하여 11월 29일 헌법소원취하서를 제출하였고, 11월 30일 헌법재판소는 위 헌법소원 결정선고를 연기한다는 발표를 하였다. 2주일이 경과한 12월 15일 헌법재판소는 5·18 헌법소원의 심판절차가 종료되었다는 선언을 하였다.

79) 동아일보 1995. 11. 28.자 참조.

무엇보다도, 국민 개개인이 자신의 기본적 인권이 침해되고 있다는 의심이 있는 경우에, 가장 먼저 헌법재판소를 떠올리게 된 점은 그것만으로도 헌법재판소가 우리 국가사회에 민주적 법치질서의 기틀을 확보하였음을 의미한다. 이는 그 설립 후 20여년 간 헌법재판소가 행한 역할 중 가장 높이 평가될 수 있는 부분이다. 우리나라 헌법은 다른 나라에서는 볼 수 없는 다양하고도 풍부한 기본권규정을 포함하고 있으면서도, 상대적으로 실효성이 약하고 장식적인 성격을 가졌던 점을 부인하기 어려웠으나, 헌법재판소가 등장한 이후 헌법상의 기본권규정들을 실효성있게 하기 위하여 많은 노력들이 기울여졌다. 우리나라 헌법의 특징 중의 하나가 일제강점기 이래 독일헌법의 영향하에 독일의 이론이 지배적이었고, 그에 따라 독일의 치밀한 법적 논증이 헌법재판소 결정에 강하게 영향을 미쳤다. 그에 더하여 미국, 프랑스, 기타 제 외국들의 선진적 헌법이론과 해석론이 깊이 연구되고 결정에 영향을 미쳐왔다.[80)]

기본적 인권분야에 대한 헌법재판소의 역할은 가히 눈부시다고 할 만큼 다양하고도 전반적인 특징을 보여주고 있다.[81)] 인간으로서의 존엄과 가치·행복추구권, 일반적 평등권, 신체의 자유 및 형사절차, 청구권적 기본권, 정신적 자유권, 경제적 자유권, 사회적 기본권 등 현대사회의 인권 전반에 걸쳐 풍부한 헌법이론과 논증을 통하여 기본적 인권의 보장을 위한 헌법적 요구를 담아내고 있으며, 정치·경제·사회·문화의 제 영역에 걸쳐 강한 영향을 끼치고 있는 점에서 헌법재판소 자체의 존재의의를 명확히 보여주고 있다. 다만, 정치영역과 노동영역 등 사회적으로 민감한 영역들과 관련된 기본적 인권의 분야에 대해서는 약간 소극적인 입장을 가지고 있다는 점에서 장래에 적극적 규율의 필요성이 있다고 판단된다.

국가권력구조와 관련한 헌법재판소의 결정들은 과거 권위주의적 정권시대와 비교하면 괄목상대한 발전을 보여주었다고 할 수 있다.[82)] 규범적으로[83)] 혹은 사실상[84)] 행정부 수장인 대통령이 국가권력을 장악하여 입법부와 사법부를 마음대로 쥐락펴락하고 국정을 농단하던 시대에 비한다면, 국회와 대통령 및 행정부, 그리고 사법부

80) 헌법재판소는 그 설립 직후인 1989년 4월 이래 헌법연구관, 헌법연구관보, 헌법연구원, 헌법연구위원 등의 조사·연구인력을 강화하여 헌법이론의 체계화와 외국헌법이론의 실천적 변용을 위한 노력을 아끼지 않았다. 이는 현실과 그 현실 내의 주관적 의지주체들에 대한 객관적·합리적·규범적 규율의 가능성을 강화하는 것이자, 법치주의적 지배질서의 확립을 의미하는 것이다. 2011년 1월 1일에는 헌법재판연구원을 설립하여 헌법과 헌법재판에 대한 체계적 연구와 교육을 실시하고 있다.

81) 헌법재판소 편, 헌법재판소에 의한 헌법재판이 우리 사회에 미친 영향, 2010. 12, 58쪽 이하 참조.

82) 헌법재판소 편, 위(주 81)의 책, 294쪽 이하 참조.

83) 유신헌법시대.

84) 5공 정권 시대.

에 대한 헌법재판소의 제 결정들은 실질적 의미의 삼권분립을 확립하고 조성하는 데에 크게 기여하였다고 할 것이다. 물론, 정치적으로 민감한 사건들, 예컨대, 대통령의 국회동의 없는 국무총리서리 임명 사건, 감사원장 서리의 임명 사건, 국회 동의 없는 WTO 쌀협상내용 사건, 이른바 미디어법 '날치기' 사건 등에 관해서는 명백한 하자에도 불구하고 판단을 회피하거나 비논리적·비합리적 판단을 내리기도 하였다.[85] 이는 아직도 헌법재판소가 정치권력에 관한 한, 독자적이지 못하고 현실과 정치권의 주관적 의지에 휘둘리는 모습을 보여주는 것이다.

Ⅴ. 헌법재판제도의 발전방향 – 맺음말에 대신하여

규범과학으로서의 법학 특히 헌법학적 관점에서 볼 때, 최고 법규범인 헌법에 의해 국가공동체가 규율되는 것이 가장 바람직하다고 할 수 있으며 이를 입헌주의적 규범국가라 칭할 수 있을 것이다. 하지만 규범으로서의 헌법이 실현되기 위해서는 존재(현실), 당위(규범), 의지의 세 요소들이 각각 독자적으로 확립되어야 한다. 즉, 규범과 의지가 작동할 수 있는 현실의 제반 여건이 갖추어져야 하고, 규범 자체의 법논리적 정합성이 확립되어야 하며, 현실적 행위자들의 규범실현의지도 마찬가지로 강하게 요구된다.[86] 이를 헌법재판제도에 대입한다면, 헌법재판제도를 작동하게 하는 현실적 제 조건들, 예컨대, 국가적 분쟁해결을 헌법재판을 통하여 해결하도록 하는 현실적 요구와 제도적 장치들이 갖추어져야 하고, 판단기준으로서의 헌법규범의 법논리적 정합성이 독자적으로 확립되어 있어야 하며, 헌법재판에 참여하는 다양한 의지주체들, 즉 개인과 정치집단, 국가기관 등 헌법재판의 당사자와 심판관인 헌법재판관들의 헌법실현의지도 매우 중요하다. 이 세 요소들 중 어느 하나라도 결여되어 있다면 헌법재판제도는 무용할 뿐만 아니라 자칫 헌법의 이념을 왜곡하는 무기로 남용될 수도 있다.

본고에서는 규범 자체의 법논리적 정합성의 문제와 현실적 행위자, 특히 재판관들의 헌법실현의지의 문제는 차후의 연구과제로 남겨두고 제도적 측면에서 이미 실현된 제도의 개선방향에 집중하여 헌법재판의 발전방향에 관하여 언급하기로 한다.

현재의 헌법재판소제도는 지난 20여 년의 운용경험을 통해 볼 때, 헌법 및 법률의 제 규정에서 많은 문제점을 안고 있는 것으로 생각된다. 헌법 및 법률의 결함은 제도의 운영에 직접 영향을 미치게 되며, 국가의 다른 기관과 국민들에 의하여 헌법

85) 헌법재판소 편, 위(주 81)의 책, 301쪽 참조.

86) 존재-당위-인간의지의 3요소와 그 상호관련에 대해서는, 이헌환, 법과 정치 – 존재·당위·인간의지의 파노라마, 박영사, 2007, 1쪽 이하 참조.

재판 자체가 왜곡되거나 오남용될 여지를 제공한다. 헌법을 개정하지 아니하고 현재의 헌법 하에서도 헌법재판소법의 개정만으로도 상당수의 문제들이 해결될 수 있다.

첫째로, 재판소원의 문제이다. 현행헌법에서는 재판소원에 대하여 이를 직접 금지하는 규정이 없으므로, 헌법재판소법의 개정을 통하여 재판소원을 인정할 수 있다. 학계에서도 재판소원을 인정하는 것이 타당하다는 견해가 주류이다.[87] 헌법재판소는 헌법재판소가 위헌으로 결정한 법령을 적용하여 판결한 예외적인 경우에만 재판에 대한 헌법소원을 인정하고 있으나,[88] 헌법재판소법의 개정을 통해 그 범위를 확대할 필요가 있다.

둘째로, 추상적 규범통제의 도입가능성의 문제이다. 현행헌법은 추상적 규범통제에 관한 한, 적극적으로 규정을 두지 아니하고 침묵하고 있다. 헌법재판소는 집행행위 없이 법률규정 자체로 직접 기본권을 침해하는 경우에 헌법소원을 인정하고 있기는 하지만,[89] 이를 추상적 규범통제라 볼 수는 없다. 헌법이 침묵하고 있는 것을 금지로 해석하지 않는다면, 헌법의 전 취지상 국민의 기본적 인권을 보호하기 위하여 법률로써 추상적 규범통제를 규정하더라도 위헌이라고 할 수는 없을 것이다. 특히 국민의 기본권과 무관한 조직법률에 대해서는 추상적 규범통제의 필요성이 더욱 크다고 할 것이다.

셋째로, 변형결정의 효력문제이다. 앞서 본 바와 같이, 헌법과 헌법재판소법 모두 변형결정에 대해서는 침묵하고 있고, 헌법재판소의 결정에 의하여 관행적으로 변형결정이 이루어지고 있는 바, 그 효력에 관하여 대법원과 헌법재판소 사이에 심각한 대립을 야기하고 있다. 변형결정은 헌법재판의 실무상으로뿐만 아니라, 이론적으로도 그 필요성이 있다 할 것이고,[90] 따라서 법률에서 그 효력에 관하여 명시적으로 규정함이 적절하다.

넷째로, 위헌결정의 장래효에 관해서도 법을 개정할 필요가 있다. 즉, 헌법재판소법 제47조 2항은 형벌조항에 대한 위헌결정 이외에는 위헌결정일로부터 효력을 상실한다고 하여 장래효를 규정하고 있다. 이에 대해 대법원은 당해 사건뿐만 아니라 재판의 전제가 되는 계속사건 모두에 그 소급효를 확대하고 있다.[91] 따라서 개인

87) 김철수, 헌법소원제도의 개선방안, 헌법재판소, 1990; 김문현 외, 현행헌법상 헌법재판제도의 문제점과 개선방안, 헌법재판연구 제16권, 2005, 79쪽 이하; 정재황, 헌법재판소의 권한과 일반소송, 공법연구 제26권 제1호, 170쪽 이하; 황치연, 재판소원금지의 위헌성, 김철수교수정년기념논문집, 1998, 990쪽 이하 등 참조.

88) 헌재 1997. 12. 24. 96헌마172; 2001. 2. 22. 99헌마461 등.

89) 헌재 1989. 3. 17. 88헌마1(법무사법시행규칙 사건); 1991. 10. 8. 89헌마89(교육공무원법 제11조 1항 사건); 1991. 3. 11. 90헌마28(지방의회의원선거법 제28조 사건) 등.

90) 이헌환, 위헌결정의 방식에 관한 연구, 김철수교수 화갑기념 논문집, 헌법재판의 이론과 실제, 1993, 259쪽 이하 참조.

의 권리구제의 필요성이 있다면, 헌법재판소가 적극적으로 그 효력의 소급효 여부를 결정하게 하거나 법원에 계속된 사건에 미칠 수 있도록 할 필요가 있다.

현행 헌법재판제도가 가진 문제점을 해결하기 위해서는 헌법을 개정하여야 하는 사항들도 적지 아니하다. 몇 가지 지적하면서, 맺음말에 대신하고자 한다.[92)]

첫째로, 헌법재판소와 대법원을 통일적으로 규정할 필요가 있다. 현행헌법은 헌법상 사법기능을 규정하는 방식으로 기능중심이 아니라 기관중심으로 규정하여 제5장에서 「법원」을, 제6장에서 헌법재판소를 별도로 규정하고 있다. 헌법에서 사법기능을 담당할 국가기관의 명칭을 장의 제목으로 정하고 있는 예는 많지 아니하고 대부분의 나라들은 「사법」 혹은 「사법부」라고 제목을 정하고 있다.

권력분립원칙에 의한 각 국가권력을 규정하는 방식에 있어서도, 기능중심의 규정방식과 기관중심의 규정방식이 있음을 볼 수 있다. 전자는, 입법 · 행정 · 사법의 각 기능을 장(chapter, Hauptteil) 혹은 절(Abschnitt)의 제목으로 정하고 그 기능을 담당하는 기관을 규정하는 방식이다. 후자는, 각 기능을 담당할 국가기관을 장 혹은 절의 제목으로 정하고 그 기관에 각 국가기능의 구체적 내용을 정하는 방식이다. 전자의 경우에는 국가기능을 중심으로 국가기관을 규정하기 때문에 헌법해석에 있어서도 기능중심의 이해가 용이한 반면, 후자의 경우에는 국가기관중심으로 국가기능을 규정하기 때문에 헌법해석에 있어서도 기관중심의 해석이 행해질 가능성이 크다고 생각된다. 사법기능을 구체화하는 헌법규정들의 경우에도 기능중심의 규정방식과 기관중심의 규정방식이 공존하고 있으나, 거의 대부분의 나라들은 기능중심으로 규정하고 있고, 극히 일부의 나라들만이 기관중심으로 규정되어 있다.

헌법이 개정된다면, 사법의 장에 헌법재판소와 최고재판소(대법원)을 동시에 규정하되, 그 규정방식은 사법에 관한 통칙규정을 두고 이어서 헌법재판소, 최고재판소(대법원), 각급재판소(법원)의 순서로 정할 수 있을 것이다.

둘째로, 사법관의 명칭문제이다. 현행헌법은 사법기능을 담당하는 국가기관으로 법원과 헌법재판소 그리고 군사법원을 예정하고 예외적으로 행정심판을 허용하고 있다. 아울러 사법기능을 담당할 공직자에 대하여 「법관」 혹은 「재판관」이라는 명칭을 사용하고 있어서 명칭 자체로 제도화의 장애요소로 작용하고 있으며, 그 의미에 관하여 상당한 혼란을 야기하고 있다. 사법기관의 명칭과 함께 사법관의 명칭

91) 대판 1991. 12. 24. 90다8176; 1992. 2. 14. 91누1462 등.

92) 사법제도의 개헌에 관해서는, 이헌환, 사법제도개헌 - 사법권력의 정상화를 위하여, 국회 미래한국헌법연구회 발표문, 2008. 9. 22; 이헌환, 현대사법제도의 경향과 특징, 세계헌법연구, 제16권 4호, 2010. 12, 133쪽 이하; 이헌환, 헌법재판소 20년 - 그 명암과 굴곡, 헌법실무연구회 편, 헌법실무연구 제10권(2009), 박영사, 80쪽 이하 등 참조.

도 통일하는 것이 바람직할 것이다.

셋째로, 헌법재판소와 대법원의 관계를 명확하게 할 필요가 있다. 앞서 본 바와 같이, 헌법재판소와 대법원 간의 권한분쟁의 가능성은 헌법규정 자체에서부터 유래한 것이다. 현실적으로 국민의 기본권보장이라는 헌법이념을 중시한다면 헌법개정을 하지 않고도 운영의 묘를 살리는 방안도 있을 것이지만, 근본적으로는 헌법 및 법률에서 명시적으로 규율하는 것이 필요하다. 기본적으로 헌법의 특성이 포괄적이고 개방적이라는 점에서 비추어 볼 때 이 문제에 대한 해결방안은 헌법에서 세세하게 규정하기보다는, 헌법재판소와 대법원 양 기관의 근접정도를 헌법에서 어떻게 규정하는가에 따라 결정될 수 있을 것으로 생각된다. 헌법상 사법권을 통일적으로 규정하면서 헌법재판소와 대법원의 관계를 재설정하는 것이 요망된다.

넷째로, 헌법재판소 재판관의 구성방법의 문제이다. 최고사법기관을 구성하는 경우, 민주성이 중시되는 경우에는 국민에 의한 직접구성 또는 관여의 방법과, 국민대표기관에 의하여 구성하는 방법이 있다. 독립성이 중시되는 경우에는, 헌법에 규정된 별도의 추천 또는 선출기구에 의한 구성방법과 법관 또는 법관의 자격을 가진 자들로 구성되는 기구에서 선출하는 방법이 있다.

현행헌법상 헌법재판소 재판관의 경우 법관의 자격이 전제되는데, 이는 오히려 변호사의 자격을 가진 자로 함이 타당하다. 뿐만 아니라 사회의 다양한 목소리를 수렴하기 위해서는 반드시 법조인이 아니더라도 헌법재판소 재판관으로 될 수 있도록 함이 타당하다.

다섯째로, 헌법재판소의 장의 임명방법과 임기에 관하여 명확한 규정을 두어야 한다.

여섯째로, 헌법재판관 혹은 재판소장의 궐위 시에 대비하여 예비재판관제도를 둘 필요가 있다. 예비재판관제도는 법률사항이라 하기보다는 헌법사항이라 할 것이므로 헌법에 적극적인 규정을 두는 것이 좋을 것이다.

마지막으로, 헌법재판소를 포함한 사법부의 예산을 독립적으로 편성할 수 있게 하여야 한다.

(헌법재판연구원 편, 헌법재판연구 창간호, 2014. 11. 3-37쪽)

14. 검찰개혁 - 원인과 처방

Ⅰ. 걸견폐요(桀犬吠堯)? - 2009년 한국검찰의 위상?

걸견폐요란, 하나라의 폭군 걸왕(桀王)의 개가 성왕(聖王) 요(堯)임금을 보고 짖는다는 뜻으로, 아랫사람이 자기 상관에게 무조건 충성함을 이르는 말이다. 2009년 8월 13일, 서울중앙지방법원 제417호 대법정에서 형사합의 21부 심리로, 2008년 7월 30일 최초의 주민직선에 의한 서울교육감 선거에 참여했던 전교조 교사 20명과 교육감 후보였던 주경복 교수에 대한 결심공판이 진행되던 도중, 피고인 중의 한 사람이 최후진술을 하면서 검찰을 비유한 말이다. 이 말을 들은 검사는 분함과 극심한 모멸감에 스스로 퇴장을 해버렸다.[1)]

어찌, 이런 일이? 2009년의 한국검찰이 이토록 비참하고 서글픈 모습으로 평가되다니… 한 나라의 형사법집행의 최고기관인 검찰이 한낱 '개'에 비교되다니…

그러나, 작금의 검찰의 행태는, '걸왕의 개'에 비유된다 하여도 조금도 어색하지 않을 만큼, 집권자에 편향된 모습을 보여주고 있다. 서두에 언급한 사건 이외에도 광우병쇠고기수입반대 촛불집회 사건, 광고제품불매운동 사건, PD수첩 사건, KBS 사장의 이른바 배임죄 사건, 미네르바 사건, 용산참사 사건, 노무현 전임대통령 사건, 이른바 시민단체 공금횡령 사건, 남북공동실천연대 사건, 박원순 변호사 국정원 명예훼손 사건 등등, 시민사회의 건강한 의사표현과 운동, 그리고 공정한 언론활동에 대해서까지 무차별의 체포와 연행, 구속영장 청구 남발, 무리한 법리 적용, 수사기록은폐, 피의사실 유포 등을 통해, 무차별수사, 표적수사, 겁주기수사, 훑기(정치망)수사, 먼지털이수사가 행해지고 있다.[2)] 뿐만 아니라, 국세청장 로비의혹사건, 효성 사건, 골프장 로비사건 등 집권정치세력 관련 범죄이혹에 대해서는 엄정한 수사보다는 시늉수사, 겉핥기수사, 늘이기수사, 닭쫓기(피의자해외도피)수사, 불끄기수사 등으로 법적용의 형평성을 심히 훼손하고 있다. 이러한 일련의 검찰의 행태는 이명

1) 이 사건 판결에서 재판부는, 주경복에 대해 벌금 300만 원과 추징금 1120여만 원을, 다른 피고인 중 3인에게는 징역 및 집행유예를, 18인에게는 벌금형을 각각 선고하였다. 이 사건은 2009년 11월 20일 현재 2심에 계류 중이다.

2) 이들 사건 중, KBS 사장 사건과 미네르바 사건은 1심에서 무죄로 판결되었다.

박 정부 출범 이후, 정책수립과 집행에 있어서 비민주, 반법치, 반인권, 반환경, 반통일, 무관용, 무비전의 징후가 도처에 나타나고 있고, 검찰권력이 적극적으로 이러한 징후들을 뒷받침해주고 있다는 점에서, 마치 30년 전으로 고스란히 시간을 되돌려 버린 듯이, 우리 사회를 암울한 상황으로 빠져들게 하고 있다. 선거라는 민주제도가 당선 이후의 모든 행위를 정당화시켜주는 알리바이가 될 수는 없을진대, 새로운 정부가 출범한 이후 우리 사회는 급격한 보수반동화로 진행되고 있다. 집권 정치세력의 보수반동화는 법원, 검찰, 경찰 등으로 하여금 1987년 6월혁명 이전의 권위주의 정권 시대의 권력행사방식으로 회귀하게 만들고 있다. 그나마 다행인 것은 그럼에도 불구하고 법원이 아직은 법 자체에 충실하려는 몸부림을 일부 보여주고 있다는 점이다. 그러나, 이 또한 언제 급격히 무너져 버릴지 알 수 없는 상황이다.

왜 이럴까? 진정 우리나라 검찰은 공정한 법적용의 보장자로 기능할 수 없는 것일까? 비록 국민의 무한신뢰의 대상이 되지는 못할망정, 지탄과 불신의 대상으로 되지 않게 하는 방법은 없는 것일까? 검찰권력의 담당자들도 국민의 한 사람이자 국가의 형사법집행자로서 숭고한 직무를 수행하는 자일진대, 형사법집행을 통하여 국가와 사회의 안정을 도모하는 검찰조직의 일원으로서 무한한 자부심과 자긍심으로 자신의 업무에 충실하게 할 수는 없는 것일까?

이 글은 작금의 검찰권행사의 현상에 대한 원인을 진단하고, 검찰권의 개혁을 위한 제도화의 제 요소들을 제시한 후, 이러한 요소들을 제도화하는 여러 모델들을 검토한다. 아울러 2009년 현재 가장 민감한 정치적 과제로서 헌법개정의 문제가 제기되고 있는 상황에서 검찰개혁의 문제를 헌법적인 관점에서 규율하는 경우 그 모델을 제시하고자 한다.

Ⅱ. 검찰과 정치권력 – 정치권력은 검찰의 병풍인가?

1. 한국검찰의 태생적 한계

역사적 · 경험적 관점에서 보아, 우리나라의 검찰은 그 존재방식에 관하여 필연적으로 일제강점기의 경험을 피할 수 없다.[3] 이러한 경험은 사법부나 경찰에게도 마찬가지로 적용되는 것이지만, 검찰의 경우에는 막강한 기소권까지 장악하고 있기 때문에 그 권한행사의 방식에 따라 국민의 삶에 미치는 영향은 훨씬 크고 중대하다.

---

3) 해방 이후 우리나라 검찰권의 형성과 제도화에 관해서는 우수한 학자들의 연구로 상당 부분 밝혀져 있다. 대표적이면서 탁월한 것으로는, 문준영, 한국검찰제도의 역사적 형성에 관한 연구, 서울대학교 대학원 박사학위논문, 2004가 있고, 같은 필자에 의한 다양한 논문이 발표되었다.

한 연구에 따르면,[4] 일제강점기의 일본과 식민지 검찰의 법제, 이론, 의식과 관행 중에서 해방 이후 한국 검찰제도의 성립에 반영된 유산으로, 1) 검찰의 수사기관화 및 검찰 중심의 수사체제 확립의 의지, 2) 검찰총장제도, 3) 검사동일체 원칙의 특수한 이해방식, 4) 광의의 사법관론과 검찰독립론 등을 지적하고, 이러한 유산들이 해방 이후 미군정이 취한 현상유지정책을 지지했던 빅 스리(김용무, 이인, 김병로)에 의해 고스란히 남아 있게 되고, 남한정부수립 이후 형사소송법의 제정에까지 이어졌음을 지적하고 있다.[5]

모든 국가 및 사회제도가 당해 공동체의 역사적 경험과 그로 인해 성립된 전통에 의해 영향을 받는 것은 당연한 것이지만, 시간의 경과에 따라 변화되어야 함에도 불구하고 과거의기득권이나 습관에 의해 변화를 거부하는 집단도 늘 존재해왔다. 특히 특정제도가 성립되면 반드시 그에 따라 이익을 얻는 자와 불이익을 받는 자가 있다는 인간사의 일반적 현상에 비추어 보면, 이익을 얻는 자는 변화와 개혁으로 인해 자신의 이익이 상실되거나 변화 후에 자신의 이익을 보장받지 못할 것을 우려하는 것이 당연하다. 이 기득권자들은 자신들의 이익을 지키기 위하여, 때로는 억지논리나 강압적 수단을 동원하기도 하고, 때로는 공동체 전체의 이익을 가장하여 공동체 구성원 전체를 기망하면서 일개인 혹은 특정집단의 이익을 위하여 정치세력화하기도 하는 것이다. 인간사에서 일개인 혹은 특정집단의 이익을 넘어서 구성원 전체의 이익을 추구하는 것은 적지 않은 희생과 고난을 경험한 후부터이다. 말하자면, 국가조차도 개인 혹은 특정집단의 사적 이익을 극대화하기 위한 도구로 인식되어 왔다고 할 수 있으며, 민주주의의 역사는 곧 일개인이나 특정집단의 이익이 아닌 국민 전체의 이익을 실현하는 역사이었다고 하여도 과언이 아니다.

우리나라 검찰의 경우에도 해방 이후 새로운 형사사법제도를 창설하는 과정에서 강점기에 형성된 한국인 법조인들의 경험과 인식이 크게 작용하였음은 말할 필요도 없다. 특히 2차 대전 이후 형성된 새로운 세계질서, 즉 냉전이라는 외세 이데올로기는 남북한을 각각 미·소군정이라는 형태로 지배하게 하였고, 강점기 당시 형성된 민족 : 반민족(항일 : 친일)의 대립구도를 자본주의 : 공산주의(자유주의 : 사회주의 내지 법치담론 : 혁명담론)의 대립구도로 바꾸어 버렸으며, 종국에는 국토분단이라는 민족적 비극을 초래하고 말았다. 대립구도의 변화는 또한, 이전의 대립구도에 따라 제기

---

4) 문준영, 한국적 검찰제도의 형성, 내일을 여는 역사재단 편, 내일을 여는 역사, 서해문집, 제36호(2009 가을), 20쪽 이하(이 논문은 서울시립대법학연구소/법과 사회이론학회 공동주최, 2009년 추계학술대회(2009. 10. 31.) 에서, 한국의 사법제도와 검찰의 역사라는 제목으로 일부 수정되어 발표되었다.)

5) 문준영, 위의 글, 25-49쪽 참조.

된 문제들을 극복하지 못한 채, 새로운 대립구도에 따라 국가 및 사회정책들이 결정되는 모순구조를 낳고 말았다. 이러한 관점에서 보면, 해방공간의 이러한 정치상황 속에서 개혁적 형사사법제도를 채택하기를 기대하는 것은 애당초 어려운 것이었다.[6)]

해방공간에서 검찰제도를 포함한 사법제도를 설정하는 과정에서 알 수 있는 것은 사법제도의 일부분인 검찰제도가 결코 제도설정 당시의 정치상황과 무관할 수 없음을 보여주고 있다. 법학의 관점에서 보면 사법제도는 곧 법제도의 한 부분이지만, 정치의 관점에서 보면 사법제도는 정치제도의 일부분이기 때문에, 제도설정에 있어서 그 외연인 정치상황에 따라 영향을 받는 것은 오히려 당연하다 할 것이다. 이는 다시 말하면, 사법제도개혁의 문제는 정치제도의 개혁이라는 관점에서 접근하여야 함을 보여주는 것이다. 작금의 검찰제도 개혁의 문제도 또한 정치제도의 개혁이라는 관점에서 접근하였을 때 가장 바람직한 결론을 도출할 수 있을 것으로 생각된다.

이하에서는 기성의 검찰제도 내에서 검찰권력의 정상적인 행사를 위한 구체적인 제도에 관한 상세한 언급을 하기보다는, 검찰권력의 외연으로서 우리 헌정사에서 검찰권력과 정치권력 사이의 관계에 관한 경험적 모델을 제시하고 그 문제점을 지적하고자 한다.

2. 검찰권력과 정치권력의 관계에 관한 경험적 모델

(1) 일제강점기 검찰상

강점기 검찰의 가장 큰 과제는 바로 식민통치의 효율성을 극대화하는 것이었다. 1차 대전이 끝나고 난 후, 군국주의화의 길을 걷던 일본제국은, 경찰과 법원을 중개하는 역할을 맡고 있던 검찰권력이 법원과 경찰을 통제할 수 있을 정도로 성장하였고, 검찰의 강제수사권 확대, 기소편의주의의 무제한적 인정, 예심절차에서의 검사의 개입과 통제 확대 등을 통하여 이른바 '검찰사법'의 법적 구조를 확립하였다.[7)] 식민지 착취를 통한 본국의 발전과 부흥의 추구라는 목적을 위하여,[8)] 다른 제국주의국가들에 비해 한층 더 억압적이고 자의적인 방식을[9)] 관철하기 위하여, 일본본국에서

6) 이국운 교수는 해방 이후 사법사 서술의 초점으로서의 두가지 핵심변수로, 미군정의 규범적 선도역할과 남한법률가집단의 직업적 이해관계를 지적하고 있다. 이국운, 해방공간에서 사법기구의 재편과정에 관한 연구, 법과 사회, 법과사회이론학회 편, 동성출판사, 2005년 하반기 제29호, 137-139쪽 참조. 해방공간에서 사법기구의 재편과정에서는 많은 쟁점들이 있었지만, 그 중에서도 특히 고위사법관의 공선제도에 관하여 당시 대법원장 김용무가 군정장관대리에게 보낸 서한에서 나타난 반발이유 중에, 좌익계열의 법원수뇌부점령으로 법원적화가 될 것이라고 한 것을 보면, 개혁적 사법제도 실현을 차단하기 위하여 좌우대립의 구도를 이용하고 있음을 볼 수 있다. 위의 글, 161쪽 참조.

7) 문준영, 주 4)의 글, 26쪽.

8) 김창록, 식민지 피지배기 법제의 기초, 법제연구 제8호, 1995, 55쪽.

확립된 검찰사법의 구조를 조선반도에 그대로 이식할 뿐만 아니라 조선총독부의 제령제정권을 통하여 오히려 이를 더욱 강화하였다.[10] 1912년 제정된 조선형사령은 근대 형사소송법의 대원칙을 배제하는 일련의 독소조항을 규정하였는데, 이 중 가장 악명높은 것이 검찰과 경찰에게 독자적인 강제수사권을 부여한 것이었다.[11] 이 시기 식민지검찰의 수사상의 권한은 같은 시기의 일본의 검사가 가지지 못한 것이었으며, 일본본국의 경찰보다 더 막강한 권한을 가진 경찰과 함께 식민지통치를 위한 자의적이고 억압적인 권한행사를 자행하였다.[12]

요컨대, 일제강점기 동안의 검찰권력은, 식민지배의 효율성을 극대화하기 위한 목적에 따라, 반인권적이고 절차무시적이며 반규범적인 사실적 힘의 강압적 행사를 그대로 보여주는 것이었으며, 법이라는 외피를 두르기는 하였으나 그 자체 폭압적 깡패집단에 다르지 않았다. 식민지상황에서 전개된 검찰권력의 상은 해방 이후 사법제도를 재편하는 과정에서도 하나의 관성으로 작용하여 크게 영향을 미쳤다.[13]

(2) 권위주의 독재기 검찰상

외세개입에 의한 대립구도의 변화와 분단이라는 비극적 현실은 남한정부의 정치공동체 내에서 격렬한 정치적 대립을 낳았다. 청산의 대상이 된 과거의 대립구도 속의 한 축, 즉 친일반민족행위자들은 정부수립 직후 집권정치세력에 빌붙어 자신들의 안녕을 도모하였고, 검찰의 경우, 이승만 정부의 권위주의화 이후에는 철저히 집권정치세력의 이익에 봉사하는 행태를 보여주고 있었다.[14] 1954년에 제정된 형사소송법은 강점기의 조선형사령의 그늘을 벗어나지 못하였다. 검찰권력의 입장에서 보면, 강점기권력이나 독재화된 권력은 오직 자신이 충성하여 그 권력을 나누어 갖는 대상이었을 뿐, 전혀 그 속성이 다르지 않았던 것이다. 따라서 집권자의 장기집권의지는 그대로 검찰권력의 장기집권과 동일시되었고, 검찰권력은 자연스럽게 '정치세

9) 위 같은쪽.
10) 위의 글, 63-69쪽 참조.
11) 문준영, 앞의 주 3)의 논문, 136쪽.
12) 위의 글, 159-161쪽 참조.
13) 미군정기의 경우에도 사법제도의 개편과정은 효율적인 점령정책을 수행하는 것이 목표이었고, 미국식 민주주의를 표방하고는 있었으나, 점령정책과 양립할 수 없는 정당·기구·사회단체는 폐지되고 양립할 수 있는 정당·기구·사회단체만이 장려되었고, 따라서 우익적 성향을 띠고 있었던 이승만과 한민당·한독당계열의 사람과 단체들이 미군정과 용이하게 협력관계를 유지할 수 있었다. 이러한 상황은 해방 후 사법제도의 개편과정에도 크게 영향을 미쳤다. 이에 관한 서술로, 심희기, 한국법제사강의, 삼영사, 1997, 314쪽 이하 참조.
14) 검찰권력이 정권의 시녀로 전락하는 시기는 2대 검찰총장을 역임한 김익진이 법무장관 권승렬과 함께 이승만 정부에서 제거되는 시기부터로 보아도 좋을 것으로 판단된다. 자세한 내용은 문준영, 헌정초기의 정치와 사법 - 제2대 검찰총장 김익진의 삶과 "검찰독립"문제 -, 법사학연구 제34호(2006. 10), 민속원, 179쪽 이하 참조.

력의 번견화(番犬化)'로 변질되기 시작하였다.[15)]

한편, 5·16 쿠데타 이후 집권한 박정희 정부는 통치를 위한 권력기구의 구성에 있어서 독특한 점을 보여주었다. 기존의 경찰과 검찰 이외에, 보안사, 헌병대와 같은 군 관련기구를 권력유지를 위한 도구로 활용하고, 중앙정보부라는 정보기관을 창설하여 막강한 권한을 부여함으로써, 집권정치세력의 권력배분을 다양화하여 통치에 활용하였다. 상대적으로 경찰권력과 검찰권력은 이들 신생 권력기구들과 경쟁하는 관계를 형성하였고, 따라서 박정희 정부는 이들 권력기관들의 충성경쟁을 통해 이이제이(以夷制夷)의 방법으로 권력간 균형을 도모하였다. 그러나 이들 권력기관들의 충성경쟁에서 국민의 인권을 포함한 헌법적 가치의 실현은 철저히 무시되었고, 오히려 국민들은 충성경쟁의 희생물로 취급되었다.[16)]

박정희 정부의 이러한 구도는 전두환 정권, 김영삼 정권, 김대중 정권으로 이어지면서 각 기관의 권한 범위에서 상당부분 변화하기는 하였으나, 검찰권력만을 두고 볼 때, 그 기본구조와 속성은 크게 변화하지 않은 채 지속되었다. 민주화의 진전으로 인하여 비록 정치권력의 형성과정은 변화하였으나, 집권정치권력에 충성한다는 검찰권력의 속성이 바뀌기를 기대하는 것은, 다른 경험이 전무한 검찰에게는 난망이었다고 생각된다.

(3) 노무현정부의 검찰상

2003년 출범한 노무현정부는 그 출범초기, 기존의 서열구조를 파괴하여 법무부장관을 임명하고, 대통령 자신이 직접 '검사와의 대화'를 주도하면서 검찰권력의 개혁을 도모하였다. 그러나 '검사스럽다'는 세간의 비아냥이 나올 정도로 검찰은 개혁에 강력히 저항하는 모습을 보여주었다. 필자가 보기에는, 검찰은 '지금까지와 마찬가지로 충성할테니 지금까지 나눠준 권력을 계속 나눠 가지자'는 희망사항을 피력하였지만, 대통령은 '내가 나눠 주지 않더라도 그대들은 헌법이 예상한 지위와 권한이 있으니, 그것을 독립적으로 행사할 것'을 주문하면서, 검찰권력의 끈을 놓아버렸다. 갑자기 자신을 둘러싼 병풍이 사라져버린 것을 감지한 검찰권력은 이제 찬바람 부는 황무지에서 홀로서기를 위한 고난의 행군을 하여야 하는 입장으로 바뀌어버렸다. 지금까지 단 한 번도 경험하지 못했던 홀로서기의 고충을 이제 직접 짊어지고 가야 하는 상황이었다. 이후 노무현정부 5년 동안 검찰권력은, 위를 향하여 충성을 외치기

---

15) 엄상섭, 권력과 자유, 경구출판사, 1957(문준영, 위의 글, 215쪽 재인용).

16) 박정희 정권 이후 여러 권력기관에 의해 자행된 고문·사건조작 등에 의한 인권침해의 실태에 관해서는 과거사진상조사위원회에 의해 상당부분 밝혀지고 있다. 이유정, 과거사진상조사 보고서를 통해 본 검찰의 인권침해 실태, 내일을 여는 역사재단 편, 내일을 여는 역사, 서해문집, 제36호(2009 가을), 74쪽 이하 참조.

보다는 아래를 향하여 국민 속으로 들어가서 국민들에게서 자신들의 존재기반을 형성하기 위하여 적지않은 노력을 기울였다.

그러나 100년 가까이 길들여져온 권력의 습관은 노무현 정부 말기에 들어서면서 서서히 다시 드러나기 시작하였고, 유력한 대통령후보자의 범죄의혹에 대하여 자신의 권한을 포기하다시피 하여 종국에는 특별검사에게 자신의 권한을 내어주는 결과로 되었다. 사실 5년의 기간이, 이미 체화되어버린 권력의 습관을 바꾸기에는 너무도 짧은 것이었는지도 모르지만, 너무도 노골적인 권한행사의 포기는 미래권력에 대한 검찰의 보험들기로 비춰지기에 충분하였으며, 또다른 한편으로는 죽어가는 권력이 자신에게 했던 질책에 대한 보복이라는 느낌을 지울 수 없게 만들었다.

(4) 권력의 습관과 개혁의 난관

지난 시기 검찰권력은 우리 사회의 정치권력 및 자본권력과 다양한 유착관계를 형성하여, 일면으로는 정치권력을 나누어 갖고, 또다른 면으로는 그를 통해 자본권력을 숙주로 하여 기생하는[17] 비정상적 권력행사를 보여주었다. 노무현 정부 시기에 나름대로 검찰개혁을 위한 집권정치권력의 제안이 있었으나, 큰 틀에서의 제도적 개혁은 도외시한 채, 검찰권력담당자의 주관적 의지에 따라 권력의 습관을 바꾸려는 시도에 불과하였다. 그러나, 한 번 주어진 권력에 길들여진 사람은, 자신이 이미 누리는 권력은 모든 면에서 정당하다고 생각하고, 이를 재조정 내지 개혁하려는 어떠한 시도에 대해서도 자신의 것을 빼앗긴다는 강박감 속에서, 재조정 내지 개혁에 저항하리라는 것은 능히 짐작할 수 있다. 이는 권력에 맛들인 사람에게는 당연한 인지상정일지도 모른다. 지금처럼 검찰권력이 상명하복과 왜곡된 동일체원칙으로 똘똘 뭉쳐 집단이익화할 경우에는 그러한 저항은 더욱 클 것임은 자명하다. 하지만 인지상정이라 하여 잘못된 것을 그대로 용인하여야 한다는 것은 결코 아니다. 오히려 개인적 차원에서의 인지상정을 넘어서 공동체 전체의 이익을 위하여 바람직한 제도를 창설하고 이를 실현하는 것이 권력담당자의 착각과 왜곡을 방지하고 권한의 남용을 피하는 방법일 것이다.

이하에서는 검찰권력의 제도화를 위한 기본원리를 모색하고 그 제도화의 모델을 제시한다.

---

17) 좌담회, 검찰 60주년, 검찰의 정치화와 권력화 어떻게 할 것인가, 참여연대참여사회연구소 편, 시민과 세계 제14호, 2008. 12, p. 389(한상희 교수의 표현).

Ⅲ. 제도화의 여러 모델들

1. 검찰권의 조직원리 – 제도화의 고려요소

검찰권력은 통치규범의 구체화·현실화를 위한 기제(apparatus) 중의 하나이다. 근대 입헌주의 이후 통치규범은 헌법을 정점으로 하는 법체계에 따라 형성되어 있다. 따라서 통치규범의 구체화·현실화는 헌법의 구체화·현실화를 의미한다. 통치규범을 구체화하고 현실화하는 기제는 개별 국가들마다 다양한 형태를 띠고 있다. 외형상 근대 입헌주의의 기본원리인 권력분립의 원칙에 따른 국가조직을 가졌더라도, 집권정치세력의 권력을 안정화하기 위하여 군이나 검찰, 경찰, 정보기관 등의 사실적인 힘을 가진 기관을 이용하는 예가 적지 아니하다. 물론 이 나라들은 민주주의 원칙에 충실하기보다는 국민을 적극적으로 억압하고 통제하거나 언론통제와 여론조작 등으로 소극적으로 국민의 정치적 자유를 제약하는 경우가 많다.

통치규범의 구체화·현실화의 한 수단인 형사법집행의 과정은, 개인의 행위에 대한 인식수단으로서의 수사절차, 인식된 사실에 대한 법적 포섭을 거친 기소절차, 최종적으로 처벌여부와 형량을 판단하는 재판절차 등으로 이루어져 있다. 수사절차는 일련의 사실적 행위로서의 성격을 띠고 있고, 기소절차는 법적 판단을 포함한 규범적 성격을 띠고 있으며, 재판절차는 인식된 사실에 대한 법적용으로서 역시 규범적 성격을 띠고 있다. 이러한 의미에서 수사절차는 사실적 권력으로서의 속성을 가지며, 기소절차와 재판절차는 규범적 권력으로서의 속성을 가진다고 할 수 있다. 이 세 가지 절차를 누가 담당하느냐에 따라 형사법집행의 과정은 그 성격을 크게 달리할 수 있다. 아울러 각 절차에서 엄정한 법원칙을 적용하지 못하면 형사법집행에서 요구되는 법치주의 원칙은 쉽게 무너질 수 있다. 다시 말하여, 수사, 기소 및 재판절차에서 엄정한 법원칙 및 법집행의 원칙이 확보되지 못하고 권한담당자에게 과도하게 재량권이 부여된다면, 이는 법치주의를 형해화하는 결과를 낳는다. 이를 방지하기 위해서는 제도 자체가 법률에 의하여 엄정하게 설정되어야 한다(적법성의 원칙).

한편, 형사법집행의 권한은 근원적으로는 국가권력으로부터 유래하며, 구체적으로는 국가를 조직하는 조직법률로부터 유래한다. 말하자면, 형사법집행은 국가권력이라는 이름 아래 행사되고 구체적으로 당해 권한을 규정하는 법률로부터 유래하는 것이다. 따라서 형사법집행을 담당하는 경찰과 검찰 그리고 법원의 권한은 근원적으로는 국가권력으로부터 유래하며, 더 앞서서 국가권력을 창출하는 국민주권으로부터 유래한다.

국가권력의 한 부분으로서 형사법집행권한이 국민주권에서 유래한다는 것은 형사법집행을 담당하는 권력이 국민주권원칙에 적합하도록 조직되고 구성되어야 함을 의미한다. 이는 곧 이들 조직구성에 있어서의 민주성을 의미한다. 물론 이러한 민주성의 원리는 조직 자체의 특성에 따라 변형될 수는 있지만, 결코 포기되어서는 안된다. 아울러 민주성의 원리는 형사법집행 담당기관의 권한행사에 대한 감시와 통제에 대한 근거를 제시해준다(민주성의 원칙).

형사법집행의 법치주의적 적합성을 위하여 고려되어야 하는 또하나의 요소는 바로 전문성이다. 수사절차나 기소절차 모두 법적용을 위한 과정이므로 권한담당자들은 철저히 법적 전문성을 갖추어야 한다. 최종적인 법판단자인 법관의 전문성은 더 말할 필요가 없다(전문성의 원칙).

마지막으로, 형사법집행은 개인의 자유를 침해할 가능성이 가장 큰 국가행위의 영역이므로, 공정한 법집행이 필수적이며, 이 공정성을 위하여 각 절차의 담당기관은 독립성이 강하게 요구된다(독립성의 원칙).

이하에서는 검찰권력의 제도화를 위한 모델을 제시하고 위에서 언급한 각 조직원리들을 최대한 구현할 수 있는 장치가 어떠한 것인지에 관하여 제안해 보고자 한다. 아래에서 언급하는 제도화 모델은 우리나라의 형사법집행 관련 국가기관들을 중심으로 하여 분류한 것으로, 현재의 제도적 장치를 다양하게 재구성해 본 것이다. 각 모델들에 표시되어 있지는 않으나, 입법부가 모든 모델들에 하나의 견제장치로 전제되어 있고, 각 모델 내에서 구체적 견제장치들은 제시되어 있지 않다. 또한 검찰권력에 대한 견제장치의 하나로서 국민감시기구도 전혀 표시되어 있지 않지만, 이는 국민주권의 원칙에 비추어 볼 때, 당연히 구비되어야 할 장치이다.

2. 제도화 모델 I (법무부직속 수직적 구조 모델)

검찰권력 제도화의 첫 번째 모델은 현재의 검찰제도의 그것이다. 현행제도와 같이, 행정부의 수장인 대통령 아래에 개별 부처인 법무부를 두고, 법무부 아래에 검찰을 두며, 검찰 아래에 경찰을 두는 구조이다(법무부 직속의 수직적 구조 모델). 경찰의 수사권은 검찰에 의해 전면적으로 통제받으며, 검찰은 법무부 장관에 의해 검찰총장을 통하여 구체적 사건에 대해서만 지휘를 받는 구조이다(검찰청법 제8조 참조). 이러한 구조에 대해서는 정무직인 법무부장관이 스스로 정치적인 편향성을 갖거나 정치권력의 영향을 받아 검찰사무에 관여하게 되면 검찰조직은 정치적 중립성을 잃고 수사가 정치적 영향을 받을 수 밖에 없다는 비판을 받고 있다.[18]

---

18) 하태훈, 검찰권에 대한 통제 및 검찰제도의 개혁 방안, 서울시립대법학연구소/법과 사회이론학회 공동주최, 권력기관으로서의 검찰, 2009년 추계학술대회(2009. 10. 31.), 발표논문집, 82쪽; 김갑배, 법무부와 검찰의 구조개선, JURIST Vol. 391, 2003. 4, 43쪽도 같은 뜻.

모델 I

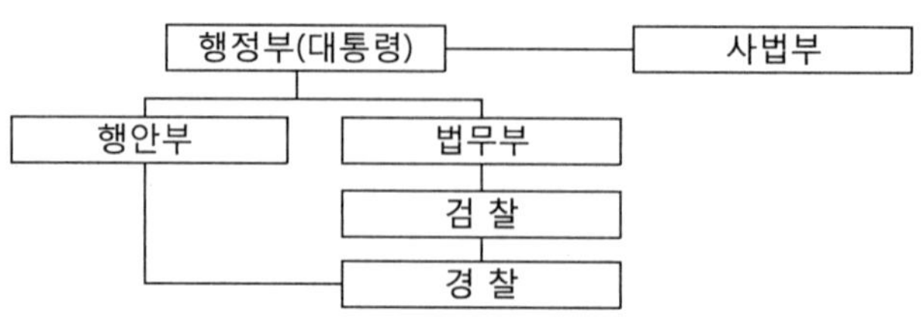

또한, 법무부가 검찰의 상급기관으로 배치되면서 법무부의 검찰국의 위상이 높아져서 법무행정의 다른 영역들이 상대적으로 소홀히 다루어지며, 중앙집권화된 검찰행정으로 말미암아 정치적 영향을 더 크게 받을 수 있고, 사법부에 대응하는 검찰 심급제로 인해 검찰조직의 위계질서화와 인력의 효율적 배치를 가로막는다는 등의 비판도 제기되고 있다.[19]

이러한 구조 내에서는 검찰권행사에 대한 국민의 감시장치가 전혀 없는 상태라면 검찰의 권한행사에 대한 최종적 견제는 사법부인 법원이 담당할 수밖에 없다. 그러나 검찰의 수사권 및 기소권이 남용되는 경우에는 국민의 자유와 권리에 대한 사실적 통제와 억압이 선행될 수 있기 때문에 법원에 의한 최종적 견제는 무의미해질 수도 있다.

3. 제도화 모델 Ⅱ (법무부부서화 모델)

두 번째 모델은 대통령 산하에 법무부를 두되, 검찰을 법무부의 한 부서로 통합하는 방안이다(법무부부서화 모델). 미국의 검찰제도와 유사한 형태로 이해할 수 있다. 경찰과의 관계를 고려하여 수사권을 경찰에게 전속시키고, 검찰은 기소권만을 갖게 하는 방안이다. 기존의 검찰총장제가 없어지고, 검찰의 수사권이 배제된다는 점에서 검찰의 권한이 가장 약화된 형태로 구성되게 되고 따라서 정치권력이 검찰권력을 이용하려는 유혹이 그만큼 줄어들 수 있을 것으로 판단된다.

모델 Ⅱ

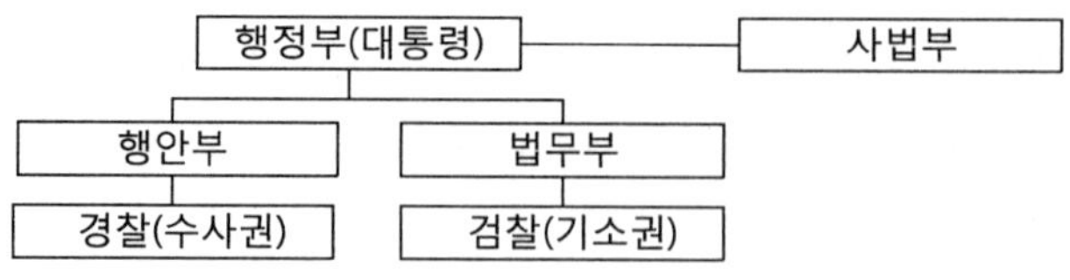

---

19) 하태훈, 위의 글, 80-85쪽. 그 외에 검사의 독립성확보에도 많은 문제를 안고 있는 것으로 비판된다. 김갑배, 위의 글, 44쪽 참조.

그러나, 사실적 권력인 경찰이 권한을 남용할 경우, 이에 대한 견제장치가 미흡할 수 있기 때문에 검찰에게 제한적으로 경찰의 범죄에 대한 수사권을 부여하는 것도 생각해 볼 수 있을 것으로 판단된다.

4. 제도화 모델 Ⅲ(검찰권 2원화 모델)

세 번째의 모델은 현재의 검찰제도의 개혁과 관련하여 빈번히 제시되는 공직자비리수사처(이하 '공수처') 혹은 상설특별검사제(이하 '상설특검제')를 제도화하여, 기존의 검찰에 대한 견제장치로 작용하게 하는 것으로, 검찰권력을 이원화하는 방안이다(검찰권 2원화 모델). 지금까지의 우리나라 검찰의 많은 문제점들이 경찰-검찰-법무부-대통령이라는 수직적인 구조로 획일화되어 있다는 데에서 기인하였다는 점을 감안하여, 공수처 혹은 상설특검제를 두어 기존의 검찰을 견제하게 하자는 것이다.

모델 Ⅲ

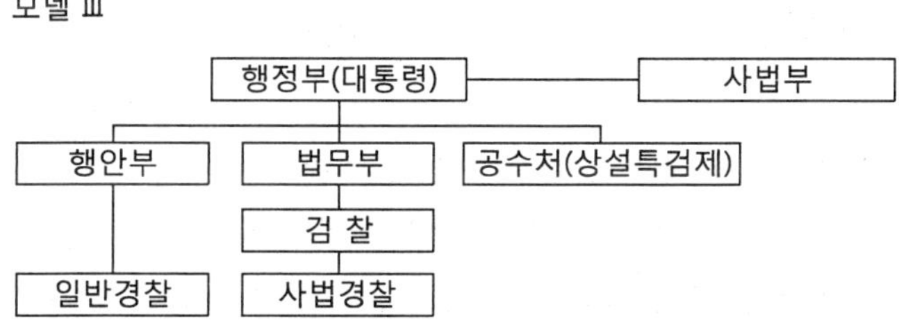

이 모델에서 일반경찰과 사법경찰을 분리한 것은 일면 검찰권을 더 강화할 가능성이 있으므로, 선택적일 수 있다. 만약 경찰을 분리하지 않는다면, 현재의 제도구조에서 공수처 내지 상설특검제를 제도화하는 것과 동일하다고 볼 수 있다.

공수처와 상설특검제 중 어느 것이 더 적절한가에 관하여, 필자는 상설특검제를 강조하고 싶다. 왜냐하면, 공수처가 설치된다고 할 때, 공수처에 재직하는 검사와 경찰도 여전히 기존의 검찰과 경찰의 일원이기 때문에, 기존의 조직과의 마찰을 감수하면서 그 직을 원활하게 수행할 수 있을지에 의문이 있기 때문이다. 오히려 기존의 검찰조직의 위계의 한 부분으로 변질될 가능성이 크며, 그 권한이 막강할수록 정치적 영향을 더 크게 받을 우려가 있다. 상설특검제는, 법률이 정한 요건에 해당하면 그때그때 특별검사가 임명되고 임무를 완수하여 그 직을 종료하게 되면 전혀 다음 단계의 승진이나 출세에 연연하지 않을 수 있기 때문에, 임무수행에 있어서 훨씬 강한 독립성을 보장받을 수 있다고 판단된다.

5. 제도화 모델 Ⅳ(사법부직속 모델)

네 번째의 모델은 검찰권을 사법부에 직속시키는 방안이다(사법부직속 모델). 검찰권의 발생사적 의미에 가장 충실한 제도이며, 검찰권의 규범적 성격을 강조하는 방안이다. 다만 우리나라의 경험에 비추어 보면, 일제강점기에 조선총독부 산하의 법무국에 법원과 검찰국이 병치되어 있었고, 두 기관이 모두 식민지의 억압적 통치기구이었던 경험에 비추어, 자칫 사법부의 팟쇼화를 초래할 수 있다는 우려가 제기될 수 있다.

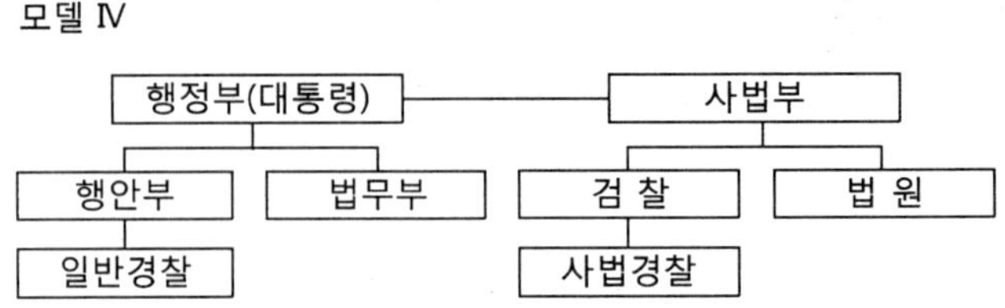

그러나, 현재의 우리나라의 상황하에서는, 사법부의 독립성이 어느 정도 확립되어 있고, 사법부 소속 검찰의 수장에 대하여 입법부 및 행정부의 견제장치를 둔다면,[20] 검찰권의 남용이나 사법부의 팟쇼화를 예방할 수 있을 것으로 판단된다. 오히려 정치권력에 의해 검찰권이 휘둘리고 있는 현재의 상황보다는 훨씬 나을 것으로 판단된다. 검찰에 부속되는 사법경찰의 권한을 엄격히 제한하는 것(예컨대, 모델 III의 공수처의 권한 정도)도 사법부 팟쇼화를 예방할 수 있을 것이다.

6. 제도화 모델 Ⅴ(독립화 모델)

마지막으로, 검찰권력을 제4의 국가권력으로 완전히 독립시키는 방안이다(독립화 모델). 국가작용 중 형사법집행의 영역을 완전히 별도의 독립된 국가기관에게 맡김으로써, 검찰권행사의 공정성을 최대한 확보하는 방안이라 할 수 있다. 외견상으로는 검찰권이 완전히 독립되어 있기 때문에 오히려 검찰권의 남용가능성이 커지는 듯이 보이지만, 검찰수장의 선출방법이나 임기 등에 관하여 다른 3권의 견제를 통하여 적절히 균형을 이룰 수도 있다. 예컨대, 검찰수장의 임기를 단임제로 하고, 그 임명과정에 입법부와 사법부 및 행정부의 철저한 관여를 인정하며, 검찰권 남용의 의

20) 외국의 경우에는, 검찰권을 사법부에 직속시키거나 혹은 독립적으로 설치하면서, 최고사법평의회 등의 합의체기구의 통제를 받도록 하는 경우가 많다. 그리스, 루마니아, 불가리아, 브라질, 우즈베키스탄, 우크라이나, 이탈리아, 콜롬비아, 칠레, 파라과이, 프랑스, 헝가리 등.

심이 있는 경우에 입법부에 의한 탄핵가능성을 쉽게 열어 놓는다면, 검찰수장의 권한남용의 우려는 줄어들 수 있다고 판단된다.

모델 V

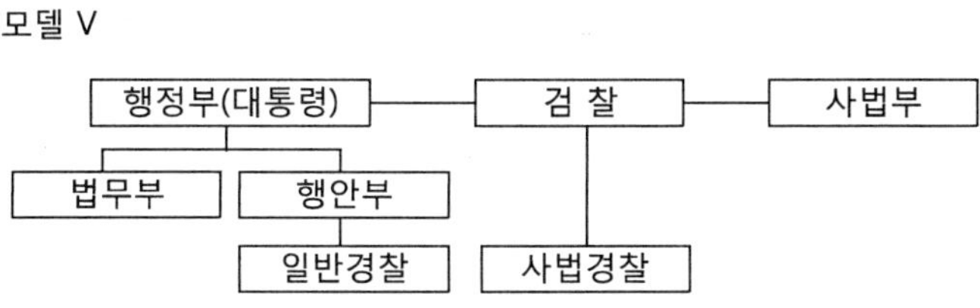

이 모델은, 권력분립은 곧 3권분립이라는 근대적 권력분립론의 모델을 고집한다면 전혀 상상하기 힘든 모델이다. 그러나 오늘날 기능주의적 측면에서 전통적인 3권분립의 모델은 거의 부정되고 있고, 국가작용 중에서 3권 중 어느 하나에만 속한다고 보기 어려운 영역에 대해서는 독립기관화하여 제도화하는 예가 적지 아니하다. 검찰권력 자체는 수사절차를 중심으로 놓는다면 행정권으로서의 성격이 강하지만, 기소 및 재판절차를 중심으로 놓는다면, 사법권 내지 준사법권이라고 할 수도 있다. 따라서 검찰권력을 기존의 어느 부에도 편입시키기 어렵다면, 독립기관화하여 헌법적인 규제를 받도록 하는 것도 한 방법이 될 수 있다고 판단된다.

7. 소 결

지금까지 살펴본 검찰제도화의 모델들은 하나의 시도에 불과하다. 그리고 검찰권력을 구체화하는 구체적인 제도의 관점 즉, 검찰권력의 내포라는 관점에서가 아닌, 검찰권력을 둘러싸고 있는 외부요소, 즉 검찰권력의 외연이라는 넓은 관점에서 검찰권력을 규정하는 방식에 관한 구상이다. 각각의 제도화 모델들은, 앞서 언급한 적법성의 원칙, 민주성의 원칙, 전문성의 원칙, 독립성의 원칙 등이 구현될 수 있도록 하기 위하여 더 많은 논의가 필요하다. 아울러, 모델 Ⅰ과 Ⅲ은 현행헌법을 개정하지 않고도 실현가능한 방법이지만, 나머지 모델들은 헌법을 개정하여야만 실현할 수 있는 방법이다. 모델 Ⅱ의 경우에는 현행헌법상 「검찰총장」이라는 문언이 있으므로(제89조 16호) 역시 헌법개정이 필요하다.

현재의 우리나라의 검찰제도가 가진 가장 큰 문제점은 집중되고 획일화된 제도구조에 있다. 대통령을 정점으로 하여 법무장관, 검찰총장, 고등검찰청, 지방검찰청, 경찰 등으로 이어지는 수직적 권력구조는 외부로부터 전혀 견제를 받지 않는 무소불위의 권력으로 기능하고 있으며, 집권자의 의도에 따라 쉽게 검찰권력의 자의적 행사를 초래할 수 있는 구조로 되어 있다. 물론, 수직적 구조 각 단계에서 권한행사의 독립성과 공정성을 확보할 수 있는 제도적 장치를 법제화하거나 성숙된 권한행사의 관행이 정착되어 있다면 이와 같은 수직적 구조도 문제되지 않을 수도 있다. 그러나 집권정치세력이 스스로의 권력을 제한할 수 있는 제도적 장치를 법제화하기를 기대하는 것은 쉽지 않은 일이다. 우리나라의 경우, 대통령이 비록 국민의 직접선거로 선출되어 민주성이 확보되기는 하지만, 그 권력행사의 하부구조가 비민주적인 획일적 구조로 되어 있다면, 검찰권의 공정한 행사는 철저히 대통령 개인의 정치적 경향성에 의존할 수밖에 없다. 우리는 지난 헌정사에서 이를 충분히 경험한 바 있다.

검찰권력의 수직적 권력구조를 배제하기 위해서는 검찰권력의 수평적 분배를 통하여 상호견제할 수 있는 방안을 모색하여야 할 것이다. 앞에서 제시한 다섯 가지의 모델들 중에서 검찰권력 자체의 수평적 분배에 가장 충실한 제도는 아마도 모델 III일 것이다. 그러나 앞서 지적한 바와 같이, 공수처는 그 자체 기존의 검찰의 위계 속에 편입될 가능성이 크고 정치적으로 영향을 받을 가능성이 크기 때문에 오히려 적절하지 않으며, 굳이 수평적 권한분배를 강조한다면, 상설특검제를 채택하는 것이 바람직할 것이다.

한편, 검찰권력에 대한 정치적 영향을 가장 최소화한다는 관점에서는 모델 IV가 가장 최적일 것으로 판단된다. 규범적 권력으로서의 사법권이 완전히 독립되어 있고, 입법부와 행정부에 의한 적절한 통제장치가 마련된다면, 사법권에 검찰권을 귀속시키는 것이 정치권력에 의한 검찰권남용을 막을 수 있는 가장 나은 방법일 것이다.

Ⅳ. 검찰제도의 헌법규범화의 요청

현재 우리나라 헌법에서는 검찰에 관한 규정이 단 두 마디밖에 없다. 즉, 헌법 제12조의 신체의 자유 조항에서 체포 등의 영장을 청구할 때 「검사」의 신청에 의한다고 한 규정과, 제89조의 국무회의 심의사항 중, 「검찰총장」의 임명에 관한 규정에서 검찰 관련 규정이 있을 뿐이다. 이것은 1948년 헌법 이래로 거의 변함이 없다. 중대한 헌법상의 제도인 검찰제도를 헌법에서 거의 언급하지 않은 것은, 검찰권이 당연히 행정부에 속해 있는 하부기관이라는 인식 때문이라 생각된다.

그러나, 세계의 여러 나라들의 헌법에서는 검찰권을 헌법에서 규정하는 예가 적지 아니하다.[21] 물론 정치적·사회적 경험과 전통에 따라 검찰권에 대한 통제가 적절

21) 그리스, 동티모르, 러시아, 리투아니아, 멕시코, 몽골리아, 불가리아, 브라질, 스페인, 슬로바키아, 아제르바이잔, 알바니아, 우즈베키스탄, 우크라이나, 이탈리아, 칠레, 케냐, 콜롬비아, 투르크메니스탄, 파라과이, 포르투갈, 프랑스, 헝가리 등 상당수의 국가들이 헌법에 직접 검찰에 관

히 이루어지고 있는 나라들의 경우에는 헌법에 따로 검찰권을 규정할 필요가 없기 때문에, 선진 민주주의 국가들에서는 검찰권을 헌법에 규정한 예가 많지 않다. 정치적으로 중대한 이슈로 되지 않는다면 굳이 헌법에까지 규정할 필요가 없지만, 검찰권의 남용이나 검찰권에 의한 혹독한 인권침해를 경험한 나라들은 대부분 검찰권 자체에 대하여 정치적으로 중대한 문제로 인식하고 이를 헌법적으로 규율하고 있는 것이다.

우리나라의 경우에도, 앞서 본 바와 같이, 검찰권의 자의적 행사로 말미암아 많은 인권침해와 고통을 경험하였고, 작금에도 검찰권행사에 대한 비판과 개혁의 목소리가 점점 커져가고 있는 상황에서 검찰권력의 문제를 헌법적으로 규율할 필요성이 점차 증대하고 있다. 근자에 헌법개정의 필요성이 강조되고 그 가능성이 커져가는 현실에서 검찰권력에 대한 헌법적 규율을 적극적으로 추진할 필요가 있다. 물론 헌법적으로 검찰권력을 규율하기 위해서는 앞서 언급한 여러 제도화 모델 중에서 어느 하나를 선택하고 이를 헌법에 규정하여야 할 것이다.

Ⅴ. 맺 으 며

서두에 언급한 바와 같이, 2009년 12월 현재의 우리나라는 지금까지 오랜 기간 동안 피와 땀으로 쟁취한 민주주의와 법치주의의 제 가치들이 국가권력이라는 이름 아래 유린당하고 있는 상황이다. 비민주, 반법치, 반인권, 반환경, 반통일, 무관용, 무비전의 징후들은 우리나라의 장래를 암울하게 만들고 있지만, 또다른 측면에서는 과거 박정희식의 경제만능주의에 빠져 민주주의와 헌법적 가치들을 도외시하는 것이 얼마나 위험한 것인가를 경험하게 하는 계기로 작용할 수도 있다. 박정희 정부가 남긴 두 가지 부정적 유산, 즉 권위주의 독재라는 정치적 유산은 과거 전두환 정부에 대한 저항을 통해 극복되었다면, 특혜와 지원을 통해 형성된 경제만능주의와 성장지상주의라는 경제적 유산은 이명박 정부에 대한 저항으로 극복될 것으로 믿어 의심치 않는다.

작금의 정치적 상황은 헌법과 법률에 의하여 적절히 통제되고 규율되는 방식이 아닌, 집권자의 무리한 밀어붙이기식 국정운영으로 말미암아 많은 정치적·사회적 갈등을 야기하고 있다. 집권정치세력은 이러한 갈등에 대하여 대화와 포용보다는 경찰과 검찰 그리고 다양한 권력기구를 통해 억압하고 통제하는 과정으로 나아갈 것임은 명약관화하다. 이러한 상황에서 검찰개혁의 문제를 제기하고 그 방안을 논의하는

한 규정을 상세히 두고 있다. 각 헌법 참조.

것은 어쩌면 무의미한 것일지도 모른다. 그러나 아무리 암울한 상황이라 하더라도 미래에 대한 희망을 접을 수는 없다. 민주주의와 법치주의의 제 가치들이 다시금 되살아나는 그날을 위해 우리는 개혁을 논하고 이를 실천할 수 있는 방안을 모색하여야 한다.

지금까지의 검찰개혁의 문제를 논하는 방식이 기존의 검찰권력의 내에서 법률적 차원에서 다양한 논의를 해왔다면, 이 글에서는 검찰권력을 규정하는 외연인 제 요소들을 중심으로 국가권력의 재구성이라는 관점에서 접근해 보았다. 너무도 오랫동안 논의되어온 주제이면서도 늘 다시 논의해야 하는 어리석음을 피하기 위하여 헌법적인 차원에서 이 문제가 해결되기를 기대해 본다.

(헌법학연구, 한국헌법학회 편, 제16권 제1호(2010. 3.), 75-99쪽)

15. 사법제도 개헌에 관한 관견*

Ⅰ. 현대사회와 사법권

1. 권력분립원칙과 사법권의 위상

헌법은 국가공동체 존립의 근본이념을 정하고 이를 구체화하는 통치조직의 구성을 위한 최고원리를 정하는 것이다. 근대사회 이후 확립된 권력분립원리도 개인의 기본권보장이라는 기본이념을 실현하기 위한 방법원리의 하나이다. 국가권력을 세 개 혹은 그 이상의 권력으로 나누는 것은,[1] 권력 상호간에 견제와 균형을 통하여 권력이 하나로 통합되어 있을 때 나타나는 권력의 남용과 부패의 위험을 예방하여 안정적이고 예측가능한 국가사회를 확립하고 질서정연한(well-ordered) 규범국가를 성취하기 위한 것이다.

권력분립원리의 가장 보편적인 형태는 3권분립이다. 국가기능의 측면과 역사적 경험의 측면 양자에서 비추어 볼 때 국가권력을 셋으로 나누는 것이 상호간의 견제와 균형을 위하여 가장 효율적이라고 판단된 것이라고 볼 수 있다.

국가권력을 셋으로 나누어 상호간에 견제와 균형을 확립하는 것은 세 권력 상호간에 대등한 권력적 지위를 가지도록 한다는 대전제가 충족되어야 한다. 말하자면 국가의 3권, 즉 입법권력, 행정권력 및 사법권력이 대등하게 존재하여 어느 쪽으로

---

* 본고는 2008년 9월 22일 국회의원회관에서 국회연구단체인 미래한국헌법연구회의 주최로 개최한 제10차 개헌세미나에서 필자가 발표한 논문을 보완한 것이다.

1) 국민의 기본권보장과 헌법이념의 실현을 위하여 필요하다면, 국가권력을 셋 이상으로, 즉, 네 개 혹은 다섯 개 등으로 나누는 것도 가능하다. 오늘날에는 기존의 3권으로부터 독립한 국가기관의 창설도 빈번히 나타나고 있다. 예컨대, 미국의 다양한 독립규제위원회도 법률에 의해 권한과 위원의 임명방법 및 임기가 규정되어 그 임기 동안 3권과 무관하게, 특히 대통령의 지휘감독이나 해임을 받지 아니하고 독립적으로 권한을 행사한다. 기능적으로 볼 때 매우 제한적이기는 하지만, 직무의 성격상 기존의 3권과는 다르게 새로운 권력을 창설한 것으로 이해할 수 있다. 이회창, 미국의 독립규제위원회와 그 분쟁해결기능, 법원행정처 편, 사법논집 제2집, 1971, 535-562쪽; 졸고, 권력분립과 독립기관 - 미국연방대법원의 판례를 중심으로 -, 서원대학교 사회과학연구소 편, 사회과학연구 제13집, 2000. 2, 183-228쪽 참조.

도 실질적 권력이 치우치지 아니하고 독자성을 유지하게 하는 것이 견제와 균형을 가능하게 하는 필수적 요소인 것이다.[2)]

사실, 3권분립원리의 이론적 완성자라고 불리는 Montesquieu의 권력분립이론은 고전적인 국가기능론과, 사회현실에 바탕한 사회세력론이 결합되어 있다. Montesquieu가 살았던 시대에 현실적인 사회세력으로 존재하였던 세 사회세력, 즉 군주, 귀족, 평민(부르조아 시민)이라는 세 사회세력을 어떻게 상호균형하도록 할 것인가가 Montesquieu의 관심이었고, 이를 국가기능론과 결합하여 3권분립이론을 완성한 것이다. 그는 국가기능 중의 행정기능을 전통적인 군주에게 할당하여 행정권력으로 하고, 입법기능을 상원(귀족세력)과 하원(평민세력)에 할당하여 입법권력으로 하여 군주와 귀족 및 평민의 세 세력 간에 상호견제와 균형을 이루도록 하였다. 이러한 바탕 위에서 Montesquieu는 국가기능 중의 또다른 하나인 사법기능을 중시하면서도 실질적인 국가권력으로 파악하지는 않았다. 행정권력과 입법권력을 담당하는 군주 및 사회세력들의 균형을 깨뜨리지 않기 위하여 그는 사법권을 '無인 권력'으로서[3)] '비상설의 권력'이며,[4)] 단순히 「법의 말을 하는 입」이나[5)] 「일종의 확성기」로[6)] 이해하였던 것이다.

Montesquieu의 근대적인 사법관은 미국과 대륙법계국가에서의 사법권의 확립과정을 거쳐 비로소 현대적인 사법관으로 정착하게 된다. 즉 미국에서는 유명한 Marbury v. Madison(1803) 사건을 거쳐 연방대법원의 위헌법률심사권이 확보되었고, 이의 영향을 받아 20세기 초에 대륙법계 국가에서의 헌법재판권에 대한 논의가 활발하게 진행되었다. 2차 대전 후에는 헌법의 규범성확보를 통한 실질적 법치주의의 실현을 위한 기제(apparatus)로서의 사법권이 확립되어, 사법권이 비로소 실질적인 국가권력의 보유자(genuine power-holder)로[7)] 자리잡기에 이르렀다. 말하자면, 국가권력은 입법(의회)권력과 행정권력 및 사법권력으로 분립되어 상호 견제와 균형을 이루도록 함으로써 비로소 Montesquieu의 권력분립사상이 실질적으로 완성된

---

2) 모든 권력은 하나로 집중할 것을 추구하여, 대립적 권력을 용납하지 않으려는 속성을 지닌다. 그런 의미에서 권력분립원리는 어느 하나의 권력에 의한 다른 권력의 지배를 용납하지 않는 원리이다. 권력분립상의 견제와 균형은 현대사회의 현실적 필요에 의하여 권력간의 조화와 협력이라는 요청으로 강조되는 경향이 있지만, 조화와 협력은 견제와 균형에 기한 상호 독립적 지위를 전제로 하는 것이지 어느 한 권력에 의한 타 권력의 지배를 의미하는 것은 아니다.

3) Montesquieu, *De L'Esprit des Lois*, L. XI. ch. 6(하재홍 역, 법의 정신, 동서문화사, 2007, 181쪽(이하 번역본의 쪽수를 참고함)).

4) 하재홍 역, 법의 정신, 동서문화사, 2007, 181쪽.

5) 하재홍 역, 위의 책, 183-184쪽.

6) Edward S. Corwin, *Court over Constitution,* New York, Peter Smith, 1950, p. 6.

7) Karl Löwenstein, *Political Power and the Governmental Process*, Chicago, Univ. of Chicago Press, 1965, p. 239.

것이다.

한편, 사법권력이 실현하고자 하는 법과 그 법의 실효성을 담보하기 위한 권력은 어느 것도 단독으로는 존재하지 못하고, 양자는 상호간에 목적과 수단의 관계에서 있다고 할 수 있다.

즉, 권력은 그 목적을 달성하기 위한 수단으로서 법을 유지하고, 법은 그 목적을 달성하기 위한 수단으로서 권력에 의존하고 있다. 요컨대, 권력과 법은 상호의존하는, 사회적 행위의 규율원리인 것이다. 법이 없는 권력은 일시적인 것이고, 권력없는 법은 환상이다(Macht ohne Recht wäre ephemär, Recht ohne Macht wäre illusionär).[8)]

법과 권력의 관계를 이와 같이 상호의존적으로 파악할 때에는, 법규범을 구체화하고 현실 화하는 국가제도가 권력적인 기초를 갖지 않는다면, 하나의 환상에 불과하다는 결론에 이르게 된다. 따라서 국가제도로서의 사법제도도 또한 그 권력적 기초를 갖지 못한다면, 쓸모없는 기관이 되고 말 것이다. 문제는 기초가 되는 권력이 어떠한 성격을 갖는가 하는 점이다.

현대사회의 국가권력은 오직 국민에게서 유래하는 것으로 인식되어 있다. 우리 헌법상의 국민주권주의도 그 한 표현이다. 따라서 우리나라의 국가권력 즉 입법, 집행, 사법의 각 권력은 모두 국민에게서 유래하는 것이다. 입법권은 4년마다 행해지는 선거를 통하여 국민으로부터 직접 그 권력의 정당성을 부여받고 있고, 행정권 또한 5년마다 행해지는 대통령직선을 통하여 그 권력의 정당성을 부여받고 있다. 문제는 사법권의 권력적 정당성을 어디서 구할 것인가이다. 사법권은 그 직무의 속성상 입법권이나 행정권과는 다르다는 점에서 반드시 입법권과 행정권과 같은 방법으로 그 권력적 정당성을 확보하여야 하는 것은 아니다. 그러나 현대사회의 국가권력의 원천이 국민이라면 사법권도 당연히 「국민에 의한 사법」이 되어야 할 것이다. 물론 이를 어떻게 구현하느냐 하는 것은 제도화의 방법의 문제이다.

2. 사법부의 조직원리 - 사법권의 권력성의 확보를 위하여

(1) 사법권독립의 의미와 보편적 기준

국가권력의 한 축으로서의 사법권은 스스로의 기능을 다하기 위하여 다른 두 권력 즉, 행정권력과 입법권력으로부터 독립되어야 한다. 물론, 사법권력을 어떻게 설정할 것인가 하는 것은 입법권력에 의해 법률로 정해지지만, 이것은 상호 견제와 균형이라는 목적을 위한 수단일 뿐이지 이를 통해 창설된 사법권의 권한행사에 입법

8) Alexander Demandt(Hrsg.), *Macht und Recht*(2. Aufl.), München, C. H. Beck, 1991, S. 275.

권력이 관여할 수 있음을 의미하는 것은 아니다.

한 국가의 사법제도는 최종적으로 헌법제정권력 및 입법권력에 의하여 정치적으로 결정된다는 의미에서 정치제도의 한 부분이다. 정치제도로서의 사법제도는 또한 정치적 결정에 관하여 적극적인 역할을 하는 경우가 있다. 단순히 정치과정에서의 결정에 관하여 소극적으로 수용하는 것이 아니라 정치적 결정을 번복하기도 하고 때로는 적극적으로 정치적 결정을 행하기도 하는 것이다. 미국의 경우에는 사법권의 권한행사가 정치개혁의 수단으로 되기도 한다. 이러한 의미에서 사법권의 독립의 진정한 의미는 정치와 무관하거나 정치를 애써 외면하는 것이 아니라 정치과정에서 독자적인 참여자로 기능하는 것이라고 할 수 있다. 물론 정치과정에 참여하는 방식은 헌법과 법률이 정한 규범기준에 따라 법적 논리의 결과물인 판결이라는 형태로 나타나는 것이다.

1983년 6월 10일, 캐나다의 몬트리올에서 개최된 제1차 사법권독립 세계대회에서 만장일치로 채택된 선언문(이하 '몬트리올 선언문'이라 함)에는[9] 사법권 독립에 대한 세계적 기준을 제시하고 있다. 동 선언문의 전문에서는 사법이 자유의 핵심적 기둥의 하나임을 선언하고 기본적 인권의 자유로운 실행과 국가 간의 평화가 법의 지배의 존중을 통하여 보장될 수 있음을 밝히면서 국제 사법기관과 국내 사법기관의 제도화의 기준을 제시하고 있다. 아울러 법조인 일반(lawyers)과 변호사협회(the Bar Association), 배심원(Jurors), 재판보좌관(Assessors) 등의 제도의 일반원리를 정하고 있다.

동 선언문에서는 개별국가의 사법권의 제도화와 관련하여, 사법부의 목적과 기능이, 시민과 시민 그리고 시민과 국가 사이에 법을 공정하게 집행하고 인권의 준수와 성취를 증진하며 모든 사람들이 법의 지배 아래에서 안전하게 살아갈 수 있도록 보장하는 데에 있다고 하고, 사법부의 독립과 법관의 자격, 선임방법, 지속적 교육, 보임, 승진, 전보, 임기, 면책과 특권, 자격상실, 징계와 해임, 사법행정 기타 잡칙 등으로 구성되어 있다. 이러한 각 규정들은 개별국가의 사법부의 조직원리로서 독립성과 전문성 그리고 민주성을 보장하기 위한 최소한의 원칙을 제시하고 있으며,[10] 개별국가의 상황에 따라 적절히 변용하여 시행될 수 있도록 하고 있다.

---

9) Universal Declaration on the Independence of Justice; in S. Shetreet(ed.), *Judicial Independence: The Contemporary Debate*, Kluwer Academic Publishers, 1985, pp.447-462.
10) 사법부의 조직원리 일반에 관해서는, 송기춘, 헌법상 법원의 구성원리와 법원의 구성, 경남대 법학연구소 편, 경남법학 제16집, 2001. 2. 참조.

(2) 독립성

사법부를 조직하기 위한 가장 기본적인 원칙은 바로 독립성을 확보하는 것이다. 사법부 독립의 진정한 의미는 정치과정에서 독자적인 참여자로 기능할 수 있어야 함은 앞서 지적한 바 있거니와, 구체적인 제도화의 과정에서 이러한 독립성을 보장할 수 있도록 하지 않으면 안된다.

몬트리올 선언문에서는,[11] 법관은 어떠한 측으로부터도 혹은 어떠한 이유로도, 직간접으로 어떠한 제한이나 영향, 권유, 압력, 위협 혹은 간섭 등을 받지 아니하고 사실인정과 법에 대한 이해를 따라 사건을 판결할 의무를 가지고 있음을 정하고, 판결과정에서 법원동료나 상급자에 대하여 독립하여야 하며, 어떠한 위계적 조직과 직급상의 차이도 법관의 법적 판단을 자유로이 공표하는 권리를 침해해서는 안된다고 하고 있다. 이를 위하여 사법부는 행정부와 입법부로부터 독립하여야 하며, 사법적 성질을 가지는 모든 쟁점에 관하여 관할권을 가져야 한다. 특별법원(ad hoc tribunals)은[12] 인정되지 아니하며, 모든 국민은 법원에 의해 신속히 재판을 받을 권리를 가진다. 국가의 존망과 관련된 긴급상황에는 법이 정한 조건에 따라서만 최소한의 기준을 충족하는 법원을 창설할 수 있으며, 군사법원은 군 요원들의 군사범죄에 한하되 상소심은 법적으로 자격있는 상소법원에 상소할 수 있어야 한다.

행정권은 사법기능을 통제할 수 없으며, 법원의 작동을 폐쇄하거나 정지시킬 수 없고, 사법적인 분쟁해결에 앞서는 혹은 법원판결의 집행을 저지하는 어떠한 행위나 절차의 생략도 행해서는 안된다. 입법부 혹은 행정부의 명령으로 소급적으로 특별한 법원의 결정을 번복하거나 판결에 영향을 미치기 위하여 법원의 구성을 변경하려고 해서는 안된다.

법관은 사법의 독립을 위하여 집단적 행위를 할 수도 있으며, 직무의 청렴성과 공정성 및 사법의 독립성을 유지할 수 있도록 행동하여야 하고, 이를 위하여 신앙의 자유, 표현의 자유, 결사 및 집회의 자유를 가진다.

사법의 독립성을 위하여 필요한 또다른 요소는 법관의 자격, 선임방법, 임기 및 (승진·전보를 포함한) 보직, 자격상실과 해임·징계, 면책과 특권 등의 신분보장과 관련된다.

몬트리올 선언문에서는[13] 위의 각 사항에 대하여 상세한 규정을 두고 있는데,

---

11) 위 선언문, 2.02-2.10 참조.

12) 우리나라에서는 특별법원과 특수법원에 관하여 약간의 견해상의 차이는 있지만, 여기서는 특별법원은 헌법상의 정규의 사법제도의 조직원리와 무관하게 창설되는 법원 즉, 예외법원을 의미하는 것으로 이해한다. 현행헌법 제110조에서는 「특별법원으로서 군사법원」이라는 표현을 사용하고 있는데, 이 용어 또한 수정될 필요가 있다.

중요한 사항들만 간추리면 다음과 같다. 법관은 청렴성과 능력 그리고 법에 관하여 잘 훈련된 개인이어야 하며, 다양한 차별요인에 의하여(특히 정치적 견해의 차이에 의하여) 차별받지 않도록 하여야 한다.

법관의 보직은 사법부 자체에 의해서만 행해져야 하며, 승진은 대상자에 대한 객관적 평가에 근거하여야 하고, 전보의 경우 정기적인 순환근무제도에 따르는 경우를 제외하고는 본인의 동의없이 행해져서는 안된다.

법관의 임기는 법률에 의하여 보장되어야 하고, 정년 혹은 임기만료 때까지 보장되어야 한다. 법관은 재직 중 급여와 은퇴 후 연금을 수령할 수 있어야 하고, 지위와 직무의 존엄성및 책임성에 상응하는 급여와 연금이어야 하며, 재직 중 감액되어서는 안된다.

법관은 직무수행과 관련하여 소송 혹은 괴롭힘을 당해서는 안되며, 직무수행과정에서 지득한 정보와 관련하여 전문적인 비밀성에 기속된다. 법관은 원칙적으로 행정기관 및 입법기관에서 근무하여서는 안된다. 법관은 정당의 당원이거나 정당의 일정한 직위를 가질 수 없다. 법관은 영리활동을 할 수 없다.

법관의 해임 혹은 징계의 절차는 사법부 및 사법부에 의하여 선임된 위원회에서 행해져야 하며, 입법부에 의해 탄핵될 수 있다. 징계는 법관윤리에 관한 확립된 기준에 근거하여야 하며, 충분한 청문 및 재심의 기회가 주어져야 한다.

(3) 전문성

법관은 헌법과 법률을 해석·적용하는 지위에 있으므로 분쟁의 해결과 관련하여 사물의 시비선악을 분별하고 헌법과 법률의 의미내용을 명확히 이해할 수 있는 전문적인 지식을 가져야 한다. 몬트리올 선언문에서도 이를 확인하여 법률에 대하여 잘 훈련된 사람일 것을 요청하고 있으며,[14] 법관 스스로 국제협약 기타 인권규범 그리고 헌법과 법률에 정통하도록 노력해야 함을 지적하고 있다.[15]

(4) 민주성

사법권력의 제도화와 관련하여 가장 취약한 부분이 바로 민주성의 원리이다. 앞서 지적한 바와 같이, 사법권력의 민주적 정당성은 국민주권원리를 구현하는 방법으로 확보되어야 한다. 사법권력의 민주적 정당성은 최고사법기관을 포함한 사법부의 구성원을 어떻게 선발하는가, 즉 법관선발의 기준과 절차에서 가장 선명하게 드러나

---

13) 동 선언문, 2.11-2.39 참조.
14) 동 선언문, 2.11 참조.
15) 동 선언문, 2.48 참조.

게 된다. 몬트리올 선언문에서는[16] 법관선발의 기준과 절차는 사회를 공정하게 반영할 수 있어야 하며, 행정부와 입법부가 법관의 임명에 관여할 경우, 사법부 및 법조 전문가의 조언이나 이들이 참여하는 기구에 의하여 행해지도록 해야 한다고 하고 있다.

Ⅱ. 우리 헌정의 경험과 반성

1. 사법의 관점에서 본 20세기 100년사

(1) 구한말부터 일제강점기

우리나라의 근대적 사법제도의 역사는 구한말로 거슬러 올라간다. 대한제국은 1894년 법무아문을 설치하고 모든 죄인은 사법관의 재판에 의하지 아니하고는 처벌받지 않도록 하여 처음으로 행정과 사법을 분리시켰으며, 1895년에는 대한제국의 법률 제1호로 재판소구성법을 공포하여 사법권의 독립을 위한 제도적 장치를 정하기에 이르렀다. 이후 약 10여년에 걸쳐 재판소와 법관양성소 및 법령을 정비하였으나, 1907년 정미7조약에 의하여 사법권이 일제에 의해 박탈되었고, 1909년에는 모든 대한제국의 재판소를 폐지하고 일본제국의 재판소가 설치되었다. 국운이 기울면서 국가권력의 한 축이었던 사법권력도 마찬가지의 운명을 겪었던 것이다.

일본제국은 최고재판소의 명칭이었던 대심원을 고등법원으로 격하시키고, 강점 이후에는 재판소라는 명칭도 법원(지방법원, 복심법원, 고등법원)이라는 명칭으로 바꾸었다(1912년 3월).[17] 일제강점 이후 식민지의 사법부는 일제에 대한 저항과 독립운동을 탄압하고 식민통치의 효율성을 극대화하기 위한 도구이었을 뿐, 근대적 의미의 인권보장과 사법부의 독립과는 전혀 무관한 권력장치이었다.

한편, 1919년 4월에 성립한 대한민국 임시정부는 9월 11일의 1차개헌 임시헌법에서 법원 장을 두었으나, 1925년의 2차개헌에서 이를 삭제하였다가, 1944년 4월 22일의 5차 개헌에서 심판원 장을 두어 사법권을 복구하였다.[18]

---

16) 동 선언문, 2.12 참조,

17) 우리나라 사법부의 각종 명칭은 대한제국기에 사용되던 명칭에서 일제강점기를 거치면서 많은 변화가 있었는데, 그 중에서도 특히 재판소를 법원으로 바꾼 것은 대만과 대한제국과 같은 식민지의 사법기관과 본국의 사법기관을 차별화하기 위한 것으로 보인다. 일본제국의 식민지 사법제도의 형성과 확산에 관하여는, 문준영, 제국일본의 식민지형 사법제도의 형성과 확산, 「법사학연구」 제30호, 민속원, 2004.10, 189쪽 이하 참조.

18) 이때의 헌법에서는 중앙심판원과 지방심판소, 그리고 특종심판위원회 등의 명칭이 보이고 있으며, 국사심판이라는 표현도 있어서, 서구의 국사재판 내지 헌법재판에 관한 인식이 있었던 것으로 보인다. 또한 임기와 징계관련 조항이 있어서 법관의 신분보장에 대한 인식도 나타나고

(2) 미군정기

1945년 해방 이후 한반도의 38선 이남을 점령한 미군정은 한반도 내에 아무런 국제법적 주권의 주체가 존재하지 않음을 천명하고, 점령군으로서 군정을 실시하였다. 사법의 영역에 있어서도 일본인 판사들만을 추방하였을 뿐 강점기의 사법제도를 거의 그대로 유지하면서,[19] 명칭들만 변경하는 정도에 그쳤다. 일제강점기와 마찬가지로 미군정기의 사법정책은 군정의 점령정책을 효율적으로 시행하는 데에 필요한 한도 내에서 시행되었을 뿐, 신국가건설을 위한 사법부의 제도화와는 거리가 멀었다. 다만, 이 시기에 대법원을 중심으로 성안된 법원조직법은 비록 3개월여의 기간 동안 시행되었지만, 그 내용에 있어서 매우 진보적이었다. 특기할 만한 사항으로는, 첫째, 대법원장과 대법관 그리고 판사에 대하여 정년은 있으나, 임기는 규정하지 않은 점, 둘째, 대법원장을 포함한 판사의 자격에서, 인정받은 법과대학의 법률학 교수, 조교수의 직에 있는 자도 포함하고 있는 점, 셋째, 대법원장 및 대법관을 다양한 직으로 구성된 추천위원회에서 추천한 자 중에서 임명하도록 한 점, 넷째, 고등법원 및 지방법원에도 사법행정의결기관으로서 판사회의를 둔 점, 다섯째, 법원과 당시의 군정청산하 사법부 간의 인원, 예산, 기금 등에 관한 조정을 담당하는 사법조정위원회를 둔 점 등이다.[20]

(3) 남한정부 수립 후의 사법제도사

미군정기를 거치면서 태생적으로 일제강점기의 사법부로서의 성격을 완전히 극복하지 못한 채 정부수립을 맞게 된 우리 사법부는 정부수립 후 제도화의 과정에서부터 적지 않은 난관에 봉착하였다. 제헌헌법 시행 이후 87년 헌법 이전까지의 사법제도를 시기별로 나누어 보면, 성립기-수난기-암흑기-재정립기 등으로 나눌 수 있다.[21]

있다.

19) 미군정은 식민지 시기의 재판소를 모두 군정재판소로 편입시키고, 강점기의 경찰서장의 즉결심판권을 대체하여 특별심판원제도를 도입하였다.

20) 이러한 요소들은 사법권의 전문성과 독립성에 비추어 매우 중요한 요소이나, 이 후의 사법권의 제도화과정에서 배제되고 있는 사항들이다. 어떤 의미에서는 해방 이후의 우리나라의 법원조직법 중에서 개괄적 내용면에서 가장 잘된 입법이 아닌가 생각된다. 왜냐 하면 정부수립 이후의 법원조직법은 국가성립이후의 정치권력에 영향을 받아 많은 부분에서 독립성이 훼손되어갔기 때문이다.

21) 필자는 해방 이후의 우리 사법사의 시대구분을 사법권의 성립기(1945-1957: 미군정기, 김병로 대법원장 시대), 수난기(1957-1971: 조진만, 민복기 대법원장 시대), 암흑기(1972-1988: 민복기, 이영섭, 유태흥, 김용철 대법원장 시대), 재정립기(1988-1996 현재: 이일규, 김덕주, 윤관 대법원장 시대) 등으로 나누어 분석한 바 있는데(졸고, 정치과정에 있어서의 사법권에 관한 연구, 서울대학교 박사학위 논문, 1996), 현재의 시점에서도 이러한 분류는 크게 다르지 않다고

제헌헌법의 성립과정에서는 분단 이후의 정치세력의 사법권에 대한 인식의 미숙과 전반적인 사법부 경시의도로 인해 사법제도의 설정에 있어서 이들의 일방적 의사에 의하여 정해졌다. 기존의 사법부구성원들의 「친일적 속성」으로 인해 이들이 정치과정의 주체가 될 수 없었다는 것이 그 한 이유이다. 그러나 헌법 하위의 법률제정과정에서는 김병로 대법원장의 주도하에 정부의 의도를 배제하고 사법부의 독립과 독자성을 추구하여 이를 성취하였다.

사법권의 수난기 및 암흑기에는 이승만 및 박정희, 그리고 전두환 정권의 권위주의적 지배가 국가의 힘을 한 곳으로 집중하여 독재화되었으며, 정치과정은 지극히 비민주적이었다. 이에 따라 민간사회는 정치권력으로부터 소외되어 국가와 대립하고 있었던 시기이었다. 이 시기에는 사법제도와 법률, 그리고 인적 구성 등이 모두 권위주의적 속성을 가진 독재적 권력에 의하여 일방적으로 설정되었다. 이러한 요소들은 사법권의 행사를 지극히 권력편향적으로 만들었으며, 법관이 이에 저항하는 것은 그 자체 정치적 권력투쟁과정에 편입되는 것을 의미하였다. 그러나 정치권력의 권위주의적 속성에도 불구하고 민간사회는 경제적 발전에 기초한 사회의 다원주의화를 통하여 점차적으로 성숙하여 정치권력 및 정치과정에의 참여를 강력히 요구하였고, 이러한 요구는 기존의 권위주의적 권력에 대한 저항으로 표출되기 시작하였다. 민간사회의 정치적 저항은 종국적으로는 국가와 민간사회의 힘관계를 역전시키기에 이르렀다. 수난기와 암흑기의 사법권의 경험은 정치권력이 독재화하고 국가권력이 집중되어 있을 때에는 사법권이 결코 정상적인 기능을 할 수 없음을 보여주는 것이다.

(4) 1987년 헌법 이후

사법권의 재정립기는 민간사회가 국가보다 우위에 있음을 보여준 1987년의 6·10 항쟁 이후 전반적인 사회의 민주화와 함께 사법권이 다시 정상적인 지위를 찾게 된 시기이다. 헌법재판소를 포함한 사법권은 스스로 제도를 개혁하고, 불합리한 법률을 교정하며, 적극적으로 국민의 기본권을 보장하기 위한 노력을 보여주고 있다. 사회의 다원화와 민주화는 정치권력의 다원화를 가능하게 하였고, 이에 따라 정치권력이 실질적으로 민간사회에 의하여 창출되고 정치과정이 민주적으로 이루어질 수 있게 된 때문이었다. 그러나 한편으로는 정치권과 시민사회가 헌법재판소를 과도하게 남용하는 측면도 드러나 정치적으로 해결되어야 할 사건들이 헌법재판소로 집중되는 '정치의 사법화' 내지 '사법과잉'을 초래하기도 하였다.

현행헌법이 제정된 지 20여 년이 경과한 지금, 헌법 및 사법권에 대한 국민적

생각된다. 다만, 우리 사법사의 시기를 확장하는 의미에서 구한말 대한제국기를 포함하여 우리 사법사를 재정립할 필요가 있다고 생각한다.

인식의 수준이 높아짐과 더불어, 헌법 자체가 가진 규정상의 문제점과 사법기관의 기관중심적 사고로 인해 현 시점에서 적지 않은 문제를 노정하고 있으며, 사법제도에 관한 새로운 구상이 강하게 요구되고 있다. 이하에서 현행헌법상의 사법제도가 가진 문제점과 그 해결방안을 모색해본다.

Ⅲ. 현행헌법상 사법규정의 문제점과 해결방안

1. 기관중심의 사법규정 – 사법제도의 통합적 규정 필요

현행 헌법은 제5장에서 「법원」이라는 제목으로[22] 10개조에 걸쳐 사법부에 관한 기본규정을 두고 있다(제101조-제110조). 사법권을 담당할 원칙적인 국가기관으로 「법원」을 두고 헌법재판을 관장하는 기관으로 제6장에서 헌법재판소를 별도로 규정하고 있다. 현행헌법은 헌법상 사법기능을 규정하는 방식으로 기능중심이 아니라 기관중심으로 규정하고 있음을 알 수 있다. 따라서 사법기능 및 사법권의 의미에 관한 해석도 이러한 헌법규정의 기관중심적 특성에 따라 이해되어온 점도 부정할 수 없다.[23]

사법부의 장이 「법원」이라는 제목으로 붙여진 것은 제헌헌법 이래로 일관되게 규정되어온 것이지만, 그 명칭에 있어서 약간의 문제가 있다. 즉, 최초의 유진오 헌법초안에서는 장의 제목을 「사법」이라고 하고 있었는데,[24] 행정연구회를 거치면서 「법원」으로 수정하여 국회에 제출된 것이다.[25] 헌법에서 사법기능을 담당할 국가기관의 명칭을 장의 제목으로 정하고 있는 예는 많지 아니하고 대부분의 나라들은 「사법」 혹은 「사법부」라고 제목을 정하고 있다.

권력분립원칙에 의한 각 국가권력을 규정하는 방식에 있어서도, 기능중심의 규정방식과 기관중심의 규정방식이 있음을 볼 수 있다. 전자는, 입법·행정·사법의 각 기능을 장(chapter, Hauptteil) 혹은 절(abschnitt)의 제목으로 정하고 그 기능을 담당하

22) 「법원」이라는 용어는, 일반적 의미에서 사용된 경우도 있으나, 특히 과거 식민지시기 일본제국이 본국의 사법재판소와 식민지의 사법기관을 구별하기 위하여 사용했던 명칭이었음은 앞서 살펴본 바와 같다. 해방 후에는 심리원으로 변경되었다.

23) 우리 헌법상의 사법관련규정들의 해석과 관련하여, 특히 법원과 헌법재판소의 관계에 관한 해석과 관련하여 기관중심의 해석과 기능중심의 해석이 서로 차이가 나타나는 것을 볼 수 있다.

24) 제헌헌법에서는 헌법재판을 관장하는 기관으로 헌법위원회와 탄핵재판소를 따로 두었는데, 유진오 박사가 이들 기관을 「사법」의 장에 두지 않은 것은 헌법위원회와 탄핵재판소의 권한사항을 사법의 범위 내에 두지 않았기 때문이라고 생각된다. 이는 헌법위원회 및 탄핵재판소의 구성에서 대법관 5인과 국회의원 5인을 위원 혹은 심판관으로 하고 있었던 데에서도 추론할 수 있다.

25) 유진오, 헌법기초회고록, 일조각, 1980, 부록 181쪽 이하 및 207쪽 이하 참조.

는 기관을 규정하는 방식이다. 후자는, 각 기능을 담당할 국가기관을 장 혹은 절의 제목으로 정하고 그 기관에 각 국가기능의 구체적 내용을 정하는 방식이다. 전자의 경우에는 국가기능을 중심으로 국가기관을 규정하기 때문에 헌법해석에 있어서도 기능중심의 이해가 용이한 반면, 후자의 경우에는 국가기관중심으로 국가기능을 규정하기 때문에 헌법해석에 있어서도 기관중심의 해석이 행해질 가능성이 크다고 생각된다. 사법기능을 구체화하는 헌법규정들의 경우에도 기능중심의 규정방식과 기관중심의 규정방식이 공존하고 있으나, 거의 대부분의 나라들은 기능중심으로 규정하고 있고, 극히 일부의 나라들만이 기관중심으로 규정되어 있다.

외국의 경우를 살펴보면 다음과 같다.

먼저, 독일의 경우, 바이마르헌법은 국가기관을 먼저 규정하고 각 기관의 작용에 대해서는 나중에 규정하는 혼합적 방식을 채택하고 있었다.[26] 서독기본법(GG)은 기본권을 먼저 규정하고, 뒤이어 연방과 란트, 연방하원(Bundestag), 연방상원(Bundesrat), 연방합동위원회, 연방대통령, 연방정부, 연방의 입법, 연방의 법률집행과 연방행정, 사법(die Rechtsprechung) 등의 순서로 규정하고 있다. 특징적인 것은 사법관련 규정의 제목이 사법으로 되어 있고, 그 사법권이 법관(der Richter)에게 위임된다고 규정한 점이다. 아울러 사법권은 헌법재판소와 기본법에서 예정하고 있는 연방재판소와 주재판소에 의해 수행된다고 규정하고 있다. 국가기능으로서의 사법권을 중심으로 국가기관을 규정한 것이다.

프랑스의 경우에는, 헌법평의회(제7장), 사법권(제8장) 등으로 규정하고 있다.[27] 일반적인 사법제도는 제8장 규정에 근거하여 규정되어 있으며,

미국의 경우에는 제3조에서 「미연방의 사법권은 하나의 최고재판소 및 미연방의회가 수시로 제정, 설치하는 하급재판소에 속한다」고 규정하였는데, 앞서 지적한 바와 같이, 미국헌법이 근대헌법의 규정방식을 그대로 유지하고 있음을 볼 수 있다.

일본, 오스트리아, 스페인, 그리스, 핀란드, 네덜란드, 노르웨이, 멕시코, 벨기

---

26) 바이마르헌법 제1장은 라이히와 란트(1절), 라이히의회(2절), 라이히대통령과 라이히정부(3절), 라이히상원(4절) 등을 먼저 규정하고, 라이히입법(5절), 라이히행정(6절), 사법(die Rechtspflege)을 규정하였으며, 제2장에서 독일국민의 기본권과 기본의무를 정하였다.

27) 제7장 헌법평의회 제56조(구성) ① 헌법평의회는 9명의 평가원으로 구성하고 그 임기는 9년으로 하며 재임되지 못한다. 헌법평의회는 3년마다 그 평의회 의원의 3분의 1을 교체한다. 평의회 의원 중 3명은 대통령이, 3명은 국민의회의장이, 3명은 상원의장이 임명한다. ② 제1항에 정하는 9명의 평의회 의원 이외에 전직대통령은 당연히 종신평의회 의원이 된다. ③ 헌법평의회 의장은 대통령에 의하여 임명된다. 의장은 가부동수인 경우에는 결정권을 갖는다.

제8장 사법권 제64조(사법권의 독립, 법관의 지위) ① 대통령은 사법권의 독립을 보장한다. ② 대통령은 고등사법위원회의 보좌를 받는다. ③ 법관의 지위는 조직법으로 정한다. ④ 법관은 파면되지 아니한다.

에, 브라질, 스웨덴 등 대부분의 나라들은 「사법」, 「사법권」등으로 규정하여, 기관중심이 아니라 기능중심으로 규정하고 있다.

현행헌법의 사법관련규정이 대법원과 헌법재판소로 분리되어 규정된 것은 제헌헌법 이래 헌법재판기관의 부침과도 밀접한 관련이 있는 것이지만, 무엇보다도 「사법」의 개념에 관한 인식의 차이가 컸기 때문이라고 생각된다. 즉, 제헌헌법 제정 당시의 사법인식은 일본헌법학의 영향하에서 철저히 근대적 사법개념으로 한정되어 있었던 것으로 이해된다. 이러한 제헌헌법의 사법인식은 이후 우리나라의 사법권력과 사법제도의 설정 및 그 운영에서 기본적인 인식틀로 자리잡았고, 대법원을 중심으로 하는 법원은 근대적 사법개념에만 매몰되어 헌법재판권은 사법이라기보다는 대법원이 예외적으로 그 권한을 가지는 작용이라는 인식이 깊이 뿌리내렸던 것으로 생각된다.

오늘날의 현대적인 사법관념에 비추어 보면, 사법권력은 헌법재판권을 통하여 실질적인 국가권력의 한 축으로 자리잡게 되었고, 따라서 헌법재판권은 당연히 사법권의 개념 속에 포함되는 것으로 이해되고 있다. 물론 헌법재판권을 포함하는 사법권력을 어떻게 제도화할 것인가의 문제는 나라마다 차이가 있다.

특히 헌법재판권을 어느 기관에 담당하게 할 것인가에 관하여 크게 보아, 미국식의 부수적(비집중형) 사법심사제도와 오스트리아(독일)식의 독립형(집중형) 사법심사제가 있다.[28] 각 유형은 청구권자, 심판기관, 심판방식, 심판대상, 판결의 효력 등에서 차이를 보이지만, 오늘날에는 점차 서로 접근하는 경향을 보이고 있다. 우리나라의 경우, 역사적 경험에 비추어 미국식의 부수형 심사제를 채택하기보다는 오스트리아(독일)식의 독립형 심사제를 채택하는 것이 더 바람직하다고 생각된다. 그 이유는 헌법재판소를 독립적으로 둠으로써, 법원을 정치적 사건에 휘둘리지 않게 하는 효과가 있고, 헌법적 쟁점에 관하여 독립하여 심판하도록 함으로써 전문성을 확보하는 장점이 있다. 우리의 과거의 경험에서 대법원이 헌법재판권을 가진 경우도 있었지만(제3공화국), 당시의 법원은 초대 대법원장이었던 김병로 대법원장의 강력한 비호 아래 정치권력으로부터 독립하여 사법권을 행사할 수 있는 기틀이 형성되어 있었음을 감안한다면, 현재의 법원은 그러한 여건의 측면에서 결코 만족스럽지 못하다고 생각된다. 아울러 20여 년 동안 운용되어온 현재의 헌법재판소를 포기하기보다는 헌법적으로 기존의 법원과 조화되는 방향으로 재조정하는 것이 바람직하다고 생각된다.

결론적으로, 사법의 장에 헌법재판소와 대법원(최고재판소)을[29] 동시에 규정하

28) 심사과정을 기준으로 하여 전자는 전제문제형, 후자는 주요문제형으로 불리기도 한다.
29) 우리나라에서는 미군정기부터 대법원이라는 기관명칭이 사용되었는데, 법원이라는 명칭과 함

되, 그 규정방식은 사법에 관한 통칙규정을 두고 이어서 헌법재판소, 대법원(최고재판소), 각급법원(재판소)의 순서로 정하거나, 역의 방법도 가능할 것이다.

2. 사법관의 명칭 문제

사법관의 명칭과 관련해서도 현행헌법규정은 상당한 혼란을 보여주고 있다. 즉, 제101조에서 「법관으로 구성된」 법원이라고 표현하여 사법권을 담당하는 법원의 구성원이 「법관」임을 명시하면서, 법관의 자격을 법률로 정하도록 하여(제101조 제3항), 법관자격법정주의를 규정하고 있다. 제102조에서는 「대법관」을 두는 근거를 규정하고, 제104조에서는 「대법원장」, 「대법관」 및 「대법원장과 대법관이 아닌 법관」의 임명방법을 규정하고 있다. 제106조에서 법관의 신분보장에 관하여 규정하고 있고, 제110조에서는 군사법원의 근거규정을 두면서, 「재판관」이라는 용어를 쓰고 있다. 또한 제6장에서는 헌법재판소를 규정하면서, 그 구성원으로서 「재판관」이라는 명칭을 사용하고, 재판관의 자격으로 「법관의 자격」을 요구하고 있다.

현행헌법은 사법기능을 담당하는 국가기관으로 법원과 헌법재판소 그리고 군사법원을 예정하고 예외적으로 행정심판을 허용하고 있다. 이울러 사법기능을 담당할 공직자에 대하여 「법관」 혹은 「재판관」이라는 명칭을[30] 사용하고 있어서 명칭 자체로 제도화의 장애요소로 작용하고 있으며, 그 의미에 관하여 상당한 혼란을 야기하고 있다.[31]

외국의 경우에는, 영미법계에서는 judge라고 통칭되며,[32] 대륙법계에서는 독일의 경우 Richter로,[33] 프랑스의 경우 juge로 통칭되고 있다. 우리나라에서 역사적으로 혹은 현실적으로 사용되어온 사법관의 명칭을 살펴보면, 「裁判官」, 「法官」, 「判

께 이 명칭도 적절한지에 관하여 검토할 필요가 있다. 1907년 사법권피탈 후에는 대심원으로 변경되었다가 1912년에 조선총독부고등법원으로 개칭되었고 해방 후에 대법원으로 바뀌었다. 최고재판소라고 하는 것도 가능하다고 생각된다.

30) 우리나라에서 법관이라는 용어가 처음으로 나타나기 시작한 것은 1894년 갑오개혁 이후이다. 동년 6월의 議案 중 各衙門官制의 法務衙門 부분에 「法官與律師」라는 표현이 등장하고, 또 동년 7월의 議案 중에 「司法官의 裁判없이 罪罰을 加하지 못하는 件」이라고 하여 「司法官」이라는 표현이, 1895년의 勅令 第45號의 法部官制에서 「司法官」이라는 표현 등이 나타난다. 그리고 1895년의 「法官養成所規程」에서 「法官」이라는 표현이 등장한다. 이때의 「法官」은 「司法官」을 줄인 말인 것으로 생각된다. 국회도서관 편, 한말근대법령자료집 I, 7, 23, 210, 215 각쪽 참조. 그리고 제1차 개헌 후의 임시정부 임시헌장에서도 「司法官」이라는 용어를 쓰고 있다.

31) 예컨대, 국민참여재판제도의 도입과 관련하여 찬반 양론에서의 합헌론과 위헌론의 대립이 그 한 예이다. 법과 사회이론학회 편, 법과 사회, 제25권(2003) 및 제26권(2004)에 수록된, 참심제 및 배심제의 헌법적합성에 관한 논문들을 참조하라.

32) 권한범위에 따라 magistrate(치안판사)라는 표현도 쓰기도 한다.

33) 참심원의 경우 Schöffe라고 한다.

官」, 「律師」, 「判事」, 「審判官」, 「審判員」 등이 있다. 이 명칭들을 모두(「행정관」에 대응하는 의미에서) 「司法官」으로 통칭할 수 있지만, 오히려 사법관이라는 용어는 일반적 용어로 사용되고는 있어도 법적 용어로 사용되고 있지는 못하다. 또한 헌법에서는 「法官」이라는 용어가 사용되면서도 법률에서는 「판사」라는 명칭이 널리 사용되고 있어서[34] 용어가 통일적이지 못하다.

사법기관의 명칭과 함께 사법관의 명칭도 통일하는 것이 바람직할 것이다.

3. 헌법재판소와 대법원의 관계의 불명확성

(1) 두 기관의 관계

현행헌법에서는 헌법재판의 담당기관을 헌법재판소와 대법원으로 나누고 있음은 주지의 사실이다. 두 기관이 모두 헌법상 최고기관이라는 데에는 별다른 이론이 없지만, 문제는 헌법재판소는 법률에 대한 위헌심사의 최종적 권한을 가지고 있고, 대법원은 명령·규칙에 대한 위헌심사와 선거소송의 최종적 권한을 가진 것으로 규정한 데에 따라, 최소한 명령·규칙에 대한 위헌심사의 경우에 헌법재판소와 대법원 사이의 견해차이로 말미암아 그 결론이 다르게 나올 수 있고, 실제로 그러한 상황이 벌어져서 헌법재판소와 대법원 사이의 권한분쟁의 양상을 보여주기도 하였다.[35] 현재 헌법재판소와 대법원 사이에서는 위헌법률심사권, 위헌명령·규칙시사권, 헌법소원심판권, 권한쟁의심판권 등 헌법재판소의 권한 전반에 관하여 문제점이 지적되고 있고, 그 해결방안에 대하여 양 기관과 학계, 법조계 등에서 많은 논란이 야기되고 있다.

(2) 해결방안

헌법재판소와 대법원 간의 이와 같은 권한분쟁의 가능성은 헌법규정 자체에서부터 유래한 것이다. 현행헌법이 제정되면서 헌법재판소의 권한에 관한 면밀한 검토가 없이 급작스럽게 도입되면서 빚어지는 현상이다. 현실적으로 국민의 기본권보장이라는 헌법이념을 중시한다면 헌법개정을 하지 않고도 운영의 묘를 살리는 방안도 있을 것이지만, 근본적으로는 헌법 및 법률에서 명시적으로 규율하는 것이 필요하다.[36]

---

34) 여러 법률에서 회의체 혹은 기구를 구성할 때 그 자격요건으로 「판사·검사·변호사」라는 표현이 많이 사용되었으나 최근에는 「법관·검사·변호사」라는 표현이 많이 쓰이고 있다.

35) 대표적으로 법무사법 시행규칙에 관한 헌법재판소 결정 89헌마178에 대하여 대법원에서 헌법상의 권한을 침해한 것이라고 하여 처음으로 격한 논쟁이 있었고, 그 외에도 권력적 사실행위나 헌법소원심판, 권한쟁의심판의 경우에도 대법원의 권한을 침해하였다고 주장될 가능성이 있다.

기본적으로 헌법의 특성이 포괄적이고 개방적이라는 점에서 비추어 볼 때 이 문제에 대한 해결방안은 헌법에서 세세하게 규정하기보다는, 헌법재판소와 대법원 양 기관의 근접정도를 헌법에서 어떻게 규정하는가에 따라 결정될 수 있을 것으로 생각된다. 현재 야기되고 있는 양 기관 사이의 논란의 본질은 헌법해석의 문제라기보다는 양 기관에 대한 기본인식의 차이 즉, 양 기관을 협력적·조화적 관계로 보기보다는 대립적·배타적 관계로 인식하는 데에서 유래한다고 생각된다. 일제강점기로부터 오늘날까지 최고법원으로서의 위상을 가져온 대법원의 입장에서는 헌법재판소라는 이물질(!)이 사법권에 개입하는 것에 대하여 적지않은 불만이 있을 것으로 생각되지만, 과거의 위상에 집착하기보다는 기존의 사법부를 재구성한다는 대승적 차원에서 접근하는 것이 옳다고 생각된다. 헌법상 사법권을 통일적으로 규정하면서 헌법재판소와 대법원의 관계를 재설정하는 것이 요망된다.

4. 헌법재판소 및 대법원의 구성방법의 문제

최고사법기관으로서의 헌법재판소와 대법원의 구성을 어떻게 할 것인가의 문제는 국민의 기본권보장과 직결되는 문제이다. 헌법재판소의 재판관과 대법원의 대법관의 수가 다수인 것은 법적 견해의 다양성을 전제하기 때문이다. 법적 견해의 다양성은 개인의 인생관과 사회관, 국가관, 자연관 등 사회구성원들의 다양한 관점이 법적 논리로 귀결될 때에 확립될 수 있다. 따라서 헌법재판소와 대법원의 구성방법에서도 이러한 법적 견해의 다양성을 구현할 수 있는 방법이어야 한다.

최고사법기관을 구성하는 경우, 민주성이 중시되는 경우에는 국민에 의한 직접구성 또는 관여의 방법과, 국민대표기관에 의하여 구성하는 방법이 있다.[37] 독립성이 중시되는 경우에는, 헌법에 규정된 별도의 추천 또는 선출기구에 의한 구성방법과 법관 또는 법관의 자격을 가진 자들로 구성되는 기구에서 선출하는 방법이 있다.

현행헌법상의 규정과 관련된 문제들로서, 우선, 양 기관의 구성원 후보자의 자격요건의 문제를 지적할 수 있다. 현행헌법상 헌법재판소 재판관은 법관의 자격을 가진 자로서 국회에서 3인, 대법원에서 3인, 대통령이 3인을 임명하도록 하고 있고, 대법관의 경우, 대법원장의 제청으로 국회의 동의를 얻어 대통령이 임명하도록 하고 있다. 헌법재판소의 경우에는 민주성을 중시하고, 대법원의 경우에는 독립성이 중시된 것으로 볼 수 있다. 헌법재판소 재판관의 경우 법관의 자격이 전제되는데, 이는

36) 헌법재판소와 대법원 사이의 권한분쟁에 대한 해결책으로 대법원의 공식견해는 아니지만, 현직법관의 견해를 잘 정리한 논문으로, 최완주, 헌법재판제도의 재구성: 사법분열방지를 위한 방안을 중심으로, 법조 제55권 3호(통권 594호), 20쪽 이하 참조.

37) 송기춘, 사법개혁과 대법원의 구성, 헌법학연구 제6권 4호, 2000, 274쪽 이하 특히 277쪽 이하 참조.

오히려 변호사의 자격을 가진 자로 함이 타당할 것이다.[38] 뿐만 아니라 사회의 다양한 목소리를 수렴하기 위해서는 반드시 법조인이 아니더라도 헌법재판소 재판관으로 될 수 있도록 함이 타당하다. 대법관의 경우 대법원장의 제청으로 국회의 동의를 얻도록 하고 있는데, 이는 법적 견해의 다양성이라는 사법부의 특성 및 법관의 조직내부적 독립과 배치될 수 있다. 과거 유신헌법에서 사법부에 대한 지배를 위해 도입되었던 제도의 잔재이다. 대법관의 경우에는 독립성을 더욱 강화한다는 차원에서 대법관추천회의 혹은 이와 유사한 추천기구를 통하여 추천한 자를 국회의 동의를 얻어 대통령이 임명하게 하는 것이 필요하다.

5. 헌법재판소의 장의 문제

지난 2006년에 있었던 헌법재판소장 파동은 현행헌법규정상 헌법재판소의 장의 임명방법과 임기에 관하여 명확한 규정을 두지 않았기 때문에 발생한 사태이었다. 재판관임명과 동시에 헌법재판소장을 임명하던 관행과 달리 현직 재판관을 헌법재판소장으로 임명하는 경우에 새로운 헌법재판소장의 임기가 어떻게 되는가에 관하여 헌법상 아무런 규정이 없었기 때문에 정치적으로 많은 논란을 불러일으킨 것이었다. 결국 원래의 후보자가 사퇴하고 새로운 후보자를 제청함으로써 일단락되었지만, 안타까운 것은 사태가 일단락된 후 누구도 헌법재판소법에 소장의 임명방법과 임기에 관하여 규정하려는 시도를 하지 않았던 점이다. 중요한 국가기관으로서 헌법재판소의 장에 관하여 헌법적 흠결이 있다면 당연히 법률로 이를 보완하였어야 함에도 불구하고 전혀 그러한 시도가 없었다. 헌법규정의 흠결을 정치적 책략으로만 이용하였다는 비판을 면하기 어렵다. 차후에 이와 같은 혼란을 피하기 위해서는 헌법재판소의 장의 임명방법과 임기에 관하여 명확한 규정을 두어야 한다.

6. 사법예산권 문제

사법부의 예산편성권은 사법부의 독립을 위한 중대한 요소이다. 현행헌법상 사법부의 예산에 관하여 정부가 예산편성권을 독점하고 있는데, 이는 일면으로는 사법부에 대한 행정부의 견제권의 하나라고 할 수 있지만, 그러한 견제는 국회의 예산심의권을 통해서도 충분하다고 할 것이다. 상대적으로 볼 때, 사법부는 정부와 국회를 통해 이중으로 견제를 받는 것이기 때문에 견제권의 정도에 있어서도 문제가 있다. 사법부의 예산편성권은 미군정 당시 의 법원조직법 초안에서는 사법부에 귀속되었던 것을 제헌헌법 제정 후 정부로 넘어간 것이었다. 헌법이 개정된다면 사법부예산

---

38) 헌법재판소 재판관의 경우, 공법학을 전공한 교수도 그 후보자로 할 수 있게 하자는 주장이 있다.

편성권은 사법부에 전속시키는 것이 필요하다.

7. 사법관의 임기의 문제

현행헌법은 일반법관의 임기를 10년으로 정하고 있다(제105조 제3항). 일반법관의 임기를 10년으로 한 것은 제헌헌법 이래의 규정이지만, 제헌헌법 제정 당시에도 일반법관의 임기를 종신직으로 하는 데에 대한 인식이 있었다. 그러나 당시의 사법부가 대부분 일제강점기의 법조 출신이어서 그에 대한 견제로 임기를 10년으로 한 것으로 알려지고 있다. 헌법상 법관의 임기를 10년으로 정하고 있기 때문에 다양한 형태의 법원을 창설하는 데에 많은 장애로 작용하고 있다.

외국의 경우에는, 일반법관의 임기에 관하여, 일본의 경우 일반법관의 임기가 10년으로 되어 있고, 그 외의 나라들에서 헌법에서 직접 일반법관의 임기를 통일적으로 정하는 예는 많지 아니하다. 영미법계의 경우에는 법관의 임기를 종신직으로 하는 것이 대부분이지만, 법관의 다양한 지위에 따라 그 임기를 정하는 경우도 많다. 대륙법계의 경우에도 최고법원의 법관의 경우를 제외하면 일반법관의 임기를 직접 헌법에 규정하는 예는 많지 아니하다.

우리나라의 경우, 헌법상으로는 헌법재판소 재판관 및 대법관의 경우에는 헌법상 직접 규정을 둘 필요가 있지만, 그 외의 법관에 대해서는 법률로 정하도록 함이 타당하다. 헌법재판소 재판관 및 대법관의 경우에는 현재 임기 6년으로 연임할 수 있도록 하고 있는데, 다른 나라의 경우보다는 상대적으로 임기가 짧다고 볼 수 있다. 헌법재판소 재판관 및 대법관의 경우 임기를 8년 정도로 하고 연임할 수 있게 하는 것도 고려할 수 있을 것이다.

8. 사법관의 신분보장의 문제

국가의 사법기능의 담당자인 법관에 대하여 엄격한 신분보장은 필수적이다. 현행헌법상 법관의 자격을 법률로 정하고(제101조 제3항), 대법원장과 대법관 이외의 법관은 대법원장이 대법관회의의 동의를 얻어 임명하며(제104조 제3항), 일반법관의 임기를 10년으로 하되 연임할 수 있게 하고 있다(제105조 제3항). 또한 탄핵 또는 금고 이상의 형에 의하지 아니하고는 파면되지 아니하며 징계처분에 의하지 아니하고는 정직·감봉 기타 불리한 처분을 받지 아니하며(제106조 제1항), 중대한 심신상의 장애로 직무를 수행할 수 없을 때에는 법률이 정하는 바에 의하여 퇴직하게 할 수 있다(제106조 제2항).

헌법재판소 재판관은 법관보다 훨씬 강한 신분보장을 하고 있다. 즉, 헌법재판소 재판관은 탄핵 또는 금고 이상의 형의 선고에 의하지 아니하고는 파면되지 아니한다고 하고(헌법 제112조 제3항), 징계처분이 따로 정해져 있지 않다.

헌법에서 정한 법관의 신분보장규정들은 국가기관으로서의 법원의 구성원인 법관에 대한 원칙적인 보장규정이다. 따라서 대법원과 각급법원의 구성원인 법관들에 대해서는 반드시 이와 같은 헌법상의 신분보장규정들을 준수하여야 한다.

현행헌법상 법관의 신분보장 규정은(임기를 제외하고는) 크게 문제될 것이 없지만, 급여와 연금 문제, 그리고 징계절차의 기본원칙 등이 추가될 필요가 있다.

Ⅳ. 결론에 대신하여

현대사회에서 사법기능은 국민의 기본권보장과 민주주의 국가의 확립을 위하여 크게 확대되고 있다. 이러한 사법권을 어떻게 헌법적 제도로 구성하느냐 하는 것은 개별국가마다 커다란 차이를 보이고 있다. 민주주의의 발전과 함께 사법제도가 정착된 나라들은 헌법상의 상세한 규정을 두지 않고도 사법기능을 실현하는 데에 별 문제가 없으며, 대부분 하위의 법률로 사법제도를 구현하고 있다. 민주주의의 역사가 일천하고 법치주의의 실현정도가 낮은 나라일수록 헌법에서 사법규정을 상세하게 규정하고 있는 것을 볼 수 있다. 우리나라의 경우, 20세기 100년의 역사를 지나오면서 근대적 사법제도를 확립하는 데에 많은 장애가 있었음을 부인할 수 없고, 일제강점기와 독재라는 역사적 경험은 더더욱 민주국가의 사법제도를 확립하는 데에 장애로 작용하였다.

현 시점에서 헌법개정을 통하여 새롭게 사법제도를 설정한다면, 가능한 한 과거의 부정적인 요소들을 배제하고 현대사회의 사법권의 위상에 걸맞게 재창조하는 것이 절실하다.

현대사회의 사법권은 몬트리올 선언문에서 지적하듯이, 자유의 핵심적 기둥의 하나이다. 이러한 사법권을 구현하기 위해서는 독립성, 전문성, 민주성이라는 조직원리에 따라 사법부가 구성되어야 한다.

현행헌법의 사법관련규정들은 우리 헌정사가 가져왔던 굴곡의 역사만큼이나 왜곡되고 또한 낡은 구조를 가지고 있다. 현행헌법의 사법관련 규정은 기능중심이 아니라 기관중심으로 규정되어 있어서, 그 해석에 많은 혼란을 야기하고 있으므로, 장래의 헌법개정에서는 가능한 한, 국가의 사법기능을 통일적으로 규정할 필요가 있다. 헌법재판기능과 일반재판기능을 통합하여 하나의 章에서 규정하도록 하여야 하며, 헌법재판기능을 담당하는 헌법재판소와 일반재판기능을 담당하는 최고법원(대법원 혹은 최고재판소)의 권한과 구성원에 대해서는 별개의 규정을 두어 규정하더라도, 재판관의 직무수행과 관련한 원칙적 규정들은 통일적으로 규정할 수 있을 것이다.

그리고 각급법원의 경우에는, 헌법에서 근거규정을 두되, 임기, 정년, 임명방법, 보수 등에 관하여는 의회의 법률로 정할 수 있도록 하는 것도 필요하다. 초가집을 털고 큰 빌딩을 짓는다는 기분으로 전면적인 재구성을 하여야할 시점이다.

(헌법학연구, 한국헌법학회 편, 제14권 제4호(2008. 12.), 383-412쪽)

16. 통일한국의 사법제도

Ⅰ. 머 리 말

1. 통일한국의 이념과 사법제도

1997년 5월 현재의 시점에서, 반세기의 국토분단의 기나긴 질곡을 벗어나는, 겨레의 과제인 통일문제는 단순한 가능성의 문제가 아닌 절박한 현실의 문제로 인식되고 있다. 최하층의 주민에서부터 최고위층의 지도층인사에 이르기까지 탈북사태가 이어지고 있으며, 주민의 식량조달이라는 최소한의 생존조건마저도 국제적 흥정의 대상으로 삼아야 하는 북한의 현실은 언제 붕괴할지 모르는 위기적인 상황으로 인식되고 있음이 현실이다. 이와 같은 북한의 위기적인 상황은 분단의 한 당사자인 남한의 위기를 초래할 가능성을 다분히 안고 있으며, 혹시 있을지도 모르는 급작스런 통일에 대한 대비책을 마련할 것을 강력히 요청하고 있다. 통일이라는 정치적 상황의 변화가 어떤 방식으로 오든지 간에, 그로부터 발생하는 문제들은 최소한, 통일이념으로서의 민족주의와 정치이념으로서의 민주주의를 바탕으로 하여 극복되어야 하며,[1] 통일한국의 법적·정치적 기본질서의 구축을 위해서는 자유주의, 평등주의, 복지주의, 인간주의 등이 통일한국 헌법의 이념으로 존중되어야 한다.[2]

아무튼 한 국가의 통일은 중대한 정치적 결단을 필요로 한다. 통일과정상의 방법적 문제, 통일 후 국가이념과 통치기구의 문제, 경제질서의 기본원칙의 문제, 기본권보장을 위한 제반제도의 문제, 국방 및 외교정책의 문제 등 고도의 정치적 판단을 요하는 문제들이 제기될 것이며, 이러한 정치적 판단들은 그 판단과정에서 규범적 정당성이 있어야 할 뿐만 아니라,[3] 최종적으로 헌법규범 내지 법률규범으로서 규범

---

1) 김세균 교수는 통일과정도 민족적 및 민주적 정당성을 가져야 한다고 주장한다. 동, 통일과정의 정당성과 남북한의 체제개혁, 한국정치학회 편, 통일한국의 새로운 이념과 질서의 모색 수록, 1993, 19쪽 이하 참조.

2) 김철수, 한국헌법사, 대학출판사, 1990, 423쪽 이하 참조.

3) 이 점과 관련하여, 그동안의 남한정부의 통일정책 수립 및 그 실현과정의 규범적 정당성의 문제를 되돌아보지 않을 수 없다. 특히 1970년대 이래 국제적인 해빙무드를 타고 남북한간에 화해 및 통일의 분위기가 조성되기도 하였고(7·4 남북공동선언, 6·23선언 등), 1990년대에는

화·법제도화되어 인류보편의 가치로서의 입헌주의적 내지 법치주의적 통치질서의 내포가 될 때에 비로소 통일한국의 통치질서로서 완성된다고 할 것이다. 그리고 이와 같은 입헌주의적 내지 법치주의적 통치질서는 국가규범의 실현기제(Apparatus)로서의 사법제도를 통해 구체화되고 실효성을 가지게 된다. 바로 이 점에서 통일 후의 사법제도를 논할 필요성이 제기되는 것이다.

그동안 남북한 사이에 전개된 각종의 통일정책의 수행과정과 양자합의의 결과인 공동선언 혹은 합의서 등에서는 통일을 달성하기 위한 대체적인 구도의 설정에 치중하여 통일한국의 구체적인 법제도의 측면은 거의 고려되지 못하였던 것이 사실이다.[4] 이것은 그동안의 통일정책이 냉전적 대립구조하에서 상호협력적이 아니라, 어느 일방의 주도권획득이나 국내정치적 목적에 이용되어, 구체적인 법제도에 관한 합의에까지 이를 수 없었다는 점이 가장 큰 이유일 것이다. 그러나 통일은 어느 일방당사자의 문제가 아니라 통일되어야할 양 당사자의 문제라는 지극히 기초적인 사실을 염두에 둔다면, 어느 일방이 자기중심적 통일을 강요하는 것은 통일을 하지 않겠다는 의사표시로 보아도 좋을 것이다. 물론 어느 일방이 자기파멸에 이르러 도저히 더이상 유지될 수 없는 경우에는 다른 일방에 의하여 통일이 주도되겠지만, 이 경우에도 한 쪽의 기존의 법제도를 완전히 배제하고 어느 일방의 법제도를 강제적으로 이식하는 것은 적절치 못할 것이다. 왜냐하면 법제도는 그것이 한번 창설되고 나면 그 나름대로 현실을 규율하는 강한 힘을 갖게 되고 그에 따라 현실을 변화시키며, 그에 따라 *受範者*(Adressat)의 의식도 변할 것이기 때문이다. 따라서 서로 다른 법제도를 가진 국가 간의 법제도적 통일은 기존의 법제도의 상호비교검토를 거쳐 수범자들의 의식의 통합이 이루어질 수 있도록 이루어져야 하는 것이다.[5]

U.N. 동시가입, 남북 사이의 화해와 불가침 및 교류·협력에 관한 기본합의서 교환(1991. 12.) 등 헌법적 문제점을 담고 있는 정치적 행위들이 있었으나, 전혀 규범적 검증을 거치지 않은 채, 정치적 행위만이 있었을 뿐이었다. 독일의 통일과정에서 특히 서독의 통일정책에 관하여 서독 연방헌법재판소에 의한 철저한 규범적 통제절차가 있었음을 상기한다면, 우리나라의 경우에도 통일과정에 대한 규범적 통제절차를 확립하는 것이 사회경제적인 우위 뿐만 아니라 규범적인 우위에 입각한 통일의 달성에 도움이 될 것이다. 졸고, 독일통일과 관련한 서독연방헌법재판소 판결에 관한 연구, 사회과학연구(서원대) 제6집, 1993, 275쪽 이하 참조.

4) 여기서 우리는 독일통일의 과정에서 동서독간의 사법공조과정을 음미할 필요가 있다. 동서독은 분단후 1966년까지 사법상의 공조가 원활히 이루어져 왔으며, 특히 서독은 1953년 개별법률을 마련하여 사법공조의 법률상의 근거를 마련하기도 하였다. 그리고 동독도 1965년 사법공조에 관한 법적 근거를 마련하였다. 비록 이와 같은 동서독간의 사법공조는 1967년 이후에는 제대로 이루어지지 않았고, 1972년의 기본조약체결에서도 사법공조에 관한 추가협정을 체결하는 데에 이르지는 못했으나, 사안별로 사법공조는 지속적으로 이루어져 왔다. 상세한 내용은 법원행정처 편, 독일통일과 사법통합, 1995, 64쪽 이하 참조.

5) 이 점과 관련하여 동서독의 통일과정에서도 사법제도 및 관련법률의 통합은, 원칙적인 내용과 포괄적이고 조정적인 기준들만을 통일조약(Einigungsvertrag; EV)에서 규정(EV Kap. V,

이 글에서는 통일한국의 입헌민주적·법치주의적 통치질서의 실현기제로서의 사법제도를 어떻게 설정할 것인가의 문제에 답하기 위하여, 현재의 남북한의 사법제도의 개관과 상호비교를 통하여 그 통합가능성을 살펴보고, 이에 수반하는 문제점을 살펴본 다음 통일한국의 바람직한 사법제도의 상을 제시하고자 한다.

2. 사법 개념의 비교

(1) 자유민주주의국가에서의 사법의 개념과 그 존재의의

서구 근대사회의 전통적인 권력분립체계 하에서의 사법관념은「실체적인 법률상의 쟁송, 즉 대립하는 소송당사자, 대립하는 실질적 이익, 현실의 논쟁존재에 대하여 일반적·추상적 법규범을 적용하여 선언하는 것에 의하여 이를 재정하는 작용」[6] 이라고 하고, 사법의 개념적 징표로서 ① 구체적 사건성 ② 수동성(당사자의 소제기필요) ③ 소극·보수성(법질서유지작용) ④ 정치적 중립성(법선언작용) ⑤ 제3자성(독립성·독자성) 등을 지적하고 있다.[7] 그러나 이와 같은 사법관념은 오늘날 많은 수정이 가해지고 있다. 즉 현대적인 사법관념에서는 사법을 단순히 소극적·수동적 권력으로서가 아니라, 적극적으로 국가의 정책결정에 참여하는 권력으로서의 의미를 강조하고 있는 것이다.[8] 이것은 특히 20세기 이후의 헌법재판제도의 확립과 밀접한 관련이 있다. 현재 서구 자유민주주의국가의 보편적인 사법관념을 정리해보면,「공정성을 가진 제3자로서의 법관이 헌법 및 법률의 해석·적용에 관한 다툼이 있을 때, 당사자의 제소를 기다려, 특별한 절차에서 행하는 최종적 구속력을 갖는 법적 판단」으로 정의할 수 있다.[9] 이러한 사법관념의 개념징표는 ① 제3자성(독립성·독자성) ② 수동성(당사자의 소제기) ③ 절차의 엄격성 ④ 최종성·종국성(작용의 특수성) 등을 들 수 있다.

자유민주주의국가의 사법은 근대의 권력분립론이 그러했던 것처럼 철저히 개인

Öffentliche Verwaltung und Rchtspflege, §13)하였을 뿐, 구체적인 제도의 조정인 사법제도조정법(RechtspflegeAnpassungsgesetz; BGBl. I S 1147)은 1992년에야 제정될 수 있었다는 점을 상기할 필요가 있다. 독일의 통일이 아무도 예상하지 못하고 급격히 이루어졌기 때문이기도 하지만, 적어도 통일 전 동서독 사이에 상호연구 특히 서독의 동독연구가 깊이 진행되고 있었음에도 불구하고 급격한 통일이 이루어진 후 사법제도의 통합에 상당한 시일이 걸렸음을 고려한다면, 현재의 남북한 사이의 완전한 단절상태는 통일한국의 사법제도의 설정에 더욱 어려움이 많을 것임을 예상할 수 있다.

6) 김철수, 헌법학개론, 박영사, 1997, 761쪽. 사법에 관한 이 정의는 우리나라의 다른 학자들의 경우에도 대동소이하다(다만 허 영교수는 사법작용과 헌법재판작용을 구별하고 있다).

7) 권영성, 헌법학원론, 법문사, 1997, 721-723쪽 참조.

8) 현대적인 사법관념에 관한 상세한 논의는 졸고, 정치과정에 있어서의 사법권에 관한 연구, 서울대 박사학위논문, 1996, 47쪽 이하 참조.

9) 졸고, 앞(주 8)의 글, 51쪽.

의 기본권 보장이라는 목적을 위하여 존재하는 것이다. 근대의 형식적인 입헌민주적·법치주의적 통치질서가 오늘날 실질적인 입헌민주적·법치주의적 통치질서로 수정되고, 이에 따라 사법관념이 확대·재구성되고 있는 것도 결국은 개인의 기본권보호를 좀더 충실히 하려는 목적에서 권력분립의 현대적 의미를 추구함에 따라 나타나는 것이다. 그리고 개인의 기본권보호를 목적으로 하는 사법제도는 헌법상의 제도로서 뿐만 아니라, 민간사회적 질서 속에서도 비국가기관으로서 존재하고 있다.

(2) 북한의 사법개념과 존재의의

북한에 있어서의 사법은 다른 국가권력기관으로부터 독립하여 공정하게 분쟁을 해결하는 권력작용을 의미하는 것이 아니라 주석, 중앙인민위원회 등의 지도하에 계급적 독재의 실현에 복무하는 법을 해석·적용하고 집행하는 재판기관과 검찰기관 등의 권력적 활동을 포괄적으로 의미한다고 할 수 있다.[10] 이처럼 북한의 사법제도는 주석과 중앙인민위원회의 지도에 따라 활동하게 되어 있고,[11] 이것은 곧 당의 노선과 정책이 헌법 및 법률보다 상위에 위치하는 것을 의미하기 때문에,[12] 법의 영역이 모두 정치의 영역, 즉 당의 정책적 결단의 영역 속으로 용해되어버리는 것이다.[13] 따라서 북한의 사법제도를 자유민주주의국가의 사법관념에 비추어 보면 다음과 같은 차이점을 볼 수 있다. 첫째로, 북한의 사법은 제3자성과 독립성이 확보되어 있지 않으며, 둘째로, 사법작용이 거의 집행작용과 동일하므로, 자유민주주의국가의 사법보다는 능동적이고, 셋째로, 합헌성 내지 합법성보다는 합목적성이 지배하며, 넷째로, 사법의 최종성·종국성이 확보되어 있지 아니하고, 다섯째로, 현대적 사법이 갖는 사법권의 권력성을 갖지 못하고 있으며, 여섯째로, 사법제도의 존재이유가 국민의 기본권보호에 있다기보다 공민에 대한 통제에 있고, 따라서 사법제도가 비국가기

---

10) 법원행정처 편, 북한의 새로운 변호사제도, 1995, 12쪽.

11) 북한 사회과학원 법학연구소가 편찬한 법학사전에서는 '사법'을, 「사회주의 국가의 법은 계급사회의 산물로서 국가권력을 결합해주는 것이고, 지배계급의 의지의 표현으로서 지배계급이 국가권력을 행사하여 피지배계급에 대하여 독재를 행하기 위한 중요한 도구이며, 사회주의 사법은 위와 같이 계급적 독재실현에 복무하는 사회주의 국가의 법을 적용, 집행하여 로동계급의 혁명위업수행에 복무하는 프롤레타리아독재의 강력한 무기」라고 하고 있다. 동 연구소 편, 법학사전, 1971, 276쪽.

12) 북한 헌법 제11조는 「조선민주주의인민공화국은 조선로동당의 령도 밑에 모든 활동을 진행한다」고 하고 있다.

13) 법원행정처, 법조인력양성에 관한 각국의 제도비교, 1995, 188쪽. 그러나 1980년대 이후의 대부분의 사회주의국가는 프롤레타리아독재에서 인민민주주의독재로 이양하는 과정에서 사회주의준법성을 강조하면서 헌법상 당의 지도적 지위를 명문으로 규정하고, 당의 지도와 활동도 헌법과 법률의 범위 내에서 행하여져야 한다는 것을 명백히 하고 있다. 중국헌법 제5조, 소련 헌법(1977년) 제6조 등.

관으로서 존재할 수 없다는 등이다.[14)]

(3) 사법제도의 통일을 위한 관점

앞서 남북한 사이의 사법제도의 개념적 비교를 통해 그 차이점을 간략히 서술하였지만, 이로써 남북한의 사법제도가 모두 언급된 것은 아니다. 사법제도는 비록 제도의 명칭이나 조직상의 차이점은 있을지라도 사법으로서의 기능을 행하고 있는 경우라면 모두 사법제도 속에 포섭할 수 있을 것이기 때문이다. 이미 언급한 바와 같이, 통일한국의 통치질서로서 인류보편적 가치인 입헌민주적·법치주의적 통치질서를 추구한다면, 사법제도의 설정 또한 입헌주의적·법치주의적 관점에서 이루어져야 함은 두말할 필요가 없다. 따라서 남북한의 사법제도 중에서 어느 것이 더 입헌주의적·법치주의적 관점에 가까운 것인가를 판단하여 그에 따라 양 제도를 포섭할 수 있는 방안이 마련되어야 할 것이다. 적어도 현재의 남북한의 사법제도를 놓고 본다면, 남한의 사법제도가 훨씬 더 입헌주의적·법치주의적 관점에 가까운 것이라는 점은 이의가 없을 것이며,[15)] 통일한국의 사법제도 또한 남한의 사법제도를 중심으로 하여 북한의 사법제도를 포섭하는 방향으로 설정될 필요가 있을 것이다.

이하에서는 현행의 남북한의 사법제도를 개괄한 후, 제도적 및 기능적 측면에서의 유사성을 확인하고, 최종적으로 통일한국의 사법제도의 상을 제시하고자 한다.

Ⅱ. 남한의 현행 사법제도 개관

1. 사법제도의 기본구조와 구성원리

남한의 현행 사법제도는 크게 보아, 국가기관으로서 헌법재판소, 법원, 검찰로 구성되어 있고, 비국가기관으로서 민간사회의 변호사제도 및 이와 유사한 법조직역들로 구성되어 있다. 자유민주주의를 국가이념으로 하고 있기 때문에 사법제도 또한 개인주의와 자유주의를 바탕으로 하여 헌법 및 법률로 상세히 규정하고 있다. 국가권력으로서의 사법권 및 사법제도는 개인의 자유보장을 위해 존재하는 것이므로 국가기관으로서의 사법권은 철저히 독립할 것을 요청하고 있다. 이러한 의미에서 K. Löwenstein은 사법권의 독립이 입헌주의적·민주주의적 법치국가의 요석(Schlußstein)이라 하고 있으며,[16)] C. Schmitt도 사법권의 독립은 시민적 법치국가의 가장 중요한

14) 법원행정처 편, 북한 사법제도 개관, 1996, 41쪽 이하 참조.

15) 물론 이 말이 남한의 사법제도가 입헌주의적·법치주의적 관점에서 완벽하게 구성되어 있다는 것을 의미하는 것은 아니다.

16) K. Löwenstein, *Verfassungslehre*, J. C. B. Mohr, Tübingen, 1959, S. 232.

조직적 징표의 하나라고 하였다.[17] 이와 같은 사법권의 독립을 위하여 i) 사법부 자체의 독립-사법조직과 법관의 자격의 법정 ii) 법관의 인적 독립-법관의 신분보장 iii) 법관의 물적 독립-재판상의 독립 등이 불가결의 요소로 인식되고 있다.[18] 이러한 요소들은 입헌민주적·법치주의적 통치질서를 위한 사법제도설정의 기본적 전제임을 부인하기 어려울 것이다.

2. 국가기관으로서의 사법제도

(1) 헌법재판소

헌법재판소는 국가의 최고기관 중의 하나로서, 입헌민주적·법치주의적 통치질서에서 최고의 법규범인 헌법을 보장하는 기능을 담당하고 있다.[19] 오늘날 헌법재판제도는 현대 입헌주의헌법의 요체로 인식되고 있으며, 헌법재판제도를 마련하지 않고는 자유민주적 통치구조의 기본요소를 갖추었다고 평가받기 어렵게 되었다.[20] 이 헌법재판제도를 통해 사법권이 전통적인 행정권 및 입법권과 함께 실질적인 제3의 국가권력으로 인식되고 있는 것이다.[21]

우리나라의 헌법재판소는 뒤에서 언급하는 대법원과는 동렬의 기관으로서 두 기관이 모두 헌법해석권을 가지고 있지만, 그 직무의 범위에서 차이가 있다. 즉 대법원은 명령·규칙의 위헌 여부에 대한 헌법해석권을 가지고 있고, 헌법재판소는 법률의 위헌여부에 대한 심사권을 가지도록 함으로써, 양 기관간의 권한상의 차이를 두고 있다. 비록 헌법은 추상적 규범통제에 관한 권한을 명시하지 않고, 구체적 규범통제만을 규정하고 있으나, 법률에 대한 실질적인 위헌심사권이 확보된 것만으로도 입법부에 의한 국민의 기본권침해를 방지할 수 있다는 점에서 입헌민주적·법치주의적 통치질서의 기초를 마련하고 있다고 평가해도 좋을 것이다. 또한 헌법재판소는 위헌법률심사권 뿐만 아니라 탄핵심판권, 정당해산심판권, 기관간 권한쟁의 심판권, 헌법소원심판권 등의 권한을 가지도록 하여(헌법 제111조 1항), 입헌민주적·법치주의적 통치질서의 최고법규범인 헌법을 보장함으로써, 국민의 기본권을 보장하도록

---

17) C. Schmitt, *Verfassungslehre*, Dunker & Humblot, Berlin, 1928, S. 131.

18) 김철수, 헌법학개론, 박영사, 1997, 1038쪽 이하 참조. 현재 남한의 사법제도에 관한 제도개혁의 노력이 지속적으로 전개되고 있는데, 이 또한 권력에 의한 사법권의 남용방지와 사법의 대국민서어비스의 개선을 목표로 하고 있는 점을 상기할 필요가 있다. 조병륜, 개혁시대와 국민을 위한 사법, 한국법학교수회 편, 법학교육과 법조개혁 수록, 길안사, 1994, 71쪽 참조.

19) 김철수, 앞의 책, 1161쪽.

20) 허 영, 한국헌법론, 박영사, 1997, 786쪽.

21) K. Löwenstein, *Political Power and the Govermental Process*, Univ. of Chicago Press, Chicago, 1965, p. 239.

하고 있다. 특히 공권력의 행사 또는 불행사에 의한 개인의 기본권침해를 구제하는 헌법소원제도를 채택함으로써, 헌법재판을 한층 더 실질적인 것으로 만들고 있다.[22)]

헌법재판소 재판관은 법관의 자격을 가진 9인의 재판관으로 구성하며, 대통령이 임명한다(헌법 제111조 2항). 단 재판관 중 3인은 국회에서 선출하는 자를, 3인은 대법원장이 지명하는 자를 임명하도록 함으로써(헌법 제111조 3항), 그 구성에서 민주적 정당성을 확보하도록 하고 있다.[23)] 또 헌법재판소의 재판관은 정당에 가입하거나 정치에 관여할 수 없도록 하고(헌법 제112조 2항), 탄핵 또는 금고 이상의 형의 선고에 의하지 아니하고는 파면되지 아니하도록 하여(동 3항), 재판관이 정당이나 정치권력으로부터 독립할 수 있도록 하고 있다.

헌법재판소의 조직과 운영기타 필요한 사항은 헌법재판소법에서 구체화되어 있다.

(2) 법 원

현행 헌법상 법원은 헌법재판소와 함께 사법권의 중요 부분을 차지하고 있다. 헌법재판소는 제한적인 재판권을 갖지만, 대법원 이하 법원은 포괄적인 재판권을 가지고 있는 것이다(헌법 제101조 1항 참조). 이 점에서 사법제도의 중심적인 지위를 갖는다고 할 수 있다. 법원은 최고법원인 대법원과 각급법원으로 조직된다(동 제101조 2항). 그리고 대법원장과 대법관은 국회의 동의를 얻어 대통령이 임명하게 함으로써(동 제104조 1·2항), 그 구성상의 민주적 정당성을 담보하고 있다. 헌법은 또 법관은 헌법과 법률에 의하여 그 양심에 따라 독립하여 심판한다(동 제104조)고 규정하여, 사법권의 독립을 선언하고 있다.

각급법원은 법원조직법에서 상세히 규율하고 있다. 특히 법원조직법은 1994년의 개정을 통해 그동안 문제점으로 지적되어 왔던 점들을 고려하여 대폭적인 개정을 하여, 법원조직의 민주화와 국민을 위한 사법을 위한 제도개선이 이루어지고 있다.[24)]

대법원 이하의 하급법원으로는, 고등법원(법원조직법 제26조), 특허법원(동 제3편

---

22) 이 점은 그동안의 남한사회의 민주화와 국가권력의 정당성의 확보와 무관하지 않다. 사실 현행 헌법 이전의 헌법재판제도는, 일부 예외가 있기는 하지만, 유명무실한 휴면기관이었을 뿐 전혀 실질적인 작용을 하지 못한 채, 독재권력의 장식적 기관으로 존재했었음을 부인하기 어렵다. 남한의 헌정사에서의 헌법재판제도의 역사에 대해서는, 김철수, 위헌법률심사제도론, 학연사, 1983, 77쪽 이하가 상세하다.

23) 이에 대하여 헌법재판소 재판관의 임명과정에서 인사청문회 등에 의한 검증과정이 필요하다는 주장이 나오고 있다. 이승우, 헌법재판소구성방법과 제2기 재판관임명의 문제점, 법과 사회 제10호, 1994, 264쪽 참조.

24) 물론 아직 많은 부분에서 개선의 여지가 있다. 1994년의 사법제도 개혁의 경과와 내용에 관해서는 졸고, 앞의 논문, 265쪽 이하 참조.

제2장; 1998년 3월 1일부터 시행), 지방법원 및 지방법원지원과 시·군법원(동 제43조 이하), 가정법원(동 제37조), 행정법원(동 제3편 제5장) 등을 정하고 있고, 특별법원으로서 군사법원(군사법원법)을 두고 있다.

이들 법원의 법관들은 법률에 의하여 그 자격을 부여하도록 하여(헌법 제101조 3항) i) 사법시험에 합격하여 사법연수원 소정과정을 마친 자와 ii) 변호사의 자격이 있는 자로 하고 있다(법원조직법 제42조 3항). 이것은 행정권에 의한 사법권의 침해를 방지하기 위한 규정이다.

대법원을 정점으로 하는 법원은 민사, 형사, 행정, 특허소송 등 포괄적인 사법권을 행사하도록 되어 있다. 이러한 소송들은 국민의 기본권에 직접 관련된 것이며, 국가 및 사인에 의한 기본권 침해를 방지함으로써, 개인의 자유를 최대한 보장하고 있다.

(3) 검 찰

검찰제도는 국가형벌권발동을 위한 조직이다. 국가 및 사회에서의 범죄의 발생에 대응하여 경찰과 함께 국가의 형벌권을 발동하는 중추기관이 검찰제도인 것이다. 그러나 현행헌법에서는 검찰제도를 헌법적 규율의 대상으로 하지 아니하고 있다. 검찰제도를 사법기구에 포함시켜 범죄수사 및 형사소추권을 행사하도록 하는 국가도 있으나,[25] 우리나라는 행정부 내의 법무부의 장관소속하에 검찰조직을 두도록 하고 있다(정부조직법 제33조 3항). 검찰청의 조직·직무범위 기타 필요한 사항에 대한 규율을 위하여 검찰청법을 두고 있다. 검찰청은 대법원 및 각급법원에 대응하여 설치할 수 있도록 하고 있다(동법 제3조). 또 검찰은 공익의 대표자로서, 범죄수사 및 공소제기와 그 유지, 범죄수사에 관한 사법경찰관리의 지휘·감독, 법원에 대한 법령의 정당한 적용의 청구, 재판집행의 지휘·감독, 국가를 당사자 또는 참가인으로 하는 소송과 또는 그 수행에 관한 지휘·감독, 기타 다른 법령에 의하여 그 권한에 속하는 사항 등을 그 직무로 하고 있다(동법 제4조).

검찰에 대한 인사(임명 및 보직)는 법무부장관의 제청으로 대통령이 행하도록 하고 있다(검찰청법 제34조). 검사의 지위가 법관과 다른 점 중의 하나는, 법원조직상 법관은 각각 독립한 하나의 국가기관이지만, 검찰은 검사동일체의 원칙에 따라 상사의 명령에 복종하여야 하는 것으로 되어 있는 점이다(동법 제7조 1항). 이 검사동일체의 원칙으로 인해, 검찰총장을 정점으로 하는 검찰조직의 권한이 잘못 남용될 때에는 심각한 국민의 기본권침해를 초래할 우려가 있다. 사실 그동안 우리나라의 검찰

25) 이탈리아 헌법 제107조「검찰관은 사법기구에 관한 법률이 그들에게 규정하는 보장을 받는다」고 하여, 검찰조직을 사법기구로 규정하고 있다.

은 이러한 직무의 수행과정에서 국민전체에 대한 봉사자로서보다는 집권자에 대한 봉사자로서 더 많이 기능한 점이 지적되어 왔고, 이에 따라 정치적 중립성과 권한남용의 금지가 명문으로 규정되기에 이르렀다(검찰청법 제4조 2항). 또한 검찰총장의 임기를 2년으로 하되 중임할 수 없게 하고, 퇴직일로부터 2년 이내에는 공직에 임명될 수 없게 하고 있다(동법 제12조 참조).[26] 이러한 규정들은 결국 검찰의 정치적 중립성을 보장함으로써, 최종적으로는 국민의 기본권을 보호하고자 하는 데에 목적이 있다.

검사의 자격은 법관의 자격과 동일하다(검찰청법 제29조).

3. 비국가기관으로서의 사법제도

(1) 변호사 및 공증인제도

현행헌법상으로는 변호사제도에 관하여 직접적인 규정은 없다. 다만 형사절차에 관한 규정(헌법 제12조)에서 변호인이라는 명칭으로 통칭하여 변호사의 존재를 인정하고 있다. 그리고 변호사의 자격을 사법시험에 합격하여 사법연수원의 소정과정을 마친 자나 판사 또는 검사의 자격이 있는 자로 하여(변호사법 제4조), 국가가 정한 일정한 기준에 따라 변호사의 자격을 인정하도록 하고 있다. 이것은 일정한 기준에 해당하기만 하면 그 자격을 인정한다는 것일 뿐, 변호사를 국가기관으로 편입하거나, 국가가 변호사의 직무에 관하여 간섭하지 않는다는 것을 의미한다. 다만 변호사라는 직업이 인권 보호와 사회정의실현을 사명으로 하고, 공공성을 지닌 법률전문직이라는 점을 감안하여 그 조직을 강제적으로 설립하게 하고 있다(동법 제61조). 그러나 강제적으로 설립되었다고 하여 그 조직에 국가가 개입하거나, 변호사회의 직무에 간섭할 수 있는 것은 아니다. 다만 일정한도에서 법무부장관이 감독을 받도록 하고 있다(동법 제69조). 그리고 변호사의 자격이 있는 자는 입회를 원하는 지방변호사회를 거쳐 대한변호사회에 등록을 하면 누구든지 변호사로서 활동할 수 있도록 되어 있다.

현행 변호사제도는 대국민법률서어비스라는 측면에서 개선의 여지가 많은 것으로 지적되고 있다. 특히 변호사의 윤리성확보와, 대국민법률서어스의 개선을 위한 변호사 수의 증가가 강조되고 있다.[27] 현재 약 3700여명의 변호사가 활동 중이다(1997년 3월 현재).

공증인제도는 사인간의 법률행위에 있어서 공정증서의 작성이나 인증 등을 위한 제도이다. 이것은 사인간의 법률행위에 대하여 국가가 개입하지 아니하고 그 공

26) 이 규정에 관하여는 현재의 검찰총장의 명의로 헌법재판소에 위헌 여부의 헌법소원이 제기되어 있다.

27) 조병륜, 앞의 글, 72쪽 이하 참조.

정성을 확보함으로써, 사인간의 법률행위를 보장하고 법적 분쟁을 미연에 방지하기 위한 것이다. 공증인은 지방검찰청의 소속으로 하고 법무부장관이 임명하되 임기는 5년이며, 3년이내에서 재임명될 수 있다(동법 제10·11·15조). 그러나 국가기관이라고 할 수는 없다. 공증인의 자격은 대한민국국민으로서 판사, 검사, 또는 변호사의 자격을 가진 자이다(동법 제12조). 현재 공증인법에 따르면 공증인의 업무는 공정증서의 작성, 사법증서의 인증, 정관 및 의사록의 인증, 확정일자인의 압날, 거절증서의 작성, 집행문 부여, 신탁재산의 표시, 파산재산의 봉인 등으로 하고 있다(동법 제2조 등 참조).

(2) 법조유사직역

우리나라의 사법제도는 그 하부조직 내지 유사조직으로 법조유사직역이 있는 점이 특이하다. 현재 유사법조직역으로는 법무사, 회계사, 변리사, 세무사, 노무사, 관세사, 행정서사, 손해사정인 등의 직역이 존재하고 있다.[28] 이들 직역들은 각 분야의 전문성을 고려하여 두어진 제도이나, 소송수행권은 갖지 않으며, 따라서 대국민 법률서비스에 미흡함이 있다. 이들 직역들은 어떤 의미에서는 모두 법조관련직이므로 변호사의 자격을 가진 자들에 의해 이루어지는 것이 바람직하다고 할 것이다. 1994년 및 1995년의 사법제도개혁과 관련하여, 법조인의 숫자증대에 반대하는 가장 큰 이유 중의 하나가 이들 유사법조직역의 존재라는 점을 상기한다면,[29] 사법개혁과 관련하여 이들에 대한 처우방안도 고려되어야 한다.

Ⅲ. 북한의 사법제도 개관

1. 사법제도의 기본구조

앞서 본 바와 같이 북한의 사법제도는 민주주의 중앙집권제 하에서 주석과 중앙인민위원회의 지도에 따라 준사법기관인 검찰소, 사회안전부, 국가안전보위부와 같은 공안기관 등 다른 국가기관과 협력하여 사법사업을 수행하고 있으므로, 철저히 비독립적이다. 또 북한 헌법상 재판소의 독자성은 형식적으로 인정되지만, 이는 판사의 개개인의 독립성을 의미하는 것이 아니라 재판소 자체의 실무적인 독자성을 의

---

28) 1995년 현재, 법무사 2,940명, 변리사 450명, 세무사 3,142명, 노무사 196명, 관세사 433명, 행정서사 약 5,000명, 손해사정인 1,429명 등으로 집계되고 있다.

29) 서울대학교 법학연구소 편, 법학 제29권 1호, 80쪽(변호사수의 적정수에 대한 토론요지); 한국법학교수회 편, 법학교육 및 사법개혁자료집, 1995에 수록된 대한변호사협회의 견해 등 참조.

미하는 데에 불과하다.[30] 그리고 북한의 사법제도는 개인의 기본권보호라는 관점보다는 공민에 대한 통제라는 관점에서 설치되어 있다. 따라서 북한의 사법제도를 개관하기 위해서는 재판기관으로서의 재판소 이외의 다양한 통제기구들을 함께 고려하지 않으면 안된다. 아울러 기능적 의미에서 입헌민주적 · 법치주의적 통치질서에서의 사법제도와 유사성을 갖는 제도들도 함께 고려하여야 할 것이다. 따라서 입헌주의국가에서의 헌법재판기능과 유사한 성격의 최고인민회의상설회의의 헌법감독권과 헌법상의 재판기구로서의 재판소와 검찰소, 국가중재제도, 변호사제도, 공증제도, 기타 유사사법제도 등을 사법제도로 포섭하여 볼 필요가 있다. 이들 제도들을 이해하기 위하여는 제도의 측면에서 북한헌법상 사법제도의 변천과정을 간략히 살펴볼 필요가 있다.[31]

해방 이후 일제시대의 재판소 및 검 · 경찰조직을 전면적으로 타도 · 폐지한 후, 새로운 사법기관 내지 준사법기관의 창설을 시도하였는데, 그 과도적 단계로서 '자위대', '적위대', '보안대' 등의 이름으로 인민조직을 편성하여 사법적 임무를 수행하게 하였다. 이때 조직된 기관이 '인민재판'기관으로서의 '민중재판'기관이었다. 이어서 소군정이 실시되자, 군정하에 '사법국'이 설치되어 그 포고에 따라 인민재판소(1심), 도재판소(2심 및 중요사건 1심), 북조선재판소(도재판소에서의 1심에 대한 2심) 등을 설치하였다. 또 이들 재판소에 대응하여 시 · 군 인민검찰소, 도검찰소, 북조선검찰소 등이 갖추어졌다. 판사는 도인민위원회의 추천에 따라 사법국장이 임명하였고, 북조선검찰소장의 추천에 의하여 검사가 임명되었다.[32] 재판소에는 인민참심원제도가 도입되어, 제1심재판은 전면적으로 적용되었다. 그리고 판사 및 인민참심원에 대한 선거제가 도입되었다. 또한 통제경제정책의 수단으로 국가중재제도가 도입되었다.

1948년 헌법성립 후에는 초기에는 사법성을 설치하여 재판소와 검찰소에 대한 지휘 · 감독을 하였으나, 1950년 재판소구성법이 채택되어 사법성 산하에 최고재판소, 도재판소, 시 · 군 인민재판소, 특별재판소(군사, 통운재판소)가 설치되고, 검찰조직도 이에 대응하여 구성되었다. 변호사조직도 개편되었으나, 각종 시험 및 고사를 폐지하고 오로지 '혁명적 적법성의 원칙과 민주주의적 의식'에 바탕을 두고 프롤레타리아계급의 이익을 위해 국가가 부여한 변호사업무만을 수행하게 되었다. 한국전쟁 중에는 시 · 군인민재판소의 전단계에서 '군중심판'제도가 생겨났다. 1956년에는 사법성을 폐지하고 최고재판소로 그 권한과 업무를 이양하였다. 이는 재판소 및 검

30) 법원행정처 편, 북한사법제도개관, 1996, 41쪽.
31) 상세한 내용은 법원행정처 편, 북한사법제도개관, 1996, 71쪽 이하 참조.
32) 판 · 검사의 출신성분은 초기에는 사무원이 압도적이었으나(77.6 %), 1946년 12월 경에는 노동자 · 농민 출신이 64%에 이르렀다고 한다.

찰소에 대한 당의 직접제도체제를 확립한 것이었다.

1972년 헌법의 개정후에는 최고 사법조직의 명칭을 최고재판소, 최고검찰소에서 중앙재판소, 중앙검찰소로, 도재판소는 도재판소 또는 직할시재판소로, 시·군재판소는 시·군·구역·지구재판소로 변경하였고 검찰소도 이에 대응하여 명칭을 변경하였다.

1992년 헌법개정에서는 민주주의중앙집권제원칙을 사법제도에도 적용하여, '중앙재판소는 중앙인민위원회의 지도를 받는다'는 조항을 신설하여, 검찰소 및 재판소가 중앙인민위원회의 지도를 받는 것을 명백히 선언하였다. 특기할 만한 것으로는 1993년 변호사법을 개정하여 대외개방에 대비하는 조항을 두고 있는 점이다(후술).

현행 북한의 사법제도의 대체적인 제도의 구조를 보면, 사법기구가 아닌 정치적 기구로서 최종적인 법령해석권을 가지는 최고인민회의상설회의를 정점으로 하여, 중앙재판소, 도(직할시)재판소, 인민재판소 및 특별재판소(군사·철도)로 구성되어 있으며, 원칙적으로 3급2심제로 운영되고 있다. 이와 함께 각 재판소에 대응하는 검찰소가 있고, 통제경제체제하에서의 경제에 대한 국가의 중앙집권적 지도와 통제를 실현하기 위한 법적 형식으로서의 국가중재제도, 변호사제도, 기타 유사사법제도 등을 사법제도로 포섭할 수 있다.

2. 최고인민회의상설회의의 헌법감독권

일반적으로 사회주의의 법체계하에서는 위헌법령에 대한 사법적 심사가 거부되고 있다. 주권기관이 채택한 법령을 다른 국가기관이 심사를 한다는 것은 권력통합의 원칙에 위배되기 때문이다.그러나 사회주의 국가의 헌법이 합헌서의 통제문제를 완전히 불문에 부치고 있는 것은 아니며, 사회주의체계의 근본원리와 양립할 수 있는 방법으로 이 문제에 대처하고 있었다.[33] 여기서 헌법감독이라는 개념이 등장하는데, 이는 사법적이라기보다는 정치적인 성격을 띠고 있었다. 북한의 경우에도 이에 따라 헌법감독을 할 수 있는 근거규정을 두고 있다. 즉 북한 헌법 제101조 3호에서 최고인민회의상설회의가 '법령해석권'을 가지고 있음을 규정하고 있는 것이다. 그러나 권력통합적인 최고주권기관인 최고인민회의가 헌법의 수정권을 가지고 있고, 그 최고인민회의의 의장, 부의장이 최고인민회의상설회의의 의장, 부의장을 겸임하도록 하고 있으므로(북한헌법 제100조), 실질적으로 사법적 의미에서의 규범통제가 아닌, 정치적 의미에서의 규범집행에 대한 감독으로서의 의미를 가질 뿐이다. 그리고 최고

33) Mauro Cappelletti 저, 구병삭 외 2인 공역, 현대헌법재판론, 법문사, 1989, 26쪽. 1980년대 후반 이후 사회주의정권의 몰락 이후에는 사회주의제국들은 프롤레타리아독재 내지 인민민주주의독재를 포기하고 사법적 의미의 헌법재판제도를 도입하는 경우가 많았다.

인민회의상설회의는 현행법령해석과 함께 입법권도 행사할 수 있도록 하고 있고(북한헌법 제101조 1호), 노동당이 초헌법적 지위를 가지고 있어서(북한헌법 제11조), 헌법의 최고법규성이 인정되지 않으므로, 입헌주의적 의미에서의 헌법재판이라고 할 수는 없을 것이다. 그리고 최고인민회의상설회의의 헌법해석권은 재판에 대해서도 미친다.

3. 재판소

북한헌법은 제10장에서 재판소와 검찰소를 함께 규정하고 있다. 이것은 재판소와 검찰소의 업무가 상호 견제와 균형관계에 있는 것이 아니라, 사회주의적 국가달성이라는 동일한 방향성을 가지고 있음을 의미한다.[34] 그리고 최고인민회의상설회의의 헌법해석권에 의하여 재판이 통제되고, 중앙인민위원회의 지도에 따라 사법업무가 집행되므로, 사법권의 독립은 기대할 수 없다. 북한헌밥상 재판소가 노동당에 전적으로 종속되는 것은 다음의 두가지에 의하여 이루어진다. 즉, 그 하나는, 중앙재판소는 최고인민회의에서, 하급재판소는 하급인민회의의 선거에 의하여 구성됨으로써, 구성과정에서 「당성」을 고려할 수 있고, 두번째로, 이 과정에서 노동당원만을 판사로 구성함으로써, 재판소가 노동당에 종속할 수 있게 하는 것이다.[35]

현재 북한의 재판소체계는 중앙재판소, 도(직할시)재판소, 인민재판소 및 특별재판소(군사, 철도)로 구성되어 있다. 현재 중앙재판소는 평양에, 도(직할시)재판소는 평양을 포함한 12개소에, 인민재판소는 시의 경우는 각 시마다, 군 · 구역의 경우에는 1-4개 군 · 구역마다 1개씩 소재하고 있는 것으로 파악되고 있다(북한 재판소구성법 제11조). 또 군사재판소는 인민군대에, 철도재판소는 철도운수부분에 설치되어 있다.

중앙재판소는 북한의 최고재판기관이라고 하여(북한헌법 제160조 제1문) 최고의 사법기관인 것으로 오해할 수 있으나, 앞서 본 바와 같이, 중앙인민위원회의 지도를 받게 되어 있으므로(동 제160조 제3문) 결코 최고사법기관이라 할 수는 없다.

중앙재판소의 소장은 최고인민회의에서 임명 또는 해임하며(북헌헌법 제91조 12호), 임기는 최고인민회의의 임기와 같다(5년; 동 제153조). 중앙재판소의 판사는 최고인민회의상설회의에서 선거한다(동 제101조 9호). 또 도(직할시)재판소, 인민재판소의 판사도 해당인민위원회에서 선출 · 소환한다(재판소구성법 제12조). 그 임기는 해당인민위원회의 임기와 같다(4년). 현재 북한의 판사 총수는 약 300명 정도로 파악되고 있다.[36]

---

34) 법원행정처 편, 북한사법제도개관, 125쪽.
35) 강구진, 북한법의 연구, 박영사, 1975, 123-124쪽.
36) 법원행정처 편, 북한사법제도개관, 142쪽 참조.

북한에서는 판사가 되기 위한 특별한 자격이나 시험제도는 존재하지 않고, 17세 이상의 공민이면 누구나 판사가 될 수 있다. 그러나 현재에는 주로 김일성종합대학 법학부 등에서 5년간 정규법학교육을 받고 재판소에서 보조적 업무를 5년이상 수행한 자들 중에서 판사가 선출되는 것이 일반적이다. 그리고 노동당, 중앙인민위원회, 중앙재판소 등은 아무런 제한없이 판사를 소환·해임할 수 있으므로(북한헌법 제91조, 101조 등), 신분보장은 형식적일 뿐이다.

북한의 재판소구성 중에서 특이한 것으로 인민참심원제도가 있다. 이 인민참심원은 중앙재판소를 포함한 모든 재판소에 배치되어 있는데, 그 선거방식은, 중앙재판소의 인민참심원은 최고인민회의상설회의에서, 기타 인민참심원은 각 해당인민회의에서 선출된다. 인민참심원으로 선출되는 자격은 제한이 없으나, 각 기관·단체별 추천에 따라 선출되므로, 일종의 지역대표적·직능대표적 성격을 띠고 있다.

북한의 재판소는 민사소송, 형사소송을 담당하며 이 외에 군중정치사업으로 법규범과 규정해설사업, 자료폭로사업, 자료를 수집정리하여 해당조직에 제의 및 통보하는 사업, 공개상담사업 등이 있다.

4. 검찰소

북한의 검찰소는 헌법기관으로 되어있다. 북한의 검찰은 범죄수사와 공소제기를 담당하는 점(북한헌법 제165조 3호)은 남한의 검찰과 큰 차이가 없으나, 사회주의 준법성의 관철을 위한 재판감시 기능을 포함한 광범위한 감시기능을 가진 점에서 크게 다르다. 북한검찰소의 감시기능은 크게 둘로 나뉘어진다.[37] 그 하나는 일반감시이고, 다른 하나는 사법감시이다. 일반감시의 기능은 기관, 기업소, 단체 및 공민들이 국가의 법을 정확히 지키는가를 감시하는 것이며(북한헌법 제165조 1호), 사법감시는 국가기관의 결정, 지시가 헌법, 최고인민회의 법령, 결정, 최고인민회의상설회의 결정, 지시, 주석 명령, 국방위원회 결정, 명령, 중앙인민위원회 정령, 결정, 지시, 정무원 결정, 지시에 어긋나지 않는가를 감시하는 것이다(북한헌법 제165조 2호).

북한의 검찰소는 재판소의 조직체계에 대응하여, 중앙검찰소, 도(직할시)검찰소, 시·군·구역 검찰소 및 특별검찰소(군사, 철도)가 있다.

중앙검찰소의 소장은 최고인민회의에서 임명·해임되고 그밖의 모든 검사는 중앙검찰소 소장이 직접 임명한다. 검사의 자격은 판사와 마찬가지로 특별한 제약이 없다. 현재에는 판사와 마찬가지로 일정한 법학교육을 받은 자가 임명되는 경우가 보통이다. 그리고 중앙검찰소장을 포함한 검사의 임명에는 노동당의 비준이 있어야

37) 강구진, 앞의 책, 136쪽 참조.

한다.

5. 국가중재제도

북한에서는 경제분야에서의 분쟁해결수단으로 독특한 국가중재제도를 두고 있다. 이 제도는 구소련의 정권수립 당시, 사회주의적 소유조직간의 경제적 분쟁을 자본주의적 민사재판제도에 의하여 해결하는 것을 거부하여 서둘러 창설한 제도이다.[38] 북한도 이 제도를 도입하여 '경제에 대한 국가의 중앙집권적 지도와 통제를 실현하기 위한 법적 형식으로서의 중재제도'를[39] 두고 있는 것이다. 이 국가중재제도는 인민계획경제에 기초한 계약상의 분쟁을 사법적 구조로 해결하려는 것을 본질로 하고 있다는 점에서 자유민주주의국가의 민사소송절차와 유사하지만, 그 밖에 벌금을 부과한다든지 '개별적 일군'들을 사회주의법무생활위원회나 검찰기관에 넘긴다든지 혹은 검열·감독업무, 제기 업무 등을 수행한다는 측면에서는 형사재판적 특성과 행정적이 특성까지 겸유하고 있는 그들 나름의 독특한 분쟁해결 및 인민계획경제수행 시스템이라고 할 수 있다.[40] 이 제도는 그 기능상 우리나라의 민사소송절차와 상당히 중첩되는 것으로 이해되고 있다.

6. 변호사제도

사회주의국가에서 변호사라는 명칭은 무언가 어색한 느낌을 갖게 하지만, 사회주의국가에도 변호사는 존재하고 있다. 한때 일부 사회주의국가에서 변호사제도를 폐지한 적도 있지만,[41] 사회주의국가에서도 법은 필요하므로, 그 기능상 자본주의국가의 그것과는 다를지라도 변호사제도는 반드시 필요하였다.[42] 북한의 경우에도 변호사제도를 한번도 폐지한 적은 없이 계속 존재해 왔다.[43] 그러나 북한의 변호사는 프롤레타리아계급이익의 대변자로서 개인주의적 이익을 대변하는 자본주의국가의

---

38) 법원행정처 편, 북한의 중재제도, 1995, 5쪽.

39) 리 황, 중재법학, 김일성종합대학출판사, 1991, 32쪽(법원행정처 편, 북한의 중재제도, 6쪽 재인용).

40) 법원행정처 편, 북한의 중재제도, 6-7쪽.

41) 김정건·이재곤 편역, 소련법률제도, 연세대출판부, 1988, 38쪽 참조. 1922년 소련의 신경제정책이 추진되면서 변호사제도가 부활되었다. 중국도 한때 변호사제도를 폐지한 때가 있었다.

42) 일례로, 구 소련에는 소련변호사회가 있었는데, 이에 소속된 변호사들은 고객의 이익과 국가이익이 충돌하는 것으로 여겨질 경우 어느 쪽을 우선시킬 것인가에 대한 토론이 많았다고 한다. 김정건·이재곤, 위의 책, 40쪽 참조.

43) 해방직후에도 「변호사의 자격감독 및 등록에 관한 건」이라는 사법국 포고(1945. 11. 28. 제6호)를 통해 변호사제도를 유지하였다. 이 때에는 일제 식민지시대의 조선인 변호사들의 활동에 대하여 긍정적으로 평가하였기 때문이라는 견해도 있다. 법원행정처 편, 북한 사법제도개관, 543쪽 참조.

변호사와는 전혀 다르다.

북한은 대외개방정책과 관련하여 1993년 12월, 그동안의 변호사제도를 대폭 수정하여 새로운 변호사법을 채택하였다. 그러나 새로운 변호사제도에서의 변호사도 기본적으로 프롤레타리아 계급이익의 대변자이자, 사회주의준법성과 사회주의법무생활의 보장자로서의 기본적인 특징을 지니고 있고, 변호사회를 강제적으로 조직하여 반드시 집단의 지도와 통제 하에서만 활동할 수 있도록 되어 있다.[44] 따라서 변호사 개개인이 의뢰인으로부터 사건을 직접 수임하거나 보수를 받는다는 것은 불가능하다. 이것은 변호사가 국가의 법률사무를 대리하여 취급한다는 인식에서 출발하여 변호사를 공무원 또는 공무원에 준하는 신분으로 보고 있다는 것을 의미한다.

또한 북한에서는 비변호사도 법정에서 변호활동을 할 수 있도록 하고 있기 때문에[45] 변호사의 독립적 지위가 인정되지 않는다.

북한의 변호사의 자격에 대해서는 새로운 변호사법 제20조에서 '법률전문가의 자격이 있는 자', '법부문에서 5년 이상 일하던 자', '해당분야의 전문가자격을 가진 자로서 단기 법률교육을 받고 변호사시험에 합격한 자' 등으로 규정하고 있지만, 구체적으로 어떤 자격을 가진 자가 변호사가 될 수 있는지 알 수 없다.

새로운 변호사법에서 한가지 특기할 사항으로 외국인변호사를 둔 점이다. 대외개방정책의 영향으로 외국과의 경제교류가 많아지기 때문에 이에 대비하기 위한 것으로 생각된다. 변호사법 제23조에서 「다른 나라 변호사에 호상성의 원칙에서 공화국 변호사 자격을 줄 수 있다. 공화국 변호사 자격을 가진 다른 나라 변호사는 다른 나라 법인과 개인, 다른 나라 법과 관련된 문제만을 취급할 수 있다」고 규정하여 외국변호사에 대하여 상호주의원칙에 입각하여 변호사 자격을 줄 수 있음을 정하고 있다. 그러나 이의 구체적인 실태는 전혀 알려져 있지 아니하고, 외국변호사가 북한의 변호사 자격을 취득하였다는 사례는 아직 없는 것으로 보인다.

7. 유사 사법제도

북한에서는 위에서 언급한 것과 같은 주된 사법제도 이외에도 유사한 사법제도가 여럿이 존재하고 있다. 즉, 1972년 헌법개정 이후에 실시한 동지심판회제도,[46] 신

44) 법원행정처 편, 북한의 새로운 변호사제도, 1995, 39쪽.

45) 1994년 5월의 북한 민사소송법 제35조에서는 「소송대리인으로는 변호사 또는 소송당사자의 위임을 받은 자, 법정대리인이 될 수 있다」고 하고, 1992년의 북한형사소송법 제170조도 「변호사와 피심자, 피소자의 근친자, 소속단체의 대표자는 변호인이 될 수 있다. 그밖의 사람은 검사 또는 재판소의 승인을 받아 변호인으로 될 수 있다」고 규정하고 있다.

46) 정식형사절차나 사회주의법무생활지도위원회에 회부하여 엄한 처벌을 받게할 필요가 없는 경미한 사안, 또는 노동당의 방침이나 각 기관·기업소·단체의 협의에 따라 구제해주기로 한 사

소·청원제도,[47] 사회주의법무생활위원회,[48] 사법안전위원회,[49] 법무해설원[50] 등의 유사사법제도가 존재하고 있다. 이들 유사사법제도는 정규기구들보다 주민들의 생활에 더 밀접하게 연관되어 있는 것처럼 보이지만, 그 구체적인 실태에 대해서는 정확히 알려지지 않고 있어서 각 제도의 가치를 발견하기 어렵다.

Ⅳ. 남북한 사법제도의 비교

1. 이념적 측면

앞서 본 바와 같이 현재 남한과 북한의 사법제도는 그 외연으로서의 국가체제의 근본적인 차이로 말미암아 상당한 차이점을 보여주고 있다. 즉 남한은 자본주의적 시장경제질서를 기초로 한 자유민주주의적 헌법을 채택하여 통치조직의 기본원리로서 3권분립원칙을 고수하고 있고, 따라서 사법제도 또한 국가권력의 하나로서의 사법권을 제도화한 것으로 인식되고 있다. 아울러 이러한 사법권은 타 국가권력으로부터의 독립을 통하여 국민의 기본권보장을 최우선의 과제로 하고 있다.[51] 그러나 북한은 사회주의와 프롤레타리아 독재를 기초로 하여 통치조직의 기본원리로서 권력통합의 원칙을 채택하고 권력분립원칙을 완전히 부정하여 민주주의 중앙집권제를

안을 심판대상자가 속해있는 단체의 구성원 앞에서 일단 폭로하고 이른바 사상투쟁을 전개하도록 하되 그 대신 경미한 제재로서 갈음하는 제도이다. 법원행정처 편, 북한사법제도 개관, 630쪽 참조.

47) 국가기관이나 공무원의 위법행위에 대한 구제 또는 개선수단으로, 근로자들이 국가기관·기업소·단체와 공무원들이 직무상 활동과정에서 나타나는 개별적 공민이나 조직체들의 권리와 이익에 대한 침해를 미리 막거나 또는 침해된 권리와 이익을 회복시켜줄 것을 당해기관에 요구하는 절차가 신소(申訴)이고, 개별적 공민의 권리나 이익의 침해와는 상관없이 국가기관·기업소·단체와 공무원의 활동과 관련하여 그 국가사업의 개선발전을 위한 의견을 제기하는 절차가 청원(請願)제도이다. 법원행정처 편, 북한사법제도개관, 640쪽.

48) 1977년 이래 김정일의 지시하에 사회주의법무생활지도위원회가 중앙에서부터 말단지방기관에 이르기까지 조직되었는데, 이는 법의 준수집행상황에 대한 검열을 강화하고, 국가법질서를 위반한 자들의 행위를 심사하여 법적 절차에 따라 행정적, 민법적 제재 등 여러가지 종류의 제재를 가할 수 있도록 조치하거나, 직접 행정제재로서 경고, 엄중경고, 벌금, 강직, 면직, 무보수노동처분 등을 할 구 있는 기구이다. 또 형사 책임을 물을 사건에 관하여는 검찰소에 이송조치하기도 한다. 법원행정처 편, 북한사법제도개관, 646-647쪽 참조.

49) 이는 사회주의법무생활지도위원회와 같이 비상설 임시기구로서, 북한 주민에 대한 심사·감시·숙청을 효율적으로 수행하고, 반김일성·김정일세력, 반혁명세력 등 정치사범에 대한 처리방향과 심지어 형량까지도 지도하며, 사법·검찰업무에 대한 당적 지도통제를 강화하는 업무를 수행한다고 한다. 법원행정처 편, 북한사법제도개관, 648쪽.

50) 이는 각 기관·단체·기업소별로 배치되어 새로운 법령의 해설, 법위반자료의 폭로, 법률상담 등의 업무를 수행하는 일종의 선전원이다. 법원행정처 편, 북한사법제도개관, 663쪽.

51) 현행 헌법 제5장 및 제6장; 김철수, 헌법학개론, 박영사, 1997, 1036쪽 이하 참조.

표방하고 있다.[52] 즉 모든 국가기관들은 민주주의중앙집권제 원칙에 의하여 조직·운영되며(북한 헌법 제5조), 사법권의 행사 역시 주석(主席)의 지도에 따라 활동하는 (국가주권의 최고지도기관으로서의) 중앙인민위원회의 지도에 따라 수행하도록 되어 있다(동 제107조 및 제120조 3항). 물론 이러한 통치원리와 그 조직화는 이들을 규정하는 체제와 이념의 논리에 따라 정해지는 것이기 때문에, 이들 체제가 '법'을 어떻게 이해하고 있는가에 따라[53] 그 법을 실현하는 도구로서의 사법제도의 의미도 달라질 수 있다.

그러나 적어도 통일한국의 이념으로서 자유민주주의에 입각한 입헌민주적·법치주의적 통치질서를 추구한다면, 통일한국의 사법제도 또한 이러한 질서에 합당하도록 구축되어야 할 것이다.

2. 헌법재판제도

현재 남한의 경우 헌법의 규범성확보를 위하여 헌법재판소를 두고 있다. 이것은 입헌민주적·법치주의적 통치질서의 기초로서의 법의 독자성을 전제로 하여[54] 헌법현실을 규율하고자 하는 것이다. 따라서 국가정책의 결정과 이의 집행을 위한 법률이 객관적으로 정립되고 이에 대한 헌법적 규율을 통해 국민의 기본권을 보호한다는 기본구조를 가지고 있는 것이다. 남한의 이와 같은 헌법재판제도와 유사한 것으로 보이는 것이 북한 최고인민회의상설회의의 헌법감독권이라고 할 수 있다.

그러나 북한의 경우에는 권력통합원칙에 의하여 최고인민회의가 헌법수정권과 입법권 그리고 헌법감독권을 가지고 있으므로, 사법권이 독립되어 있지 않고 따라서 실질적으로 사법적 의미에서의 규범통제가 아닌, 정치적 의미에서의 규범집행에 대한 감독으로서의 의미를 가질 뿐이다. 더구나 노동당이 초헌법적 지위를 가지고 있으므로, 헌법의 최고법규성이 인정되지 않고, 따라서 법의 독자성은 당연히 부인되는 것이다. 그러므로 북한의 최고인민회의상설회의의 헌법해석권은 입헌주의적 의미의 헌법재판이라고 할 수 없을 것이다.

---

52) 강구진, 북한법연구, 박영사, 1975, 94쪽. 이 권력통합의 원칙은 1972년 북한헌법에 처음 등장하였고(제9조), 현행 북한헌법(1992년 개정) 제5조에서도 이를 이어받아 민주주의 중앙집권제(Democratic Centralism) 원칙으로 명시되어 있다.

53) '법'에 대한 자본주의적 이해와 사회주의적 이해의 문제는 본고의 주제와 관련이 있기는 하지만 그 범위를 벗어나는 문제이므로 생략한다.

54) 법의 독자성은 사법권의 독립을 위한 필수적 전제이다. 최대권, 사법권의 독립 - 법사회학적 접근 -, 서울대학교 법학연소 편, 법학 32권 1·2호, 1991.8, 28쪽 이하 참조.

3. 법원제도

제도적 관점에서 보아 남한의 법원제도와 북한의 법원제도는 상호 유사성을 가지고 있다. 최고사법기관으로서의 대법원과 중앙재판소, 고등법원과 도(직할시)재판소, 지방법원과 인민재판소 등의 기본구조를 서로 대비시킬 수 있다. 그러나 이와 같은 단순한 대비는 지극히 사실적인 측면에서, 예를 들면 통일후 입헌민주적 · 법치주의적 통치질서에 따라 재판기관을 설치할 때에 고려할 수 있는 것 이외에는 제도적 대비의 의미가 크지 않다. 왜냐하면 법원의 제도적 기능이 서로 다르고 당해 제도의 구성원의 자격, 신분보장, 직무수행원칙과 방법, 독립성 여부 등이 판이하게 다르기 때문이다. 다만 북한 사법제도의 특이한 것으로서의 인민참심원제도는 입헌민주적 · 법치주의적 통치질서에서도 고려할 수 있는 요소이지만, 그 의미는 다른 것이어야 할 것이다.

4. 검찰제도

남한과 북한의 검찰제도의 가장 큰 차이점은 검찰기관을 헌법기관으로 하고 있느냐의 여부이다. 이미 언급한 대로 남한은 검찰기관을 헌법기관으로 하지 않고 법률기관으로 하고 있고 북한은 이를 헌법기관으로 하고 있는 것이다. 그러나 남한의 검찰이 범죄수사와 공소제기의 기능을 통하여 국가형벌권을 발동하는 기관이지만 북한의 그것은 이에 덧붙여 광범위한 감시기능을 가지는 점이 다르다.

검찰의 조직에 있어서도 법원과 같은 유사성을 가지지만, 서로 대비하기는 적절하지 않다.

5. 변호사제도

앞서 본 바와 같이 북한은 새로운 변호사제도를 채택하고 있지만, 입헌주의적 · 법치주의적 의미에서의 변호사제도가 채택되고 있다고 보기는 어렵다. 따라서 북한의 변호사제도가 통일한국의 사법제도로 편입될 가능성은 별로 없어 보인다.

6. 유사사법제도

남북한의 유사사법제도 사이에 서로 관련성을 갖는 제도는 신소 · 청원제도와 법무해설원제도 정도로 생각된다. 기본적으로 개인의 기본권보호와 자본주의적 경제질서의 유지존속이라는 목적에서 설치되어 있는 남한의 유사사법제도와 사회주의적 준법성과 사회주의법무생활의 관철을 위한 감시 · 통제라는 목적을 가진 북한의 유사사법제도가 대비되기 어려운 것은 말할 필요가 없을 것이다. 다만, 사회주의법무생활지도위원회, 법무해설원 등과 같은 제도는 통일 후 입헌민주적·법치주의적 통치질서의 확보를 위한 교육과 계몽에 활용될 가능성이 있을 것이다. 물론 이 경우에도 그 담당자는 입헌민주적·법치주의적 통치질서에 따른 법교육을 받은 자들이어야 할 것이다.

Ⅴ. 통일한국의 사법제도의 상

1. 기본이념

앞서 본 바와 같이 통일한국의 이념으로 자유주의, 평등주의, 복지주의, 인간주의 등을 들 수 있다면, 통일한국의 통치제도 또한 이들 이념에 합당하도록 확보되어야 한다. 그리하여 군주제도를 배격한 공화정의 원리, 절대권력에 의하 지배를 거부하는 입헌민주정치, 국민의 정치적 의사를 올바로 반영할 수 있는 의회민주정치, 국민의 다양한 정치적 의사를 형성하고 이를 국가정책에 반영할 수 있는 복수정당제도, 비례대표제 선거제의 도입, 지방분권주의와 지방자치제의 도입, 직업공무원제도의 보장, 헌법재판제도의 확립, 경제적 민주정치의 실현 등을 통일헌법상의 제도로 생각할 수 있을 것이다.[55] 아울러 통일한국의 사법제도 또한 이들 이념과 제도에 걸맞게 설정되어야 할 것이다.

통일한국의 바람직한 사법제도를 달성하기 위해서는 정치권력의 민주화가 가장 중요한 대전제이다. 현재 정치권력 및 정치과정의 민주화는 어느 정도 성취되고 있으나 아직 완전하지는 않다. 그리고 완전한 민주화 및 통일국가의 달성은 민간사회에 의한 정치권력의 창출과 이의 지속적인 유지를 필요로 한다. 이 과정은 민간사회의 주체이자 권력의 원천인 국민의 몫이기도 하지만, 정치과정에 참여하는 모든 주체들, 그중에서도 특히 사법권의 중요한 몫인 것이다. 민주화의 유지·발전과 통일과정에 대한 규범적 규율이 법제도적으로 보장되어야 하는 것이다.

2. 헌법재판제도의 문제

통일한국의 사법제도 중 가장 중요한 요소가 바로 헌법재판제도이다. 현재 남한의 헌법재판제도는 헌법재판소를 통해 구현되고 있지만, 통일한국에 있어서도 헌법재판소가 존속할 필요가 있다. 특히 통일과정이 점진적으로 합의에 의하여 이루어지는 경우 통일과정에서의 중요한 정치적 결단과 이의 집행과정의 합헌성을 통제하고, 통일과정의 규범적 정당성을 확보하기 위해서는 헌법재판소의 역할이 크게 기대되

55) 김철수, 한국헌법사, 대학출판사, 1990, 430쪽 이하 참조.

고 있다. 또 통일 후 통일한국의 최고법인 헌법의 기본이념의 실현과 입헌민주적·법치주의적 통치질서를 확립하기 위해서는 헌법재판소가 더욱 필요하다고 할 것이다.

현재 남한의 헌법에서는 위헌법률심사에 관하여 구체적 규범통제만을 허용하고 있으나, 추상적 규범통제도 가능하도록 하여야 할 것이다. 또한 법원의 판결도 헌법소원의 대상에 포함될 수 있도록 하여야 한다. 이것은 북한의 경우 최고인민회의상설회의가 헌법감독권을 행사하여 재판소의 판결까지도 포함하고 있는 것과 대비될 수 있겠지만, 그 이념적 기초가 다른 점은 앞에서도 보았던 것이다.

헌법재판소의 구성과 관련하여 재판관의 자격을 확대할 필요가 있다. 그동안의 남한의 헌정경험에서는 우리나라의 사법부 구성원들이 헌법적 분쟁의 해결에 관하여 폭넓은 인식을 갖지 못하였음을 보여주고 있다. 법실증주의적 및 기술적인 사법관으로는 헌법적 분쟁의 해결에 적합하지 아니하다. 헌법소송의 전문성을 고려한다면 헌법재판소의 재판관의 자격을 확대하여 공법학교수의 참여도 가능하게 하여야 할 것이다.

이들 문제 이외에도 헌법재판소와 관련한 법률안 및 예산안제출권이 헌법재판소에 주어져야 할 것이며, 위헌결정의 효력범위의 확대, 헌법소원대상의 확대, 가처분제도의 도입, 탄핵심판대상의 확대 등으로 헌법재판소의 위상을 강화하여야 할 것이다.

그러나 헌법재판소의 위상은 최종적으로 정치과정에서 독자적인 지위를 가질 때에 비로소 확보될 수 있다. 이는 정치과정에 참여하는 다른 참여자들, 즉 입법부, 행정부, 기타 정치세력들로부터 독자적인 지위를 유지하여야 하는 것이다. 그래야만 다원적 민주주의 하에서 헌법을 근거로 한 독자적인 규범적 권력으로서 성립할 수 있을 것이기 때문이다.

3. 헌법재판소 및 법원의 인적 구성과 자격 문제

현행 헌법은 헌법재판소 재판관의 임명에 관하여, 법관의 자격을 가진 자 중 국회, 대통령, 대법원이 각 3인씩 선출 혹은 지명하여 대통령이 임명하도록 되어 있을 뿐, 이들에 대한 민간사회의 검증절차는 전혀 예정하고 있지 않다. 한 국가내에서 중요정책결정을 위한 의견은 다양할 수 있고, 이러한 의견은 국민의 정치적 참여를 통하여 나타난다. 그리고 국민의 다양한 정치적 의견은 헌법이 가진 이념과 원칙에 따라 입법을 통해 국가의 중요정책으로 결정되는 것이다. 이 국가의 중요정책결정이 최종적으로 헌법이 가진 이념과 원칙에 합당한 것인가를 판단하는 것이 헌법재판소이므로, 통일한국의 헌법재판소의 재판관은 국민의 다양한 정치적 의견을 수렴할 수 있도록 구성되어야 한다.

우리 헌정의 경험에서는 집권 정치세력에 의하여 일방적으로 임명된 사법권의 구성원들은 결국 집권 정치세력의 이익을 위하여 봉사할 수밖에 없었음을 잘 보여주고 있다.[56] 헌법재판소의 재판관이 국민의 다양한 정치적 의견을 반영할 수 있도록 하기 위해서는 헌법재판소의 재판관의 임명과정에서 민간사회의 검증과정을 거칠 필요가 있는 것이다.

헌법재판소재판관의 임명방법과 함께 대법원의 구성에 있어서도 마찬가지로 민간사회의 검증과정이 필요하다. 국민들은 자신들의 기본권 보장을 전적으로 대법관들에게 맡기고 있기 때문에, 공정한 제3자인 심판자로서의 대법관은 국민으로부터도 동의를 얻어야만 국민의 신뢰를 얻을 수 있는 것이다.

현재 남한의 경우 일반법관의 자격은 법원조직법에 의하여 규정되어 있다. 간단히 말하면, 사법시험을 거쳐 사법연수원에서 소정의 연수를 받은 자이면 누구나 법관의 자격이 있는 것으로 되어 있는 것이다. 그러나 현재의 법관자격으로는 통일한국의 바람직한 사법부를 구성하는 데에는 문제가 있다. 대학 재학 때부터 사법시험을 준비하여 사법연수원을 거친 후 곧바로 법관으로 봉직함으로써 복잡한 사회문제에 대한 경험의 기회가 거의 없고, 사법부의 직급 및 보직제도 그리고 사법부 내부의 관료적, 권위주의적 경향은 이들을 사법부 내부에서의 승진과 보직에만 신경을 쓰도록 하고 있는 것이다. 따라서 변호사 기타 법조실무에 일정기간 근무한 자를 법관으로 임명함으로써 국민의 다양한 법률수요를 직접 체험하고 이에 대응할 수 있도록 하여야 할 것이다. 이를 위해서는 법조일원화가 전제되어야 하겠지만, 법조일원화를 위한 중간적 단계에서 법관의 자격을 점차적으로 격상해갈 필요가 있는 것이다.

4. 검찰제도의 문제

검찰제도는 북한의 검찰소와 같은 감시기관으로서가 아니라, 국가형벌권의 발동을 위한 기관이라는 점에 그 역할이 한정될 필요가 있다. 따라서 현행 남한의 검찰제도와 같이 각 법원에 대응하는 검찰기관을 설치하되, 그 권한을 범죄수사와 공소의 제기에 한정하여야 하는 것이다. 검찰제도를 헌법기관으로 할 것인가에 관해서는, 그동안의 우리나라의 헌정의 경험에 비추어 검찰제도를 헌법적으로 규율하도록 하는 것이 필요하다고 생각된다. 따라서 검찰기관에 대하여 최소한 헌법적 규정을 두어 그 권한과 직무의 범위를 설정하고, 검찰의 독립성을 확보할 수 있는 방안을 마련하여야 할 것이다.

56) 졸고, 앞의 논문, 72쪽 이하 참조.

5. 법조인(변호사) 수의 문제

우리나라의 통일이 달성된 후에는 북한사회를 입헌민주적·법치주의적 통치질서로 변화시키는 데에 상당한 시간과 기술적 노력이 필요할 것이다. 동서독이 통일되는 과정에서는 급격한 통일에 따른 혼란의 와중에서 서독의 법관들이 동독의 동의하에 소송사건의 처리에 관여하였던 것을 상기하여 본다면, 우리나라의 통일과정에서도 북한지역에서의 각종의 소송과 법적 분쟁이 예상되고 이에 대한 대비책이 강구되어야 할 것이다. 이와 관련된 문제가 바로 법조인의 숫자의 문제이다. 아울러 이 문제는 통일이 현실로 다가올 경우, 북한 지역에 파견할 수 있는 남한의 변호사의 숫자와도 직접 관련이 있다. 현재 우리나라의 법조인의 숫자는 선진국에 비해 상당히 적은 숫자를 유지하고 있다. 1995년의 개혁에서 선발인원을 과감히 확대하기는 하였으나, 여전히 그 숫자의 면에서 부족함을 부인할 수 없다. 급격한 통일이 아니더라도, 통일에 대비하여 법조인의 숫자를 과감히 확대하여, 내적으로는 국민에 대한 법률서비스를 강화하고, 외적으로는 통일에 대비하여야 할 것이다.

6. 국민의 사법참여의 문제

앞서 본 바와 같이 북한의 사법제도에는 남한에서는 인정되지 않는 인민참심원제도가 있었다. 비록 그 이념적 기초가 다르기는 하여도, 사법부의 권한행사에 국민의 참여가 있어야 한다는 것은 입헌주의적·법치주의적 사법제도에서도 필요한 것이다. 사법부는 그의 권한행사에 대한 국민의 감시와 비판을 적극적으로 수용하여야 하고, 권한행사의 과정에 국민이 참여할 수 있는 제도적 장치를 마련하여야 한다. 이를 위하여 통일한국의 사법제도에서는 배심제(jury trial), 명예법관제(Ehrenamtlicher Richter: 참심제), 소인법관제(Laienrichter) 등을 고려할 수 있을 것이다.

7. 제도구조의 문제

앞서 언급한 바와 같이, 현재 남한과 북한의 사법제도는 그 이념적 기초를 달리하기는 하지만, 제도구조상의 유사성은 인정될 수 있다. 따라서 현재 남한의 헌법재판소제도를 유지하면서, 내법원을 정점으로 하는 법원과, 그에 대응하는 검찰을 기본구조로 설정할 수 있을 것이다.

그리고 심급구조는 남한 헌법에서 채택하고 있는 3심제를 골격으로 하여 구성하되, 통일과정에서의 특수한 상황을 감안하여 신속한 해결을 요하는 사건의 경우, 이에 대한 특별법원(a court ad hoc)의 설치가능성도 배제할 수는 없을 것이다.

그리고 각종 전문법원과 간이법원을 대폭 확대할 필요가 있다. 전문법원은 통일

후 급격히 증대할 것으로 예상되는 전문영역에서의 법적분쟁을 담당하고, 간이법원은 국민 특히 북한 지역의 국민의 대사법접근권을 보장하기 위해서 확대될 필요가 있다.

8. 통일 후 북한주민들에 대한 법교육 문제

우리나라의 통일이 입헌주의적·법치주의적 이념에 입각하여 이루어져야 한다면, 북한이 이러한 질서로 이행하지 않는 상태에서 급격한 통일이 이루어질 경우, 북한주민에 대한 자본주의적 법인식에 대한 교육이 필요하다. 북한의 현행 사법제도 중에서 사회주의법무생활지도위원회 혹은 법무해설원과 같은 제도가 마련되어 있는 점을 고려한다면, 북한 주민에 대한 법교육을 위한 제도로서 이들 제도를 참고할 수 있을 것으로 생각된다. 물론 이들 제도와 자본주의적 법질서를 교육하는 제도가 같을 수는 없지만, 통제중심의 법교육에서 계도 중심의 법교육으로 전환하기 위하여 일시적으로 이들 제도체계를 이용할 가능성도 있을 것이다. 그 명칭은 바뀌어야 할 것이다.

Ⅵ. 여론(餘論)

지금까지 통일한국의 사법제도를 위한 시론으로서, 남북한의 사법제도의 비교와 통일한국의 사법제도의 상을 제시해 보았다. 결국 이와 같은 시도는, 현재의 남한정부가 가진 사법제도를 북한 지역으로 확대개편하는 것을 의미하는 것이고, 그러한 의미에서 북한의 사법제도의 흡수가능성은 별로 크지 않은 것으로 결론지을 수 있다. 이것은, 통일한국의 사법제도의 확립을 위해서는 현재의 남한의 사법제도를 더욱 합리적이고 효율적인 법제도로 다듬어나가야 한다는 것을 의미한다. 그리고 이와 같은 사법제도의 구현을 위해서는 무엇보다도 통일의 주체가 되는 세력이 입헌민주적·법치주의적 통치질서에 대한 강한 신념을 가지고 있어야 한다. 통일과정의 현실적 및 정치적 성격을 중시하여 이에 대한 법적 규율을 등한시하거나, 일정 정치집단의 이해관계에 따라 통일을 추구해 나간다면, 통일 자체가 지연될 수 있을 뿐만 아니라 입헌민주적·법치주의적 통치질서의 확립 자체가 불가능해질 수도 있기 때문이다.

(아주법학, 아주대 법학연구소 편, 제1권 제3호(2007. 9.), 121-144쪽)

찾아보기

ㅈ

ㅊ

ㅋ

[저자 약력]

저자 이헌환 교수는 서울대학교 법과대학(1982)과 동 대학원 석사과정(1985) 및 박사과정을 이수하고(1992), 동 대학교에서 "정치과정에 있어서의 사법권에 관한 연구"라는 제목으로 박사학위를 받았다(1996). 1990년부터 청주 서원대학교 법학과에서 교수로 재직하였으며, 동 대학교의 학생처장과 학술정보원장을 역임하였다. 미국 위스콘신 로스쿨의 방문학자로 1년간 체류하였다(1997-1998). 2006년 9월 이후 아주대학교 법과대학에서 교수로 재직하였고, 2009년 3월부터 아주대학교 법학전문대학원의 헌법전공교수로 재직하고 있다. 아주대학교 법학도서관장과 법학연구소장을 역임하였으며, 2012년부터 2년 동안 대법원 법관인사위원회 인사위원으로 참여하였다. 한국공법학회 부회장, 한국헌법학회 부회장, 세계헌법학회 한국학회 총무이사, 법과사회이론학회 회장(2013-2014)을 역임하였으며, 현재 경기도 소청심사위원회 위원, 경기도 노동위원회 공익위원으로 활동하고 있으며, 한국공법학회 차기회장(2017년 임기)으로 예정되어 있다.

저서로는, 특별검사제 - 미국의 제도와 경험(2000), 법과 정치(2007), 미국법제도 입문(공역, 2013), 법치주의란 무엇인가(역서, 2014)가 있으며, 사법시험 2차시험위원(2006년, 2013년)과 다수의 국가시험 위원을 역임하였다.

사법권의 이론과 제도

2016년 11월 15일 초판인쇄
2016년 11월 21일 초판발행

저 자 이헌환
발행인 이구만
발행처 유원북스
04091 서울특별시 마포구 토정로 222,
한국출판콘텐츠센터 416호
대표전화 (02)593-1800 Fax (02)6455-1809
등록 2011. 9. 6. 제25100-2012-3호
www.uwonbooks.com uwbooks@daum.net

정 가 32,000원 ISBN 978-89-97926-59-6

이 도서의 국립중앙도서관 출판예정도서목록(CIP)은 서지정보유통지원시스템 홈페이지(http://seoji.nl.go.kr)와 국가자료공동목록시스템(http://www.nl.go.kr/kolisnet)에서 이용하실 수 있습니다. (CIP제어번호 : CIP2016026922)